ロンドン
London »

地球の歩き方 A03 2020-2021 地球の歩き方編集室

LONDON CONTENTS

014 特集1　次に行くべきなのはココ！ NEW
London Best place 10
#1 キングス・クロスの New エリア 話題の再開発地区へ
#2 祝！ ヘンリー王子ご成婚 ロイヤルロンドンを巡る旅
#3 伝説のロックバンド ビートルズに会いに行こう！
#4 バンクシー紹介も！ イーストのストリートアート巡り
#5 モダンデザインの父 ウィリアム・モリスの世界へ
#6 醸造所ツアーでよくわかる ロンドンで大流行中のジン
#7 紅茶の国イギリスで 優雅なお茶の時間を
#8 ロンドンの食の大きな潮流 ヴィーガンってどんなもの？
#9 お気に入りの紅茶を探してみよう
#10 中世巡礼の地 大聖堂の町カンタベリー

038 特集2　ロンドン名物を乗りこなそう
ロンドンのバスに Try!

046 特集3　テムズの風に吹かれながら
ボートで巡るロンドン

052 特集4　気持ちよく走りたい
レンタサイクルで Go!

London » おすすめルート

ロイヤル・ウエディングゆかりの地を訪ねてみよう ………… 062
絵になるロンドンを観にテムズ南岸へ ………………………… 064
クールロンドンを感じるならイースト・ロンドンへ ………… 066
おみやげも食事もマリルボン・ヴィレッジへ ………………… 068
小さな村のようなプリムローズ・ヒルへ ……………………… 070
たまにはゆっくりとテムズに沿って歩いてみたい …………… 072

London » WHAT'S ON

旬のステージはコレ！ …………………………………………… 188
いろいろな国の味にチャレンジ！ ……………………………… 230
おひとりさまでも大丈夫！ ……………………………………… 232
南と北 インド料理メニュー比べ ………………………………… 244
タイプ別アフタヌーンティー …………………………………… 252
こんなお菓子、見つけた！ ……………………………………… 254
おさえておきたい！ ファストファッション ………………… 278
スーパーマーケット活用術 ……………………………………… 280
こんなおみやげ、見つけた！ …………………………………… 282
今、イキがいいマーケットはどこ？ …………………………… 308
どんなタイプに泊まってみる？ ………………………………… 324

002

基本情報	歩き方の使い方 ……………………………………… 008
	ジェネラルインフォメーション ……………………… 010

027 | PUBLIC TRANSPORT ロンドンの市内交通

空港から市内へ ………………… 028
ロンドンの交通機関 …………… 034
　○地下鉄とバスの達人を目指して… 034
　○バス ……………………… 036
　○地下鉄 …………………… 040
　○タクシー ………………… 044

 Interesting Column

ロンドンの大道芸人たちのレベル ………… 042
大きな書店で雑誌が買えない不思議……… 045
イギリスのコインと紙幣 ……………………… 162
パロディのネタにされるイギリス王室 ……… 172
イギリス人と日本人① ………………………… 329
イギリス人と日本人② ………………………… 331
ロンドンを楽しむガイド ……………………… 334
イギリスの次の王様は誰？ …………………… 363
イギリスの新聞 ………………………………… 408
イギリスでは髪はバリバリ、お肌パサパサ …… 409

 Useful Column

旧式ダブルデッカー
　「ルートマスター」に乗りたい!! ………… 037
地下鉄駅にトイレがあるとはかぎらない!! … 040
右に立つか、左に立つか、
　　それがモンダイだ!? ……………………… 041
Public Transport News 2020
　新路線エリザベス・ライン開通はいつになる? … 054
パケ買いしたくなる！おいしいおみやげ … 061
利用価値あり！ウオーキングツアー体験記 … 078
ヘンなガイジンにはなりたくない!
　必修マナー講座 ……………………………… 193
チップはスマートに渡したい！ …………… 323
イギリスとヨーロッパ大陸とを結ぶ
　ユーロスター ………………………………… 349
混雑税について ……………………………… 350
ウェブサイトでロンドンの情報をゲット …… 401
成田、羽田、関空の空港までのアクセス … 402
銀行が休めば、会社も学校もお休み
　「バンクホリデー」 ………………………… 404
ちょっと複雑なVAT（付加価値税）のシステム … 407
旅先でインターネットへ無料アクセス！ … 413
緊急時に相談できる病院 …………………… 417
英語 vs. 米語 ちょっと覚えておきたい違い … 420

別冊マップ CONTENTS

ロンドン地下鉄マップ
ロンドンのおもなバスルート
MAP 中央部　セントラル・ロンドン [マップインデックス]
MAP1　カムデン・ロック北部
MAP2　リージェンツ・パーク周辺
MAP3　大英博物館周辺
MAP4　イースト・ロンドン周辺
MAP5　ノッティング・ヒル周辺
MAP6　ハイド・パーク周辺
MAP7　バッキンガム宮殿周辺
MAP8　シティ　サザーク周辺
MAP9　サウス・ケンジントン周辺
MAP10　ヴィクトリア駅周辺
MAP11　拡大図 メイフェア周辺
MAP12　拡大図 トラファルガー広場周辺
MAP 広域図 グレーター・ロンドン
簡単トラベル英会話
困ったときのイエローページ

出発前に必ずお読みください！　**旅のトラブルと安全情報** … 198, 414〜417

055 AREA GUIDE
各エリアの説明

ロンドンの歩き方	056
○ロンドンを歩くポイント	056
○各エリアのポイント	058
○インフォメーションセンター	060
観光ツアー	074
○バスツアー	074
○ウオーキングツアー	077
エリアガイド 1	
ウエスト・エンド	079
エリアガイド 2	
バッキンガム宮殿周辺	085
エリアガイド 3	
シティ周辺	099
エリアガイド 4	
大英博物館周辺	109
エリアガイド 5	
リージェンツ・パーク周辺	113
エリアガイド 6	
ナイツブリッジ周辺	119
エリアガイド 7	
ハイド・パーク周辺	123
エリアガイド 8	
ポートベロー周辺	127
エリアガイド 9	
イースト・ロンドン	129
エリアガイド 10	
中心部を離れて	131
○グリニッジ	132
○ハムステッド	135
○ウィンブルドン	139
○リッチモンド	140
○ハンプトン・コート	144

145 MUSEUM & GALLERY
博物館 美術館

ミュージアム	146
ギャラリー	168
ミュージアム&ギャラリー・インデックス	180

MUSEUM & GALLERY Column

ウィリアム・モリス・ギャラリー	155
シャーロック・ホームズゆかりの場所	160
人気ドラマ『シャーロック』のロケ地	161
ウィリアム・モリスが住んだレッド・ハウス	166
英国気質から生まれた、地味な芸術家たち	171
ギャラリーもあるサマセット・ハウス	176
ニューポート・ストリート・ギャラリー	177

AREA GUIDE Column

ハリポタファンなら見逃せない！ふたつのツアー	026
地域の特色	056
お得に巡るパスと割引料金について	057
観光に便利なバスルートはコレ！	075
ウエスト・エンドのストリートガイド	080
シティの高層ビルガイド	101
英国ではお墓を踏んでもタタラれない！	103
B. ディズレーリーの愛したプリムローズ	106
園芸家ならずとも訪れてみたいフラワー・ショー	122
憧れのウィンブルドンのチケットを手に入れるには？	139
1960〜1970年代ポップカルチャーを巡る	143

Column 公園巡り

大都市ロンドンの渇きを癒やすオアシスたち	084
セント・ジェームズ・パークとグリーン・パーク	087
バタシー・パーク	097
リージェンツ・パーク	115
ハイド・パークとケンジントン・ガーデンズ	125
ハムステッド・ヒース	137

Column 文学散歩

名作はよい住み処から	111
ビートルズに会いたくて	118
文化の香り高いチェルシー	121
趣のあるロンドン北部	138

183 ENTERTAINMENT
劇場 音楽 スポーツ

- 楽しみの前に …………………… 184
  - ○チケットの入手法とマナー … 184
- シアター ………………………… 190
  - ○ミュージカル………………… 190
  - ○プレイ ………………………… 194
  - ○フリンジ ……………………… 198
- ミュージック…………………… 200
  - ○クラシック …………………… 200
  - ○オペラ ………………………… 204
  - ○ライブハウス ………………… 205
  - ○ナイトクラブ………………… 208
  - ○ジャズ ………………………… 212
- スポーツ ………………………… 216
  - ○フットボール ………………… 216
  - ○競馬 …………………………… 218
  - ○クリケット …………………… 220
  - ○ラグビー ……………………… 220

ENTERTAINMENT Column

- コンサート・チケットの購入方法 ………… 186
- バックステージツアーはいかが? ………… 191
- ロンドンじゃ『日曜はダメよ』 ……………… 197
- 「ロンドンの夜」には気をつけて …………… 198
- ロンドン・フィルム・フェスティバル ……… 199
- 変わりゆくプロムス ………………………… 201
- イギリスで音楽満喫! フェスティバル情報 …… 203
- バレエ&ダンスを観ることができる劇場 … 205
- ダンス&インディーズのCDとレコードを
  探すならココ! …………………………… 207
- ポップス今昔物語 …………………………… 211
- 酒と音楽の日々⁉ …………………………… 213
- ロンドンのミュージック・シーンに
  ラジオで迫る! …………………………… 214
- 夜遊び人向けロンドン最新事情 …………… 215
- ロンドンのおもなフットボールチーム情報… 216
- 競馬を10倍楽しく見る方法 ……………… 219
- イギリス人が野球を見下すわけ&
  スポーツファンの強い味方テレビ ……… 220

221 RESTAURANT
レストラン カフェ パブ

- レストランに行く前に ………… 222
  - ○おいしいイギリス料理 ……… 222
  - ○レストランでの注文とマナー … 228
- レストランガイド ……………… 234
  - ○イギリス料理 ………………… 234
  - ○シーフード料理 ……………… 236
  - ○フィッシュ&チップス ……… 237
  - ○モダン・ブリティッシュ …… 238
  - ○カジュアルレストラン ……… 240
  - ○ガストロ・パブ&バー ……… 242
  - ○インド料理 …………………… 245
  - ○エスニック料理ほか ………… 246
  - ○イタリア料理 ………………… 248
  - ○フランス料理 ………………… 249
  - ○中華料理 ……………………… 250
  - ○日本料理 ……………………… 251
- カフェ&ティールーム ………… 256
  - ○伝統のアフタヌーンティー … 256
  - ○優雅なティールーム………… 257
  - ○気軽なカフェ&ティールーム … 258
- パブに入ってみよう…………… 260
  - ○パブでの楽しみ方 …………… 260
  - ○行ってみたいパブ…………… 263

EATING Column

- イギリス人の食事 …………………………… 226
- 高級レストランでのマナー ………………… 229
- お手軽! テイクアウエイ …………………… 243
- 楽しいショーを観ながら夕食を …………… 247
- ロンドンの博物館・美術館のカフェは狙いめだ!
  ……………………………………………… 259
- ドリンクいろいろ …………………………… 262

005

 SHOPPING Column

ロンドンのセール	266
トレンチコート	289
便利なショッピングモール＆	
巨大ショッピングセンター ウエストフィールド	301
皇太子のブランド	
ダッチー・オリジナル＆ハイグローヴ	306
倫敦の中の Nippon	307
おいしいストリートフードを楽しもう！／	
ショッピングセンターのフードコートもおすすめ！	310
屋内のアンティークマーケット	311
コロンビア・ロード・フラワー・マーケット	317
グルメが集うモルトビー・ストリート周辺へ	318

265 SHOPPING ショッピング案内

ショッピングの前に	266
○知っておきたいこと	
［VATのことなど］	266
○ショッピングポイント	268
ショップガイド	284
○デパート	284
○ファッション	288
○靴・革製品・バッグ	292
○アクセサリー・帽子	293
○香水・コスメなど	294
○陶磁器・銀製品・貴金属・	
紳士小物・たばこ・喫煙具	296
○インテリア・生活用品	297
○小物・雑貨・文房具	298
○本・マップなど	300
○レコード・CD・玩具など	302
○スポーツ用品・傘など	303
○食料品	304
マーケット	311

Shopping Map

オックスフォード・ストリート	270
カーナビー・ストリート	270
リージェント・ストリート	272
コヴェント・ガーデン	273
ボンド・ストリート	274
バーリントン・アーケード	275
ジャーミン・ストリート	275
ナイツブリッジ	276
スローン・ストリート	276
キングス・ロード	277
カムデン・ロック・マーケット	313
ポートベロー・マーケット	315

319 | HOTEL
ホテル B&B YH

- ホテルを知ろう …………… 320
  - ○ホテルの探し方 ………… 320
  - ○ホテルについて………… 322
- ホテルガイド……………… 326
  - ○超高級ホテル …………… 326
  - ○高級ホテル ……………… 327
  - ○個性的なホテル ………… 330
  - ○中級〜エコノミーホテル … 332
  - ○ユースホステル＆大学寮 … 342

HOTEL Column

- ホテルを探すときの注意 ……………… 321
- ひと筋縄ではいかないイギリスのホテル室料 … 327
- イギリスの一般家庭の雰囲気を楽しむ宿 … 343
- ロンドンで暮らす雰囲気を味わえる宿 …… 344

Hotel Map

- 大英博物館周辺 ……………………… 333
- アールズ・コート駅周辺 ……………… 335
- パディントン駅周辺 …………………… 339
- ヴィクトリア駅周辺 …………………… 341

345 | SHORT TRIP
ロンドンからの小旅行

- ロンドンからの小旅行………… 346
  - ○鉄道の乗り方 …………… 348
  - ○コーチ …………………… 349
  - ○レンタカー ……………… 350
- 日帰りで行ける町や村 ……… 352
  - ○コッツウォルズ地方 ……… 352
  - ○ウィンザーとイートン …… 362
  - ○オックスフォード ………… 364
  - ○ストラトフォード・アポン・エイヴォン … 368
  - ○ソールズベリ …………… 372
  - ○ケンブリッジ …………… 374
  - ○カンタベリー …………… 377
  - ○ライ ……………………… 380
  - ○ブルーベル鉄道 ………… 382
  - ○ハートフィールド ………… 383
  - ○ウィズリー・ガーデン …… 384
  - ○湖水地方 ………………… 386
  - ○チェスター ……………… 390

SHORT TRIP Column

- イギリスの田舎を歩くために ………… 359
- コッツウォルズ ドライブの旅 ………… 361
- チャーチルが生まれた宮殿 …………… 366
- 人気のリバークルーズはいかが？ …… 378
- "庭園"を知るための用語いろいろ …… 384
- 機関車トーマスに会いにスパ・ヴァレイ鉄道へ … 385
- ナショナル・トラスト運動って知ってる？ … 388
- イギリス・ロマン主義の偉大な詩人
   ワーズワースが暮らした足跡を訪ねる … 389

393 | TRAVEL TECHNIQUE
旅の準備と技術

- 旅のプラン ……………………… 394
- 旅の必需品 ……………………… 396
- 旅の道具 ………………………… 398
- 荷物チェックリスト …………… 399
- 旅の予算 ………………………… 400
- 日本での情報収集 ……………… 401
- 日本出入国 ……………………… 402
- イギリス入出国 ………………… 405
- ロンドンの情報収集 …………… 408
- 通信・郵便事情 ………………… 410
- 旅のトラブルと安全対策………… 414
- きっと役に立つ！ 旅の言葉 …… 418
- 超シンプル！ イギリス歴史講座… 421
- 索引 ……………………………… 422

007

歩き方の使い方

本書で用いられる記号・略号

➡ **MAP** 別冊マップの位置
例] ➡ MAP 1-A1 は別冊マップ MAP 1 の A1

- ℹ️ 観光案内所
- ➡ 地図上の位置
- 住 住所
- ☎ 電話番号
  市内通話で不要のロンドンの市外局番020は省略。詳しくは→P.410
- FAX ファクス番号
- 開 開業時間
- 営 営業時間
- 休 定休日
- 料 料金
- 🚇 地下鉄駅
- 🚆 鉄道駅
- URL ホームページアドレス
  "http://" は省略

- St. Street
- Rd. Road
- Pl. Place
- Sq. Square
- Av. Avenue
- Wi-Fi ワイヤレスインターネット

読者の皆さんからいただいた投稿記事を紹介しています

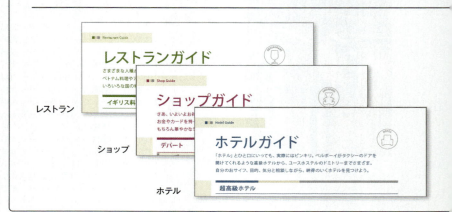

- レストラン
- ショップ
- ホテル

008

地 図

●	重要な見どころ
●	重要な劇場
●	重要な教会
▥	美術館、博物館
▥	ギャラリー
✝	キリスト教会
⁂	史跡など
⚱	墓地
S	ショップ
✕	レストラン
☕	カフェ
▼	パブ、バー
⌂⌂⌂	ホテル
☺	劇場
⚟	映画館
♪	クラブ、ライブハウスなど
ℹ	観光案内所
ℹ	交通などの案内所
⛪	学校
✚	病院
¥	銀行
✉	郵便局
🚻	トイレ
Hanover Sq.	広場、スクエア名
- - - -	ストリートマーケット
	アーケード
⛴	フェリー、遊覧船乗り場
✈	鉄道駅
●●● Bond Street	地下鉄駅名と路線記号
B	ベーカルー・ライン
Ce	セントラル・ライン
Ci	サークル・ライン
D	ディストリクト・ライン
M	メトロポリタン・ライン
P	ピカデリー・ライン
V	ヴィクトリア・ライン
H	ハマースミス&シティ・ライン
N	ノーザン・ライン
J	ジュビリー・ライン
W	ウォータールー&シティ・ライン
D	ドックランズ・ライト・レイルウェイ
O Lo	ロンドン・オーバーグラウンド（地上線）

CC クレジットカード

- A アメリカン・エキスプレス
- D ダイナース・クラブ
- J JCB
- M マスターカード
- V ビザ

ホテルの部屋

- Ⓢ シングルルーム
  （1ベッドひとり使用）
- Ⓓ ダブルルーム（1ベッド）
- Ⓣ ツインルーム（2ベッド）

■本書の特徴

本書は、ロンドンを旅行される方を対象に個人旅行者が現地でいろいろな旅行を楽しめるように、アクセス、ホテル、レストランなどの情報を掲載しています。もちろんツアーで旅行される際にも十分活用できるようになっています。

■掲載情報のご利用に当たって

編集部では、できるだけ最新で正確な情報を掲載するよう努めていますが、現地の規則や手続きなどがしばしば変更されたり、またその解釈に見解の相違が生じることもあります。このような理由に基づく場合、または弊社に重大な過失がない場合は、本書を利用して生じた損失や不都合について、弊社は責任を負いかねますのでご了承ください。また、本書をお使いいただく際は、掲載されている情報やアドバイスがご自身の状況や立場に適しているか、すべてご自身の責任でご判断のうえでご利用ください。

■現地取材および調査時期

本書は2019年9月から11月の取材調査データを基に編集されています。また、一部の情報は追跡調査を2020年1月まで行いました。しかしながら時間の経過とともにデータに変更が生じることがあります。特にホテルやレストランなどの料金、クリスマス前〜年末年始やイースター前後などの営業日時は、旅行時点では変更されていることも多くあります。したがって、本書のデータはひとつの目安としていただき、ウェブサイトなどで新しい情報を入手してご旅行ください。

■発行後の情報の更新と訂正について

本書に掲載している情報で、発行後に変更されたものや、訂正箇所が明らかになったものについては『地球の歩き方』ホームページの「ガイドブック更新・訂正情報」で可能なかぎり最新のデータに更新しています（ホテル、レストラン料金の変更などは除く）。出発前に、ぜひ最新情報をご確認ください。
URL book.arukikata.co.jp/support

■投稿記事について

投稿記事は、多少主観的になっても原文にできるだけ忠実に掲載してありますが、データに関しては編集部で追跡調査を行っています。投稿記事のあとに（東京都 ○○ '18）とあるのは、寄稿者と旅行年度を表しています。ただし、ホテルなどの料金は追跡調査で新しいデータに変更している場合は、寄稿者データのあとに調査年度を入れ［ '19］としています。
※皆さんの投稿を募集しています。詳しくは→P.392

ジェネラルインフォメーション

イギリスの基本情報

▶ 旅の言葉 → P.418

イングランド
聖ジョージ・クロス

スコットランド
聖アンドリュー・クロス

ウエールズ
レッド・ドラゴン

アイルランド
聖パトリック・クロス

国旗
ユニオンジャック UNION JACK
1603年にイングランド（すでにウェールズは併合されていた）とスコットランドの旗が組み合わされ、1800年には北アイルランドの旗が、これに加わった。そして連合王国のシンボルとして知られる現在のユニオンジャックが誕生した。

正式国名
グレート・ブリテンおよび
北アイルランド連合王国
The United Kingdom of Great Britain & Northern Ireland（略称U.K.）

国歌
神よ女王を守り給え God Save the Queen

面積
約24万2509km²（日本の約3分の2）

人口
約6644万人（'18）（日本の2分の1強）

首都
ロンドンLondon
人口約891万人（'18）

元首
女王エリザベス2世 Elizabeth II

政体
立憲君主制 議院内閣制 EU離脱予定

民族構成
アングロ・サクソン系、ケルト系、スコットランド系、ウエールズ系のほか、インド系、アフリカ系、アラブ系など。

宗教
英国国教会、カトリックやプロテスタントなどキリスト教が多く、ほかにイスラム教、ヒンドゥー教、ユダヤ教、仏教など。

言語
英語が主。ウェールズ語、ゲール語（スコットランド、北アイルランドの一部）も使われる。

通貨と為替レート

▶ 両替 → P.397
▶ クレジットカード＆トラベルプリペイドカード → P.397
▶ 旅の予算 → P.400

単位はポンド £（Pound。正しい発音は"パウンド"）とペンス p（Pence）。£1 = 100p = 約144円（'20年1月現在）。紙幣は£5、£10、£20、£50（スコットランドとチャネル諸島のみ£1紙幣もある）。一般に£50紙幣はあまり使用されない。硬貨は1p、2p、5p、10p、20p、50p、£1、£2。スコットランドや北アイルランドなどでは独自の紙幣を発行しているが、イングランドでも通用する。ただし、チャネル諸島発行の貨幣は、イギリスでは使えないので注意。
また、スコットランドと北アイルランドの通貨は帰国後は換金できないので、使いきってしまうか、早めにイングランドの通貨に替えてしまおう。
イギリスのコインと紙幣について → P.162コラム

5ポンド

10ポンド

20ポンド

1ペニー

10ペンス

20ペンス

50ペンス

新1ポンド

2ポンド

電話のかけ方

日本からロンドンへかける場合

国際電話会社の番号	国際電話識別番号	イギリスの国番号	市外局番（頭の0は取る）	相手先の電話番号
001（KDDI）※1 0033（NTTコミュニケーションズ）※1 0061（ソフトバンク）※1 005345（au携帯）※2 009130（NTTドコモ携帯）※3 0046（ソフトバンク携帯）※4	010	44	20	相手先の電話番号

※1「マイライン」の国際区分に登録している場合は不要。詳細は www.myline.org　※2 auは005345をダイヤルしなくてもかけられる。
※3 NTTドコモは事前登録が必要。009130をダイヤルしなくてもかけられる。
※4 ソフトバンクは0046をダイヤルしなくてもかけられる。

General Information

ビザ
観光目的の旅であれば、通常は6ヵ月以内の滞在についてビザは不要。
パスポート
パスポートの残存有効期間は、滞在日数以上必要。

入出国

▶パスポートの取り方
イギリス入出国
→P.396、P.405～407

日本からイギリスまでのフライトは、直行便で約12時間半。現在3社の直行便が運航している。

日本からのフライト時間

▶ロンドンへのアクセス
→P.394

ロンドンは北海道よりも緯度が高いが、暖流と偏西風の影響で、北海道ほど寒くはない。それでも真冬には厚手のコートが必要。夏は、猛暑の年もあるが、空気が乾燥しており、少し冷え込む日もあるので、カーディガンやショールがあるといい。年間を通じて雨が降りやすいのでフード付きの上着なども便利。

気候

▶旅の道具
→P.398

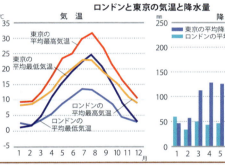
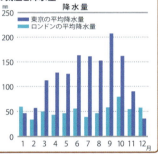
ロンドンと東京の気温と降水量

日本とイギリスの緯度と面積
同緯度の日本

日本との時差は9時間で、日本時間から9時間引けばいい。つまり日本のAM8:00が、イギリスでは前日のPM11:00となる。これがサマータイム実施中は8時間の時差になる。サマータイム実施期間は3月の最終日曜AM1:00(=AM2:00)～10月の最終日曜AM2:00(=AM1:00)。

時差とサマータイム

銀行
銀行によりかなり違うが、月～金曜の9:00～17:00。土曜は午前中のみオープンするところもある。日曜・祝日は休業。
デパートやショップ
月～土曜 10:00～18:00。木曜だけ20:00くらいまで延長営業、日曜・祝日も6時間のみ営業する店も増えている。

レストラン
昼食12:00～14:30、アフタヌーンティー15:00～17:00、夕食17:30～23:00頃。以上は一般的な営業時間の目安。店舗によって30分～1時間以上の違いがある。イースターやクリスマス前後、年末年始、祝日は、不定休や不定期営業をするところも多い。

ビジネスアワー

▶パブの営業時間
→P.260

ロンドンから日本へかける場合

 | 国際電話識別番号 **00** | + | 日本の国番号 **81** | + | 市外局番と携帯電話(頭の0は取る) | + | 相手先の電話番号

▶イギリス国内通話
固定電話の場合、市内にかける場合は市外局番は不要(日本同様、携帯電話では市外局番も必要)。市外へかける場合は市外局番からダイヤルする

▶公衆電話
硬貨のみのものからクレジットカードが使えるもの、メールができるものなど、いろいろな種類があるが、数は減少している
電話について→ P.410

011

祝祭日（おもな祝祭日）

▶バンクホリデーとは
→P.404

キリスト教にかかわる祝日が多く、年によって異なる移動祝祭日（※印）に注意。Sはスコットランド、Iは北アイルランドの祝日。土・日曜と祝日が重なる場合は、振替休日がある。イースター前後とクリスマス前後～新年は休業するところもあるので事前に情報を手に入れて出かけたい。特にクリスマス前～新年は地下鉄・バス・鉄道などの交通機関も平常運行しなくなるので要注意。特記がないかぎり2020年の予定日。

1月1日	ニュー・イヤーズ・デー New Year's Day
1月2日 ※Sのみ	バンクホリデー Bank Holiday
3月17日 Iのみ	聖パトリックス・デー St. Patrick's Day
4月10日 ※	グッドフライデー Good Friday
4月12日 ※	イースター Easter（日曜）
4月13日 ※S以外	イースター・マンデー・バンクホリデー Easter Monday Bank Holiday
5月8日 ※	アーリー・メイ・バンクホリデー Early May Bank Holiday
5月25日 ※	スプリング・バンクホリデー Spring Bank Holiday
7月12日(7/13振替休日) Iのみ	オレンジマンズ・デー Orangeman's Day
8月3日 Sのみ	サマー・バンクホリデー Summer Bank Holiday
8月31日 ※S以外	サマー・バンクホリデー Summer Bank Holiday
11月30日 Sのみ	聖アンドリューズ・デー St. Andrew's Day
12月25日	クリスマス・デー Christmas Day
12月26日(12/28振替休日)	ボクシング・デー Boxing Day

電圧とプラグ

電圧は220-240Vで、周波数は50Hz。プラグはBFタイプが一般的。デジカメの充電やPCなどはプラグを付ければ使えるものが多いが、使えない製品もあるのでアダプターの電圧表示を確認すること。

BFタイプ

ビデオ方式

イギリスのテレビ・ビデオ方式は、日本と異なるので、一般的な日本国内用ビデオデッキでは再生できない。DVDソフトは地域コードRegion Codeが日本と同じ「2」なので、DVD内蔵パソコンなら、通常は再生可能。一般的なDVDプレーヤーでは再生できない。ブルーレイのRegion Codeは日本が[A]、イギリスは[B]と異なっている。

チップ

レストランやホテルなどの料金には、サービス料が含まれていることが多いので、必ずしもチップ（ティップと発音）は必要ない。ただし、サービスをしてくれた人に対する感謝の意を表す心づけとして渡す場合もある。額は、特別なことを頼んだ場合や満足度によっても異なるが、以下の相場を参考に。

タクシー
料金の10～15％程度。荷物が多いときはやや多めに。

レストラン
サービス料がある場合は一般に不要。ない場合、店の格にもよるが、12～15％ぐらいの額を、テーブルでの支払い時にきりのいい金額にまとめて置く。

ホテル
ベルボーイやルームサービスを頼んだとき£1程度。

トイレ
少なくなったが、掃除の係員がお皿を前に置いて座っていたら£0.20～0.50程度。

飲料水

水道水（Tap Water）は飲用できるが、水が変わると体調を崩すこともあるので、敏感な人はミネラルウオーターを利用したほうが安心だろう。
レストランやスーパーなどで売っているミネラルウオーターは、炭酸入り（スパークリング・ウオーターSparkling Water）と、炭酸なし（スティル・ウオーターStill Water）がある。500㎖入りはスーパーマーケットで買うと£1前後、駅の売店などでは少し高くなる。

※本項目のデータは英国連合王国大使館、英国政府観光庁、日本の外務省などの資料を基にしています。

General Information

郵便

イギリスの郵便は民営化されているがロイヤルメイルRoyal Mailという。郵便業務に加えて、おみやげの送付に便利な箱や文具などを販売している場合もあり、ショップの一角に郵便カウンターを出している小規模なところもある。
一般的な営業時間は平日9:00～17:30。土曜9:00～12:30に営業する局もある。日曜・祝日は休み。小さな郵便局では昼休みを取ることもあり、土曜は営業しない。局により営業時間は異なる。

郵便料金
日本へのエアメールの場合、はがきおよび封書10gまで£1.35、20gまで£1.55。2kgまでの小包スモール・パーセルSmall Parcelsもある。

シティにある郵便局

▶郵便の種類
→P.411～412

税金

イギリスでは多くの商品にVATと呼ばれる付加価値税が20%（内税）かかっている。ただ、旅行者は手続きをすればこの税金の一部が戻ってくるので、ある程度の額の買い物をした場合には、忘れずに手続きしたい。ちなみにこの手続きができるのは、一般に未使用の商品。現地で使用したものや、ホテル代や飲食代といった現地で受けたサービスには適用されない。

▶税金還付（VATリファンド）について
→P.266・267、407

安全とトラブル

ロンドンの地下鉄は、日本よりもストや故障などで運行が乱れたり、駅が閉鎖になったりすることが多いので、帰国の飛行機に搭乗する日などは、時間に余裕をもつようにしたい。置き引き、スリ、ひったくりといった被害は、毎年数多く報告されているので、気をつけよう。

警察・消防・救急 **999**
または **112**

▶旅のトラブルと安全対策
→P.414～417

年齢制限

イギリスでは酒類18歳未満、たばこ16歳未満の購入は不可。レンタカーは、レンタカー会社や車種などによって年齢制限があり、身分証明書代わりにクレジットカードの提示を要求される。

▶レンタカーの年齢制限について
→P.351

度量衡

公式には日本の度量衡と同じものが多い。ただし、距離はマイル（=1.61km）表示。長さの1インチinch（=2.54cm）、重さのポンドlb（=453.6g）といった単位は今でも使用されることがある。
服のサイズも違いがあり、パブでのビールの注文もパイント単位なので要注意。

▶日本とイギリスのサイズ比較表
→P.267

▶パブでの注文の仕方
→P.261

その他

トイレ
町なかには無料のトイレは少ない。美術館や博物館などの主要観光スポット、デパートなどには掃除が行き届いたトイレがあり、無料のところがほとんどなので、利用しておくといい。また、中心部の地下鉄駅や小さめのカフェには、トイレがないところもあるので要注意。パブにはある。

マナー
列（キューque）に並ぶときは、窓口がいくつあっても1列に並び、順番が来たら空いた窓口へ向かう。タクシーやバスを停めるときには横に手を出して合図する。エスカレーターで立つ場合は右側へ。左は歩く人用。

喫煙
レストランやパブ、ショップ、ホテルのロビーなど、公共の建物内の喫煙は禁止。違反者には罰金が科せられる。屋外テラス席などでは認められている。また、路上での吸殻のポイ捨ては罰金。

▶劇場でのマナー
→P.187

次に行くべきなのはココ！

London Best place 10 New

Contents

#1 キングス・クロスのNewエリア
話題の再開発地区へ

#2 祝！ヘンリー王子ご成婚
ロイヤルロンドンを巡る旅

#3 伝説のロックバンド
ビートルズに会いに行こう！

#4 バンクシー紹介も！
イーストのストリートアート巡り

#5 モダンデザインの父
ウィリアム・モリスの世界へ

#6 醸造所ツアーでよくわかる
ロンドンで大流行中のジン

#7 紅茶の国イギリスで
優雅なお茶の時間を

#8 ロンドンの食の大きな潮流
ヴィーガンってどんなもの？

#9 お気に入りの
紅茶を探してみよう

#10 中世巡礼の地
大聖堂の町カンタベリー

独特の形で3層からなるコール・ドロップス・ヤード

#1 Area キングス・クロスのNewエリア
話題の再開発地区へ

奥の建物がこのエリアの核ともいえる芸術大学。アレキンダー・マックイーンら多くの有名デザイナーを輩出している

かつては両脇の建物に石炭を積んだ列車が出入りしたという

運河沿いには、ガスホルダーと呼ばれる高級マンションも

リージェンツ運河に係留されたボートの本屋さん

世界的に知られるデザイナー、トム・ディクソンの旗艦店

ショップのほか、レストランやカフェもある小路

キングス・クロス駅北の再開発は2001年から続く大規模なもの。2011年にはファッションに強い芸術大学セントラル・セント・マーティンズが元穀物倉庫に移転し、この一帯にクールな若者が集まるようになった。その後もどんどん整備され、エリアは発展。産業革命時代の石炭保管庫だった建物を再利用したショッピングセンター「コール・ドロップス・ヤード」も完成し、訪れる価値ありのエリアに成長している。

コール・ドロップス・ヤード Coal Drops Yard ● MAP 3-C1

London »

#2 Royal

祝！ヘンリー王子ご成婚 ロイヤルロンドンを巡る旅

2018年5月、ヘンリー王子とメーガン妃の結婚式がウィンザーで行われた

バッキンガム宮殿隣のクイーンズ・ギャラリーや
ロイヤル・ミューズも見学できる

ウィリアム王子ご家族やほかの王族も、
ケンジントン宮殿西側の建物で暮らしている

ジュエリー・ハウスでは希少なダイヤモンドなど
宝石がはめ込まれた王冠や王笏が必見！

王室ゆかりの見どころはココ！

おめでたいこと続きで、このところ話題の英国王室。「いかにもイギリス！」な衛兵や王族の豪華な居所などを訪ねてみたい。

- バッキンガム宮殿 →P.88‥女王が住む宮殿と衛兵交替を見学
- ロンドン塔 →P.104‥ジュエル・ハウスで王家の宝を見てみよう
- ホース・ガーズ →P.96‥騎兵の交替。常駐の騎兵と記念撮影も
- ケンジントン宮殿 →P.124‥ドレスや調度品も見れる王族の宮殿
- ウェストミンスター寺院 →P.94‥戴冠式が行われる場所
- ウィンザー城 →P.362‥女王お気に入りの別邸。衛兵交替もあり

Special Point

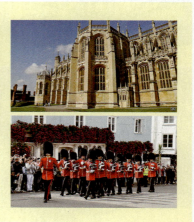

ロイヤルウエディングの町ウィンザーへ

ヘンリー王子の婚礼はウィンザー城内の聖ジョージ礼拝堂（右上）で行われ、ウィンザー城から続くロング・ウォーク（上）を馬車が通った。テムズ河対岸には、王子たちが通った名門イートン校もある。

016

#3 Musician 伝説のロックバンド ビートルズに会いに行こう!

撮影する人があとを絶たないアビー・ロードの横断歩道→P.117（左）、ポールが設立した音楽関連の会社「mpl」 ◎MAP 12-A1

ポールがリンダと出会ったクラブ、バッグ・オネイルスBag O'nails。ヘンドリックスが演奏したこともある ◎MAP 11-D2

1962年にデビューし数々のヒット曲を世に送り出したビートルズ。リミックス盤や復刻版のアルバムが発売され、ドキュメンタリー映画が作られるなど、今でも影響を与え続けている。有名なアビー・ロードをはじめ、ロンドンにはビートルズゆかりの地がたくさんある。路地を歩き、彼らの足跡をたどれば、観光名所だけではないロンドンの魅力を垣間見ることができそう。「ビートルズに会いたくて」→P.118も参考に。

ビートルズが『Hey Jude』を録音したほか、クイーンやストーンズなども利用したトライデント・スタジオTrident Studios ◎MAP 12-A1

Special Point

トライデント・スタジオやジョンとヨーコが出会ったギャラリー ◎MAP 11-D3などは、知る人ぞ知る小径のような場所にあるので、こうしたところを効率よく訪れ、詳しい話を聞くにはウオーキングツアー→P.77が便利。

ベーカー・ストリートにはビートルズ・ストアも ◎MAP 2-C3

London » 017

#4 Art 1 バンクシー紹介も！
イーストのストリートアート巡り

アートが集まるHanbury St.沿いは見応えあり（上）　Brick Laneから小道を入った広場はアートの実験場のよう（右上）　アート製作中（右下）

どこかあたたかみのある棒人間の絵で有名なStikの作品　　ストリートアーティストとして活躍するJimmy Cのアート

カーゴ入口のThierry Noirのアート。この通り沿いにもアートが多い

イースト・ロンドンのストリートアートMAP
◆MAP 4-C2C3〜D2D3

おもしろいものが生まれるエリア、イースト・ロンドン→P.129。ここにはあちこちにストリート・アートが描かれており、「天井のないギャラリー」ともいわれる。ただブラブラ歩くのもいいが、有名な作品やアートが多く固まった通りを訪れてみたい。作品はどんどん上書きされてしまうけれど、今度はどんな新しいアートに出会えるのだろうと楽しみでもある。オルタネーティブ・ツアー→P.78に参加するのもいい。

※アートは2019年10月現在の状況。上書きされる可能性もあり。

Special Point ロンドンのバンクシー巡り

「バスキアとの非公式コラボ」は画家バスキアへのオマージュといわれる ● MAP 4-B3

「落下する買い物客」と呼ばれる作品 ● MAP 11-C2

バンクシーBanksyとは？

世界中で名を知られる神出鬼没の覆面アーティスト、バンクシー。2018年には約1億5000万円で落札された絵を、作者自らが仕掛けたシュレッダーにかけて話題となった。イギリスらしいブラックユーモアや社会への批評を含む表現は、常に世の中に向けて問題提起をし続けている。ロンドンにも多くの作品を残しているが、上書きや消されたものもある。写真は2019年10月現在のもの。

バンクシーの絵にストリート・アーティストのTeam ROBBOが上書きをした「ロボに上書きされたネズミ」 ● MAP 4-B3

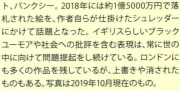

環境保護団体「絶滅への反逆」のシンボルマークを手にした少女が描かれている。非公式だがバンクシーのものと推測されている ● MAP 6-C1

「文字を描くアーティスト」の絵 ● MAP 中央部-A2

クラブのカーゴ中庭はアートで囲まれた空間 ● MAP 4-C2

London » 019

#5 Art 2 モダンデザインの父 ウィリアム・モリスの世界へ

ウィリアム・モリス・ギャラリー→P.155では、オックスフォード・ストリートにあった店「モリス商会Morros & Co.」を再現した部屋の展示も

モリスの生涯をたどることができる。外壁のブルー・プラーク（右）

詩人、思想家としても活躍したウィリアム・モリスは、後世に大きな影響を与えたデザイナーとして知られる。産業革命による大量生産が進むなか、効率主義を疑問視したモリスは、手工業のよさを伝えるため、ラファエル前派のロセッティ、バーン＝ジョーンズらと親交を深め工房を設立。こうした流れが、20世紀のモダンデザインへと続くアーツ＆クラフツ運動へとつながり、後のアール・ヌーヴォーにも影響を与えた。

新婚時代に住んだレッド・ハウス内部→P.166

Special Point

ラファエル前派の絵画を観たいならテート・ブリテン→P.173へ。もっと深くこの時代を探るなら、カリスマ画家フレデリック・レイトンの家、レイトン・ハウス博物館→P.163を訪れてみるのもいい。

博物館のV&A→P.152にはモリスが内装をした部屋も

#6 Spirits

醸造所ツアーでよくわかる ロンドンで大流行中のジン

バーに併設されたコンパクトな蒸留設備。バーでは、各種カクテルを飲んだり、おみやげのジンを買うことができる

蒸留タンクの中にジュネヴァベリーの実を入れて風味をつける

ロンドンでは「ジン復興」が続いている。オランダのジュネヴァが始まりとされるジンだが、「ドライ・ジン」としてロンドンで独自の進化を遂げた。カクテルにも欠かせないジンは、ジュネヴァベリー（ねずの実）のほか、ハーブの種や根、果皮が香りづけに使われ、各社テイストが異なる。ここでは、小さな蒸溜所ながら数々の賞を受賞するシティ・オブ・ロンドン蒸溜所を紹介しよう。

シティ・オブ・ロンドン蒸溜所ツアー
City of London Distillery tour & gin tasting
ジンの歴史や蒸留方法などを聞きテイスティングもする。ウェブサイトで詳細を確認して予約を。£25〜。
- MAP 8-A1　住 22-24 Bride Lane, EC4Y 8DT
- 7936 3636　Blackfriars／St. Pauls
- URL www.cityoflondondistillery.com

小部屋でジンの歴史やテイスティングのレクチャーを受ける

Special Point

おみやげにロンドンのジンを
ジョン・ルイスのフードホール→P.306には、多くジンが並んでいる。手軽な缶入りジントニックや小瓶のセットもトライしやすい。

ジンで堕落した18世紀前半の人々を描いたホガーズの有名な版画

香りづけに使うコリアンダーの種とアンジェリカの根

London »　021

#7 Tea Room

紅茶の国イギリスで優雅なお茶の時間を

シルバーのポットやえりすぐられたカップ＆ソーサー。高級ホテルのティールームでのアフタヌーンティーは、いつもと違う特別な時間

ロンドンでは、優雅でリッチなものから、気どらず楽しめるものまで、いろいろなスタイルのアフタヌーンティーを楽しむことができる→P.252〜253、256〜259。その時々の気分や予算で、自分に合ったアフタヌーンティーを選んでみたい。マナーや食べかたは、そんなに堅苦しく考える必要はなく、お茶の時間を存分に楽しんで。ただし、紅茶をすする音をたてないなど、ほかの人たちへの気遣いは大切に。

ティールームによって違うケーキやスコーンの味を比べてみても

ティールームでの楽しみ方

Point 1
スコーンは横半分にナイフで割り、たっぷりのクロテッドクリームとジャムを盛る

Point 3
食べる順序はサンドイッチ→スコーン→ケーキが一般的だが、あまり厳密に守る必要はない

Point 2
紅茶が濃くなってきたらお湯をもらうこともできる。最初からお湯のポットが置かれる場合も

Point 4
食べきれなかったら、箱を用意してもらい持ち帰りできるところもあるので聞いてみよう

Special Point テーマで選ぶアフタヌーンティー

ピエール・ガニエールらがつくった空間は、ピンクなのにクール

ウエートレスのコスチュームもキュート！

たっぷり盛られた２人分のアフタヌーンティー

変わった形のバーの後ろには不思議な卵型のトイレも

> アート＆クール

アフタヌーンティーも取れる、スケッチのレストラン「ギャラリー」。ここのピンク色の空間は、かわいいだけでなく、壁面にズラリと飾られたイラストや椅子、バーやトイレ、ライティングにいたるまで、創造性あふれるインテリアでSo Cool！

スケッチ Sketch
- MAP 11-D1
- 9 Conduit St., W1S 2XG　020.7659 4500
- 営 アフタヌーンティー 毎日11：30～16：30
- 休 一部の祝　料 1人£59
- CC AMV　予 望ましい
- ド アートスマート（スタイリッシュで個性的な服装）。スポーツウエアは不可
- Oxford Circus　URL sketch.london

> アリスのティーパーティー

3月ウサギや帽子屋が出てきそうなお茶会はいかが？ ピンクマカロンの時計や、「Drink Me」と書かれたイチゴミルクの魔法のポーションなどなど、アリスの世界にどっぷり浸れそう。バッキンガム宮殿に近いホテル内のレストランで。

コナ［タージ 51 バッキンガム・ゲート内］
Kona [Taj 51 Buckingham Gate]
- MAP 7-B3
- 51 Buckingham Gate, SW1E 4AF　020.7769 7766　営 毎日12：30～、14：30～、16：30～
- 休 無休　料 1人£45　CC AJDMV　予 望ましい
- ド スマートカジュアル　 St. James's Park
- URL www.taj51buckinghamgate.co.uk

メニューやセッティングにもアリスのキャラクターがたくさん

London » 023

#8 Eat ロンドンの食の大きな潮流 ヴィーガンってどんなもの？

名だたる高級レストランから庶民的なファストフードやチェーン店まで、普通にヴィーガンメニューがあるのが、最近のロンドンの傾向だ。ヴィーガンは、肉類のほか、牛乳、卵、チーズといった乳製品やハチミツもダメ。ここがベジタリアンとの違いで、味のよさとかヘルシーさより、動物愛護や環境保護といった思想的な側面も強い。メニューに（V）とあったらヴィーガン、（VG）ならベジタリアンというのも覚えておこう。

ヴィーガン用フィッシュ&チップスも！ サットン&サンズ→P.236

ソースもビールもヴィーガン用。魚は海藻でマリネしたバナナの花で代用。ジャガイモを使った擬似小エビを揚げたものも

カフェにはヴィーガンケーキがあることも

#9 Shopping お気に入りの紅茶を探してみよう

紅茶好きなら立ち寄ってみたいのが、ウィッタード→P.305の試飲コーナー。コヴェント・ガーデン店の地下にあって、日ごとに変わる紅茶を試すことができる。ココナッツトリュフやオレンジブロッサムなど変わり種があることも。
お茶全般に興味があるなら、ポストカード・ティーズ→P.304へ。中心部にありながら、落ち着いた雰囲気の店で、世界中のお茶を吟味できる。お茶を郵送できるポストカードティーも人気。

いろいろな味が楽しめるウィッタードの試飲コーナー

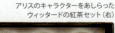

種類豊富なお茶が揃うポストカード・ティーズ

ポストカード・ティーズのパッケージのまま送れるお茶（左）

アリスのキャラクターをあしらったウィッタードの紅茶セット（右）

#10 Short Trip

中世巡礼の地
大聖堂の町カンタベリー

世界遺産カンタベリー大聖堂の内陣(上)、クライスト・チャーチ門があるバター・マーケット(右上)、川沿いに建つグレイフライアーズ礼拝堂(右下)

キリスト教伝道の本拠地として、6世紀から続く布教活動の要でもあったカンタベリー大聖堂。この大聖堂を囲むようにして、木の梁と漆喰の壁が印象的なチューダー調の建物が連なる。数々の言い伝えや歴史ある建物も多く、訪れる人が絶えない。チョーサーの『カンタベリー物語』でも語られるように、さまざまな階層の巡礼者たちを受け入れてきたカンタベリーの町は、今も変わらずあたたかく旅行者を迎え入れてくれる。→P.377

川沿いの景色を眺めながらカンタベリーの歴史を聞くこともできる

Special Point

バンズに挟んだ甘辛の豚肉はやわらかく、食べるごとにうま味を感じることができる。店員さんおすすめのトラディショナルなアップルソースと野菜の千切りサラダのようなものをトッピング。ポーク&Co.→P.378

おいしいケーキがあるティールームだけど、実は幽霊が出るので有名。"The Ghost Room"と書かれた部屋のあたりで幽霊が出没するとか。ゴースト好きが多いイギリスらしい場所。タイニー・ティムズ・ティールーム→P.378

London » 025

CLOSE UP

ハリポタファンなら見逃せない！ ふたつのツアー

このシーンの撮影は、リーブスデン・スタジオで行われた
TM & © 2011 Warner Bros. Entertainment Inc. Harry Potter publishing rights © JKR

上…ほうきにまたがった合成画像も
下…食事のシーンで印象的な大ホール

ワーナーブラザース・スタジオ・ツアー
メイキング・オブ・ハリー・ポッター

映画ハリー・ポッター全8作の多くが撮影された、ロンドン郊外のリーブスデン・スタジオが2012年より公開されている。ホグワーツ魔法魔術学校の大広間、校長室、ダイアゴン横丁、そしてハリーの寝室だった階段の下の物置部屋のセットなど、1万4000m²という広大なスタジオの中をツアーで巡ることができる。さらに、制作スタッフやキャストたちの撮影裏話、特殊撮影のトリックやメークなどを見たり体験できたりと、盛りだくさんな内容。2017年には「禁じられた森」、2019年には「グリンゴッツ銀行」の新アトラクションもオープンした。
チケットは完全オンライン予約制で、現地では購入できない。URL www.wbstudiotour.co.uk で希望日と時間を選ぶと、eメールで予約票が送られてくる。入場口で予約票と引き換えにチケットをもらうので、予約票を忘れないように。
開日によって異なるのでチケット購入時に要確認。ツアーは30分ごとにスタートする。指定ツアー時刻の20分前に入場口に集合。音声案内のデジタルガイドは日本語版もあり。
住 Studio Tour Drive, Leavesden, Hertfordshire, WD25 7LR ☎(0345)084 0900 料£47
デジタルガイド£4.95、ガイドブック£9.95
🚆 Watford Junction（Euston 駅から列車で約20分、オイスターカード利用可能）。駅から専用シャトルバス（往復£3）で約15分。Watford Junction駅へは、列車の遅延など時間がかかる可能性もあるので、余裕をもって到着すること。
ロンドンのヴィクトリア駅とキングス・クロス駅からの往復バスとチケットのセットもある。出発はツアー開始の2時間前。料£85　申し込み：ゴールデン・ツアーズ URL wbsstudiotour.gttix.com

ロンドンでハリー・ポッターロケ地を巡る
ツアー・フォー・マグルス

ポッターファンのガイドと一緒に、映画が撮影された場所やゆかりの地を回る英語のウオーキングツアーは、ロンドン・ブリッジ駅からレスター・スクエア近くまでのルートを歩く。よく知られているキングス・クロス駅には行かず、魔法省として使われた建物など、通しか知らないような所を案内してくれるのがうれしい。地下鉄も利用しての移動の道すがら、物語の背景に隠れたロンドンの歴史や、登場人物の名前の由来、撮影秘話なども聞くことができ、原作のすばらしさを味わい直した気分に。
地下鉄に乗るので、オイスターカードなどの交通カードを持参すること。ツアーは英語のみ。所要約2時間30分、定員20人。要予約（オンライン予約も可能）。
料£16　開火〜日　時間は日によって異なるのでウェブサイトで確認を　☎ 0791 415 1041
URL www.tourformuggles.com

新アトラクション「グリンゴッツ銀行」のゴブリン　　肖像画を集めたコーナー　　ツアー・フォー・マグルスで楽しい話が聞けそう！

026

London »
ロンドンの市内交通

今日1日、赤いバスの2階に乗ってロンドン中を巡ろう　Oxford Street、Baker Streetを通り抜けて、その先へ

交通機関のおもなサイト
ロンドン交通局
URL www.tfl.gov.uk
ヒースロー・エクスプレス
URL www.heathrowexpress.com
ガトウィック・エクスプレス
URL www.gatwickexpress.com
ナショナル・レイル(鉄道在来線)
URL www.nationalrail.co.uk
ナショナル・エクスプレス
URL www.nationalexpress.com
イージーバス
URL www.easybus.com
テラヴィジョン
URL www.terravision.eu
グリーン・ライン
URL www.greenline.co.uk
エアポート・エクスプレス
URL www.airportbusexpress.co.uk

ヒースロー空港から
地下鉄(Zone1まで)
🎫 £6　オイスター料金£3.10 (オフピーク)、£5.10(ピーク)
デイ・トラベルカード£13.50 (オフピーク、Zones1〜6)
運行時間(ターミナル5)月〜木 5:23〜23:42(4〜15分間隔)、金 5:23〜翌3:04、土 3:14〜翌3:04、日 3:14〜23:25
オイスターはSuicaのようなチャージ式のカード。デイ・トラベルカードは、ロンドンの地下鉄、バスなどに1日乗り放題の使い捨てチケット。これらのパスについては→P.34〜35。

TfLレイル
🎫 £10.10(オフピーク)、£10.50(ピーク)　オイスター、トラベルカード、非接触ICカードのみ。紙の切符はない。エリザベス・ライン開通後は要確認。
運行時間(ターミナル2,3)月〜土 5:28〜翌0:13(約30分間隔)、日 6:07〜翌0:07(約1時間間隔、要確認)

ヒースロー・エクスプレス
🎫 エクスプレスセーバー£25(ピーク)、£22(オフピーク)
ビジネスファースト£32
早割料金あり£5.50〜16.50
運行時間(ターミナル2,3)月〜土 5:17〜23:48、日 5:17〜23:47(約15分間隔。要確認)

コーチ(中長距離バス)
🎫 £6〜15(保険込みは+£1.50)
運行時間 4:20〜22:10(1時間に0〜3本)

少しラクな乗り換えの裏技
ヴィクトリア方面のディストリクト・ラインに乗る場合、バロンズ・コートかハマースミス駅なら、ディストリクト・ラインとピカデリー・ラインが同じホームに停車するため、階段の上り下りをする必要がない。

空港から市内へ

ロンドン周辺の主要な国際空港は以下のとおり。

ひとつは、ロンドンの西24kmの所にあるヒースロー空港 Heathrow Airport。単に"London Airport"というときはこのヒースローのことを指す。日本からの直行便があるブリティッシュ・エアウェイズ、日本航空、全日空はヒースロー発着。

ふたつ目はガトウィック空港 Gatwick Airport。ロンドンの南50kmの所に位置する。日本からの直行便で到着するものはなく、ヨーロッパ大陸への便などの離発着に使われている。

3つ目は、スタンステッド空港 Stansted Airport。ロンドンの北54kmの所にあるが、規模は小さめで、ヨーロッパ行きの便の発着に使われている。

4つ目は、ルートン空港 Luton Airport。スタンステッド空港の西にあり、ここもヨーロッパやアイルランドからの便が発着する。

最後に、ドックランズ付近にあるロンドン・シティ空港 London City Airport。ヨーロッパと結ぶ短距離便が多い。

なお、旅客便に関しては原則として24時間態勢ではない。以下に挙げる地下鉄、バスなどの多くは終電、終バスがあるが、それに間に合わないほど遅く着くということはまずないのでご安心を。

ヒースロー空港から

地下鉄で
比較的安く、時間がだいたい正確。Piccadilly Lineでロンドンのヘソ、ピカデリー・サーカスまで約50分。ピーク時にはだいたい5分に1本の割合で運行されている。

駅はターミナル2,3駅、ターミナル4駅、ターミナル5駅の3つ。ただし、3つの駅すべてに停車するわけではないので、帰国時にはどのターミナルに行くのか確認しておきたい。なお、中心部から2,3駅へ行く場合は、5駅行きに乗るほうが少し早く着く。

鉄道 ヒースロー・エクスプレス／TfLレイルで
ヒースロー・エクスプレス Heathrow Expressは、ターミナル2,3かターミナル5からパディントン駅まで直通で所要15分という早さがうれしい。オイスターカード使用可でWi-Fiも利用できる。

ヒースロー・エクスプレス

ヒースロー空港　ターミナル3

ヒースロー空港からのおもな時間と料金比較 早見表

交通機関名	所要時間	料金
地下鉄(ピカデリー・ライン)	ピカデリー・サーカスまで約45分	£3.10 (オイスター オフピーク)
ヒースロー・エクスプレス	パディントン駅まで約15分	£22 (オフピーク)
TfL レイル	パディントン駅まで約30分	£10.10 (オフピーク)
バス	ヴィクトリア・コーチ・ステーションまで40分～1時間	£6～15
タクシー	中心部まで約1時間	£70～100

　TfL レイル(旧ヒースロー・コネクト)は、ロンドン交通局運営の鉄道路線。地上線のオーバーグラウンドとは別もので、オイスターカードやトラベルカードも使えるが、運賃は地下鉄料金より高い(ただしゾーン6の上限額は適用される)。途中6つの駅に停車し、パディントン駅まで30分ほど。ヒースロー・エクスプレスの運行間隔がほぼ15分なのに比べ、こちらはほぼ30分間隔。ターミナル2,3とターミナル4が発着駅なので、ターミナル5からはヒースロー・エクスプレスでターミナル2,3まで来て(この間は無料)乗り換える。

バスで
　バスを利用して中心部へ出るなら、ナショナル・エクスプレスの中長距離コーチで行くことになる。地方から空港を経由してロンドン中心部に行くルートのものなど、比較的多くの便がある。ヴィクトリア・コーチ・ステーションまで40分～1時間20分。
　発着はターミナル2,3駅から徒歩5～10分ほどのセントラル・バスステーション。ターミナル4からは無料バスがあるが、ターミナル5からはヒースロー・エクスプレスを使ってターミナル2,3駅へ。

タクシーで
　経済的に余裕のある人は、ブラックキャブを使うのもいい。混雑状況にもよるが、中心部まで1時間くらい。料金は、平日の日中だとロンドン中心部まで£70～100(夜間、休日などは割増料金あり)。メーターは走行距離と時間によって上がり、空港送料£2.80が最後に加算される。
　日本でいう白タクはミニキャブ→P.45と呼ばれ、PCO(ロンドン公共車両管理局)のライセンスをもった運転手のみが営業可能。メーターはないから交渉次第でブラックキャブより安くもなるが、ボラれることもある。「£60でいいよ」と言われたら「ひとり£60、ふたりで£120」という意味だったりするので、しっかり確認しよう。そして、強引な誘いにははっきり「ノー」と言おう。

ガトウィック空港から

鉄道で
　ガトウィックとヴィクトリア駅をノンストップで結ぶガトウィック・エクスプレス Gatwick Expressなら、所要時間わずか30～35分。
　駅はサウス・ターミナル South Terminalに直結している。ノ

PUBLIC TRANSPORT

ロンドン地下鉄事情
地下鉄なら渋滞に左右されることはないが、ロンドンの地下鉄はよく止まるということを頭に入れておきたい。工事のために運休する場合もあるので、事前に地下鉄改札にある注意書きを確認しておこう。特に週末に工事が多いので注意。また、故障があって遅れたり止まったりすることもあるので、時間に余裕をもって出よう。
下記ウェブサイトでも地下鉄の運休予定が確認できる。
URL tfl.gov.uk/tube-dlr-overground/status

新路線エリザベス・ライン
2018年開通予定だったエリザベス・ラインは、2020年10月～2021年3月頃までの開通予定と遅れている。しかし、この新路線の一部であるヒースロー・コネクトは、すでにロンドン交通局の管理下へと変わり、一時的に TfL Rail という名で運行中。無事開通した場合、ロンドン中心部とヒースロー空港をつなぐ地下鉄は、ピカデリー・ラインとエリザベス・ラインの2線が使えるようになる。詳細→P.54

ターミナル間移動料金
バスやヒースロー・エクスプレスを使ったターミナル間の移動は無料。

ロンドン・シティ空港のDLR
空港駅のDLRのチケット自販機は、中心部のものと違って日本語表記なし。オイスターを作れる窓口がありました。
(群馬県　ゆきみ　'18)['19]

ヒースローからガトウィック
セントラル・バスステーション、ターミナル4と5からナショナル・エクスプレスのバスで、所要約1時間30分。料金片道£20～28.50、24時間運行、1時間に2～4本程度(深夜は不定期)。ほかにもスタンステッド空港、ルートン空港の各空港間を結ぶバスがある。

ガトウィック空港から
ガトウィック・エクスプレス
🎫ファーストクラス£31.70
エクスプレスクラス£19.90
オンライン割引あり。オイスターカードでは片道£19.80で、往復するなら通常の鉄道往復チケットのほうがお値うち。
運行時間 5:41 ～ 23:12（深夜・早朝を除き約15分間隔）
12/25・26は運休
在来線
ロンドン・ブリッジ駅などを経由する。オイスターカード使用可。
🎫ヴィクトリア駅まで£19.90～33
セント・パンクラス駅まで£12.40～29.20
運行時間 24時間（1時間に4～10本、深夜は1～2本程度）
空港バス
🎫£8～12（保険込みは＋£1.50）
運行時間 24時間（日中は1時間に1本程度）
イージーバス
🎫£1.99～10　運行時間 4:00～翌0:30（日中は1時間に4本程度）

スタンステッド空港から
スタンステッド・エクスプレス
🎫スタンダード£19.40　ビジネスプラス£26.50　ファースト£27.60
早割あり　運行時間 毎日6:00～翌0:30（月・金5:30～、日中15分間隔、早朝・深夜30分間隔）
空港バス
🎫£6～12（保険込みは＋£1.50）
運行時間 24時間（日中は1時間に4本程度）
テラヴィジョン
🎫£8　運行時間 7:15～23:50（日中は30分おき）
エアポートバス・エクスプレス
🎫£8　運行時間 7:00～翌3:45頃　テラヴィジョンなどとの共同運行便もあるので予約時にバス会社名の確認を。

ロンドン・シティ空港から
DLR
🎫Zone 1～3 £4.90（現金）
オイスター料金£2.80（オフピーク）、£3.30（ピーク）
運行時間 月～土5:37～翌0:17　日7:07～23:17（8～7分間隔）

ルートン空港から
鉄道
🎫スタンダード£15.50～26.40
ファースト£24.80～59.90
運行時間 24時間（日6:36～翌0:09、日中は1時間に3～7本）
ルートン空港ライン
🎫£10～12（グリーンラインで£11.50）
運行時間 24時間（日中は1時間に4本程度）

ーターミナルNorth Terminalからはシャトルトレインあり。
　ヴィクトリア駅などに行く在来線を利用するなら、所要30～80分。
バスで
　ナショナル・エクスプレスの空港バスでヴィクトリア・コーチ・ステーションまで所要1時間5分～1時間30分（時間帯や混雑事情による）。イージーバスのガトウィック空港ラインなら、アールズ・コート駅近くまで所要約1時間10分。終点はヴィクトリア駅。

ガトウィック・エクスプレス

スタンステッド空港から

鉄道で
　空港のターミナルビル地下からリヴァプール・ストリート駅まで、スタンステッド・エクスプレス Stansted Expressで約45分。途中、Tottenham Haleにも停まる。ここで地下鉄ヴィクトリア・ラインに乗り換えるほうが中心部へは早く着く。
バスで
　ナショナル・エクスプレスの空港バスは、いくつかの停車駅経由でヴィクトリア・コーチ・ステーションまで約1時間30分。リヴァプール・ストリート駅まで1時間10分～1時間25分。
　ほかに、テラヴィジョン Terravisionの直通バスでヴィクトリア駅まで約1時間15分、経由駅のリヴァプール・ストリート駅までなら約55分。エアポートバス・エクスプレスならリヴァプール・ストリート、ベーカー・ストリートを通り、ヴィクトリアまで2時間で着く。

ロンドン・シティ空港から

ドックランズ・ライト・レイルウエイ(DLR)で
　空港のターミナルを出ると、ロンドン・シティ空港駅(Zone 3)がある。ここからBank駅まで約25分。DLR乗車時は改札がないので、オイスターカードの場合、検札器へのタッチを忘れずに。

ルートン空港から

鉄道で
　空港からルートン・エアポート・パークウェイ駅までシャトルバスで10分ほど。ここからセント・パンクラス駅まで、所要25～50分。
バスで
　ナショナル・エクスプレス、グリーン・ラインの空港ラインは、マーブル・アーチなどを経由し、ヴィクトリア駅まで約1時間20分。ベーカー・ストリートを経由するものもある。

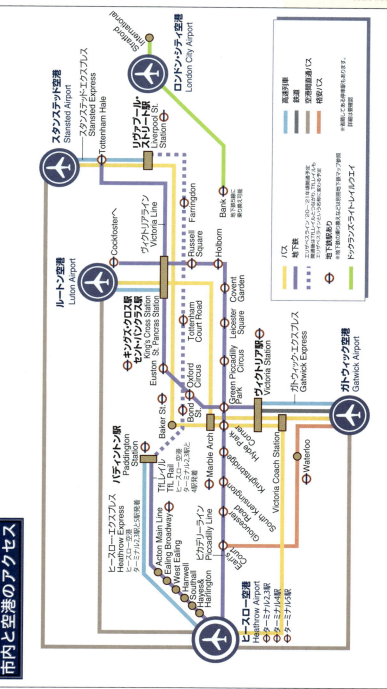

ヒースロー空港マップ

どのターミナルもチェックイン/セキュリティを通過した後、各搭乗口までは10〜25分かかる。

ターミナル2 到着 レベル1

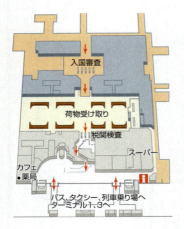

ターミナル2 出発 レベル5

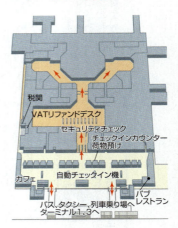

ターミナル3 到着

レベル1

ターミナル3 出発

レベル1

レベル0

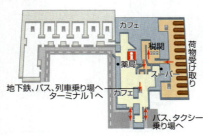

レベル0

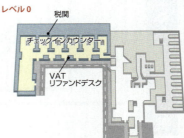

PUBLIC TRANSPORT

> **ターミナル5での注意点**
> ターミナル5は、A、B、Cの3つの棟からなる。セキュリティチェックや入国審査などがあるのはA棟。到着・搭乗ゲートがBかCの場合は、シャトルに乗って移動する。搭乗時には、時間の余裕をもってゲートへ向かうようにしよう。

ターミナル5 到着

ターミナル5 出発
レベル3

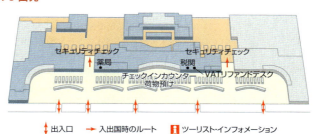

 出入口　　→ 入出国時のルート　　🛈 ツーリスト・インフォメーション

ヒースロー空港 ターミナル関係図

033

ロンドンの交通機関

ロンドン交通局 TfL (Transport for London) の問い合わせ
📞 0843-222 1234
(自動音声ガイド。英語)
URL www.tfl.gov.uk

ロンドンの交通機関はそれ自体がロンドン名物。地下鉄、バス、タクシー、それぞれ輝かしい歴史と伝統を誇る。もちろん、町を知るには自分の足で歩くのがいちばんだが、広いロンドンではそうも言っていられない。この個性あふれる「足」たちを、賢く使ってロンドンを歩こう。

バスと地下鉄の料金区分

交通局TfLは、地下鉄、バス、オーバーグラウンドと呼ばれる地上線、トラム、ドックランズ・ライト・レイルウェイ、水上バスなどの管轄をしている。

大ロンドンGreater Londonは、大まかにいうと9つの料金区分(ゾーン)に分けられている(別冊の地下鉄マップ参照)。バス、地上線では多少違いがある。いくつの料金区分にまたがって乗車するか、どのゾーンを利用するかによって料金が異なる。一番内側にあるのがゾーン1と呼ばれ、見どころはこのゾーン1内に集中しているので、観光ならゾーン1内のチケットで行けるところが多い。

なお、毎年1月に料金を含む大幅な改正があり、3ヵ月おきに小幅な改正がある予定。

クリスマス前から年末年始の交通機関に要注意

12/20～1/1くらいの間、バス、地下鉄、鉄道の運行が不規則になる。この時期に訪れる場合、事前にロンドン交通局のウェブサイトなどで確認しておきたい。特に12月25日は、地下鉄やバス、鉄道、ボートなどの公共交通機関は全面運休。空港に行くには、タクシーか一部のコーチのみ。なお、12月31日の23:45～翌4:30は地下鉄とバスが無料になる。

オイスターカードとデイ・トラベルカード。地下鉄のマップも手に入れておくとと便利

地下鉄の運行トラブル
地下鉄運行にトラブルが起きることもある。駅員が乗客に状況を説明してくれたが、駅の入口を封鎖して、改札すら通れなかった。こんなときは別の交通手段を考えるか、駅の近くで時間をつぶすべし。
(千葉県 鈴木美穂 '19)

地下鉄とバスの達人を目指して

バスの達人になる

賢く安く、交通機関を乗りこなすなら、ぜひ交通パスを利用したい。特にバスは交通パスがないと乗ることができないので注意。

オイスターと呼ばれるカードなら、バス、地下鉄、トラム、ドックランズ・ライト・レイルウェイ(DLR)、オーバーグラウンド(地上線)、水上バス、ロンドン内の鉄道などで使用可能。デイ・トラベルカードも多くの交通機関で使えるが、オイスターより高いので、一般的にはオイスターを作るのがおすすめ。なお、日本ではあまり普及していないが、コンタクトレスペイ機能(非接触IC)が付いたクレジットカードやデビットカードのほか、こうしたカードを入れたスマートフォンでも、ほぼオイスター同様の使い方ができる。

マップを使いこなそう

駅名インデックスも付いたコンパクトな地下鉄の路線図が、地下鉄駅券売機あたりに置いてあるので、もらっておくと便利。各種交通図はロンドン交通局のウェブサイトにもあるので、旅行前にダウンロードしておくのもいい。

駅の改札付近にリーフレットとともにTube Mapが並んでいることも

おもな地下鉄片道料金表('20年1月現在の大人料金)

Zone1を含む Zone区分	オイスター使用 pay as you go ピーク料金	オイスター使用 pay as you go オフピーク料金	紙の切符
Zone1のみ	£2.40	£2.40	£4.90
Zones1-2	£2.90	£2.40	£4.90
Zones1-3	£3.30	£2.80	£4.90
Zones1-4	£3.90	£2.80	£5.90
Zones1-5	£4.70	£3.10	£5.90
Zones1-6	£5.10	£3.10	£6
Zones1-7	£5.60	£4	£7.40
Zones1-8	£6.90	£4	£8.50
Zones1-9	£7	£4.10	£8.50

エリアや駅により上記と料金体系が異なる場合もある

PUBLIC TRANSPORT

おもな交通パス比較表

	オイスター Oyster Card	トラベルカード Travelcards
タイプと特徴	日本のsuicaと似たオイスターと呼ばれるICカード乗車券に金額をチャージする。ただし、チャージtop-upした金額で紙の切符を購入することはできない。プリペイド方式のほか、7日以上のトラベルカードなどをチャージするためにも必要。改札でタッチすると、自動的にピークまたはオフピークの料金が引かれるPay as you goと呼ばれるシステムで、1日の上限金額Capsを超えることはない。紙の1回券や1日用のトラベルカードを買うよりお得。	1日用は紙の使い捨て切符。ゾーンにより、終日使えるAnytimeと、オフピークOff-peak用がある。短期旅行者向きの1日用Dayのほか、7日用7Day（7日以上はオイスターにチャージ）も便利。7日用は、使い方によって6日の滞在でも割安になる。7日以上のものは、シーズン・チケッツと呼ばれる定期券のような扱いで、1ヵ月や1年有効も用意されている。
使用方法	バス内部、または自動改札上部にある、黄色い読み取り機にタッチする。	1日用は通常の紙切符と同様で、運転手に見せるか、自動改札に通す。
購入場所や注意事項	購入とチャージは券売機（チャージのみの券売機もある。上部にBuy and top-up Oyster Cardとある券売機は購入も可）、交通局のビジターセンター（→P.60）や観光局の❶、オイスターの看板が出ているニュースエージェントやスーパーでも。新規発行には、デポジットとして£5が必要。カードが不要になったら残金とともに返金できる。	地下鉄駅などの券売機のほか、駅や空港の❶、トラベルカードTravelcardの看板が出ているニュースエージェントNewsagent（駅などにある雑誌や新聞などを売る店）やスーパーなどでも購入できる。1ヵ月以上のものを利用する場合は、フォトカードが必要。

おもな交通パスの料金比較表（'20年1月現在）

Zone区分	オイスター使用時の1日の上限 Caps ピーク&オフピーク	デイ・トラベルカード 終日	オフピーク	ビジター・パス（オフピークのみ）2日間	3日間	セブン・デイ・トラベルカード
Zone1-2	£7.20	£13.50	£13.50	—	—	£36.10
Zone1-3	£8.50	£13.50	£13.50	—	—	£42.40
Zone1-6	£13.20	£19.10	£13.50	£25.40	£38.10	£66

オイスターのピークは祝日を除く月～金6：30～9：30と16：00～19：00で、これ以外がオフピーク。デイ・トラベルカードのオフピークは月～金9：30以降と土・日・祝の終日。コンタクトレスカードの場合、ウィークリーキャッピングやオフピークキャッピングなどがある。詳細はウェブサイトで確認を。バスとトラムのみの1日の上限については→P.36。細かい規定を設けていることもあるので、ロンドン交通局のウェブサイト URL www.tfl.gov.uk などで確認を。

ロンドンの交通機関

地下鉄とバスの達人を目指して

オイスターカード返金方法
オイスター開始時のデポジットと残金は、上部にOyster Refundと書かれた券売機などで払い戻し可能。Card Onlyという小型券売機では不可。残金£10以下の場合のみ、Oyster Refundというメニューを選び、現金で残金やデポジットを返金できる。ただし、No change givenと表示された小銭が用意されていない券売機では返金不可。ビジターセンターでクレジットカードを使って購入した場合は、そのカードへの返金となる場合もある。残額が£10を超える場合はカスタマーサービスに郵送する必要があり、手続きが面倒。残額ができるだけ少なくなるよう調整しておいたほうがよさそだ。
オイスター・カスタマー・サービス　☎(0343)222 1814

旅行者向けの
ビジター・オイスター
日本をたつ前、下記のウェブサイトでオンライン購入できる。このほか、ヒースローやスタンステッドとガトウィックの空港駅窓口、ユーロスター車内などでも購入可能。居住者向けのオイスターとのおもな違いは以下のとおり。
・"pay as you go"と呼ばれるプリペイド方式のみ。セブン・デイ以上のトラベルカードを入れる場合は通常のオイスターで。
・発行手数料£5がかかる（デポジットではないので返金不可）。
・残額の返金は通常のオイスターと同様。
・ショッピング、レストランなどの割引がある。
URL visitorshop.tfl.gov.uk
英国政府観光庁（日本語）
URL www.visitbritain.com/jp/ja
交通パス付きもあるロンドン・パスについては→P.57

オイスター新規作成とトップアップtop-up（チャージ）の仕方

❶ 券売機の最初のスクリーン。左側がチケット購入、右側がオイスターカードの新規作成。トップアップの場合は、この画面でボタンを押す必要はなく、黄色いオイスターカードの読みとり機にカードを当てる。日本語表示に変更もできる。

❷ 読みとり機にカードを当てると上の画面が出る。Current Balanceがカード内に入っている金額。チャージする場合はTop up pay as you goのチャージしたい金額のボタンを選ぶか、Other amountを押して金額を指定する。ただし、オイスター新規発行のときに選べる最低額は£5。支払いはカードか現金。7日間用のトラベルカードなどの購入もできる。No change givenの表示がある券売機ではおつりが出ないので注意。乗車履歴も確認できる。

❸ 指定したチャージ金額などを確認して支払いを済ませる。Print receiptのボタンを押せばチャージ金額のレシートを出すこともできる。最後にもう一度読みとり機にカードを当てるのを忘れないように。

※上記の交通パスなどの情報は2020年1月現在。券売機のタイプによって画面や手順などが異なる場合もある

停留所 Bus Stop
一般のバス停
原則として、満員でないかぎり停車するバス停だが、乗りたいバスが近づいてきたら手を挙げて合図するほうが確実。

リクエスト・ストップ
Request Stop
降りる人、また乗る人がいるときのみ停車。
各バス停には、どのルートのバスが停車するか、その番号が書かれたプレートが出ている（ナイトバスのルートは数字の前に"N"が付いている）。

注意したいこと
たとえ同じバス停で待っていても、ほかの人が同じナンバーのバスを待っているとはかぎらない。乗りたいバスがやってきたら、すみやかに手を挙げよう。誰かが手を上げてくれるかとぼんやりしていると、通り過ぎてしまうので注意。

バス料金（'20年1月現在）
現金不可。オイスターなら全Zone統一£1.50。オイスターの場合、1日何回バスとトラムに乗車しても£4.50を超える料金になることはない。
バスとトラムだけの1日券One Day Bus & Tram Pass £5、7日券7Day £21.20。

ナイトバス
日中のバス料金と同じ。ただしデイ・トラベルカードでは、乗車時間の期限が翌4：29まで。12/24・25は運休。

ホッパー料金 Hopper fare
pay as you goタイプのオイスターカードまたは非接触型ICクレジットカードなどを使って複数のバスやトラムに乗車する場合、1時間以内の乗りかえは何度でも無料になる。

バス・レジャールート
観光に便利なバスルートをテーマ別に集めたもの。下記よりPDFをダウンロードできる。
URL tfl.gov.uk/travel-information/visiting-london/experience-london/bus-leisure-routes?intcmp=53128

オイスターで乗車したときの到着駅での精算
オイスターでの乗車は、運賃より残額が少なくても可能でした。駅員さんによれば、そのまま乗車して到着駅でチャージすればよいとのこと。チャージ残高が足りないことをうっかり失念して乗車してしまっても大丈夫だとわかり、少し気が楽になりました。
（スカイ '19）

バス Bus

新型タイプのダブルデッカー

タウン・ウオッチングに最適！
真っ赤なダブルデッカー（2階建てバス）といえばロンドン、ロンドンといえばダブルデッカー、というほど有名かつ絵になる乗り物がこれ。かつて、庶民の大切な足だった乗合馬車の屋根の上にも席を作り、客を乗せていた頃の名残だとのこと。狭いからといって、簡単に道幅を広げるというわけにはいかない。そこで考えだされたのが、2階建て馬車。物理的に、同じ面積でも2倍の人や物が運べるというわけだ。さすが合理的、と感心してしまう。

渋滞に巻き込まれる恐れがある、という点を除けばバスほど楽しい乗り物はない！ 特に2階の一番前の席に乗る楽しさといったらない。トラベルカードやオイスターを握りしめて、1日気の向くままバスを乗り継ぎ、ロンドンの町を観察する。バスの上から見ると、いつもとは違った新鮮な発見があること間違いなし。

バスの種類
ロンドンならではのダブルデッカーは、経費削減のために考案されたワンマンカー（旧型ルートマスター→P.37コラムを除く）。ただ、ダブルデッカーばかりではなく、真っ赤なシングルデッカー（1階建て）のバスも走っている。

ナイトバス
深夜0時を過ぎると、ナイトバスが運行を始める。少々遠回りになるかもしれないが、ロンドンの夜を楽しむ人々にとってはこれほど強い味方はない。ワンマンのダブルデッカーがナイトバス用にアレンジされたルートを走り、バスナンバーの前に"N"が付いている。1時間に1本程度だが、金・土曜は20～30分に1本くらいの割合。中心部のバスルートの24時間運行のサービスは、バス停に「24hr Service」のサインが出ている。なお、地下鉄の週末24時間運行の拡大にともない、ナイトバスの路線も変更されるので要チェック。

バスの乗り方

切符の買い方
バスの料金は乗車時に現金で支払うことができない。1回券も存在しないので、オイスターかトラベルカードを用意しておくこと（コン

PUBLIC TRANSPORT

タクトレスペイ対応のカードも使用できる）。
　チャージ残高が足りなかった場合やオイスターに入れたトラベルカードが期限切れだった場合は、不足があっても1回のみ乗車可能。その後は、一定の金額をチャージしたり、トラベルカードを購入しないと乗車することができない。

乗降の仕方

❶ 路線によってバス停がいくつかに分かれているので、バス停の路線図で自分が乗りたいバスがどの停留所なのかを確かめる。路線ごとの停留所ナンバーはアルファベットで表されているので、停留所の一番上に付いている看板のアルファベットと路線ナンバーを確認しておこう。

路線やバス停の位置などが確認できる

停留所のアルファベットも確認

❷ 自分が乗るバスが来たら、手を真横に出して合図すること。主要なバス停では、手を出さなくても停まってくれることになっているが、なぜか停まってくれないこともあるので、念のため合図をしよう。バスを待つ間も気を抜かないように。なお、バスの定員をオーバーしている場合(つまり満員だと)、停車せずに通り過ぎてしまう。

黄色の読みとり機にオイスターをタッチ。残高不足の場合、チャージをうながす紙片が出る

❸ オイスターカードなら黄色くて丸い部分にカードをタッチする。トラベルカードは運転手に見せる。新しいタイプのダブルデッカーは、どのドアからも乗車可能だったが、無賃乗車を防止するため、2020年1月下旬より徐々に、車椅子など特別な場合をのぞいて、前方扉からの乗車のみになる。なお、バスの2階で立つのは禁止、1階なら20人まで立つことができる。次に停まるバス停が表示されるパネルが確認できる位置に座ると比較的わかりやすい。

オイスターの読みとり機

❹ 降りるときは、車内にいくつかあるボタンを押して知らせ、中ほどか後ろのドアから降りる。

降りる前にボタンを押す

ロンドンの交通機関　バス…バスの乗り方

CLOSE UP

旧式ダブルデッカー「ルートマスター」に乗りたい!!

　ロンドン名物として有名なダブルデッカーのなかでも、「ルートマスター」とも呼ばれる旧タイプのバスは、2005年12月に引退した。ただし、引退を惜しむ声に押されて、ルート15のみヘリテージルートに指定され、3～9月の毎日9：30～17：00、15分に1本程度、新型に交じって旧式の「ルートマスター」が走っている。
　ルート15は、トラファルガー広場から東へと向かうルート。ロンドン塔、モニュメント、セント・ポール大聖堂、トラファルガー広場など、旅行者が訪れそうなポイントにも停車する。料金は通常のバスと同様だが、乗ったら車掌が回ってくるのを待つこと。車掌はオイスターカードの読みとり機も持っている。すべてのバス停で停車するが、自分の降りたい停車駅が見つけにくい場合には、着いたら告げて

くれるよう、車掌に頼んでおこう。
　また、新型バスのなかにも、現代版「ルートマスター」が登場。こちらは、特定の路線を走っているわけではない。

レトロな雰囲気の旧型ルートマスター

037

ロンドンのバスにTry!

いろいろな型のバスがある

バスを自由に使えたら「これほど便利で楽しい乗り物はない！」と思うはず。
ロンドン初心者でも、準備さえしておけば、完全に使いこなすのも可能。
ここでは、便利に活用するための利用術を伝授しよう。

バスをもっと知ろう －便利に自由に使うために－

バスのよさや不都合な点を把握して、利用方法・時間帯などを考えてみよう。バスの乗り方→P.36〜37
また、ロンドンバスならではの注意すべきTIPSを確認して、さらなる対策を。

 メリット
- 目的地のそばで降りられる
- 歩く時間が少なくてすむ
- 町を眺めながら乗れる
- 座ることができれば休憩も可能

 デメリット
- 路線が多くて把握しきれない
- バス停が分かれていて間違えやすい
- 降りる場所がわかりにくい
- 朝夕など渋滞があると時間がかかる

知っておくといいBUS TIPS

❶ 途中で行き先が変わることがある？

「コヴェント・ガーデン行きのはずが、トラファルガー広場行きになっちゃった」とか「途中からルートが変わって時間がすごくかかった」ということが意外とある。アナウンスは聞き取りにくいので、車内表示を確認したり、ドライバーや周りの人に聞いてみよう。

❷ バスの到着時刻は鵜呑みにしない

一部のバス停にある電光掲示板や交通アプリのバス到着時刻を見て、「まだ来ないからいいや〜」とのんびり後方にいると、ガーっとやってきて走り去ってしまうこともあるので、前方で待つこと。時刻表も「だいたい8〜12分ごと」といったアバウトな表示が多い。

❸ 全部の路線やバス停の確認はオンラインのみ

交通局のウェブサイトや交通系アプリで路線の確認ができる。ただし、600を超えるバス路線があるため、全体を一度に把握できる路線図はない。中心部の路線が一部だけ掲載されたビジター用バス路線図があるが、路線やバス停が少なすぎるのがネック。

旧型ルートマスターに乗れるかも　　　　オックスフォード・ストリートはバス渋滞ができるほどルートが多い

ロンドンの交通機関

ロンドンのバスにTry!

スマホがあればバスの達人に

スマホの交通アプリさえあれば、バスを乗りこなすのは簡単。グーグルマップでも問題ないが、ロンドナーの多くが使っているシティマッパー Citymapper というアプリを使ってみてもいい。すぐ近くにやってくるバスを知ることも、目的地までの時間や渋滞状況を確認することもできる。バスだけでなく、地下鉄、自転車、ボートも網羅していて、とにかく便利。これさえあれば、バスのデメリットだった路線の多さ、降りる場所やバス停がわからない、といった問題は完全にクリアできてしまう。

注意　交通アプリを使いこなすためには、イギリスのSIMをさしたスマホかWi-Fiルーターなどの通信環境が欲しい。フリーWi-Fiでしのいでいる場合は、タイムリーな運行状況や下車駅の確認などができず、完全に使いこなすのは難しい。

目的地を検索

渋滞情報も知ることができる

途中のバス停が網羅されており降りる場所がわかりやすい

自分の近くを走るバスやバス停を確認することもできる

シティマッパーは交通情報の宝庫

ロンドンの情報誌『タイムアウト』でもベストアプリに選ばれた優れもの。地下鉄マップも見れるし、レンタル自転車→P.52の貸し出し状況も一目瞭然、交通費もきちんとわかる。そのうえ、ストライキや工事での運休情報、自転車と徒歩の場合にはカロリー計算までしてくれる。

自由気ままな旅にバスは最適!

スマホが使えない場合には、「自由な旅の達人」になってみるのもおもしろい。バスは路線がたくさんあるので、バス停も少し歩くとすぐ見つかる。バス停を見つけたら、まずは路線図をじっくり確認。「British Museum」とかショッピング街の「Oxford Street」といったバス停もあるし、「Hyde Park Corner for Buckingham Place」というように、おもな見どころが書いてあることも。このなかから、目的地を選んで乗ってみよう。1日気の向くままに移動する、こんな自由なバス旅もおすすめ。車窓からロンドンの町を眺められる、バスだからこそ楽しめる方法。

バス停にある路線図を確認してみよう

地下鉄 Underground

世界一長い歴史をもつ

愛称"Tube"で親しまれているロンドンの地下鉄。1863年、世界に先がけて地面の下に列車を走らせることに成功した。日本ではその数年後に明治維新が起こったという頃になる。イギリスの技術が当時どんなに進んでいたか想像がつくだろう。この20年後には路線の電化が始まったというから、とにかくすごい勢いだった。掘り抜く面積を最小限に抑えようと試みた結果、土を円形にくり抜くことになった。プラットホームに立てばよくわかるように、構内の形が丸い。電車の顔も丸い。タイヤの中のチューブのようにどこで切っても丸い。そこで"Tube"と呼ばれるようになったという。

地下鉄の種類

ドックランズ・ライト・レイルウェイを含め12路線（'20年以降に開通予定のエリザベス・ラインも含めると13路線）、300近い駅がある。一部、線路を共有しているDistrict Line（ディストリクト）とCircle Line（サークル）などは比較的浅い所を走っており、プラットホームへは階段を使って、という場合が多い。一方、Piccadilly Line（ピカデリー）など、ロンドンの中心部の地下を突っ切る路線は、かなり深い所を走る。トンネルをできるだけ小さく済ませるためか、Circle Lineなどの車両に比べて、車高の低い車両が使われている。本当に真ん丸い顔をした車両で、ドア付近に立つ長身の人は、首だけ挟まれそうになる。

この地中深くにあるプラットホームと出口をつなぐのは、たいてい数台の長〜いエスカレーター。古いリフト（米語では"エレベーター"）も、ほぼエスカレーターに切り替えられている。とにかく深い所に駅がある。戦時中、防空壕として使われていたというのも納得がいく。今度は核シェルターに、という意見がマジメに出されているとか。地下鉄のすべての駅構内は24時間禁煙。通りで、赤と青のUnderground（Subwayは単なる地下道のことなので要注意）のマークを見つけたら、そこが入口。

地下鉄で注意したいこと

❶ 始発時刻は、平日は早朝5:00頃、日曜、祝日はこれより遅くなる。また、日曜、祝日には本数も少なくなり、電車が停車しない駅もある。

❷ 降車駅での乗り越し精算は基本的にできない。7日間券が入ったオイスターなら券売機でExtensions（乗り越し）を選び追加料金を支払う。

❸ 老朽化した線路の取り替え工事が行われているため、夜間や週末の運休もよくある。駅のボードや交通局のウェブサイトで運行状況の確認を。

❹ 混み合った地下鉄車内で、かばんのひもを切られる被害やスリも報告されている。現金など大切なものは体から離さないようにしておきたい。

❺ 地下鉄車内ではWi-fiはつながらないし、携帯電話も通じない。

自動券売機の表示

自動券売機の使い方→P.35
By destination：行き先
One day tickets：1日券
Extensions / Extend to Travel card：乗り越し
Single to Zone1：ゾーン1内の片道切符
Return to Zone1：ゾーン1内の往復切符
Day Travelcard Zones 1-6：ゾーン1-6内のデイ・トラベルカード
Top up pay as you go：チャージ

地下鉄スタッフがいる駅も

券売機でオイスターカードの購入に手間取っていたとき、地下鉄職員が近づいてきて、カード購入を手伝ってくれた。
（千葉県　鈴木美穂　'19）

地下鉄駅にトイレがあるとはかぎらない!!

日本では、駅にトイレがあるのは当たり前。駅にさえ行けば（少々きれいでなくても）トイレがあるというのはどんなにありがたいことか、ロンドンに来てみれば身にしみるはず。そう、ロンドンでは地下鉄の駅にトイレがあるとはかぎらないのだ！（駅員さん用のは、よほどのことがないかぎり使わせてもらえない）

ロンドンにある約300の地下鉄駅のうち、トイレがあるのは10％にも満たないという。郊外に行くほど、トイレのある確率は高くなるそうで、逆に中心部に行くほど（ピカデリー・サーカス駅には有料だがあり）トイレは少なくなる。駅を一歩出れば、自治体が設置した有料公衆トイレ、トイレ設置が義務づけられているパブやファストフードの店がふんだんにあるので、駅に設ける必要ナシ、というのが地下鉄側の言いぶん。

なお、余談だが、ロンドン中心部でトイレに行きたくなったら、昼間のおすすめはデパート、夜は大型ホテル。いや、その前に、旅行中はそんなに行きたくなくても行けるときに行っておく、という習慣を身につけたいもの!?　　　　　　（JJ）

いくつかの主要駅のトイレでは、入口の機械に20〜50pのコインを入れなければならないので、10p、20p、50pコインは財布にキープしておくと安心。また、入口のところに両替機がある場合も。

PUBLIC TRANSPORT

地下鉄駅構内は、駅によって趣向を凝らした装飾があることも

地下鉄の自動券売機。自販機によって機能に少し違いがあり、上部にオイスターの返却refundができるか、紙幣notesが使えるかなどが書かれている

ナイトチューブ

金曜と土曜の週末のみだが、2016年から24時間運行のナイトチューブも始まった。2019年10月現在では、ヴィクトリア・ラインとジュビリー・ライン、セントラル・ライン、ノーザン・ライン（Charring Cross方面のみ）、ピカデリー・ライン（ヒースローターミナル4は除く）が週末24時間運行を実施している。今後、ほかの路線やDLR、地上線にも拡大予定。

券売機でのクレジットカード使用の注意点

クレジットカードを入れると、暗証番号を聞かれるので番号を打ち込みEnter/OKを押す。認証されたらカードをスロットから抜き取る。抜き取らないで30秒以上たつと、カードは再びスロットに吸い込まれ、発券もされないので要注意。もしそうなってしまったら、係員を呼ぶことになる。

地下鉄の乗り方

切符の買い方

人がいる窓口での対応はほぼないので、スクリーンを備えたタッチ式の自動券売機を利用する。壊れてなければ、各国語の表示もできるので、日本語のボタンを押してしまえば、難なく操作できる。ロ

クレジットカード専用の券売機

CLOSE UP

右に立つか、左に立つか、それがモンダイだ!?

ロンドンの地下鉄のエスカレーターで、立つ人は右側をキープし、左側は歩いて上り下りする人のために空けておくというルールを知らずに、注意されている観光客をときおり見かける。おそらくその人の母国では、こうした習慣がないのだろう。日本にもこの習慣はなかった。そこで、同様の習慣を定着させようとしたところ、立つ人は右か左で論争が起こったと記憶している。一見、単純な事柄であるのに、決めるのは難しく面倒なことだとつくづく思ったものである。

国によっても違いがあり、どちらを立つ人用にキープするかの違いがあったりするのだが、英国ではどうだったのだろうか。

ロンドン交通局によると、「立つ人は右側（Stand on the right）」と決められた際の特別な理由はナシ、とのこと。なんだか拍子抜けしてしまうが、エスカレーターの半分を急いで上り下りする人のために空けておこう、という発想が生まれた時点で、右か左か、選択肢はふたつにひとつ。「世の中では、

おそらく右利きが多数派だろうから、立った状態で手摺をつかむのは右手のほうが便利と思う人が、より多いはず」といった統計や科学的（？）根拠があったわけでもないが、ごく自然ななりゆきで「立つ人は右側」と決まったらしい。

ちなみに、ロンドンで初めてエスカレーターが誕生したのは1911年、アールズ・コート駅でのこと。その10年後、エスカレーターが設置された駅々で「立つ人は右側に」とのアナウンスがスタート。

現在、ロンドンの地下鉄駅には合計300余りのエスカレーターがあるそうだが、変わることなく「立つ人は右側」の習慣が守られている。ロンドンでエスカレーターを利用するときは、この習慣をうっかり忘れてヒンシュクを買わないようにしたいもの。

（JJ）

構内の長～いエスカレーター 立つ人は右側に

ロンドンの交通機関

地下鉄…地下鉄の乗り方

乗り換え証明機に注意！

オイスター使用の際、地下鉄や地上線など、選択ルートによって料金が違う場合、ホーム周辺にあるピンク色の読みとり機「乗り換え証明機（ヴァリデーター）」にもタッチすること。ただし、ピンク色の読みとり機は、旅程を記録するだけなので、移動の最初と最後には必ず黄色い読みとり機にもタッチしないと、最高で£8.20を課されるので注意（すぐに申し出ればチャージしてくれることもある）。ヴァリデーターは2019年9月現在、以下の駅に設置されている。
Blackhorse Road, Canada Water, Clapham Junction, Gospel Oak, Gunnersbury, Hackney Central, Hackney Downs, Highbury & Islington, Kensington (Olympia), Rayners Lane, Richmond, Stratford, Surrey Quays, West Brompton, Wimbledon, Whitechapel, Willesden Junction

ンドン近郊の列車の切符も購入できる。

おつりが用意されているときには"Change Given"、おつりがないときには"No Change Given"と、上部に表示されている。どの自動券売機も使えるコインは5p、10p、20p、50p、£1、£2。おつりが十分に用意されているときは£5、£10、£20札も使える。クレジットカードを使う場合は、切符や金額の指定をして合計金額が表示されてからカードを入れ、表示に従って暗証番号を打ち込みEnterを押す。認証されたらカードを取り出さないと先に進まないので注意。

オイスターの入手（不可のものもある）や金額のチャージ、使用後の払い戻しをするのにも使える。7日用のトラベルカードも、券売機を使ってオイスターに入れることができる。オイスターの入手方法やチャージの仕方は→P.35。

また、コンタクトレス対応のクレジットカード、デビットカードなどがあれば、オイスター同様、黄色い部分にカードをタッチするだけで、コンタクトレスカード専用の料金体系で乗車できる。

券売機付近に駅職員がいることが多いので、使い方がわからない場合は相談を。オイスターやトラベルカードの詳細なども、駅職員に聞くか、鉄道駅や空港の交通局❶で確認を。

CLOSE UP

ロンドンの大道芸人たちのレベル

路上や地下鉄の通路、エスカレーター付近で大道芸を披露することを英国では「バスキングbusking」という。大道芸人たちは「バスカーbusker」と呼ばれ、もちろん、お目当ては通行人たちからの「ご祝儀」。タップダンスやパントマイムのパフォーマーもいるが、よく見かけるのは、クラシックからポップスまで、さまざまなジャンルの音楽で勝負するミュージシャンたち。

夜のレスター・スクエアはかなりの激戦区で、レベルの高いバスカーたちが自然と集まっている。コヴェント・ガーデンや、ピカデリー・サーカスをはじめとする中心部の地下鉄駅構内も、バスカーの人気がとても高い場所。人がたくさん集まる場所であるほど「稼ぎ」もアップするのだから、当然だろう（1時間に£200も稼ぐスターもいる！）。

一度はバスキング禁止を法制化する動きが出たが、粋な計らいの好きな当時の市長が「ライセンス制度にしたらどうか」と言い出し、今では25の駅で登録バッジをつけて演奏しているバスカーを見ることができるようになった。

収入を申告できるせいか、今ではロンドン響の奏者や教会の有名聖歌隊員までがバスキングしているという。バスカーの質はうなぎ上りともいえる。しかし、へたくそバスカーもまだ勝手に「営業」している。百花繚乱でおもしろいといえばおもしろいが、路上で練習しながらお金を期待するようなことだけはやめてほしいものである。　　（JJ）

Busk in London　URL buskinlondon.com

なお、路上で物乞いをすることも、お金を恵むことも違法。Spare some change please.（小銭ちょうだいという意味）と手を出され、コインをあげたら警官に呼び止められた、なんてことも。ロンドンではホームレス用の施設が充実しているので、もらったお金は麻薬に消えることがほとんど。「助けたいならあげちゃダメ」がスローガンだ。

バスキングできるポイントが決まっている

ピカデリー・サーカス駅でのバスキング

PUBLIC TRANSPORT

乗降の仕方
❶ 改札で

オイスターカード
読み取り部分

切符を手に入れたら改札へ。もちろんトラベルカードやオイスターも自動改札でOK。日本の自動改札と違って、改札の扉を通過する前に切符の受け取り口があるため、改札機に入れた切符やトラベルカードをとると扉が開くシステム。オイスターは黄色い部分にタッチする。なお、改札がない駅もある。オイスターの場合は、乗降時とも、構内に立っている検札器にタッチするのを忘れずに！

❷ プラットホームへ

プラットホームには駅名とライン名、方面、最終駅までの経路が書かれた表示板があるが、日本のものとはだいぶ趣が異なるので注意して見よう。乗りたいラインの表示に従って（色分けに従って行くとわかりやすい）エスカレーターを降りたり（駅によってはエレベーターのところもある）、通路を歩いたりする途中に路線図がある。Eastbound（東方面）、Westbound（西方面）、Southbound（南方面）、Northbound（北方面）に分けられているので、目的駅がどの方面かをここでしっかりと頭に入れてから、歩き始めよう。

❸ さて、乗車

車両のドアに "Press to Open" と書かれたボタンがあるが、特別なことがなければ、ドアは自動で開く。車内では、停車駅の表示やアナウンスがあるが、路線図を見たり、通過する駅を確かめながら乗っていくと安心。ただし、サークルライン、ディストリクトライン、メトロポリタンライン、地上線などでは、車内に貼ってある路線図が今乗っているラインのものでないこともある。車内を見回すと実にさまざまな人種がいる。ロンドンの縮図といっていいだろう。

故障などのため、地下鉄が止まってしまうこともある。周りの人がザワツキながら移動し始めたら、その可能性大。プラットホームには運行状況がアナウンスされたり、電光掲示板に表示が出るが、わかりにくいときは周囲の人や駅員に尋ねよう。

❹ ホッと安心、出口へ

目指す駅に降り立ったら、黄色い文字の "WAY OUT" の表示を追っていき、再び自動改札を抜ければ無事フィニッシュ。改札を抜けたあと、出口付近に、駅周辺の簡単な地図があるので、出口周辺の道順などを確認することもできる。

地下鉄内部。天井が低く、少し狭い感じがする

ロンドンの交通機関
地下鉄の乗り方

改札上部の黄色くて丸い部分がオイスターカード読み取り部分。下は改札がない場合の検札器

構内の標示板をよく見ておこう

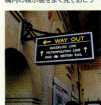
出口の標示

改札を出た付近にある周辺マップ

トラムリンク Tramlink
1950年代までロンドンを縦横無尽に走っていた路面電車、トラムが徐々に復活している。路線はゾーン4より外、ロンドン南端なので、観光客にはあまり縁がないが、北部を除くロンドン全域、テムズ河を越える路線などへ拡大されていく予定。現金不可、オイスターで£1.50。

ロンドンを走る路線
Line1：Elmers End-West Croydon
Line2：Beckenham Junction-West Croydon
Line3：New Addington-West Croydon
Line4：Wimbledon-Mitcham Junction

タクシー乗り場
特定の乗り場からタクシーに乗るよう定められてはいない。空港や駅などにタクシー乗り場もあるが、多くの場合、町なかを流しているタクシーをひろうことになる。乗車したいときには、バスに乗るときと同じように、手を横に出して合図する。

電話でブラックキャブを呼ぶ
手数料として£2が追加される。
One-Number Taxi
☎ (0871) 8718710
ほかにも、いくつもの運行会社があり、ウェブサイトで確認できる。URL tfl.gov.uk/modes/taxis-and-minicabs/book-a-taxi?intcmp=4226

アプリでタクシーを呼ぶ
「ゲットGett」というアプリから、ロンドンやイギリスのほかの都市部で近くにいるミニキャブを呼ぶことができる。ただし、ユーザー登録が必要。近い将来ブラックキャブの予約もできるようになる予定。
URL gett.com/radiotaxis

タクシーの基本的な料金
最低料金が£3.20。基本料金で252.4mまたは約1分の走行。そのあとは1マイル(1.6km)または6～13分の走行で£6～9.40。12月24日20:00～12月27日6:00と、12月31日20:00～翌年1月2日6:00は、メーター料金に£4が加算される。空港からロンドン市内へも£2.80加算。ただし、乗車日と時間帯によって加算率は変動する。
※渋滞緩和のために、ロンドン市内を通過すると徴収される混雑税(コンジェスチョン・チャージ→P.350)は、ブラックキャブとミニキャブにはかからない。追加で払う必要がないことを覚えておこう。

少し丸っこい形をしたタクシー

いろいろな色のタクシーが走っている

タクシー Taxi

言わずと知れたブラックキャブ
ロンドンでタクシードライバーの資格を得るには、ロンドン市内の地理すべてを知り尽くさないといけない。すなわち小さな路地にいたるまで、すべての通り名を覚えなければ厳しい試験にパスできないのだ。それだけに、ロンドンのタクシードライバーの優秀さは世界一と、その評判は極めて高い。

ロンドンのタクシーといえば黒塗り。最近では、広告塔と化したハデな車も多いが、やはり黒くないとロンドンのタクシーじゃない、という気もする。正装の紳士淑女が降りてきても実にさまになるのは、やはり黒いブラックキャブ。ウエスト・エンドの芝居がはねたあとなどに、ちょっと気取って乗ってみるのもいいのでは？

タクシーの乗り方
屋根の"TAXI"ランプ、または助手席の"FOR HIRE"のランプがついているのが空車。表示がわかりにくければ、とりあえず手を挙げて乗る意思があることをアピールしてみよう。空車なら停車してくれるはず。

空車が停まったら、助手席の窓から行き先をドライバー(愛称：キャビー)に告げる。ドライバーがOKしてくれたら後ろに乗り込む。補助席がふたつ、後部の3人がけのシートに向かい合うようにしてあるので、合計5人乗車可能。助手席には原則として客は乗せないが、ドライバーの相棒らしきワンちゃんが乗っていることもある。運転席と助手席のある前部と、後ろの座席は透明なアクリル板で仕切られている。客に後ろから襲われないようにするためか、と思ったりしたがそうではないらしい。客のプライバシーを守るためとか。プライベートな話をしても運転手には聞こえないように、との配慮。

料金はメーター制なので、一応安心。走行マイルと時間に従って基本料金に加算される仕組みになっている。3km以内なら£9.20～15程度。このほかに、深夜料金、土・日曜料金、祝日料金(クリスマス前後と元日前後は特別料金!)があり、当然、割高。これらの追加分はメーターとは別表示。料金は、降りたあと助手席の窓か

颯爽と走る黒塗りのタクシー

PUBLIC TRANSPORT

ら払う習慣が根強く残っているが、後部座席で支払うことも可能。支払い時に全体の10〜15%のチップを加える。

ミニキャブ Mini Cab

ブラックキャブ以外に、ミニキャブと呼ばれる予約制タクシーもある。何の表示もない普通の車で、ドライバーも普通の人。ブラックキャブより一般的に安いのがミニキャブの利点のひとつ。正式のタクシードライバーになる試験が厳しいので、それにはまだ合格できない人や、ただ運転に自信があるというだけで個人営業している人などさまざまだが、PCO（公共車両管理局）のライセンス所持者しか営業できないことになっている。それ以外は違法なので要注意。

ミニキャブを頼むなら、ロンドン交通局のウェブサイトで連絡先を調べるのがおすすめ。来てほしい住所のエリア名やポストコードを入れると、ライセンス登録されている近辺のミニキャブ会社が出てくる（Find a local minicab URL tfl.gov.uk/forms/12389.aspx）。電話して"I'd like to book a cab, please."と告げ、予約時間と住所、目的地、電話番号を伝え料金を聞いて予約する。メーターがないので、予約時に必ず料金を交渉しておくこと。ボラれないようご注意。英語がある程度話せる人向き。

なお、ウーバー Uberは、ロンドンの都心にかぎらずアプリから配車できるが、運転手はブラックキャブのようなプロではないのでご注意。また、2019年11月現在、ロンドン交通局からライセンスの更新を拒否され裁判中。最終判決が出るまで営業を続けられるが、今後の行方は不透明。

タクシー乗車時の注意
ブラックキャブでは、メーターが付いていること、走り出す瞬間にスイッチを入れていることを目で確認しよう。
料金はメーターの距離と時間で換算されるのでミニキャブのように最初に決めることはできないが、長距離の場合は乗車前に「どのくらいの値段か」聞いておくといいだろう。目的地に着くとメーターの値段にチップ10〜15%を上乗せした金額を払う。荷物の数や乗車人数によって割増や追加料金を取られることはない。旅行者だから知らないと思ってふっかけるドライバーに注意。タクシーに乗り込む前には、ひとり当たり（per person）の料金なのかどうかも含めて、しっかりと料金の確認をしておこう（特に空港までと長距離の場合）。なお、ヒースロー空港からロンドン市内までの料金の相場は、だいたい£70〜100（ブラックキャブ。ミニキャブなら£60〜90）。メーター付きタクシーでヒースロー空港まで行くと£2.80の割増料金がかかる。

夜はブラックキャブを
女性ひとりではもちろん、ふたりでも「タクシー」と自称する流しの車に乗るのは危険。ウーバーでも問題があったようなので、利用する際は評価をよく確認するなど自衛をはかろう。

ロンドンの交通機関　タクシー

CLOSE UP

大きな書店で雑誌が買えない不思議

ロンドンにある大型書店で、雑誌を買えないところが案外多いのをご存じだろうか。近頃は、雑誌コーナーどころかコーヒーカウンターも備えた、アメリカンスタイルの店も増えてきてはいるが、大型書店はハードカバー専門という大原則はまだまだ健在とみた。

日本で書店といえば、規模の大小にかかわらず雑誌コーナーが必ずあるだけに、英国では最初、不便に感じたものである。では、こちらで雑誌を買うとするとどこに行くか。「ニュースエージェント（newsagent）」と呼ばれる店舗である。

「WHスミス」などをはじめとする大手チェーン店もあれば、駅の入口や構内で、新聞とともに雑誌を売る小さな売店形式のところもよく見かける。また、チョコレートバー、クリスプス（ポテトチップス）、ソフトドリンクなどが同時に買えるところが多いのも特徴。こうした「ニュースエージェント」には逆に、ハードカバーの書籍は売られていないのが一般的である。

雑誌類は書店では扱わず「ニュースエージェント」に任せるといった取り決め、あるいは法令があるわけではないという。ただ、英国では書籍と雑誌は流通方式・販売制度が異なり、簡単にいうと、大型書店にとって雑誌を扱うのは、必要なスペースのわりに利益が少なくビジネスとしてうまみがない、ということらしい。極めて明確な理由である。

また、大型書店は目抜き通りにある場合が多く、ただでさえ店舗のレント（家賃）が高いため、雑誌のように売れるスピード（商品の回転）は早くても薄利なものより、利益率が雑誌より高いハードカバーの書籍を置いたほうが効率的とする考え方が主流なのだそうだ。大型書店と「ニュースエージェント」は、うまく住み分けができているのである。

（JJ）

駅構内のニュースエージェント

045

ボートで巡るロンドン

テムズ河を走るリバーボートには、公共の足として使われる「コミューター・サービス」と、観光用の「レジャー・サービス」があり、これらを上手に利用すれば、テムズ河沿いに、ロンドンの東西を一気に巡ることができる。また、運河の船旅を楽しめるものもある。水面から見上げるロンドンの眺めは、地上からとは違った趣があり、とりわけ夕方から夜のライトアップされた河岸や橋の美しさは格別だ。

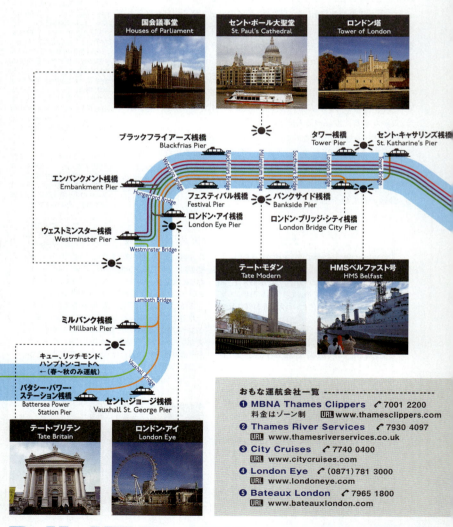

おもな運航会社一覧

1. **MBNA Thames Clippers** ☎ 7001 2200
料金はゾーン制　URL www.thamesclippers.com
2. **Thames River Services** ☎ 7930 4097
URL www.thamesriverservices.co.uk
3. **City Cruises** ☎ 7740 0400
URL www.citycruises.com
4. **London Eye** ☎ (0871) 781 3000
URL www.londoneye.com
5. **Bateaux London** ☎ 7965 1800
URL www.bateauxlondon.com

RIVER THAMES

中心部を離れ郊外へ　　　　　　　　　　SHORT TRIP

TO GREENWICH 1

グリニッジへのリバーバスとリバーツアー

子午線が通る所として有名なグリニッジ（→P.132）への便は、リバーバスとリバーツアーがあり、ウェストミンスター桟橋やエンバンクメント桟橋、ロンドン・アイ桟橋などから出ている。日没が遅い夏期には、グリニッジ発のイブニング周回クルーズ（日曜のみ）も楽しい。

○リバーバス（ガイドなし）　Central and East Zone 片道£10.50（オンラインとオイスター使用£7.70　エンバンクメントからグリニッジまで）　1時間に1〜3本（季節によって違うので要確認）　所要約40分　運航会社 ❶
○リバーツアー　往復£17.50　1日7〜15本（季節により違う）　所要1時間〜1時間30分　1/1、12/24〜26　日本語オーディオガイド無料貸し出し可　運航会社 ❷❸　4月中旬〜10月のみのテムズ・バリアへの便あり £18.50（❷）
○イブニング周回クルーズ　£10　5〜8月の日曜19:00（9月18:30と12月も運航することがある）　グリニッジ桟橋発　所要約2時間　詳細は要確認
運航会社 Viscount Cruises　8305 0300　URL viscountcruises.com

写真上：旧王立天文台のある丘から。遠くカナリー・ウォーフの高層建築群の姿も
写真下：掘り出し物がありそうなマーケット（→P.318）を訪れるのもいい

ロンドンの交通機関　ボートで巡るロンドン

おもなコース　— 2　— 4　— 6　　テムズ河沿いのおもな見どころ
　　　　　　　— 1　— 3　— 5　— 7　　おもな桟橋

運航会社やルートにより停車する桟橋は異なるので確認を

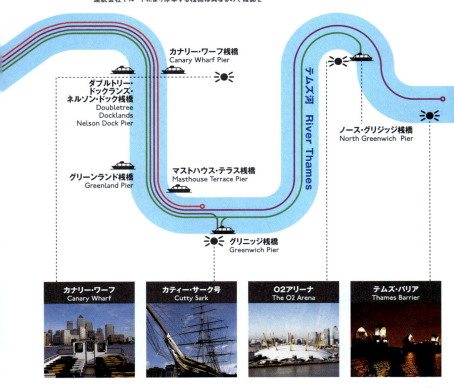

047

郊外と中心部を巡るボート

AROUND LONDON

THE O2 ARENA & THAMES BARRIER 2

グリニッジを抜けて、O2アリーナへ

グリニッジから10分足らずで、21世紀到来を祝って造られたO2アリーナが右側に。中にはワールドクラスのアーティストが登場するアリーナ、映画館やショッピングモールなどがある。ドームの屋根に登るクライムアトラクション「Up at The O2」も実施されている。O2アリーナ近くからはテムズ河を渡るケーブルカーに乗ることもできる。

The O2 Arenaへ:ロンドン・アイ桟橋からいくつもの桟橋を結ぶ通勤ルートでノース・グリニッジNorth Greenwich桟橋へ

🎫 Central and East Zone 片道£10.50 オイスター使用£7.70
1日乗り放題チケットRiver Roamer £19.90（£17.80） トラベルカード保持者£13.30
直通便のRiver Bus Express 片道£10.50（£7.70）、往復£17.80（£15.40）
🕐 日中約20分おき（要確認）。エンバンクメントから約50分 運航会社 ❶
（ ）内はオンライン料金

写真上:O2アリーナ近くからケーブルカーに乗ることもできる
写真下:テムズに架かるケーブルカー、エミレーツ・エア・ライン

TATE TO TATE 3

テート・ブリテンからテート・モダンへ行くこともできる

バタシー・パワー・ステーション桟橋からテート・ブリテンを経由し、テート・モダンのあるロンドン・ブリッジ・シティ桟橋まで。少し揺れるが、高速なカタマラン船が運航している。テート・ブリテン脇のミルバンク桟橋は、美術館のゲートとして造ったというだけあって、斬新な現代建築。テート・モダンのあるバンクサイド桟橋周辺には、おしゃれなカフェなどが河岸に沿って並ぶ。船内ではガイドなどはない。

🎫 Central Zone 片道£9 オイスター使用£7.20 1日乗り放題チケットRiver Roamer（この路線を含むセントラルゾーンとイーストゾーンの間で何度でも乗降できる）£19.90（オンライン£17.80） トラベルカード保持者£13.30 チケットは船内かオンライン購入 🕐 毎日 10:00〜17:00 1日11本、約30分おき（季節によって違うので要確認）、所要約25分 運航会社 ❶

写真上:途中、ロンドン・アイのあるウォータールー桟橋にも寄る
写真下:ミルバンク桟橋から岸に上がれば、テート・ブリテンはすぐ正面

LONDON EYE TO TOWER OF LONDON CRUISE 4

人気の周回船、ロンドン・アイ〜ロンドン塔

ロンドン・アイの真ん前にあるロンドン・アイ桟橋から、ロンドン塔近くのセント・キャサリンズ桟橋までは、陸を行けば40分ほど。しかし、この「ロンドン・アイ・リバークルーズ」なら、ロンドン塔で周回して戻ってきても40分ほど。セント・ポール大聖堂、シェイクスピア・グローブ劇場、ミレニアム・ブリッジなどを見ていると、あっという間だろう。

🎫 £13.50（トラベルカード割引なし、オンライン予約£12）
🕐 10:00〜20:30 1日7〜9本、1時間おき（季節によって違うので要確認）、所要約40分
日本語オーディオガイドあり
ロンドン・アイとロンドン・デイ・エクスペリエンスの4D映画などのセットチケットもある 運航会社 ❹

写真上:左側がロンドン・アイ〜ロンドン塔を結ぶ高速船
写真下:にぎわうウォータールー桟橋

食事ができるクルーズ　　　　　　　　　　　　LUNCH & DINNER CRUISE

DAILY LUNCH CRUISES　5

ランチクルーズ

ビジネスランチにも利用されるようで、スーツ姿の人も多い。料理はチキンかベジタリアンのみで、まあまあの味だが、やはり両岸のすばらしい眺めがいちばんのごちそうといえそうだ。古い建物を過ぎ、カナリー・ワーフの高層ビル群のパノラミックな眺めや、リバーサイドの超高級マンションなど、見どころの連続。グリニッジの手前で引き返し、復路では英語の名所案内が放送される（観光客の数による）。少し時間が足りない感じで、最後にはコーヒーを一気飲みして降りる羽目に。

料③£32 ⑤£39（2コースの食事とコーヒー込み　ほかのドリンクは別料金）
プレミアプラス£59（3コースの食事とワインなどのドリンク込み）
チップ10～15％をプラス
運③タワー桟橋 11:30～11:45発
⑤エンバンクメント桟橋 火～土12:00～12:30発
※いずれも時期により催行日は異なる可能性がある
所要時間2時間　ドレスコードはスマート・カジュアル
運航会社　③⑤
夜のディナークルーズや、ジャズの生演奏を楽しみながら日曜のランチができるSunday Lunch Jazz Cruises、アフタヌーンティー・クルーズもあり

写真上：総ガラス張りのレストラン船内部　写真中：クルーズ船が出発するエンバンクメント桟橋
写真下：メインの野菜とチーズのパイ

LONDON SHOWBOAT DINNER CRUISE　6

ショーボート・ディナークルーズ

乗船口でシェリーが振る舞われ、すでに前菜が出されているテーブルに着く。揺れの少ない平底船は乗り心地がいい。ゆっくり4コースを平らげ、ワインを傾けつつ見上げる河岸の夜景の豪華さに酔いそうだ。テムズ・バリアを通り抜けた所で戻り、復路の1時間はキャバレータイム。ミュージカルヒットを歌手がカラオケで歌い、それからディスコタイムになって踊りながら帰着。

宝石をまいたようなロンドンの夜景を見ることができる夜のクルーズは、ディナー付きのみ。この「ショーボート・ディナークルーズ」は、食事のみのディナークルーズと違って、食後に船の内外を歩き回れるので、夜景を存分に楽しむことができそう。船内は禁煙、ガイドなどはない。

料£80（窓際席£85　繁忙期は+£5　4コースの食事とワイン込み）
チップ10～12％をプラス
運繁忙期 水～日　冬期 木～日
ウェストミンスター桟橋19:45発　所要3時間15分
要予約　ドレスコードはスマート・カジュアル
※時間ギリギリにならないと、スタッフも船も桟橋に到着していないこともある
運航会社　③

写真上：夜のタワー・ブリッジは、昼間と違ったきらめきを見せる
写真中：ライトアップされたロンドン・アイを眺めながら出発
写真下：メインの鶏の煮込み、野菜添え

リバーボート利用にあたって　○チケット購入時にトラベルカードやオイスターを提示すれば、ほとんどのルートで16～35％引きとなる。Thames Clipperはオイスター使用可能。　○ランチやディナークルーズ（ショーボート以外）は、空きがあれば当日の朝でも予約可能だが、キャンセルや変更は48時間前まで。それ以降は返金されない。　○詳細は変更もあるので要確認。

郊外へ行くボート

AROUND LONDON

KEW & HAMPTON COURT 7

キューを経由して、ハンプトン・コートへ

ウェストミンスター橋のたもとにあるウェストミンスター桟橋と、地下鉄エンバンクメント駅前のエンバンクメント桟橋が主要な船着場。どちらも、夏場はたくさんの観光客でにぎわっている。キュー・ガーデンズ（→P.142）のあるキューを経てハンプトン・コート（→P.144）へ。ハンプトン・コート・パレスへもすぐ。リッチモンドからの別便もある。

国ウェストミンスター桟橋からハンプトン・コートまで片道£19（リッチモンドまで£17　キューまで£15）　**営**4〜10月（10月はキューまでで1日1〜2本　10月に入っても潮の加減によってはときどき、ハンプトン・コートまで行くこともある）　ハンプトン・コートまで所要約3時間30分　予約不可　当日電話で運航時刻を確認し、出発時刻の最低30分前（1時間前のほうが確実）にチケット売り場へ　ウェストミンスター桟橋以外から乗る場合、チケット売り場はイースター〜夏場しか開いていないので、乗船してから料金を払う
11月末〜12月の週末、キュー・ガーデンズのクリスマスライトにあわせた往復運航あり　15:30ウェストミンスター桟橋発（運航日は確認）要メール予約　**Mail** theboats@wpsa.co.uk
Thames River Boats　☎7930 2062（音声案内）　**URL** wpsa.co.uk

リッチモンドからハンプトン・コートまで　**国**片道£10、往復£12.50
営3〜10月のみ　詳細は要確認　所要約2時間
Turks　☎8546 2434　**URL** www.turks.co.uk/river-trips

写真上：ウェストミンスター桟橋のチケット売り場。事前確認していても、運航時間がずれることがあるので、早めに到着しておきたい
写真中：ビッグ・ベンのたもとから、いよいよ出発！　写真下：キュー桟橋

テムズ河に架かるおもな橋

ウォータールー橋 Waterloo Bridge
ブラックフライアーズ橋 Blackfriars Bridge
ブラックフライアーズ桟橋 Blackfrias Pier
フェスティバル桟橋 Festival Pier
テムズ河　River Thames
エンバンクメント桟橋 Embankment Pier
ロンドン・アイ桟橋（ウォータールー桟橋） London Eye Pier
ウェストミンスター桟橋 Westminster Pier
ウェストミンスター橋 Westminster Bridge
ハンガーフォード橋 Hungerford Bridge

RIVER THAMES

運河クルーズ　　　　　　　　　　　　　　　CANAL CRUISE

REGENT'S CANAL CRUISES 8

リージェンツ運河を巡るクルーズ

テムズ河以外に運河を行く船旅も楽しい。運河の起点はリトル・ヴェニスLittle Venice（→P.117、MAP 2-A3）。もちろん、"ヴェニス"は「水の都、ヴェニス」からとった名だ。リトル・ヴェニスは、3本の水路が交わる三角形の部分全体のこと。リトル・ヴェニスからはロンドン動物園London Zoo経由、カムデン・ロックCamden Lockの水門行きの船が出る。特に土・日曜はカムデン・ロックのマーケット（→P.312）がにぎやかで楽しい。船でマーケットへ行くのもいい。

料 カムデン・ロック⇔リトル・ヴェニス £15
営 カムデン・ロック発　4～10月 毎日12:30、14:30（土・日・祝は16:30も）
8月 毎日10:30、12:30、14:30、16:30　3月 土・日のみ12:30、14:30
イースターの週末12:30、14:30、16:30　詳細は要確認　所要1時間30分
Walker's Quay　℡7485 4533　URL www.walkersquay.com

料 ロンドン動物園⇔カムデン・ロック£30、リトル・ヴェニス⇔ロンドン動物園£32（動物園の入場料込み、片道）　リトル・ヴェニス⇒カムデン・ロック片道£12　ロンドン動物園⇒カムデン・ロック片道£5　ロンドン動物園⇒リトル・ヴェニス片道£6
営 リトル・ヴェニスからロンドン動物園は所要約35分、カムデン・ロックまで動物園経由で約50分　運航は時期により異なるので要確認
London Waterbus Company　℡7482 2660　URL www.londonwaterbus.com

写真上：緑のなかを行くカナルボート　写真中：のんびり船旅を楽しみたい
写真下：カムデン・ロックの水門

ロンドンの交通機関　ボートで巡るロンドン

ミレニアム・ブリッジ Millennium Bridge

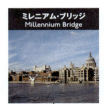

サザーク橋 Southwark Bridge

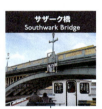

タワー桟橋 Tower Pier　**セント・キャサリンズ桟橋 St. Katharine's Pier**

バンクサイド桟橋 Bankside Pier　**ロンドン・ブリッジ・シティ桟橋 London Bridge City Pier**

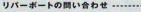

ロンドン橋 London Bridge

タワー・ブリッジ Tower Bridge

リバーボートの問い合わせ
○ London River Services
℡(0343) 222 1234
URL tfl.gov.uk/modes/river

※リバーボートの運航は予告なく変更されることもある。詳細は必ず乗り場などで事前に確認を。

BOAT SERVICES

ドッキング・ステーション

レンタサイクルでGo!

ロンドン中心部のあちこちで見かける、公共の貸自転車Santander Cycles。
広大なロンドンの公園を自転車で走ったら、とっても気持ちよさそう!
普通のレンタサイクルとは、少し違った料金システムなので、借り方を含めよく確認しておこう。

出発前に、貸し出し手続きを

300〜500mごとに「ドッキング・ステーション(ドック)」と呼ばれる駐輪所があり、そのモニターで貸し出しの手続きをする。24時間アクセス料が£2(30分間の使用を含む)。借りてから30分を超えると、使用料£2が30分ごとにプラスされていく。少しわかりにくいが、借りてから30分たたずにドックに返せば、何回借りても1日£2ですむ。ただし、ドックに戻さず30分より長く借り続けると、どんどん追加使用料がかさんでいくというシステム。どこのドックでも乗り捨てできる。24時間以内に返却すること。
詳細はウェブサイトで確認を URL tfl.gov.uk/modes/cycling/santander-cycles

最初の画面で言語を変更できる。貸し出し契約のための約款を確認したり、運転にあたっての注意書きを読む必要があるので、日本語表示にしておくといい。

クレジットカードの挿入口は、暗証番号などを押すボタンの下にある。Please Remove Cardの表示が出るまでは、カードを挿入したままにしておくこと。

契約内容を確認。使用できるクレジットカードはJCB、マスター、ビザのICチップ付きのもの。暗証番号も必要。貸し出し番号が印刷されたレシートが出てくる。

アプリが使えると、もっと便利!

Santander Cyclesのアプリ(画面左)でアカウントを作っておけば、スマホでレンタルの手続きができて便利。また、どのドックに何台自転車があるか一目瞭然だから、貸し出しや返却時に困ることもない。ドックの台数だけならシティマッパー→P.39(画面右)という交通アプリなどでも確認できる。ただし、いずれもイギリスで自由に使える通信環境が必要。

自転車道がある道は走りやすい　　　　　　　　自然史博物館前。ドックに書かれた地図は周辺の見どころや道の確認に使える

ロンドンの交通機関

レンタサイクル

 さあ出発

貸し出し手続き後に出てきたレシートにある5ケタの番号を、ドック左側の「1,2,3」のボタンを押して入れる。荷物入れがあるので、しっかりと備え付けのゴムで固定を。サドルも高くなっていることが多いので調整しておこう。

 きちんと返却

しっかりとドックに自転車を戻すこと。ドック左側に緑のランプがついたら返却完了。つかない場合はほかのドックで試してみよう。契約時の画面でPrint Journey Recordを押して契約したカードを入れれば、レシートも発行も可。

 ▶

 注意したいこと

鍵が付いていないので、停めるときは必ず近くのドッキング・ステーションに。ショップの前にロックせずに停めて買い物というのは、ロンドンでは危な過ぎ！ 盗まれたら最高£300の賠償金を支払うはめになる。

● 試運転は公園がベスト

自転車マークがあったら、そのルートが自転車道
歩道を行きたい場合は、自転車を引いて歩けば大丈夫

イギリスでは歩道を自転車で走るのは違法。自動車と一緒に車道を走るのは少し難易度が高いが、公園内の自転車道なら比較的走りやすい。ケンジントン・ガーデンズ、ハイド・パーク、グリーン・パーク、セント・ジェームズ・パークは、だいたいつながっているので、おすすめ。オリンピック・パーク内にも自転車道があるので走りやすい。車道で曲がるときは車と同じように停車する。赤信号のとき、車より前に自転車の停止線がある場合は、原則として、そこまで出て停まる。青になったら、なるべく早めに車の邪魔にならない端側へ移動しよう。

CLOSE UP

Public Transport News 2020
新路線エリザベス・ライン（クロスレール）開通はいつになる？

下と右上 photo ©Transport for London

エリザベス・ラインのカラーは紫色、右上は車内。右下は工事中のエリザベス・ラインのトテナム・コート・ロード駅

97kmに及ぶ長い路線 エリザベス・ライン

ロンドンと郊外を東西に結ぶ新しい路線、エリザベス・ラインは、2018年開通の予定が遅れ、2020年10月頃より徐々にオープンしていく。エリザベス・ラインは、ロンドン交通局の子会社クロスレールCrossrailによるX字型に走る鉄道ルートの正式名称。以前より「クロスレール」という名称で報道されており、今もこの名前で呼ばれることが多い。ヒースロー空港を含む4つの終点駅があり、全体で41駅（うち10駅は新しく開設）、路線の長さは60マイル（97km）に及ぶ。メトロポリタン・ラインと同様、ロンドン中心部を抜けると地上に出る。

ロンドン中心部の開通にはまだだいぶかかりそうだが、2019年末にはウエスト・ドレイトンWest Drayton～レディングReading間が、TfLレイルとしてオープンした。現在この区間を運行している鉄道会社GWRからロンドン交通局が引き継ぐかたちだ。West Draytonより先は地下鉄のゾーン外になるが、2020年1月からオイスターカードの使用が可能になる見込み。

開通後は、パディントンからトテナム・コート・ロードまでたったの4分（現在は20分かかる）、東のカナリー・ウォーフまで直行17分（現在乗り換えで25～30分）で行けるようになる。

2018年夏に観測史上初の40度近い気温を経験したロンドンだが、エリザベス・ラインにはエアコン付きでゆったり座席の新車両が徐々に導入されていく予定で、速度も現車両よりアップ。また、今まで公共交通の接続が悪かった東西の郊外からのロンドンへのアクセス度も高まり、それぞれの終点から鉄道へ乗り換えれば、旅もより便利になる。

構想から100年という壮大な計画

この路線の開発が提案されたのは、なんと70年も前のこと。まだ建設のゴーサイン待ちをしている42個めの駅ができるとしたら、2026年開通の予定。さらにスーパークロスレイル、クロスレイル2という計画もあり、100年ごしの雄大なプランへと発展している。2、3年の開通遅れなんでもない、という態度もわかるような気も……。

URL tfl.gov.uk/travel-information/improvements-and-projects/elizabeth-line

中心部〜西部の一部路線のみ。全体の路線図は下記でご確認を
URL content.tfl.gov.uk/elizabeth-line-december-2019.pdf

London »
各エリアの説明

14番地のパン屋、46番地のパブ、83番地はお気に入りの劇場　音や匂いからは「生きた街」を感じる

How to walk in London

ロンドンの歩き方

ロンドンは広い。そして人も多い。初心者はなかなか思うようには歩くことができないだろう。それでも、ちょっとしたポイントをおさえておくと、ロンドンを歩くのが楽になる。歩けば歩くほどロンドンの違った顔が見えてくるはずだ。

ロンドンのヘソ、トラファルガー広場にはロンドンの中心を示すプレートも埋め込まれている

ロンドンの郵便番号概略図

ロンドンを歩くポイント

主要な見どころのだいたいの位置関係、中心となる場所、歩くにあたって助けになってくれるポスト・コード(郵便番号)についてなど、ロンドンを歩くためのポイントを伝授しよう。

ロンドンの概略とヘソ

ロンドンの地理を頭に入れようとするとき、まずは、北にリージェンツ・パーク、西にハイド・パークとケンジントン・ガーデンズ、東にロンドン塔、そして南にテムズ河がある、と覚えよう。

さらにロンドンの町のヘソともいうべきは、トラファルガー広場。世界中の絵画が集まるナショナル・ギャラリーがあり、ピカデリー・サーカスにも歩いて行けるし、劇場街も近い、というわけで、とにかく観光客なら誰でも一度は行ってしまう所。ここからおもな名所ま

地域の特色

まずは上の郵便番号概略図を見てほしい。ロンドン随一の繁華街を有するウェストミンスター区(ピカデリー・サーカスのあるW1や、コヴェント・ガーデンのあるWC2などを含む)を中心に、東西南北の特色をおおざっぱに書き記してみる。

東方面 [EC E]

シティは金融ビジネス街だが、その東側を見ると、テムズ河沿いの新金融街ドックランズに達するまで昔ながらの下町だ。'12年のオリンピック開催で再開発が進んだものの、まだ雑多な雰囲気が残る。ショーディッチ周辺は個性的な店が集まる最先端の流行発信エリア。グリニッジ周辺にはしゃれた住宅街がぽつぽつとある。

西方面 [W SW]

日本人学校があるため、セントラル・ライン沿線のアクトン近辺は、子供のある日本人家族御用達。一方、ノッティング・ヒル・ゲイト界隈は、映画のヒットも手伝って不動産が高騰。またチェルシー(SW1、3、5)は高級住宅街で、昔から文人・著名人たちに愛されてきた所。ヒースローに向かうピカデ

リー・ライン沿線も交通の便がよいため(遅れが少なく本数も多い)家賃は高め。

南方面 [SW SE]

中心部へ出るのも川を渡らなければならないので、一見交通の便が悪そうなテムズ南岸だが、地下鉄もバスも発達しており問題なし。南西地域に関しては逆に環境がよいとされ、パットニー、リッチモンド、ウィンブルドンなどは住宅街として安定した評価を誇る。これに対し南東地域は、がらが悪いとレッテルを貼られている地域もあり。

北方面 [N NW]

ノーザン・ラインとジュビリー・ライン沿いは住宅街。ハムステッドは上品な高級住宅街として名高く、ゴルダース・グリーンあたりはかつては日本人好みで(昔は同じくノーザン・ライン沿いのカムデン・タウンに日本人学校があった名残)ユダヤ人も多いことから冗談でJJエリア(JapaneseとJewish)と呼ばれたことも。家賃が高騰している、ジュビリー・ライン沿いのセント・ジョンズ・ウッドは「憧れの地」ナンバーワン。 (JJ)

ですべて45分以内で歩ける。また、地下鉄でいうならチャリング・クロスCharing Cross駅がヘソで、多くの見どころへ15分以内で行くことができる。また、通りのあちこちに立っている地図付きの案内板を見て、自分の位置を確認しながら歩いて行くこともできる。

ストリート名と郵便番号、これが大事

イギリスでは、すべての通りに名前があり、番地、ストリート名、郵便番号Post Code（ポスト・コード）の順に並べたものが住所になっている。ビルの壁やちょっとした広場沿いなどに、ストリート名と郵便番号を書いた看板がある。この標示を見つけて地図を見れば「1本だけ道を外れていたんだ」などということが一目瞭然。だから、ロンドンの地図はストリート名が網羅されている。

郵便番号は、大文字のアルファベットと数字を組み合わせたもの。同じ名の通りがロンドン中にあるので、この郵便番号は極めて重要。郵便番号に使われるアルファベットは5つ。E（東）・W（西）・S（南）・N（北）・C（中央）。これを組み合わせてE（東部）、N（北部）、NW（北西部）、WC（中央西部）、EC（中央東部）、W（西部）、SW（南西部）、SE（南東部）の8地域を設けている。つまり"18 High Street"と書いてあっても、これだけではどこの「ハイ・ストリート18番地」なのかわからない。なにしろロンドンには30本以上の"High Street"があるのだから。

また、郵便番号は「自分が北に行くのか、南に行くのか」という見当にもなるので、ロンドンを歩くうえで非常に役立ってくれる。タクシーに乗るときも、郵便番号とストリート名を告げれば大丈夫。

地図が付いた案内板とストリート名を書いた看板

ロンドンの番地
通りの片側が奇数で反対側が偶数の場合が多いようだが、奇数も偶数も関係なく通り沿いにズラリと番地が並んでいることもある。一定の法則はないので、扉や門柱の番号を確認して法則を推測するしかない。

ロンドンの郵便番号
それぞれの地域はさらに数字によって細かく分けられ、"18 High Street, SW7"なら「南西7区のハイ・ストリート18番地」と限定されることになる。数字だけでなく、"SW7 B5Q"とまで書かれていれば、より正確。番地やストリート名がなくても郵便が届くというほど、場所が特定される。スマートフォンのGPSやカーナビでも、郵便番号で検索できる。

お得に巡るパスと割引料金について

便利なロンドン・パス London Pass
シャードの展望台やロンドン塔、ウェストミンスター寺院など、80以上の観光ポイントや博物館、アトラクションへの入場、各種ツアーに利用できる。

有効期間1・2・3・6・10日の5種類があり、インターネット販売にかぎり、オイスターカードが付いたタイプが購入できる。受け取りは郵送か現地でのバウチャーからの引き換えのほか、スマホに入れるモバイルパスもある。ロンドン交通局のビジターセンター→P.60窓口などでも購入可能だが、こちらはオイスターカードがないタイプのみ。

価格は1日パス£75（£90）、2日パス£99（£119）、3日パス£125（£155）、6日パス£169（£214）、10日パス£199（£254）。（　）内はオイスター Pay as you go付きの料金で、日数により最初にオイスターにチャージされている金額が違う（例えば1日パスが£10）。

また、ファミリーパスとして、有効期間でなく物件数（3・5・7ヵ所）で選べるロンドン・エクスプローラー・パス London Explorer Passもある。

The Leisure Pass Group ☎ 7293 0972 URL www.londonpass.com URL www.londonexplorerpass.com

シニア料金と学生料金
イギリスの観光名所や文化施設では、学生や年金生活者向けの割引料金が設定されていることが多い。条件や表示はいろいろで、一般に"コンセッションズ concessions"と書いてある場合は、学生、年金生活者（ペンショナー pensioner）またはシニア市民（シニアシチズン senior citizen）、身障者、生活保護受給者などをひとまとめにした割引を指す。60歳以上の旅行者は、パスポートで年齢を証明できれば、かなりの施設がpensioner料金にしてくれるので、ダメモトで「ペンショナー」と伝えてみるといいだろう。学生も同様に「スチューデント」と告げてみよう。

学生や年金生活者は、身分を証明する書類を見せるようにと言われることもあるが、パスポートや学生証で許可される場合もある。

各エリアのポイント

ウエスト・エンド

●MAP6 ●MAP7 ●MAP11 ●MAP12

ショッピングからエンターテインメント、レストラン、観光スポットなど、ロンドンのあらゆるものが集まっているエリア。とにかく何度も足を運んでしまうはず。
コヴェント・ガーデンやリージェント・ストリート、ボンド・ストリート、オックスフォード・ストリートなど、ショッピングエリアは広大。
劇場が多いのはシャフツベリー・アベニュー周辺。中華街のあるソーホー周辺にはエンターテインメントスポットやレストランが固まっている。
ロンドンの中心トラファルガー広場に面したナショナル・ギャラリーでは、数多くの名画を鑑賞することができるし、エロスの像で名高いピカデリー・サーカスは、いつも記念写真を撮る観光客で大にぎわい。

バッキンガム宮殿周辺　●MAP7 ●MAP10

衛兵交替で有名なこのエリアは、公園に囲まれ緑豊か。南に下ればテート・ブリテンやヴィクトリア駅がある。国会議事堂をはじめとする政治機関も集まっており、テムズを越えれば大観覧車ロンドン・アイもある。

シティ周辺　●MAP4 ●MAP8

セント・ポール大聖堂、ロンドン塔、タワー・ブリッジといった見どころも多く、シティはロンドンのビジネスの中心。ミレニアム・ブリッジでテムズ河を渡ってテート・モダンに行ったり、南岸の遊歩道を散策するのもいい。

大英博物館周辺　●MAP3

世界でも有数の規模と所蔵品を誇る大英博物館があるこのエリアには、大学や法学院などが集まる。
イギリス北部へのゲートとなる鉄道駅やユーロスターが停車する国際駅も近い。

リージェンツ・パーク周辺　●MAP2

マダム・タッソーろう人形館やホームズゆかりのベーカー・ストリートがある、「有名人たち」に出会うことができるエリア。シーズン時期ならばリージェンツ・パークでバラを観賞したり野外劇場で舞台を観るのも楽しい。

AREA GUIDE

ナイツブリッジ周辺 ●MAP6 ●MAP9

ブティックやデパートのハロッズが並ぶ高級ショッピングエリアと、大きな3つのミュージアムが同居する。多くの文人が住居を構えていたエリアでもある。南部のキングス・ロードもショッピングストリート。

ハイド・パーク周辺 ●MAP6

巨大な公園ハイド・パーク、ケンジントン宮殿のあるケンジントン・ガーデンズはロンドン市民の憩いの場所。中心部にありながらリスがいる緑豊かな環境で、過ごしやすい時期には多くの人が集っている。

ポートベロー周辺 ●MAP5

アンティークが多い、土曜のポートベロー・マーケットには、食べ物屋台も出ていて、にぎやかで楽しい。落ち着いた雰囲気で、Westborne Grove周辺まで、おしゃれなセレクトショップなども多い。

イースト・ロンドン ●MAP4

コロンビア・ロードの花の市、手作り商品が多いサンデー・アップやスピタルフィールズの市など、いくつものマーケットが立つ。北部は、アーティストも住むロンドンでもクールなエリアとして知られ、クラブなども多い。

ロンドンの歩き方　各エリアのポイント

ロンドン・エリア概念図

059

ロンドンのインフォメーションセンター

交通局のビジターセンター　Transport for London Visitor Centres

交通局ビジターセンター
ピカデリー・サーカス駅
毎日9:30～16:00
リヴァプール・ストリート駅
毎日8:30～18:30
（日～水・祝～17:00）
ヴィクトリア駅
毎日8:30～18:30
（日～水・祝～18:00）
キングス・クロス駅
毎日8:30～18:30
（日～水・祝～18:00）
ヒースロー・ターミナル2・3駅
毎日8:00～19:30
**ガトウィック空港
（ノースターミナル）**
毎日8:00～16:30
**ガトウィック空港
（サウスターミナル）**
毎日8:00～18:00

交通局のビジターセンターではあるが、観光用のインフォメーションとしても機能している。ロンドン旅行について、プランニングから、トップアトラクションのチケットや各種ツアー予約、一部シアターチケットも取り扱っている。また、ロンドン市内の交通についてはもちろんのこと、セントラル・ロンドンから空港へのアクセスや空港情報、列車やコーチを使った旅の予約やアドバイスといったサービスもある。バスツアーのリーフレットなども置いてあるので、少し立ち寄って情報収集をしてみては？

地下鉄ピカデリー・サーカス駅、地下鉄リヴァプール・ストリート駅、ヴィクトリア駅、キングス・クロス駅、地下鉄ヒースロー・ターミナル2・3駅、ガトウィック空港のノースターミナルとサウスターミナル、以上7ヵ所設置されている。

駅のビジターセンター

シティ・インフォメーションセンター　City Information Centre

MAP 8-A1
St. Paul's Churchyard, EC4M 8BX
月～土 9:30～17:30
日 10:00～16:00
St. Paul's
無料Wi-Fiスポット、手数料なしの両替あり
URL www.cityoflondon.gov.uk/things-to-do/visit-the-city/visitor-information

シティ・オブ・ロンドン行政区とイギリス観光庁の共同経営。各種パンフレットが揃っていて、オイスターや優先入場できるファストトラックチケットも扱っている。最新イベントの紹介のほか、シティの英語ガイドウォークも行っている。

セント・ポール大聖堂前にある
シティのインフォメーションセンター

グリニッジ・ツーリスト・インフォメーションセンター　Greenwich TIC

P.132-A1
Old Royal Navel College, King William Walk, Greenwich, SE10 9NN
8305 5235
毎日 10:00～17:00
Cutty Sark for Maritime Greenwich（ドックランズ・ライト・レイルウェイ）
地図やガイドなどがあり、ウォーキングツアーも開催している。荷物預かり、3時間£5～。両替もできる。
URL www.visitgreenwich.org.uk/tourist-information-centre

ロンドン郊外、グリニッジを訪れたなら立ち寄っておきたい。カティー・サーク号のそばにあり、観光情報やホテル案内のほか、ボートなど交通関連のチケットも買える。レストラン、カフェもある。

見どころ紹介もあるビジターセンター内にインフォメーションも併設

AREA GUIDE

パケ買いしたくなる！ おいしいおみやげ

何を買おうか迷うことも多い、旅につきもののおみやげ。
パッケージがいいものは、あげてももらっても楽しいもの。
少しかさばるけれど、チョコやナッツが入った大ぶりの
ビスケットも、ザックリした食感でおいしい。

缶入りショートブレッド
バターの味がやみつきになるショートブレッド入り。絵柄や缶の形はシーズンごとに変わる。
マークス＆スペンサー→ P.280

アイシングビスケット
かわいいラベルが付いた缶入り。手描きのアイシングビスケットは、食べるのがもったいない?!
ビスケッターズ→ P.306

オレンジクランチ・ビスケット
テキスタイルの収集でも知られるV&Aらしい缶入りビスケット。チャールズ・ボイジーの柄がGood。
V&Aのショップ→ P.152

箱詰めチョコレート
この店のパッケージは、どれもとてもかわいい！ 好みの箱に自分で選んだチョコを詰めてくれる。
ロココ・チョコレート→ P.304

チョコ＆トリュフ詰め合わせ
キッチュなピンクのハート型ボックスに入ったチョコは、もらった人もハッピーになりそう。
プレスタット→ P.304

チョコレートの詰め合わせ
ミルクとダークチョコ、ホワイトトリュフが、ピーターラビットの本箱に入っている。
シャボネル・エ・ウォーカー→ P.304

缶入りビスケット
ヨークシャー地方のCartwright & Butlerのもの。食べたあとも使えそうなデザインの缶もいい。
リバティ→ P.284

ハリポタに登場する駄菓子
カエルのチョコレートとジェリースラッグス（グミ）。話が弾む、楽しいバラマキみやげにも。
ハーディーズ→ P.306

マーマレード・ジャム
リバティ・オリジナル。クスっと笑わせてくれながら、どこかクールなラベルのデザインが秀逸。
リバティ→ P.284

ロンドンの歩き方　ロンドンのインフォメーションセンター

061

London » おすすめルート

ロイヤル・ウエディング
ゆかりの地を訪ねてみよう

世界中の注目を浴びた、2011年4月に行われたウィリアム王子とキャサリン妃との結婚式。式典の会場となったウェストミンスター寺院からバッキンガム宮殿までのパレードルートを巡って、「いかにもロンドン！」な見どころを満喫してみては？

©Westminster Abbey

❶ ウェストミンスター寺院
ここがロイヤル・ウエディングの式典の舞台。世界遺産にも登録されている。寺院内部には、ニュートンなどそうそうたる面々の墓所が並ぶ。→P.94

❷ ビッグ・ベン
ロンドンの象徴ともいえるビッグ・ベンもすぐ。→P.92

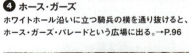

❸ ホワイトホールとダウニング10
Whitehallはイギリスの行政の中心部が集中する通り。ダウニング10番地の首相官邸周辺の警備は厳重。

❹ ホース・ガーズ
ホワイトホール沿いに立つ騎兵の横を通り抜けると、ホース・ガーズ・パレードという広場に出る。→P.96

❺ ザ・マル
バッキンガム宮殿からトラファルガー広場へ抜ける通り。セント・ジェームズ・パークで休憩するのもいい。

❻ クラレンス・ハウス
チャールズ皇太子ご夫妻が住む、クラレンス・ハウス前の門には衛兵が待機している。

AREA GUIDE

❼ バッキンガム宮殿
いつも人でいっぱいのバッキンガム宮殿。→P.88
衛兵交替のときには、すごい人混みになる。

❽ クイーンズ・ギャラリー
王族の美術品を集めたギャラリー。→P.89
王室の歴史を知ることもできそう。

©VisitEngland/Diana Jarvis

❾ ロイヤル・ミューズ
今も馬車の整備をする人たちが住むロイヤル・ミューズ。
ロイヤル・ウエディングに使われた馬車もある。→P.89

○ 王室関連グッズ
バッキンガム宮殿やギャラリーにあるショップには、
王家にちなんだ品々が揃っている。

おすすめルート

ロイヤル・ウエディング・ルート

063

London » おすすめルート

絵になるロンドンを観に
テムズ南岸へ

かつてはロンドンの大動脈として重要な役割を果たしたテムズ河。その南岸には歩くための道が整備され、対岸の眺めも最高！ 観光スポットも点在している。テムズの風に吹かれながら、新旧のロンドンの息吹きに触れてみたい。

❶ ロンドン・アイ　London Eye
2000年に建てられた観覧車。テムズ河に張り出したカプセルからの見晴らしを楽しみたい。→P.98

❷ サウスバンク・センター　Southbank Centre
コンサートホールや劇場などが集まる文化センター。ロイヤル・フェスティバル・ホール→P.201やナショナル・シアター→P.196といった大きな施設のほかレストランも多いエリア。ロイヤル・フェスティバル・ホール内のカフェがあるスペースで開催される、無料コンサートをのぞいてみるのも楽しい。また、ヘイワード・ギャラリー→P.177も小規模だが企画が斬新。

❸ ミレニアム・ブリッジ　Millennium Bridge
これも2000年に架けられた歩道橋。この橋を渡れば、セント・ポール大聖堂→P.102もすぐ間近。

❹ テート・モダン　Tate Modern
近現代アートに興味があるなら立ち寄りたい美術館。旧発電所を再利用した空間も見どころ。→P.174

周辺地図　MAP7-C〜D・MAP8-A〜D

AREA GUIDE

❺ シェイクスピア・グローブ劇場　Shakespeare's Globe
かつて娯楽街、劇場街として栄えたサザークに再建された茅葺き屋根の劇場。シェイクスピア劇ならここで。→P.195

❻ ゴールデン・ハインド号　Golden Hinde
世界一周の航海を果たした船のレプリカ。見学もできる。すぐ南のバラ・マーケット→P.309に立ち寄るのもいい。

❼ ヘイズ・ギャレリア　Hay's Galleria
倉庫として使われていたものを1980年代に再開発したもの。ひと息できるレストランやショップが集まっている。

❽ タワー・ブリッジ　Tower Bridge
2つの塔上部の間には、眺めのいい歩道橋に加え、眼下を見下ろすグラス・フロアが加わった。→P.107

おすすめルート

テムズ南岸

左…HMSベルファスト号　右…ロンドン市庁舎や高層ビルシャードを望む

065

London » おすすめルート	クールロンドンを感じるなら イースト・ロンドンへ

セントラル・ロンドンの東の端、ブリック・レーンからホクストンあたりまでがイースト・ロンドンと呼ばれるエリア。少しずつ北と東に拡張しつつ、ロンドンで一番クールな人と物が集まる。個性的な品が手に入る小さなショップやマーケット巡りもいいし、夜なら話題のクラブへ。

❶ オールド・スピタルフィールズ・マーケット
Old Spitalfields Market
曜日によってストールの内容が変わる。→P.317

❷ サンデー・アップマーケット Sunday Upmarket
エスニック料理の屋台が多くて、とてもおいしそう！手作りの品やアートなどもある。→P.309

❸ バックヤード・マーケット
Backyard Market
中に入ると、たくさんの屋台が並ぶ。

❹ レッドチャーチ・ストリート Redchurch Street
雑貨のレイバー・アンド・ウエイト（写真左）やカフェアルビオン（写真右）など、話題のショップやカフェが集中する、クールなストリート。

❺ カーゴ Cargo
このあたりはクラブが多いエリア。カーゴはイースト・ロンドンの老舗クラブのひとつ。→P.205

○ ストリートアートがあちこちに
カーゴ近くの高架下に描かれたアート。倉庫街のれんがに描かれたこうした路上アートの質がとても高い！

AREA GUIDE

ルナ＆キュリアス Luna & Curious

職人の技をアピールできるような店を、ということで、セラミックやジュエリーのデザイナーたちがつくった店。遊び心があるデザインのものや、アリスをテーマにしたアフタヌーンティーの食器など、楽しいものもたくさん。

- 24-26 Calvert Av., E2 7JP　3222 0034
- 毎日11:00～18:00（土・日 10:00～）
- 祝　AMV
- Shoreditch High St.
- lunaandcurious.com

おすすめルート

周辺地図　MAP 4-C～D

イースト・ロンドン

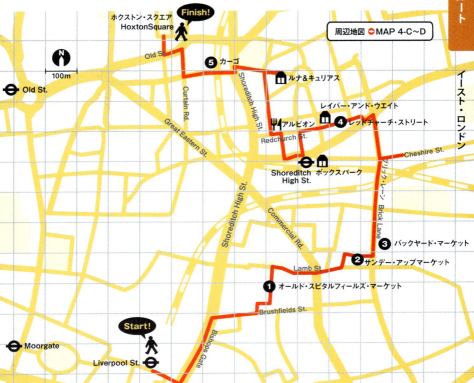

ボックスパーク Boxpark

ショーディッチ・ハイ・ストリートの駅を降りるとすぐ。貨物輸送用のコンテナを積んで造ったもので、40を超える狭い間口のショップやレストランになっている。ショップは一定の期間で入れ替わるシステム。

- 2-10 Bethnal Green Rd., E1 6GY　7186 8800
- ショップ 月～土 11:00～19:00（木 ～20:00）
- 日12:00～18:00　レストラン・カフェ 月～土 8:00～23:00
- 日 10:00～22:00（店による）　店により異なる
- 店により異なるがMVは大部分で使用可能
- Shoreditch High St.　www.boxpark.co.uk

067

London ≫ おすすめルート

おみやげも食事も
マリルボン・ヴィレッジへ

マリルボン・ハイ・ストリートを中心としたこのエリアは、ロンドンの真ん中にありながらも、ヴィレッジという名で呼ばれるのもわかる、どこか居心地のいい場所。いい感じのおみやげが買えそうな小さな路面店と良質なカフェやレストランが集まっている。

① セント・クリストファーズ・プレイス
St. Christopher's Place
オックスフォード・ストリートから、人がひとりしか入れないような小道を入ると、道が開けてきて広場に出る。

② ヴィヴィ・ルーロー　VV Rouleaux
きれいなリボンやボタンが店いっぱいに並んでいる。帽子の花飾りやウェディングドレスのケープなども。
☎ 7224 5179　URL vvrouleaux.com

③ ゴールデン・ハインド　The Golden Hind
フィッシュ＆チップスの店。魚はタラやハドックのほか、サーモン、ヒラメ、エビなどもある。付け添えのチップスは別料金なので、サラダなどに変更も可能。→P.237

AREA GUIDE

❹ ドウント・ブックス　Daunt Books
エドワード朝時代からの建物を利用した本屋。天窓から光が差し込む美しい店内には旅行書なども並ぶ。
→P.300

❺ エマ・ブリッジウオーター　Emma Bridgewater
水玉やイギリス国旗をアレンジしたカップ＆ソーサー、ペーパーナプキンなどはおみやげにもよさそう。
→P.297

❻ ココ・モモ　Coco Momo
おなかがすいたら入ってみて。お昼でも、ボリュームたっぷりのイングリッシュブレックファストが食べられる。ほかにも日替わりランチやデザートのプディングなど、メニュー豊富。
住 79 Marylebone High St., W1U 5JZ　☎ 7486 5746
営 9:00～23:00（土～24:00、日～22:30）
食事のラストオーダー21:00　CC MV　⊖ Baker St.
URL www.foodandfuel.co.uk/our-cafes/coco-momo-marylebone

おすすめルート

マリルボン・ヴィレッジ

❼ ナチュラル・キッチン　Natural Kitchen
イギリス生まれの自然派食材店。具がたっぷり入ったミートパイやチーズなどがあり、カフェも明るくおすすめ。
☎ 7935 8151　URL www.thenaturalkitchen.com

❽ アンソロポロジー　Anthropologie
洋服や雑貨、家具などのセレクトショップ。ナチュラルなものが多く、食器などもかわいいものが揃っている。
☎ 7486 9858　URL www.anthropologie.com

❾ オレリー・エピスリー　Orrery Epicerie
お隣のフランス料理のOrreryもいいけれど、こちらは気楽にお茶や簡単な食事ができるカフェ。
☎ 7616 8036　URL www.orrery-restaurant.co.uk

❿ キャベジス＆フロックス・マーケット
土曜の11:00くらいから、コンラン・ショップ向かいの広場で小さなマーケットが立つから寄ってみては？
☎ 07956.282532　URL www.cabbagesandfrocks.co.uk

069

London » おすすめルート

小さな村のような
プリムローズ・ヒルへ

チョーク・ファーム駅を出て、鉄道の上を渡ると、カーブが美しいリージェンツ・パーク・ロードへ。個性的な商品を扱うショップやカフェ、レストランが軒を連ねる。セレブが住むエリアとしても有名だが、お高い感じはなく、自然体でいられる雰囲気が好まれているのかもしれない。

❶ シェパーズ・フーズ
おいしそうなデリもある食材店シェパーズ・フーズ。この通り沿いにショップやレストランが集中している。

❷ 公衆電話
ヒュー・グラントがファンに追いかけられたときに逃げ込んだという公衆電話。

❸ 映画『パディントン』のロケ地
パディントンと一緒に暮らすブラウン一家の家のロケが行われた。

❹ プリムローズ・ヒルのビューポイント
テレコム・タワーやロンドン動物園の建物などが見渡せる高台の公園。ロケーションのよさからか、アルバムジャケットの撮影地になったことも。

❺ プリムローズ・ベーカリー
20種類を超えるというカップケーキの人気店。ちょっとひと休みにお茶でもいかが?

◯ リージェンツ運河
のんびり歩ける、運河沿いの細い遊歩道があるから、週末ならマーケットまで行ってみるのもいい。

AREA GUIDE

🏠 **メアリーズ・リビング&ギビング・ショップ**
Mary's Living & Giving Shop

Save the Childrenをサポートする、イギリスらしいチャリティショップ。小物や、おしゃれな服や靴など、セカンドハンドが多く、店内はアットホームな雰囲気。

🏠 109 Regent's Park Rd., NW1 8UR
📞 7586 9966　営 月〜土10:00〜18:00
日12:00〜16:00　休 クリスマス〜年末年始は要確認
CC AJMV　⊖ Chalk Farm　URL www.savethechildren.org.uk/shop/marys-living-and-giving-shops/primrose-hill

おすすめルート

プリムローズ・ヒル

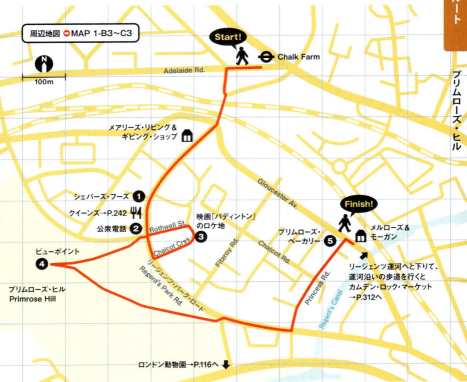

周辺地図 ➡ MAP 1-B3〜C3

🏠 **メルローズ&モーガン**
Melrose and Morgan

店内に並んだパイやキッシュなど、どれもおいしそう！デザートや飲み物も揃っているから、このデリで食料を買ってプリムローズ・ヒルでランチするのもいいかも。おみやげにしたい、おいしいジャムなどの食材もある。

🏠 42 Gloucester Av., NW1 8JD
📞 7722 0011　営 毎日8:00〜19:00（土・日 〜18:00）
休 一部の祝　CC AMV
⊖ Chalk Farm　URL www.melroseandmorgan.com

071

London » おすすめルート

たまにはゆっくりと
テムズに沿って歩いてみたい

ハマースミスからテムズ河沿いにチズウィックまで。中心部とは少し違ったテムズの雰囲気を味わうのにちょうどいい散歩道がある。パブもいくつかあるから、途中でひと休みするのもいい。帰路はハマースミスまでバスで。半日くらいかけてゆっくりと、テムズ沿いを散策してみよう。

❶ ルトランド・アームズ　The Rutland Arms
ロックバンド、クイーンの映画『ボヘミアン・ラプソディ』のロケ地として使われたテムズ河沿いのパブ。

❷ ケルムスコット・ハウス　Kelmscott House
ウィリアム・モリスは、1878年から亡くなるまでこの家で暮らし、多くの作品を制作した。

住 26 Upper Mall, W6 9TA　☎ 8741 3735
開 木・土 14:00〜17:00　イベント時には閉館することもある
URL williammorrissociety.org
※ケルムスコット・ハウスは個人所有のため公開していない。隣接するコーチハウスと地下室に博物館、ショップがある。

❸ ハマースミス・テラス　Hammersmith Terrace
ジョージア様式の建物は、この建物ができた18世紀中頃にはモダンな家並みとして知られていた。

周辺地図　●MAP 広域図-C2

❹ テムズ沿いの風景
河沿いを歩いていると、犬と散歩をする人の姿や競技用のボートの練習風景に出会うことも。

AREA GUIDE

⑤ フラーズ醸造所ツアー　Fuller's Tours

人気が高いビールブランド「ロンドンプライド」で有名なフラーズの醸造所を見学することができる。試飲から始まり、モルトの話、フラーズの社風まで、ガイドによって違うさまざまな話を聞くことができる。最後にショップでおみやげを買うのもいい。英語のツアー形式で所要1時間30分〜1時間45分。

🏠 Chiswick Lane South, W4 2QB　☎ 8996 2662
🕐 月〜土 11:00、12:00、13:00、14:00、15:00（金は10:00と16:00もあり）18歳以上　予約状況により異なる　要予約　休 日・祝　£20　🚇 Turnham Greenから徒歩約20分／🚇 Hammersmithからバス190番
🌐 www.fullersbrewery.co.uk（オンライン予約可能）

ガイドの説明を聞きながらビールの試飲もできる

⑥ チズウィック・ハウス　Chiswick House

3代目バーリントン伯爵によって建てられたもの。かつては大邸宅だったが、いくつかは取り壊され、現在はチズウィック・ハウスのみが残っている。客を招待したというホールや、見事な天井画が描かれた部屋、ワイン倉庫などを見ることができる。ガーデンとカフェ・レストランは無料で年中入場可。→P.118

🏠 Burlington Lane, W4 2RP　☎ 3141 3350
🕐 11:00〜15:00（土・日 〜16:00）　休 火・木・金、11〜3月　イベントなどで閉館する日もある　£7.80
🚇 Turnham Greenから徒歩約25分／🚆 Chiswickから徒歩約10分　バス190番（Hammersmith〜Richmond）
🌐 chiswickhouseandgardens.org.uk

庭園内のカフェ・レストランでランチはいかが？

おすすめルート

テムズ河に沿って近郊へ

左・中心部に比べて、近郊のテムズ河沿いは、のんびりとした雰囲気
右・ハロッズが出資したというハマースミス橋はハロッズカラー

073

■■■ Sightseeing Tour

観光ツアー

ロンドンには、趣向を凝らしたツアーが揃っている。こういったツアーは、まだロンドンに慣れていない人、時間がかぎられている人にはありがたい存在。ロンドンの全体像をつかむのに役立ってくれるだろう。

乗り降り自由の市内周遊バス
ルートは、各社ウェブサイトで事前に確認できる。ただし、道路工事やイベントにより、ルートは変更されることもある。

オリジナル・ツアー
☎ 8877 1722
料 £34（24時間有効）オンライン予約なら£32.50
営 毎日8:00～18:00（最終バス発車）ルートや時期によって異なる。おもな見どころを巡るのはイエロールート。
URL www.theoriginaltour.com
日本語オーディオガイドあり。有効期間中はリバークルーズ、ウオーキングツアー（英語、3つまで）も無料。

ビッグ・バス・ツアーズ
料 £39（24時間有効）
オンライン予約なら£35.10
営 毎日8:00～19:00（最終バス発車）ルートや時期によって異なる。おもな見どころを巡るのはレッドルート。
URL www.bigbustours.com/en/london/london-bus-tours
日本語オーディオガイドあり。有効期間中はリバークルーズ片道とウオーキングツアーも無料。

食事もできる市内周遊バス
バストロノーム Bustronome
ロンドンのおもな観光スポットを巡りながら、食事もできる市内周遊バス。天井までガラス張りのパノラマバスなので、360度の眺望を楽しめる。
☎ 3744 5554
料 4コースランチセット£65～85、6コースディナーセット£105～150。日本語オーディオガイド付き。
URL www.bustronome.com

V&Aの前を通り過ぎるバストロノーム

バスツアー

市内観光用の乗り降り自由のバスのほか、ガイド付きバスツアーも多種多様。自分のスケジュールに合ったツアーを探すもよし、居合わせたツアーバスに気ままに乗ってみるのもよし。

乗り降り自由 Hop on Hop off の市内周遊バス

観光客が集まる所には、必ずといっていいほど、市内を周遊することができるバスの発着所がある。バスは時期やルートにより10～30分に1本程度。オリジナル・ツアー The Original Tour やビッグ・バス・ツアーズ Big Bus Tours の市内周遊バスがあるが、予約はいらないので、いくつかあるルートやサービスを見て選べばいい。興味があるなら、事前にウェブサイトで確認しておくのもいい。

乗るときには、たいていルートを示したイラストマップなどをくれる。日本語オーディオガイドもあるので、それを聞きながら、町並みとマップを交互に目で追って照らし合わせれば、どのあたりを走っているか見当がつく。また、決められたバス停で乗り降りができるホップオン・ホップオフ式だから、見どころ近くで降りて、また乗車することも可能。ダブルデッカーなので、眺めはもちろん2階のほうがいいに決まっているが、オープントップ（屋根なし）の場合、季節や時刻によっては非常に寒い思いをすることになるので注意。

発着所は、地下鉄グリーン・パーク駅、ピカデリー・サーカス、ヴィクトリア駅、マーブル・アーチ（ハイド・パークのスピーカーズ・コーナー前）、セント・ポール大聖堂、ロンドン塔北の Tower Hill、トラファルガー広場、ロンドン・アイなどの近く。

左…ビッグ・バスのグリーン・パーク前の乗り場。レッドルートはここから出発する
右…オリジナル・ツアーのイエロールートはヴィクトリア駅前から出発

ガイド（添乗員）付きバスツアー

　ガイドや添乗員付きでロンドンの観光ポイントを見学するものは、オーディオガイドだけのツアーより、時間もお金もかかる。半日コース、イブニングコースなどがあり、テムズ河クルーズを組み込んだものなど、各種ツアーが揃っている。東京の「はとバス」のようなものと考えてもいいだろう。日本人ガイド（または添乗員）付きの日系会社のツアーもある。料金は£30～80前後。

　半日コースは、国会議事堂やバッキンガム宮殿、プラス衛兵交替見学、といったように的を絞ったものが多い。そしてイブニングコースは、夜景や食事を楽しむものがメイン。

　ロンドンからの日帰り、あるいは数日をかけるミニ旅行タイプも揃っており、人気のコッツウォルズ地方やストーンヘンジ、バースやカンタベリー、リーズ城といった近郊はもちろん、湖水地方やスコットランドなど遠方へのツアーもある。コーチと呼ばれる長距離バスの旅だから快適。各ツアー会社で相談に乗ってもらえる。

　次ページのリストはツアーの一例。夏期と冬期ではツアーやスケジュールが違うので、詳細は要確認。いずれも要予約。

おもなツアー会社

［みゅう］
ロンドン半日観光やイギリス各地への日帰りツアーがある。
● MAP 8-B1　🏠 Vintners Place, 68 Upper Thames St., EC4V 3BJ　☎ 7630 5666
🕘 9：00～13：00, 14：00～17：30　休 土・日・祝
URL www.myushop.net
Ⓤ Cannon St.

マイバス
ロンドンやイギリスの定期観光ツアーを1年中催行。
🏠 3rd Floor, 1 Alie St., E1 8DE
☎ 7976 1191
Ⓤ Aldgate / Aldgate East
URL mybus-europe.jp

ゴールデン・ツアーズ
Hop on Hop offの市内周遊バスやハリポタスタジオツアー込みのバス→P.26も扱っている。英語ツアーがメイン。
🏠 4 Fountain Sq., 123-151 Buckingham Palace Rd., SW1 9SH　☎ 7233 7030（英語）
URL www.goldentours.com/language-tours

エヴァン・エヴァンス
老舗ツアー会社。多くのホテルより出発。英語ツアーがメイン。
☎ 7950 1777（英語）
URL evanevanstours.com

観光ツアー … ガイド付きバスツアー

カンタベリーの町並み

ウィンザー城での衛兵交代

観光に便利なバスルートはコレ！　【CLOSE UP】

　公共のバスでも、上手にルートを見つければ、お手軽にバスツアー気分を味わうことができる。別冊マップの「おもなバスルート」を参考に、自分なりのバスツアーを考えてみるのもおもしろい。例えば、以下の11番と14番のような、中心部やおもな見どころを結ぶ路線に乗って、ロンドンの町を眺めてみるのもいい。2階の一番前の席を陣取るのが断然おすすめだが、結構競争率が高い。

11番…セント・ポール大聖堂、トラファルガー広場、ホース・ガーズ、国会議事堂、ウェストミンスター寺院、ヴィクトリア駅などを経由。

14番…大英博物館、劇場街、ピカデリー・サーカス、ハイド・パーク・コーナー、ハロッズ、V&Aなどを経由。

※バスルートは変更されることも多いので、現地で必ず確認を。また、途中でルート変更されることもあるので、車内アナウンスを注意して聞くこと。

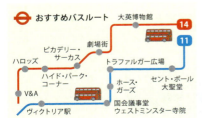
おすすめバスルート

14番のバスに乗って劇場街を通り抜ける

ツアー名	ツアーの内容	催行会社 料金 日時
パイ料理と パブ体験	イギリス名物ともいえるパイ料理のディナーを食べたあと、市内をバスで巡り、途中パブにも立ち寄る。夜のドライブ付き。	[みゅう] 料£98 火・木・土
ロンドン市内の モーニングツアー	国会議事堂やバッキンガム宮殿などを巡るツアー。衛兵交替のあるときは、その見学もする。朝からの半日ツアー。 実物を見てみたい！衛兵交替	[みゅう] 料£36〜 週3〜4回 (市内観光後、別料金でグリニッジに行くプラン、ロンドンアイ搭乗プランをプラスすることもできる) マイバス 料£25(所要2時間のウオーキングツアー) 月・水・金
テムズ河 ディナークルーズ	夜のテムズ河は、両岸がライトアップされてなかなかの眺め。少しドレスアップして、夜景を楽しみながら料理をいただくクルーズ。いずれも男性はジャケット着用、ジーンズ不可。	[みゅう] 料£79 月〜土 (冬期は木〜土) マイバス 料£79 月〜土 (1〜3月は木〜土)
コッツウォルズ地方周遊	バーフォード、バイブリー、ボートン・オン・ザ・ウォーター、ストウ・オン・ザ・ウォルド、チッピング・カムデンといった、コッツウォルズ地方でもよく知られた村を、1日で4ヵ所ほど巡る。  ウィリアム・モリスも讃えたというバイブリーの村  ストウ・オン・ザ・ウォルド	[みゅう] 料£57 毎日 デラックスホテル1泊プランなどもあり マイバス 料£55 火・木・土
バース ストーンヘンジ	バースのローマ浴場跡、ご存じストーンヘンジなどを巡る1日ツアー。ウィンザー城、レイコックに立ち寄るツアーもある。  ストーンヘンジ  ローマンバス	[みゅう] 料£81 (レイコックにも立ち寄る) 火・木・土(11〜3月 火・土) ウィンザーにも立ち寄るコース£109 マイバス 料£53 (ストーンヘンジのみ) 毎日 ウィンザーにも立ち寄るコース£111 月・土 (ゴールデン・ツアーズと共同運行)
リーズ城 カンタベリー ドーヴァー	広々としたリーズ城と世界遺産カンタベリー大聖堂、ドーヴァーへ。イギリス南東部を巡る1日ツアー。  庭園も有名なリーズ城  カンタベリーのクライストチャーチ門	[みゅう] 料£99 水・土 (エヴァン・エヴァンスと共同運行) マイバス 料£101 日 (ゴールデン・ツアーズと共同運行)
湖水地方と ピーターラビットの面影をたどる	今も人気の衰えない湖水地方への列車も含む、日帰りプラン。ピーター・ラビットの著者ビアトリクス・ポターゆかりの場所を訪ねる。シーズン中のみ。 ポターが暮らしたニア・ソーリーの村 湖水地方の幻想的な風景	[みゅう] 料£217〜 4〜10月の 月〜土 クリームティー付き 日本人ガイドが付くトップシーズン限定の日帰りツアーのほか、宿泊ツアーもある マイバス 料£250〜 月〜金 日本語オーディオガイド付き 宿泊ツアーもあり 月〜水 [みゅう]、マイバスとも、ガイド付きのもの以外は、日本語アシスタントは付かない。

※スケジュールにあっても催行しない日や時期もあるので要確認。特記がなければ日本語アシスタントまたはガイド付き
　エヴァン・エヴァンスやゴールデン・ツアーズでも同様のツアーがあるが日本語対応のものは少ない

AREA GUIDE

ウオーキングツアー

世界中から観光客が訪れるロンドンでは、観光バスによるツアーが数多く用意されている。しかし、名所を巡るだけでなく、歩いてロンドンという町の息吹を感じ取ることができるウオーキングツアー Walking Tour も人気が高い。2時間ほど説明を聞きつつ歩ける体力のある人ならば、ちょっと違ったロンドン体験ができる。ユニークなテーマ別にコースが設定されており、英語のツアーは、世界中の旅行者と知り合うチャンス。ウオーキングツアーにも、いろいろな国の人たちが集まっている。

ツアー情報はウェブサイトなどで入手可能。ほとんどの場合、地下鉄駅の改札が集合場所。オイスターカードなど交通機関のカードを用意して出向くのがおすすめ。大部分は予約不要。

駅前にパンフレットを持ったガイドがいる

ロンドン・ウオークス
London Walks
英語のガイドツアー。郊外へ行くものもある。クリスマス前後と1/1、冬期など、時期、天候により催行しない日もある。詳細は要確認。
料£10 学生£8
☎ 7624 3978
URL www.walks.com

ロンドン・ウオークスの地方へのツアーはお得
列車を利用したツアー代は、たったの£18（学生£16。ただし、交通費や入場料は各自負担）。コッツウォルズ地方など、バスツアーでもおなじみの場所のほか、ケンブリッジ、オックスフォードなど、たくさんの見どころを網羅。一歩突っ込んだ観光がしたい人におすすめ。

観光ツアー　ガイド付きバスツアー…ウオーキングツアー

英語ツアー名	ウオーキングツアーの内容	日時 集合場所
幽霊探し The West End Ghost Walk	幻影、路地、怪奇現象というテーマでウエスト・エンド界隈の暗闇を歩く。ガイドさん自身が幽霊ではないかと疑いたくなるような怖～いツアー。別バージョンも毎日催行。	木 19:30 ⊖Embankment 別バージョンの集合場所や日時は要確認
ウェストミンスター寺院の歴史をひもとく Westminster Abbey Tour	たくさんのロイヤル・ウェディングが行われ、王や女王が戴冠し、そしてまた永眠する場所。荘厳な建物とその深い歴史を巡るツアー。参加者は並ばずに入館できる。	木 10:45 催行しない日もある ⊖St. James Park 口 Broadway / Westminster Abbey 出口
古きよきイギリスの風情が残るハムステッドへ Old Hampstead Village	北ロンドンのジョージア朝の高級住宅地を散策。石畳の狭い路地を入ればと詩人キーツ、D.H.ローレンス、スティング、エマ・トンプソンと有名人の屋敷が建ち並ぶ。ロンドンを一望にする公園ハムステッド・ヒースも訪ねる。	水 14:00 日 10:00 土 19:00（同じルートでパブツアーになる） ⊖Hampstead
ロックが好きなら、コレがおすすめ！ Rock 'n' Roll London	ブリティッシュ・ロックが好きな人におすすめ。ローリング・ストーンズ、ジミ・ヘンドリックス、セックス・ピストルズなどなど、ロック史上に輝くアーティストにゆかりのある場所を巡る。	金 14:00 ⊖Tottenham Court Rd. 1番出口
シャーロキアンたちに贈る Sherlock Holmes' London	小説に出てくる数々の場面、チャリング・クロス駅、コヴェント・ガーデン、ストランドのガス灯、ベーカー・ストリートにあるシャーロック・ホームズ博物館などを、ストーリーを思い出しながら訪ねる。	金 14:00 ⊖Embankment Villers Street 出口
ビートルズ大好き人間に贈る Beatles London - It Rocks! Magical Mystery Tour	ビートルズが最後に演奏したビルや、ヨーコとジョンが出会った場所などを巡りつつ、1960年代のイギリスのロックシーンを振り返る。The Beatles "In My Life" walk というツアーもある（火・土 11:00 ⊖Marylebone 集合）。	12・1月以外の水 14:00 木・日 11:00 ⊖Tottenham Court Rd. 1番出口
ハリポタのロケーションツアー The Harry Potter on Location in London Town	いろいろな主催者の似た名前のツアーがあるが、ハリポタのロケはロンドンのあちこちで行われたので、ひとつとして同じルートになるツアーはないそうだ。ウェストミンスターを中心にハリポタ通のリチャードさんと回る。	土 14:30 ⊖Embankment の river 出口 夏季は水 14:30 もあり ⊖Bank 集合の別バージョンは日 14:30

※催行しない日（特に冬期）や変更もあるので、日時など詳細はウェブサイトなどで事前に確認を

> **CLOSE UP**

利用価値あり！ ウオーキングツアー体験記

ウオーキングツアーは、自分が興味のある場所への道案内としても使える。細い路地を通って案内してくれるのも、ツウになったみたいで、ちょっとうれしい。ただ、英語の解説だから、言葉がわかったほうが、さらに楽しめる。

#1. ハリポタのロケ地を巡る シティ編

バンク駅を出た広場で集合。ツアー参加者は何ヵ国にも及んでいて、ハリポタ人気を実感。ガイドのリチャードさんは、旅行者にはわかりにくい路地なども歩きながら、よく通る声で案内してくれる。
Harry Potter Film Locations in The City
⊖Bank集合　ロンドン・ウオークス→P.77

上‥レドンホール・マーケットで。細い路地をぬけていく
中‥テムズ河を渡ってバラ・マーケット付近
右‥最後はミレニアムブリッジを渡って聖ポール大聖堂へ

#2. ビートルズゆかりの場所を歩く

トテナム・コート・ロード駅に集合したあとは、ジョンがBBCのTV番組で登場した公衆トイレを通過したり、細い道を通りながら進んでいく。当時の雑誌や写真など、資料も見せながらの説明はわかりやすい。
Beatles London - It Rocks! Magical Mystery Tour
ロンドン・ウオークス→P.77

上…60年代の若者文化を牽引したカーナビー・ストリート
中…1963年にコンサートがあったロンドン・パラディウム
左…最後はアビー・ロード・スタジオもあるアビー・ロードへ

#3. イーストでストリートアートを堪能

スピタルフィールズ・マーケット近くの広場に集合。標識に描かれた、いたずら書きのような小さなアートを見つけたりしながら、近年地価が急上昇しているというイーストエリアについての説明も。今では高値で絵が売れる、という作者のアートを見たり、行くところは、日によって違うんだそう。

オルタネーティブ・ツアー
The Alternative London Walking Tour
月～土曜催行。日時や詳細をウェブサイトで確認して予約する。所要1時間30分～2時間。自転車ツアーやワークショップなどもある。囲£12
URL www.alternativeldn.co.uk

壁に描かれたアートは、どんどん塗り替えられていくアートだけでなく、最新のイースト・ロンドン情報も

ウエスト・エンド West End

ロンドンの一大中心地

エロスの像の周りは人でいっぱい

AREA GUIDE ❶
MAP 6, 7, 11, 12

おすすめポイント

- エロスの像 →P.80
- トラファルガー広場 →P.83
- ナショナル・ギャラリー →P.168
- ナショナル・ポートレート・ギャラリー →P.172
- コヴェント・ガーデン →P.82

エリアガイド　ウエスト・エンド

　エロスの像で名高いピカデリー・サーカスを中心とした広大なエリアで、一般にウエスト・エンドと呼ばれる。セントラル・ロンドンの中でも一番の繁華街で、世界に名だたるショッピングストリートが集まり、毎夜数々の演目が上演される劇場街のほか、中華街をはじめとするレストランも数多く揃っている。

エリア攻略のポイント
ショッピングに行くときは、高級ブランドを見たいのか、カジュアルなラインアップが好きなのかなど、自分の好みを把握してから出かけよう。バッキンガム宮殿など、周辺の観光を済ませてから立ち寄るのもいい。

ボンド・ストリートのウインドー

Piccadilly Circus
この円形の広場の中心にある弓を手にしたエロスの像の周りは、いつも人でいっぱい。
ここから東に走るCoventry St.、Leicester Sq.にかけては、みやげ物屋、レストラン、映画館などがズラリと並ぶ。夜遅くまでにぎやか。
📖 MAP 7-B2 12-A3

ショッピングポイントの解説
P.266からのショッピングのページを参照。
リージェント・ストリート・ショッピングマップ →P.272
オックスフォード・ストリート・ショッピングマップ →P.270〜271
ボンド・ストリート・ショッピングマップ →P.274
ジャーミン・ストリート・ショッピングマップ →P.275
バーリントン・アーケード・ショッピングマップ →P.275

シンボルのエロスの像でひと息

エロスの像　Eros

　ピカデリー・サーカスの"サーカスcircus"とは円形の広場のことで、エロスの像を中心としたロータリーになっている。ここはトラファルガー広場と並ぶ渋滞の名所。いつもバスとタクシーがひしめき合っている。そんな下界に向かって矢を放った姿のエロスの像は、ロンドンのシンボルのひとつ。しかし実は、彼はエロス（ギリシア神話では美の女神アフロディーテの子で恋愛の神。ローマ神話ではキューピッドに当たる）ではないのだ。キリスト教的慈愛を表す天使というのが真の姿。

　この像および噴水の正式名称は、Shaftesbury Memorial Fountain。多くの慈善事業を行い、博愛主義者として敬愛を受けた第7代シャフツベリー伯を記念して建てられた。A.ギルバートがデザインし、1893年に完成した。が、できあがってみると噴水の水を受けるべき水盤が、当初の計画と違ってたいへん小さくなってしまった。おかげで噴水として使おうとすると、周りを歩く人がビショぬれになるという事態に。デザインを台なしにされたギルバートは、怒って除幕式には出席しなかったという、いわくつきのもの。

CLOSE UP

ウエスト・エンドのストリートガイド

メイフェアを囲み（あるいは横切って）4つの通りが彩りを添える。ピカデリー Piccadilly、オックスフォード・ストリート Oxford St.、そしてリージェント・ストリート Regent St.と通称ボンド・ストリート Bond St.（New Bond St.と Old Bond St.）。世界中から「よいもの」を買うために人々がやってくる名高い通りばかりだ。

オックスフォード・ストリート Oxford St.
全長2.5kmにわたるロンドンの一大ショッピングストリート。ロンドンを代表するデパートセルフリッジをはじめ、両サイドをショップが埋め尽くす。高級店が並ぶボンド・ストリートに比べて庶民的な店が多い。

ボンド・ストリート Bond St.
オールド・ボンド・ストリート Old Bond St.、ニュー・ボンド・ストリート New Bond St.と名を変える。世界的に名の知れた一流ブランドがズラリと並ぶ超高級ショッピングストリート。ティファニーやオークションで名高いサザビーズほか、王室御用達の看板「By Appointment to Her Majesty」を掲げる店もある。

ピカデリー Piccadilly
18世紀に造られた通り。高級ホテル、リッツ、王室御用達で紅茶がおなじみのフォートナム＆メイソンもある。ピカデリー沿いに入口があるバーリントン・アーケード Burlington Arcadeには小さなショップが並び、今もフロックコートとシルクハットを身にまとった門番がいる。

いつも人でいっぱいのオックスフォード・サーカス

ティファニー

歴史を感じさせるバーリントン・アーケード

リージェント・ストリート Regent St.
優雅な造りの建物、チューダー様式の美しい外観をもつデパートリバティ、芸術家の根城にもなったカフェ・ロワイヤル（現在、上階はホテル）などが整然と並ぶ。ピカデリー・サーカス近くで、通りがクアドラントと呼ばれる壮大なカーブを描いているため、ピカデリー・サーカスからオックスフォード・サーカスまで歩くと、意外と距離を感じる。この通りから西へ1本入った通りが、高級テーラーが軒を連ねるサヴィル・ロウ Savile Row（「背広」の語源といわれる）。

クアドラントカーブを描くリージェント・ストリート

ジャーミン・ストリート Jermyn St.
かつて貴族たちが背広やシャツなどをあつらえた、小さいながらも本物のよさを残す店が並ぶ。王室御用達の店も目につく。疲れたら、セント・ジェームズ・ピカデリー教会の裏側にあるベンチやカフェでひと休み。ここでは毎週マーケットも開かれている。

男性用の店が目立つジャーミン・ストリート

AREA GUIDE

伝統が息づく高級住宅街
メイフェア　Mayfair

ピカデリー・サーカスから南西のほうへと延びる通りは"Street"とか"Avenue"抜きで、ただピカデリー Piccadillyと呼ばれ、西はハイド・パーク・コーナー Hyde Park Cornerまで続く。このピカデリーとオックスフォード・ストリート Oxford St.に挟まれた地域がメイフェア Mayfairだ。かつて、5月（May）に市（fair）が立っていたことから、この名がついた。今は品のいい邸宅が並ぶ高級住宅街として知られ、高級ホテルも集まっている。日本大使館 Embassy of Japanもピカデリー通り沿いにある。

エンターテインメントとレストランが集まるエリア
ソーホー　Soho

オックスフォード・サーカス Oxford Circus、トテナム・コート・ロード Tottenham Court Rd.駅、レスター・スクエア Leicester Sq.、そしてピカデリー・サーカスに囲まれた四角い形の地域のこと。その昔、まだこのあたり一帯が草地で狩猟場だった頃、"so-ho"（獲物を見つけたときの合図）と人々が大声でどなるのがよく聞かれたことから、いつの間にかここをソーホーと呼ぶようになったとか。名前の由来ののどかさとはうらはらに、劇場、レストラン、ナイトクラブなどが並んでおり、ロンドンのナイトライフは、ここソーホーを抜きにしては語れない。

劇場が林立するシャフツベリー・アベニュー Shaftesbury Av.沿いや、レスター・スクエア近くは、開演前ともなると盛装した紳士淑女が黒塗りの車で乗りつけ、これまた盛装の上品な案内係がうやうやしくドアを開ける、などというシーンが見られることも。

このエリアには中華街もある。Wardour St.、Gerrard St.、Lisle St.などは、中華レストランと中華食料品店のオンパレード。チャイニーズ・ニュー・イヤーを祝う行事の華やかさでも有名。

また、シャフツベリー・アベニューの北側、Old Compton St.、Greek St.、Frith St.あたりでは、世界各国の味が楽しめるほか、しゃれたカフェバーやライブハウスも多い。オールド・コンプトン・ストリートは、ゲイの方々が集まるエリアとして知られ、その手の店にはレインボーの目印があるのだそう。

『レ・ミゼラブル』を上演するソンドハイム・シアター

ソーホーといえば中華街、その顔がこの門

狭いけれどおしゃれな通り
St. Christpher's Place
オックスフォード・ストリートを挟んで、ボンド・ストリート駅と反対側に入口がある。通りへの入口付近に標示が出ているので、よく見てみよう。入口はとても狭く、人がひとり通れるくらい。少し入るとコスメの店、カフェ、レストラン、パブなどがいくつかある。夜になるとレトロな街灯がともり、雰囲気も満点。→P.68

セント・クリストファーズ・プレイス入口付近

サウス・モルトン・ストリート
South Molton St.
ボンド・ストリート駅からニュー・ボンド・ストリートに抜けるサウス・モルトン・ストリート South Molton St.は、銀製品などを扱うグレイズやモダンなブティックが並ぶおしゃれな通り。

歩行者道なので歩きやすいサウス・モルトン・ストリート

レスター・スクエア
Leicester Sq.
この四角い広場の中央は公園になっている。開放されているのは昼間のみだが、本当にいろいろな人が集まってくるので、思わず人間ウオッチングをしてしまう。公園に隣接して、劇場のチケットを格安で買うことができるTKTSがある。

TKTS前

Brewer St.
この通り沿いには日本食レストランや食材店が数軒ある。

081

コヴェント・ガーデン
マーケットについて→P.312
ショッピングマップ→P.273

小さな屋台が集まるアップル・マーケット

マーケットの中では、あちこちで大道芸人の芸に盛り上がる

7つの通りが交差するセブン・ダイヤルズ周辺には個性的なショップも多い

コヴェント・ガーデン北部の小さな憩いの空間ニールズ・ヤード

ロイヤル・オペラ・ハウスの上階のカフェバーは、コヴェント・ガーデンを見渡すことができる穴場

サマセット・ハウスの中庭

『ライオン・キング』を上演中のライシアム・シアター

ショッピングも楽しめる
コヴェント・ガーデン Covent Garden

　コヴェント・ガーデンといえば、ミュージカル『My Fair Lady』の舞台として有名。1956年の上演以来大ヒットし、オードリー・ヘップバーン主演で映画化までされた。花売り娘のイライザとヒギンズ教授が出会ったのは、まぎれもなくここ。舞台となった青果市場は1974年にヴォクソールVauxhall駅近くに移ってしまったが、その跡地の建物は、屋台が並ぶマーケットのほか、コスメや紅茶の店なども入るショッピングセンターや、交通博物館として利用されている。周囲にもたくさんのショップがあるから、この周辺だけでもショッピングを満喫できそう。マーケット内外の石畳の上では、たいてい大道芸やライブパフォーマンスをやっていて、演者と観客が一体になって盛り上がる活気に満ちたエリアになっている。こうしたライブは、無料といえば無料だが、気に入ったら寄付を。

　また、コヴェント・ガーデン周辺は、ライブハウスや劇場が多いためか、夜遅くまでやっているレストランやカフェ、バーがたくさんあり、多くの人々でにぎわっている。

コヴェント・ガーデン地下のレストラン・バー、クラスティング・パイプ

劇場街の南端エリア
ストランド Strand

　コヴェント・ガーデンから少し南東に下ったあたりが、ストランドと呼ばれるエリア。"Strand"とは「岸辺」のこと。かつて、このあたりはテムズ河に遊ぶ貴族たちの一大社交場だったが、華やかなりし頃の面影は、今ではサヴォイ・ホテルSavoy Hotelとこの通りの名に残るのみとなってしまった。

　サヴォイ・ホテルを右側に見ながら少し行ったサマセット・ハウスSomerset Houseは、以前、中央登記所General Register Officeだった所。この一角にある、印象派の絵画が多い**コートールド美術館**は小さいながらも一見の価値あり（改装のため2021年初旬までの予定で閉館中）。そして、その左側に見える三日月形をした通りが**オルドウィッチAldwych**。3つの劇場のあるこのあたりからコヴェント・ガーデンにかけては、深夜まで人通りがとだえることはない。

英雄ネルソンもハトと観光客の洪水にはお手あげ
トラファルガー広場 Trafalgar Square

　ここを境に、南はウェストミンスターの官庁街、北はピカデリーPiccadillyやソーホーSohoなどの歓楽街。クリスマスには、ノルウェーのオスロ市から寄贈された巨大なモミの木が立てられ、キャロルを歌う合唱隊も、ここから出発する。

　この広場の主役は、全体の高さ51.5mのコラムColumn（円柱）の上部にあるネルソン提督Admiral Nelsonの像。コラムは1805年、ナポレオン率いるフランス軍との戦い（トラファルガーの海戦）での勝利を記念して造られた。その台座の大きなレリーフには、彼が活躍した4つの海戦が描かれており、これはフランス軍の大砲を熔かして造られている。その四方を囲むライオン像は、絵はがきなどでもおなじみ。

　広場の周辺には、イタリアルネッサンスなど多くの傑作が収められている**ナショナル・ギャラリー The National Gallery**、ロンドンには珍しく白壁に青い時計がアーリーアメリカンを感じさせる**セント・マーティン・イン・ザ・フィールズ教会 St. Martin-in-the-Fields**などがあり、それらの石段の上に腰をおろしてひと休みしている若者の姿も目立つ。ロンドンっ子は寄りつかず、観光客が必ず来てしまうのが、この広場。

クリスマスの合唱隊

ナショナル・ギャラリーもこの広場に面している

ライオン像に乗って記念撮影

人と車、すべての集合地点。近年、広場の一角に新作の像が飾られるようになった

AREA GUIDE

🚇 MAP 7-C2 12-B3
🏠 Trafalgar Sq., WC2N 5DN

ネルソン提督の像
Piccadilly Circusのエロスの像と並ぶ、ロンドンの顔。高さ44mの円柱の上に立つ彼はイギリスの英雄（フランス人にとっては仇になるが）。台座の周りには、銀座4丁目あたりでも見たことのある4頭のライオンが鎮座している。このネルソン提督の像は、ロンドンのランドマークのひとつ。

高いところにいるネルソン提督

セント・マーティン・イン・ザ・フィールズ教会
小規模なクラシックやジャズのコンサートが行われる日がある（要予約。オンラインチケットあり）。地下にあるカフェ・イン・ザ・クリプト→P.259は、軽食を取ることもできて便利。
🚇 MAP 7-C2 12-C3
🏠 Trafalgar Sq., WC2N 4JH
📞 7766 1100
URL www.stmartin-in-the-fields.org

教会脇のクリプトへの入口

トラファルガー広場から見たセント・マーティン・イン・ザ・フィールズ教会

エリアガイド　ウエスト・エンド

COLUMN 公園巡り
大都市ロンドンの渇きを癒やすオアシスたち

　ロンドンの公園の特徴をひと言で表現するなら「ほとんど自然のまま」ということになる。ヨーロッパ大陸風の整然とした庭園と違って、イギリス式の公園というのは芝生といってもほとんど草っ原、起伏が激しくて、あちこち土がむき出しになっている、なんて所が少なくない。どこまで芝生でどこから花壇なのか判然としなかったり、雑木林がそのまんま残されていたり、という具合なのだ。そして、その広いことといったらハンパでない。こうした公園が、どうしてまた世界有数の大都市ロンドンの中心部にいくつもあるのかというと、今、「中心部の公園」と呼ばれている所は、昔は「ロンドン郊外にある、王室の狩猟場」だったから。

　現在では、もちろん一般市民や観光客にも開放されていて入場無料。ホームレスなどを締め出す目的で夜間はゲートが閉じられるが、原則として1年中いつでも入れる。観光でロンドンを訪れた人も、市民の憩いの場を垣間見る、という意味で、ちょっと公園をのぞいてみてほしい。

　ロンドンの公園の総面積は少なく見積もっても1億5000万㎡（東京ドーム3000個分！）を超す。中心部の主要な公園だけで5000万㎡に近いのだ。すでに見てきたように、広大な王室所有の土地や貴族の私有地だった庭園が公園のもとになったのだから、公園都市ロンドンは貴族社会の落とし子といってもいいだろう。

　産業革命でロンドンの都市機能が急激に拡大したときも、緑は都市生活に不可欠として残された。文明開化の頃の日本の指導者たちが、海軍組織や郵便制度ばかりでなく、こういう点も見習ってくれていれば、と悔やまれる。「世界中の観光客が集まる繁華街から少し離れると野生のリスや鳥の天国」といった光景は、日本では絶対考えられない。

　公園では、とにかく他人の迷惑にならないかぎり何をしてもかまわない。規則はずいぶんと細かいのだが、立小便をするなとか、航空機の着陸を禁ずる（!?）とかだから、まあ世間並みの常識をもった人ならば規則にひっかかることはまずない。

　公園にやってくるイギリス人たちを見ていると、実に思いおもいに楽しんでいるのに気づく。クリケットやフットボール、凧揚げ、ジョギング……しかし、大多数の人々が楽しむ公園ライフとは何か。「何もしない」ことなのである。ただブラブラと歩く、あるいは（寒くさえなければ）芝生に寝そべる。夏場は、天気がいいとビキニ姿になってしまう女の子もけっこう多いが、彼女たちもただひたすら寝そべっている。夏休みにロンドンをちょっと訪れただけ、という人には、これは不思議な光景かもしれない。あるいは、イギリス人は怠け者だったのか、といった感想をもつかもしれない。

　そうではないのだ。ロンドンにかぎらず、冬の長いヨーロッパ北部では、日光浴や外気に触れることは、とても大切な健康法と考えられている。皮膚ガンがどーのこーの、などという学説はどこ吹く風、太陽が出ているとき、彼らはとにかく外に出て「何もしない」時間を楽しみ、冬に備えて心と体の準備をする。もしロンドンに1年以上滞在するつもりなら、これは覚えておくといいかも。きっとまねしたくなるだろうから。

バラ園があるリージェンツ・パーク

ケンジントン・ガーデンズのアルバート公記念碑

王室とイギリス政治の中心地
バッキンガム宮殿周辺 Buckingham Palace

AREA GUIDE ❷
MAP 7, 10

人は多いけれど、やはり見てみたい衛兵交替

おすすめポイント

- バッキンガム宮殿
  → P.88
- ウェストミンスター寺院
  → P.94
- 国会議事堂
  → P.92
- ウェストミンスター大聖堂
  → P.91
- セント・ジェームズ・パーク
  → P.87
- ロンドン・アイ
  → P.98
- テート・ブリテン
  → P.173
- ウオーキングルート
  → P.62〜63、64〜65

エリアガイド　バッキンガム宮殿周辺

　ロンドン最大の名所が集まるエリア。今も女王が住むバッキンガム宮殿は衛兵交替で有名。ザ・マルという通りを中心に、この一帯に王室関連の建物が多い。世界遺産に登録されているウェストミンスター寺院のほか、国会議事堂や首相官邸などもあり、イギリス政治の中心部でもある。

エリア攻略のポイント

バッキンガム宮殿は、シーズン時期や週末は混雑が予想されるため、オンライン予約チケットを購入していくのもいい。チケット購入の列に並ばずにすむ。衛兵交替の見学は早めに場所取りを。ホース・ガーズの騎兵交替に行くのも手。

085

王室ゆかりの建物がめじろ押しのエリア

セント・ジェームズ St. Jame's

アドミラルティ・アーチは、高級ホテルとして2022年頃オープン予定

ザ・マルの両脇には王室行事などの折に国旗が掲げられる。写真は女王誕生式典トゥルーピング・ザ・カラー Trooping The Colour

セント・ジェームズ宮殿。ここにも衛兵が待機しており、交替式にも参加する

公園にはリスの姿も

　ピカデリーの通りの南側、トラファルガー広場の西側あたりがセント・ジェームズと呼ばれるエリア。トラファルガー広場の南側にある立派な門が、アドミラルティ・アーチ Admiralty Arch（直訳すれば「海軍省門」）で、名前を見ればわかるとおり、海軍省の建物の一部なのだが、1910年にヴィクトリア女王の追悼記念事業の一環として造られたもの。この門をくぐって、はるかかなたに目をやると、正面に上品な白い建物が見える。これが、女王陛下のお住まいバッキンガム宮殿だ。セント・ジェームズ・パークとグリーン・パーク Green Park、そしてバッキンガム・パレス・ガーデンズ Buckingham Palace Gardensの3つの公園に囲まれており、あまり大きくないので意外に思うかもしれない。あの有名な衛兵交替の時間になると、宮殿の前は黒山の人だかり。観光客にとっては見逃すことのできないスポットとなっている。

　アドミラルティ・アーチから、バッキンガム宮殿へと続く道 ザ・マル The Mall ⬤ MAP 7-B2~3（"メル"という発音に近い）は、儀式用の道路として造られたもので、来賓などイベント時には両脇に国旗が掲げられる。ザ・マルの左側は、セント・ジェームズ・パーク St. James's Parkの緑が広がり、右側はやんごとなき人々の居住空間となっている。王族内の何家族かの住まいと事務所になっているセント・ジェームズ宮殿 St. James's Palace、チャールズ皇太子夫妻の住まいでもあるクラレンス・ハウス Clarence Houseなど、ホース・ガーズからロイヤル・ミューズあたりまで、この一帯には王室関連の建物が並ぶ。

　一方、ザ・マルと並行して走るパル・マル Pall Mall ⬤ MAP 7-B2, 12-A3~B3（これも"ペル・メル"に近い発音）という通り沿いも特筆すべきエリア。Pall Mallという名は、このあたりでかつて"paille-mall"というゲームが盛んに行われていたことに由来する。このゲームはクローケー croquet（ゲートボールの原型で、木槌で木製ボールを打ち、鉄の門をくぐらせ、相手のボールを追いのけながらゴールのボールに当てる）のもとになったもので、イタリアで生まれ、フランスで大流行、そしてイギリスの紳士たちが夢中になったとのこと。この通り沿いには陸海軍クラブとか王立○○クラブとか、お金だけでは入れないクラブがズラリ。誇りと名誉のカタマリのような所だ。

バッキンガム宮殿の衛兵交替式での鼓笛隊の演奏。冬場はグレーのコートを着ている

セント・ジェームズ・パークとグリーン・パーク

COLUMN 公園巡り

エリアガイド

　ロンドンを代表する公園のひとつ、セント・ジェームズ・パーク St. James's Park。バッキンガム宮殿に最も近く、最も古い歴史をもつ公園だ。もともとはフランス宮廷風の気取った(?)庭園だったが、1820年代に現在のようなイギリス風に造り直されたとのこと。
　St. James's Park という地下鉄駅がもちろん最寄りの駅だが、むしろ Charing Cross 駅で降りてトラファルガー広場やナショナル・ギャラリーを見物したあと、The Mall(マル)の通りを歩くコースがおすすめだ。セント・ジェームズ・パークはこの The Mall の南側いっぱいに広がっている。面積はざっと38万㎡。日比谷公園の2倍ちょっとだ。

夏場の公園は人でいっぱい

　The Mall のどこからでもいいから公園に入り、どんどん横切っていくと中央に巨大な人工池がある。ここにはアヒルだのペリカンだの、いろいろな水鳥が気持ちよさそうに泳いでいる。ただし、ここの鳥たちは観光客ずれしているという評判をよく聞く。カメラを向けるとポーズをとって餌を要求するスズメまでいるというウワサだが、この真偽はご自分の目で確かめていただこう。セント・ジェームズ・カフェ ○MAP 7-B2→P.259 で休憩するのもいい。この池づたいにバッキンガム宮殿に向かって歩いていくと、ウェストミンスター界隈の建築群が見渡せる。眺めは最高。
　バッキンガム宮殿の手前、ヴィクトリア女王記念碑 Queen Victoria Memorial まで来たら、ここで再び The Mall に戻ろう。通りの反対側がグリーン・パーク Green Park だ。セント・ジェームズ・パークがバッキンガム宮殿の前庭とすると、こちらは裏庭、といったところか。

　だだっ広い(21万㎡)芝生のそこかしこに大木が枝を広げ、見渡すかぎり緑一色。いかにもグリーン・パークという名にふさわしい眺めだが、ここには愉快な(?)ウラ話がある。
　かつてはこの公園にも花が咲き乱れる一角があったのだが、宮廷貴族の殿方がここで花を摘んでは愛人に贈っていたことが発覚し、ご婦人方の怒りを買った。そこで、この公園にかぎっては「花を栽培することまかりならぬ」ということになったとか……。うそか誠かわからないが、確かに花壇はどこにもない。
　アスファルトの散歩道もあるが、芝生の中を好き放題に歩いても誰にも怒られない。ロンドンの公園は「芝生に立ち入り禁止」なんていうばかげた規則を設けてはいないのだ(「洗濯物を干してはいけない」という規則はある)。
　夏は芝生のあちこちにデッキチェアが置かれて、人々が読書や昼寝を楽しんでいる。歩き疲れたらここで休むのもいい。が、「公園の環境保護にご協力を」とかなんとか言って、どこからともなく募金を集めにやってくる。つまり、タダではないのだ。しっかり有料→P.126。芝生に寝転べばタダで済む。この公園の北側が Piccadilly という通り。また、地下鉄の Green Park 駅はどこへ行くにもなかなか便利。

水鳥たちがたくさんいるセント・ジェームズ・パーク

大きな木が続くグリーン・パーク

● **MAP 7-A3**
🏠 Buckingham Palace Rd., SW1A 1AA
📞 0303.123 7300
🕐 7/18〜8/31　9:30〜19:30
最終入場17:15
9/1〜27　9:30〜18:30
最終入場16:15
'20年の予定。日程の変更もあるので詳細は要確認。
💷 £26.50
バッキンガム宮殿、ロイヤル・ミューズ、クイーンズ・ギャラリーの共通券 Royal Day Out £49
オンライン予約可。チケットは時間指定制。空港同様のセキュリティチェックあり。宮殿内部の撮影は不可
🚇 St. James's Park／Green Park／Victoria
🌐 www.rct.uk/visit

入場券は1年間有効!
私は昨年、宮殿内部を見学した際に、出口付近で入場券に自分のサインをしてハンコを押してもらいました。今回は、その入場券を持っていって「1-Year Pass」に換えてもらい、無料で入場しました。
（京都府　Kyoko　'16）['19]

見学ができるのは庭園に面した旧館。正門側の新館とは建物の色が違う

"おもちゃのチャチャチャ"ばりの衛兵交替でも有名
バッキンガム宮殿　Buckingham Palace

　この建物は、1703年にバッキンガム公の私邸として建てられた。後に王室がここを買い上げ、宮殿の内部はリージェント・ストリートやリージェンツ・パークを設計した建築家ナッシュらが莫大な経費をかけて改装にあたり、社会批判の的ともなったほど贅を尽くしたもの。1837年、ヴィクトリア女王即位と同時に宮殿となったが、その後も屋内プール（!）の建設など数々の改修工事を施している。
　現在では、女王の公邸としてだけでなく、王族たちの公務、海外からの賓客を招く場としても使用されている。ロイヤル・ウエディングなどの際には、この宮殿のバルコニーに王室メンバーが勢揃いし、国民とともに祝賀行事が催される。
　エリザベス女王が宮殿内にいるときは正面に王室旗が飾られ、不在時は国旗が飾られる。正面広場に立つ金色の天使の像はヴィクトリア女王記念碑 Queen Victoria Memorial。

宮殿内部の公式広間　The State Rooms

　女王の私邸ともいえる宮殿の一部が公開され始めたのは、1992年に起きたウィンザー城の火災が発端。この火災により、800万ポンドに上るといわれる修復費を捻出する苦肉の策がバッキンガム宮殿公開だった。現在も、王族に課せられた多額の税金の支払いなどに充てるため、女王が避暑に出かけることが多い夏期限定で公開が続けられている。一般に公開されているのは、王座の間 The Throne Room、公式正餐の間 The State Dining Room、舞踏室 The Ballroom など、775室もあるというなかの公式広間19室。とにかく内部は豪華。広々とした空間、ピクチャー・ギャラリーの絵画や調度品も見応えがある。大きな窓から見渡すバッキンガム・パレス・ガーデンズも、また絶景。
　Buckingham Palace Rd.のビジターエントランス●MAP 7-A3の窓口でチケットを購入してから入場できる。ただし、混雑する時

晩餐会のためにセッティングされたボールルーム　©Simon Roberton

王座の間　©Derry Moore

AREA GUIDE

建物も美しいけれど、広々とした中庭もグッド

ヴィクトリア女王記念碑

エントランス付近。チケットがある人とない人で分かれる

クイーンズ・ギャラリー前

バッキンガム宮殿周辺

期や週末など、当日券ではすぐに入場できないこともあるので、時間に余裕がない場合はオンラインで日時も含めた予約をしておくといい。特に衛兵交替式後は混み合う。

チケットを受け取ったら、セキュリティチェックを受けて中へ。各国語のマルチメディアガイドには日本語もあるので、詳しい説明を聞きながら巡ることができる。じっくりと聞きながら歩いた場合、見学には所要2時間〜2時間30分はみておきたい。宮殿を出た所にバッキンガム・パレス・ガーデンズに面したカフェがあるのでひと息入れることも可能。トイレと王室関連のおみやげが揃う売店では日本語ガイドブックも売られている。宮殿内の絵画や調度品、王室の歴史など詳細を知りたい人にはおすすめだ。そこから庭園を歩いてGrosvenor Place側から出る。出口はセント・ジェームズ・パーク駅よりヴィクトリア駅かハイド・パーク・コーナー駅のほうが近い。

クイーンズ・ギャラリー Queen's Gallery

宮殿正面に向かって左側、ちょうどヴィクトリア駅に通じる通りBuckingham Gate沿いにある。1962年に開設し、その後、2002年に女王の在位60周年を祝ったゴールデン・ジュビリーの際に大規模な改修と拡張を経て再オープンした。450点余りの王室所有の美術品がテーマを変えて公開されている。

● MAP 7-A3
☎ 0303.123 7300
開 毎日 10:00〜17:30
（夏期は9:30〜）
最終入場は16:15
休 4/10、5/4〜6/11、11/9〜12/3、12/25・26（'20予定）。年によって異なるので要確認
料 £13.50 ロイヤル・ミューズとの共通券£23

ロイヤル・ミューズ Royal Mews

直訳すれば「王室のうまや」。王室の馬車などが多数置かれており、ウィリアム王子とキャサリン妃のロイヤル・ウエディングで使われた馬車の展示もある。展示だけでなく、このミューズの一角には、今も馬や馬車の手入れをする人々が暮らしているのだそう。日本語オーディオガイドを聞きながら、じっくりと回ることができる。

馬車についての説明も聞ける
©VisitEngland/Diana Jarvis

● MAP 7-A3
☎ 0303.123 7300
開 2/1〜3/22、11月（'20）
月〜土 10:00〜16:00
3/23〜10/31 毎日 10:00〜17:00（'20）
最終入場は閉館45分前
休 4/10、2/2・9・16・23、3/1・8・15・22、11月の日曜、12〜1月、（'20予定）。王族の訪問日やイベントなど特別な日。年によって異なるので詳細は要確認。
料 £12
無料の日本語オーディオガイドあり

089

衛兵交替式

大まかには、セント・ジェームズ宮殿とバッキンガム宮殿で任務についていたオールド・ガードが、ウェリントン兵舎などから出てくるニュー・ガードと交替するセレモニー。この有名な近衛兵の交替式は、広い前庭を使って行われる。交替式の前から、周辺はロンドン中の観光客が押し寄せてきたかと思うほどの人混み。できるだけ早く行って中央入口の前、ヴィクトリア女王記念碑か正門あたりに陣取るのが得策だが、それがだめなときは、セント・ジェームズ宮殿 St. James's Palaceから出てくる衛兵の行進が見えるThe Mall (マル)か、ウェリントン兵舎の近くで待つのもいいだろう。

衛兵交替
The Changing of the Guard
原則として11:00～。夏期は毎日、ほかの時期は季節によって変動あり(2019年9月現在)。天候や王室行事などで変更や中止もあるので、ウェブサイトなどで必ず事前に確認を。
URL www.householddivision.org.uk/changing-the-guard-calendar

交替式の間は、バッキンガム宮殿の門の両脇とヴィクトリア女王記念碑の一角が柵やテープで囲まれてしまう。途中移動は難しいので注意。またスリが横行しているので要注意!

ポジショニングについて
前庭で行われる交替式を見たい場合は、正門の左右がベスト。交替式での演奏曲は、クラシックなものから人気映画の音楽まであって楽しい。
楽隊などの行進の写真が撮りたいなら、ヴィクトリア女王記念碑の正門前がいい。

ベストポジションで挑みたいネ

1時間以上前からすごい人垣

銃、剣を持っている衛兵のほか、楽器演奏専門の楽隊も

衛兵交替の大まかな流れ
10:00頃からセント・ジェームズ宮殿とウェリントン兵舎に兵士が集まり演奏などがはじまる。ニュー・ガードには楽隊の行進も付く。

① 10:43 オールド・ガードがセント・ジェームズ宮殿から出発
② 10:47 ニュー・ガードがウェリントン兵舎からバッキンガム宮殿へ
○ 11:00 バッキンガム宮殿正門内での交替式開始
③ 11:10 セント・ジェームズ宮殿交替兵がバッキンガム宮殿を出発
④ 11:25 セント・ジェームズ宮殿分遣隊がセント・ジェームズ宮殿を出発
⑤ 11:40 オールド・ガードがバッキンガム宮殿からウェリントン兵舎へ
⑥ 11:45 セント・ジェームズ宮殿ガードがバッキンガム宮殿を出発

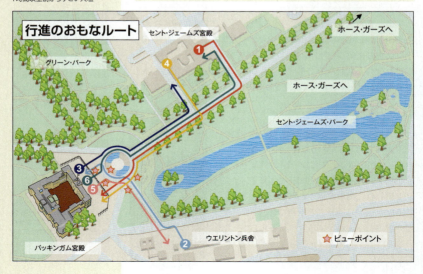

AREA GUIDE

ロンドン南部への玄関口がある
ヴィクトリア地区 Victoria

　バッキンガム宮殿から南のほうへ15分ほど歩くとヴィクトリア駅Victoria Station。イギリスの南部へ向かう列車が発車する、主要な駅のひとつだ。もちろん19世紀、イギリスに繁栄をもたらした偉大なる女王ヴィクトリアから、この名をもらった。忙しそうに行き交う人々でいつも活気に満ちている。

　そして、テムズ河沿いのMillbankという通りには、印象的なラファエル前派の絵画も多いテート・ブリテンTate Britainがあり、イギリスが生んだ名画家のひとり、ターナーの作品や近現代のイギリスの画家の作品が揃っている。

寺院Abbeyと大聖堂Cathedralの違いに要注意!!
ウェストミンスター大聖堂 Westminster Cathedral

　ウェストミンスター寺院Westminster Abbeyと勘違いしちゃった、というのはよく聞く話。しかし、わざわざ見に行っても損はない、一見の価値があるカトリック教会。ヴィクトリア駅から東へ徒歩5分、右側に赤れんがでできた高い塔（鐘楼。約83m）をもつ教会が現れる。それがウェストミンスター大聖堂だ。赤れんが造りの理由は、ウェストミンスター寺院と別のスタイルにするべく、イタリア建築からヒントを得ているため。

　中に入ると、荘厳なムードに威圧されて思わず黙り込んでしまう。壁と天井一面を覆っているモザイク画は、100種を超えるさまざまな大理石で造られた芸術品。英国カトリック教会の総本山だけあって、敬虔なクリスチャンが絶え間なく礼拝に訪れる。その祈りをささげる姿を見ていると、クリスチャンでなくとも、しばし観光気分を忘れてしまいそうだ。1982年にはローマ法王ヨハネ・パウロ2世Pope John Paul IIがここでミサを行った。宝物を集めた常設展"Treasures of Westminster Cathedral"にも立ち寄ってみたい。

　祭壇に向かって左側には、塔の頂上に昇るエレベーターがある。ヴィクトリア駅はもちろん、バッキンガム宮殿、国会議事堂、遠くはセント・ポール大聖堂まで見渡せる。

ホテルマップ
ヴィクトリア駅からコーチ・ステーション周辺にホテル街がある。→ P.341

ヴィクトリア駅

● MAP 10-B1
住 42 Francis St., SW1P 1QW
☎ 7798 9055
開 常設展 9:30～17:00
（土・日＝18:00）
塔 9:30～17:00
（土・日＝18:00）
休 なし 料 塔£6　常設展£5
寄付金歓迎　⊖ Victoria
URL www.westminstercathedral.org.uk

少し太っちょ？な外観

 VOICE
ロンドン・アイの無料トイレ
ロンドン・アイ→P.98のチケット売り場に無料トイレがあります。ウェストミンスター周辺を回る際にも便利です。
（北海道　匿名希望　'18）

エリアガイド　バッキンガム宮殿周辺

壁や天井をよく眺めてみよう。たくさんの見事なモザイク画が施されている

091

Whitehall

かつて、このあたりにホワイトホール宮殿があったことからこの名がついた。宮殿自体は17世紀にバンケティング・ハウス Banqueting House →P.96 のみを残して焼失。

パーラメント・スクエアの一角に建てられたチャーチルの像

🅟 **MAP 7-C3**
🏠 Westminster, SW1A 0AA
📅 土曜、議会が開催されていない多くの平日。時間など詳細は要確認。
❌ 議会がある日など。要確認。
💰 オーディオツアー£19.50（日本語なし）　チケットはウェストミンスター駅の北の Victoria Embankment 沿いにあるチケットオフィスで。📞 7219 4114、またはウェブサイトでも予約購入できる。
ガイドツアー（£26.50）、アフタヌーンティー＋ツアー（前日8:45までに要予約。ツアー料金＋£30）もある。
入場前には空港同様のセキュリティチェック（所要15分くらい）あり。
🚇 Westminster
🔗 www.parliament.uk/visiting

世界遺産

ウェストミンスター宮殿、ウェストミンスター寺院、聖マーガレット教会
Westminster Palace, Westminster Abbey and Saint Margaret's Church
文化遺産 / 1987年

ビッグ・ベン修復中

2017年8月から2021年までの予定で、修復工事のため、鐘が鳴るのを停止している。大晦日、戦没者追悼の日など、特別な日のみ鳴ることもある。

2019年9月現在、ビッグ・ベンは工事の足場に覆われている

イギリス行政の中枢エリア

ウェストミンスター　Westminster

　トラファルガー広場から南のほうへ延びる**ホワイトホール Whitehall**という通りがある。途中、幾度か名前を変えてミルバンク Millbank という通りにつながるが、歩いてみれば一本道。このホワイトホールからミルバンクにかけてはロンドン、いやイギリスの行政の心臓部。大蔵会議局から始まって、各官庁が集まっている。日本でいう「永田町とか霞ヶ関」。この官庁街を走る通りのなかで最も有名なのは何といってもダウニング・ストリート Downing St.。現役閣僚の官邸が並んでいるからだ。首相官邸はその10番地。単に "No.10" と呼ばれることもある。周辺の警備は厳重で、関係者以外は立ち入り禁止となっているが、手前の門で警官とともに写真を撮る観光客の姿も。そして、この官庁街を代表するのが、パーラメント・スクエア Parliament Sq. 近くにある**国会議事堂 Houses of Parliament**（ハウシズ オブ パーラメント）の威厳に満ちた姿。

まず、ビッグ・ベンとご対面

国会議事堂　Houses of Parliament

　テムズ河畔にそびえる時計台ビッグ・ベン Big Ben（正式名エリザベス・タワー）と国会議事堂、そこは世界の模範となる議会政治が生まれた所。その歴史の重みもさることながら、建造物としても最高級、芸術的とさえいえる。照明を浴びて闇のなかに浮かび上がるその姿を、ぜひ対岸から眺めてみよう。とにかく美しい。そこで政治家たちの陰謀が渦巻いているなどと、誰が想像できるだろう。

　国会議事堂は、正式名をウェストミンスター宮殿 The Palace of Westminster という。1090年、ウィリアム征服王 William the Conqueror の時代に完成。審議の場として使われ始めたのは13世紀頃。1834年の大火災でその大部分が失われ、名建築家チャールズ・バリー Charles Barry の設計によりゴシック様式の風格ある建物によみがえったが、それも第2次世界大戦で再び被害を受けた。現在のものは3代目。その間、唯一生き延びてきたウェストミンスター・ホールは、オークの梁が見事な屋根の重さが約600t、現在の広さは73m×21mで、王家の式典などの会場になることも。

　テムズ河に沿って全長約300m、部屋数1100、廊下は合計約3.2km、階段約100ヵ所、中庭11ヵ所。上院 The House of Lords、下院 The House of Commons、どちらの審議室も、ギャラリーを含めても小さな体育館ほどの広さ。審議は前もって用意した演説の場ではなく、討論の場であるという信念から、審議に熱中できる大きさを尊重しているとのこと。そのため、下院は在職議員659名に対し437席しかなく、席にあぶれる議員も。議員を統括して議会を進めるスピーカーと呼ばれる議長がいる。近年は、大規模修復やネズミによる獣害対策も必要とされ、ビッグ・ベンなど工事中の部分も多い。

AREA GUIDE

国会議事堂 見学ポイント

テムズ対岸からの姿は壮麗

国会議事堂前にあるオリバー・クロムウェルの像

建物の一部のみだが、内部はツアー形式で入場可能。オーディオツアーは、ウェストミンスター・ホールから始まり、美しい内装の部屋や美術品、下院や上院などを見学し、英国議会の歴史や役割などをオーディオガイドで聞きながら巡る。

エリアガイド

バッキンガム宮殿周辺

① ハウス・オブ・コモン(下院)
House of Commons

上院に比べて飾り気のない議場で、通路を挟んで向かい合って座席が並ぶ。議員数に比べて席数が少ないので、階段や手すりに腰をかける議員もいる。

② セントラル・ロビー
Central Lobby

八角形のロビーでは19世紀の政治家たちの彫像が出迎えてくれる。文字通り中心に位置しているため、議員たちの待ち合わせや取材などにも使われる。

写真:robertharding/アフロ

③ ハウス・オブ・ローズ(上院)
House of Lords

聖職者や貴族などで構成される上院の議場。下院に比べて、赤の座席と金の装飾が豪華な印象。女王が国会開会宣言を読み上げる天蓋付きの玉座もある。

ロンドンのシンボル 時計台ビッグ・ベン

建築担当者ベンジャミン・ホール卿 Benjamin Hall の名に由来しており、もともとは鐘だけにつけられた名。1859年5月31日に最初の時を告げ、15分ごとに鳴り響く「ウェストミンスター・チャイム」と呼ばれるビッグ・ベンの音は、日本の小学校のチャイムと同じメロディなので、なじみ深いのでは? この鐘は、15分ごとに4つの小さな鐘が鳴り、1時間ごとに約13.5tの大きな鐘が鳴るのだそう。

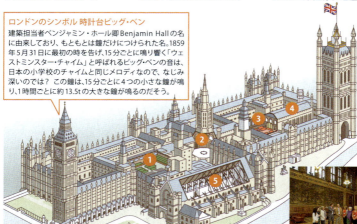

⑤ ウェストミンスター・ホール
Westminster Hall

11世紀に建てられ、現在の姿は14世紀末頃のもの。1834年の大火災で唯一消失を免れた部分で、木造で架けられた梁天井が見事。かつては裁判所として使われ、サー・トマス・モアやガイフォークスらが、ここで裁判を受けた。

④ ロイヤル・ギャラリー
Royal allery

上院議員たちの休憩にも使われ、左右にはウォータールーとトラファルガーの戦いの絵がかけられている。歴代君主、妃たちの像や肖像画も飾られた長い通廊。

MAP 7-C3

20 Dean's Yard, SW1P 3PA
7222 5152

開 月～金 9:30～16:30
水 16:30～18:00 土 9:00～16:00（9～4月は～14:00）
最終入場は閉館1時間前
行事により時間変更や閉館することも多いので、詳細はウェブサイトなどで要確認。休 日
料 £23（£24） オンライン前売り（水曜夕方を除くオーディオガイドと優先入場を含む）£21（£22） 水曜16:30～18:00のみ£11（£12） ※（ ）内は2020年4月からの料金
日本語オーディオガイドがあると墓碑の位置などがよくわかる。スマートフォンにアプリをダウンロードして聞くこともできる。ハイライトツアー£18
内部の写真撮影は不可。
Ⓕ Westminster
URL www.westminster-abbey.org

The Queen's Diamond Jubilee Galleries

寺院上部に新しくできたギャラリー。1000年にわたる歴史的な宝物を見ることができる。
開 月～金 10:00～16:30 土 9:00～14:00 水 16:30～19:00
最終入場は閉館1時間前 料 £5

世界遺産
ウェストミンスター宮殿、ウェストミンスター寺院、セント・マーガレット 教 会 Westminster Palace, Westminster Abbey and Saint Margaret's Church
文化遺産 / 1987年

入口付近

セント・マーガレット教会は、ウェストミンスター寺院の隣に建つ小さな教会。ウェストミンスター寺院が修道士たちに使用されていた頃に、一般の信者が祈りをささげる場所として使われていたのだそう。チャーチルが結婚式を挙げた教会としても知られている

戴冠式、ロイヤル・ウエディングと、何かと忙しい
ウェストミンスター寺院　Westminster Abbey

　"王室の教会" ウェストミンスター寺院は、しばしば国内の祭事や特別な式典の舞台に使われ、衛星中継でもおなじみ。2011年に行われたウィリアム王子とキャサリン妃の結婚式や、故ダイアナ妃の葬儀で注目を浴びた。しかし、何といってもこの教会のいちばんの名誉は、英国王室の戴冠式が行われることだろう。
　この寺院、8世紀にはすでに築かれていたという伝説もあるが、現在のような大寺院に造り変えたのはエドワード証聖王 Edward the Confessor で、1065年に完成した。建設中、その工事の進行状況を見られるようにと建てたのがウェストミンスター宮殿（現国会議事堂）。寺院と宮殿が隣り合わせに並んだことにより、教会と国家が強い絆で結ばれ、その後の歴史に大きな影響を及ぼすことになった。
　200年の後、ヘンリー3世 Henry Ⅲ が、当時フランスで流行していたゴシック様式の建物に改築、院内のいたるところに見られる彫り飾りや彫像は、その当時のものがほとんど。彼が「英国歴代の君主のなかで、最も建築に力を入れた王、最も偉大な芸術の保護者」と呼ばれるゆえんだ。
　その後も歴代の国王を埋葬するために多数の礼拝堂が造られた。リチャード2世統治後には、国に貢献した人もここに埋葬されることになった。これは、葬儀により教会にお金が入るという理由からだが、とうとうその場所もなくなって、今では記念碑代わりに平たい石板が床にはめ込まれるだけになってしまった。
　ここでの戴冠式の歴史は1066年、ウィリアム征服王まで遡る。この寺院の完成後間もなく亡くなった証聖王の次の王位を、フランスからやってきてちゃっかり横取りしてしまった彼。証聖王の正統な後継者であることを世に示す盛大なデモンストレーションとして、ここで戴冠式を行った。それ以来40人の王様がここで即位している。

華麗なゴシック建築

AREA GUIDE

ウェストミンスター寺院内部 徹底解剖

©Getty Images

① ヘンリー7世礼拝堂
Henry VII Chapel
「キリスト教教会のなかで最も美しい霊廟」といわれる。16世紀初頭に建てられ、精緻な細工の円形天井は息をのむ美しさ。祭壇の後ろにヘンリー7世の墓がある。

写真:Steve Vidler /アフロ

② 詩人のコーナー
Poets' Corner
『カンタベリー物語』で有名なチョーサー、ディケンズなど、多くの作家や詩人が埋葬されている。シェイクスピアなど、墓とは別に記念碑のみ置かれていることも。

③ チャプター・ハウス
Chapter House
13世紀頃に建てられたもので、かつては下院の議場として使われたこともある。イギリス独特のゴシック建築で、天井を支える放射状に延びる支柱が印象的。

内陣は、まるでお墓の展示場。戴冠式や結婚式が行われる主祭壇の真後ろにある3階建ての墓が証聖王のもの。メアリー1世 Mary I と地下納骨所でともに眠るエリザベス1世 Elizabeth I の墓や、暗殺された「ロンドン塔の王子たち」エドワード5世 Edward V と弟の墓もある。

> **スコットランド王戴冠用の椅子**
> この戴冠用椅子の下には、1996年までスクーン Scone と呼ばれるスコットランド王の戴冠用の椅子（石）があった。1296年にイングランドが戦利品として略奪したものだが、スコットランド人からの返還運動を受ける形で、700年ぶりにスコットランドのエディンバラ城に戻った。

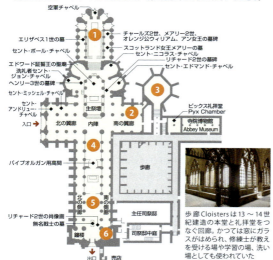

歩廊 Cloisters は13〜14世紀建造の本堂と礼拝堂をつなぐ回廊。かつては窓にガラスがはめられ、修練士が教えを受ける場や学習の場、洗い場としても使われていた

©Westminster Abbey

④ 聖歌隊席
Choir
もともとは修道僧が祈りのために使っていた場所だった。現在のものは19世紀に形作られ、今では聖歌隊が日々の礼拝式で賛美歌をささげている。

⑤ 身廊
Nave
イギリスの教会で最も高い31mの天井のアーチが見事。無名戦士の墓や、聖歌席がある内陣との仕切りには科学者ニュートンの記念碑も置かれている。

©Getty Images

⑥ 戴冠式の椅子
Coronation Chair
現女王エリザベス2世も、この椅子に座って戴冠式を行い、史上初のテレビ中継が行われた。4頭の獅子が支える戴冠椅子で大司教から王冠をいただく。

095

MAP 7-C2

住 Whitehall, SW1A 2ER
☎ 3166 6155
開 毎日 10:00～17:00
最終入館は閉館30〜45分前
休 1/1、12/24〜26 料 £7（寄付付き£7.70）　オンライン £6.30（寄付付き£7）
午後から休館したり、イベントなどで閉館することがあるので、ウェブサイトなどで確認を。
⊖ Charing Cross／Westminster／Embankment
URL www.hrp.org.uk/banqueting-house

見事なルーベンスの天井画

MAP 7-C2

住 Whitehall, SW1A 2AX
騎兵交替
月〜土 11:00〜　日 10:00〜
日程の変更もあるので、ウェブサイトなどで要確認。
休 王族のイベント、天候により休みになることもある。
⊖ Westminster／Charing Cross／Embankment
URL www.householddivision.org.uk/queen-life-guard

近衛騎兵隊博物館
The Household Cavalry Museum
☎ 7930 3070 開 毎日 10:00〜18:00（11〜3月〜17:00）
最終入館は閉館45分前
休 王族のイベントなどがある日、グッドフライデー、ロンドンマラソンの日、12/24〜26、午後休館する日もある　料 £8.50
URL www.householdcavalrymuseum.co.uk

いつも人だかりができている

今はなきホワイトホール宮殿の形見
バンケティング・ハウス Banqueting House

　トラファルガー広場Trafalgar Squareとパーラメント・スクエア Parliament Squareを結ぶホワイトホール通りは、右も左も官庁舎。よく見ると壁面に偉人の肖像が彫刻された、威厳に満ちた建物が続いている。この通り名の由来ともなったホワイトホール宮殿 Whitehall Palaceの敷地は、東はテムズ河から西はセント・ジェームズ・パーク St. James's Park、北はチャリング・クロス駅から南は国会議事堂 Houses of Parliamentまで及ぶ巨大なものだった。1698年に起きた火災でそのほとんどが灰になったが、唯一焼け残ったのがこのバンケティング・ハウス。イギリスを代表する名建築家のひとり、イニゴー・ジョーンズ Inigo Jonesが1619年にジェームズ1世 James Iのためにデザインした。見どころはルーベンスが描いた大天井画。これは、1629年に外交使節としてロンドンに来ていたルーベンスに注文したもの。

　当時はおもに宴会や儀式に使われていたが、清教徒革命でチャールズ1世 Charles Iがクロムウェル Cromwellにこの前で処刑され（1649年）、その子チャールズ2世 Charles IIはここで王政復古をなしとげた（1660年）。今では、そんな大事件の舞台になった場所とは感じさせず、静かにたたずんでいる。

さすが乗馬の国。騎兵だっていまだ健在
ホース・ガーズ Horse Guards

　ここは近衛騎兵隊の司令部。てっぺんに房飾りが付いた古風な金色ヘルメットに真っ赤な制服姿で馬にまたがった門衛は、これぞイギリス！　といういでたち。騎兵隊は、この赤い軍服のライフ・ガーズと青い軍服のブルー＆ロイヤルの2種類からなり、40人を超えるという。近衛兵の交替式は、セント・ジェームズ・パーク St. James's Parkに面したホース・ガーズ・パレード Horse Guards Paradeの広場を中心に行われる。バッキンガム宮殿のものと違って人垣が少なく鉄柵もなく間近に見られるのがいい。30分ほどで完了してしまうので、最初と最後のシャッターチャンスを逃さないように。近衛騎兵隊博物館 The Household Cavalry Museumに立ち寄るのもいい。

近衛兵の交替式

AREA GUIDE

テムズ南岸の文化エリアへ
ランベスとサウスバンク　Lambeth & Southbank

　国会議事堂からすぐの**ウェストミンスター橋 Westminster Bridge**か**ランベス橋 Lambeth Bridge**を通って対岸に渡った所はランベス地区。ここにある**ランベス宮 Lambeth Palace**はカンタベリー大司教のロンドンにおける邸宅。

　このランベスの北側には、ロンドンからイングランド南西部へ向かう重要な鉄道ターミナル駅のひとつ**ウォータールー駅 Waterloo Station**がある。映画『哀愁』(1940年)で有名なウォータールー橋 Waterloo Bridgeは近代的な橋になってしまっているが、その代わり、ここからのナイトビューはバッチリ。カップルでロマンティックになるもよし、ひとりで浸るもよし。

　ウォータールー橋やチャリング・クロス駅の脇の階段から通じている歩道橋ハンガーフォード橋 Hungerford Bridgeの東側は、**サウスバンク Southbank**と呼ばれる一大文化エリア。ロイヤル・フェスティバル・ホール Royal Festival Hallやナショナル・シアター National Theatreなどが顔を揃えている。また、大観覧車**ロンドン・アイ London Eye**からタワー・ブリッジあたりまで続くテムズ南岸沿いの遊歩道は観光客のメッカになっている。

ランベス宮

クイーン・エリザベス・ホール前にあるキッチュなアートが描かれた半地下空間ではスケボーをする人も

ロイヤル・フェスティバル・ホール前

つり橋の歩道橋ハンガーフォード橋

エリアガイド　バッキンガム宮殿周辺

COLUMN　公園巡り

バタシー・パーク

　テムズ河南岸のバタシー Batterseaは、ロンドンの青果市場であるニュー・コヴェント・ガーデン・マーケット New Covent Garden Marketや、今は使われていない旧火力発電所に近く、いかにも労働者の町といった雰囲気。少しこの界隈を歩いてみようという人は、鉄道の Battersea Park 駅を使うより、テムズ河を挟んで北側のチェルシーにある、地下鉄 Sloane Sq. 駅で降り、Chelsea Bridge Rd. を下っていくといい。テムズ河のこちらと向こうで町の雰囲気がかなり違うのがわかるはず。

　さて、バタシー・パークだが、ここもロンドン中心部の公園と同様、芝生と並木、そして人工湖からなっている。目を引くのは日本山妙法寺の本堂で、テムズの河岸を歩いていて、突如として日本のお寺(しかもコンクリート製……)が目の前に現れるという不思議な体験ができる。

　この公園は、年間を通じてさまざまなイベントが開かれるのが特徴。ガイ・フォークス・ナイト(11月5日前後)の花火大会とか、スポーツの祭典とか盛りだくさん。子供動物園もある。

　ちなみに、この公園に向かえば嫌でも目に入る4本の巨大な煙突は、ピンク・フロイドのアルバム『アニマルズ』のジャケットや映画のロケに使われたことでよく知られる、旧火力発電所。1983年に閉鎖されて以来、いくつも再開発計画が立てられたが、撤去の費用などがネックになり、長らく「欧州で一番広い都市型廃墟」と呼ばれていた。しかし、エリア全体の再開発が始まり、2019年現在、高層マンションやホテルなどの建設工事中。

存在感があった旧火力発電所は、2019年10月現在工事中。4本の煙突は残して保存される予定

097

MAP 7-C3

- 🏠 Riverside Building, County Hall, Westminster Bridge Rd., SE1 7PB
- 📞 0870.990 8881
- 🕐 10:00～20:30 (夏期以外の平日は11:00～18:00) が多いが、季節や日によって細かく分かれているのでウェブサイトなどで事前に確認を。最終搭乗は終了の30分前まで。チケット販売は搭乗開始30分前
- 休 12/25、1月初旬～下旬のメンテナンス日。ほかにも天候など諸事情により運行されない場合もある
- 料 £30～ オンライン割引あり
- 🚇 Waterloo／Westminster
- URL www.londoneye.com

独特の透明カプセル内では自動の記念撮影もある

国会議事堂も見下ろせる

MAP 7-C3

- 🏠 County Hall, Westminster Bridge Rd., SE1 7PB
- 📞 0871.423 2243
- 🕐 月・水・金・日 10:00～17:00　木 11:00～17:00　土 10:00～18:00
- ※上記は最終入場時間。時期により異なる日もある
- 休 12/25　料 £30～ オンライン予約£24～
- 🚇 Waterloo
- URL www.thedungeons.com

ツアーの所要時間は90分ほど。内部は常に暗いうえ、床が動いたり爆破があったり、絞首刑のシーンではドロップ・デッドという過激アトラクションにも乗るので(乗らないこともできる)、身軽な服装は必須。途中、荷物を床に置いたりすることがあるので(クロークはない)、できるだけ少ない荷物で。
参加型アトラクションなので、案内役が話すコックニーなまりの英語がわからないと少々つらい。ロンドンの歴史などを多少予習しておくと楽かも。

ロンドンを見渡そう!

ロンドン・アイ　London Eye

　2000年のミレニアムプロジェクトで建てられた大観覧車。テムズ河に突き出すように立っているので、見晴らしは抜群。高い所で135mあり、天気がよければ遠くグリニッジやヒースロー空港あたりまで見渡せるという。近くでは、ビッグ・ベンと国会議事堂、バッキンガム宮殿、セント・ポール大聖堂、テムズに架かる橋などを見下ろすこともできるから、一周約30分の間、カプセルの中をあちらへこちらへと歩き回って楽しむことができる。

　チケットは、観覧車近くの旧市庁舎 Old County Hall内にあるチケットホールで。場所がよく、眺めも最高とあって、週末や祝日、夏休みなど、ピーク時期には1時間以上の列ができることもある。始発や最終に近いと混雑する確率が低め。時間がない場合は、値段は高いが、ファストトラック(優先入場)チケットも扱っている。また、日時指定のオンライン予約も可能。予約の場合、指定時間の30～45分前に到着しておこう。

どんな眺めなのか、一度は見ておきたい

血塗られた暗黒の歴史をのぞく

ロンドン・ダンジョン　The London Dungeon

　テムズ河に面する大観覧車ロンドン・アイの隣にある、大がかりなアトラクション。参加者が劇中に入ってしまったかのような設定で、中世の残忍な処刑の様子や過去のロンドンでの悲惨でおぞましい事件を追体験していく。ただ驚かすだけのお化け屋敷ではなく、史実にのっとり、手の込んだ展開となっている。

　ロンドンで起きた血なま臭い事件や政治的陰謀などに関係した人物になりきった案内人たちが、見学者を各部屋へ誘導する。ヘンリー8世に裏切り者呼ばわりされ、船に乗り込み無実の罪でロンドン塔送りになるのを手始めに、拷問道具の部屋、死者を多数出したペスト大流行の部屋を抜け、さらに19世紀中期の怪奇小説の主人公、悪魔の理髪師スウィーニー・トッドに髪を切られる。次の場面では売春婦となってロンドン下町、夜のホワイトチャペルの迷路をさまよったあげく、パブで猟奇殺人犯切り裂きジャックに遭遇。最後は裁判にかけられて絞首刑になる。

隣には水族館もある

歴史と世界のマネーを動かしてきた
シティ周辺 The City

AREA GUIDE ❸
MAP 4, 8

忙しそうなビジネスマンの姿も見かける王立取引所前

おすすめポイント
- セント・ポール大聖堂 →P.102
- ロンドン塔 →P.104
- タワー・ブリッジ →P.107
- テート・モダン →P.174
- シェイクスピア・グローブ劇場 →P.195
- ロンドン博物館 →P.158
- ギルドホール →P.106
- ウオーキングルート →P.64～65

エリアガイド / シティ周辺

　「ロンドン」という町の発祥地だけあって、シティには歴史ある建物が残されている。その反面、ビジネス街でもあり、観光客の姿は比較的少なく高層ビルも建ち並ぶ。対してテムズ南岸の遊歩道は、眺めのよさも手伝って、多くの旅行者が集っている。再開発が進むエリアでもあり、これからも目が離せない地域。

エリア攻略のポイント
南岸を散策してタワー・ブリッジを通過し、ロンドン塔やシティに行くのもいいし、セント・ポール大聖堂の南にあるミレニアム・ブリッジを渡ってテート・モダンやシェイクスピア・グローブ劇場のある南岸エリアに出るのもいい。

シティの紋章はドラゴンと赤十字の楯

ロンドン発祥のエリア
シティ　The City

単に"city"といえば「都市」「都会」のことだが、"The City"といえばロンドンのシティを指す。正確にはThe City of Londonといい、紀元1世紀にローマ人が城塞都市Londinium(ロンディニウム)(「湖沼の砦」を意味するケルト語が語源といわれている)を築いたのがシティの始まり。中世には富を背景に強大な力をもつにいたり、「歴史の陰にシティあり」とさえささやかれた。現在でも、シティは特別の行政区で、シティだけの市長Lord Mayor(ロードメイヤー)(ただし名誉職)が存在する。王であろうと女王であろうと、王室の馬車がシティに入るときは、テンプル・バー(昔のシティの境界)で停車しなければならない。

多くの中世都市同様、シティもかつては、ぐるりと市壁(ウォール)に囲まれていた。東はロンドン塔 Tower of Londonから始まり、北は現在のLondon Wallという名の通りあたりを走り、西はBlackfriars(ブラックフライアーズ)駅の付近まで達していたという。このウォールの内側がシティと呼ばれ、住む家はもちろん、教会、働く場所、遊ぶ場所、すべてがここに揃い、日常生活が完結していた。そのうち、ウォールの内側だけでは足りなくなり、郊外へ郊外へとロンドンは大きく膨らんで今の姿になったというわけだ。つまり現在でいうLondonの町はシティから生まれ育ったということになる。ロンドンの石器時代からの歴史に興味があるなら、ロンドン博物館へ行ってみよう。

一方、シティは、今やニューヨークのウォール街などとともに、世界の金融市場を常にリードするビジネス街だ。大手銀行、保険会社、証券会社、大企業などが競ってオフィスを構え、多くのビジネスマンが行き交う。近代的なロイズ・オブ・ロンドンが建ったあとも、個性的な外観の高層ビルの建設が相次ぎ、これらの姿はシティの象徴といえるかもしれない。日本では珍しくもないビジネスマンのスーツ姿も、ロンドンではシティ以外で見ることは少ないので、忙しく行き来する英国紳士たちの様子が、なぜか新鮮に映る。ビジネスマンたちの会話に耳を傾けたかったら、シティのあちこちにあるパブに行ってみてはいかが？　特にランチタイムが狙いめ。そして、シティ内にはかつての名残か、思わぬ所にマーケットがあったりす

ロンドン博物館の隣にあるローマ時代のシティ・ウォール

シティのギルドホールがある場所には、かつてローマ人たちの闘技場が造られていた

Cheapside
"cheap"の語源は"market"を意味する古英語。名前のとおり、中世では最もにぎやかな通りのひとつだった。この通りから枝分かれするBread St.やMilk St.といった路地の名前に当時の面影をしのぶことができる。

Fleet St.
途中Strandと名を変えて、ウェスト・エンドとシティを結ぶ通り。地下を流れるFleet川にちなんでこの名がつけられた。大手新聞社、印刷会社、出版社などが並んでいたので、かつては"フリート・ストリート"といえばイギリスの報道・出版界の代名詞だった。しかし、大手新聞社は相次いでドックランズと呼ばれるロンドンの東郊外に移転している。

セント・メアリー・ル・ボウ教会。地下のクリプトには、食事ができるカフェもある

マンション・ハウス

AREA GUIDE

る。肉屋、魚屋、酒屋にパン屋。昼ともなればビジネスマンが立ったままサンドイッチをほおばる姿に出会ったりもする。歩けば歩くほど、新しい発見ができるだろう。

　地下鉄バンクBank駅を出ると、北東側に列柱を構えた大きな建物が見える。これが**王立取引所Royal Exchange**で、現在はレストランもある高級ブランドのショッピングモールになっている。スレッドニードル・ストリートThreadneedle St.を挟んでイングランド銀行Bank of England、そして旧証券取引所Stock Exchangeがある。また、バンク駅の南西側にある**マンション・ハウスMansion House**はロンドン市長の公邸。このあたりがシティの中心部といえるだろう。ちなみに、バンク駅の"Bank"はこの付近に銀行bankが多いことからつけられたとのこと。

　なお、余談だが、チープサイドCheapsideという通りにあるセント・メアリー・ル・ボウSt. Mary-le-Bow教会の鐘の音が聞こえる所で生まれた人こそ、生粋のロンドンっ子Cockney（コックニー）だという言い回しがある。シティの住人たちのプライドの高さの表れといえそうだ。

現代的なビルの狭間に残るレドンホール・マーケット→Map 8-C1は映画『ハリー・ポッター』のロケにも使われた

エリアガイド

シティ周辺

CLOSE UP

シティの高層ビルガイド

続々と増えるシティの高層ビル。左にウォーキー・トーキー、真ん中にチーズグレーター、右にガーキンが見える

無料の展望台「スカイ・ガーデン」が大人気！
高さ160mのビル、20 Fenchurch Street● MAP 8-C1のニックネームは「ウォーキー・トーキー（トランシーバー）」。ちょっと頭でっかちな建物。鏡に覆われた壁面に反射した太陽光でアスファルトや車の外装が溶けてしまい、対応を迫られたことも。35階〜最上37階にまたがる、「スカイ・ガーデン」のガラス張りの無料展望台は人気が高いので早めに予約を。レストランやバーもある。
スカイ・ガーデン ☎7337 2344　開一般訪問　月〜金10:00〜18:00(最終入場17:00)　土・日11:00〜21:00(最終入場20:00)　休12/25・26、イベント開催時、定期メンテナンス日　料無料(制限時間1時間。時間指定の予約チケットが必要)　バーやレストランで飲食する場合や時間によって予約なしで入れることもある。※詳細はウェブサイトなどで要確認。　⊖Monumentより徒歩約5分
URL skygarden.london

シティの高層ビルとニックネーム
シティ周辺の高層ビルには、完成予想図が発表されるとすぐにニックネームがつくことが多い。形がキュウリのピクルス「ガーキン」にそっくりということで、この愛称がついた30 St Mary Axe.（旧Swiss Reビル● MAP 8-C1)がいい例だ。2004年に完成したこの変わり種の建物は高さ180m。5500枚の菱形のガラスに覆われ、環境に優しい設計の最先端。
また、シティの近代的なビルの先駆けとして有名なロイズ・オブ・ロンドンの向かいにあるのが、「チーズグレーター（チーズおろし器）」こと、レドンホール・ビル● MAP 8-C1。2014年完成、225m。
レドンホール・マーケットのそばにある、52-54 Lime Street＝「スカルペル（手術用のメス）」● MAP 8-C1は、ニックネームのとおり、薄くとがったビルで2018年完成、192m。

シティで一番高いビルは？
2019年、62階建て278mのTwentytwoビル● MAP 8-C1が完成。46階建て230mの「ヘロン・タワー」＝110 Bishopsgate● MAP 8-C1を抜いてシティで一番高いビルになった。
ロンドンでもっとも高いシャード→P.108は310m。

スカイ・ガーデンは開放的な空間

⦿ MAP 8-A1~B1
住 St. Paul's Churchyard, EC4M 8AD ☎ 7246 8530
開月～土 8：30～16：30
休日（ミサのみなら無料入場可能。ドームや地下クリプトへの入場は不可）
回廊 Galleries
開月～土 9：30～16：15（最終入場。チケット発券～16：00）
特別な催しがある場合は、全館または一部を予告なく閉鎖することもある。※'19年12月現在、ウィスパリングギャラリーは閉鎖中。再オープンは未定。
規定以上（持ち手やポケットも含み56cm×45cm×25cmまで）のサイズの荷物は持ち込み禁止。荷物預かりはなし。
料£20（オンライン£17）
無料の英語ガイドツアーあり。10:00、11:00、13:00、14:00発、所要約90分。到着時に受付で予約を。通常観光客が入れないエリアも見られる。オーディオマルチメディア（日本語版あり）無料。
♻ St. Paul's
URL https://www.stpauls.co.uk

セント・ポール大聖堂身廊

手前にはアン女王の像がある

記念碑を自分で建ててしまった？ レンの傑作
セント・ポール大聖堂　St. Paul's Cathedral

　地下鉄 St. Paul's 駅は、ちょうど寺院の裏側。目の前の白い大きな建物がセント・ポール大聖堂、なのに目印のドームが見あたらない。高さ約111m、幅約74m、奥行き約157mもある大建築だけに、てっぺんのドームは近づき過ぎると見えないというのがその理由。木造だった旧セント・ポール大聖堂は、1666年のロンドン大火災ですっかり焼失してしまった。その後クリストファー・レンの設計で35年の工期を費やして完成したのが今の大聖堂。れんが造りの教会が多いなか、この大聖堂のイタリア・ルネッサンス風の華やかなイメージが際立っている。ただし、ここは英国国教会の教会。カトリック教会ではない。

　外観の印象そのままに、内部も壮大にして華麗。入口を入ると、息をのむような美しさを誇る身廊、その北側にはラファエル前派のウィリアム・ホルマン・ハントの絵やヘンリー・ムーアの彫刻なども置かれ、歴史のなかに比較的新しいものも取り入れられている。

　直径34mのドームの天井画も圧巻。天井をキャンバスに、ジェームズ・ソーンヒルによる見事な絵が施されている。よく見ると、なにやら虫のように動いているものに気づくはず。ドームにはそこを一周できるギャラリーが設置され、誰でも上れるようになっている。ここは「ないしょ話の回廊 Whispering Gallery」と呼ばれており、1981年にチャールズ皇太子と故ダイアナ妃が結婚式を挙げた祭壇や聖歌隊席を見下ろすことができる。ここがないしょ話の回廊といわれるのは、34mも離れた、ドームの反対側にいる人の話し声が、なぜか後ろの壁から聞こえてくることから。うそかホントか試してみて。

　さらに頂上へと階段は続くが、ここから先は大人ひとりが通るのがやっとというくらい幅が狭くなる。次に石の回廊 Stone Gallery に着き、さらに30mほど上ると、ドームのてっぺんに付いている塔の付け根 Golden Gallery に到達。どちらも外からロンドンを見渡せるよ

ドームの構造と高さ
高さ111m。外側と内側に、3つのドーム構造をもっている
ゴールデンギャラリー 82m 523段
ストーンギャラリー 52m 376段
ウィスパリングギャラリー 30m 257段
※高さは大聖堂地上フロアからの概算
ドームの天井画とウィスパリングギャラリー
©The Chapter of St Paul's Cathedral
ゴールデンギャラリーからの眺め
©The Chapter of St Paul's Cathedral
テムズ沿いやシティの高層ビルも望める

AREA GUIDE

ロンドンが一望できるドームにも上ってみたい

聖堂内ではミサのほか、特別な催しも行われる
©The Chapter of St Paul's Cathedral

ショッピングセンター
One new Change
セント・ポール大聖堂の裏にあるショッピングセンターの屋上からはセント・ポール大聖堂、高層ビルのシャード（→P.108）などを一望できる

うになっており、テムズ河に沿うロンドンの町が一望できる。

　もうひとつの見どころは、地下の納骨堂。一番に目に留まるのは、ナポレオン戦争やトラファルガー海戦で活躍したネルソン提督 Admiral Nelson、そしてワーテルローの戦いでナポレオンに勝利した指揮官ウェリントン公爵 1st Duke of Wellingtonの記念碑だろう。奥の礼拝堂の右側にはレンの墓もある。意外なほど質素。墓碑銘にはラテン語で「彼の記念碑を見たければ、周りを見よ」と刻まれている。つまり彼の最高傑作であるこの大聖堂自体が彼の記念碑というわけ。

左はネルソン提督の墓。右は壁際にあって見つけにくいレンの墓
©The Chapter of St Paul's Cathedral

地下にはカフェ、レストラン、ギフトショップも揃っている

ショッピングセンターのワン・ニュー・チェンジ外観（上）と、その屋上からみたセント・ポール大聖堂

エリアガイド　シティ周辺

CLOSE UP

英国ではお墓を踏んでもタタラれない！

　教会の内部を歩いていて、ハッとして飛び退いたことはないだろうか？ 自分の土足の下にあるのは、まぎれもなくお墓！ 床下に遺体が埋葬されているとはかぎらず、墓碑銘だけを彫ったものも少なくないとはいえ、教会内部に葬られているのは高貴な人や名士だったりすることが多いと聞くので、ますますバチがあたりそうな気がして仕方がない。しかし、周りの英国人などは平気らしい。そうでなければ、通路にこんなふうに葬ったりしないだろう。

　実際、教会内部ではスペース的に収まりきらなくなったという理由から1936年に法律で禁止されるまで、教会内部（床部分も含む）に墓所を設けることは広く行われてきた。現在も、ロイヤルファミリーや国葬級の要人・著名人は、ウェストミンスター寺院とセント・ポール大聖堂に葬られているが、これは例外（ただし床とはかぎらない）。

　キリスト教の考え方として、教会の床部分をお墓とすることは、故人を冒涜することにはならないのだそう。なぜ？と尋ねると「理由は考えたこともありません」という、極めて英国的（！）な返事が返ってきた。こうした習慣や伝統は、明確な理由なく続いているケースが少なくないが、これもその好例だろう。ちなみに遺族からの苦情といえば、人に踏まれて磨り減ったため、墓碑銘が読みづらくなっているので彫り直してほしいという程度だというから平和なものである。

（JJ）

103

MAP 8-D2
住 Tower Hill, EC3N 4AB
☎ 3166 6000
開 火～土 9:00～17:30
日・月 10:00～17:30
11～2月の閉館は 16:30
最終入場は閉館の30分前
料 £26.80（寄付付き£29.50）
オンライン£22.70（寄付き£25）
休 1/1、12/24～26、各施設のメンテナンス日
交 Tower Hill URL www.hrp.org.uk/toweroflondon

ガイドツアーとオーディオツアー
ロンドン塔の衛兵ビーフィーターの案内で塔内を巡るツアー（英語）がある。10：00（日・月10：30）から30分おきに出発、所要1時間以上、最終ツアーは14：30出発（夏期15：30）。
ほかにも、オーディオガイド（日本語あり。£5）を利用して、自分のペースでロンドン塔の歴史をたどることができる。

世界遺産
ロンドン塔 Tower of London
文化遺産 / 1988年

儀式のときには赤い衣になるビーフィーターの正式名称はヨーマン・ウォーダー

上…クイーンズ・ハウス前の衛兵交替
下…ロンドン塔の守護神カラス

104

華麗なる歴史の陰に悲劇あり
ロンドン塔 Tower of London

　地下鉄Tower Hill駅を出たら、そこはもう、かつてロンドン塔が牢獄として使われていた頃は処刑場だった所。処刑は、当時ロンドンの一大見世物だった。群衆が見守るなか、ここで人生にピリオドを打った囚人たちは数知れない。

　ロンドン塔へは、駅の案内標識に沿って行けば簡単。地下道に通じる階段を下りると、崩れかかった壁に突き当たる。シティ・ウォールCity Wallと呼ばれ、ローマ帝国時代（200年頃）に築かれた砦の一部だ。続いてタワー・ヒルの裏門跡があり、見上げれば堀と城壁に囲まれた中世風の城が目の前にどっしりと構えている。これがロンドン塔だ。塔を左に見ながら下りていくとチケット売り場がある。ここから入口あたりは、この塔の波乱に満ちた歴史にひかれてやってくる、たくさんの観光客でにぎわっている。特にシーズン中は混むが、待つだけの価値はある。すべてをじっくり見学するつもりなら、所要3時間以上はみておきたい。

　そもそもは1066年に即位したウィリアム征服王William the Conquerorが、ロンドンを守るための要塞を建設したことに始まる。一時期は王室の居城として拡大されたが（それにともない、ロンドン塔は城塞全体を指す名前となり、本来の塔はホワイト・タワーThe White Towerと呼ばれるようになった）、その後、牢獄として使われた歴史のほうが長く、暗いイメージが定着してしまったのは、塔にとっては不幸なかぎり。王族のほか、ジェフリー・チョーサー、トマス・モアなど、多くの著名人が投獄された。ガイドツアーに参加すると、退役軍人による赤と黒の上衣の衛兵ビーフィーターたちが、誰が、どこで、どんなふうに殺されたかなども踏まえ、塔内の歴史をユーモアを交えて説明してくれる。

　「ロンドン塔からカラスがいなくなったとき、王政は没落し、塔が崩れ落ちる」というロンドン塔に伝わる伝説も有名。今でも片方の羽の一部を切って飛べなくしたカラスが塔内で飼われている。

中央にそびえるホワイト・タワーは国内城塞の見本にもなった

AREA GUIDE

ロンドン塔内部 大図解

① ジュエル・ハウス
Jewel House

中世の王室の主要な宝物庫でもあったため、クラウン・ジュエルの一部は常にここで保管されてきた。現在は世界最大級の530カラットのダイヤモンド「アフリカの星 Star of Africa」がはめ込まれた王笏、東インド会社がヴィクトリア女王 Victoria I に贈ったコヒヌール koh-i-Noor ダイヤモンドなどが飾られている。

©Joanne Munro/CC-BY-2012

② ビーチャム・タワー
Beauchamp Tower

13世紀末に建てられた4階建ての塔。比較的身分の高い囚人が幽閉された。塔内の壁には、囚人が残したメッセージや絵が残されている。夏目漱石は『倫敦塔』の中で、このメッセージを「百代の遺恨」と書いている。

③ ホワイト・タワー
White Tower

甲冑や武具、ヘンリー8世の甲冑や拷問の道具の一部、ロンドン塔の歴史といった展示がメイン。日本の鎧兜も展示されている。中世には王族の結婚式が行われたセント・ジョン礼拝堂（写真上）もある。

セント・ピーター・アド・ビンキュラ礼拝堂
礼拝堂の大理石の床下には、無実の罪で処刑され、今も幽霊になってさまよっているという、アン・ブーリンも埋葬されている。ガイドツアーか閉館1時間前のみ入場可（要確認）。

クイーンズ・ハウスには、今も衛兵と家族たちが住む

④ 処刑場跡
Scaffold Site

このあたりで地位が高い人たちの処刑が行われた。そのなかでも特に痛ましいのは、「9日間の女王」レディ・ジェーン・グレー Lady Jane Greyと、ヘンリー8世 Henry VIIIの2番目の妃アン・ブーリン Anne Boleyn。ジェーンは戴冠式を待ってロンドン塔入りしたが、いとこのメアリー1世 Mary Iに王位を奪われたあげく反逆罪に問われた。アンは世継ぎの王子ができないことを姦通罪の名目で処刑された。

©bobjohnson/CC-BY-ND-2011

⑤ トレイターズ・ゲート
Traitors' Gate

「反逆者の門」という意味で、多くの処刑者や囚人たちがテムズ河からこの門をくぐり、塔内の牢獄に入れられた。キャサリン・ハワードやアン・ブーリンも、この門から入り投獄されている。
上部の中世の香り漂うミディーバル・パレス Medieval Palace（トレイターズ・ゲートからランタン・タワーにかけてのエリア）には、城としてのロンドン塔をほぼ完成させたエドワード1世の居所などがある。

⑥ ブラディ・タワー
Bloody Tower

エドワード4世 Edward IVの息子エドワード（当時12歳）とその弟が、父王の死後（1483年）、ロンドン塔で即位の日を待っている間に行方不明になった。ふたりの死体は後にホワイト・タワーの南階段下で発見されたが、血染めの塔ブラディ・タワーはふたりの殺害場所と言い伝えられている。疑いはリチャード3世 Richard IIIとして即位した叔父にかけられていたが、真偽は今も謎に包まれている。

エリアガイド / シティ周辺

※修復、イベントなどのため閉館したり入場制限されることもある

MAP 8-B1

住 Guildhall, Gresham St., EC2V 7HH **☎** 7332 1313
開 グレートホール見学 10：00〜16：30（日曜は5月最初の週木〜9月最終週末のみ）イベント会場として使用されているため、イベントがないときのみ見学可能 **休** 10〜4月の日 **料** 無料　月1回、ガイドツアーあり、所要約75分、£10。
⊖ Moorgate／Bank／St. Paul's **URL** www.guildhall.cityoflondon.gov.uk

ギルドホール・アート・ギャラリー
16世紀からの市長や王室関係者の肖像画、18・19世紀の絵画など、ギルドホールとシティの所有するコレクションを公開している。イベントなどにより閉館することもある。ウェブサイトなどで事前に確認を。
住 Guildhall Yard, EC2V 5AE
☎ 7332 3700
開 月〜土 10：00〜17：00　日 12：00〜16：00
最終入場は閉館30分前
休 一部の祝、イベント開催時
料 常設展は無料

アート・ギャラリーのラファエル前派の絵画や、地下にあるローマ人の闘技場に関する展示

中世からシティを動かしてきた市庁舎
ギルドホール　Guildhall

　1411年にギルド（中世の同業組合）の統治の中心として建設された。ロンドン大火災と第2次世界大戦でダメージを受け、現在は特別行政地区シティを動かすコーポレーション・オブ・ロンドンCorporation of Londonのオフィスの一部として、近代的なビルの中にはめ込まれたような形になっている。1439年完成当時のものは中世風のポーチと壁、地下礼拝堂のみ。中世の雰囲気そのままのグレイト・ホールGreat Hallでは、今でも市長Lord Mayorの晩餐会や講演会、定例の市議会Common Councilが開催されている、いわばシティの国会議事堂。まだまだ現役でがんばっている。昔は裁判所としても使われ、ロンドン塔で処刑された「9日間の女王」レディ・ジェーン・グレー Lady Jane Greyがここで判決を受けた。ほかにも多数の有名人の判決記録が飾り板に残されている。

　また、ここにある最初の公共図書館は、版画やロンドンの地図のコレクションで有名。広場東側のギルドホール・アート・ギャラリー Guildhall Art Galleryには、ラファエル前派の作品のほか、ここで発掘されたローマ人が使った闘技場の展示もある。

グレイト・ホール

ギルドホール（左）とアート・ギャラリー（右）が広場を囲んで建つ

CLOSE UP

B. ディズレーリーの愛したプリムローズ

　イギリスのユダヤ系政治家で蔵相、首相を歴任したB.ディズレーリー（1804〜81）は、Primrose（桜草）を非常に好んでいた。それを知っていたヴィクトリア女王が、ディズレーリーの葬儀の4月19日に大きなプリムローズの花輪を贈ったことはよく知られている。それ以来、ディズレーリーの命日はプリムローズ・デーと呼ばれ、人々はこの花を身につけるようになっている。議会前広場に立つ彼の銅像は、毎年命日にはプリムローズの花にうずもれている。

　春に先がけて咲き、朝露の乾かぬ間にしぼむこの花を、はかない青春の象徴に見たて、シェイクスピア、シェリー、スペンサーがそれぞれ詩に詠んでいる。スペンサーは、若く美しい妻の死を嘆く夫の悲しみを、
"わが妻はいわば日陰のサクラソウ。
あれほど美しい花がこうも早くしぼみ、
時ならぬ嵐に散りうせるとは"
とうたっている。ディズレーリーもこのはかない美しさを愛したのだろうか。　　　（サミー・恒松）

AREA GUIDE

イルミネーションに浮かぶ姿はまるで夢の架け橋
タワー・ブリッジ Tower Bridge

ローマ時代から交易の地として栄えてきたシティでは、テムズ河を往来する船の大型化にともない、必要なときに上げ下ろしできる跳ね橋の建設を求める声が強くなっていった。当時のお金で118万4000ポンドの費用と8年の歳月をかけて、このおとぎの世界から抜け出たような橋が完成したのは1894年。今でこそロンドンのシンボルとなっているこの橋も、建設当初は二重橋という思いきった構造が批判の的となっていた。それでもなお築かれたことからして「河がなければ、ロンドンは生まれなかった」というのもうなずける。その当時は1日に50回ほど上がった橋も、現在はそれほど多く上がることはない。橋が上がらなければ通過できないほど高さのある船が通るときのみ、人や車が通行できない珍しい状態のタワー・ブリッジを見ることができる。

内部にはタワー・ブリッジの仕組みやロンドンの橋の歴史などの展示があるが、内部の構造を知ると、この橋が「石のコートでくるまれた鉄のガイコツ」であることが、よくわかる。また、何といっても見どころは北塔 North Tower と南塔 South Tower を結ぶガラス張りの歩道橋 The Glassed in Walkway。橋のたもとにそびえるロンドン塔はもちろん、シティの歴史的な建物、高層ビルが見渡せる。床も一部ガラス張りになっているので、眼下にテムズ河を見下ろすことができる。この上を歩くのは、ちょっとスリリングな体験。

南塔をエレベーターで下りて、さらに橋の下まで階段を下りるとエンジン・ルーム Engine Room がある。およそ100年前のヴィクトリア朝時代に使われていた水圧式エンジンは、100tもある跳ね橋を操っていただけに巨大な代物。

ヴィクトリア調様式の優雅さあふれるふたつの塔に、青と白の橋げたというコントラストのある情景もいいが、夜、イルミネーションがともったときの見事なハーモニーも見もの。眺めがいいテムズ河南岸沿いのレストランやパブで、ロマンティックな夕べを満喫するのもよさそうだ。

MAP 8-D2
住 Tower Bridge Rd., SE1 2UP
☎ 7403 3761
開 毎日 9:30〜17:00(最終入場、1/1 10:00〜) 休 12/24〜26
料 タワー・ブリッジ・エキシビションのみ£9.80(オンライン£8.80) タワー・ブリッジ・エキシビションとモニュメントの共通券£12
⊖ Tower Hill
URL www.towerbridge.org.uk

橋の開閉情報もチェック！
橋が上がったタワー・ブリッジを見たい！という場合、ウェブサイトの"Bridge Lift Times"のページで確認を。

上2つ…歩道橋のガラス張りの床の上で記念撮影をする人も多い
下…エンジン・ルーム

188番のバスでグリニッジへ
ラッセル・スクエア駅前から乗車。時間はかかるが乗り換えがないので楽。2階席の最前列に座ると、町並みが眺められておもしろい。また Druid Street で下車すればタワー・ブリッジの入口に出られる。欠点はエアコンがやや強いのと、カーブを曲がるとき車体が揺れること。
(千葉県 鈴木美穂 '19)

エリアガイド

シティ周辺

テムズ遊覧の船も行き交う

HMSベルファスト号

1939年から英国軍艦として活躍し、1963年に退役。現在は博物館としてテムズ河に係留されている。船内のろう人形を使った展示では、寝室や台所などの様子までよくわかる。ここからのタワーブリッジの眺めは最高。

🗺 **MAP 8-C2**
🏠 The Queen's Walk, SE1 2JH
📞 7416 5000
🕐 毎日 10：00～18：00
（11～2月は～17：00）
最終入場は閉館1時間前
🚫 12/24～26 💴 £16.50 寄付あり£18 オンライン£14.70 寄付ありオンライン£16.20
🚇 London Bridge
🌐 www.iwm.org.uk/visits/hms-belfast

HMSベルファスト号

🗺 **MAP 8-C2**
🏠 Joiner St., SE1 9QU
📞 (0344) 499 7222
🕐 10：00～22：00が多いが、日によって異なるのでウェブサイトで確認を。最終入場は1時間前 🚫 12/25 💴 当日券£32 オンライン予約1～13日前£27.20、14日以上前£25～ イベント開催時は特別対応チケットあり
30分おきの入場時間指定あり
🚇 London Bridge
🌐 www.theviewfromtheshard.com

高さ約310mの高層ビル、シャードの完成により、またひとつロンドンの顔が増えた

再開発が進むエリア
サザーク Southwalk

シティのセント・ポール大聖堂から歩道橋ミレニアム・ブリッジを渡ったテムズの南側には、**テート・モダン Tate Modern** やシェイクスピア・グローブ劇場が並ぶ。この一帯は**サザーク Southwark** と呼ばれ、おいしい食料品が揃うバラ・マーケット Borough Market、サザーク大聖堂、ロンドン・ブリッジ駅、高層ビルシャード、HMSベルファスト号があり、古い波止場を改装してできたヘイズ・ギャレリアにはショップやレストランも集まっている。さらに東には、**タワー・ブリッジ Tower Bridge**、近代的な円形でガラス張りのロンドン市庁舎 County Hall や倉庫を改造したバトラーズ・ワーフと続き、散歩にちょうどいいエリア。対岸にはロンドン塔も見えるし、抜群の撮影スポットともいえそう。また、少し東のバーモンジー Bermondsey にある、グルメが集うモルトビー・ストリート・マーケットや高架下に食品工房があるスパ・ターミナス→P.318に足を延ばすのもいい。

エコ設計の市庁舎内部は見学可能　再開発された広場で開かれるバーモンジー・マーケット

ガラス張りの高層ビルから
シャード The Shard

ロンドン・ブリッジ駅に隣接する、高さ309.6mの新高層ビル。その名のとおり、ガラスの破片（=Shard）に覆われた尖塔は、著名な建築家レンゾ・ピアノの設計。

69階と72階が、ビュー・フロム・シャードという展望アトラクションとして公開されており、高さ244mの72階には、なんと屋根がないオープンスペースもある。ほかの階には、超高級ホテルやレストラン、オフィスなどが入っている。西ヨーロッパで最も高い展望台からは、はるかかなたまで360度のすばらしい眺めを楽しむことができ、ロンドンという都市の全体像をキャッチするのに最適だ。

ガラス張りの展望台からの景色を堪能したい

大学、博物館、法学院といった建物が集まる
大英博物館周辺 British Museum

世界有数の規模を誇る大英博物館

AREA GUIDE ❹
MAP 3

おすすめポイント

- 大英博物館 →P.146
- 大英図書館 →P.158
- ジョン・ソーン博物館 →P.161
- ウェルカム・コレクション →P.159
- チャールズ・ディケンズ博物館 →P.111
- ポロックス・トイ・ミュージアム →P.157

エリアガイド　大英博物館周辺

　世界最大級の大英博物館があるブルームズベリー。その北部には、ユーストン駅、セント・パンクラス駅、キングス・クロス駅と、大きな鉄道駅が連なる。キングス・クロス駅は『ハリー・ポッター』シリーズでも登場した駅。また南東部は、王立裁判所など法をつかさどる機関が集まる歴史あるエリア。

ジョージア様式の建物が並ぶ

エリア攻略のポイント
このエリアでの見どころは、何といっても大英博物館。世界中の考古学的遺産の数々を堪能しよう。ほかにも、小さいながらも見応えがある楽しい博物館があるので、自分の興味に合わせてピックアップしてみるといい。

109

世界に誇る大英博物館があるエリア
ブルームズベリー　Bloomsbury

ブルームズベリー・グループ
Bloomsbury Group
20世紀初頭、ヴァージニア＆レオナルド・ウルフ、バートランド・ラッセル、E.M.フォスターらを中心に集まってできた文学者・知識人の集団。

ホテルマップ
大英博物館周辺→P.333

プラットフォーム9と3/4
『ハリー・ポッター』シリーズでおなじみのプラットフォームがキングス・クロス駅に再現されている。プラットフォーム9 3/4のプレート前で、記念撮影をしてくれるカメラマンまでいる（写真は有料。並ばずに優先的に写真撮影できるVIP Photo Pass £15）。お隣はハリポタグッズのショップ。

The Harry Potter Shop at Platform 9 3/4
開月～土 8:00～22:00　日 9:00～21:00（バンクホリデーは 9:00～22:00、1/1と12/24・31は8:00～20:00）
休 12/25・26
URL www.harrypotterplatform934.com

上…ハリー・ポッター・ショップ
下…9と3/4で記念撮影

 VOICE
セント・パンクラス駅でショッピング
国際線が乗り入れている鉄道駅のセント・パンクラス駅は、ショップや飲食店が充実。フォートナム＆メイソンにキャス・キッドソン、ニールズヤード・レメディーズにブーツ、マークス＆スペンサーといった、おみやげを探すのにいいショップがたくさんあります。私はおみやげのほとんどをセント・パンクラス駅で購入しました。また、駅のコンコースには誰でも弾けるピアノが置いてあります。ピアノが弾ける方は演奏してみてください。
（千葉県　鈴木美穂　'19）
URL stpancras.com

　大英博物館、ロンドン大学と揃ったこの近辺の名はブルームズベリー Bloomsbury。パリのカルチェ・ラタンのような雰囲気はないが、学識あるコミュニティの発祥地。

　大英博物館の裏側、Montague Pl.(モンタギュー プレイス)周辺にある一連の建物は**ロンドン大学 University of London**のもの。University of Londonとは、いくつかのカレッジからなる連合組織であり、ロンドン大学という単一の大学があるのではないのでご注意を。Malet St.に面したStudent Unionと呼ばれる建物には各カレッジから学生が集まってくる。学生相手の下宿屋も多く、B&Bやホテル街としても知られる。『クリスマス・キャロル』の作者として知られるディケンズが一時住んでいた家もあり、ここは**チャールズ・ディケンズ博物館 The Charles Dickens Museum**として公開されている。

　ブルームズベリーを走る通りのなかでも、にぎやかなのが**トテナム・コート・ロード Tottenham Court Rd.**。**チャリング・クロス・ロード Charing Cross Rd.**付近は、上階にカフェもある大型書店フォイルズ→P.300や楽器店もある。

　なお、トテナム・コート・ロード沿いには、ヒールズ Heal's、ハビタ Habitatをはじめとする家具やインテリアの店→P.297、文具・雑貨のペーパーチェイス→P.299、北欧系雑貨小物のフライング・タイガー・コペンハーゲン→P.298などがあるので、興味のある人は、ちょっと立ち寄ってみるといいだろう。

　また、Tottenham Court Rd.と直角に交わるHowland St.沿いに、いびつな背高のっぽの建物がある。このテレコム・タワー Telecom Towerは、日本でいうならNTTに当たるBritish Telecomのタワーだったが、現在は郵便局の所有。一般公開はされていない。

テレコム・タワー

ラッセル・スクエアに面して建つロンドン大学本部

COLUMN
文学散歩

名作は
よい住み処から

中世の昔から、文化の中心地として世界をリードしてきたロンドン。内外からさまざまな文化人がこの地に移り住み、数々の名作が生まれた。彼らの生家、住んだ家は、ブルー・プラークBlue Plaqueと呼ばれる青い円形のプレートが取り付けてある。ロンドンのあちこちで目にする、このブルー・プラークを訪ねて歩くというのはいかが？
ブルー・プラークについて🔗www.english-heritage.org.uk/visit/blue-plaques

サマセット・モームの家 Shaw House
つまり俺は、あらゆる意味で、
正常な人間なのだ
（『月と六ペンス』 モーム 中野好夫訳）

『月と六ペンス』『人間の絆』などで名高いサマセット・モーム Somerset Maugham（1874～1965）。彼が1911年から1919年にかけて住んでいたのがShaw Houseという建物（◉MAP 11-B3 🏠6 Chesterfield St., W1J 5JQ 🚇Green Park）。

ここから、数多くの名作が世に送り出されていった。れんが造りのなかなかしゃれた家で、モームの趣味のよさが感じられる。現在は短期滞在者向けの高級アパートになっている。また、Mayfairの一角だけあって、この界隈にはハイセンスなカフェやレストランが多い。ちょっと気取ってお茶でもどうぞ。

チャールズ・ディケンズ博物館
The Charles Dickens Museum
『オリヴァー・ツイスト』など数々の名作で知られるディケンズ Charles Dickens（1812～1870）が1837年から1839年まで暮らしていた家。彼はここで多くの作品を書いた。

ディケンズの自筆の原稿や手紙、肖像画や遺品などが公開されている。室内の調度品は当時のまま。
◉MAP 3-D2 🏠48-49 Doughty St., WC1N 2LX ☎7405 2127 🕐火～日 10：00～17：00（最終入場は16：00、12月は月曜も開館） 1ヵ月に1度～20：00（入場は19：00まで。日程は要確認） 休月（バンクホリデーと12月を除く） £9.50
🚇Russell Sq.／Chancery Lane
🔗www.dickensmuseum.com

バーナード・ショーとヴァージニア・ウルフのふたりに愛された家
批評家として、劇作家として演劇界に大きな足跡を残したバーナード・ショー George Bernard Shaw（1856～1950）。かたや小説家にしてエッセイスト、第一線で活躍したヴァージニア・ウルフ Virginia Woolf（1882～1941）。どういうわけかふたりの大作家が時を移して同じ家に住んでいた。ふたりに愛された家は、Fitzroy Sq.の29番地◉MAP 3-A3にある。

よっぽど創作に適した家なのだろう。確かに大通りから1本入っただけにしては、車の音もあまり聞こえてこない。大きな木がたくさん植えられている広場に面しているおかげで、夜など広場の周りの白い家々にオレンジ色の街灯が映えて、ちょっと幻想的な雰囲気が漂い、アーチ形の窓が並ぶ反対側の建物などは、どこかの僧院を彷彿とさせる。彼らのような大作家でなくとも、思わず住んでみたくなるような所だが、残念ながらこの家はオフィスとして使われており、ブルー・プラークがはめ込まれているだけ。

ディケンズが執筆をした部屋

バーナード・ショーとヴァージニア・ウルフの家

上…ステイプル・イン
下…リンカンズ・イン

チューダー調の木造りのパブ

🔵 **MAP 7-D1**
インナー・テンプル
🏠 Temple, EC4Y 7HL
☎ 7797 8250 開庭：月～金
12:30～15:00 ☎ 7797 8243
(庭) 一般見学は庭のみ。内部は予約ツアーのみ(5人以上、平日10:30～11:00スタート、所要約45分)
💴 £12　予約 ☎ 7797 8241
🌐 www.innertemple.org.uk
テンプル教会
🏠 Temple, EC4Y 7BB
☎ 7353 3470 開館日時は不定期なので要確認 💴 要確認 💴 £5 ランチタイムにオルガンリサイタルなどもある
🌐 www.templechurch.com
ミドル・テンプル・ホール
🏠 Temple, EC4Y 9AT
☎ 7427 4820
見学は事前連絡が必要。グループによるツアー形式(10人以上)、所要約1時間 💴 1人£8
🌐 www.middletemple.org.uk 🚇 Temple／Blackfriars

ハリポタやダ・ヴィンチ・コードのロケ地にもなったテンプル教会。テンプル騎士団の肖像墓がある

イギリスの法の番人もいるエリア
ホルボーン　Holborn

　ブルームズベリーの南東に広がる地域はホルボーンHolbornと呼ばれる。High Holbornという通りを挟んで位置するGray's Inn（グレイズ・イン）とLincoln's Inn（リンカンズ・イン）はともに法学院。法廷弁護士（barrister）のタマゴが日夜、勉学にいそしんでいる。ちなみに、"inn"とはもともと1階が食事のできる居酒屋、2階には宿泊客用の部屋がある小さなホテルのことをいったのだが、後には「歴史的建物」の意でも使われるようになった。ふたつの法学院もその例。

　リンカンズ・イン前の公園に面したジョン・ソーン博物館は、小さいながらも人気の高い博物館。収集癖で知られた建築家ジョン・ソーンが住んだ家を公開している。

　少し南、テムズ沿いにあるテンプルThe Templeも法学院。このあたりに、ロンドンに4つあるという法学院がひしめき合っており、王立裁判所Royal Courts of Justiceとともに「法をつかさどる地区」として、現在も機能している。

王立裁判所

法律家の王国
テンプル　The Temple

　テンプル騎士団のロンドン本部がここにあったことからついた名称で、現在ではこの一帯の地区名にもなっている。

　インナー・テンプル・ゲートウェイをくぐると、ロマネスクとゴシック両方の様式が混在したテンプル教会に出る。テンプル騎士団の頃の建物としては唯一のもので、騎士団発祥の地エルサレムの聖墳墓教会をモデルにしている。17世紀末に作られた祭壇後部の壁の彫刻は、クリストファー・レンがデザインし、ウィリアム・エメットが当時45ポンドで彫ったという。はて、高かったのか、安かったのか……。教会を出るとあるインナー・テンプル・ホールや宝物室、図書室などは17世紀に再建されたもの。

　広々とした庭インナー・テンプル・ガーデンを歩きながらテムズ河を眺めることができる。シェイクスピアの『リチャード3世』の背景にもなったイギリスの内乱「バラ戦争」は、ランカスター家のシンボルである赤いバラとヨーク家のシンボルである白いバラがこの庭で摘まれたことが発端といわれている。

　インナー・テンプルの隣がミドル・テンプル。ミドル・テンプル・ホールにある樫の木で造られた彫刻や内装は、落ち着きがあるたたずまい。また、当時の学生たちは、授業や寝食のすべてを、30×12mの大ホールで行っていたのだそう。

ホームズをはじめとして世界の有名人に会える
リージェンツ・パーク周辺 Regent's Park

AREA GUIDE 5
MAP 2

シャーロック・ホームズの自宅を再現した博物館

おすすめポイント

- ●シャーロック・ホームズ博物館
  →P.160
- ●マダム・タッソーろう人形館
  →P.114
- ●アビー・ロード
  →P.118
- ●リージェンツ・パーク
  →P.115
- ●ロンドン動物園
  →P.116
- ●ウオーキングルート
  →P.68〜69

エリアガイド

リージェンツ・パーク周辺

　初夏の頃には、たくさんのバラの花が咲き誇るリージェンツ・パークの南に広がるマリルボンは、かのシャーロック・ホームズが居を構えたベーカー街があることで知られる。また、西側のセント・ジョンズ・ウッドにはビートルズゆかりの地アビー・ロードもあり、住宅街ながら訪れる人が絶えない。

マダム・タッソーろう人形館

エリア攻略のポイント
バラの時期に訪れたのなら、ぜひリージェンツ・パークのクイーン・メアリーズ・ガーデンズへ。野外劇場での劇も人気が高い。リトル・ヴェニスから運河を通る小さな船旅を取り入れてみるのも楽しい。

上と下…マリルボン・ハイ・ストリート

公園でも注意が必要
広々としたロンドンの公園。ついつい気が緩んでしまいそう。しかし、「リージェンツ・パークで木の茂みに連れ込まれそうになった」という読者からの投稿も届いている。昼間でも用心しておきたい。

● **MAP 2-D3**
🏠 Marylebone Rd., NW1 5LR
🕐 季節や曜日によって異なるが9：00～16：00（平日10：00～）が目安。夏期は18：00まで延長することもある。
🚫 12/25　💰 £25（オンライン購入。少なくとも24時間前にオンライン予約が必要）　£35（当日券）　オンライン購入のみだが、待たずに入れるFast Trackチケット£49、プレミアムチケット£55。
開館時間など変更の可能性あり、詳細は要確認。
🚇 Baker St.
🌐 www.madametussauds.com/London
場内は記念撮影をする人でいっぱい。スマホかカメラは必携かも。展示内容は変更の可能性あり。すべて合わせて所要1時間30分～2時間程度。週末や夏休みは、行列が絶えない人気のアトラクションなので混雑が予想される。

名探偵ホームズの拠点があるエリア
マリルボン　Marylebone

リージェンツ・パーク Regent's Park の南のエリア。メイフェアの北側にあたり、このふたつの地域を分けるのはあの Oxford St. だ。マリルボンで最も有名な通りといえば、何といってもベーカー・ストリート Baker St. だろう。ベーカー街といったほうがピンとくるだろうか。この通りの221b番地は、かの名探偵シャーロック・ホームズ Sherlock Holmes が、親友ワトソン博士とともに数々の難事件を解決した拠点。もちろん、彼は小説の世界の人間だし、コナン・ドイルが"221b"を選んだ当時、まだ Baker St. には85番地までしかなく、完全に架空の地名だった。それにもかかわらず、今でも"221b Baker St."に依頼の手紙を出すファンが絶えないという。この通りには**シャーロック・ホームズ博物館**もある。

また、マリルボン・ハイ・ストリート Marylebone High St. は、インテリア雑貨のコンラン・ショップ、カフェ、レストラン、センスのいいショップなどがある話題の通り。落ち着いてショッピングを楽しみたい人は、立ち寄ってみるといい（→P.68～69）。

世界のスーパースターに一度に会えるのはココだけ
マダム・タッソーろう人形館　Madame Tussaud's

「憧れのミュージシャンや映画スターに会いたい」。そんなはかない夢を確実にかなえてくれるところがある。ここ、マダム・タッソーろう人形館だ。フランス革命当時、獄中生活を送りながらろう人形作りを覚えたというタッソー夫人が、歴史上の有名な人物をそっくりそのまま、ろう人形で再現したのが起こり。

ハリウッドスターのパーティに潜入？　という気分で、今をときめくセレブや、永遠の銀幕スターとの撮影を楽しみたい。英国歴代の王や女王、ロイヤルファミリーの面々、世界の有名な政治家なども現れ、アイドルたちとツーショット、なんてこともここでは OK。活躍中のスポーツ選手たちと対面したり、ホラーの部屋スクリーム Scream で絶叫し、ブラックキャブに乗り込み、エリザベス1世の時代から現代までのロンドンの歴史をたどるスピリット・オブ・ロンドン Spirit of London の世界へ。

左…ドームが目印のマダム・タッソーろう人形館　右…エリザベス1世

花が咲き乱れる
リージェンツ・パーク

COLUMN 公園巡り

　ロンドン北西部にある、市内最大（190万㎡）の公園。ジョージ4世のために、1812年に造られた。彼は当時 Prince Regent（ここでは「摂政」の意）という称号のもとに、高齢のためすでに正気を失っていた父王ジョージ3世に代わって、国王の執務を行っていた。Regent's Parkの名は、そこからつけられた。この公園には、Open Air Theatre（野外劇場）があり、夏になると毎晩のようにシェイクスピアなどが上演される。また、スポーツ施設も整えられているし、ロンドン一の動物園 London Zoo もある。ハイド・パークよりもエンターテインメントの要素が多いといえそうだ。ハイド・パークと同じくらいの広さを誇り、ごくおおざっぱにいうと不格好な四角形。北側を上として、右下の角が地下鉄 Regent's Park駅、左下が Baker St.駅、右上の角がロンドン動物園 London Zoo で、上辺に沿って運河 Regent's Canal が流れる、といった位置関係になる。

　Regent's Park駅よりも Baker St.駅で降りたほうが、主要な見どころに近くて便利。駅から近い順だと、まず人工湖のボーティング湖 Boating Lake。この人工湖の周辺は、天気のよい週末にはたくさんの家族連れがピクニックに訪れる。そして、その東側には円形のクイーン・メアリーズ・ガーデンズ Queen Mary's Gardens。6～7月にはいっせいに花が咲き乱れ、この庭園にも初夏の訪れを楽しみに大勢の人がやってくる。夏場は、野外劇場が見逃せない（特に舞台が good！）。クイーン・メアリーズ・ガーデンズの北側、という位置にある。

人気が高い野外劇場

人工湖脇のカフェでひと息

　この庭園の周囲にいくつかカフェテリアもある。緑に囲まれた店の小さなテーブルで午後のお茶を楽しめば、気分は詩人……かな？

　時間に余裕のある人は、公園内と動物園をゆっくり散策したあと、運河 Regent's Canal の船旅を楽しんではいかが？

　動物園の正門前を Outer Circle という自動車道が通っているが、この道を横断して数分の所に水上バス乗り場がある。

　ロンドンはもともと、テムズ河の水運の便を活用して発達してきた都市なのだが、18世紀の終わり頃から、つまり産業革命とともに、さらなる発展を求めてこうした運河が建設された。しかし、現在では実用的な需要はほとんどなくなり、遊覧船が往復しているだけ。歴史の流れを感じてしまう。

　土・日曜なら、カムデン・ロック・マーケットの一角である Camden Lock 行きがおすすめ。所要時間約15分。平日ならリトル・ヴェニス Little Venice 行きがいいかもしれない。こちらは所要時間約35分。リトル・ヴェニスはパディントン Paddington 駅の北に広がる閑静な住宅街にある。世界有数の大都市にいることを忘れてしまうような船旅が楽しめるだろう（→ P.51）。

バラが咲き乱れるクイーン・メアリーズ・ガーデンズ

MAP 2-C1～D1

住 Outer Circle, Regent's Park, NW1 4RY ☎ (0344)225 1826
開 毎日10:00〜
閉園時間は16:00〜18:00くらいで、季節により異なるため、ウェブサイトなどで確認を。最終入場は閉園1時間前
休 12/25 **料** ￡23.40〜31.50（時期により異なる）
オンライン購入10％引き
⊖ Camden Townから徒歩約15分。**⊖** Baker Streetからは274番のバス、**⊖** Oxford Circusからは88番のバス。リトル・ヴェニスとカムデン・ロックから運航の運河ボートに乗るのもいい（運航時期は要確認。→ P.51）。
URL www.zsl.org/zsl-london-zoo

ペンギンたちもたくさんいる

リージェンツ・パーク内のおすすめカフェ！
店内は広々としていて、ゆったりとくつろげます。
（東京都　文香　'16）['19]
The Regent's Bar & Kitchen
☎ 7935 5729
URL www.royalparks.org.uk/parks/the-regents-park/food-and-drink/the-regents-bar-and-kitchen

ホテルマップ
パディントン駅周辺 →P.339

ジョン・レノンの元住居
ベーカー・ストリート駅から南に向かって100mくらい歩くと、左側にかつてジョン・レノンが住んでいた家がある。ブルー・プラークも付けられている。
住 94 Baker St.

パブ Swan
Lancaster Gate駅近く。雰囲気がよく、2階のテラス席から公園を眺めながらビールを飲むのは最高です。フィッシュ＆チップスはふわっとしていて美味だし、ボリュームもあります。
（千葉県　おぐい　'15)['19]
住 66 Bayswater Rd., W2 3PH
☎ 7262 5204
URL www.swanbayswater.co.uk

London Zoo を救え
ロンドン動物園　London Zoo

　1828年に設立された、近代動物園のはしり。野生動物の家畜化という形で、世界中の文化遺産を大英博物館に集めたのと同じ発想で実現させた。正式には The Zoological Society of London というのだが、London Zooの呼び名で親しまれている。1827年にD. Burtonによって建てられた、その変わった形の動物舎は、後にスノードン卿（Lord Snowdon）が建て増ししたとんがり屋根の大鳥小屋とともに、建築史上でも貴重なもの。

　園内には、世界中から集められた陸、海、空の動物たち、魚たちがいる。財政難から閉鎖されそうになったこともあるが、絶滅の危機にある種を救えるのはここしかないし、閉鎖後に動物たちが処分されるかもしれないと聞いた市民が寄付を募り、政府に継続の決断をさせた。

スノードン卿の大鳥小屋

『ハリー・ポッター』にも登場した蛇舎内

チョウがたくさんいるバタフライパラダイス

B&B街もあるエリア
ベイズウォーター　Bayswater

　ケンジントン・ガーデンズの北部に広がる地区。**クイーンズウェイ Queensway** には、インド料理や中華料理の店がいくつかあるから、お値うちでおいしい、バイキングスタイルのランチや飲茶にトライしてみたい。また、ショッピングセンター Whiteleys には、紅茶の店ウィッタード、マークス＆スペンサーなど、たくさんの店が入っており、洋服から花まで、何でも手に入る。カフェやレストラン、ギャラリーのほか、映画館まであるから、とにかく便利。

　ベイズウォーター駅、クイーンズウェイ駅、ランカスター・ゲイト駅、パディントン駅あたりには、ホテルやB&Bが固まっているし、パディントン駅はヒースロー・エクスプレスの停まる駅でもある。宿泊先として便利なエリアといえる。

AREA GUIDE

運河沿いに散策してみたい
リトル・ヴェニス周辺 Little Venice

　　パディントン駅の北西、地下鉄ウォーウィック・アベニューWarwick Avenue駅近くに、**リトル・ヴェニスLittle Venice**と呼ばれる運河用の波止場がある。ここから水位が26mも低いテムズ河へは12のロックと呼ばれる水門を一段ずつ下りながら航行していく仕組みになっている。三角形の波止場に、北東に延びるリージェンツ運河と、パディントンから北西に延びるグランド・ユニオン運河が交わっており、運河には水上生活をする人のボートも係留されている。

　　リトル・ヴェニスという名前は、イタリアのヴェニスにならってつけられたのだが、緑が生い茂り、優雅な邸宅が並ぶ静かなたたずまいは、イタリアのそれとはずいぶん違う。運河沿いのカナル・フットパスを散歩したり、**カムデン・ロックCamden Lock**までの遊覧船→P.51に乗ったり、のんびりと過ごすにはもってこい。ロンドン中心部には、公園といい、運河といい、なんと豊かなエリアがあるのだろうと、ここでもため息をついてしまいそうだ。

　　さらに北上すると、イギリス人憧れの閑静な高級住宅街、セント・ジョンズ・ウッドSt. John's Woodにいたる。ここには、ビートルズファンなら一度は訪れてみたい、**アビー・ロードの横断歩道やアビー・ロード・スタジオ**がある。

　　リージェンツ・パーク北の**プリムローズ・ヒル**は、ビートルズのポール・マッカートニーも散歩をしながら歌詞を考えたという、見晴らしのいい公園。時間に余裕があるなら、セレブも多く住むこのエリアをのんびりと散策してみよう。→P.70～71。

パディントン・ベア・ショップ
Paddington Bear Shop
鉄道パディントン駅構内のショップやレストラン、カフェが集まるガラス張りのエリアThe Lawnにある。たくさんのパディントンたちが出迎えてくれる。
⌂ The Lawn at Paddington Station, W2 1RH ☎ 7402 5209
営 月～土8:00～21:00(土9:00～)　日・祝9:00～19:00
URL www.thisispaddington.com/article/paddington-bear-shop

パディントン・ベア・ショップ

パディントン駅の1番ホームの時計の下にはパディントンの銅像も。向かって左側にはパディントンが描かれたベンチも置かれている

アビー・ロード・ショップ
Abbey Road Shop
アビー・ロード・スタジオが運営するショップがオープン。グッズ類が充実している。
⌂ 5 Abbey Rd., NW8 9AA
☎ 7266 7355　営 月～土9:30～18:00(日10:30～)
URL www.abbeyroad.com/crossing(オンラインショップ)

アビー・ロードの横断歩道とアビー・ロード・スタジオ

エリアガイド　リージェンツ・パーク周辺

リトル・ヴェニス

リトル・ヴェニスからの運河にある水門

カムデン・ロックには、おいしい食べ物の屋台も

ビートルズに会いたくて

COLUMN 文学散歩

「あしたは雨になるかもしれない。
だから僕は太陽についていくんだ」
『I'll Follow the Sun』

ビートルズ　The Beatles
　John Lennon(1940〜1980)
　Paul McCartney(1942〜)
　George Harrison(1943〜2001)
　Ringo Starr(1940〜)

アビー・ロード　Abbey Road

　ビートルズ──この4人組はイングランド北部の工業都市、リヴァプールの出身。しかし、ロンドンにも多くの足跡を残している。
　一番有名なのは何といってもAbbey Rd.だろう。1969年8月8日午前11時35分。アビー・ロード・スタジオを背に、一列になって横断歩道を渡る姿が撮影された。ポール・マッカートニーのアイデアで、これが、おなじみ『アビー・ロード』のジャケットとなり、この横断歩道はどこよりも有名だ。2010年には文化的・歴史的遺産に指定されている。今でも、世界中からここを目指して多くのファンがやってくる。地下鉄St. John's Wood駅下車、駅を出た所には小さなビートルズコーヒーショップも。駅前のWellington Rd.を横切って、Grove End Rd.に入る。このGrove End Rd.はとても緩やかな坂。これを下っていくと、突き当たりの交差点にPoet's Statueが立っている。この右側がAbbey Rd.◯MAP2-A1だ。横断歩道はAbbey Rd.に入ってすぐの所。Poet's Statueから横断歩道の撮影もgood。写真撮影に夢中になる気持ちもわかるけど、車の多い通りなのでくれぐれも気をつけて。Poet's Statueから横断歩道を見て左側すぐには、彼らが多くの曲をレコーディングした、アビー・ロード・スタジオの白い建物もある。

ロンドン中心部のゆかりの場所

　映画『A Hard Day's Night』の撮影が行われたのがマリルボン駅◯MAP2-C3。向かって右手のBoston Pl.をメンバーが走ってきて駅に入っていくあたりは、映画を観た人にとっては感慨深いものがあるだろう。

　このほかにも、映画『レット・イット・ビー』のなかで彼らが『Get Back』を演奏している元アップル・ビル(Apple Building ◯MAP11-D2 ⌂3 Savile Row, W1S 3PB ⊖Piccadilly Circus)、コンサートで使われたロイヤル・アルバート・ホール◯MAP6-B3 → P.200、ビートルズがマネジャーとよく打ち合わせをしたパブ、ホース＆グルームHorse & Groomなどがある(◯MAP6-D3 ⌂7 Groom Pl., SW1X 7BA ⊖Hyde Park Corner)。

セント・マーガレッツ　St.Margarets

　1965年、ビートルズは映画制作のため、トゥイッケナムとリッチモンドの中間に位置する町、セント・マーガレッツの平凡な住宅地にある撮影所に足しげく通っていた。周辺のパブや普通の家などがロケ現場として大活躍。Ailsa Rd.の5番地から11番地までの家(◯P.141-A1)は、"Help!"で4人が入って行った家。また、パブ Turk's Head (◯P.141-A1)は、"A Hard Day's Night"でリンゴが誘拐されかけたところだ。

チズウィック　Chiswick

　「西のチェルシー」とも呼ばれるこのエリアは、ピカデリー・サーカスも所有していたほどの大地主、バーリントン卿の邸宅があった場所。そのチズウィック・ハウス Chiswick House(◯MAP広域図-C2)の庭は、ビートルズが『Paperback Writer』と『Rain』のプロモーションビデオを撮影した所として有名。チズウィック・ハウス→P.73では、豪華なインテリアなどを見ることができる。

ロケに使われたパブ タークス・ヘッド

高級デパートやショップと博物館が同居する
ナイツブリッジ周辺 Knightsbridge

AREA GUIDE ❻
MAP 6, 9

自然史博物館

おすすめポイント

- ●ヴィクトリア・アンド・アルバート博物館
→P.152
- ●自然史博物館
→P.156
- ●科学博物館
→P.157
- ●サーチ・ギャラリー
→P.177
- ●ロイヤル・アルバート・ホール
→P.200
- ●ハロッズ
→P.284, 305

エリアガイド

ナイツブリッジ周辺

ウエスト・エンドと並ぶショッピングエリア。超有名デパートのハロッズをはじめ、高級ブランド店が軒を連ねる通りもある。また、3つの大型ミュージアムが固まっていて文化的な側面ももっている。高級住宅地としても知られる南部のチェルシーは、落ち着いたれんがの町並みで、文化人ゆかりの家も多く残されている。

エリア攻略のポイント
ヴィクトリア・アンド・アルバート博物館には、さまざまな展示物があるので、観たいものの目星をつけておくといい。高級ブランド品のショッピングならスローン・ストリートへ。現代美術好きならサーチ・ギャラリーもおもしろい。

ナイツブリッジ

119

ハロッズのイルミネーション
©Harrods

自然史博物館のホールにある樹齢1300年のセコイアの標本

ホテルマップ
アールズ・コート駅周辺 → P.335

クイーンゆかりの地
ケンジントン周辺、ハマースミスとその南部→P.143は、映画『ボヘミアン・ラプソディ』で人気が再燃したバンド、クイーンゆかりの地がいくつもある。ファンならゆかりの地巡りも楽しい。

フレディ・マーキュリーの邸宅だったガーデン・ロッジ◯MAP 中央部-A3 ⓘ 1 Logan Pl., W8 6DE

クイーンが最初にギグをしたインペリアル・カレッジ◯MAP 6-A3。ブライアン・メイの母校でもある

映画『ボヘミアン・ラプソディ』に登場したテムズ河沿いのパブ、ルトランド・アームズ→P.72のテラス席
◯MAP 中央部-A3

高級ブランドショップが並ぶエリア
ナイツブリッジ周辺 Knightsbridge

　PiccadillyをGreen Park沿いに歩いていくと**ナイツブリッジKnightsbridge**（通りの名）、そして**ブロンプトン・ロードBrompton Rd.**へといたる。このブロンプトン・ロードにある大きなデパートが、かの有名な**ハロッズHarrods**。扱うものは高級品ばかりで、今では観光名所といってもいいくらいツーリストも多い。もちろん外観も立派。ことに夜のイルミネーションの美しさは一見の価値あり。ブロンプトン・ロードとナイツブリッジから枝分かれして走る**スローン・ストリートSloane St.**沿い、そしてハロッズ周辺にはボンド・ストリート並みに一流ブランドの店が並ぶ。

　ブロンプトン・ロードをもうしばらく行くと**ヴィクトリア・アンド・アルバート博物館、科学博物館、自然史博物館**があり、このあたりはちょっとした博物館街。全部見て回るのは旅行者にはちょっとたいへんかなと思うほど、どの博物館も充実している。

　クラシック好きなら、**ケンジントン・ガーデンズKensington Gardens**方面の**ロイヤル・アルバート・ホール**へ。夏場に開催されるイベント"Proms"(プロムス)の会場として知られる。

落ち着いた住宅街とショッピングエリアが同居する地域
チェルシー Chelsea

　ひと昔前まではチェルシーといえば文化人、知識人が好んで集まる生活空間でとおっていた。1970年代後半の「パンク」の出現により、変化が起きたのは1980年頃。今ではその姿もなくなり、真の意味での「パンク」は、ほとんどいなくなってしまったといわれている。ショッピングストリートとして知られる**キングス・ロードKing's Rd.**は、かつては色鮮やかなパンクファッションでキメたお兄さんやお姉さんがたむろしていた時代もあったが、**スローン・スクエアSloane Sq.**にデューク・オブ・ヨーク・スクエアというショッピングモールもでき、お嬢さま、お坊っちゃま向けのしゃれた店が多い。

　町としてのチェルシーはジョージアン様式の建物などが多く残る、美しい所。落ち着いた雰囲気が漂う。古くは思想家トマス・モア、比較的新しいところでは、作家サマセット・モームや歴史家カーライルといった文化人たちが、このあたりを住む地に選んだ気持ちがよくわかる。

　テムズ河に近い**チェルシー王立病院Chelsea Royal Hospital**は年金生活を送る退役軍人たちが住んでいる所。ここでは毎年5月に**チェルシー・フラワー・ショー**が開かれる。ロンドンの最も春らしい風物詩のひとつで、世界に名を知られる、ガーデナー憧れのショーでもある。

デューク・オブ・ヨーク・スクエア

> COLUMN
> 文学散歩

文化の香り高いチェルシー

　早くから多くの作家たちが好んで居を構えた地域。今なお独特のたたずまいを見せる。文学に興味のある人はもちろん、そうでない人も、時間さえ許せばのんびり歩いてみたい所。れんが造りの古い家並みや落ち着いた雰囲気のある裏通りなど、ロンドンのひと味違う魅力に触れることができるだろう。

　チェルシーへは地下鉄のサークル・ラインかディストリクト・ラインのSouth Kensington駅、またはその隣のSloane Sq.駅が便利。

　King's Rd.から少し入った通りGlebe Pl.には、ノーベル賞作家ゴールズワージィJohn Galsworthy(1867〜1933)が青春時代を送ったというフラット、Cedar Studio ⦿MAP9-C2がある(ブルー・プラークはない)。

　このGlebe Pl.の2本先の通り、Old Church St.にはれんが造りの古い家並みが続く。そして、この通りはKing's Rd.で二分される。この通りの北側にある141-A番地に、短編小説の母マンスフィールドKatherine Mansfield(1888〜1923)が住んでいた家⦿MAP9-C2。ただし、ここにもブルー・プラークはない。

　「プー、ぼくのことわすれないって、約束しておくれよ。ぼくが百になっても」
　(『クマのプーさん』A.A.ミルン 石井桃子訳)

　Mallord St.の13番地は『クマのプーさん』の生みの親A.A.ミルンMilne(1882〜1956)の家 ⦿MAP9-C2。こぢんまりしたかわいい家だ。

　Old Church St.の南半分を、テムズ河に向かって南下すると、このあたりの家並みは典型的なチェルシー風。しばらく歩くと『ユートピア』を書いたトマス・モアSir Thomas More(1478〜1535)の像⦿MAP9-C3がある。テムズ河沿いに走るチェイニー・ウォークCheyne Walkまで来たら、その119番地へ。イギリスの誇る風景画家ターナーJoseph M.W. Turner(1775〜1851)のアトリエ兼住まい⦿MAP9-B3だった所だ。

　ここからAlbert Bridge方面に向かってCheyne Walkを行くと、ノーベル賞詩人T.S.エリオットEliot(1888〜1965)が暮らしていたカーライル・マンションCarlyle Mansions⦿MAP9-C3の瀟洒なれんがの建物も見える。

　そして、Cheyne Rowという静かな通りを歩いていくと、右側にあるのが歴史家トマス・カーライルThomas Carlyle(1795〜1881)の家Carlyle's House。当時の家具などがそのままにしてあり、興味深い。

⦿MAP9-C3　24 Cheyne Row, SW3 5HL　7352 7087　3月第1土曜〜11月第1日曜までの水〜日曜と祝日の月曜11:00〜17:00 入館16:30まで　£8

　また、Cheyne Walkをさらに東に歩くとEmbankmentへと入っていくことになる。このEmbankmentからチェルシー側に走るいくつかの通りのなかのひとつ、Tite St. 34番地には、オスカー・ワイルドOscar Wilde(1854〜1900)が10年ほど住んでいた家⦿MAP9-D2がある。

　ほかにもバートランド・ラッセルBertrand Russell(1872〜1970)や、マーク・トウェインMark Twain(1835〜1910)など、それこそ星の数ほどの文化人が、チェルシーを好んだ。何が彼らをひきつけたのか。チェルシーを歩けばその理由がわかるに違いない。

カーライルの家

オスカー・ワイルドが住んだ家

エリアガイド

MAP 9-D2〜3

66 Royal Hospital Rd., SW3 4HS / 7352 5646
日〜金 11:00〜18:00
(冬期 月〜金 11:00〜16:00)
最終入場は閉館30分前
冬期は暗くなったら閉館
変更もあるので要確認
休 土、冬期の土・日、12月下旬〜1月下旬（クリスマス前にはイベントあり）
料 £10（寄付付き£11）
冬期は£6.50（寄付付き£7.50）
Sloane Sq. / South Kensington
URL www.chelseaphysicgarden.co.uk

カフェやショップも

隠れ家のような庭
チェルシー・フィジック・ガーデン　Chelsea Physic Garden

「フィジック」という聞き慣れない名称は、かつてここがハーブを用いた「薬草園」だったことの名残。今も「フィジック」という名をとどめる植物園は珍しく、1673年創立のヨーロッパ最古の植物園だ。キュー・ガーデンズ（→P.142）の初期園長でもあった創立者ハンス・スローンの石像を中心にした1.5ha弱の敷地は、ガーデナーにより丹念に手入れされている。

1773年に造成されたヨーロッパ最古のロックガーデンがあるほか、世界中から集められた花々や薬草などが隙間なく配置されている。かがんで札を確認しながら見ていくと、見慣れた野菜やハーブの苗もあったりして、なんだか和んでしまう。随所に解説板も置かれており、入口では見頃の植物を紹介したチラシがもらえる。

園内には小さな温室やカフェテリアもあり、売店に置かれた植物の苗や園芸小物、かわいらしいグッズなどを見るのも楽しみ。

住宅街の秘密の花園のようなガーデン

CLOSE UP

園芸家ならずとも訪れてみたい フラワー・ショー

園芸好きにとってチェルシーといえばフラワー・ショー。5月19〜23日（'20）の間、チェルシー王立病院の敷地で開かれる王立園芸協会（RHS）主催のこのショーは、最古の歴史を誇るばかりでなく、世界で最も著名なもの。この数日だけのために、イギリスばかりかヨーロッパ中の種苗会社が2年前から支度にかかるということからも、その規模のすごさがうかがわれる。

なかでも、地元の人たちにとって楽しみなのは、4日目の夕方。業者が丹誠込めて育てた花々が、びっくりするような安値で「投げ売り」され、スローン・スクエア駅あたりまで「花の行列」が続く。有名なショーだけに、大テントの中は混み合っているので見学ルートに従うことになる。あまりの人気に、チケットはすべて前売りになっている。日によって違うが£39.75（夕方からの割引入場券）〜69.75くらい。予約は (0844)338 7501（有料）またはRHSサイト内のチケット販売コーナーから URL www.rhs.org.uk。初日と2日目は会員のみで、会期後半が一般公開日。チケットの発売は半年前ぐらいに始まるが、売り切れも早い。当日、地下鉄駅周辺には、£100もの値段をつけるダフ屋も出現する。

チェルシー・フラワー・ショーも確かにいいが、「残念ながら旅行と時期が合わない。それでも訪れてみたい」という園芸好きの人にはハンプトン・コート（→P.144）でのフラワー・ショーも検討してほしい。

チェルシーに比べれば歴史は浅いが、7月7〜12日（一般公開は7/9〜。'20）に開催されるショーは、当日券（前売券£23.75〜35.75）でも入場できる。予約 0844.338 7501（有料）。

「世界最大」をうたった広い会場はA〜Fのゾーンに分けられ、園芸や工芸品の即売テントなどが並んでいる。ある日本人学生が入口界隈を見て歩いただけで、これで全部だと勘違いして帰ってしまったという笑い話があるくらいだ。

このショーで見逃したくないのは、やはりイギリスらしい「バラ」の全国コンテスト。一番奥の大テントまでがんばって歩こう。

ちなみに、もしあなたが自他ともに認める園芸家なら、ハンプトン・コート・パレス（→P.144）とフラワー・ショーを1日で見てしまおうとなさらぬように。きっと後悔することになるでしょう。
ハンプトン・コート・フラワー・ショー
URL www.rhs.org.uk

チェルシー・フラワー・ショー

メイフェアとナイツブリッジに隣接した広大な憩いの場
ハイド・パーク周辺 Hyde Park

AREA GUIDE ❼
MAP 6

公園内のあちこちで思いおもいに過ごす人たち

おすすめポイント

- ケンジントン宮殿
  → P.124
- ハイド・パーク
  → P.125
- ケンジントン・ガーデンズ
  → P.125
- マーブル・アーチ
  → P.126
- ウェリントン・アーチ
  → P.126
- サーペンタイン・ギャラリー
  → P.124

エリアガイド

ハイド・パーク周辺

巨大な公園ハイド・パークのすぐ北を走るベイズウォーター・ロード Bayswater Rd.は繁華街オックスフォード・ストリートへと続き、南側はイギリス一の高級デパートハロッズのあるナイツブリッジ。どこに行くにも便利な場所に位置する公園だ。また、公園のすぐ東側の通りパーク・レーン Park Lane には高級ホテルが並んでいる。

乗馬をする人たちも

エリア攻略のポイント
ハイド・パーク、ケンジントン・ガーデンズと続く公園は、とにかく広い。端から端まで急ぎ足で歩くと疲れてしまう。途中に小さなギャラリーやカフェが点在しているから、足を休めつつ散策するのがいい。

MAP 5-D2

住 Kensington Gardens, W8 4PX ☎ 033.3220 6000
開 3～10月
毎日 10:00～18:00
11～2月 毎日 10:00～16:00
最終入場は閉館1時間前
祝日は要確認
休 12/24～26、1/6～17('20)
料 £21.50（寄付付き£23.70）
オンライン £17.50（寄付付き£19.30）
※Queen's State Apartmentsは'20年3月31日まで閉館予定。開館後など料金変更の可能性あり。
🚇 Queensway／High Street Kensington
URL www.hrp.org.uk/kensington-palace

上…手前はヴィクトリア女王の像
下…ケンジントン宮殿前のガーデン

MAP6-B2

住 Kensington Gardens, W2 3XA ☎ 7402 6075
開 10:00～18:00
企画展があるときのみ
休 月（バンクホリデーを除く）、1/1、12/24～26・31
料 無料
🚇 Lancaster Gate／Knightsbridge／South Kensington
URL www.serpentinegalleries.org

ギャラリーの建物は、かつてティールーム兼東屋だったという

庭園には小動物たちの姿も
ケンジントン宮殿 Kensington Palace

ケンジントン・ガーデンズの西端にデンと構えているのが、ウィリアム王子とキャサリン妃のロンドンでの住まいとなっているケンジントン宮殿。三角屋根がとても可憐なイメージ。こぢんまりと整えられた庭園にはウサギやリスの姿を見かけることも。一部のみ公開されているが、今も王族の居所として使われている。故ダイアナ妃も、亡くなるまでこのケンジントン宮殿に住み続け、ウィリアム王子とヘンリー王子はここで幼少期を過ごした。

そもそもは、ノッティンガム・ハウスNottingham Houseと呼ばれるノッティンガム伯爵の私邸だった。ウェストミンスターの湿った空気でぜんそくを患ったウィリアム3世William IIIとその妃メアリー2世 Queen Mary IIがそれを買い取り、1689年にホワイトホール宮殿Whitehall Palaceから移り住んだのが、王族の居城となった始まりとのこと。その際には、セント・ポール大聖堂 St. Paul's Cathedralを設計したクリストファー・レン Christopher Wrenが改築にあたっている。

ここで生まれ、少女時代を過ごしたヴィクトリア女王Queen Victoriaに関する展示のほか、室内調度品の数々、王室のドレスコレクションもある。天井画やすばらしい絵画で埋め尽くされたキングズ・ギャラリー King's Galleryも見どころ。

見応えのあるキングズ・ギャラリー

小さな現代アートのギャラリー
サーペンタイン・ギャラリー Serpentine Gallery

ケンジントン・ガーデンズとハイド・パークの間の少し小高くなった場所に建つ小さなギャラリー。近現代のアートを展示しており、のんびり公園散策をしながら入ると、びっくりするような先鋭アートに出合えることもある。現代アートが好きなら、無料の恩恵を生かして立ち寄ってみるとおもしろい。6～10月（予定）にロンドンにいるなら、世界の一流建築家が仮設の休憩所兼カフェを建てる、サーペンタイン・パヴィリオンという企画を見てきては？ 日本からも2013年に藤本壮介、2019年に石上純也が参加している。また、少し北にあるサーペンタイン・サクラー・ギャラリー Serpentine Sackler Galleryのカフェは、ザハ・ハディッド設計。

期間限定のパヴィリオン

> COLUMN
> 公園巡り

ハイド・パークとケンジントン・ガーデンズ

ニューヨークのセントラル・パークに負けずおとらず有名な公園、といえばやはりハイド・パーク。この公園、面積は140万㎡、日比谷公園のざっと9倍だ。もともとはウェストミンスター修道院の領地だった。1851年には万国博覧会の会場となり、ロンドンの歴史とのかかわりも深い。

ウエスト・エンドの繁華街の端に当たるマーブル・アーチ Marble Archを要として、南西に向かって扇を広げたような形で横たわる。その扇の端に細長い人工湖サーペンタイン The Serpentineがあって、ここではボート遊びが楽しめる（イースター～10月）。ちなみに、泳ぐのはかまわないが「洗濯をしてはいけない」という規則がある。

日曜の昼下がりはハイド・パークへ行くっきゃない！　それはロンドン名物、スピーカーズ・コーナー Speaker's Cornerが見物できるからなのだ。スピーカーズ・コーナーという場所の名前からも想像できるように、この一角は昔から素人弁士が集まってきて、それぞれ熱弁を振るう場所として知られている。

いろいろな主義主張の人たちが出てくるから、そのにぎやかなこと。英語はわからなくても、「言論の自由」の神髄に触れられることうけあいだ。事実ここでは、女王の悪口以外は何を言ってもよいことになっている。ときおり、弁士と聴衆が論争というほどではないが、何やら言い合っているのを見かけるが、そうかと思えば、どう聞いても「漫談」としか思えない演説をやるヤツもいて、あたりは爆笑のうず、なんていう光景も。意見が違う者同士が衝突しないのだろうかと思うが、こぜり合いがあった程度で、ケンカはめったに起きないらしい。

このスピーカーズ・コーナーへ行くのに地下鉄 Hyde Park Cornerが最寄り駅と思うのはマチガイ。ハイド・パーク・コーナーとスピーカーズ・コーナーはまったく何のつながりもないアカの他人。Marble Arch駅から地下道を抜けるのがベスト。

ハイド・パークのお隣、ケンジントン・ガーデンズにあるケンジントン宮殿の居住エリア「アパートメント1A」は、ウィリアム王子ご夫妻のお住まい。「アパートメント」というものの、台所は3つ、寝室の数は20というから驚き！　ちなみに、2018年の結婚式で話題を集めたハリー王子ご夫妻も暮らしていたが、ご子息誕生後はウィンザー城のコテージに引っ越している。もちろん居住エリアには入れないが、宮殿の一部が公開されている。

ほかに、ダイアナ妃記念噴水 Diana's Memorial Fountainや、子連れでのみ入れる故ダイアナ妃をしのぶメモリアル・プレイグラウンド、ピーターパンの像といった小さな名所がある。

ダイアナ妃記念噴水近くで遊ぶ子供たち

Bayswater Rd.沿いに公園を散歩し、無名の画家や革細工の職人が作品を並べて売っているのを見るのもよし、南へ下って野外ステージからアルバート公記念碑 Albert Memorialを見て回るのもいい。ここには、ヴィクトリア女王の夫君、アルバート公の像を中心に、大英帝国の栄華を築いた産業界・芸術界の功労者たちのレリーフが飾られている。帰りは地下鉄 Queensway駅の近くに出れば、日曜でもいろいろなレストランや店が開いているので不自由しない。

なにやら楽しそうなスピーカーズ・コーナー

エリアガイド

ハイド・パークで乗馬が体験できる
インストラクターが付いているから初心者でも大丈夫。要予約。グループ、個人レッスンなど各種あり。所要約1時間〜。体重制限80kgまで。場所はホテル Royal Lancaster の北側。
🔴 MAP 6-B1
🏠 Hyde Park Stables
📍 63 Bathurst Mews, W2 2SB
📞 7723 2813
💰 1時間£115〜
🚇 Lancaster Gate／Paddington
🌐 www.hydeparkstables.com

公園のデッキチェア
ゆったり腰掛けられそうな、布張りの椅子が3〜10月の10:00〜18:00(夏期は〜20:00)のみ、公園に置かれている。1脚1時間£1.80、3時間£3.80。座ってしばらくすると、管理人が集金に来るシステムになっている。オンライン予約も可能。
📞 7486 8117
🌐 www.parkdeckchairs.co.uk

🔴 MAP 6-D3
🏠 Apsley Way, Hyde Park Corner, W1J 7JZ
📞 7930 2726
🕐 毎日 10:00〜18:00(冬期は〜16:00/17:00)
🚫 1/1、12/24〜26・31 臨時休館日もあり。要確認
💰 £5.70(寄付き£6.30)
🚇 Hyde Park Corner
🌐 www.english-heritage.org.uk/visit/places/wellington-arch

🔴 MAP 6-D3
🏠 149 Piccadilly, Hyde Park Corner, W1J 7NT
📞 7499 5676
🕐 4〜12月中旬 水〜日 11:00〜17:00
12月下旬〜3月 土・日 10:00〜16:00
最終入場は閉館30分前
🚫 4〜12月中旬の月・火、12月下旬〜3月の月〜金、1/1、12/24〜26・31
💰 £10.50(寄付き£11.60)
ウェリントン・アーチとの共通チケット£13.60
🚇 Hyde Park Corner
🌐 www.english-heritage.org.uk/visit/places/apsley-house

ハイド・パーク北東の門
マーブル・アーチ　Marble Arch

パーク・レーン Park Lane の北の端にあるマーブル・アーチは、文字どおり大理石でできており、Regent St. を設計したことでも知られる建築家ジョン・ナッシュの作。1827年にバッキンガム宮殿の正面に据えるべく造られたのだが、幅が狭すぎて公式行事の際に馬車などが通れない、という理由から、結局今の所へ移されてしまったという。

マーブル・アーチ

ウォータールーの戦いの記念アーチ
ウェリントン・アーチ　Wellington Arch

パーク・レーン南端のウェリントン・アーチは、1820年代後半にデューク・オブ・ウェリントンを記念して造られたもの。彼は、1815年のワーテルロー(英語ではウォータールー)の戦いでナポレオン軍を破った英雄。彼の像はアーチの北側に置かれており、お気に入りの馬「コペンハーゲン号」にまたがっている。

建てられた当時は、この像が門の上にあったが、1912年に38tもある『戦争と平和の天使と馬車』のブロンズ像に据え替えられた。内部見学ができ、アーチのバルコニーから公園や国会議事堂などを見渡すことができる。

手前がウェリントン公の像、奥がウェリントン・アーチ

ロンドン1番地と呼ばれる場所に建つ
アプスリー・ハウス　Apsley House

ウェリントン公のロンドンの公邸。豪華な絵画や調度品であふれているが、これはナポレオンの暴君ぶりに悩んでいた欧州各国の王室が、ウェリントン公に感謝して贈った品々。圧巻は、ウェリントン公が勝利を祝うために造らせた「ワーテルローの間」。ヴェルサイユ宮殿の鏡の間を模した華麗なフランス様式で、84人が着席可能なテーブルが置かれた、長さ28mの部屋だ。

もとはアプスリー卿のために造られたもの

ストリートマーケットが楽しい
ポートベロー周辺 Portobello

AREA GUIDE ❽
MAP 5

エリアガイド

ポートベロー周辺

おすすめポイント

- ポートベロー・マーケット
  → P.314
- ホランド・パーク
  → P.128
- ブランド・パッケージ・
  広告博物館
  → P.166

おみやげに良さそうなキュートなグッズも並ぶ

かつてはカリビアンなどの移民も住む庶民的なエリアだったが、映画の人気も手伝って地価が上昇し、すっかりセレブな住宅街となったノッティング・ヒル。このエリアの目玉は、何といってもポートベロー・ロードのストリートマーケット。屋台にはみやげ物的なものも多いが、掘り出し物が見つかるアンティークショップも並ぶ。

食べ物屋台も出ている

エリア攻略のポイント

ポートベロー通り沿いに長く連なるストリートマーケットの日は大にぎわい。アンティークをストイックに探してみようという人は、脇にあるアンティークアーケードにも入ってみて。小さなブースにギッシリと商品が並べられている。

銀製品を扱う店

料理本の店ブックス・フォー・クックス

127

ウェストボーン・グローヴの
花屋（上）とカフェ（下）

ホランド・パークの北側は森林地帯
YHの裏側、ノース・ローンと呼ばれる緑地からスタートする周遊コースがあります。1773〜1840年に豪邸に住んでいたホランド卿の像や、彼が設計した小川や池、60種類を超える野鳥が生息する森、ニュージーランド産の木生シダや地中海性の植物が成長しているエリアなどを巡るコースで、人なつっこいウサギを見かけることも。
（在ロンドン　千尋ゴダード '16）['19]

MAP 5-C3
Ilchester Pl., W8 6LU
High St. Kensington／Holland Park

カフェやイギリス式庭園、日本庭園も。園内には数羽の孔雀まで

ストリートマーケットが楽しいエリア
ノッティング・ヒル　Notting Hill

　映画『ノッティングヒルの恋人』(1999年)で一躍脚光を浴びた、ロンドン西部の住宅街。ポートベロー・マーケット Portobello Market が特に有名で、開催される土曜に地下鉄ノッティング・ヒル・ゲイト Notting Hill Gate 駅を降りると、マーケットへと向かって歩く人の波ができている。ポートベロー・ロード Portobello Rd. 沿いには、さまざまな屋台（ストールという）が軒を連ねる。アンティークから食べ物、日用品の調達まで、何でもござれといった感じで、地下鉄ラドブローク・グローヴ Ladbroke Grove 駅周辺までストールが続く。
　ポートベロー・ロードの途中を東に折れた**ウェストボーン・グローヴ Westbourne Grove** 周辺も注目の通り。高級ブランドも店を構えており、個性的なファッションや小物のショップのほか、カフェやレストランも集まっている。

アンティークショップ

生鮮食料品の屋台もある

施設が充実した公園
ホランド・パーク周辺　Holland Park

　高級住宅街にあるホランド・パーク Holland Park は、近隣に住むセレブたちの憩いの場所。広大な公園内には、テニスコートやカフェ、レストランまであり、ホランド・ハウスの手前の野外劇場オペラ・ホランド・パーク Opera Holland Park では、夏の間オペラやダンス、演劇も上演される。イギリス風のガーデンとともに、1992年のジャパン・フェスティバルの記念に造られたという日本庭園（京都庭園）があるのには少しびっくり。3月頃にはスイセンの花が咲き、園内ではリスやさまざまな種類の鳥たちにも会える。
　また、2016年11月には、テムズ河沿いにあった**デザイン・ミュージアム Design Museum →P.163** がホランド・パークの南に移転。ミュージアム見学のついでに公園散策をしてみるのもいい。
　ホランド・パーク南東の地下鉄ハイ・ストリート・ケンジントン駅を出た右側には、マークス＆スペンサーやブーツ、H&M、ジグゾーといったチェーンブランドが並んでいる。このあたりは、隠れたショッピングスポット。外務省が設置した、日本文化を紹介するジャパン・ハウス→P.307 も、駅近くにある。

マーケットからクラブまで
イースト・ロンドン East London

AREA GUIDE ⑨
MAP 4

おすすめポイント

- ブリック・レーン・マーケット
  → P.316
- オールド・スピタルフィールズ・マーケット → P.66, 317
- コロンビア・ロード・フラワー・マーケット
  → P.317
- ウオーキングルート
  → P.66 ～ 67

エリアガイド / イースト・ロンドン

オールド・スピタルフィールズ・マーケット

かつては倉庫街や移民が住むエリアだったが、最近ではロンドンで一番ファッショナブルな人が集まる。ファッショナブルといっても高級ブランド品で身を固めた人たちではない。自分の好みをクールにつらぬいているデザイナーやアーティストたちが集うのが、このエリア。若い世代が多く、「ロンドンの今」を見ることができる。

エリア攻略のポイント
マーケットが点在しているので、開催曜日をチェックして自分なりのルートを組み立てるといい。オールド・スピタルフィールズ・マーケットは開催日が多いので、日曜のブリック・レーン・マーケットなどに行けない人にはおすすめ。

かわいいドレスの屋台や雑貨屋も

かつては野菜市場だったオールド・スピタルフィールズ・マーケット

サンデー・アップマーケットの屋台

129

移民街の顔ももつ

このあたりには、昔から移民が多く住んでいた。ブリック・レーンは、バングラタウンといわれるほどバングラデシュ系の人々が多い。通りの名前を書いた看板にベンガル語のものがあったりして、「ここはホントにイギリス？」という状態になることも。ほかに、インド系やベトナム系などが多いエリアもある。

ストリート・アート巡り
→ P.18〜19

あちこちの壁にアートあり

博物館のそばのベトナム料理店

小さなギャラリーも点在している

マーケットの日がおもしろいエリア

ショーディッチ　Shoredich

　地下鉄オールド・ストリート Old Street 駅から地上線ショーディッチ・ハイ・ストリート Shoreditch High Street 駅と、その北東部あたりが、イースト・エンドともイースト・ロンドン East London とも呼ばれるエリア。10年以上前から、家賃の低さを目当てにアーティストたちが移り住み、小さなギャラリーも増え始めた。そして、ビンテージショップや雑貨の店、クラブなどもでき、マーケットの質も向上。今では、ロンドンで一番クールなエリアといわれる。

　ショーディッチ・ハイ・ストリートを北上すると、キングスランド・ロード Kingsland Road になる。この通り沿いには、18世紀に建てられた歴史的建造物として知られるジェフリー博物館 The Geffrye Museum もある（改装のため休館中。2020年夏再開予定）。ここから南に下ると、ベトナム料理の店が数軒点在している。お値うちでおいしいから、本場のベトナム料理を堪能してみては？

　手作り感のあるストールと食べ物屋台が多いサンデー・アップマーケット Sunday Upmarket は、ブリック・レーン・マーケット Brick Lane Market の南端にある。リヴァプール・ストリート駅近くのオールド・スピタルフィールズ・マーケット Old Spitalfields Market、植物ばかりのコロンビア・ロード・フラワー・マーケット Columbia Road Flower Market もあり、マーケット巡りも楽しめる。

ショーディッチ・ハイ・ストリート駅前

ジェフリー博物館の前庭

最新の音に浸れる

ホクストン・スクエア周辺　Hoxton Square

　オールド・ストリートからホクストン・スクエア周辺には、クラブやバーも多く、新しい音を求めて、夜な夜な若者たちがやってくる。特に週末には人気クラブは大盛況。毎日違ったDJが、さまざまなジャンルの曲をセレクトするので、どんなジャンルの音に浸れるかは、その日次第。ウェブサイトなどでダンスフロアのオープン時間など、イベント情報を手に入れてから出かけたほうが楽しめそう。

カーテン・ロード周辺にもクラブが多い

ロンドンリピーターにもおすすめ
中心部を離れて From Central London

AREA GUIDE ⑩
MAP 広域図

テムズ河沿いの散策が気持ちいい

おすすめポイント
- グリニッジ →P.132
- ハムステッド →P.135
- ウィンブルドン →P.139
- リッチモンド →P.140
- ハンプトン・コート →P.144

エリアガイド　中心部を離れて

　中心部の混沌とした空気や人の多さに疲れて食傷気味になってしまったら、そこから少しだけ離れてみよう。ハイド・パークの緑とは、やっぱり何か違う。高級住宅街も多いロンドンの近郊には、豊かな自然があふれている。そして、ハムステッド、リッチモンドといった町は、伝統的なイギリスらしさを残している。

テムズ沿いで開催されるリッチモンドのファーマーズ・マーケット

エリア攻略のポイント
　いずれの町もそんなに大きいわけではないので、半日〜1日もあればだいたい見て回ることができる。時間に追われるように行き過ぎるのではなく、ロンドンに住む人々と同じペースでゆったりとした時間を楽しもう。

広大なリッチモンド・パーク

131

MAP 広域図 -F2

アクセス
エンバンクメントなどを通るボート、リバーバスを利用するのも楽しい。詳細→P.47
列車ならLondon Bridge かCannon St.駅からGreenwich駅まで所要約10〜15分。Charing Cross 駅からなら所要約30分。
中心部からのバスは、大英博物館北側のラッセル・スクエアからウオータールーなどを経由する188番で。所要約1時間15分。
ドックランズ・ライト・レイルウェイDLRは、中心部からならLewisham方面行きに乗りCutty Sark for Maritime Greenwich 駅下車。Bank 駅から所要約20分。

改札がないので、オイスターカードの場合は、途中にある読みとり機でのタッチを忘れずに

世界の標準があるテムズ沿いの町
グリニッジ Greenwich

グリニッジと聞けば**天文台**、そしてグリニッジ標準時（GMT＝Greenwich Mean Time）のふたつが思い浮かぶ人は多いだろう。現役の天文台は、ロンドンの汚染された空気のなかでは、観測に支障をきたすからという理由で、1949年にサセックス州へと移されてしまっている。しかし、東経0度であると同時に西経0度である子午線は、もちろん変わらず、ここグリニッジを通る。

また、グリニッジには**旧王立海軍学校 Old Royal Naval College**（現在、一部はグリニッジ大学になっている）をもつ、海軍王国イギリスの重要な拠点のひとつだった。国立海事博物館で海にまつわる歴史を勉強するのもいいし、広大なグリニッジ・パークを散歩したり、河沿いのフットパスを歩くのもよし。マーケット→P.318や樹齢300年のクリの木、17〜18世紀に建てられたれんが造りの家を眺めながら、足の向くまま気の向くまま、のんびり歩いてみたい。見どころが多いので1日かけてもいいだろう。

132

AREA GUIDE

左…旧王立天文台のある丘からの眺め　右…旧王立海軍学校の敷地では映画の撮影も

旧王立天文台 Old Royal Observatory

　グリニッジ・パークの小高い丘の上にある。1884年にワシントンで開かれた国際会議で、子午線ゼロ地点とされ、その東経・西経0度の線は金属製で地面にはめ込まれている。この上に立てば、東半球と西半球のちょうど境に立つことになるというわけ。

　内部は天文学と時を知ることができるギャラリーになっており、さまざまなサイズの望遠鏡や時計が展示されている。設計は、天文学者でもあった建築家クリストファー・レンの手になるもの。また、フラムステッド・ハウスにあるテラスからは、ロンドンの町並みが一望できる。少し離れた所にプラネタリウムやカフェもある。

左…フラムステッド・ハウス　右…子午線をまたいでパチリが定番

国立海事博物館 National Maritime Museum

　旧王立海軍学校の南にある優雅な建物。国立博物館とクイーンズ・ハウスに分かれている。ここでは17世紀以降の海にまつわる展示があり、古い天測器、六分儀をはじめ、キャプテン・クックやネルソン提督の遺品など、貴重な資料がズラリと並ぶ。ギャラリーにある見晴らし台からの、旧王立天文台の眺めもすばらしい。そして、イニゴ・ジョーンズが設計したパラディアン様式のクイーンズ・ハウスは、季節ごとに変わる展示物以外に、見応えある内装も楽しみのひとつ。ここは、幽霊が出没することでも有名。

左…大きな展示物が並ぶ吹き抜けのホール　右…南側から見た国立海事博物館

世界遺産
河港都市グリニッジ
Maritime Greenwich
文化遺産 / 1997年

ビジター・センター
The Old Royal Naval College Visitor Centre

グリニッジの歴史などを知ることができる、わかりやすい展示があり、ちょっとしたミュージアムのよう。旧王立海軍学校の施設内にあり、インフォメーションのほか、ショップ、食事をしたりクラフトビールも楽しめるThe Old Breweryもある。グリニッジ巡りの前に、少し立ち寄ってみては？
☎ 8269 4747　開毎日 10：00～17：00　休 12/24～26、臨時休業日あり
URL www.ornc.org

フラムステッド・ハウスの屋根の先端にある「Time Ball」と呼ばれる赤い球は、毎日13：00直前に風向計まで上がり、13：00ピッタリに落下する。この様子を狙って訪れる旅行者も多いという密かな名所。

グリニッジ標準時を示す24時間表示の時計

ロイヤル・ミュージアムズ・グリニッジ
Royal Museums Greenwichとは、旧王立天文台、国立海事博物館、クイーンズ・ハウス、カティー・サーク号の4つの総称。
☎ 8312 6565（テープ）
開毎日 10：00～17：00
最終入場は閉館30分前
休 12/24～26
料 国立海事博物館とクイーンズ・ハウスは無料（企画展は別料金）、旧王立天文台£16（オンライン£14.40）、プラネタリウム£9～10
URL www.rmg.co.uk

ネルソン提督に関する展示室

エリアガイド　中心部を離れて　グリニッジ

カティー・サーク号

カティー・サーク号 Cutty Sark Clipper Ship
☎ 8312 6608
開 毎日 10:00～17:00（夏期～18:00）　最終入場は閉館45分前
休 12/24～26。不定期閉館することがあるので要確認
料 £15　オンライン£13.50
URL www.rmg.co.uk

甲板でも展示を見ることができる

船底の下にはカフェレストランなどがある

グリニッジ桟橋の近くに横たわる美しい船は、カティー・サーク号。19世紀の紅茶運搬は、こうした帆船ティー・クリッパーが担っていた。このカティー・サーク号も1859年に進水して以来、中国やインドから紅茶などを運搬するのに大活躍した快速船だった。しかし、スエズ運河開通により、紅茶の運搬は帆船からスピードが出る蒸気船へと変わっていく。時代の流れから、カティー・サーク号も紅茶運搬から引退。その後は、オーストラリア～イギリス間の羊毛輸送船として活躍した。

ウイスキーのブランド名にもなっている「カティー・サーク」という名は、スコットランド語で「短いスリップ」を意味している。スコットランド人の船主が、詩人ロバート・バーンズの詩に登場する、「短いスリップ」をつけた妖艶な魔女より命名したものだそう。今も船首には、この詩のとおりの魔女の像が付けられている。

船の中がカティー・サークや紅茶運搬の歴史の展示室になっている

ペインティッド・ホールと礼拝堂 Painted Hall & Chapel

ペインティッド・ホールと礼拝堂
☎ 8269 4747
開 毎日 10:00～17:00
休 12/24～26。ほかにも行事などで閉館や時間変更あり
料 £12（オンライン£11）　マルチメディアガイドあり（日本語あり）　URL www.ornc.org

ネルソン提督ゆかりの場所
トラファルガーの戦いで戦死したネルソン提督の遺体は、ひとまずペインティッド・ホールに安置された。国葬のためセント・ポール大聖堂へ移送されるまでの3日間、多くの人々が弔いに訪れ、列を作ったという。提督の遺体が置かれた床には、プラークが設置されている。

たくさんの映画のロケ地に
旧王立海軍学校の敷地や建物では数多くの映画ロケが行われている。ハリー・ポッターシリーズやミュージカルの映画版『レ・ミゼラブル』、『パイレーツ・オブ・カリビアン 生命の泉』、『マイティ・ソー／ダーク・ワールド』など。

旧王立海軍学校の一部。1937～1997年の間、水兵たちが食事をするダイニングホールとして使われたペインティッド・ホールと礼拝堂が向かい合わせに建っている。

格調高い美しさを見せるロココ様式の礼拝堂で有名なのは、何といってもウエッジウッドがモチーフにしたという、モザイク状の天井細工。上を向いて、じっくりと味わってみよう。また、音響効果がいいことでも知られ、礼拝時のパイプオルガン演奏のほかコンサートイベントでも使用される。

ペインティッド・ホールの設計は、セント・ポール大聖堂と同じく、クリストファー・レン。だまし絵の技法を用いた内装の絵画は、ジェームス・ソーンヒルが1707年から19年かけて描いたもの。

左…ペインティッド・ホール。床にはネルソン提督をしのぶ記念プレートもある　右…礼拝堂

AREA GUIDE

住めたらいいなと思う憧れの町
ハムステッド Hampstead

ロンドン北部は、高級住宅街として名高い。ハムステッド・ゴルフ場付近やケンウッドのあたりには、ため息の出るような豪邸が並ぶ。落ち着いたロンドン滞在をしたいという人にもおすすめのエリアといえるだろう。地下鉄ハムステッド駅の周辺はショップや居心地がよさそうなカフェがいくつかある。駅前で枝分かれするハムステッド・ハイ・ストリートHampstead High St.と、ヒース・ストリートHeath St.沿いにもショップやカフェが並んでいるので、少しのぞいてみるのもおもしろい。

◎ MAP 広域図 -D 1, 1-A1〜C1
アクセス
地下鉄ノーザン・ラインのハムステッド駅下車。またはハムステッド・ヒース駅下車。ケンウッド・ハウスなど、ハムステッド・ヒースの北部へ行く場合はArchway駅かGolders Green駅などからバスを使うと便利。

エリアガイド　中心部を離れて　ハムステッド

ハムステッド駅周辺にはおしゃれなショップも

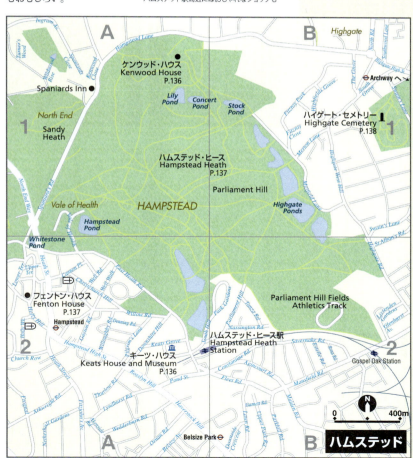

キーツ・ハウス

キーツ・ハウス
- 🏠 10 Keats Grove, NW3 2RR
- ☎ 7332 3868
- 🕒 水～日 11:00～17:00
  グッドフライデー、バンクホリデーマンデーは要確認
- 休 月・火、12/25～31('19)
- 料 £7.50
- 🚇 Hampstead／Belsize Park
- 🚆 Hampstead Heath

最も近いハムステッド・ヒース駅からは徒歩約5分。静かな住宅街にある。
URL www.cityoflondon.gov.uk/things-to-do/keats-house
ボランティアによるガイドツアーあり。13:30、15:00～、所要約30分、無料。
家の中には絵画やデスマスク、自筆の手紙など、キーツに関する資料も展示されている。

ジョン・キーツ
シェリーと並ぶ、イギリスロマン主義の詩人で、その後のイギリス文学に大きな影響を与えた。療養のためイギリスを離れイタリアへ渡り、25歳の若さで死去。ローマのプロテスタント墓地に埋葬された。

キーツ・ハウス　Keats House and Museum

　1818年から2年間、ジョン・キーツ John Keats（1795～1821）が住んでいた家で、現在は博物館になっている。友人のチャールズ・ブラウンとチャールズ・ウェントワースが建てた、庭だけを共有する2棟続きの建物で、ウェントワース・プレイスと呼ばれていた。キーツは2階の1室を借り、隣に住んでいた未亡人の娘ファニー・ブローンと後に婚約することになるが、病に冒され、結婚までいたらず短い生涯を終えた。緑に包まれたこの家で、『ナイチンゲールに寄せる歌』など数々の詩が生まれている。
　静かな庭や、キーツが住んでいた頃のように再現された部屋を見ると、この閑静な屋敷が詩人に好まれた理由がわかるような気がする。地下鉄駅前からハムステッド・ハイ・ストリートを南東へ10分ほど下り、北東へと延びる Downshire Hill を探そう。この通りをしばらく行くと分かれる Keats Grove 沿いにある。

左…静かな庭にはたわわに実った赤い実も　右…キーツが寝室にしていた部屋

ケンウッド・ハウス

ケンウッド・ハウス
- 🏠 Kenwood, Hampstead La., NW3 7JR
- ☎ 0370.333 1181／8348 1286
- 🕒 10:00～17:00
  （冬期～16:00）
- 休 1/1、12/24～26・31
- 料 無料
- 🚇 Hampstead
  Hampstead Heath／Gospel Oak（地上線）
  または Archway 駅か Golders Green 駅から210番のバスで。
- URL www.english-heritage.org.uk/visit/places/kenwood

奥にある気持ちのよいカフェ

ケンウッド・ハウス　Kenwood House

　ケンウッド・ハウスは、巨大な緑地帯ハムステッド・ヒースの中にある。当初はれんが造りの屋敷だったが、建築家ロバート・アダムの改修によって白亜の館に生まれ変わった。「友人を歓待する部屋」として造られたアダム・ライブラリーの壁や天井などの装飾も見もの。ギャラリーには、レンブラント、ルーベンス、ターナー、レイノルズ、ゲインズバラ、フェルメールの絵画も飾られており、その内装とともに要チェック。カフェもあるので、ゆったりと過ごせそう。また、このあたりは高台になっているため眺望もすばらしく、ロンドン中心部の高層ビルなどを望むことができる。

左…アダム・ライブラリー　右…ハムステッド・ヒースの丘の上に建つ白亜の館

フェントン・ハウス Fenton House

地下鉄ハムステッド駅を出て交差点を向かい側に渡り、Holly Hillの坂道を上ってすぐの所に、17世紀建造の館がある。高い壁に囲まれた小さな庭園も魅力的で、「ウォールド・ガーデン」で知られる庭のみの入場も可。芝生の庭やローズガーデン、キッチンガーデン、秋にはリンゴが実るかわいらしい庭も。

フェントン・ハウス
Hampstead Grove, NW3 6SP　7435 3271
開 3月初旬〜11月初旬 水〜日 11:00〜17:00
最終入場 16:30
休 3月初旬〜11月初旬の月・火、11月初旬〜3月初旬
料 £9
特別なイベント開催中は、特別料金になることもある
⊖ Hampstead／Hampstead Heath（地上線）
URL www.nationaltrust.org.uk/fenton-house-and-garden

左…閑静な住宅街にたたずむフェントン・ハウス　右…庭で収穫した野菜や果実も

ハムステッド・ヒース

COLUMN 公園巡り

ロンドン市民の憩いの場のなかでは最も自然に近い公園が、このハムステッド・ヒース Hampstead Heathだ。小さな庭園やテニスコート、動物園などがあるにはあるが、ほとんどは雑木林そのまんま、という感じ。週末ともなると、犬や子供が駆け回り（ジョギング好きな人は年中駆け回っている）、凧揚げを楽しむ人、池にラジコンの船を浮かべる人などさまざま。夏場は水泳を楽しむ人も多い。

かなり起伏が激しいが、無数の小道が網の目のように走っている。地下鉄ハムステッド駅からだと、Heath St.を北上していく。途中、左側にWhitestone Pondと呼ばれる池を見ながら歩いていくと、Heath St.がNorth End Wayとそれより少し狭いSpaniard's Rd.に分かれる。ここを挟んで、西側に広がるのがWest Heathの緑、東側がEast Heath。East Heathの緑は、さらにその北側にあるKenwoodの緑へと続く。Hampstead Heathは、これらWest Heath、East Heath、Kenwoodなどを含む、広大な緑地の総称。

この公園の東部にある高台Parliament Hillに上ると、遠くシティまでロンドン市内が一望できる（シティの夜景はとても美しい）。ただしこの高台、夜になると幽霊が出るというウワサ。14世紀にペストが大流行した際、ここで多数の死体が焼かれ、埋められたそうで、なかにはまだ死んでいないのに感染を防ぐべく「死体」として焼かれてしまった人もいるとか……、怨霊がロンドンの町の明かりを見下ろしているのかもしれない。ロンドンには幽霊伝説が少なくないが、これもそのひとつ。

この高台を北に下った所には野外音楽堂もあるし、ハムステッドの町の北東にあるハイゲート・セメトリー Highgate Cemeteryにはカール・マルクスの墓（→P.138）もある。

なお、ロンドンの公園は夜間はゲートが閉じられるが、いつでも自由に出入りできる。というのも通用門はあるが、なにしろ広いためフェンスで完全に囲まれてなどいないからだ。ただし、厳密にいうと夜間の立ち入りは非合法なことと、広大な公園での物騒な事件も耳にするので、用心したい。というわけで、眺めを楽しみたいのなら天気のよい昼間に出かけるのがいいのかも。

左…遠くにはシティの高層ビルのガーキンも見える　右…ジョギングする人たちもたくさん

趣のある
ロンドン北部

COLUMN 文学散歩

ハイゲート Highgate

ハイゲートは、ハムステッドの東側に位置する住宅街。大きなしゃれた家が少なくないが、ハイゲートと聞いて、まず思い浮かぶのはハイゲート・セメトリー Highgate Cemetery という有名な墓地。大英博物館の図書館で、かの『資本論』を書きあげたカール・マルクス Karl Marx (1818～1883) をはじめとして、さまざまな文化人が眠る墓地として知られている。

地下鉄 Archway 駅で降り、Highgate Hill というあまり大きくない通りを、北西の方向へ歩いていく。10 分歩くか歩かないうちに、左側に Dartmouth Park Hill という南へと延びる通りが見つかるはず。ここを南下していくと、まず右側にウォーターロー公園 Waterlow Park がある。ここを突き抜けて反対側の通りに出て南下した所にあるのがハイゲート・セメトリー (別冊 MAP 広域図 -D1)。東墓地にあるマルクスの墓は今も訪れる人が絶えず、いつも花が飾られている。このハイゲートとハムステッドは距離にして 4～5km。健脚の持ち主であれば、ハムステッド・ヒースの北を抜け、ハムステッドから歩いてハイゲートまで歩くことも可能。

墓地入場は東西両方とも有料。有名人の墓が多い西墓地は、ガイド付き英語ツアーでしか訪れることができない (諸事情により休止されるので詳細は要確認)。いずれも 12/25・26 は休業。
西墓地ツアー…月～金 11:00、13:45 発 (1 日 1 回の場合もある)。要予約。週末は予約不可で先着順、11:00 ～16:00 (11～2 月 ～15:00)、30 分おき　当日分のチケットは 10:00 頃に販売　所要約 70 分　£12
東墓地…10:00～17:00 (11～2 月は～16:00)、最終入場は閉園 30 分前。天候、葬儀など諸事情により閉園の可能性あり　£4
問い合わせ・予約 Friends of Highgate Cemetery
☎ 8340 1834　URL highgatecemetery.org

ハイゲートとウィッティントン

15 世紀の初頭、ロンドンにディック・ウィッティントンという少年が住んでいた。幼い頃両親を亡くした彼は、奉公に出て働いていた。ところが奉公先の主人がひどい人で、事あるごとに彼をいじめる。あまりの虐待に耐えかねた少年は、ある日逃げ出す決心をする。

ロンドンを一望する郊外のハイゲートの丘まで来たとき、シティのボウ・チャーチの鐘が鳴り、はるか遠くから彼に呼びかけた。「戻っておいで、ウィッティントン、大ロンドンの市長さん」。鐘のお告げを聞いてロンドンに戻ってからも、彼の苦労は続く。とうとう唯一の友達の猫を、船底のネズミ退治のために外国行きの船にわずかのお金で貸し出してしまう。愛猫がいなくなって悲しみに沈んでいると、ネズミの大群に悩む或る国の王様が、とてつもない値段で彼の猫を買い上げてくれたというではないか。そうして彼は大富豪になり、ついにはロンドンの市長を 3 度も務めるまでになったという。

ハーロウ Harrow

あのイートン校と並んで、イギリス最高のパブリックスクール (私立校) といわれるハーロウ校 Harrow School。詩人バイロン George G. Byron (1788～1824)、大政治家チャーチル Sir Winston L.S. Churchill (1874～1965)、インドの初代首相ネール Jawaharlal Nehru (1889～1964) らが学び、今もイギリス紳士の卵たちが勉学に励む。そのハーロウ校があるのハーロウは、ロンドン北西部郊外の町 (別冊 MAP 広域図 -B1)。名門校で知られる町だけあって、落ち着いた雰囲気が漂う。

ハーロウ校は、駅前の繁華街とは反対側、駅の南の丘にある。まず Harrow-on-the-Hill 駅で降り、駅裏の Station Approach をまっすぐ進み、一本目の角を左側に曲がる。左右を公園に挟まれた Lowlands Rd.(A404) を西へしばらく歩く。Tyburn Lane と通り名が変わって少しすると、Peterborough Rd. との交差点がある。ここで右 (南) へ曲がろう。しばらく Peterborough Rd. の坂を登って行くと、ハーロウ校の教会 Harrow School Chapel など歴史ある建物が見えてくる。坂を下ると High St. と通りの名前が変わり、このあたりまでの丘にハーロウ校の建物の多くが固まっている。

Church Hill の丘にある、もうひとつの教会 St Mary's Church には、少年時代のバイロンが腰をおろし、空想にふけっていたという墓石が残されている。囲いまでしてあるので、バイロンのファンの方はどうぞ。また、丘の上からの眺めはすばらしく、詩人でなくても感動してしまうことだろう。

左…マルクスの墓　右…ハイゲート近くの Whittington Stone というのパブの看板

AREA GUIDE

熱い戦いの会場にもなる
ウィンブルドン Wimbledon

　ウィンブルドン選手権大会 The Championships, Wimbledon の舞台。毎年6月の最後の週から7月の第1週（2020年は6/29〜7/12予定）にかけて行われる、この有名な大会には、全世界のテニスファンの目が熱く注がれる。もし、運よくこの大会開催中にロンドンに居合わせた人は、人々の熱狂ぶりを見に（もちろん試合をナマで見られれば最高！）ウィンブルドンへ足を運んでみては？　その年の1月に抽選があるセンターコートの最後の4日間の席を取ることはまず不可能だが、この4日以外やほかのコートなら可能性あり。

　ウィンブルドンの試合の模様を衛星中継で見るしかなかった人は、代わりに、といってはなんだがウィンブルドン・ローン・テニス博物館 Wimbledon Lawn Tennis Museum（→P.167）を訪れることにしよう。この博物館はセンターコートに隣接している。誰もいないセンターコートを見るというのも、なかなか捨てたものではない。静かな感動が味わえる。

● **MAP 広域図 -C3**

アクセス
地下鉄 Southfields 駅（ディストリクト・ライン）下車。大会会場へはWimbledon駅より、こちらの駅のほうが便利。
地下鉄Southfields駅からバスで（徒歩だと20分以上）。
チャンピオンシップ開催中はWimbledon駅、Southfields駅から5分おきにシャトルバスが運行される（有料）。

グランドチケット
£8〜25ほど。当日券あり。
シートチケット（'20）
センター、No.1、3のコート。
決勝・準決勝以外は売り切れでないかぎり当日入手も可能。
センターコート£70〜240
No.1コート£35〜155
No.2コート£41〜87
No.3コート£44〜87
センターコートは日程が進むにつれて高くなる。前売り券抽選に申し込むには、前年の10月中旬までに登録が必要。詳細は要確認。チケットに関する問い合わせ ☎8971 2473
URL www.wimbledon.com/en_GB/tickets

イチゴとシャンパン
ウィンブルドンでは「イチゴとシャンパンを味わいながら優雅に楽しむ」というのが、古くからの習わし。売店でも手に入るので、試してみてはいかが？

エリアガイド　中心部を離れて　ウィンブルドン

CLOSE UP

憧れのウィンブルドンのチケットを手に入れるには？

　前売券入手の難しさといったら、宝くじを当てるようなもの。当然、狙いは当日券ということになる。No.1＆2コートと、最終4日間を除くセンターコートの当日券が出るが、長々と続く列のなかでは、入手できるのはほんのひと握り。

　最近では、当日券を買うために前日の早朝からテントや寝袋持参で並んでいる人が増加中。イベントと化しており、警官も見回りに来るので、治安は比較的安心だが、寒いこともあるし、自前の装備が必要。なお、会場内へは40cm x 30cm x 30cm以下のバッグ1つのみ持ち込み可。荷物検査もある。大荷物はウィンブルドン・パークのLeft luggageに預けることができるが60cm x 45cm x 25cmまで。

　でも、「一度でいいからセンターコートの試合を見てみたい」という人は、ひとつ奥の手がある。それは、一番安い、グラウンドパスと呼ばれる自由席券でとにかく会場の中に入り、リセールチケットを買うための列にもう一度並ぶ方法。このリセールチケットというのは、指定席券（センター、No.1&2のコートは全席指定）を持っている人が、帰るときに券を専用のBoxに入れると、それをもう一度安く希望者に売る、というシステム。値段もセンターコート£15、No.1&2コート£10と割安。朝何時間も並んで、またさらに何時間も並ぶのはたいへんだけど、すべてに長い列ができているウィンブルドン。並ぶのを楽しむくらいの気持ちで気長にいきたいもの。

　また、センターコートにこだわらなければ、7:30より前に行けばチケットを買えるかも。7:30頃に配られるリストバンドがもらえたら、チケットが買えることが保証される。もっと妥協して、外からチラッとセンターコートを眺めて会場内の雰囲気を楽しめればいい、というならグラウンドパスでも十分。当日券の列に並び、Queue Cardをもらおう。このカードの番号順にグラウンドに入場できる。
詳細はウェブサイトなどで確認を。
URL www.wimbledon.com/en_GB/atoz/queueing.html

139

● MAP 広域図 -B2〜3
アクセス
地下鉄ディストリクト・ラインのRichmond駅(Kew Gardens駅の次。終点でもある)下車。列車ならWaterloo駅から20分ほど。
駅から65番のバスでピーターシャム・ロードを通ってリッチモンド・ゲートあたりまで行くこともできる。

ピーターシャム・レストラン
The Petersham Restaurant
Petersham Rd.を上った高台に建つホテル内にあるので、テムズ河に沿うように開けたイギリスらしい田園風景を眺めながら食事を取ることができる。伝統的な英国料理のほか、優雅なティールームでお茶の時間を楽しむのもいい。
🏠 Nightingale Lane, TW10 6UZ
📞 8939 1084（レストラン専用）
🔗 www.petershamhotel.co.uk/restaurant

ピーターシャム・ナーサリーズ
Petersham Nurseries
テムズ沿いにある、苗木や種子を扱う園芸場。質の高い雑貨や園芸用品を扱うショップ、温室を使ったレストラン、ティールームは、高級住宅街リッチモンドのセレブにも人気が高い。駅前「D」のバス停から65番バスに乗って「Dysart」下車、徒歩約5分。駅から徒歩約20〜30分。
🏠 Church Lane,
Off Petersham Rd., TW10 7AB
📞 8940 5230
🔗 petershamnurseries.com

ペンブローク・ロッジの見晴らしのいいカフェ・レストランのテラス

テムズの悠久の流れを感じる
リッチモンド Richmond

　高級住宅街リッチモンドは、ロンドン中心部から南西に約20km、テムズ河が大きく弧を描く、その南岸にできた町だ。東京でいえば田園調布というところ。古きよきイギリスの牧歌的なライフスタイルの面影が今も残っている。

　地下鉄Richmond駅で降りたら、目の前のThe Quadrantを左へ。道なりに歩いていきGeorge St.に入ると、店も建ち並び、人通りも多くなる。この通りからリッチモンド・グリーンへ抜ける数本の路地には、セレクトショップやチョコレートの店など、気の利いたショップが並んでいるので、寄り道してみるのも楽しい。

　突き当たりを左に曲がりHill St.へ。Bridge St.の脇は河沿いの遊歩道になっていて、老夫婦や家族連れの姿も多く、なんとものどかな光景。レストランなども点在する。この散歩道を5分ほど行き、Petersham Rd.に出て、リッチモンド・パークRichmond Parkの正門リッチモンド・ゲートRichmond Gateを目指そう。

　帰りはRichmond HillからHill Rise、Hill St.(名前は変わるが一本道)へと下っていくのもいい。途中、テラス・ガーデンなどの展望台もあって、ここからの眺めは最高。緩やかに流れるテムズ河、眼下に広がる草原を眺めることができる。

　また、駅を出たあと、The Quadrantを右方向へ行き、Lower Mortlake Rd.にぶつかったら左折。しばらく歩くとオールド・ディア・パークOld Deer Parkへの入口に着く。その北部はキュー・ガーデンズKew Gardens→P.142という広大な庭園。リッチモンドは、このふたつの大きな公園に囲まれた、うらやましい環境の町でもある。そして、河沿いの南西方向には、1610年に建てられた邸宅ハム・ハウスHam House and Gardenも公開されている。

リッチモンド・パーク Richmond Park

　面積が900万m²以上もあるという広大な公園。一周しようと思ったら、ほんとうにまる1日ほどかかりそう。駅前にレンタサイクル店があるので、自転車を借りて巡るのもいい。

夕刻の落ち着いた光のなか、リッチモンド・ヒルからのテムズ河の眺望

AREA GUIDE

リッチモンド・ゲートのあたりはかなり高台になっている。正面から少し入った所にあるペンブローク・ロッジ Pembroke Lodge は、ヴィクトリア女王のもとで首相として活躍したラッセル卿の住まいだった。公園中央のペン池の少し東にあるホワイト・ロッジ White Lodge はエドワード8世が生まれ、ジョージ6世（映画『英国王のスピーチ』で有名な現女王の父王）とその妻エリザベスも一時住んだことがある。王室ともつながりが深い公園で、その昔、シカ狩りの地となったことも。現在も数百頭のシカが放し飼いになっている。

ペンブローク・ロッジ近くの"King Henry's Mound"という見晴らし台に望遠鏡が置かれている。その先の垣根の穴から見えるのは、なんとセント・ポール大聖堂のドーム（ここから約16km）。この直線ルート上の建物の高さは厳しく制限されているのだそう。

リッチモンドを中心にポップカルチャーを巡る

リッチモンド周辺には、ビートルズが『Help!』のロケをした所など、1960〜1970年代ポップ＆ロックを語るのに欠かせない、スターたちのゆかりの地が、いくつもある。詳細は→P.118とP.143。

エリアガイド　中心部を離れて　リッチモンド

セント・ポール大聖堂が見える！

リッチモンド・パークのシカたち

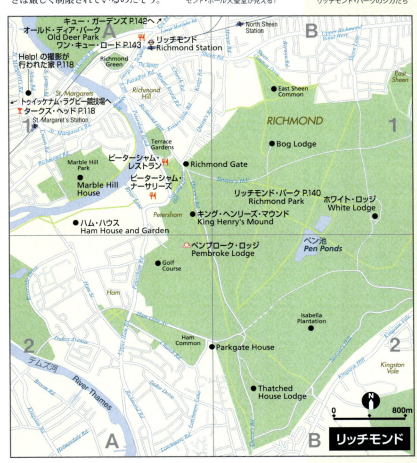

141

MAP 広域図 -B2

アクセス
地下鉄ディストリクト・ラインで Kew Gardens 駅下車。ディストリクト・ラインは同じ Westbound(西方面行き)で3つあり、Earl's Court で Richmond 方面と Wimbledon 方面、Ealing Broadway 方面とに分かれる。Kew Gardens 駅は Richmond 駅のひとつ手前。Wimbledon 方面行きでは行けないので注意。
4～10月のみウェストミンスター桟橋から船で1時間30分。
→ P.50 Thames River Boats
☎ 7930 2062

キュー・ガーデンズ
🏠 Kew, Richmond, TW9 3AE
☎ 8332 5655 🕒 毎日 10:00～
開園時間は季節により 15:30～19:30、最終入場は閉園1時間前。ウェブサイトなどで要確認。
休 12/24·25 料 £13.50(£14.90)～£18(£19.80) オンライン £12.50(£13.75)～£16.50(£18.50) ( )内は寄付付き料金 料金は時期により異なる。 日本語地図無料
11月末から年明けの閉園後 17:00～22:00には、クリスマス特別イベントが開催される。要予約。 料 £18
URL www.kew.org

世界遺産
キュー王立植物園
Royal Botanic Gardens, Kew
文化遺産 / 2003年

ハンドローションなど、いろいろなグッズが置かれたショップもある

キュー・エクスプローラー
Kew Explorer land train
園内を一周約40分で回るトラムが走っている。ヴィクトリア・ゲート発着で、途中7ヵ所に停車する。10:30～16:30の間、30分に1本(冬期は開園時期により終了時間が異なる。1時間に1本程度)。途中下車もできるので、広い園内の移動手段に使うのもいい。チケットは運転手、チケット売り場、ショップ、オンラインで購入可能。
料 £5

キュー・ガーデンズ Royal Botanic Gardens, Kew

　121haにも及ぶ広大な敷地内に、3万種もの植物が植えられている。2月のスノードロップ、3・4月のスイセンに始まる花の季節は、ほんとうに美しい。一面ブルーベルに覆われた4月の自然保護区の森はメルヘンの世界そのものだ。

　世界のありとあらゆる植物がジャンル別に集められている。歩いているうちに周囲の植生が変わり、北極圏の寒帯植物からジャングルの密林を思わせる熱帯植物まで、すべてを見ることができるというわけだ。実はこの植物園、世界で最も権威ある植物の研究機関としても知られており、シード・バンク Seed Bank(種子の遺伝子保全)などで、地球規模の環境保護の最前線を担っている。また、ライオン・ゲート Lion Gateの近くに建つ勅使門は、1910年の日英博覧会の折に京都の西本願寺の唐門を4/5サイズで複製したもの。ほかにも、1762年に建設された高さ約50mの仏塔パゴタ(冬期以外の週末に登ることができる)、英国王室最小といわれる宮殿キュー・パレス Kew Palace(冬期は閉園)、ボタニカルアートを展示した Marianne North Gallery など、見どころも点在している。

　おみやげを買うなら、ヴィクトリア・ゲート Victoria Gateで。マグカップやスキンケア用品など、キュー・ガーデンのオリジナルグッズもあり、気の利いたおみやげが揃っている。また、オランジェリー Orangeryなど、数ヵ所の食事と休憩ができるカフェなどがある。

　とにかく広いので、1日で全部回るのは難しい。英文地図の裏面にある季節の見どころを参考に、のんびりとした時間を過ごしたい。

パーム・ハウスの裏にはバラ園も

広い園内を思いおもいに散策

熱帯植物が生い茂るヴィクトリア朝様式の温室パーム・ハウス。季節ごとの花も楽しみ

AREA GUIDE

1960〜1970年代 ポップカルチャーを巡る　CLOSE UP

「ビートルズが生まれた国」と、わざわざ言うまでもなく、アメリカと並ぶポップ＆ロックミュージック王国であるイギリス。その首都であるロンドン周辺には、有名ミュージシャンにまつわる場所がたくさんある。とりわけ西ロンドンには、1960〜1970年代に活躍したブリティッシュ・ロックの立役者ゆかりのスポットが集中している。

この時代の西ロンドンには、比較的裕福な家庭が多かった。そのため子供たちは、家計を助けるため早くから働きに出されることもなく、趣味に費やす時間とお小遣いを持っていた。1960年代の「ス

ウィンギング・ロンドン」というポップで過激なカルチャーは、こんなエリアにも飛び火して花開き、ブルースに傾倒する若者を中心に、独特のクールさをもつようになっていった。そんななかから、ローリング・ストーンズやエリック・クラプトンが飛び出したのだ。

リッチモンドを中心とするゆかりの地を、テムズ河沿いの散策がてら訪れてみれば、「若者から新しい音楽が生まれる」という期待に満ちた時代を、肌で感じとることができるかもしれない。

エリアガイド　中心部を離れて　リッチモンド

リッチモンドの駅前にあるワン・キュー・ロード

マーク・ボランが没した場所

リッチモンド Richmond

なだらかな丘の間を、緩やかに流れるテムズ河。「この国で最もイギリス的な風景」を一望にできる、リッチモンド・ヒル通りの終点は、広大なリッチモンド・パークだ。この通り沿いの超高級住宅街には、1999年に離婚するまで、20年近くここに住んでいたミック・ジャガーや、伝説のロックバンド、ザ・フーのピート・タウンゼントも邸宅をもっていた。

駅前にあったクロウダディ・クラブ The Crawdaddy Club は、1960年代にブルースバンドだったローリング・ストーンズのライブを、人気急上昇中のビートルズが見に来たという伝説のクラブ。ステージの上から、黒ずくめの服装に長髪という4人組を見たミックは「俺もあんな格好でポップ音楽をやって、女の子にモテたい！」と言ったとか。ヤードバーズにいたエリック・クラプトン、レッド・ツェッペリン、エルトン・ジョン、ロッド・スチュワートらも、ここで演奏している。リズム＆ブルースメインのクラブだったが、現在ではワン・キュー・ロード One Kew Road というレストラン（●P.141-A1 URL www.onekewroadrichmond.co.uk）になっている。

トゥイッケナム Twickenham

ラグビー競技場で知られるトゥイッケナムの駅 Twickenham Station（●MAP広域図 -B3）では、ロッド・スチュワートが酔っ払って歌っているところを、有名なブルースバンド The Hoochie Coochie Men のリーダーがスカウトしたのだそう。

バーンズ・ブリッジ Barnes Bridge

117 Church Rd. は、オリンピック・スタジオ Olympic Studio という録音スタジオだった所（●MAP広域図 -C2）。ここは1960年代後半にローリング・ストーンズが根城とし、ビートルズが "All You Need Is Love" を録音、レッド・ツェッペリン、ヘンドリクス、ピンク・フロイド、デヴィッド・ボウイ、コールドプレイにいたるまで、多くのアーティストが、ロック史に名の残るアルバムを生み出したスタジオだ。

現在はスタジオではなく、映画館になっており、カフェ＆ダイニングルームもある（URL www.olympicstudios.co.uk）。

オリンピック・スタジオ

この周辺は、映画『ボヘミアン・ラプソディ』が大ヒットしたクイーンゆかりの地でもある。先にあげたオリンピック・スタジオは、ボヘミアン・ラプソディも入ったアルバム『オペラ座の夜』の一部作成に使われた。また、54 Suffolk Rd. では、ギターのブライアン・メイが数年暮らし、40 Ferry Rd. には、若き日のフレディ・マーキュリーも住んだという。

時間があれば、隣駅バーンズ Barnes まで足を延ばしてみよう。Queen's Ride には、グラム・ロックの王者マーク・ボランが紫のミニ1275GTで激突死した跡（●MAP広域図 -C2）が残っている。今では胸像まで立ち、新しい献花が絶えない。

143

アクセス
列車ならWaterloo駅から約30分。終点Hampton Court駅下車。郊外列車なので普通の切符もあるが、オイスターカードとトラベルカード（ゾーン1-6）も使用可。料金的にはオイスターのPay as you goを使うのが一番安上がり。
夏期のみウェストミンスター桟橋から船で約4時間。
→P.50

● **MAP広域図-B3**
ハンプトン・コート・パレス
🏠 Hampton Court, East Molesey, Surrey, KT8 9AU
☎ 033.3320 6000
⏰ 3月下旬〜11月上旬
10:00〜18:00
11月上旬〜3月下旬
10:00〜16:30
チケット販売は閉館1時間前
マジックガーデンは夏期のみ
休 12/24〜26
料 £23.70（寄付付き£26.10）
オンライン£21.30（寄付付き£23.50）
オーディオガイド込み
マジックガーデン＋迷路£8（寄付付き£8.80）、迷路のみ£4.50（寄付付き£5）
URL www.hrp.org.uk/hampton-court-palace

クロック・コートの大時計

チューダー・キッチン

歴史を感じさせる
ハンプトン・コート　Hampton Court

　今なお、黒い木枠に白壁というチューダー様式の家並みが残る古い町、ハンプトン・コート。この町に、16世紀の宮殿、ハンプトン・コート・パレス Hampton Court Palaceがある。
　1514年、ヘンリー8世 Henry Ⅷ の重臣だったウォルズィ Wolsey枢機卿が、財にまかせて「イギリスで最も豪華な館」を造らせた。しかし、いざできあがってみると、そのあまりのすばらしさのために、ヘンリー8世に取り上げられてしまったという。テムズ河沿いに静かに建つこの宮殿を見ると、なるほどと思えてしまう。内部も豪華。ヘンリー8世の贅を尽くした宮廷生活の名残が各部屋に感じられる。
　Hampton Court駅で下車し、Hampton Court Bridgeでテムズ河を渡れば、もう宮殿の入口。前庭への立ち入りは無料だが、門から先は有料。3つ目の中庭（コートヤード）がクロック・コート Clock Court。この中庭に入る際にくぐったゲートを振り返ると、上方にカラフルな大時計が見える。テムズ河の干満まで表すというこの時計から、クロック・コートの名がつけられた。
　クロック・コートの脇から宮殿内部へ。ステート・アパートメントと呼ばれる内部には、ヘンリー8世の肖像画をはじめとして、歴史上貴重な資料が数多く展示されている。また、ホーンテッド（幽霊）・ギャラリーとしっかり名前までついている有名な一角がある。ヘンリー8世に姦通の罪で処刑された5番目の妃、キャサリン・ハワードが夜な夜な現れるとか。
　ほかにも、16世紀の王室の台所がそのまま再現されているチューダー・キッチンは必見。ここでは、料理が作られてからグレート・ホールで供されるまでの過程を模型で知ることができる。
　時間が許せば、南のプライヴィ・ガーデン Privy Gardenや北のウィルダネス Wildernessといった見事な庭園を歩いたり、垣根で造られたメイズ（迷路）を試してみるのもいい。現在カフェのある所は、かつて一騎打ちが行われた場所。裏の温室では、イギリスで一番大きいといわれるブドウの木も見られる。

広大な敷地に建つハンプトン・コート・パレス

London »
博物館 美術館

古きもののよさを知り、新しいものを生みだす町　観るものすべてから何かを見つけだすことができる

■ Museum

ミュージアム

どの文化にも、最も輝いていた時代というものがある。そんな時代の作品には、その文化のあらゆる要素が凝集している。傑作ばかりを略奪してきたと非難されることもあるが、ロンドンにある作品は文句なくすばらしい。

太古の昔にタイムトラベル

大英博物館 British Museum

● **MAP 3-B3～C3**
⊕ Great Russell St., WC1B 3DG
☎ 7323 8000
開毎日 10：00～17：30
（金〜20：30。遅い時間は閉まる部屋もある）
グレートコート　毎日 9：00～18：00（金〜20：30）
休 1/1、グッドフライデー、12/24〜26　料 無料（寄付金制。特別展は有料）
⊖ Tottenham Court Rd.／Goodge St.／Holborn／Russell Sq.
URL www.britishmuseum.org
オーディオガイド、ガイドツアー→P.147。入館前にセキュリティチェックあり。
開館前のモーニングガイドツアー、9：00発、要予約　料 £30

バーチャルリアリティツアーも！グーグルマップのストリートビューを使えば、大英博物館内を歩いているようにオンライン探索できる。
URL www.britishmuseum.org/with_google.aspx

「大英」の名を冠するのにふさわしい博物館。古今東西の文化遺産を集めたミュージアムとして、世界一の規模を誇る。世界中から年間なんと約600万人以上の見学者が訪れる。まさにロンドン最大の観光スポット。なにしろ、時間的には旧石器時代から近代まで、空間的にはヨーロッパから中近東、アフリカ、西アジア、インド、中国、極東までを網羅しており、これだけの規模の博物館は、これから先、造られることはないだろうとまでいわれている。

この大英博物館創立のきっかけをつくったのは、サー・ハンス・スローンという人物。内科医であり、また考古学者、旅行家でもあった彼は、1753年に92歳で世を去るまでに膨大なコレクションを残した。化石類、植物、鉱物、動物学的・解剖学的・病理学的標本、さらには骨董品から絵画や版画、写本や印刷物、果ては貨幣にいたるまで、その数8万点に及んだという。そして、サー・ハンス・スローンの遺言により、適当な保管場所の設置と、彼の遺族に代価として2万ポンドを支払うことを条件に、これらのコレクションはすべて国に寄贈されることとなった。当時の英国議会は必要経費を捻出するために、今でいう宝くじを発行し、カンタベリー司教や下院議

大英博物館のグレートコート

グレートコート内のリーディング・ルーム。かつてはオスカー・ワイルド、マルクス、レーニンのほか、日本人でも南方熊楠もここを利用した。2019年11月現在閉鎖中

大英博物館正面出入口

MUSEUM & GALLERY

長、大法官などからなる財団が組織され、博物館の運営という一大プロジェクトが1753年にスタート。

スローン・コレクションに加え、それまでウェストミンスターの地下室で眠っていた、サー・ロバート・コットンの遺品（主として中世の写本のコレクション）、チューダー朝以来王室によって集められてきた約1万2000冊の書物、さらにオックスフォード伯エドワードが遺した古文書のコレクションを合わせて、大英博物館がオープンしたのは1759年のことだった。

当初、財団が購入したモンタギュー公爵の私邸（モンタギュー・ハウスと名づけられた）で一般公開が始まった。しかし、考古学上の発見が相次ぎ、文化遺産が続々と発掘されるにつれて、このモンタギュー・ハウスでは展示しきれなくなってしまった。そこで1824年、ロバート・スマークの設計による大増築工事が行われ、約20年かけて現在見られるような建物となったというわけだ。だが、増える一方の蒐集品とかぎられたスペースという問題はその後もますます深刻化。19世紀後半から20世紀初頭、地球全土に植民地をもち、「日の沈む時なし」といわれた大英帝国の全盛期をむかえ、ついに展示の分散が始まった。自然史の分野はサウス・ケンジントンへ、新聞はコリンデールへ、といった具合に、新しい博物館を設立しては展示物を移転。その後本館も再度の増築が行われ、キング・エドワード・ギャラリーやグレートコートが新設されるなどした。また、1997年まで本館内にあった大英図書館もセント・パンクラス駅近くの独立した建物に移された。

見学のポイント

なにしろ世界最大級の博物館だから、じっくり観て回ろうと思ったら1週間費やしても足りない。どれを観たらいいかわからないという場合は、次ページのルートを参考にしてほしい。ルートのものだけでなく、気になるものがあったら積極的に立ち寄って眺めてみよう。発掘や修復、研究過程などについて書かれた説明パネルも、時間があれば読んでみるとおもしろい。あるいは、自分の興味ある分野がわかっている場合は、そこを重点的に観るのもおすすめ。

館内には荷物預かり所、レストラン、カフェ、トイレ、売店まで完備されているので、1日ここで過ごしても困らないし、無料という恩恵を生かして何度も足を運ぶのもいいだろう。写真撮影も、借用中の展示物など一部を除いては規制されていないが、三脚をたてたり、他の人の鑑賞を妨げるような行為は慎もう。

部屋ごとにある、時代や概略、観ておきたい展示物などを書いたパネル。巡るときの参考にしよう

ショップには、さまざまなグッズが揃っている

ミュージアム

大英博物館

手荷物預けについて
クロークルームに持ち込めるバッグは40cm×40cm×50cm、8kgまでのサイズ。料金は1個当たり4kgまでのバッグ£2.50、4～8kgのバッグ£5、コート£2、傘£1。キャリー付きのスーツケースなど大型の荷物は、セキュリティ上の理由から持ち込み禁止。大型荷物は、鉄道駅の荷物預かりを利用すること。

展示について
メンテナンスや改装など、諸事情により、展示品や展示室の変更・閉鎖の可能性あり。確実な情報はウェブサイトなどで確認を。

グレートコート・レストラン
Great Court Restaurant
大英博物館内グレートコートの上階にある、オープンキッチンのレストラン。フレッシュな素材を使った料理やアフタヌーンティーも楽しめる。
ランチ 11:30～15:00
アフタヌーンティー
15:00～17:30（ひとり£22）
ディナー（金曜のみ）
17:30～20:30

グレートコートにはマップやガイドを扱うインフォメーションやオーディオガイドの受付がある

オーディオガイド
グレートコートのオーディオツアーデスクで、日本語を含む数ヵ国語のオーディオガイドを貸し出している。料金は£7。

日本語ツアー
[みゅう]
公認日本語ガイドが博物館内を案内してくれる。要予約。博物館内グレートコートにある左側ライオンの像の前に14:20集合。夏期は定期的に催行するが、冬期は要確認。
申し込みは[みゅう]ロンドンで。
● MAP 8-B1　☎ 7630 5666
URL www.myushop.net

147

MUSEUM » ルート解説　観ておきたい展示品はコレ！ Don't Miss!

正面入口からグレートコートに入り、左側中央のルーム4へ入る入口からスタート！ ロゼッタ・ストーンが目の前にある
➡ルート=所要1〜1.5時間程度　＋➡ルート=所要2.5〜3時間程度　P.150〜151のポイントもおさえつつ観ていくのもいい

 地上階西側 Room 4 » ロゼッタ・ストーン
The Rosetta Stone　BC196年

1799年、ナイル河口西岸のロゼッタで、当時エジプトに遠征していたナポレオンの部下のひとりが偶然発見したもの。その後1802年、フランスが撤退した際に、イギリスに接収された。古代エジプトの神聖文字（エジプト象形文字）、民衆文字、それにギリシア文字の3種類が刻み込まれており、1822年にフランス人ジャン・フランソワ・シャンポリオンによって神聖文字の秘密が解き明かされた。玄武岩に、プトレマイオス5世がエジプトのために行った数々の業績をたたえる碑文が詳細に書かれている。

 地上階西側 Room 10 » ライオン狩りのレリーフ
Lion Hunt reliefs　BC883-859年頃

新アッシリア帝国（イラク北部）の王宮室内の壁面装飾だったもので、かつては鮮やかに彩色されていた。生きいきとしたライオンの描写や、当時の王族の武具、衣装、装身具などを見ることもできる。

 地上階西側 Room 18 » パルテノン神殿彫刻群
Parthenon sculptures　BC438-432年頃

アテネの守護神アテナにささげられた神殿パルテノンの東側の屋根の一部に付いていたもので、神殿に配置されていた順に並んでいる。19世紀にイギリスに持ち帰ったエルギン伯爵にちなんで『エルギン・マーブルズ』とも呼ばれる。ギリシア政府から幾度も返還要求が出されているが、英国政府が「これほど貴重な人類の財産を前世紀から保存できる国がほかにあったろうか」として応じないという、いわくつきのものでもある。

 地上階西側 Room 4 » エジプト彫刻
Egyptian sculpture

古代エジプトの像が居並ぶ部屋でも巨大な姿をみせるのが『ラムセス2世（左。BC1250頃）』。自身の像をたくさん造らせたという『アメンホテプ3世（右上。BC1370頃）』の花崗岩でできた像も巨大。いずれもエジプトの首都テーベのもの。このほか、聖なる虫として崇拝されたスカラベ（フンコロガシ）の像などもある。

Room4から西階段を上って上階へ

Room4から西階段ホールを抜けて24室へ

展示の変更について
展示物の変更や改修のため展示室が閉鎖されることもある。ほかにも、展示物の移転・貸し出しなど、諸事情によりルート通りに回れない可能性もある。展示の詳細は現地マップなどで確認を。

Room24»イースター島のモアイ像
玄武岩でできた巨大な像。先祖を象徴するもので、目には赤い石などがはめられ、赤と白で彩色されていた。1000年頃。

手前の階段で階下へ

MUSEUM & GALLERY

 Room 40 » ルイスのチェス駒
上階南側 Lewis Chessmen 1150-1200 年頃

スコットランドのルイス島で発見されたチェス駒。映画『ハリー・ポッターと賢者の石』で参考にされたことでも有名。ノルウェー製といわれ、セイウチの牙で造られている。

Room39 » カラクリ模型
音楽を奏でたり、船乗りたちが鐘を鳴らしたり、大砲が鳴ったりという仕掛けが中世のパーティで使われたという。1585 年頃。

Room70 » ポートランドの壺
合わせガラスの白い部分を削ったカメオ壺。繊細な技巧を用いており、陶磁器で名高いウエッジウッドも手本にしたといわれる。5-25 年頃。

ミュージアム

大英博物館

 Room 41 » サットン・フーの出土品
上階南側 Sutton Hoo 600 年代初頭

イングランド東部サフォーク州で、アングロサクソン時代の船葬墓から黄金や装飾品、武具などが発掘された。兜は粉々になった破片を 2 年以上かけて修復した。

Room 56 » ウル王墓の出土品
上階北側 The Royal Cemetery at Ur BC2600-2400 年頃

シュメール(中近東)の古代都市で発掘。『牡山羊の像』や世界最古に数えられるボードゲームなど、細工もすばらしく、洗練された文化が存在したと考えられている。

 Room 61-66 » エジプトのミイラ
上階北側 Mummy BC5000 年頃から

『女祭司のミイラ』は、紀元前 1000 年頃のものだが、現在知られているかぎりでは最高水準のミイラ製造技術によるものという。猫をはじめ、動物のミイラも数多く作られた。死後の世界へ案内するための呪文が書かれた『死者の書』、臓器が保存された特殊な壺、死者とともに埋葬された小さな像、研究過程の説明などもあり、見応え十分。
また、ミイラではないが、髪の色から『ジンジャー』(赤毛という意味)と名づけられた遺体は、紀元前 3100 年頃に埋葬されたとは思えないほど完全な形で残っている。

Room25 » イフェの頭像
ヨルバ人の国(ナイジェリア)の首都イフェの聖王。従来のアフリカ美術のイメージを覆す精緻な描写が印象的。1300-1400 年頃。

階上へ

Room27 » 双頭の蛇のモザイク
トルコ石を使ったモザイクで、メシカ(アステカ)美術を象徴するもの。「蛇」はメキシコや中米の宗教的なものに、よく使われた。この双頭は、ペクトラルという胸飾りとして身につけたとされている。1400-1500 年頃。

24室まで戻って北階段で上階へ

Room92-94 » 日本の展示
海外で人気が高い鎧兜のほか、縄文土器、茶室、浮世絵、能面、近代の本やマンガなどもある。

149

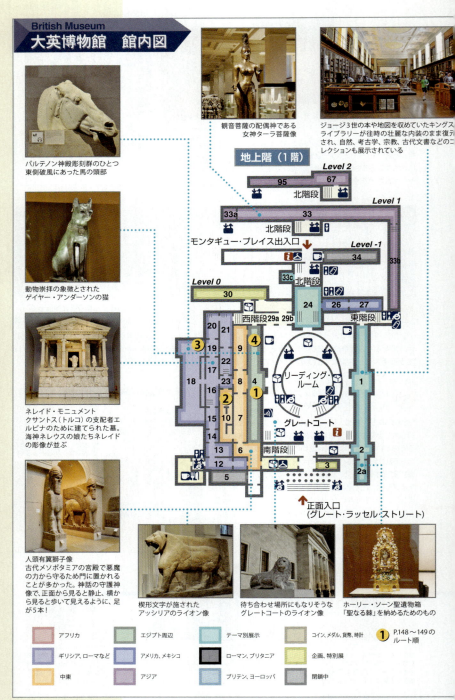

MUSEUM & GALLERY

手間とお金がかかるミイラは、お金持ちだけがつくることができた。内棺に金箔が施されていたり、ゴージャスなものも多い

ハミルトン・ベース
ギリシア人の町で人気の副葬品。渦巻き型の持ち手が特徴的

落ち着いた内装の日本関連の展示室を訪れる人も多い

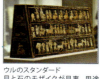
ウルのスタンダード
貝と石のモザイクが見事。用途は不明だが、片面に平和、もう片面に戦争が描かれている

フラッド・タブレット
『ギルガメシュ叙事詩』が楔文字で書かれた、紀元前600年頃の石板。旧約聖書の『ノアの箱船』の話に似ていることから、解読当時に話題を呼んだ

上階

=92〜94室日本展示へ

オクサスの黄金の馬車
アケメネス朝ペルシア(アフガニスタン)で発掘されたオクサスの遺宝のひとつ。とても小さいので見逃さないように。腕輪もある

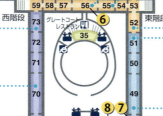

黄金のケープ
北ウエールズの古代の埋葬塚で発見されたもの。宗教的な儀式に使用されたと考えられている

地上階、正面入口を入って右側にあるショップでは少し高級なものを扱っている

明朝の時代の大きな紙幣。中国で最初の紙幣

ヒントン・セント・メリーの床モザイク中央のキリストと思われる部分。イギリスがローマ支配下にあった紀元前4世紀頃のもの

アウグストス帝の青銅製頭部
ローマ帝国に勝利した証として頭部のみが略奪されたといわれる

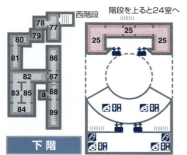

階段を上ると24室へ

マークの説明
- インフォメーションデスク
- サウンドガイド
- クロークルーム
- ベビーケア
- 救護室
- 電話
- 紛失物取扱所
- トイレ
- 車椅子対応のトイレ
- リフト
- カフェ
- レストラン
- ショップ

ミュージアム / 大英博物館

151

- **MAP 9-C1**
- 住 Cromwell Rd., SW7 2RL
- ☎ 020.7942 2000
- 開 毎日 10:00～17:45
  （金 ～22:00、17:30以降閉鎖するギャラリーもある）
- 休 12/24～26
- 料 無料（特別展は有料）
- ⊖ South Kensington
- URL www.vam.ac.uk

コンサートやレクチャーなど、各種イベントが開催されるFriday Late（基本的に5・12月を除く月の最終金曜18:30～22:00）では、イベントに合わせたギャラリーを中心に公開。
- URL www.vam.ac.uk/info/friday-late

展示作品について
変更、展示室工事のため閉鎖の可能性もあり。☎ 020.7942 2000やウェブサイトで要確認。

クロムウェル・ロード側の入口

サックラー・コートヤード

不思議の国のアリス展
2020年6月27日～2021年1月10日まで、『不思議の国のアリス』の特別展を開催予定。春先からは着物展やバッグ展などもあり、こうした人気の特別展は、チケットの売れ行き状況の事前確認がおすすめ。

大英博物館に規模では引けを取らない！
ヴィクトリア・アンド・アルバート博物館 V&A

　1852年に、若いデザイナーや芸術家を支援する目的で、工芸品、装飾品を集めた博物館が造られた。その後1899年に、V&A（ヴィクトリア・アンド・アルバート博物館）と改名され、今日にいたっている。年を重ねるごとに、さまざまなコレクションやギャラリーが加わり、建築様式も展示物も多種多様。絵画、彫刻、家具、陶磁器、ファッション、写真など、アートとデザインに興味がある人には見逃せない作品が、ここにはたくさんある。イギリスらしい英国コレクションのほか、日本ギャラリーは日本の美術工芸品のコレクションとしてはヨーロッパ最大の規模を誇る。

見学のポイント
　ヴィクトリア時代の建物は外見だけでも圧巻だが、なにしろギャラリー数約145、通路の全長約13kmという規模だから、大英博物館と同様、入口でもらえるマップ（寄付金£1）や、代表的な20の収蔵品を見て回ることができるリーフレットなどを頼りに、興味のある展示を重点的に観て回る方法をすすめる。英語に自信のない人でも楽しめる、クロムウェル・ロード側の入口から出発する、無料の英語ガイドツアーを利用するのもいい。
　またカフェには、ウィリアム・モリスのデザインした「モリス・ルーム」や、タイルで覆われた「ギャンブル・ルーム」などもあり、部屋自体がすばらしいので、そのあたりのチェックもおこたりなく。

中世からルネッサンス　メインギャラリー レベル-1 & 0 & 1
　レベル-1のルーム8にあるトーマス・ベケット（→P.377）の遺品を納めた『ベケット・キャスケット The Becket Casket』や、レベル2のルーム64の『レオナルド・ダ・ヴィンチのノート Leonardo da Vinci's Notebooks』など、イギリス、フランス、イタリアの美術工芸品、絵画、彫刻、壁画が集められている。また、ミケランジェロの『デイヴィッド』やローマの『トロージャンコラム』など、イタリア、スペイン、北ヨーロッパの有名な彫刻の複製が並ぶ、ルーム46bの「カストコート The Cast Courts」も必見。

特別展『不思議の国のアリス』も楽しみ

カストコート

MUSEUM & GALLERY

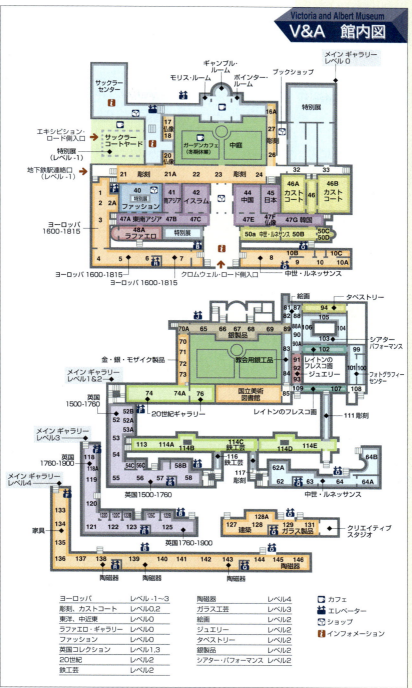

見事な職人技を感じさせてくれる、ロココ復古様式のベルタソファ。レベル4の家具ギャラリーにある

レベル4の家具ギャラリーには現代の家具も

新しくオープンしたフォトグラフィー・センター

カンタベリー大司教だった聖トーマス・ベケットの遺品を納めた『ベケット・キャスケット』

このほか、レベル0のルーム48aの「ラファエロ・ギャラリー」は、V&Aの大きな見どころのひとつ。ヴァチカンのシスティナ礼拝堂に飾られたタペストリーの下絵（カートゥーン）が展示されている。このルネッサンス最盛期を代表する画家ラファエロの作品を、もっと身近に体験できるように、2020年1月から10月までギャラリーの改修工事が行われる。

フォトグラフィー・センター　メインギャラリー レベル2

常設展として、新しく2018年10月にオープンした、写真に関する展示室。1852年から収集されている80万枚を超える膨大なコレクションから選んだ作品が展示されている。写真だけでなく、数多くのカメラも所狭しと並ぶ。ワークショップスペースなど、さらに拡張される予定もあり、2022年の完成が待ち遠しい。

シェイクスピアの『十二夜』にも登場した『ウェアの大ベッド』はルーム57にある

ファッション・コレクション　メインギャラリー レベル0

ルーム40は、ファッションに興味がある人なら絶対に見逃せないコーナー。17世紀から現代にいたるまでのコスチュームや帽子、靴などが集められている。ロンドンがファッションの最先端にあるのはこのコーナーがあるからと思わせるほど、今観ても新鮮な印象を受ける。特別展もおすすめ。

英国コレクション　メインギャラリー レベル1 & 3

最もV&Aらしい展示が多く、16世紀から近代まで、チューダー朝からスチュアート、ジョージ、そしてヴィクトリア朝にいたるまでのコレクションが並ぶ。展示物はもとより、それらを並べてある部

常設展示とヴィクトリア朝時代のボリュームあるドレス。左はバッグ展で展示予定のバッグのケース

気持ちよさそうな中庭のガーデンカフェは春～秋のみオープン

中世ルネッサンスのギャラリー　　　　　ノーフォーク・ハウス・ミュージック・ルーム

MUSEUM & GALLERY

家具の展示もあるヨーロッパギャラリー

ペインティング・ギャラリー

屋の内装自体も展示というギャラリーもある。例えば「ノーフォーク・ハウス・ミュージック・ルーム The Norfolk House Music Room」では、その壁や天井の華麗な装飾にまず圧倒されるだろう。

シアター パフォーマンス　メインギャラリー レベル2

演劇王国イギリスらしい部屋。ミュージカルのさまざまな衣装や小物、舞台のほか、ブリティッシュ・ロックのミュージシャンのステージ衣装、シェイクスピア関連の展示、ポスターなど、音楽や演劇好きならずとも観ておきたいものがいっぱい。

ジュエリー　メインギャラリー レベル2

エリザベス1世からお気に入りの家来に送られたペンダントや、女帝エカテリーナが身につけたダイヤモンドなどを含む古代エジプトから現代まで、約3500点のジュエリーが展示されている。

東洋コレクション　メインギャラリー レベル0

中近東、インド、東南アジア、そして中国、日本のコレクションが並ぶ。ルーム45にある日本の鎧や兜の数々、そして刀のツバや印籠に施された細工はすばらしい。2015年には、近現代のコレクションも加えられ、さらに充実したギャラリーとなっている。ルーム41南アジアの部屋にある『ティップーのトラ』も見逃せない。

ジュエリー・コレクションにある、アルバート公がデザインし、ヴィクトリア女王にプレゼントしたコロネット（上）とビヨンセの指輪『パピヨン』（下）

マイソール『ティップーのトラ』

セレクトショップのようなショップは、おみやげ購入にもいい。エコバッグは人気商品

Photo：©Victoria and Albert Museum

ウィリアム・モリス・ギャラリー William Morris Gallery

公園の一角に建つウィリアム・モリス・ギャラリー

ウィリアム・モリスは、アーツ＆クラフツ運動を起こすことにより、アール・ヌーヴォーの流れに大きな影響を与えたデザイナー。草花や鳥など、自然をモチーフにした壁紙やテキスタイルは、日本でもよく知られている。そのモリスが少年時代を過ごした家をギャラリーとして公開しており、椅子やタペストリーなどの工芸品とともに、当時の写真や資料を見て、モリスの活動を追っていくことができる。

● MAP　広域図-E1　住 Lloyd Park, Forest Rd., Walthamstow, E17 4PP　☎ 8496 4390　開火～日 10：00～17：00　休月（バンクホリデーの月曜を除く）、12/24～26　料無料（寄付金歓迎）

● Walthamstow Central から徒歩約15分。または駅前のバスターミナルから34、97、215、275、357のバスで5～6分の Bell Corner 下車、左折して Forest Rd. に入る　URL www.wmgallery.org.uk
モリスが暮らしたもうひとつの家レッド・ハウス→P.166

● MAP 9-B1
住 Cromwell Rd., SW7 5BD
℡ 7942 5000
⏰ 毎日 10:00～17:50
最終入場は 17:30
休 12/24～26
¥ 無料（特別展は有料）
⊖ South Kensington
URL www.nhm.ac.uk
冬期には外部にアイスリンクも設置される。

地震を体験するコーナー

さまざまなディスプレイがなされたダーウィン・センター・コクーン

VOICE
自然史博物館はおすすめ！
建物も立派で、展示物もところ狭しとぎっしりで、貴重な展示も多かったです。大人も子供も楽しめ、日曜には家族連れで混んでいました。中にはレストランやカフェもあり、セルフのレストランで食べましたがボリュームもあって、おいしかった。
（埼玉県　小林祥子　'18）

微生物から恐竜まで、何にでも出会える
自然史博物館 Natural History Museum

　1880年に大英博物館から独立し、現在の場所に移ったもの。サー・ハンス・スローンのコレクション（大英博物館の項を参照）は、現在は大半がここで展示されている。世界中から集められた動植物の標本、なんと約4億点。しかも毎年30万点もの新種が加えられているという。

　アルフレッド・ウォーターハウスの設計による、ラインラント・ロマネスク様式（11～12世紀の聖堂によく見られる）の荘厳な建物で、全長は205mもあり、宮殿や大聖堂にも見えるほど。このため、こちらが「大英博物館」だと思ってしまう人もいるとか。正面入口から入ると、宙に浮かぶシロナガスクジラの巨大な骨格標本がお出迎え。恐竜の骨格標本、樹齢1300年のセコイアの断面標本、小さなものでは昆虫やバクテリアの化石などが見られる。ロンドンのミュージアムのなかでは抜群の人気で、週末には行列ができることも。

　"The Power Within Galleries"も訪れてみたい。ここは地質に関する展示スペースで、地震の揺れを体験するコーナーも。Exhibition Rd.側の入口から入るとすぐ。また、科学者の仕事を身近に感じることができる"ダーウィン・センター・コクーン"もある。

動く恐竜たちもいる、一番人気の恐竜のコーナー

VOICE
読者おすすめレストラン

Yauatcha 唐茶苑
スタイリッシュな中華料理店。洗練された飲茶を味わえるので、いつも行列ができています。中国茶やケーキも人気です。
（在フランス　HT　'16）['19]
住 15-17 Broadwick St., W1F 0DL
℡ 7494 8888
URL www.yauatcha.com/soho
⏰ 12:00～23:00（最終予約。日は～22:00）
パティスリー・コーナーは 12:00～22:00

Grumbles
ヴィクトリアのおいしい老舗レストラン。参加したバスツアーのイギリス人ガイドさんのおすすめです。私たちは家族3人でフィッシュ・パイとリブステーキ、飲み物をとりましたが、十分な量でした。ランチや夜早めの時間帯には、お得なセットメニューあり。地元で人気の店なので、夜は予約を。
（愛知県　Joyce　'17）['19]
住 35 Churton St., SW1V 2LT　℡ 7834 0149
URL www.grumblesrestaurant.co.uk

MUSEUM & GALLERY

さすが産業革命の発祥地、産業部門は特に充実

科学博物館 Science Museum

　科学に特に興味のある人には十分に、そうでない人もそれなりに楽しめる博物館。産業革命当時の蒸気機関や、宇宙飛行に関する展示は、わかりやすいというか、少々お子様向きの感があるが、なかなかおもしろい。ここも大英博物館と同様、自分の興味のあるジャンルに直行するのがいいだろう。

　また、2000年にオープンしたウェルカム・ウィングには、ぜひ立ち寄ってみたい。最新の話題を提供してくれる「アンテナ」、迫力ある映像を楽しむことができる「IMAXシネマ」、3Dディスカバリー・モーション・シアター「Legend of Apollo」など、体験型の展示は、わかりやすくて「なるほど」と思ってしまうものばかり。なかでも、人間のアイデンティティの変化をたどろうとする「私は誰？」のコーナーには、この研究プロジェクトに参加できるスペースもあり、さまざまな工夫がなされている。

　このほか、「未来」のフロアでは、自分の意見を書き込むことができるコーナーや、自分の未来を決定するゲームなどがあり、観るだけではない展示形態の新しさと楽しさに時間を忘れてしまうのではないだろうか。

たくさんの乗り物が展示されたスペースは、迫力あり　　斬新なウェルカム・ウィング

世界中から集まったおもちゃでにぎわう

ポロックス・トイ・ミュージアム Pollock's Toy Museum

　にぎやかな大通りトテナム・コート・ロードから1本入った、レトロな雰囲気の漂う小さな博物館。19世紀の英国で子供たちに人気のあった立体的な紙芝居「トイ・シアター」を生産していた、ベンジャミン・ポロック氏が集めた世界のおもちゃがところ狭しと並ぶ。入口右側の急な木の階段を上がると、おもちゃの兵隊やドールハウス、テディベアなどはもちろん、1870年代から1970年代までのヨーロッパやアメリカの珍しいおもちゃたちを見ることができる。入口左側には、子供たちがお小遣いで買えるような物ばかりのショップエリアもあり、小さなスペースながら子供の夢がいっぱい詰まった、いかにも英国らしい博物館だ。

ミュージアムの入口は右側

MAP 9-C1

住 Exhibition Rd., SW7 2DD
☎ 7942 4000
開 毎日 10:00～18:00
（学校休暇中は延長もあり）
最終入場は閉館45分前
IMAXシアターや一部ギャラリーが休みになることもある。
休 12/24～26　料 無料（寄付歓迎）　IMAXシネマ、シミュレーターなど特別展示は有料（窓口が混雑するので事前オンライン予約がおすすめ）
● South Kensington
URL www.sciencemuseum.org.uk

The Clockmaker's Museum
2015年にシティのギルドホール内にあった時計の博物館が科学博物館内に移転したもの。無料で見学できる。

売店にもおもしろいものがたくさん売られている

大人のためのお楽しみ「Lates」
科学博物館では月に1回、最終水曜に開催される、18歳以上の大人のみを対象にしたイベントがあります。閉館後にスタート。内容はそのつど変わりますが、私が行ったときは学者による温暖化についての解説や風車の工作、サイレント・ディスコなど複数の催しが設けられていて興味深かった。英語がわかるとさらにおもしろいけれど、雰囲気だけでも十分楽しめるかも。おすすめです。
（神奈川県　國栢慧　'15夏）['19]
開 12月を除く最終水曜 18:45～22:00（18歳以上のみ）
料 入場無料、一部催しは有料　チケット方式　オンライン予約可能

MAP 3-B3

住 1 Scala St., W1T 2HL
☎ 7636 3452
開 月～土 10:00～17:00
最終入場は16:30
休 日、バンクホリデー、クリスマス　料 £7
● Goodge Street
URL www.pollockstoys.com

MAP 3-B2
住 96 Euston Rd., NW1 2DB
☎ 0330.333 1144
開 ギャラリー、エキシビション
月～土 9：30～18：00 (火～20：
00、土 ～17：00、トレジャー・
ギャラリーは火～木～20：00)
日 11：00～17：00
休 1/1、12/24～26 料 無料
◎ King's Cross ／ St. Pancras
URL www.bl.uk
館内では無料でWi-Fiを使うことができる。カフェエリアにはプラグ付きの席もあり、お茶を飲みながらネットにアクセスできる。持ち込み荷物制限あり。

入口ホール。左側にギャラリーがある

ビートルズ関連コーナーは必見！自筆の歌詞があり、ジョンの『Help!』、ポールの『Yeaterday』など無造作な筆跡がかっこいい！またビートルズの曲をヘッドホンで聴くこともできます。(東京都 文香 '16)['19]

MAP 4-B3
住 150 London Wall, EC2Y 5HN
☎ 7001 9844
開 毎日 10：00～18：00
展示室終了は17：40
休 12/24～26
料 無料（特別展は有料）
◎ St. Paul's ／ Barbican ／ Moorgate
URL www.museumoflondon.org.uk/museum-london

ペデストリアンデッキに上った所に入口がある

1200万冊超の蔵書、積み上げた高さは3kmというから驚き
大英図書館 British Library

　1998年に大英博物館より独立して移転したもの。中に入ると、高々と延びたガラス張りの本棚に、ビッシリと革張りの美しい本が並んでいるのに圧倒される。この書架がある閲覧室へは、研究・調査が必要な人のみが、申し込みをして利用できる。
　ただし、大英図書館の至宝が集められたトレジャー・ギャラリーTreasures Galleryや企画展が開催されるギャラリーへは、自由に入場できる。トレジャー・ギャラリーには、金銀で飾られた写本、著名人の原稿、さらには地図や楽譜から新聞・雑誌、切手のコレクションまで展示されている。楽譜のコーナーには、ベートーベン、ヘンデルのものなどがあり、作曲家の個性が楽譜に表れているようで興味深い。1215年に発行された大憲章（マグナ・カルタ）の原本や、1453年に初めて活版を用いて印刷されたグーテンベルクの聖書、シェイクスピアの初版本など、貴重な品々も展示されている。新しいところでは、ルイス・キャロルの『不思議の国のアリス』の原本、ビートルズ自筆の歌詞などもある。

広々とした前庭をもつれんが造りの建物

さすがロンドン、町の歴史だけで博物館ができる！
ロンドン博物館 Museum of London

　ロンドンの歴史を知るならここ。世界最大規模の市立博物館として有名で、セント・ポール大聖堂から歩いて5分ほど。旧石器時代の展示に始まって、ロンドンでのローマ人の暮らし、中世の巡礼章、ロンドン大火のジオラマ、婦人参政権運動の展示、デパートのセルフリッジに初めて取りつけられたエレベーターまである。ロンドンの博物館には珍しく建物は極めて現代的で、パウエルとモウヤの手になるもの。特別展も注目されるものが多い。

左…ローマ人が暮らした部屋の再現
右…毎年11月にシティで行われるロード・メイヤーズ・ショーで使われる黄金の馬車

MUSEUM & GALLERY

鉄道・乗り物ファンなら見逃せない
ロンドン交通博物館 London Transport Museum

　1980年に設立された博物館で、ロンドン・トランスポートの歴史を物語る展示がいっぱい。鉄道・乗り物マニアは必見。2007年の大改装で、ロンドンの交通の歴史を物語る展示がさらに充実し、鉄道ファンでなくても十分に楽しめる場所になっている。

　また、ショップはひと味違ったロンドンのおみやげを求めるのに最適。インパクトのあるロンドン地下鉄のシンボルマークや、ロンドンの有名な通り名を書いた看板を使ったグッズのほか、マグカップ、Tシャツやトートバッグなども売られている。

わかりやすい展示で楽しむことができる

入場せずショップで買い物だけでもOK

● MAP 7-C1 12-D2
住 Covent Garden Piazza, WC2E 7BB　☎ 0344.222 5000
開 毎日 10:00～18:00
最終入場は17:15
休 一部の祝
料 £18（1年間有効）
オンライン£16.50
● Covent Garden
URL www.ltmuseum.co.uk

交通博物館入口付近。コヴェント・ガーデン・マーケットの一角

かつての庶民の暮らしを戯画で知る
カートゥーン博物館 Cartoon Museum

　小規模ながら、イギリスの戯画（カートゥーン）のほか、現代のコミックアートなども展示している。ウィリアム・ホガースに端を発するという、18世紀から現代までの風刺画の数々からは、イギリスらしい、少し辛辣なユーモアを楽しめる。歴史的な人物や歴代首相も登場して、イギリス史の一部を垣間見ることもできる。

● MAP 3-A3
住 63 Wells St., W1A 3AE
☎ 7580 8155　開 火～土10:30～17:30（木～20:00）日12:00～16:00　休 月　料 £8.50
● Oxford Circus／Tottenham Court Rd.
URL www.cartoonmuseum.org

カートゥーン博物館には王室や現代の政治を風刺した作品もある

ユーモアもある不思議系ミュージアム
ウェルカム・コレクション Wellcome Collection

　サー・ヘンリー・ウェルカムという化学者の資金とコレクションを基にした、少し変わり種の博物館。身体に関するものが、絵画から義手や義足、薄切りにした身体、ナポレオンの歯ブラシまで展示されている。心の問題を扱う映像や自由にくつろげる図書スペースもあり、地上階の企画展は独自の切り口が人気。

　上階にはレストラン、地上階にはセルフサービスのカフェやグッズと本のショップがあり、企画展も含め、けっこうにぎわっている。

● MAP 3-B2
住 183 Euston Rd., NW1 2BE
☎ 7611 2222
開 ギャラリー 10:00～18:00（木～21:00）
ライブラリー 10:00～18:00（木～20:00、土～16:00）
休 ギャラリーは月、ライブラリーは日やバンクホリデーの週末（要確認）、1/1、12/23～26
料 無料
● Euston Square／Euston
URL wellcomecollection.org

ウェルカム・トラスト所有の博物館

何コレ？と思わず見てしまう

入口脇にあるカフェ

- **MAP 2-C2~3**
- 住 221b Baker St., NW1 6XE
- ☎ 7224 3688
- 開 毎日 9:30～18:00
- 最終入場 17:30
- 休 12/25　料 £15
- ⊖ Baker St.
- URL http://www.sherlock-holmes.co.uk

コナン・ドイル
Sir Arthur Conan Doyle
(1859～1930)
医師、作家として活躍。『シャーロック・ホームズ』シリーズでミステリー作家として名をはせるが、SF小説も書いていた。

ホームズの時代に浸る
シャーロック・ホームズ博物館　Sherlock Holmes Museum

あの偉大なる名探偵シャーロック・ホームズとその親友ワトソン博士が下宿していた場所を再現した博物館。シャーロキアンには見逃せない場所といえそう。2階にはホームズの居間がしつらえてあり、暖炉やホームズたちが座った椅子、愛用のバイオリンも置いてある。3階から4階にかけては小説にちなんだ展示で、1階のギフトショップではホームズ・グッズを多数販売している。

ちなみに、作者コナン・ドイルがふたりを221b番地に住まわせた頃、Baker St.には85番地までしかなかったそうで、当時221bは架空のものだった。その後、番地が増え、この博物館があるのは、位置的には237と241番地の間だが、現在では221bのホームズ宛の手紙は、この博物館に届くのだそう。

ベーカー・ストリート駅前にはホームズの像も立っている

ホームズ愛用の品々も並んでいる

CLOSE UP
シャーロック・ホームズゆかりの場所

ゆかりの地は、ベーカー街だけではない
セント・バーソロミュー病院 ● MAP 4-A3
下宿を探していたワトソンが、友人にホームズを紹介された場所は、セント・ポール大聖堂の裏にあるセント・バーソロミュー病院（通称バーツ）。彼らが初めて会った場所に、その記念として"ホームズ・プラーク"があったが、現在は敷地内の病院博物館に移動しているとのこと。

ライシアム・シアター → P.189
上演中の『ライオン・キング』が好評を得ている劇場。『四つの署名』では、ここの左から3本目の円柱でショルトーと待ち合わせした。

ミュージアム・タバーン ● MAP 3-C3
大英博物館前にあるMuseum Tavernというパブは『青いガーネット』に登場した場所。ホームズは、ここで"ガチョウ・クラブ"について聞いている。大英博物館見学のあとにでも立ち寄ってみては？

シンプソンズ・イン・ザ・ストランド → P.235
ロースト・ビーフで有名な老舗レストラン。『瀕死の探偵』や『高名な依頼人』に登場する。

カフェ・ロワイヤル ● MAP 12-A2
カフェ・ロワイヤル Cafe Royal（現在はスパやジムもあるゴージャスなホテルと優雅なカフェになっている）は、ホームズが暴漢に襲われた所。

ベーカー・ストリート駅の壁に注目！
地下鉄 Baker St. 駅 ● MAP 2-C3 構内のタイルは、ホームズで埋め尽くされている。3500面ものホームズがいるという話。

左からセント・バーソロミュー病院、ミュージアム・タバーン、ベーカー・ストリート駅

MUSEUM & GALLERY

建築家のコレクションを集めた
ジョン・ソーン博物館 Sir John Soane's Museum

イングランド銀行の建物を設計したことで知られる18世紀の建築家ジョン・ソーン卿は、美術品を収集しては自宅に飾り、独自の空間をつくり出していた。その邸宅を公開したのが、この博物館だ。オブジェや絵画のコレクションがところ狭しと並べられ、その数は7万5000点にものぼる。最初に入るダイニングルーム兼図書館は少し広々としているが、これ以降の部屋は、多数のコレクションで埋め尽くされていて、人とすれ違えないほど通路が狭いことも。ウィリアム・ホガースの絵画を飾った隠し扉をもつ部屋もすごいが、大英博物館でさえ高価で手が出なかったというエジプトの石棺がある階の彫刻群は、圧倒的な迫力。小さいながらも見応えたっぷりの博物館だ。

MAP 3-D3 7-D1
13 Lincoln's Inn Fields, WC2A 3BP　7405 2107
開 水〜日 10:00〜17:00　最終入場 16:30
時間予約制　オンライン予約可能(当日分は不可)
休 バンクホリデーを除く月・火、1/1、1/6〜15、12/23〜26、12/30・31
料 無料(寄付£10歓迎)
Holborn
URL www.soane.org
入場人数の制限あり。通路が狭いため、大きめの荷物は預ける。大型リュックやスーツケースは不可。

ミュージアム

写真提供ジョン・ソーン博物館 By courtesy of the Trustees of Sir John Soane's Museum
左…隠し部屋のようになっているピクチャールーム ©Derry Moore
右…エジプトの大理石の石棺と彫刻コレクション ©A.C. Cooper Ltd

広場に面した場所にある。狭い通路もあるため入場制限により入口前で待つことも多い。

シャーロック・ホームズ博物館…ジョン・ソーン博物館

人気ドラマ『シャーロック』のロケ地

『SHERLOCK/シャーロック』ってどんなドラマ？
『シャーロック・ホームズ』シリーズの現代版で、スマートフォンやPCを駆使して難事件を解決していく様子が、独特のクールな映像で映し出されている。BBCで放送され、2014年にはエミー賞の7部門を受賞、イギリスだけでなく世界中で人気が高い。原作となった『シャーロック・ホームズ』シリーズを読んでない人もそれなりに楽しめる仕立てになっているが、原作のエピソードを織り交ぜた脚本が抜群にいい。「こうきたか！」と思わせてくれる展開は、シャーロキアンにとっても見応えあり。
また、ロンドンでのロケも多いので、映像から町の雰囲気を感じとることもできる。

こんな場所がロケに使われている
シャーロックの家 ● MAP 3-B2
ハドソン夫人の家を間借りしたシャーロックの住処。ジョン(ワトソン)と暮らしていたこともある。
ラッセル・スクエア ● MAP 3-C3
『ピンク色の研究』でジョンが旧友と出会った公園。
クイーン・エリザベス・ホール前 ● MAP 7-D2
『死を呼ぶ暗号』に出てくる。キッチュなアートが描かれた半地下の空間でスケボーをする若者も。
地下鉄ウェストミンスター駅 ● MAP 7-C3
『空の霊柩車』で、シャーロックとジョンが改札を通過する。この駅を出た目の前の国会議事堂周辺も重要シーンで登場。

左…シャーロックの家として登場する建物
右…相性抜群のシャーロックとジョン Colin Hutton © Hartswood Films 2012

SHERLOCK/シャーロック ベイカー・ストリート 221B エディション Blu-ray&DVD BOX
発売・販売：株式会社KADOKAWA
© 2018 Hartswood Films. A Hartswood Films production for BBC Wales co-produced with Masterpiece. Distributed under licence by BBC Worldwide Ltd.

©Hartswood Films Ltd 2014

● **MAP 8-C1**
住 Bartholomew Lane, EC2R 8AH ☎ 3461 5545
開 月～金 10:00～17:00
最終入場は 16:30
休 土・日・祝、バンクホリデー 年末年始のメンテナンス期間
料 無料 ⊖ Bank
URL www.bankofengland.co.uk/museum

イングランド銀行

銀行の成り立ちやお金についてよくわかる
イングランド銀行博物館　Bank of England Museum

　1694年の創立から現在まで、世界最大の金融センターの中で、中央銀行として機能してきたイングランド銀行に併設されている。昔の銀行の写真や、紙幣の原版、イングランドの各種通貨のほか、金の延べ棒を持ち上げることもできる。イギリスでは紙幣のことをnote（またはbanknote）というが、その語源がわかるような展示など、興味深いコンテンツも多い。売店では記念コインも購入できる。

左…ゲーム感覚の親しみやすい展示も　右…意外とビジネスマンだった作曲家ヘンデルの記録

CLOSE UP

イギリスのコインと紙幣

　イギリスの大切な輸出品のひとつとして「コイン（硬貨）」が挙げられる。ロイヤル・ミント（造幣局）では、合計80数ヵ国を対象にコイン、またはブランクと呼ばれる、金額などを彫り込む直前の状態のものを輸出しており、政府に属しながらも、旧植民地を中心に世界規模でしっかりビジネスを行っているのだ。
　日本の硬貨に比べて重いイギリスのコイン。これでも、5ペンス、10ペンス、50ペンスはそれぞれ小型化＆軽量化が実施された。1998年に登場した2ポンドは、イギリス初の「2色」デザイン。いうまでもなく、1ポンドより重くて大きいが、あまり出回っていないように感じる。日本の2000円札のように、不人気なのかもしれない。また、1ポンドについては、なかなか軽量化が進まなかったが、偽造が多いなどの問題で、2017年から12角形2色の新デザインの硬貨が登場した。
　さて、コインがロイヤル・ミント作であるのに対し、紙幣はイングランド銀行の管轄。コインの場合、表に女王陛下の横顔が必ず彫られているが、紙幣にはやや斜め向き正面から描いた肖像画が印刷されている。5ポンド、10ポンド、20ポンド、50ポンドと4種類（スコットランドでは、いまだに1ポンド札を見かけることもある）。紙幣のデザインに関しては、独自で印刷しているスコットランド、北アイルランドでは異なるものの、イングランドとウェールズ版に関しては次のとおり。

●**5ポンド札**
ウィンストン・チャーチル（1874～1965）。軍人、政治家、作家。第2次世界大戦中に首相を務めた。
●**10ポンド札**
2017年発行の新紙幣では、女流作家ジェーン・オースティンが10ポンド札の顔。
●**20ポンド札**
アダム・スミス（1723～1790）。「経済学の父」と呼ばれる学者。『国富論』を著し自由貿易を支持するなど、現代経済の礎を築いた。2020年2月から画家ターナーの新紙幣に変更される予定。
●**50ポンド札**
産業革命のパイオニアとして知られる、発明家ジェームズ・ワット（1736～1819）と起業家マシュー・ボルトン（1728～1809）のふたり。2021年には映画『イミテーション・ゲーム』で知られる天才数学者アラン・チューリングのものになる予定。
　なお、5ポンド札と10ポンド札はポリマー（プラスチック）紙幣で、20ポンド札と50ポンド札も順次変更される。ポリマー紙幣は、通常の紙幣と同様折りたたむこともできるしATMでも使用可能。旧札は、イングランド銀行で新紙幣に交換できる。
　また、スコットランドや北アイルランドのお札（日本での換金は不可）も、イングランドでの貨幣価値は1対1。理論上はイギリスのどこでも使えるのだが、それを知らない店員がイングランドには多い！ イングランドの銀行各支店では手数料なしでイングランドの紙幣に交換してもらえる。　　　（ＪＪ）

ターナーの20ポンド札と2色デザインの1ポンド硬貨

MUSEUM & GALLERY

クラシック&ロックファンなら訪れたい
ヘンデル&ヘンドリックス博物館 Handel & Hendrix in London

高級ショップとレストランが建ち並ぶメイフェア地区は、ジョージア朝時代には優雅なミドルクラスの住む地域だった。1723年、グロヴナー・スクエアからほど近い新築マンションに越してきたのは、作曲家で宮廷指揮者のヘンデル。現在は、彼の音楽とロンドンでの瀟洒な暮らしをしのぶ博物館となっており、当時の居所を忠実に再現したインテリアを観ることができる。

また、23番地は伝説のロックギタリスト、ジミ・ヘンドリックスがその短い人生の最盛期に住んでいた所でもあり、ヘンドリックスのフラットも再現して公開している。

- MAP 7-A1 11-C1
- 25 Brook St., W1K 4HB
- 7495 1685
- 開月~土 11:00~18:00
- 最終入場は 17:00
- ウェブサイトなどで事前予約が望ましい
- 休日、1/1、12/20~26・29~31('19) 1月にはメンテナンスのため休館する日もある £10
- Bond St.
- URL handelhendrix.org
- 水・土11:30~13:30、土14:00~16:00には、バロック音楽演奏の公開リハーサルあり。詳細はウェブサイトなどで要確認。

メイフェア地区の路地を入った一角にある

展示も建物も洗練された
デザイン・ミュージアム Design Museum

2016年11月、テムズ南岸のバトラーズ・ワーフより、現在のケンジントンに移転した。19世紀の製品のほか、デジタル化や大量生産の歴史など、現代デザインの重要な記録となるコレクションを展示している。建築、ファッション、家具、グラフィックデザイン、デジタルメディア、輸送など、デザインのあらゆる面をカバーしており、レトロな電話やトースター、ベスパ、タイプライター、掃除機、ソニーのウォークマンまであり、実物を観ながらデザインの変遷をたどっていくことができる。

- MAP 5-C3
- 224-238 Kensington High St., W8 6AG
- 3862 5900
- 開毎日 10:00~18:00(第1金曜~20:00)
- 最終入場は閉館1時間前
- 休 12/24~26
- 料常設展は無料 展示や企画展により料金は異なる
- High Street Kensington
- URL designmuseum.org
- カフェ&レストラン
- 開 10:00~18:00

ホランド・パークの南側に建つ

「ゼウス」とも呼ばれた画家の邸宅
レイトン・ハウス博物館 Leighton House Museum

栄華を誇ったヴィクトリア朝時代を代表する画家フレデリック・レイトンが34歳の頃から建てた邸宅。頭脳明晰、容姿端麗で、非の打ちどころがない早熟の天才といわれたレイトンは、当時のイギリス美術界の頂点に君臨した。ヴィクトリア女王やウィリアム・モリス、ラファエル前派の画家ロセッティらを招待したというダイニング・ルームのほか、アラブ風のホールは圧巻。『オフェリア』を描いたミレイの絵が飾られた部屋もある。

- MAP 5-C3
- 12 Holland Park Rd, W14 8LZ
- 7602 3316(月~金) / 7471 9160(土・日)
- 開 10:00~17:30
- 最終入場は 17:00
- 休火 料£9
- High Street Kensington
- URL www.rbkc.gov.uk/subsites/museums/leightonhousemuseum1.aspx
- 水・日15:00から無料のガイドツアーあり(英語)

修復により、当時の状態に近づけている

163

MAP 7-D3

🏠 St. Thomas' Hospital, 2 Lambeth Palace Rd., SE1 7EW
📞 7188 4400
🕐 毎日 10:00～17:00
最終入場は16:30
休 1/1、12/21～27・31、イースター周辺の開館は未定 料 £8
🚇 Waterloo／Westminster
URL www.florence-nightingale.co.uk

ウォーキングツアー
「フローレンスのロンドン」
ブルーバッジガイドとともにロンドンを歩きながら、ナイチンゲールの足跡をたどる。要予約（オンライン予約可能）。'20年10月18日まで。料 £20
URL www.florence-nightingale.co.uk/whats-on/florence-nightingales-london/?v=24d22e03afb2

MAP 3-D2

🏠 15-20 Phoenix Pl., WC1X 0DA
📞 0300.0300 700
🕐 10:00～17:00
最終入場16:00
展覧会は～16:45
メールレール乗車
最初の列車は10:15発、最終16:35発。所要約15分。
メールレールの乗り場は、博物館を出て、向かいにあるマウントプレザント集配所という郵便物が集まる建物側。
休 12/24～26
料 £17（メールレール乗車1回分を含む。オンライン£16）
メールレールの再乗車1回£6
🚇 Farringdon／Russell Sq.
URL www.postalmuseum.org

郵便博物館

MAP 8-C3

🏠 83 Bermondsey St., SE1 3XF
📞 7407 8664
🕐 火～日 11:00～18:00
（木～20:00、日～17:00）
最終入場は閉館45分前
休 企画展がないとき、月、クリスマス前後と年末年始 料 £9.90
上記は企画展が開催されているときの一般的な開館日など。企画により異なることもある。
🚇 London Bridge
URL www.ftmlondon.org

ナイチンゲールの足跡をたどる
フローレンス・ナイチンゲール博物館 Florence Nightingale Museum

　セント・トーマス病院 St. Thomas' Hospitalの敷地内にひっそりとある博物館。生涯を看護にささげたことで有名なナイチンゲールは、院長に任命されて看護学校を設立するなど、さまざまな変革をもたらした。その業績と情熱的な生涯を、豊富な遺品やビデオ映像とともに観ていくことができる。

展示を観ていくと、多くの活動をしたナイチンゲールのパワフルさを感じる

ちょっとした冒険気分も味わえる！
郵便博物館 The Postal Museum

　世界の郵便制度の先駆けともなったイギリスの郵便事情についての博物館。展示を見るだけでも興味深いが、さらに触れたり、オリジナルの切手を作ったりして遊べる要素も取り入れられている。
　もうひとつ体験しておきたいのは、メールレールと呼ばれる小さな地下鉄道。1927年から76年間も、ここからパディントン駅まで、地下を走って郵便物を運搬していたという、知る人ぞ知る輸送路。2017年に博物館とともに整備されて復活。乗るだけでなく、映像で展開される歴史や運搬についての説明は、とてもわかりやすい。

左…ロイヤル・メールの馬車　右…新しくなって復活したメールレール

おしゃれ大好きなら行ってみたい
ファッション＆テキスタイル博物館 Fashion and Textile Museum

　1970年代に活躍したファッションデザイナー、サンドラ・ローズが設立した博物館。名前のとおり、ファッション関連の展示がメイン。常設展示はなく、そのときどきの企画展を開催しているので、ウェブサイトなどで情報を手に入れよう。

手軽でおいしいカフェもある

MUSEUM & GALLERY

自分の家より豪華（？）なミニチュア・ハウスは必見
子供博物館　The V&A Museum of Childhood

ヴィクトリア・アンド・アルバート博物館の分館のひとつ。人形とおもちゃのコレクションだが、見逃せないのはミニチュア・ハウスの数々。子供服ギャラリーも、その方面の業界の人などには参考になりそう。特別展は趣向を凝らしたおもしろい企画が多いので、要チェック。木馬や自転車の展示もあるほか、子供が遊べるスペースも用意されているので、子供連れでも楽しめる。

歴史を感じさせる人形なども多い

平和への願いを込めて造られた
帝国戦争博物館　Imperial War Museum London

1917年、スィドナム・ヒル公園内で行われたロンドン博覧会の跡地に設立され、1924年、現在の場所に移された。この建物は、何とBedlam精神病院（1815年設立）の建物に、丸天井や玄関部分を建て増ししたものだという。第１次・第２次世界大戦での、イギリスおよびその植民地における戦没者の記録、戦時下の市民生活を知ることができるさまざまな資料が展示されている。銃火器はもちろん、有名なスピット・ファイア戦闘機や、モンゴメリー陸軍元帥が使った野戦指揮車などもある。このほか、Secret Warというコーナーでは、イギリスの諜報機関MI6などの活動についても紹介されている。特別展も質が高い内容で見応えあり。

朝鮮戦争、ベトナム戦争、フォークランド紛争、そして湾岸戦争に関する資料などが増えてきているが、ここのコレクションだけは、これ以上増えてほしくないものだ。

内部の吹き抜けには数々の戦闘機も

● MAP 中央部-D2
住 Cambridge Heath Rd., E2 9PA ☎ 8983 5200
開 10:00～17:45
最終入場は17:30
休 12/24～26
料 無料
⊖ Bethnal Green
URL www.vam.ac.uk/moc
博物館内には、ランチや休憩ができるチェーンカフェのBenugoがある。
※2020年春頃より改装のため閉館する可能性あり。

一部閉鎖の部屋もあり
3月に訪英したのですが、大英博物館、ナショナル・ギャラリー、V&Aは、閉鎖されている部屋がありました。一部閉鎖されている可能性があるということは、認識していたほうがいいと思いました。
（静岡県　時差鹿　'18）['19]

● MAP 8-A3 外
住 Lambeth Rd., SE1 6HZ
☎ 7416 5000
開 毎日 10:00～18:00
休 12/24～26
料 無料（特別展・企画展示は有料）
⊖ Lambeth North
URL www.iwm.org.uk
グッズを買えるショップもあり

公園の一角にあるため、のんびりとできる

おすすめ美術館
ロンドンのナショナル・ポートレート・ギャラリー→P.172は、肖像画だけを集めたユニークな美術館で、イギリスの歴史を見るようでおすすめ。カフェは値段も手頃で味や雰囲気もいい。イギリスの美術館などは無料のところが多いので、少額でも寄付をしましょう。
（東京都　ヒロちゃん　'18）['19]

MAP 広域図-C1
住 Grahame Park Way,
Hendon, NW9 5LL
☎ 8205 2266
開 毎日 10:00～18:00
（11～2月～17:00）
最終入場は閉館30分前
休 1/1、12/24～26
料 無料
⊖ Colindale から徒歩約10分
URL www.rafmuseum.org.uk

飛行機マニア必見！
王立空軍博物館　Royal Air Force Museum

　1987年に閉鎖されたHendon Aerodromという空軍基地の敷地にあった格納庫を利用している。このため、ロンドン中心部から少し遠いのが難点だが、飛行機マニアだったら、1日つぶしてでも見にいく価値がある。
　第1次世界大戦当時の複葉機から、イギリスが誇るVTOL（垂直離着陸式）戦闘機ハリアーまで、すべてホンモノ。「空の要塞」と呼ばれたB17爆撃機まである。大戦中のパイロットの携帯品など、興味深い小物もいっぱい。

MAP 5-B1
住 111-117 Lancaster Rd., W11 1QT　☎ 7243 9611
開 月～土 10:00～18:00
日・祝 11:00～17:00
最終入場は閉館45分前
休 1/1、ノッティング・ヒル・カーニバルの日（未定）、12/24～26　料 £9
⊖ Ladbroke Grove
URL www.museumofbrands.com

ポートベロー・マーケットに行ったら寄ってみて
ブランド・パッケージ・広告博物館　Museum of Brands, Packaging and Advertising

　時代を追って並べられた、ブランド商品のパッケージや広告を眺めながら、おのおのの時代の流行や人々の感覚の変化を感じることができる小さな博物館。王室行事にともなって発売されたパッケージなども並ぶ。こぢんまりとした庭に面したカフェや、レトロな品の並ぶギフトショップもある。ポートベロー・マーケット散策の際に、ちょっと足を延ばせばすぐの博物館だ。

クッキー缶など、イギリスらしいパッケージも多い

CLOSE UP

ウィリアム・モリスが住んだレッド・ハウス

　モリスについては、幼少期にモリスが住んだ家がギャラリーとなったウィリアム・モリス・ギャラリー→P.155で知ることができるが、こちらのレッド・ハウス Red Houseは、ジェーンと結婚して5年ほど住んだ家。ロンドン南東にあり、モリスの趣味で彩られた室内やステンドグラス、広々とした庭は、一見の価値あり。家主が代わり、変更された部分をナショナル・トラストが少しずつ修復して公開している。

閑静な住宅街の一角に建つ

バン＝ジョーンズらの壁画も

● P.347-C2　住 Red House Lane, Bexleyheath, DA6 8JF　☎ 8303 6359
開 水～日 11:00～17:00（11～12月中旬 金～日 11:00～16:30）　ガイドツアーは11:00、11:30、12:00、12:30、13:00（要予約。お昼頃まではガイドツアーのみ）
最終入場は閉館45分前
休 上記以外　詳細はウェブサイトなどで要確認
料 £8.40（寄付付き£9.40）　🚆 Bexleyheath（ロンドン中心部から所要約40分）下車後、徒歩約15分
URL www.nationaltrust.org.uk/red-house

MUSEUM & GALLERY

ここに行けばウデが上がる？
ウィンブルドン・ローン・テニス博物館 Wimbledon Lawn Tennis Museum

テニスの本場ならではの博物館。1977年に設立され、栄光のトロフィー、テニスウエアやラケットの歴史（昔のそれは今とずいぶん違う）を知るコレクションの展示とともに、過去の試合のハイライトシーンなどのビデオ映像も観ることができる。テニスファン必見。

歴史を感じさせるポスターやラケット

● MAP 広域図-C3
住 The All England Lawn Tennis Club, Church Rd., Wimbledon, SW19 5AE
☎ 8946 6131
開毎日 10:00～17:00
最終入場は 16:30
休 1/1、12/24～26 料 £13
試合がないときのみ、英語のツアーあり。所要約1時間30分。日程は要確認、要予約 料 £25（博物館入場料を含む）
⊖ Southfieldsからバスで約5分 URL www.wimbledon.com/museum
ウィンブルドン→P.139

ガイドツアーはおすすめ！センターコートも見学できます。今年の決勝戦のスコア表示がそのまま残されているので、臨場感もたっぷり。
（東京都　ミス・レモン　'16）['19]

ロンドンで心理学に挑戦
フロイト博物館 Freud Museum

『夢判断』などであまりにも有名な精神分析の父、フロイト（英語式発音は"フルードゥ"）の業績を記念する博物館が、ロンドン北西部の高級住宅街、ハムステッド Hampsteadにある。

心理学に興味のある人はどうぞ

フロイトはオーストリアから亡命してきたあと、このロンドン北西部に住んでいた。ドイツからの亡命者カール・マルクスもここを住む地として選んでおり、マルクスの墓は、ハムステッド・ヒースの東部、ハイゲートの墓地にある。

● MAP 1-A2
住 20 Maresfield Gdns., NW3 5SX ☎ 7435 2002
開水～日 12:00～17:00
休 月・火、1/1、12/24～27・31（'19）、イースター周辺の開館は未定
料 £9
⊖ Finchley Rd.
URL www.freud.org.uk
マルクスの墓→P.138

庭を愛するロンドンっ子たちの素顔に迫れる
庭園博物館 Garden Museum

11世紀の木造建築にはじまり、14世紀には石造りのタワーが増築されたという、歴史あるセント・メアリー・アット・ランベス教会を改装した博物館。ステンドグラスがはめ込まれた窓から光が注ぐ広々とした空間には、ガーデニングの道具、昔の園芸書や水彩画のほか、庭の隅に置かれる小屋まで展示されている。ガーデニング用のスケッチやガーデナーの映像を見ていると、イギリスは「ガーデニングの国」であることが実感できる。ボタニカルアートなどの企画展も楽しみ。中庭に面したカフェは入館しなくても利用可能。

● MAP 10-D1
住 St. Mary-at-Lambeth, Lambeth Palace Rd., SE1 7LB
☎ 7401 8865
開 10:30～17:00（土～16:00）
休 3・4・8・10・11月の第1月曜（バンクホリデーは開館）、12/25・26
料 £10
⊖ Lambeth North／Vauxhall／Waterloo
URL www.gardenmuseum.org.uk
大きな荷物は持ち込み不可（預けることはできる）。

左…ガーデンへの愛を感じる展示品の数々　右…内部のステンドグラスも印象的　　教会の塔に上ることもできる

■■ Gallery

ギャラリー

イギリスには、なぜか偉大な画家や彫刻家が少ない。
しかし、美術作品を観る目は、ほかの国の人々に勝るとも劣らぬほど鋭く確かだ。
美術館を巡ればそれがすぐ実感できる。

◉ **MAP 7-B2 12-B3**
🏛 Trafalgar Sq., WC2N 5DN
📞 7747 2885
🕐 毎日 10:00〜18:00
　（金 〜21:00）
月曜は11:00まで一部の展示室が閉鎖になることもある
休 1/1、12/24〜26
料 無料（特別展は有料）
🚇 Charing Cross／Leicester Sq.
URL www.nationalgallery.org.uk

オーディオガイド
英語の解説を聞きながら、各自で見て回る。いくつかのコースから興味があるものを選ぶことができる。セインズベリー・ウィングのレベル0とレベル2で借りる。コレクションのハイライト80作品あまりを集めて解説したコースEssential Audio Tourには日本語版もある。£5。

展示について
展示や展示室は変更の可能性もあり。美術館やウェブサイトなどで確認を。

荷物持ち込み制限
大きさに制限あり。最大サイズ45×25×25cmまで。クロークに預ける場合もサイズは同様で£2。スーツケースなどの大荷物は持ち込み不可。

ショップの品揃えは抜群

イギリス人は絵を描くのはニガテでも、集めるのはプロ
ナショナル・ギャラリー　The National Gallery

　トラファルガー広場の北を、コリント式列柱に支えられた巨大な玄関をもつ全長140mの古典主義の建物が占めている。これこそ、展示品の総数約2万点、世界最大の美術館のひとつに数えられるナショナル・ギャラリーだ。
　1824年に、実業家ジョン・ジュリアス・アンガスタインが収集した絵画38点を当時の首相リヴァプール卿が買い上げ、公開したのが始まりとされている。1831年、現在のトラファルガー広場への移転にともない、本格的な美術館の建設が始まった。ウィリアム・ウィンキンスの設計による建物が完成したのは、7年後の1838年。その後5回にわたって増築が行われ、1975年に現在の建物となった。
　イタリア・ルネッサンスやオランダ、フランドルの名画が多いことで有名だったが、後期印象派のコレクションも増えてきており、8世紀にわたる絵画史を網羅している。また、内外の美術館から展示物を借りて、絵画のみならず美術工芸品の特別展などもよく開かれていて、その人気も高い。

左上…007のロケに登場した部屋　右上…17世紀絵画の部屋
下…トラファルガー広場側の階段は、多くの人の憩いの場ともなっている

MUSEUM & GALLERY

ギャラリー

ナショナル・ギャラリー

見学のポイント

　フロアは大きく4つに分けられており、簡単な館内の案内図が入口付近に置かれている。作品は、描かれた時代順に、セインズベリ・ウィング、ウエスト・ウィング、ノース・ウィング、イースト・ウィングと区分してある。

　セインズベリ・ウィングにはインフォメーションデスクのほか、ブラッセリーやショップ、クローク、トイレなどがあり、トラファルガー広場側の正面入口の付近にもインフォメーションデスクとショップがある。ここのショップは、絵はがきから絵画の複製、美術書、アクセサリーや小物まで取り揃えてあり、いつも美術ファンや観光客で混み合っている。

見逃したくない作品を事前にチェック
ナショナル・ギャラリーのウェブサイトには『30 must-see paintings』という項目があるので、これを参考に見学することをおすすめします。館内はフリーWi-Fiがあるので、私はこのサイトと地図を見比べつつ回りました。
(東京都　　Mie '15)['19]

169

GALLERY » シンプル解説
観ておきたい絵画はコレ！ Must-See Paintings

● Room 63 »
アルノルフィーニ夫妻の肖像 The Arnolfini Portrait 1434年 ファン・アイク
フランドル絵画の傑作。後ろの鏡には夫妻の後ろ姿と画家、その上には画家のサインらしき一文も。緻密に描かれた細部に目を凝らしてみたい。

● Room 66 »
岩窟の聖母 The Virgin of the Rocks 1491-1508年 レオナルド・ダ・ヴィンチ
ルーヴル美術館にある同構図の絵よりも、あとに描かれたとされている。

● Room 6 »
バッカスとアリアドネ Bacchus and Ariadne 1520-1523年 ティツィアーノ
ギリシア神話の酒神バッカス（ディオニュソス）とアリアドネを描いたもの。戦車から飛び降りるバッカスと、左端のアリアドネとのすれ違うような体の動きに、ラピスラズリの青が効果的な躍動感あふれる作品。

● Room 4 »
大使たち The Ambassadors 1533年 ホルバイン
一番手前、人物の足元あたりにある歪んだ物体、これがなんであるか、よく観察してみたい。だまし絵としても有名な一枚。ほかにも棚に並んだ数々のものに意味があるのだそう。

● Room 30 »
ヴィーナスの化粧 The Toilet of Venus ('The Rokeby Venus') 1647-1651年 ヴェラスケス
ヨークシャーのロークビー・ホールにかけられていたことから、『ロークビーのビーナス』とも呼ばれる。裸婦で後ろ姿という珍しいヴィーナス。

● Room 22 »
63歳の肖像 Self Portrait at the Age of 63 1669年 レンブラント
多くの肖像画を残したレンブラント最晩年のもの。筆づかいが残るタッチで晩年の憂いを感じさせる。

● Room 16 »
ヴァージナルの横に立つ若い女 A Young Woman standing 1670-1672年 フェルメール
現存する絵画が35点あまりという、寡作の画家の希少な一枚。

● Room 18 »
サムソンとデリラ Samson and Delilah 1609-1610年 ルーベンス
怪力サムソンが、恋人デリラ（実は敵の女スパイだった）に裏切られ、力の秘密である髪を切られてしまうという旧約聖書のワンシーン。右奥の扉の背後には敵の姿も。

● Room 34 »
解体されるために最後の停泊地に曳かれてゆく戦艦テメレール号 The Fighting Temeraire tugged to her last berth to be broken up 1839年 ターナー
トラファルガー海戦で活躍したテメレール号が、時代の流れに逆らえず解体される運命を劇的なイメージで描いたもの。

170　※部屋番号は2019年10月現在。作品によって移動や貸し出しなどの場合あり。詳細はウェブサイトや現地で確認を。　photo:©National Gallery, London

MUSEUM & GALLERY

● Room 43 »
ひまわり Sunflowers 1888年　ファン・ゴッホ
花瓶に入ったひまわりの絵は7点制作された。そのなかでもゴッホ自身が気に入っていた、12本のひまわりを描いた作品を自分で模したものといわれる。

● Room 44 »
皇帝マキシミリアンの処刑
The Execution of Maximilian 1867–1868年　マネ
メキシコ皇帝だったマキシミリアンが処刑された様子を描いたもの。バラバラにして売られてしまった絵を画家・彫刻家のドガが復元した。

● Room 43 »
アニエールの水浴
Bathers at Asnières
1884年　スーラ
独自の点描の技法が完成されていない時期のものだが、淡く柔らかな光の中の描写は、静かで独特な世界観で満ちている。

● Room 45 »
レディ・ジェーン・グレイの処刑 The Execution of Lady Jane Grey
1833年　ドラローシュ
策略に利用され、16歳の若さで散った9日間の女王ジェーンのロンドン塔→P.105での処刑をイメージした絵。

ギャラリー

ナショナル・ギャラリー

英国気質から生まれた、地味な芸術家たち　CLOSE UP

イタリアを訪れると、メディチ家などの大商人やカトリック教会の、圧倒的なパワーを見せつけられる。惜しみない投資を受けた芸術家たちの才能が花開き、建築物、絵画・彫刻など彼らの作品は今も色褪せることはない。

フランスに行けば、今度は絶対王朝により開花した、絢爛豪華な文化に目を見張ることになる。

では、ここ英国では？

特定の人物や組織に、想像を絶するほどの富と権力が集中するということがほぼなかったこの国では、ルネッサンスの華やかさもルイ王朝の豪奢なスタイルも縁がなかった。常に牽制し合い、バランスを保ちながら王室と議会がせめぎ合ったおかげで育まれたのは、いわゆる質実剛健な文化である。

シェイクスピアという突出した巨匠が出たのも、文学というプラクティカル（実際的）な部分に通じる分野だったことも偶然ではないのだ。

そんな英国が、世界の美術史にかろうじて顔を出すようになるのは近代になってから。産業革命を経験した19世紀、風景画でターナー（はっきりしないボヤーッとした筆づかいが独特）とコンスタブルが登場。

さらに、フランスの印象派などを横目に、英国では「ラファエル前派」と呼ばれるグループの活動が盛んになった。ルネッサンスは、ラファエロが登場した後「美術としての完成度は高くなったものの、精神性ではむしろ後退した」とし、そのラファエロ登場の前に立ち返ろうとする運動だ。素直で素朴な表現、新鮮かつ自然な描写などを提唱し、ロセッティ、ミレイ、ハント、バーン＝ジョーンズ、ウィリアム・モリスらが活躍した。このグループはやがては消滅するのだが、英国美術が世界の美術界に影響を及ぼした、数少ない例となった。

20世紀に入り、彫刻家として世界的な成功を収めた英国人ヘンリー・ムーアが現れたほか、1984年に始まった「ターナー賞」（英国の50歳以下のアーティストに贈られる栄誉ある賞）は、毎回、内外の注目を浴びている。前衛的な新しい表現方法が物議を醸すこともあるが、現代美術に関しては、英国はなかなか元気がいいのである。　（JJ）

イギリスらしい風景画を描いた
ジョン・コンスタブルの『干し草車』（部分）

歴史的人物たちに見つめられそう
ナショナル・ポートレート・ギャラリー　National Portrait Gallery

🚇 **MAP 7-C2 12-B3**
🏠 2 St. Martin's Pl., WC2H 0HE
📞 7306 0055　🕐 毎日 10：00
～18：00（金～21：00）
月曜のフロア1・2のオープンは
11：00～。有料展示の入場は閉
館45分～1時間前まで
🚫 12/24～26　💴 無料（展示
によって有料。寄付歓迎）
🚇 Charing Cross／
Leicester Sq.
🌐 www.npg.org.uk
オーディオガイド£3、日本語あり。最上階のレストラン＆バーのガラス張りの窓からは、ナショナル・ギャラリーの屋根越しに、ロンドン・アイやビッグ・ベンを望むこともできる。

ナショナル・ギャラリーを出たら、こちらにもぜひ寄ってみよう。ナショナル・ギャラリーの正面に向かって右奥、後部に隣接している。肖像画ばかりを集めた美術館で、9000点近い肖像画のコレクションは、イギリス史のダイジェスト版ともいえる。ある意味ではナショナル・ギャラリーより楽しめるかも。

建物自体はイタリア・ルネッサンス様式。館内の展示は、3階から下るにしたがって順次年代が新しくなっており、時代区分ごとに壁の色が変えられているので、わかりやすい。

王侯貴族から詩人、音楽家、政治家、俳優さらには新聞記者や科学者まで、有名無名とりまぜて肖像画が並ぶ。油絵だけでなく水彩、デッサン、彫刻から写真まで、表現形式もさまざま。

3階では、チューダー朝から18世紀までのイギリス王室の面々に出会える。宮廷画家だったホルバインの手になる『ヘンリー8世』や『エリザベス1世』などが有名。王室以外にも、ウィリアム・シェイクスピアの『シャンドス・ポートレート』、蒸気機関の発明をしたジェームズ・ワットや建築家クリストファー・レン、大英博物館のもととなったコレクションを集めたサー・ハンス・スローンの肖像画もある。

2階には、ヴィクトリア朝からの王族に加え、今世紀の有名人の肖像まで集められている。ビートルズやエルトン・ジョンら、イギリスを代表するミュージシャンが並び、ファッション界からはポール・スミスの姿も。現在の王室コーナーでは、エリザベス女王はもとより、故ダイアナ妃とチャールズ皇太子やキャサリン妃のポートレートも観ることができる。

シェイクスピアの肖像画

地下1階の Portrait Café
最上階のレストランのほうが有名だが、こちらはちょっとした休憩に最適。搾りたてジュースやコーヒーなど飲み物各種や、サンドイッチ、ケーキもある。奥のほうは少し薄暗いが、地上からの光が入る席はとても明るく心地よい。
（兵庫県　村上靖恵　'19）

CLOSE UP
パロディのネタにされるイギリス王室

イギリスのテレビ番組などで、王室メンバーが笑いのネタにされているのを見ることは珍しくない。ジョークの効いたポスターや、新聞の風刺画などにもしばしば登場し、「え、こんなイタズラしてもいいの？」と目を疑うときがある。日本でなら、間違いなく一部の人たちの怒りをかうことだろう。

日英の報道のあり方の違い、と聞いて最初に思い浮かぶのが、この王室（日本では皇室）に対する姿勢の違いだ。王室メンバーといえども、ここイギリスではタブーではないのである。これが、イギリス的笑いのセンスからくるのかどうか定かではないが、笑いのネタにされた王室メンバーも、いちいち目くじらを立てたりしない。バッキンガム宮殿の中では憤慨されているのかもしれないが、表向きは気にしていないことを装うのが「大人」、分別ある人物のとるべき態度とされている。

ただ、王室がタブーではないという風潮は弊害も生み出している。最も顕著な例は、故ダイアナ妃の悲劇だろう。国内外を問わず、その一挙一動は常にマスコミの標的とされ、最期もパパラッチ（有名人狙いの追っかけカメラマン）に追われて、高速を車で逃げる途中、ドライバーが運転を誤り事故死、という悲惨なものだった。亡くなったのはフランスだが、王室メンバーのニュースが、芸能界のゴシップと同レベルで扱われるイギリス（ヨーロッパの他の先進諸国でも似たりよったり）の報道姿勢が招いた事故といっても言い過ぎではないだろう。

故ダイアナ妃のこの事故による教訓から、マスコミは、彼女のふたりの息子ウィリアム王子とヘンリー王子に関して、成人するまではあまり騒がないとする協定を結んでいた。故ダイアナ妃は、身をもって息子たちをメディアから守った格好だ。ウィリアム王子とヘンリー王子は、成人した現在、マスコミに追われつつも、大人な対応を見せている。それにしても、王室に生まれるのはラクじゃない！

（JJ）

MUSEUM & GALLERY

ラフェエル前派とターナーのコレクションを観たいなら
テート・ブリテン　Tate Britain

16世紀以降から現代までのイギリス美術の一大コレクションを有すると同時に、近代美術を中心にさまざまな特別展が開かれる世界的な美術館のひとつ。1897年にナショナル・ギャラリーの分室として設立された。シドニー・H・J・スミスの設計による建物だが、1979年には一大増築工事が行われた。毎年のように賛否両論の話題を集める、テート主催の「ターナー賞」の会場にもなる。

見学のポイント

館内はメインフロアのほか、1987年に増設されたクロア・ギャラリーと地下に分かれている。メインフロアでは、テムズ側の入口から入って左側がゲインズバラやホガーズら歴史的な作家の作品と、人気が高いラファエル前派のミレイやロセッティの作品など。右側に近現代が多く、ヘンリー・ムーアやホックニー、フランシス・ベーコンのほか、トレーシー・エミンら、話題を集める英国ゆかりのアーティストの作品や「ターナー賞」受賞者のインスタレーションなど。

ターナー・コレクションやコンスタブルのほか、詩人としても有名なブレイクの作品は、クロア・ギャラリーに集められている。

○ MAP 10-C1
住 Millbank, SW1P 4RG
☎ 7887 8888
開 毎日 10：00〜18：00
最終入場は 17：00
1月を除く毎月第1金曜は「Late at Tate Britain」と称して 22：00までオープン。フリーイベントやコンサートなどがある。
休 12/24〜26
料 無料（特別展は有料）
展示物は入れ替え制。展示の確認はウェブサイトで。
○ Pimlico
駅から徒歩で 7〜8分。駅の出口から路上に標識があるので、それを見ながら歩くといい。
バスなら 87、88、C10 番。
URL www.tate.org.uk

テムズを走るリバーボート
テート・ブリテンの脇にあるミルバンク桟橋 Millbank Pier からP.48 のテムズ河を走るリバーボートを使ってテート・モダンを訪れることもできる。ただし、運航間隔は30分おきくらいなので、事前に時間確認を。

ギャラリー

ナショナル・ポートレート・ギャラリー…テート・ブリテン

GALLERY» シンプル解説

● プロセルピナ Proserpine
1874年　ロセッティ
冥界の王に誘拐され、1年の半分しか地上に戻れないという女性プロセルピナを描いたもの。モデルはウィリアム・モリスの妻でありロセッティの恋人でもあったというジェーン・モリス。

● オフェリア Ophelia　1851-1852年　ミレイ
シェイクスピア劇に題材を求めた作品。『ハムレット』の第4幕・第7幕の、自殺したオフェリアが小川に浮かぶ、悲劇的なシーンを描いたもの。

● シャーロットの女
The Lady of Shalott
1888年　ウォーターハウス
1832年に出版されたテニソンの詩にある、秘められた呪いに苦しめられる女性を描いたもの。テニソンの詩はラファエル前派の画家たちの題材として好まれ、よく描かれた。

● チャムリー家の令嬢
The Cholmondeley Ladies
1600-1610年　作者不詳
赤い洗礼服を着た乳児を抱くふたりの女性。姉妹ともいわれるが、どのような経緯で似たふたりが並ぶ絵になったかはわかっていない。

● カルタゴ帝国の衰退
The Decline of the Carthaginian Empire　1856年　ターナー
伝説上の女王ティドが建設したというカルタゴ帝国。夕日を描くことで、そのカルタゴの衰退を象徴している。ターナーは19世紀の初期に活躍し、明治以降の日本画壇にも少なからぬ影響を与えた画家。テート・ブリテンは、彼が寄贈した初期から晩年の主要な作品を所蔵している。

● 蚤の幽霊 The Ghost of a Flea
1819-1820年　ブレイク
水彩画家であり占星術師だったジョン・ヴァレイに憑まれて描いたシリーズの一枚。小さな細密画だが、不思議な世界に誘ってくれる逸品。

フランシス・ベーコンや現代美術の巨匠ホックニーら、20世紀からの現代アート好きも楽しめる

地下には、カフェやクロークのほか、本格的なレストラン「Rex Whistler」もある。グッズや美術関係の書籍が集められたショップも充実

・・・・・・・・・・・・・・・・・・・・・・

● MAP 8-A2 〜 B2
住 Bankside, SE1 9TG
☎ 7887 8888
営 毎日 10:00 〜 18:00
（金・土 〜 22:00）
最終入場は閉館45分前
休 12/24 〜 26
料 無料　特別展は有料
展示物は入れ替え制。展示の確認はウェブサイトなどで。
⊖ Southwark／Blackfriars
ほかに Mansion House 駅から歩くこともできるが、St. Paul's 駅で降りてミレニアム・ブリッジを渡っていくのもおすすめ。
URL www.tate.org.uk/modern

英語ガイドツアー
毎日ある無料ツアーはレベル4のコンコースが集合場所。時間ごとに内容が違い、所要約45分。ほかにも、曜日ごとに異なるツアーが催行されている。

南側にできた新館は、ひねりが効いた独特の形

テムズ河脇にあるテート・ブリテン

変化を続ける現代アートの殿堂
テート・モダン Tate Modern

　20世紀以降の現代美術にテーマを絞った美術館。テムズ河沿いにあった、ジャイルズ・ギルバート・スコット卿が設計した旧バンクサイド発電所を、スイス人建築家ヘアツォークとデ・ミューロンが改築。昔ながらのれんが造りの外観を残しながらも、内部は吹き抜けを効果的に利用した思いきった空間となっており、見る者を圧倒する。テムズに面したこの旧館 Natalie Bell Building だけでなく、2016年には、南側に新館 Blavatnik Building が誕生した。パフォーマンスやインスタレーションなどをおもに扱う別館が誕生したことにより、欧州一の規模を誇る芸術センターともなっている。

暗くなると上階に真一文字にはしるライトが建物の構造を浮きたたせる

MUSEUM & GALLERY

見学のポイント

無料の常設展示のほか、特別展も興味深い企画が多いので事前にチェックしておくといい。どこから観るか迷ったら、まずは、よく知られた作品が多い、旧館レベル2の無料展示から始めてみよう。

旧館の無料展示には、無意識や夢の世界を主題にしたシュールレアリスムのサルバドール・ダリ、ジョルジョ・デ・キリコ、ルネ・マグリット、キュビズムのパブロ・ピカソ、ジョルジュ・ブラック、「デ・スティル」のメンバーとして知られたピート・モンドリアン、ミニマル・アートにも大きな影響を与えた彫刻家コンスタンティン・ブランクーシ、後期カンディンスキーなどの作品が並ぶ。

フランシス・ベーコンの『座る人物像』、ゲルハルト・リヒターの巨大なペインティング・シリーズ『ケージ』、マーク・ロスコの『シーグラム壁画』なども、ぜひ観ておきたい。ほかにも、社会派のヨーゼフ・ボイスや大衆芸術ともいわれるアンディ・ウォーホルなど、絵画から写真、立体、インスタレーションまで、世界中から集まった近現代のアートをテーマごとに観ることができる。

新館は、1960年から現在までのアートを展示している。さまざまな国のオブジェやインスタレーション、ビデオアートといったコンセプチュアルなアートの数々は、これからのアートシーンがどこへ向かっていくのかを知る手がかりになりそう。また、新館のレベル0にあるギャラリー、タンクThe Tanksは、ライブアート、映画、ビデオ作品など、観る側と作品が接近しコラボレーションする新しいアートの実験場のようなスペース。最上階は展望台になっている。

新館の展示室

タービン・ホールではインスタレーションなどが行われていることも

アンディ・ウォーホル展
2020年3月12日〜9月6日、ポップアートの騎手ウォーホルの特別展を開催予定。

充実のショップ＆カフェ
ショップには、ポスターやポストカード、文具、書籍や画集なども取り揃えられている。また、いろいろなタイプのカフェやレストランがあって便利。

美術鑑賞だけではない、テート・モダンの楽しみ方
テムズ河沿いに建っているので、上階にあるレストランからの眺めはすばらしい。また、新館の展望台からは、ミレニアム・ブリッジとセント・ポール大聖堂、高層ビルのシャードなど、テムズの流れとともに見渡すことができる。

ギャラリー テート・ブリテン…テート・モダン

新館最上階の展望台からはテムズ沿いが一望でき、超高層ビルシャードも見える

マーク・ロスコの『シーグラム壁画』がある部屋は暗い照明で静かに鑑賞できる

広いスペースを生かした巨大オブジェの展示も見応えあり

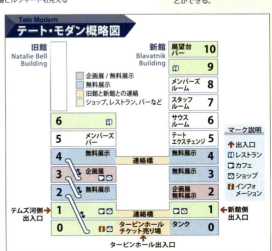

175

📍 **MAP 7-A2 11-D2**
🏠 Burlington House, W1J 0BD / 6 Burlington Gardens, W1S 3ET ☎ 7300 8000
🕐 毎日 10：00〜18：00（金〜22：00） 土曜は展示によっては閉館　最終入館は閉館30分前
🚫 12/24〜26 💴 特別展は有料　無料常設展あり
🚇 Piccadilly Circus／Green Park
🌐 www.royalacademy.org.uk

ほぼ毎日、無料の英語ガイドツアーあり。日時は要確認。Burlington Gardens側にも入口があり、こちらは現代アーティストや建築の展示が多い。2018年、ピカデリー側ともつながり、無料の常設展示も充実した。

カフェレストランも充実
ピカデリー側にあるKeeper's Houseのほか、バーリントンガーデンズ側の入口近くにもカフェやバーがある。

「ピカソと紙」展
新聞やテーブルクロスなど、さまざまな紙を使ってコラージュや彫刻などを造ったピカソに関する特別展。2020年1月25日〜4月13日開催予定。

━━━━━━━━━━━━━━

📍 **MAP 7-B2**
🏠 The Mall, SW1Y 5AH
☎ 7930 3647 🕐 火〜日 12：00〜21：00 🚫月
上記はエキシビションとブックストアの開館時間。バーの営業時間は異なる。
💴 エキシビションチケット£5
火曜は入場無料
🚇 Charing Cross
🌐 www.ica.art
映画館、ワークショップ用のスタジオなどもある。

美術を志す人なら一度はここで学んでみたいハズ
王立芸術院　Royal Academy of Arts

フォートナム＆メイソンの向かいにある新ルネッサンス調の大きな建物。この王立芸術院は1768年創立。ターナー、ミレイ、ゲインズバラら英国を代表する画家たちも所属しており、英国美術界の総本山といえる。建物の正面にある銅像は、協会設立の功労者サー・ジョシュア・レイノルズのもの。ほぼ1年中開かれている特別展や毎夏開催されるモダンアートのサマーエキシビションの人気が高い。

レイノルズの銅像

常設展には『最後の晩餐』も。複製ではあるが原画に近い時代の貴重なものとされる

デザイナーの卵たちが集まってくる
ICAギャラリー　ICA

トラファルガー広場の南から延びているThe Mallという通り（Pall Mallと間違えないように）に沿った、カールトン・ハウス・テラスにある現代芸術協会Institute of Contemporary Artsが運営する美術館。最新の美術・デザインの展示を楽しむことができる。デザイナーを夢見る若いロンドンっ子も集まる場所。カフェやバーも人気がある。

現代絵画の動きが見て取れる

CLOSE UP

ギャラリーもあるサマセット・ハウス

ウォータールー橋にいたる角、テムズ河沿いにある新古典主義の立派な建物サマセット・ハウスは、ギャラリーや企画展会場、カフェやレストラン、ショップなどが集まる多目的施設。ファッションショー、音楽イベント、フィルム上映など、さまざまなイベントの会場にもなり、冬期にはスケート場もオープンしてにぎわいを見せる。ただし、小さいながらも名画が揃うコートールド美術館は、2018年9月から大規模改築のため、2021年頃まで休館中。広くなり、新しいタイプのアートセンターとして再オープンする予定だ。

📍 MAP 7-D1　🏠 Somerset House, Strand, WC2R 1LA
☎ 7845 4600　🚇 Temple　🌐 www.somersethouse.org.uk

噴水があり、広々とした気持ちのいい中庭

MUSEUM & GALLERY

行く価値十分
ヘイワード・ギャラリー　Hayward Gallery

サウスバンクにある文化施設のひとつ。おもに、近代、現代の企画展を開催している。ガーディアン紙で「ロンドンで最も完璧なギャラリー」という評を受けたこともあり、小規模ながら、企画の斬新さは折り紙付き。無料の企画展をやることも多いので、テムズ南岸の遊歩道を散歩するついでに、立ち寄ってみるのもいいだろう。

おもしろい企画が多い

MAP 7-D2
住 Southbank Centre, Belvedere Rd., SE1 8XX
℡ 3879 9555　開 水～月 11:00～19:00（木～21:00）
休 火　料 展示により異なる（ヘイワード・ギャラリーの窓口は現金不可）
地 Waterloo／Embankment
URL www.southbankcentre.co.uk

無料の企画展のレベルも高い

最新の現代美術を楽しむならココ
サーチ・ギャラリー　Saatchi Gallery

緑の芝生に囲まれた白亜の殿堂という外観から、どんなにアカデミックな絵画が所蔵されているのかと思ってしまうが、中には『ホルマリン漬けの牛』をはじめとした奇妙な作品が……。ダミアン・ハースト、トレイシー・エミンといった英国の現代アーティストたちの庇護者チャールズ・サーチ氏の所有する、先鋭的な現代アートのギャラリー。ルネッサンス期の芸術家のパトロンになぞらえ「現代のメディチ」とも呼ばれるサーチ氏の所蔵する、刺激的でインパクトのある作品が揃う。企画展は国内外の若手を中心としたユニークなグループ展をメインとし、美大を卒業したばかりの学生たちの作品発表にも力を貸すなど、常に新人発掘に力を入れている。企画展の内容は、ウェブサイトで確認を。

MAP 9-D2
住 Duke of York's HQ, King's Rd., SW3 4RY
開 毎日 10:00～18:00
最終入場は17:30
休 企画展の期間中は無休
企画展がないときは閉館
料 無料（企画展により有料）
地 Sloane Square
URL www.saatchigallery.com

ロンドンの今を知ることができるギャラリー

CLOSE UP

ニューポート・ストリート・ギャラリー　Newport Street Gallery

『ホルマリン漬けの牛』で一躍有名になった、イギリス現代美術の旗手ダミアン・ハーストがオープンしたギャラリー。自分の作品を展示するのではなく、自身が買い集めたコレクションを皆とシェアしたいという思いから、無料のギャラリーを造ってしまったというから驚き。現代アート好きならぜひ訪れてみたい。コレクションは入れ替え制。
MAP 10-D1　住 Newport St., SE11 6AJ
開 水～日 10:00～18:00　休 バンクホリデーを除く月・火、一部の祝　料 無料　URL www.newportstreetgallery.com　地 Lambeth North／Vauxhall

鉄道路線に沿うように建つギャラリー

上…広々とした展示室
下…ポップなカフェも

ギャラリー … 王立芸術院 … ICAギャラリー … ヘイワード・ギャラリー … サーチ・ギャラリー

MAP 4-B3

住 Barbican Centre, Silk St., EC2Y 8DS ☎ 7638 8211
開 カーブ 11:00〜20:00
（木・金 〜21:00）
最終入場は閉館1時間前
アート・ギャラリー 10:00〜18:00（水〜土 〜20:00）
最終入場は閉館30分前
年末年始は変更の可能性あり
企画により休館日、開館日時が変更されることもある
休 12/24〜26
料 展示内容による
（無料のギャラリーも展示によっては有料）
Θ Barbican／Moorgate
URL www.barbican.org.uk

MAP 11-D1

住 16-18 Ramillies St., W1F 7LW
☎ 7087 9300
開 月〜土 11:00〜18:00
（企画展開催中の木 〜20:00）
日・祝 11:00〜18:00
休 展示の交換準備期間、クリスマス前〜新年の開館予定は要確認
料 1日パス£5　17:00以降と木曜夜は無料
Θ Oxford Circus
URL thephotographersgallery.org.uk

狭い路地に面している

MAP 6-D1

住 Hertford House, Manchester Sq., W1U 3BN
☎ 7563 9500
開 毎日 10:00〜17:00
休 12/24〜26
料 無料（寄付金歓迎）
Θ Bond St.
URL www.wallacecollection.org
ガラス張りのレストランでは、優雅な雰囲気のなかでアフタヌーンティーや食事を楽しむこともできる。
開 10:00〜17:00（金・土 〜23:00） ☎ 7563 9205

ふたつのギャラリーがある
バービカン・センター　Barbican Centre

　この一帯は、シティの裏側だったために第2次世界大戦で特にひどい空襲の被害を受けたが、戦後はロンドンの誇る複合文化施設として再生を果たした。ホールはロンドン交響楽団の本拠地、ふたつの劇場はエンターテインメントの発信地として注目を集める。
　バービカン・センター内のふたつのギャラリーのうち、カーブCurveという大きめの無料ギャラリー・スペースが、話題性のある展示をしており人気が高い。もうひとつは、有料のアート・ギャラリー Art Galleryで、テーマを重視した展示が多い。ほかにも、カフェやレストランがいくつかあり、噴水のある外庭は憩いの場になっている。映画館、図書館、大温室も備え、イベントのほか、昼間はロビーで無料コンサートなどが催されることもある。

地上階にあるカーブ入口

ふらりとのぞいてみたい
現代写真ギャラリー　The Photographers' Gallery

　社会性のあるドキュメンタリー写真や芸術性の高い写真を展示しており、さまざまなイベントやトークショーも催される。地下のブックショップも写真好きなら必見。プリント販売のスペースもある。入口脇にはカフェもあり、便利な場所なので、気軽に立ち寄れるのもうれしい。

いくつかフロアがあり展示作品は充実している

もとは貴族の私有コレクション
ウォレス・コレクション　The Wallace Collection

　デパート、セルフリッジ裏側の閑静な一角にあり、貴族の屋敷がそのまま美術館となっている。代々のハートフォード侯爵家による名画と家具類のコレクションを常設展示している。フランドル絵画をはじめとしたヨーロッパ各国の特徴ある絵画のほか、1976年から6年かけて改装されたギャラリーにあるインテリアや奇抜なオブジェ、陶磁器や武具といった小物のコレクションも楽しい。

フランツ・ハルス『笑う騎士』（部分）

MUSEUM & GALLERY

南ロンドンの穴場的ギャラリー
ダリッチ・ピクチャー・ギャラリー Dulwich Picture Gallery

レンブラント、ヴァン＝ダイクに加え、ルーベンスも!? 名だたる巨匠たちのコレクションをもつ美術館が、南ロンドンにあるのは、あまり知られていない。緑に囲まれた歴史ある館に、17～18世紀の巨匠の作品が多数飾られており、ゆったりとした気分で鑑賞することができる。ロンドン・ブリッジ駅から列車で郊外へ15分ほどの隠れた名所といえそうだ。

特別展の内容もチェックしておきたい

● MAP 広域図 -D3
住 Gallery Rd., Dulwich, SE21 7AD　☎ 8693 5254
開 火～日 10:00～17:00 最終入場は16:30
休 月（祝以外）、一部の祝、年末年始は未定
料 常設展£9　特別展は企画により異なる　£1の寄付歓迎
URL www.dulwichpicturegallery.org.uk
🚆 West Dulwich(Victoria駅から) / North Dulwich(London Bridge駅から)
各駅から徒歩約10分
バスならオックスフォード・サーカスから3番で Croxted Rd./Thurlow Park Rd.下車。または
🚇 Brixton から P4のバスで Dulwich Picture Gallery下車。

アートの「今」を知りたいならココ
ホワイトチャペル・ギャラリー Whitechapel Gallery

東ロンドンにも芸術を、ということで生まれたのが、この美術館。巨大美術館の歴史の重みに埋もれそうになっているのなら、ここで救いを得られるかもしれない。自由で伸びやかなコンテンポラリーの作品が多く、現代のアーティストたちの勢いを感じさせてくれるギャラリーだ。

ギャラリーのほかにも、ビデオや映画上映のコーナー、カフェなども充実。アーティストのスタジオを訪ねるツアーやさまざまなワークショップもある。

企画展も充実している

● MAP 4-D3 8-D1
住 77-82 Whitechapel High St., E1 7QX　☎ 7522 7888
開 火～日 11:00～18:00（木～21:00）
休 月、1/1、12/24～26・31
料 無料
🚇 Aldgate East
URL www.whitechapelgallery.org
ワークショップやフィルム上映、トークイベントやパフォーマンスなどもある。

落ち着いた住宅街にある
カムデン・アーツ・センター Camden Arts Centre

Finchley Rd.駅前の大通りを左に向かって500mほど、右角にヴィクトリア朝の建物の外郭を残したモダンな建物が現れる。現代美術の展示と教育をテーマにしているだけあって、展示は圧倒的にモダンアートが多い。

カフェも評判がいい。中庭に面したカフェ＆ガーデンは、日当たりもよく、ランチや休憩に最適。

モダンアートに興味があるなら訪れたい

● MAP 中央部 -A1
住 Arkwright Rd., NW3 6DG
☎ 7472 5500
開 火・木～日 10:00～18:00
水 10:00～21:00
休 月
料 無料（寄付歓迎）
🚇 Finchley Rd. ／ Finchley Rd. & Frognal(地上線)
URL www.camdenartscentre.org
美術書や子供向けの本を置くブックショップがあるほか、土曜のワークショップが充実。

179

ミュージアム&ギャラリー・インデックス

ミュージアム&ギャラリー名	ページ	展示の内容と概略	規模
ICAギャラリー ICA	P.176	現代芸術協会が運営する美術館。映画館やカフェもあり、小規模ではあるが、刺激的な最新芸術を満喫できる。	●
イングランド銀行博物館 Bank of England Museum	P.162	イギリスの中央銀行でもあるイングランド銀行の歴史や貨幣造りの再現など、銀行とお金に関する展示が盛りだくさん。	●
ヴィクトリア・アンド・アルバート博物館 Victoria and Albert Museum	P.152	世界中の工芸品や装飾品を集めた博物館。ウィリアム・モリスが内装を手がけた部屋や、多種多様なコレクションが展示されている。	●●●
ウィンブルドン・ローン・テニス博物館 Wimbledon Lawn Tennis Museum	P.167	テニスが生まれた国、イギリスらしい博物館。テニスの聖地ウィンブルドンにあり、テニスの歴史に興味がある人は訪れたい。	●
ウェルカム・コレクション Wellcome Collection	P.159	身体に焦点を当てた展示品ばかりを集めた少し変わった博物館。便利な場所にあるためかカフェも人気がある。	●●
ウォレス・コレクション The Wallace Collection	P.178	貴族の屋敷をそのまま利用した趣あるミュージアム。ヨーロッパ絵画のほか、インテリアや武具などのコレクションもある。	●●
王立空軍博物館 Royal Air Force Museum	P.166	飛行機マニアなら訪れたい。すべて本物が展示されているのも魅力。元空軍基地の格納庫にあり、ロンドン中心部から離れている。	●
王立芸術院 Royal Academy of Arts	P.176	充実した企画展が多く、ぜひウェブサイトでチェックしておきたい。大規模な特別展と小規模なものとがある。	●
カートゥーン博物館 Cartoon Museum	P.159	イギリスの歴史や庶民の生活などを、戯画をとおして知ることができる。現代の政治風刺やコミックアートもあり。	●
科学博物館 Science Museum	P.157	膨大な展示物からは、産業が発展してきた過程を知ることができる。「ウェルカム・ウィング」では参加型の展示も楽しめる。	●●●
カムデン・アーツ・センター Camden Arts Centre	P.179	現代作品の特別展がメイン。ウェブサイトなどで展示内容を確認しておくといい。売店には美術関係の書籍も充実している。	●
キーツ・ハウス Keats House and Museum	P.136	イギリスを代表する詩人ジョン・キーツが住んでいた家が公開されている。緑に囲まれたロンドン北部ハムステッドにある。	●
現代写真ギャラリー The Photographers' Gallery	P.178	写真のみに的を絞ったギャラリー。ショップやカフェもあるので、気軽に立ち寄ってみるのもいい。	●
国立海事博物館 National Maritime Museum	P.133	イギリスの海の歴史を知ることができる。キャプテン・クックやネルソン提督に関する展示もあり興味深い。グリニッジにある。	●●●
子供博物館 The V&A Museum of Childhood	P.165	人形やおもちゃのコレクションを展示している。ミニチュア・ハウスの精巧さにビックリするのでは。日本の人形も展示されている。	●
サーチ・ギャラリー Saatchi Gallery	P.177	「ロンドンの今」を知りたいならこのギャラリーへ。若手作家の作品から、現代のロンドンのアートシーンがうかがえる。	●
サマセット・ハウス Somerset House	P.176	小規模ながらも西洋絵画の名作が揃うコートールド美術館は改装のため閉館中だが、企画展をする小さなギャラリーがある。	●
自然史博物館 Natural History Museum	P.156	セコイアの断面標本から恐竜の骨まで、世界中の動植物の標本などが集められている。地質などの展示も見逃せない。	●●●
シャーロック・ホームズ博物館 Sherlock Holmes Museum	P.160	ホームズに関する展示がいっぱい。ホームズが架空の人物とは思えなくなってくるほど。シャーロキアンなら必見。	●
大英図書館 British Library	P.158	大憲章(マグナ・カルタ)など貴重な品々を見ることができる。ビートルズの自筆の歌詞など興味をそそられるものも多い。	●●
大英博物館 British Museum	P.146	世界中から見学者が訪れる、ロンドンの超有名観光スポット。古今東西の膨大で貴重な文化遺産が集まっている。	●●●
ダリッチ・ピクチャー・ギャラリー Dulwich Picture Gallery	P.179	17〜18世紀の巨匠たちの名画をコレクションにもつ。ロンドン中心部より少し離れるが、緑豊かな館での鑑賞も魅力的。	●

MUSEUM & GALLERY

ミュージアム＆ギャラリー名	ページ	展示の内容と概略	規模
庭園博物館 Garden Museum	P.167	ガーデニングが盛んなイギリスらしい博物館。教会を改装した趣ある建物内に庭園や植物に関する展示がある。	●
帝国戦争博物館 Imperial War Museum London	P.165	戦争に関する貴重な資料や兵器などの展示。広々とした空間には、スピット・ファイア戦闘機やロケット、戦車などもある。	●●
テート・ブリテン Tate Britain	P.173	イギリスを代表する画家の作品が集められている。ターナー・コレクションを観たいなら、ここは必見。特別展も興味深いものが多い。	●●●
テート・モダン Tate Modern	P.174	20世紀以降の美術に絞った展示が特徴。近現代絵画を観たいなら訪れたい。旧火力発電所を改装した建物も注目に値する。	●●●
デザイン・ミュージアム Design Museum	P.163	デザインの歴史を見ることができる博物館。デザインに興味があるなら訪れたい。ショップもおしゃれなものがセレクトされている。	●
ナショナル・ギャラリー The National Gallery	P.168	イタリア・ルネッサンスから印象派まで膨大なコレクションを誇る。大規模なので、すべてを観るには少し時間がかかりそう。	●●●
ナショナル・ポートレート・ギャラリー National Portrait Gallery	P.172	肖像画ばかり集めた美術館。世界史に登場する人物ばかりではなく、現代のイギリスを担う人の肖像もある。	●●
ファッション＆テキスタイル博物館 Fashion and Textile Museum	P.164	マーケットなどで盛り上がっているバーモンジー地区にある博物館。企画展のみなので、情報をチェックしてから出かけたい。	●
バービカン・センター Barbican Centre	P.178	ふたつのギャラリーがあり、テーマ性の強い特別展を企画するのが特徴。ウェブサイトで内容をチェックしておきたい。	●
ブランド・パッケージ・広告博物館 Museum of Brands, Packaging and Advertising	P.166	棚にあふれんばかりの商品、パッケージや広告などから、時代ごとの生活の変遷を感じることができる。	●
フロイト博物館 Freud Museum	P.167	精神分析の第一人者ともいえるフロイトの業績を記念して建てられた。ロンドン北部の住宅街ハムステッドにある。	●
フローレンス・ナイチンゲール博物館 Florence Nightingale Museum	P.164	看護に生涯をささげたナイチンゲールの足跡をたどる。クリミア戦争に関する展示では、戦争の悲惨さについても考えさせられる。	●
ヘイワード・ギャラリー Hayward Gallery	P.177	特別展のみだが無料展示もある。ファッションなど独自の視点で企画される展示内容は高く評価されている。	●●
ヘンデル＆ヘンドリックス博物館 Handel & Hendrix in London	P.163	ヘンデルが住んでいた家を、当時のインテリアで再現している。伝説のギタリスト、ジミ・ヘンドリックスの部屋も公開。	●
ポロックス・トイ・ミュージアム Pollock's Toy Museum	P.157	英国らしいおもちゃがいっぱい。狭いながらも小物など、かわいらしいものが多い。ショップも必見。	●
ホワイトチャペル・ギャラリー Whitechapel Gallery	P.179	現代アートの特別展がメイン。のびのびとしたコンテンポラリー作品が多く、現代アートに興味がある人なら楽しめる内容。	●●
マダム・タッソーろう人形館 Madame Tussaud's	P.114	世界のスーパースターや王室関係者など、有名人がろう人形で展示されている。憧れのスターとの記念撮影のためにカメラは必携。	●
郵便博物館 The Postal Museum	P.164	郵便に関することがよくわかる博物館。かつて使われていたという地下を走る列車に乗車したり、郵便の歴史を知ることもできる。	●
レイトン・ハウス博物館 Leighton House Museum	P.163	レイトンの作品のほか、ラファエル前派の絵画もある。美しい青のタイルで覆われたアラブホールなど、建物自体もすばらしい。	●
ロンドン交通博物館 London Transport Museum	P.159	2階建てバスや地下鉄など、歴史あるロンドンの交通機関に関する展示がいっぱい。売店のポスターや模型を物色するのも楽しい。	●
ロンドン・ダンジョン The London Dungeon	P.98	イギリスの歴史を実体験するかのように、役者とともに巡っていくアトラクション。いくつかのストーリーに分かれている。	●●
ロンドン博物館 Museum of London	P.158	旧石器時代から現代まで、膨大な資料や実物でロンドンの歴史を知ることができる。特別展も興味深い。	●●

ミュージアム＆ギャラリー

ミュージアム＆ギャラリー・インデックス

181

迷わない！ハズさない！もっと楽しい旅になる♥
地球の歩き方MOOKシリーズ

持ち歩きやすいハンディサイズ！

これがトレンド最前線！
今っぽソウルを総まとめ♥

今行くべき！を濃縮還元♥
台北&人気タウン最旬まとめ

楽園の旬が詰まった♥
ハワイのトレンド最前線

定価：1000円（税別）

短い滞在でも充実した旅を過ごせるモデルプランと特集

最新アクティビティやグルメ情報満載

今、話題のショップやハズせないグルメみやげ

- 海外3　ソウルの歩き方
- 海外4　香港・マカオの歩き方
- 海外6　台湾の歩き方
- 海外8　ホノルルの歩き方
- 海外9　ハワイの歩き方　ホノルル ショッピング＆グルメ
- 海外10　グアムの歩き方

豊富なラインアップ
テーマMOOKシリーズ

定価：890円～
（税別）

気になるテーマを深掘りして紹介

続々刊行予定！

- aruco magazine
- 海外子連れ旅★パーフェクトガイド！
- ハワイ スーパーマーケット マル得完全ガイド

2019年10月時点

London »

劇場 音楽 スポーツ

サミュエル・ジョンソンいわく「ロンドンに飽きたとき、その人は人生に飽きたのだ」

■ Before Enjoying

楽しみの前に

演劇のメッカ、ロンドン。ここまで来たのだから、ぜひ舞台も楽しんでほしい。旅行者にとって面倒なチケットの取り方さえマスターすれば、怖いものなし。ロンドンの夜を、思いっきり楽しみたい。

チケットの入手法とマナー

チケットを買う前に、まずは情報収集をしておこう。劇場の窓口ボックスオフィスなどに、ウエスト・エンドでの上演作品に関するインフォメーションを掲載した無料の小冊子などが置いてある。

詳細やウエスト・エンド以外の小劇場などの案内も知りたい、という場合は、左記のウェブサイト『オフィシャル・ロンドン・シアター・ガイド』で確認しておこう。

ほかにも、チケットを扱っている左記のサイトや、各劇場のサイトなどで下調べをしていくこともできる。

インターネットで情報を手に入れて予約
Official London Theatre Guide
URL www.officiallondontheatre.co.uk
UK Theatre Web
URL www.uktw.co.uk
What's on Stage
URL www.whatsonstage.com
Ticket Master
URL www.ticketmaster.co.uk

手数料について
チケット購入の前には、手数料を確認するようにしたい。金額は直接予約と代理店をとおしての予約では異なることが多い。

キャンセルについて
万一、予約した日に行けなくなった場合、キャンセルできるかどうかは劇場によって異なる。移動日などに予約を入れないほうが賢明だが、どうしてもという場合は確かめておいたほうがいいだろう。一定の手数料を差し引いて返金、ほかの演目のチケットとの交換、このほか一切交換・返金を行わない、というところもある。

チケットの買い方

❶ お目当ての芝居が上演されている劇場にあるボックスオフィス Box Office で買う

一般的に手数料を取られない（劇場や演目による）うえ、席も配置表を見て決められる。ボッタクリされる心配もなく、一番確実で、安心な方法。ひとりくらいなら当日でも空きがあることが多いが、特別人気の高い演目のいい席は売り切れという可能性もある。英語に自信のある人なら、ボックスオフィスに電話予約することもできるが、上演3日前までには申し込んだほうが確実。

劇場によっては、未成年、学生、60歳以上の人などを対象にしたスタンバイ Standby（開演直前の割引）チケットを発行している。

窓口では座席の相談もできる

TKTSのあるレスター・スクエアは大道芸人などもいる憩いの広場。真ん中にはシェイクスピアの像も

レスター・スクエアにあるチケッツ TKTS

ENTERTAINMENT

開演の1時間前くらいにボックスオフィスの当日券売り場で国際学生証やIDを提示すれば、場合によって割安でいい席が手に入る。ただし、劇場や諸条件によって割引率などが大きく異なり、実施していない劇場もある。

❷ 日本から予約していく

チケット予約ができるウェブサイトには、ミュージカルからコンサートまで、さまざまな情報が掲載されている。自分で席を確認して予約することができる場合が多い。人気の高い演目は、希望の日時の席が満席になるのも早いので、予約がベター。

❸ レスター・スクエアにある「TKTS」で買う

ロンドンではありがたいことに、売れ残ったチケットを割引きで売っている場所がある。レスター・スクエア南東の小屋TKTS(●MAP 12-B2)がそれにあたる。月〜土曜10:00〜19:00、日曜11:00〜16:30営業(12/25は休業。クリスマス前後など、時間が変更になる場合もある)。早い時間に行ったほうがいい芝居のチケットが手に入ることが多く、場合によっては20分待ちくらいの行列ができることもある。営業開始30分くらい前に着けば、希望のチケットを手に入れられる確率が高いとのこと。ちなみに、ここでは正規価格のチケット購入も可能。

TKTSのウェブサイト URL officiallondontheatre.com/tkts には、当日〜3日先までの購入できるチケットと割引率が載っているので、確認してから行ってみるのもいい。割引率は演目などにより25〜60%くらい。割引チケットは1枚当たり£3の手数料が含まれており、正規価格の場合は別途手数料が£1かかる。現金かクレジットカードでの支払い。チケットの交換や払い戻しは不可。

❹ チケットエージェンシーで買う

上記の方法では、とうてい手に入らないチケットがあったとする。そんなとき、金さえ出せば、というシステムがこの国にもある。レスター・スクエア付近に固まっているチケットエージェンシーがソレ。15〜20%の手数料がかかるが、超人気ミュージカルでも買えることが多いし、並ばずに済むのも助かる。ただし、劇場の席について、ある程度の知識が必要だし、ボッタクリをするところもあるので、少々の会話力があったほうが無難。面倒くさがらずに、3〜4軒は回ってみるのが安くていいチケットを手に入れるコツ。

❺ リターン・チケットに行列する

金は余分に出したくない。しかし、どうしても超人気の作品を観たい、という人は1〜2時間前から劇場のリターン・チケット(当日キャンセルされたチケット)の列に並ぶしかない。なお、リターン・チケットは通常5〜10枚ほどは出るらしいが、徒労に終わる可能性があることを覚悟しておこう。

楽しみの前に チケットの入手法とマナー

ハーフ・プライスなどと書かれた看板のチケットエージェンシーもあるが、TKTSとは別物なので要注意。必ず手数料や席などをチェックして購入すること

TKTS横には取り扱いの演目などが記載されたボードがある

後方席でも楽しめるミュージカル
多くの劇場は日本のメジャーな劇場よりも小さく、客席〜舞台間の距離が近いため、一番高い席でなくても十分に楽しめます。値段の種別も多いので、座席表で残席の位置を確認し、予算に合わせたチケット購入を。(スカイ '19)

日本のチケットエージェンシー
日本で予約を代行してくれる業者を利用する手もある。手数料がかかるので割高だが、トップクラスの席を扱っている。料金は演目やエージェンシーの手数料によって異なるので、直接問い合わせを。
ワールドチケットガイド
☎ (03) 5775-4500
URL www.world-ticket.jp
申し込みのタイムリミットは出発の7〜10営業日前。極力早めに相談するのがおすすめ。支払い方法はクレジットカード、または事前の銀行振り込み。スタッフの電話応対は月〜金11:00〜17:00。この時間帯以外はコールセンターもしくは留守番電話が応対し、折り返し連絡となる。

席の配置

隅＝side　中央＝centre

舞台の一部が見えにくい席＝restricted view
各劇場の構造によって隅っこでもよく見える場合と見えない場合がある。ただし、床の傾斜が緩く、前に背の高い人が座った場合には、運が悪かったと思うしか……。あたりに空席があれば係員に相談してみるのも手だが、劇場によって対応は異なる。劇場の座席表 Seating Plans をほとんど見ることができるウェブサイトもある。
🔗 www.londontheatre.co.uk/theatres/theatre-seating-plans

プレミア席
同じ値段の席でも、よりよいポジションの席に、£20～35 高く設定した席のこと。

幕間にひと休憩

シェイクスピア・グローブ劇場での『ロミオとジュリエット』

気になる劇場の席について

劇場によって違うが、1階席がストール Stalls、2階席がドレス・サークル Dress Circle とロイヤル・サークル Royal Circle、3階席がアッパー・サークル Upper Circle とグランド・サークル Grand Circle、4階席がバルコニー Balcony とギャラリー Gallery、というように分かれていることが多い。例外もあるが、料金もだいたい席の区分けに従っている。参加型のミュージカルの場合、舞台に上がることだって夢じゃない1階席がダンゼン楽しい。2階席の隅っこ（side）のほうだと、高いお金を払って3階席よりも見えにくい場合だってあるし、バルコニーの端でまったく舞台が見えなかった、なんていう話もある。値段と見やすさの基準は劇場によってマチマチ。自分の出せる金額で、真ん中（centre）寄りの席を選んだら、あとは運を天に任せるしかない。

劇場での服装は？

「ドレスアップしていなければ、劇場内にはお入りいただけません」、なんてことを言われたりはしないので、ご心配なく。実際には、フリンジ・シアター→P.198 を含む普通の劇場をはじめ、「ロイヤル

舞台が始まる前。劇場内の雰囲気も楽しみたい

CLOSE UP

コンサート・チケットの購入方法

まずはコンサート情報を、インターネットや『タイム・アウト』などの無料情報誌、または朝と夕方に地下鉄駅などの前で配られるフリーペーパー（無料の新聞）でチェック。ウェブで予約して会場のボックスオフィスで受け取るのが、最も確実なやり方。最近は、音楽情報誌『ニュー・ミュージック・エクスプレス NME』のウェブサイトでも、コンサートチケットを扱うようになった。

しかし、予約ができず、会場のボックスオフィスでも入手できなかった場合は、かなりの手数料を取られる覚悟で市内のチケットエージェンシーへ。店頭に「STAR(Secure Tickets from Authorised Retailers の略)」のロゴマークが出ている店で買うのがおすすめ。

劇場街にあり、ライブなども開催されるシアター・カフェ（🅔 99 St. Martin's Lane, WC2N 4AZ　MAP 12-C2　🔗 www.thetheatrecafe.co.uk）内の窓口は比較的安心。手数料がバカ高かったり、あやしいところもあるので、購入前に確認を。

コンサート情報を知るうえで集めておきたい、『NME』は毎週金曜発行（デジタル版のダウンロードは🔗 www.nme.com）、『タイム・アウト』は毎週火曜か水曜に、いずれも無料配布している。

この「STAR」のロゴマークを覚えておきたい

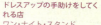
ENTERTAINMENT

＊＊＊」や「プリンス＊＊＊」といった仰々しい名前の劇場やコンサートホールでも、それほど服装に神経質になることはない（王室が臨席するロイヤル・ガラや上流階級御用達のチャリティといった切符の馬鹿高いものは除く）。そうはいっても、観客が着飾ってお互い見たり見られたりするのも観劇の楽しみのうち、というところは確かにある。ドレスアップした人たちを見て引け目を感じるかもしれないけれど、「旅先でできるだけのことはしたもんネ」と自分自身が納得できれば、それでＯＫ。ただし、出演者や劇場、ほかの観客に対する礼儀として清潔な服装で。アクセサリーやスカーフなどで華やかさを演出するのもいいかもしれない。

一般に、高い切符の演目の、高い座席になるほど盛装客の姿が増してくる。また、同じ演目でも、古典的な演出と現代的な演出、土曜と平日では、後者のほうにカジュアルな服装が目立つ。まぁ、一応の目安として£30以下の座席の場合、盛装をしてそっくり返っているほうが悪目立ちするというもの。とりあえずスマート・カジュアルと呼べるような服装ならば、まず大丈夫だろう。

また、ミュージカルの場合には値段が高い席であっても、服装に気を使う必要はほとんどない。

マナーについて

日本の劇場や映画館と違いがあるわけではなく、日本でダメなことはイギリスでもダメ。

特に気をつけたいのが写真撮影。インターバルやカーテンコールにかぎり、見て見ぬふりという感じだが、「上演中のフラッシュは絶対厳禁」というのは各劇場共通。照明効果の乱れ防止、演者の危険への配慮、肖像権保護などさまざまな理由から、フラッシュをたかず、スマートフォンでも絶対ダメというところが多い。写真撮影に神経を使うより、舞台と劇場内の雰囲気をしっかりと味わったほうがいいのでは？

ちなみに、各階の最前列の手すりに物を置いたりかけたりするのも御法度のうち。ロイヤル・オペラ・ハウスでは、会場係の人たちがこまめに注意して回っている。

ドレスアップの手助けをしてくれる店
ワン・ナイト・スタンド
One Night Stand
女性向けのパーティドレスがメイン。アクセサリーはあるが靴のレンタルは扱っていない。
🏠 8 Chelsea Manor Studios, Flood St., SW3 5SR
📞 7352 4848
🕐 火〜金 10:00〜18:30
土 10:00〜14:00
💷 £180〜（3泊4日）
🚇 Sloane Sq.
🌐 www.onenightstand.co.uk
試着も含め完全予約制。

モス・ハイヤー Moss Hire
メンズ服チェーンのモス Moss Bros.は、ロンドン市内に多数の支店があり、ほとんどの店で礼服のレンタルもしている。靴や小物もあり。サイズさえ合えば直接来店でも借りられる。スコットランドの正装、キルトもあるので試してみては？
🏠 136 Oxford St., W1D 1LX
📞 7631 1047
💷 5日で£40〜（＋保険£9、デポジット£200〜400　ホテルなどへの有料配達も可）
🌐 www.mossbroshire.co.uk

歴史ある劇場も多い

おみやげも買える

楽しみの前に　チケットの入手法とマナー

どんな舞台なのかワクワクする
『レ・ミゼラブル』の上演前

多くのミュージカルが上演されている©Manuel Harlan

大人向けの演出が楽しめる
『ライオン・キング』

London » WHAT'S ON

旬のステージはコレ！

演劇王国イギリス。その首都ロンドンの夜はミュージカルや演劇なしには語れない。ロングラン上演から新作のものまで、話題の数々が劇場で上演されている。すごい声量の歌声もダンスも、本場ならではの迫力！ ぜひ一度お試しを。

©Alastair Muir

● レ・ミゼラブル　Les Misérable

ご存じヴィクトル・ユゴーの小説のミュージカル化。トレヴァー・ナン演出で力強い舞台を見せる。フォンティーヌの歌う"アイ・ドレムト・ア・ドリーム"は好ナンバー。また、革命派の若者たちによる"人民の歌が聞こえるか"は圧巻。2012年に公開されヒットした、ミュージカルの映画版があるので、それを観ておくと時代背景などがわかりやすい。

MAP 12-A2
ソンドハイム・シアター Sondheim Theatre
住 51 Shaftesbury Av.,W1D 6BA ☎ (0344) 482 5137　営 月〜土19:30　マチネ水・土14:30　クリスマス前後〜年末年始は要確認
料 £17.50〜　⊖ Piccadilly Circus

● エブリボディズ・トーキング・アバウト・ジェイミー　Everybody's Talking About Jamie

高校生のジェイミーは、ドラァグクイーン（女装）姿で学校のパーティに参加したいのだが、学校側からは反対され、教師には理不尽な言葉をいわれたりする。そんななかでも母親や友達が力になってくれ、自分らしい道を見つけていく。若者英語なのでスピードは早いけれど、話の展開はわかりやすい。イギリスの学校生活を垣間見ることもできる。

MAP 12-A2
アポロ・シアターApollo Theatre
住 Shaftesbury Av., W1D 7ES ☎ 7851 2711
営 月〜土 19:30　マチネ 水・土 14:30
料 £20〜　⊖ Piccadilly Circus

©Manuel Harlan

● マチルダ・ザ・ミュージカル　Matilda The Musical

児童文学者ロアルド・ダールの名作を、ロイヤルシェイクスピア・カンパニーがミュージカルに。「勉強なんか必要ない！」と天才児マチルダを学校に行かせない成金でミーハーな両親。学校に行けば、いじわるな先生が待っている。味方の先生の応援も得て自分の運命を変えていく少女の物語。子供たちの生きいきとした演技が見もの。

MAP 12-C1
ケンブリッジ・シアター Cambridge Theatre
住 Earlham St., WC2H 9HU ☎ 7087 7745
営 火〜金 19:00、土 19:30　マチネ 水 14:00、土 14:30、日15:00　料 £20〜　⊖ Covent Garden

©Manuel Harlan

● **ハリー・ポッターと呪いの子** Harry Potter and the Cursed Child
ハリー・ポッターシリーズの最後『死の秘宝』から19年たったという設定で、JKローリングによって書かれた第8番目の物語。ハリーの息子のひとりアルバスが、有名な父をもったプレッシャーと闘い成長していく様子を、2部構成、計6時間かけて見せる。
通常、マチネのある水・土・日は、1部と2部を同日予約。木・金は、連日で1部と2部を予約する。ただし、異なる予約も可能。

パレス・シアター →P.191
🕐 水・土 1部14:00、2部19:30 日 1部13:00、2部18:00 木 1部19:30、金 2部19:30
💷 1部ごとの値段は£15〜

● **オペラ座の怪人** The Phantom of the Opera
アンドリュー・ロイド=ウェーバーの傑作。19世紀末のパリのオペラ座で、クリスティーヌという若手歌手に怪人が恋をする。神出鬼没の怪人と、連発する怪事件。ついに怪人の魔力に魅せられたクリスティーヌが「そしてもう一度夢見るのかしら」と歌いながら地下深くへ小舟で連れ去られるシーンはこよなく美しい。そのあと怪人が優しく愛を歌いあげる"ミュージック・オブ・ザ・ナイト"はポピュラーソングとしてもヒットした。

ハー・マジェスティーズ・シアター →P.191
🕐 月〜土19:30 マチネ 木・土14:30
クリスマス前後〜年始は要確認
💷 £25〜

©Brinkhoff/Mogenburg

● **マンマ・ミア** Mamma mia !
1970〜1980年代にヒットチャートを総嘗めにしたスウェーデンのポップグループ、アバのヒットソングが22曲も出てくる。独立心の強いシングルマザー、ドンナの娘ソフィはなぜか母親とは正反対の性格。保守的で、伝統的な結婚式と花嫁衣装を夢見ている。婚約を機にソフィが父親探しを始め、ドンナは奔放だった自分の若かりし頃を思い出す。

🔴 MAP 12-D2
ノヴェロ・シアター Novello Theatre
🏠 Aldwich, WC2B 4LD 📞 (0344) 482 5137
🕐 月〜土 19:45 マチネ 木・土 15:00
クリスマス前後〜年末年始は要確認
💷 £17.50〜 🚇 Covent Garden

©Disney

● **ライオン・キング** The Lion King
ディズニー映画のミュージカル版。しかし、子供だましではない。登場する動物の衣装には、ぬいぐるみ的なところがまったくなく、アフリカやアジアの民俗衣装のエッセンスが取り込まれていて見事。キリンがバルコニー席から、象が通路から、たくさんの鳥が観客席の背後から飛び出してくる(すべて役者)オープニングも圧巻。音楽は映画と同じ、エルトン・ジョン、ティム・ライス作。

🔴 MAP 12-D2 ライシアム・シアター Lyceum Theatre
🏠 21 Wellington St., WC2E 7RQ
📞 (0844) 871 3000 🕐 火〜土 19:30
マチネ 水・土・日14:30 💷 £20(限定枚数の当日券)〜 🚇 Covent Garden

■ Theatre

シアター

日本で近年評判が高い作品はもっぱらイギリス産。人口でいえば日本の約半分でしかないイギリスから、どうして世界中の注目を浴びる独創的な作品が続々と生み出されるのか。舞台を楽しみながら、背景にある土壌についても考えてみたい。

★＝上演作品

ミュージカル Musical

英語が苦手な人がミュージカルを楽しむには？
いつもはあまり観ないけど、ロンドンに来たのだから、本場のミュージカルを観たいと思う人も多いのでは？ そんなときに気になるのが英語力。リスニングが苦手な人は、映画を観たり、日本で翻訳本を読んでいくと、だいたいのあらすじがわかるので、楽しみやすい。
・オペラ座の怪人
（原作ガストン・ルルー）
・レ・ミゼラブル
（原作ヴィクトル・ユゴー）
・マチルダは小さな大天才
（原作ロアルド・ダール）

ミュージカルの上演について
イースター休暇期間、クリスマス前後などには、マチネがP.188〜189記載の曜日以外にも増加上演されることもある。また、例年、12/24・31はどこもマチネのみの上演、12/25は休演が多いが、細かく予定が変更されることもある。

修復税について
大部分の劇場の料金には、劇場修復税Restorarion Levy £1〜1.50が含まれている。

『オペラ座の怪人』を観ました。ストーリーがわかりやすく、歌も聴いたことがあるものが多いと思います。舞台は比較的幅が狭く、高さがあり、座席部分は、思ったよりこぢんまりしている印象でした。週末・夜の上演で、地階部分の2列目中央に座りました。チケットは£90程度でしたが、アクションシーンがすぐ近くで観られ、オーケストラピットがのぞけてすばらしかったです。観光客も多く、だいたいはカジュアルな装いで、女性はワンピースのほうが多かったように思います。
（東京都　ぶんすけ　'18）['19］

　ミュージカルといえば、かつてはニューヨークのブロードウェイの独壇場だった。それが今では、イギリス生まれのミュージカルがブロードウェイで大当たりすることもあるし、トニー賞がイギリス作品に流れることもある。これはひとえに、アンドリュー・ロイド＝ウェーバーという作曲家の存在が大きかった。『ジーザス・クライスト・スーパースター』で華々しいデビューを飾り、『エビータ』『キャッツ』『スターライト・エクスプレス』と立て続けに世界的な大ヒットを飛ばし、『オペラ座の怪人』で底力を発揮、まさに黄金時代を築きあげた。また、『レ・ミゼラブル』や『キャッツ』などで高い評価を受けた、トレヴァー・ナンという監督や、プロデューサーのキャメロン・マッキントッシュも、イギリス演劇を代表する存在だ。

　日本で上演されている作品もあるが、せっかくロンドンを訪れたのだから、やはり本場の舞台を観てみたい。さまざまな人種が集うロンドンならではの、迫力ある歌とダンスを堪能できる。

ミュージカルの上演が多いヴィクトリア・パレス（左）とケンブリッジ（右）

劇場街、シャフツベリー・アヴェニュー

ENTERTAINMENT

ハー・マジェスティーズ・シアター Her Majesty's Theatre

"Her Majesty"は「女王陛下」の意。1705年に"Queen's Theatre"として設立されたが、女王から王、王から女王へと君主の性別が変わるたびに、その名前を変えざるを得なかった。エリザベス2世が即位されるまでは、いうまでもなく"His Majesty's"と呼ばれていた由緒ある劇場。オペラ、ミュージカルの傑作を上演し続けている。

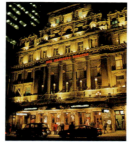
一度はここで観たい『オペラ座の怪人』

MAP 12-B3
57 Haymarket, SW1Y 4QL
7087 7966
Piccadilly Circus
URL lwtheatres.co.uk/whats-on/the-phantom-of-the-opera
★オペラ座の怪人→P.189

劇場も歴史を感じさせる

パレス・シアター Palace Theatre

1891年に"ロイヤル・イングリッシュ・オペラ・ハウス"としてオープン。こけら落としのオペラ『アイヴァンホー』、および第2作も興行的に失敗に終わり、1年で閉館に追い込まれた。しばらくコンサートホールとして使われた後、1924年にミュージカル専門シアターとして復活。現在は例外的に舞台劇『ハリー・ポッターと呪いの子』を上演している。ロングラン作品も多く、1961年初演の『サウンド・オブ・ミュージック』は2385回の上演回数を記録した。

劇場自体も立派！

MAP 12-B2
113 Shaftesbury Av., W1D 5AY
(0330) 333 4813
Leicester Sq. / Tottenham Court Rd.
URL www.harrypottertheplay.com/uk
★ハリー・ポッターと呪いの子→P.189

席がかぎられる場合もあるので、オンライン予約サイトで空きを確認しておきたい。
また、毎週金曜13：00には翌週分のチケット40枚が売り出され、いい席が格安で出る。キャンセルされたチケットはオンラインまたは窓口で買えるので、直前でもチケットが取れる可能性もある。
1部と2部は同時購入も可能。
URL www.harrypottertheplay.com/uk

シアター

ミュージカル

バックステージツアーはいかが？

通常は見ることができない舞台裏を案内してくれるのが、バックステージツアー。歴史あるドゥリー・レーンでは、見学の合間に名優や劇場の幽霊についてのエピソードも。場合によっては、舞台が始まる前の緊張した舞台裏を案内してもらえることもある。スポットライトを浴びてメインステージに立てば、名優になった気分。華やかな舞台も、裏方で支える人たちとともに作られていることが、よくわかる。
　右記の催行日時や詳細は要確認。劇場以外でチケットを購入すると手数料がかかる場合がある。予約したほうがいい。

ナショナル・シアター → P.196
月～土 9:45以降で毎日異なる　£13
所要約1時間15分。ほかに衣装室のツアーなどもある。詳細はウェブサイトで確認して予約を。
URL www.nationaltheatre.org.uk/shows/backstage-tours

イングリッシュ・ナショナル・オペラ → P.204
7845 9300　11:00または14:30。日時とも不定期開催のためウェブサイトで確認と予約を。
£10　所要約1時間30分　URL www.eno.org/whats-on/london-coliseum-guided-tours

191

MAP 12-B1
🏠 30 Old Compton St., W1D 4HS
📞 (0844) 482 5151
🚇 Leicester Sq. ／ Tottenham Court Rd.
URL http://www.delfontmackintosh.co.uk/theatres/prince-edward-theatre
★ メアリー・ポピンズ

プリンス・エドワード・シアター　Prince Edward Theatre

　1930年4月3日にオープンした比較的新しい劇場。『リオ・リタ』というミュージカル・コメディでデビューを飾った。しかし、その後、一時は映画館や"London Casino"のキャバレー・レストランとして使われるなど、劇場としては不遇の時期を過ごした。今日、シアターとして復活できたことを、劇場自身が一番喜んでいるのではないだろうか。

MAP 12-D2
🏠 Catherine St., WC2B 5JF
📞 7087 7760
🚇 Covent Garden ／ Holborn
URL lwtheatres.co.uk/theatres/theatre-royal-drury-lane
★ 2020年秋からはアナと雪の女王の予定。
※2019年10月現在、修復工事のため閉館中。2020年秋頃開館予定。

シアター・ロイヤル・ドゥルリー・レーン　Theatre Royal Drury Lane

　1663年にチャールズ2世の依頼により建てられた、現役としてはロンドンで最も古い劇場。もっとも、建物自体は何度も火事や閉鎖の憂き目に遭い、建て直されている。1674年の再建はあのクリストファー・レンが設計。初めはシェイクスピアの作品がメインだったが、しだいにオペラやバレエが進出、そして20世紀からはより娯楽性の強いコメディやミュージカルが演じられるようになった。

MAP 12-C1
🏠 166 Drury La., WC2B 5JF
📞 7087 7966
🚇 Covent Garden ／ Holborn
URL lwtheatres.co.uk/theatres/gillian-lynne
★ スクール・オブ・ロック

ジリアン・リン・シアター　Gillian Lynne Theatre

　1973年オープン。この劇場のある地は、エリザベス1世の頃から常にエンターテインメントの場として使われてきたという。大ヒット作『キャッツ』のために客席が増やされた。『キャッツ』や『オペラ座の怪人』の振付師だったジリアン・リンに敬意を評して、劇場名がニュー・ロンドン・シアターからジリアン・リン・シアターに改名されている。

MAP 10-B1
🏠 17 Wilton Rd., SW1V 1LG
📞 (0844) 871 3001
🚇 Victoria
URL www.theapollovictoria.com
★ ウィキッド

アポロ・ヴィクトリア・シアター　Apollo Victoria Theatre

　前身は"ニュー・ヴィクトリア・シネマ"という映画館だったが、所有者が変わったことにともない、ミュージカル用劇場として改築された。1980年2月2日にオープンしてからは、ミュージカルのみならず、世界のビッグアーティストを招いてのコンサートも次々と行われている。客席数も多く、大劇場のなかでも最大規模。

ENTERTAINMENT

プリンス・オブ・ウェールズ・シアター　Prince of Wales Theatre

直訳すれば「皇太子劇場」となるが、1884年に"Prince's Theatre"という名でオープンしたのが始まり。あらゆる種類のエンターテインメントを幅広く取り上げるのが特徴といえるだろう。といっても、専門はやはりミュージカルとレビュー。客席数は約1100。2004年に改装されている。

- MAP 12-B2
- Coventry St., W1D 6AS
- (0844) 482 5151
- Piccadilly Circus
- URL www.delfontmackintosh.co.uk/theatres/prince-of-wales-theatre
- ★ザ・ブック・オブ・モルモン

シアター

アデルフィ・シアター　Adelphi Theatre

1806年、商人だったジョン・スコットが舞台に憧れた娘のために劇場を建設。その娘ジェーンは、役者、脚本家、劇場のマネジャーとして成功を収めたが、1819年には劇場を売却。このときに名称が現在のアデルフィ・シアターに改名された。その後も、所有者、名称はたびたび変わり、建物自身も数度にわたって増改築された。なかなか話題には事欠かない劇場だったようだ。もちろん、世に送り出した名作・名優の数もたいしたもの。由緒ある劇場のひとつといえるだろう。客席数は約1500。

- MAP 12-C2
- Strand, WC2R 0NS
- 7087 7966
- Charing Cross
- URL lwtheatres.co.uk/theatres/adelphi
- ★ウエイトレス

ミュージカル

CLOSE UP　ヘンなガイジンにはなりたくない！　必修マナー講座

「郷に入っては郷に従え」けだし名言。旅行者として滞在するにせよ、実際に住むにせよ、その土地の人たちとは仲よくやっていきたいものだ。イギリスにも、いくつか「暗黙の約束ごと」ともいうべき社会的慣習（ま、ひらたくいえばそれを破るとヒンシュクをかうってことだ）がある。ここでは主要なものだけを挙げてみよう。

①エスカレーターの正しい乗り方

原則として右側に立つ。左側は急いでいる人用となっている。もちろん、もし急いでいるなら左側を行けばいいわけだ。特別に左側に立つようにとの指示がある場所もないではないが、まず右側に立つのが普通。

②列の正しい並び方

イギリスでは"queue" "queuing"（キューイング）という言葉をしょっちゅう耳にする。どちらも「列」の意。米語の"line"に当たる。トイレ、郵便局・銀行や駅の窓口など、ありとあらゆる所でキューができる。必ず1列に並び、自分の番が来たら、空いている場所に向かって迅速に進むこと。

なお、列の最後がわからないときは"Is this end of the queue?"、列に並んでいるのかわからないときは"Are you queuing?"と尋ねよう。

③ドアの正しい開閉の仕方

デパートでもどこでも、自分がドアを通過したら、後ろの人がそのドアに手をかけるまで、ドアを開けたまま待つ。後ろの人の鼻の先でドアが閉まるのは危険だし、失礼だということなのだろう。ただ、自分と後ろの人との距離によっては、判断が難しくなることも。また自分の前の人がドアを開けて待っていてくれると、やはり小走りにならざるを得ない。ま、ちょっと面倒に感じることもあるが、美しいマナーだとは思う。ドアを開けて待っていてくれた人には"Thank you."のひと言を絶対忘れずに。逆に"Thank you."と言われたらニッコリ笑うだけでいい。いちいち"Not at all.（どういたしまして）"と答える必要はない。ただ、この伝統的なマナーも、最近の若い人の間では「古風」と考えられているという。「紳士の国」英国の実態もかわりつつあるというところか。

④すすらない！

スープなど、液状のものをいただく際に、「ズズ〜」っと音を立ててすすらないこと。「まぁ、私そんなことしないわ」と言う人も多いと思うが、熱い紅茶などを飲むときは、意外と無意識にすすっていたりするもの。うどんやラーメンだって、現地の人はすすらない。イギリス人は「すする」という行為ができないらしく、この音が不快感を与えるようだ。あと、鼻水をすするのもタブー。鼻水は勢いよくかむべし（鼻をかむ音は不思議と許されるらしい）。

★＝上演作品

シェイクスピア・グローブ劇場は、ツアー形式で劇場内を見学することもできる→P.195

プレイ　Play

ロンドンで芝居といえば、まず真っ先に思い出されるのがシェイクスピア。シェイクスピア・グローブ劇場では、400年前と同じような環境でシェイクスピア作品を堪能できるほか、毎日どこかの劇場で彼の作品が上演されていると考えて間違いないだろう。

しかし、シェイクスピアばかりが芝居じゃない。イギリス演劇の真の偉大さはその様式や内容の幅広さにある。現代の若者の風俗を扱ったもの、社会問題をテーマとしたリアリズム劇、ナンセンスに富んだ喜劇、時代もの、ギリシア悲劇のパロディ、サスペンスもの、不条理劇など挙げればきりがないほど。情報誌や新聞などで評判・内容をさぐってから、芝居を観に出かけよう。

なお、劇場に行く楽しみは作品鑑賞だけにあるのではない。フォーマルウエアに身を包んだ紳士淑女たちが劇場内のバーでシャンパンを楽しみながら談笑しているのを見ると、感心してしまう。彼らは人生を楽しむ術を、うらやましいほどよく心得ているのだ。

アンバサダーズ・シアター　Ambassadors Theatre

📍 MAP 12-B2
🏠 West St., WC2H 9ND
📞 (0843) 904 0061
🚇 Leicester Sq.
🌐 www.theambassadorstheatre.co.uk
★クネネと王

客席数約460、決して大劇場とはいえないが、1913年にオープンして以来、名舞台でロンドンっ子をおおいに楽しませてきた劇場として定評がある。特に、1952年初演の『マウストラップ』は、1975年、隣のセント・マーティンズ・シアターに作品ごと譲るまで20年以上もロングランを続けたというから驚き。なお、名優ヴィヴィアン・リーのウエスト・エンドでの初舞台もこの劇場だったとのこと。

セント・マーティンズ・シアター　St. Martin's Theatre

📍 MAP 12-B2
🏠 West St., WC2H 9NZ
📞 7836 1443
🚇 Leicester Sq.
🌐 uk.the-mousetrap.co.uk
★マウストラップ
アガサ・クリスティ原作で、2万6000回を超える上演数。

アンバサダーズ・シアターとペアで建てられた劇場。1916年オープン（アンバサダーズは1913年）だから、こちらのほうが弟分ということになろうか。客席数は約560。アンバサダーズ同様、こぢんまりとした劇場。

アンバサダーズから引き継いだ『マウストラップ』を上演続行中。このロングランの記録はどこまで伸びるのか、神のみぞ知る、かな？

ENTERTAINMENT

ヴォードヴィル・シアター Vaudeville Theatre

"vaudeville"にはもともと「寄席演芸」とか「バラエティ」という意味がある。その名のとおりコメディ、ミュージカル、レビューとさまざまなエンターテインメントが楽しめる劇場。1870年にオープンした。2283回の上演回数を誇る『サラダ・デイズ』(「駆け出しの頃」の意)をはじめ、名作がその長い歴史を彩ってきた。客席数は約700。

● MAP 12-D2
住 404 Strand, WC2R 0NH
℡ (0330)333 4814
● Charing Cross
URL www.nimaxtheatres.com/theatres/vaudeville-theatre/
★マジック・ゴーズ・ウロング

シェイクスピア・グローブ劇場 Shakespeare's Globe

1997年、シェイクスピアのグローブ座が、400年の時を経てオリジナルの場所と建築様式(木造りの茅葺きの屋根)で再現された。長年再建を夢見ていたサム・ワナメーカーらが中心となり実現。なにしろオリジナルに忠実なので、土間の立ち見席には屋根がない。雨が降ったときも心配だし、客席の状態も現代の基準からは快適とは言いがたいが、正調シェイクスピアが、400年前と同じような状態で堪能できる。立ち見席は疲れるが舞台との距離が近く迫力満点。

● MAP 8-B2
住 21 New Globe Walk, SE1 9DT ℡ 7401 9919 開 グローブ劇場:4月中旬〜10月中旬上演 屋内劇場サム・ワナメーカー・ハウス:10〜4月上演
料£5(立ち見席)〜
グローブ劇場ガイドツアー
1599年代のグローブ座、1990年代の復興プロセスなどをガイドが説明しながら巡る。英語ガイド付き(日本語解説シートあり)で30分おきに出発。所要約40分。℡ 7902 1500 開上演スケジュールによって異なる 料£17
ほかに、もとのグローブ座やローズ劇場→P.198があった場所などを巡る「シェイクスピアのサザークツアー」や、同じ敷地内のサム・ワナメーカー・プレイハウスを巡るツアーもある。
料 各 £13.50 ● Mansion House／London Bridge
URL www.shakespearesglobe.com

舞台裏見学ツアーでは、舞台についてや歴史などを聞くことができる。舞台の天井には十二宮図が描かれており、舞台下のセリからは幽霊や魔女、悪魔などが登場する

昔ながらの劇場を再現している。敷地内にはレストランなどもある

喜劇『ウィンザーの陽気な女房たち』。立ち見席では、舞台の真ん前で観ることができる photo:©John Tramper

4大悲劇のひとつ『マクベス』。スコットランドの王座を奪い取ったマクベスの話をモデルにしている photo:©Maniel Harlan

MAP 4-B3
- Silk St., EC2Y 8DS
- 7638 8891
- Barbican／Moorgate
- www.barbican.org.uk

バービカン・センター

MAP 7-D2
- Upper Ground, South Bank, SE1 9PX
- 7452 3000
- Waterloo
- www.nationaltheatre.org.uk

チケットは当日余っていれば、その場で買えるし、9：30から£15か£20の特別当日券（デイ・チケット、席は当日まで未定）が手に入ることもある。スタンバイ・チケットとリターン・チケット（キャンセルされたチケット）は通常開演90分前から割引で販売される。また、全席が売り切れたあと、立席券（£5）が発行されることもある。

金曜13：00には、ウェブサイトで翌週のチケットが£20で、限定枚数売り出される。

ナショナル・シアター

MAP 12-D2
- 49 Aldwych, WC2B 4DF
- (0345)200 7981
- Covent Garden／Holborn
- www.nederlander.co.uk/aldwych-theatre
- ★ティナ（ティナ・ターナーのミュージカル）

MAP 12-B3
- 18 Suffolk St., SW1Y 4HT
- 7930 8800
- Piccadilly Circus
- www.trh.co.uk
- ★ザ・タイガー・フー・ケイム・トゥ・ティー

シアター・ロイヤル・ヘイマーケット

バービカン・センター　Barbican Centre

　バービカン・センターは劇場、コンサートホール、映画館、ギャラリー、図書館などを備えた多目的文化施設→P.178。

　バービカン・センターの中にはザ・シアターという大劇場と、ザ・ピットという小劇場のふたつがあり、演劇だけでなく、ダンス、音楽などさまざまな演目を上演している。若手やアイデアあふれる作品を支援し、常に新しい視点をもつことを目標に掲げている。

ナショナル・シアター　National Theatre

　テムズ河南岸、ウォータールー橋に近いサウスバンクに1976年に建てられた、コンクリートむき出しのビルディング。略称NT。大劇場のオリヴィエ、中劇場のリトルトンのほか、ドーフマン（旧コステロー）といった小劇場がある。

　劇場ごとに違った芝居が上演されていて、期間は演目によりマチマチ。3ヵ月以上続くものもあれば、数日でほかの演目に変わる場合もある。内容はシェイクスピアから古典のリバイバル、近年の評判作の再上演、そして新作と多岐にわたる。規模が小さな劇場が新作や実験劇などを発表する場合も多い。

　なお、NT内にはレストランやカフェ、バーがいくつかある。ホールには無料展示もあるので、休憩がてらのぞいてみるのもいい。上階のロビーからはロンドンの景観が眺められる。

オルドウィッチ・シアター　Aldwych Theatre

　オルドウィッチという、弧を描いて走る通り沿いに建つ劇場。1905年に建設が始まり、1909年にオープンした。ミュージカルを中心に上演する一方で、ミュージカル以外のものでも成功を収めている。1960年には、ロイヤル・シェイクスピア・カンパニー（R.S.C.）のロンドンにおける拠点となり（現在は移転）、この1960年を境にシェイクスピアものも上演する、いわゆる「名門」の仲間入りを果たしたといえるだろう。

シアター・ロイヤル・ヘイマーケット　Theatre Royal Haymarket

　単に"The Theatre Royal"とも呼ばれる。1720年にオープンした、290年以上もの歴史を誇る劇場。建物自体は、もとの敷地の南隣に、リージェント・ストリートの設計者として名高い建築家ジョン・ナッシュの手により、1821年に建てられた芸術的なもの。オスカー・ワイルドの作品をはじめ、数々の名作が上演され続けている。

ENTERTAINMENT

ギルグード・シアター　Gielgud Theatre

このシアターは1906年に建てられたもの。シェイクスピア劇が多く上演されていた頃には、シェイクスピアが劇作家兼俳優として活躍したサザークにあった劇場から名前を借り、「グローブ・シアター」とも呼ばれていた。いつもシェイクスピア作品を上演しているわけではないが、常に秀作が人々を楽しませている。

- MAP 12-A2
- Shaftesbury Av., W1D 6AR
- (0844) 482 5151
- Piccadilly Circus
- URL www.delfontmackintosh.co.uk/theatres/gielgud-theatre
- ★2020年4月25日までアップスタート・クロウ 以降未定

フォーチュン・シアター　Fortune Theatre

客席数約430のこぢんまりとした劇場。1924年オープンなので、比較的新しいということになるが、「フォーチュン・シアター」という名称自体は古い歴史をもつ。本家「フォーチュン・シアター」は1600年完成。シェイクスピアが活躍していた頃だ。形も「グローブ・シアター」をまねていたという。現在の建物も、乏しい資料をもとに、古い建物の形をベースに建てられた。

- MAP 12-D1
- 29 Russell St., WC2B 5HH
- (0844) 871 7626
- Covent Garden
- URL www.atgtickets.com/venues/fortune-theatre
- ★ウーマン・イン・ブラック 1989年からのロングラン上演

ガリック・シアター　Garrick Theatre

客席数約720の中規模な劇場。1889年に建築が始まった。名優・名マネジャー（劇場・劇団の主宰者）としてイギリス演劇史上、輝かしい名を残したデイヴィッド・ガリックDavid Garrickの苗字を取って劇場の名前にしたという。この名の恩恵に浴したらしく、優れたプロデューサーたちが数々の成功を収めている。

- MAP 12-B2〜3
- 2 Charing Cross Rd., WC2H 0HH
- (0330) 333 4811
- Leicester Sq.
- URL www.nimaxtheatres.com/theatres/garrick-theatre
- ★2020年2月15日までフランク・スキナーによるショー 以降未定

シアター / プレイ

ロンドンじゃ『日曜はダメよ』

ダフ屋から『オペラ座の怪人』のチケットを買ったときに"Saturday"と言われたのを"Sunday"と聞き間違え、日曜に劇場に駆けつけたはいいが劇場は閉まっていた、という話がある。

英語の聞き取りのミスというのは、ありがちなこと。しかし、イギリスでは多くの劇場が日曜には休みになることを知っていれば、こういう結果にはならなかったかもしれない。

例外が増えてきているとはいえ、ミュージカルや芝居（プレイ）の多くは日曜休み、マチネは土曜とほかのひとつの曜日の週2回、延べ8回公演というのが一般的であることを覚えておこう。

なお、マチネ（matinee＝昼興行）は、夜に比べると観客が少ないので狙いめだが、演目や席によって学生の団体客がいて落ち着かなかったという話を聞くこともある。

上…ロイヤルコート・シアター
下…キングズ・ヘッド

遺跡の劇場ローズ座
The Rose Playhouse
1587年、エリザベス朝時代に建てられたに劇場で、シェイクスピアが技術を学んだ場所としても知られる。1989年に地面に埋もれた劇場跡が発見されると、多くの俳優もこの劇場跡の保存活動を支援した。現在は、劇場の遺跡とバンクサイドの歴史についての映像や展示を見学できる。また、敷地の一角に舞台が設けられ、劇が上演されることもある。とても小さな仮設舞台だが、過去にはフリンジレポートの賞を受賞したこともある。
 MAP 8-B2
🏠 56 Park St., SE1 9AR
📞 7261 9565　展示見学：土のみ12:00〜16:00　料（寄付歓迎）　映像上映は12:15、13:15、14:15、15:15
🚇 London Bridge　URL www.roseplayhouse.org.uk

フリンジ Fringe

フリンジというのは「端」という意味で、ウエスト・エンド（繁華街にある大劇場）に対して小劇場を指す。日本でいう"アングラ"、ニューヨークでいう"オフ・ブロードウェイ"に当たると思えばいいだろう。ロンドンには50以上のフリンジ劇場がある。そのなかにはすでに評判が高いがあえてフリンジのままでがんばっている劇場もあれば、パブの2階を使った本当にこぢんまりとした劇場、あるいは演劇学校専属のものまである。

なおフリンジ劇場の芝居の形式だが、一般的に「フリンジ＝実験劇」とみるのは必ずしも正しくない。日本での1960年代以降の「アングラ」は既成の新劇に対するアンチテーゼとしてスタートし、制度化された想像力の撹乱を狙ったり、近代への反逆を試みたりといった、内容的にも共通した傾向を各劇団がもち合わせていた。しかし、ロンドンのフリンジは違う。前衛的な作品もむろん多いが、シェイクスピアのような古典劇も上演するし、近代劇を正統派のリアリズム、ナチュラリズムで演出するところも少なくない。つまり内容の傾向といったものは特になく、種々雑多な芝居が上演されている、としかいいようがない。

「ウエスト・エンド」との違いといえば、まず規模。そして、俳優が「一流」でない、ということになるだろうか。若手も多い。しかし「一流」でないというのは、商業演劇の分野では知名度がまだ高くないというだけのことであり、演技のレベルは決して低くない。日本に次々と来る商業演劇をもってイギリスの演劇を語るべきではなく、こうした小劇団の質の高さをもって「演劇王国」イギリスの本領が発揮されていると捉えるべきだろう。

CLOSE UP

「ロンドンの夜」には気をつけて

ロンドンっ子から聞いた「身を守る常識」
　ロンドンではミュージカルやライブなど、魅力的な夜のエンターテインメントがたくさんあるから、ぜひ出かけてみたい。そうはいっても夜遅くなるものも多いので、心配になる。日本ほど安全な国は、なかなかない。そこで、自分の身は自分で守るロンドンっ子たちの常識を伝授しよう。

その1：暗くなったら、昼間の3倍緊張して歩く。
その2：夜、バスに乗るときはなるべく1階の運転手のそばに座る。夜は2階に座らないこと。
その3：ローカルなパブに行くときには、日本人ばかりで固まらず、イギリス人やほかの国の人たちとの混成チームで行く。
その4：ヘッドホンやイヤフォンで音楽を聴いているのは絶対ダメ。特に歩きながらイヤフォンをしていると、後ろから忍びよる足音が聞こえないため、それ専門のひったくりのカモにされる。

その5：地図を見たりするのに便利なスマートフォンも、ひったくりされる危険があるので要注意。
　これらは、ちょっと考えれば誰でも思いつきそうなこと。しかし、安全な日本の夜に慣れた人は、つい油断しがち。ビクビクしてばかりいるのも考えものだけど、自分の身を守る行動をわきまえて、ナイトライフをエンジョイしたい。

テムズの夜景もきれいだが、用心はおこたらずに

ENTERTAINMENT

アルメイダ・シアター　Almeida Theatre

ロンドンでも刺激的なフリンジ劇場といっていいだろう。常にエネルギッシュで斬新な舞台を見せる。ここが新作を発表すれば、大新聞の劇評でも大きく扱われることが多いという。ロンドン北部に花咲く若者文化圏の中心的存在でもある。

➡ MAP 中央部-C1
🏠 Almeida St., N1 1TA
📞 7359 4404
🚇 Highbury & Islington／Angel
URL www.almeida.co.uk
2018年にはLondon Theatre of the Yearを受賞。いくつかの演目が毎年のように賞を得ている。

ロイヤル・コート・シアター　Royal Court Theatre

フリンジ劇場のなかでも大御所的存在。館内にはふたつの劇場がある。今や「ウエスト・エンド」のほうに分類されるようになってしまったが、この劇場の目的・理念からいえば、今でも「フリンジ」である。この劇場から巣立ち、世界中から注目された劇作家や演出家は枚挙にいとまがない。そうそうたるメンバーを輩出し、戦後のイギリス演劇の黄金時代を築いてきた。

➡ MAP 9-D1 10-A1
🏠 Sloane Sq., SW1W 8AS
📞 7565 5000
🚇 Sloane Sq.
URL www.royalcourttheatre.com
月曜は£12のチケットあり

ハムステッド・シアター　Hampstead Theatre

ノーベル文学賞を受賞したハロルド・ピンターが出たところとして名高い。彼の初期の傑作『部屋』『料理昇降機』などはここで上演された。ジュード・ロウ、ローワン・アトキンソンら名優が舞台に上がった劇場でもある。開放感があるカフェバーも居心地がいい。

➡ MAP 1-A3
🏠 Eaton Av., NW3 3EU
📞 7722 9301
🚇 Swiss Cottage
URL www.hampsteadtheatre.com
劇場の向かいには、たくさんのイギリス演劇界の才能を引き出してきた、総合演劇学校セントラル・スクール・オブ・スピーチ・アンド・ドラマもある。

キングズ・ヘッド　King's Head

やや薄暗いパブの奥にあるという、いかにもロンドンらしいフリンジ劇場。客がパブで買ったビールを飲みながら舞台を楽しむといったざっくばらんな雰囲気がいい。しかし、演目の質には定評があり、2009年にはオペラ『ラ・ボエーム』がオリビエ賞を受賞しウエスト・エンドへ。このようにロンドンのシステムでは、いかに小さな劇場でも、よいものを作ればすぐに評価されて大劇場へと出世を果たすことができるのである。

➡ MAP 中央部-C1
🏠 115 Upper St., N1 1QN
📞 7226 8561　🚇 Angel／Highbury & Islington
URL www.kingsheadtheatre.com
手前にあるヴィクトリア調の内装のパブでは、金・土・祝の22:30頃からライブミュージックの演奏がある。
URL www.kingsheadtheatrepub.co.uk
※2020年頃、隣接するイズリントンスクエア内の新しい劇場スペースに移転する予定。

CLOSE UP

ロンドン・フィルム・フェスティバル

毎年10～11月頃（2020年は10/7～18予定）にイギリス映画協会の主催で行われる映画祭。2019年は、イギリス映画協会が運営する映画館BFIサウスバンク ➡ MAP7-D2やICA→P.176を中心に、18の会場で200本を超えるフィルムが公開された。世界各地からさまざまなジャンルの作品が集められており、日本の作品も毎年紹介される。

この映画祭のチケットは、誰でも買うことができるが、BFIサウスバンクの会員の予約が優先。カンヌやヴェネチアなどの映画祭と違い、賞の授与がないので日本ではあまり有名ではないが、アジアなども含めた世界各国の最新作が観られるという点でスケールの大きな国際映画祭である。
URL www.bfi.org.uk/lff

左‥BFIサウスバンク入口。内部にはカフェやレストランもある
右‥日曜にBFIサウスバンク前で開かれる古本市

■ Music

ミュージック

ロンドンの音楽シーンは、常に世界の流行をリードしている。
思いおもいに楽しむことができるのが魅力だと、みんな口を揃えて言う。
コンサートに出かけよう。ロンドンのもうひとつ別の顔が見られることを約束する。

VOICE

プロムス、おすすめです！
当日立ち見席（プロミングチケット）はなんと£6でした。9:00から会場前で配っている整理券をもらい、指定時間（開場1時間ほど前）に番号順に列に並び、係の方に支払いをします。少数ですが当日9:00からオンラインでも購入可能（手数料込みで£7.12、やや手続きが煩雑な印象）。オーケストラが目の前の「アリーナ」か、2〜4階席を囲んだ「ギャラリー」を選べます。私は9:00に行って10番台の整理番号をもらえ、ほぼ最前列で聴くことができました。指揮者の息遣いや演奏者の振動を感じて聴いた音楽は、どのコンサートよりも感動しました。
（東京都　ぶんすけ　'18）['19]
開催年により、購入方法などが変更される可能性あり。

MAP 6-B3
 Kensington Gore, SW72AP
☎ 7589 8212
⊖ South Kensington
URL www.royalalberthall.com

ロイヤル・アルバート・ホールは、構造上、最上階の階の音が聴きにくいので、できるだけ下のほうの席を取るのがおすすめ。
内部を見学できるロイヤル・アルバート・ホール・ツアーあり。
圏 4〜10月9:30〜16:30、11〜3月10:00〜16:00　イベントなどにより催行されない日もある
圏 £14　　オンライン£13.50〜

プロムス　Proms
2020年は7/17〜9/12開催予定。例年4月頃に詳細が発表され、5月からオンラインチケット予約開始。
URL www.bbc.co.uk/proms

クラシック　Classical Music

　日本で一般にクラシックと呼ばれている音楽は、英語ではクラシカル・ミュージック。"I like Classic."と言ってもゼンゼン通じない。このクラシカル・ミュージック、イギリス人にとっては、とても身近な存在であり、生活に根ざした楽しみのひとつ。安価ですばらしいコンサートが、あちこちで開かれるロンドンに住む人々を、本当にうらやましく思う。9〜6月くらいがクラシカルシーズン。

ロイヤル・アルバート・ホール　Royal Albert Hall

　約8000人を収容することができる円形劇場で、その円周は224mに及ぶ。外壁が赤れんがとテラコッタで造られた美しいこのホールには、多くの偉大な指揮者も立ち、音楽の殿堂ともいえる場所。1960年代には、ビートルズやローリング・ストーンズ、クリームなどもここで演奏し、コンサートだけでなくイベントなども開かれる。

　このホールならではの催しに、有名な『BBCプロムナード・コンサート（通称プロムス）』がある。これは、音楽家ヘンリー・ウッドの意志で1895年に始められたもの。7月半ばから9月半ばまで、2ヵ月にわたり、リラックスした雰囲気のなかでコンサートを楽しんでもらおうという趣向で、演奏曲目は日替わり。1350ほどのアリーナ（ステージ前の立ち席）やギャラリー（天井桟敷の立ち席）の席が、当日券で販売される。有名な曲が演奏される日は、長蛇の列ができるので、早めに並ぼう。

独特な円形の劇場　ロイヤル・アルバート・ホール

ENTERTAINMENT

また、最終夜Last Night of the Promsの盛り上がりは、スゴイのひと言。「ルール・ブリタニア」「威風堂々」など、イギリスでよく知られた楽曲が演奏され、観客も一体となっておおいに盛り上がる。

ロイヤル・フェスティバル・ホール Royal Festival Hall

サウスバンクで一番大きなコンサートホールで、ナショナル・シアターのすぐ近くにある。フィルハーモニア管弦楽団とロンドン・フィルハーモニー管弦楽団など、4つのオーケストラの本拠地。

2500席という規模の大きなホールだけに、世界のトップクラスのオーケストラ、そして有名な指揮者による演奏も楽しめる。クラシックのほか、ジャズ、ポピュラーミュージックのギグ、イベントなど、さまざまな催しが開催されている。

● MAP 7-D2
Belvedere Rd., SE1 8XX
3879 9555
Embankment／Waterloo
URL www.southbankcentre.co.uk

ホール内にはレストランやショップもあり、誰でもくつろげる空間になっている。Wi-Fiが無料なのもうれしい。

ロイヤル・フェスティバル・ホールのフリーイベント
クラシック、ジャズ、フォークミュージックなどさまざまなジャンルのコンサートのほか、アート、ワークショップなどもあり。ウェブサイトのイベント検索でfree eventsにチェックを入れれば予定を確認できる。

ミュージック

クラシック

クイーン・エリザベス・ホール Queen Elizabeth Hall

ロイヤル・フェスティバル・ホールのすぐ隣。916席とロイヤル・フェスティバル・ホールに比べると小さめのホール。小規模なオーケストラのほか、ピアノやバイオリンのリサイタル、ジャズやポップスのギグなども開かれる。

詩の朗読、ダンスやパフォーマンスなどが開催されることも多く、クラシックだけでない新しい感覚にも触れることができる。

● MAP 7-D2
Belvedere Rd., SE1 8XX
3879 9555
Embankment／Waterloo
URL www.southbankcentre.co.uk

サウスバンクにはカフェやレストランもたくさんある

CLOSE UP

変わりゆくプロムス Proms

「プロムス」の始まりは、徹底的な音楽教育を受け、作曲家、伴奏者、オーガナイザー、アレンジャー、指揮者などで活躍した音楽家ヘンリー・ウッドが、クイーンズ・ホールのマネジャーだったロバート・ニューマンとともに、「多くの人に気軽に音楽を楽しんでほしい」と企画したもの。

1900年代には、国営放送BBCが主催者となり、毎年夏、ロンドンのロイヤル・アルバート・ホールで開催されるクラシック音楽の祭典として知られるようになった。その後、1970年代くらいからは、徐々にクラシックだけでなく、ジャズ、ポップス、ワールドミュージックなど、新しい音楽を取り入れていく。

2000年に入って、その流れは加速し、ロイヤル・アルバート・ホールのみならず、ハイド・パークやカドガン・ホールなどに、会場も拡大。テーマに沿ったプログラムやファミリー向けの企画のほか、音楽のみならずトークショーなどもある、夏恒例の一大フェスティバルとなっている。

シーズンを通して聴きにくるほどの熱心なファンも多く、ドレスコードがなく、立ち見席もあるとはいえ£6～という値段で上質な音楽に触れられるのがいい。もしこの時期にロンドンにいるのなら、トライしてみたいプログラムのひとつだ。

プロムス最終日はハイド・パークでもスクリーン中継があり、観客も大合唱して盛り上がるという

MAP 7-D2
Belvedere Rd., SE1 8XX
3879 9555
Embankment／Waterloo
URL www.southbankcentre.co.uk

パーセル・ルーム　Purcell Room

クイーン・エリザベス・ホールと同じ入口で、さらに規模が小さく300席ほどのこぢんまりとしたホール。木造のパネルで囲まれた温かみのあるホールで、デヴィッド・ボーイなど、20世紀に活躍したアーティストがヴェニューを行ったことでも有名。コンサートのほか、パフォーマンスイベント、朗読も開催されている。

MAP 4-B3
Silk St., EC2 8DS
7638 8891
Barbican／Moorgate
URL www.barbican.org.uk

バービカン・ホール　Barbican Hall

映画館、劇場などがあるバービカン・センター内にある。ロンドン交響楽団とBBC交響楽団の本拠地。ロンドン交響楽団は、『スター・ウォーズ』シリーズなど、映画音楽の録音でも知られている。1900席ほどで、ロイヤル・フェスティバル・ホールよりはやや小規模なホールだが、クラシックのほか、現代音楽のコンサートもあり、えりすぐられた、聴き応えがある演奏会も多い。

MAP 10-C1
St John's Smith Sq., SW1P 3HA
7222 1061
Westminster
URL www.sjss.org.uk
木曜の13:05にはランチタイムコンサートが開催される（£10）ほか、各種リサイタル、学校の交響楽団の演奏会にも使われている。

セント・ジョンズ・スミス・スクエア　St. John's Smith Square

建築家トーマス・アーチャーの設計で、1714～1728年までの14年をかけて建てられた古い教会を利用したコンサートホール。このホールならではのバロックや教会音楽も聴き応えがあり、気軽なランチタイムコンサートも開催されている。ホールの下にあるれんが造りの内装のレストランを利用するのもいい。

MAP 3-C1
90 York Way, N1 9AG
7520 1490
King's Cross
URL www.kingsplace.co.uk

キングス・プレイス　Kings Place

2008年、キングス・クロス駅北に開館。ジャズやクラシック、現代音楽、詩の朗読なども開催される、音楽と言葉をテーマにした新感覚のホール。オーロラ交響楽団の本拠地でもあり、最新技術を生かした音響設備が自慢。おしゃれなレストランとカフェのほかギャラリーもあり、ハイカルチャーにどっぷり浸る宵を過ごすのにピッタリ。

ENTERTAINMENT

ウィグモア・ホール Wigmore Hall

室内楽のリサイタルがよく開かれる。かなりフォーマルな雰囲気のホールで、イギリス人のなかには、このホールを「オールド・ファッション（時代遅れ）だ」と決めつける人もいるほど。日曜の朝開かれるコンサートに盛装して出かけ、音楽鑑賞のあとにはシェリーを飲む……という世界を、のぞいてみたい人向きかもしれない。ホール内のアールヌーヴォー調のキューポラ（丸屋根）の天井画が有名。

MAP 2-D3 6-D1
36 Wigmore St., W1U 2BP
7935 2411
Bond St.／Oxford Circus
URL www.wigmore-hall.org.uk
月曜13:00からのランチタイムコンサートはBBCラジオ3でも聴くことができる。

ミュージック　クラシック

CLOSE UP イギリスで音楽満喫！ フェスティバル情報

プロムス Proms（→P.200～201）はすでによく知られているクラシック音楽の祭典だ。プログラムは春に公示され、チケット予約は5月から始まるが、最終日を含めてあっという間に売り切れるコンサートもけっこうある。コンサート以外にも、出演音楽家によるトークなどが昼に行われることもあり、こちらも見逃せない。

London Jazz Festivalは、毎年11月に行われ、世界からえりすぐりのミュージシャンが集う。この10日間、ロンドンはジャズ愛好家にとって天国になるのだ。もともと、カムデン・フェスティバルの一部だったが、その終了により独立したプロジェクトとして残り、発展を続けた。現在は、ワールドミュージックとジャズのコンサートを手がけるSerious、アートカウンシル、BBCラジオなどによって継続されている。ロンドン中のライブハウスやサウスバンクなどの大きなコンサート会場から、変わった所では庭園博物館までが会場として使われ、長老格から新進気鋭の若いアーティストまで、さまざまな分野のジャズ音楽を堪能できる。子供向けのジャズといったイベントも。チケット価格もできるだけ抑えた設定で、たくさんのコンサートを聴きに行けるのがうれしい。プログラム情報はウェブサイトで得られるほか、Jazz CafeやPizza Expressなど協賛している会場にも冊子が置かれる。チケットは6月頃から発売になり、ほとんどの会場でオンライン予約ができるので、この時期を狙ってロンドンに来る人は早めにいいコンサートをおさえておこう。

大がかりな音楽フェスティバルが多く開かれるのは、ロンドンばかりではない。21：00まで日が暮れない夏には、イギリス中で野外音楽フェスティバルが開かれる。とりわけ有名なのは、ストーンヘンジ近くのグラストンベリーで開かれるフェスティバル。1970年にひとりのヒッピーによって始まったこのコンサートは、いつしか「グラストンベリー現象」とまで騒がれるように。セレブ客もたくさん来る。第1回の出演者にはT-Rex結成前のマーク・ボランもいたが、2007年にはより境界のない音楽祭をとワーグナーのオペラまで上演された。たいがい雨が降り地面がドロドロになるので、

準備はおこたりなく。

また、緑深いカントリーサイドの城の庭で行われる「キャンプ・ベスティバル」は、ファミリーでも楽しめるフェスティバル。スーパーDJのRob da Bankが2005年にワイト島でスタートした「ベスティバル」が発展、今ではふたつの会場で毎年開かれている。ステージやテント小屋で繰り広げられるのは音楽（ダンス、ファンク、ロック、ポップ、フォーク）、ダンス、コメディ、文学とバラエティに富み、パフォーマンスだけでなく参加型アクティビティもある。フードエリアの充実ぶりは、他のフェスティバルをはるかに超え日本人も大満足。キャンプ装備がなくても泊まれる小屋などもあり旅行者でも参加しやすい。

そして、日本でもロックファンにはよく知られたワイト島フェスティバル。1968年に始まり、1970年にはギタリストのジミ・ヘンドリックスがロック史上に輝くパフォーマンスを見せ、その後まもなく亡くなったことでも知られる。

ロンドン・ジャズ・フェスティバル
2020年は11/13～22開催予定。
URL efglondonjazzfestival.org.uk

グラストンベリー
チケットは例年、発売後すぐに売り切れという超人気フェスティバル。50周年である2020年は6/24～28開催予定だが、チケットはすでに完売。
URL www.glastonburyfestivals.co.uk

キャンプ・ベスティバル
2020年は7/30～8/2の予定。
URL www.campbestival.net

ワイト島フェスティバル
2020年は6/11～14の予定。
URL www.isleofwightfestival.com

キャンプ・ベスティバル

オペラ　Opera

イギリスのオペラと聞いても、いまひとつピンとこないかもしれない。ところがどうして、なかなか質の高いオペラが楽しめる。ちょっと優雅なムードに浸ってみては？

ロイヤル・オペラ・ハウス　Royal Opera House

MAP 7-C1 12-C2
Bow St., WC2E 9DD
7304 4000
イベントにより無料〜£300
立ち見席で£4〜19というのもあるが、£45〜120くらいの中クラスの席がおすすめ。
Covent Garden／Charing Cross
www.roh.org.uk
セキュリティチェックあり。ハンドバッグ以上のかばんやリュックなどの持ち込みは不可。

ロイヤル・オペラ・ハウスのバックステージツアー
通常は見ることが難しい舞台裏を案内してくれる。所要約1時間15分。写真撮影は厳禁なので要注意。かなり前から満員の日が多いので予約がおすすめ。
月〜土 10：15、10：30、12：15、12：30、14：15、14：30（公演の都合でツアーのない日も多いのでウェブサイトで予約確認を）
£15
上記のほかにも、所要約45分のオーディトリアムツアーあり。ただし、高所恐怖症の人は遠慮したほうがいいとのこと。

Velvet, Gilt and Glamour tour
月・火・木・金のうち3日ほど（要確認）16：00
£15　7304 4000
無料〜£15のランチコンサート、オペラ、バレエ、トークなどが毎日10:00から開かれていて、劇場街を歩くウオーキングツアーもある。予約可能なイベントもあるので、ウェブサイトで要チェック。

この国ではオペラといえば上流階級の楽しみと相場が決まっている。代表格ロイヤル・オペラ・ハウスに出かける理由は3つあると皮肉られる。

第1の理由：華やかなディナージャケットやイブニングドレスに身を包み、高級車で乗りつけて、自分たちの金持ちぶりを見せつけ合うため。

第2の理由：有名なオペラ歌手を見るため（聴くわけじゃないらしい）。

第3の理由：オペラを楽しむため（つけたしという感じ）。

もちろん、イギリスで最も由緒あるオペラ・ハウスだから、すばらしいステージを鑑賞できることは間違いない。上演されるオペラはすべて原語（大半はイタリア語）で、ステージ上方の幕に英語のサブタイトルが映し出される。

内部は4階まである優雅な円形劇場で、ファサードなどは3代目が建てられた1856年当時のもの。2018年9月には大改装が終了。カフェやショップなどの設備と日中の無料イベントが増え、観劇に来る人以外も楽しめるスペースへと変身した。

イングリッシュ・ナショナル・オペラ　English National Opera

MAP 7-C2 12-C2
St. Martin's La., WC2N 4ES
7845 9300
£10〜150
チケット発行手数料1枚£1.80〜2.25、4枚以上は無料。「シークレット・シート」£30は、当日必ず£25以上の席に座れるというチケット。ただし、どの席になるかは、当日までわからない。
料金が安い席が多くなる平日が狙いめ。
Charing Cross／Leicester Sq.
www.eno.org
コリシアム劇場ツアー
2020年4月18日まで月2〜10回開催。その後の開催は未定。→ P.191
www.eno.org/whats-on/london-coliseum-guided-tours

劇場自体の名前は"ロンドン・コリシアム The London Coliseum"。ロンドンでは"コリシアム Coliseum"の名で呼ばれることも多い。

ロイヤル・オペラ・ハウスに比べると、料金も断然安く、もう少し気楽にオペラを楽しめるという感じ。とはいっても、映画やコンサートと同じというわけにはさすがにいかないが、それでもタキシードやイブニングドレスまでは必要ない。フツーの服装でフツーにオペラを鑑賞したい人におすすめ。ここではどのオペラも英語に翻訳して上演されている。

ライブハウス Livehouse

パンクロックを生んだロンドンのミュージック界は、今も変わらずエネルギッシュ。サイコーの音とビートを体で感じたいなら、もうライブハウス、これしかない！ ビッグアーティストもいいけれど、小さなステージで歌いまくる、明日のスターたちの姿に、きっと何かを感じるだろう。

なお、"ライブ Live"という言葉は日本語英語。日本で言う"ライブ"は"ギグ Gig"と言うのが普通。日本では 21：00 にはお目当てのアーティストが登場するが、ロンドンではこれが午前様になることが多い。まあまあ有名なミュージシャンの演奏の場合、ふたつくらいの前座が出ることもある。

カムデン・アセンブリ Camden Assembly

デビュー前や売り出し中の新人バンドが登場する小さなライブハウス。レベルの高い、インディーズのバンドが出演することもあるという。音はよく、ミュージシャンの汗が飛んでくるような至近距離でのライブを楽しむことができる。

ライブハウスの営業時間
ライブハウスの営業時間はコンサートの開始・終了時刻にもよるが、多くが 19：00／19：30 開場、最初の前座がスタートして開演するのが、開場の1時間後ぐらい、そして本命の登場は「いつになることやら」という場合が多い。

カーゴ Cargo
ショーディッチの高架下にあるレストラン＆クラブ。バーとヴェニュー venue（ライブミュージックスペース）、食事ができるスペースがある。人気が高く早めに満員になることも。パスポートなど ID が必要。
- **MAP 4-C2**
- 83 Rivington St., EC2A 3AY
- 3325 9738 レストラン毎日 17：00～23：00（カフェ 12：00～）。バー＆ヴェニュー 月～木 16：00～翌 3：00、金・土 18：00～翌 6：00（イベントにより異なる）、日 18：00～24：00。最終入場は毎日 23：00
- Liverpool St.
- www.cargo-london.com

- **MAP 1-D2**
- 49 Chalk Farm Rd., NW1 8AN
- 7424 0800
- £5～20
- Chalk Farm／Camden Town
- camdenassembly.com

ミュージック　オペラ…ライブハウス

CLOSE UP — バレエ＆ダンスを観ることができる劇場

サドラーズ・ウェルズ劇場とピーコック劇場
Sadler's Wells & The Peacock Theatre

ダンス上演の中心的存在といえるサドラーズ・ウェルズとは、同名のサドラーズ・ウェルズ劇場と、ピーコック劇場、実験的作品やレッスンの場リリアン・ベイリーズ・スタジオ Lilian Bayli's Studio（サドラーズ・ウェルズ内）の3館の共同体。

内外のさまざまなカンパニーによる、古典作品からモダン・民族舞踊まで、ダンスに興味のある人ならば、これら劇場の活動を要チェック。

サドラーズ・ウェルズ劇場と
リリアン・ベイリーズ・スタジオ
- MAP 4-A2　Rosebery Av., EC1 4TN
- Box Office　7863 8000　Angel
- www.sadlerswells.com

ピーコック劇場
- MAP 7-D1 12-D1　Portugal St., WC2 2HT
- Box Office　7863 8222
- Holborn／Temple

また、ロイヤル・オペラ・ハウスはロイヤル・オペラやロイヤル・バレエの本拠地でもあり、8月～9月中旬の夏休みを除いて、オペラとバレエが交互に上演されている。ロイヤル・バレエの姉妹カンパニーであるバーミンガム・ロイヤル・バレエも 5～6 月にかけて、ロンドン公演を行う。ここで上演されるオペラやバレエのチケットは、まず会員へ優先的に販売されるので、人気の高い演目では一般売りの開始日早々に売り切れてしまうこともある。

このほか、ロイヤル・フェスティバル・ホール、ICA、イングリッシュ・ナショナル・オペラ、リバーサイド・スタジオスなどでもバレエの上演が行われることがある。

1683年からこの地で活動するサドラーズ・ウェルズ劇場

オーツー・シェパーズ・ブッシュ・エンパイア　O2 Shepherd's Bush Empire

国内外の有名アーティストが公演。イギリスのチャートでトップ10に名を連ねるミュージシャンたちも多い。テレビの生中継に使われることもしばしばだ。ステージ周りは立ち席（プログラムにもよる）。音響は悪くないのだが、換気が悪くて熱もこもるので、冬でもTシャツ1枚になれるような格好で行こう。

MAP 5-A3
住 Shepherd's Bush Green, W12 8TT　☎ 8354 3300
料 £23.50～120
地下鉄 Shepherd's Bush
URL www.academymusicgroup.com/o2shepherdsbushempire

ヴェニュー・ニュー・クロス　The Venue New Cross

インディーズ系のライブが比較的多かったが、最近では有名バンドのそっくり物まね「トリビュート・バンド」が出演者のほとんどを占める。物まねといっても、驚くほどの力をもったバンドばかりなのだが、「スミスやボン・ジョビのライブが£7!?」と勘違いしないように。あまり雰囲気のいいエリアではないので、帰り道は気をつけよう。

MAP 広域図-E2
住 2a Clifton Rise New Cross, SE14 6JP　☎ 8692 4077
料 ライブ£5～20 クラブ£7(土£12)
入場料は日によって違うが、だいたい金曜は24時前に入れば£3、土曜は£5。SNSでフォローすれば入場無料になる日も多い。ウェブサイトで要確認。金・土曜は、場内6ヵ所にあるバーが22：00から朝までDJの入るダンスクラブになる。
鉄道 New Cross／New Cross Gate
URL www.thevenuelondon.com

オミーラ　Omeara

ライブハウスがどんどん少なくなっているロンドンにできた、新しいスペース。頭角を現してきたアーティストが登場するほか、音楽業界での女性の活躍を支援するセッションなど、社会的なイベントも多く話題を呼んでいる。

MAP 8-B2
住 6 O'Meara St., SE1 1TE
☎ 3179 2900　料 £9～12
地下鉄 Southwark　URL www.omearalondon.com
フラット・アイアン・スクエア→P.310というフードコートなどがあるスペースとつながっている。

スカラ　Scala

再開発が進むキングス・クロスの大型ダンスクラブ。ダンスフロアとライブステージがあり、さまざまなイベントに対応している。

MAP 3-C1
住 275 Pentonville Rd., N1 9NL
☎ 7833 2022
料 £15～35
地下鉄 King's Cross
URL www.scala.co.uk

オーツー・フォーラム・ケンティッシュ・タウン　O2 Forum Kentish Town

その昔はお芝居やクラシックなどのコンサートが上演されたという面影が、建物やステージ脇の優雅な飾りなどに残っている。今はロック系中心のポピュラー音楽専門。ロンドンならではの、パンク・ニューウェーブ系、並びにインディーズ系のバンドが、有名・無名とりまぜて出演している。広過ぎず狭過ぎずというところがいい。独特の雰囲気をもつライブハウスで、同じバンドのコンサートに行くのでも、ほかの場所ではなく、わざわざ、ここでのコンサートのチケットを手に入れようとする人が少なくない。

MAP 1-D1
住 9-17 Highgate Rd., NW5 1JY
☎ (0844)847 2465
料 £12.50～50
地下鉄 Kentish Town
URL www.academymusicgroup.com/o2forumkentishtown
原則として指定席なし。1階は立ち席で2階シートは早い者勝ち。座りたいなら早くから行くことをすすめる。

ENTERTAINMENT

オーツー・アカデミー・ブリクストン O2 Academy Brixton

テムズ河より南側のブリクストン一帯は、治安のよい所とはいえないが、ここアカデミーの中は別世界。超大物になる寸前（ウェンブリー・アリーナを満員にできたら超トップクラス）のアーティストたちがステージに立つ大きなホール。ドーム屋根が特徴で、さほど大きく見えないが、内部は座席のないフロアとステージだけなので収容人数は4000人‼　2階の席やバーからの眺めもいい。

● MAP 広域図 -D2
🏠 211 Stockwell Rd., SW9 9SL
📞 7771 3000
💰 £28〜58
🚇 Brixton
URL www.academymusicgroup.com/o2academybrixton
夜の Brixton は安全とはいえない所なので、ひとりでは行かず、通りを歩く時間を少なくしよう（ライブハウスから出てタクシーを即つかまえるか、駅方面へのバスを見かけたら、ともかく乗る）。

ココ Koko

ライブをメインにしたナイトクラブ。コンサートからコメディまで、人気の高いイベントがぎっしり。建物は19世紀から「娯楽の殿堂」として続いてきた由緒あるもの。

2020年4月まで改装のためクローズ中。再オープン後はさらに大きなイベントスペースとなる予定。

● MAP 3-A1
🏠 1a Camden High St., NW1 7JE　📞 0870.432 5527
💰 £7〜34　立ち見のみ。イベントによって異なる
※料金など詳細は再オープン後に変更の可能性あり。
🚇 Mornington Crescent
URL www.koko.uk.com

ミュージック / ライブハウス

CLOSE UP

ダンス＆インディーズのCDとレコードを探すならココ！

フォニカ・レコーズ Phonica Records
ダンス音楽のレコード盤なら何でも！というクールな店。周辺のミュージックショップがどんどん消えていくなかで、ウェブサイトデザインやPRなどほかの事業も運営し、がんばっている。
● MAP 12-A1　🏠 51 Poland St., W1F 7LZ
📞 7025 6070　🕐 月〜土 11:30〜19:30（木・金〜20:00）　日 12:00〜18:00　休 12/25
🚇 Oxford Circus
URL www.phonicarecords.com

サウンズ・オブ・ザ・ユニバース Sounds of the Universe
その名のとおり何でも扱う店。ソウルとファンクは特に充実。CDとレコード盤が半々、店員はそれぞれ得意分野のあるおタク系の人が多く、熱心。
● MAP 12-A1　🏠 7 Broadwick St., W1F 0DA
📞 7734 3430　🕐 月〜土 10:00〜19:30　日・祝 11:30〜17:30　休 1/1, 12/25
🚇 Tottenham Court Rd. ／ Leicester Sq.
URL www.soundsoftheuniverse.com

レックレス・レコーズ Reckless Records
ロックバンド、オアシスの名盤 "What's the Story Morning Glory" のアルバムのカバーに写っている店がここ。インディーでもハウスでもジャズでもなんでもあり。買い取りもやっている。
● MAP 12-A1　🏠 30 Berwick St., W1F 8RH
📞 7437 4271　🕐 毎日 10:00〜19:00
休 1/1, 12/25　🚇 Tottenham Ct. Rd. ／ Oxford Circus　URL reckless.co.uk

シスター・レイ Sister Ray
パンク初期の名盤から始まる中古インディーレコードのコレクションには思わずよだれが。その他ヘヴィメタ、エレクトロニック、テクノ、ロックと独立レーベルもの、新作インディー・リリースを網羅。ショーディッチの Ace Hotel 内に支店がある。
● MAP 12-A1　🏠 75 Berwick St., W1F 8RP
📞 7734 3297　🕐 月〜土 10:00〜19:00　日 11:00〜17:00　休 祝　🚇 Tottenham Court Rd. ／ Oxford Circus　URL www.sisterray.co.uk

フォニカ・レコーズ

サウンズ・オブ・ザ・ユニバース

レックレス・レコーズ

シスター・レイ

ロンドンのクラブ・シーン

入れ替わりが激しく、はやっている音楽、クラブも半年後にどんなふうに変わっているかわからない。最新の確実な情報を得たい人は『タイム・アウト』などの情報誌のほか、ウェブサイトで確認を。DJまで詳しく知りたい、という人は『DJ Mag』という雑誌もある。

ナンパ野郎にご注意!

一部のロンドン在住クラバーの間では、日本人の女の子はお手軽で、しかもお金を持っているという誤った見方をされているようだ。悪気のないような人でも、ドリンクをおごってくれるか、たばこをたかる素振りをしないか、などの点をチェック。薬物入りドリンクを飲まされる事件もあるので要注意!

中古レコードやCDショップ

ロンドンでは新品でも日本で買うより安いのだが、中古(といっても、プロモーション用にちょっと使ったりした新品同様のものが多い)になるともう、信じられないほど安い。下記2店は一般的な幅広いジャンルのものを扱う。

ミュージック＆ビデオ・エクスチェンジ Music & Video Exchange
🚇 MAP 5-D2
🏠 38 Notting Hill Gate, W11 3HX
📞 7243 8573
🚇 Notting Hill Gate

ラフ・トレード・イースト Rough Trade East
🚇 MAP 4-D3
🏠 'Dray Walk', Old Truman Brewery, 91 Brick Lane, E1 6QL
📞 7392 7788 🚇 Shoreditch High Street(地上線)

🚇 MAP 8-B3
🏠 103 Gaunt St., SE1 6DP
📞 7740 8600
🕐 水 22:30〜翌6:00
(土・日 23:00〜) イベントによって異なることもある
💰 £18〜50
🚇 Elephant & Castle
🌐 www.ministryofsound.com/club
入口では身体検査あり

🚇 MAP 7-A1〜B1
🏠 4 Winsley St, W1W 8HF
📞 7291 1480
🕐 水金〜日 22:30〜翌3:00
(土 22:00〜)
💰 £20
🌐 www.libertineldn.com
🚇 Oxford Circus

ナイトクラブ Night Club

　ロンドンでいうナイトクラブとは、銀座や赤坂の「ナイトクラブ」とはまったく異なる。若者たちの大切な社交場だ。踊るだけの場所ではなく、音楽を楽しんだりお酒を飲んだり、といった要素が大きなウエートを占める。どのナイトクラブも、夜ごとにイベントが変わり、それぞれ独自のカラーをもっているので、客は自分の好み、目的に合ったところを選べばいいというわけ。

　ライブハウスに近いようなものからゲイクラブまで、ナイトクラブの種類はさまざま。ウェブサイトなどで確認して、気に入った店が見つかったら、いざ出陣。と意気込んでみたものの、ナイトクラブの始まる時間は遅い。ドアオープンが23:00くらい、そして本当に盛り上がってくるのは深夜。あまり早く行ってもおもしろくない。

　ナイトクラブに着いたら、まず入口で、その場所にふさわしいかどうか、服装(ときには性別!)などがチェックされる。泥酔している人、危険な薬物などを携帯している人はもちろん、どこのナイトクラブでも門前払い。また、入場する前にパスポートなどのIDを見せないと入ることはできないので、大切な証明書の保管には要注意。中に入ったら、たいていすぐクロークがある。荷物ひとつにつき£1くらい。ただし絶対に貴重品、現金は預けたりしないこと。カメラも持ち込み自体禁止されているところもある。バーでのドリンクは、もちろん有料。入場料が日本と違って異常に安い理由のひとつはここにある。すべてキャッシュで、だいたい1杯£6〜。そして、言うまでもないが、深夜までいるのだから、緊張感をもって行動したいもの。

ミニストリー・オブ・サウンド Ministry of Sound

　とにかく広い。ロンドンで"有名"といえばココ。スタッフの愛想は悪いが、ヨーロッパ一といわれるサウンドシステムをもつダンスフロアでは"シリアスに踊りたい"常連が観光客よりも多い。

　オープン当時はアルコールを売らないポリシーをもっていたが、今はライセンスを取得。深夜2:00までなら、ビールなどがバーで買える。金曜の「ギャラリー」は週替わりで有名DJが登場、土曜はミックス。長蛇の列は覚悟して。

リベルティン Libertine

　昔ながらのナイトクラブ風のゴージャスなインテリア。男性はシャツを、女性はハイヒール着用がすすめられるので、ドレスコードをチェックしておこう。スティーブ青木、D・ゲッタ、ピア・ミア、シアラなど超大物DJやアーティストが出演することも。ハリウッド俳優など、セレブ客も多い。

ENTERTAINMENT

ヘヴン　Heaven

ヴァージンのリチャード・ブランソン会長が所有していたゲイクラブ。地下鉄Charing Cross駅の裏。トンネルみたいなガードを抜けると、そこが入口。1階がメインのダンスフロア。バーは1階と2階の両方にあり、それぞれかかっている音楽（ハウス系）が違うのも特徴。

ロンドンで最も有名なゲイクラブではあるが、誰でも入場可能。おみやげにTシャツまで買えてしまう。ロンドン中心部には珍しい、大人数を収容できるヴェニューとして、ライブも多く行われている。

● MAP 12-C3
住 Under the Arches, Villers St., WC2N 6NG
☎ 0844.847 2351
営 月〜土 22:30〜翌5:00頃（週末は22:00〜）
クラブは木〜月、ライブは月〜土の19:00〜
料 £7〜25（ライブは£14〜50）
⊖ Charing Cross
URL www.heavennightclub-london.com

ゾーヨー　Xoyo

あちこちで画期的なダンスナイトをプロデュースしてきたアンディ・ペイトンがオープンしたクラブでライブも多い。

金曜は人気のDJが顔を揃えるロンドン最先端のクラブシーン。土曜はインディーレーベルや雑誌とのコラボイベントも多い。上の階には姉妹店、ショーディッチ・ブッチャリー（肉屋）という名のバーがある。スライダーと呼ばれるミニハンバーガーなどと一緒にファンキーなカクテルを頼むのもいい。ビール£4〜。

● MAP 4-C2
住 32-37 Cowper St., EC2A 4AP
☎ 7608 2878
営 毎日 21:00〜翌3:00（土〜翌6:00）
金・土は内容により18〜21歳以上のみ
詳細はウェブサイトで要確認
料 £8〜25（23:00前に入ると£5のことも）　⊖ Old St.
URL www.xoyo.co.uk

ジョーズ　Joe's

ロカビリー、ブルーズ、R&Rやスカなど、レトロな音楽で踊れるユニークなナイトクラブ。月曜日の夜に空いているクラブはここくらいかも？　コンサート会場のラウンドハウスの道を挟んだ向かい側にあり、ライブ演奏の日もある。入場年齢のミニマムは21歳。

● MAP 1-C2
住 78-79 Chalk Farm Rd., NW1 8AR　☎ 7018 2168
営 毎日 17:00〜翌3:30
料 £13　フライヤー持参で£2になることもある。
⊖ Chalk Farm
URL www.joescamden.co.uk

ドルチェ・ロンドン　Dolce London

ブティック・クラブと称するだけあって、インテリアは金ピカでスタイリッシュ。女子はボディコンなドレスにピンヒールが主流。ドレスコードは男女ともにスマートカジュアル＆エレガントな靴で。RnB、ハウス、ヒップホップが多い。フロアが狭いので、人の足を踏まないように気をつけて！

● MAP 9-C1
住 17A Harrington Rd., SW7 3ES　☎ 7589 0990
営 金・土 22:30〜翌3:00（不定期休業で、時間は変更されることもあり）
料 £20
女性は23:00まで無料
⊖ South Kensington
URL www.dolce-london.com

スティールヤード　The Steelyard

ダンスクラブというより、DJやイベントナイトに貸し出している会場で、DJ雑誌のMixMagナイト（土曜が多い）は超人気。週末の夜は、ガラージ好きにはうれしいガラージナイトなども。

● MAP 8-B1
住 13-16 Allhallows Lane, EC4R 3UE　☎ 7283 1505
営 イベントにより異なる
料 £20〜30
要オンライン予約
⊖ Cannon St.／Monument
URL www.thesteelyard.london

ミュージック　ナイトクラブ

209

MAP 4-C2
100-106 Leonard St., EC2A 4RH　7684 8618
月～水・金 8:30～24:00　木 8:30～翌3:00　土 10:00～翌3:00　日 10:00～24:00
£5～12　無料の日もあり
Old St.
URL www.wearetbc.com

MAP 中央部-C1
200 York Way, N7 9AX
7871 7111　火 22:00～翌5:00　金・土 23:00～翌6:00 (土～翌7:00)
£5～£25　無料の日もあり
King's Cross から No.390 の Archway 行きバスで約10分。金・土 23:00～、York Way からシャトルバスが出る。
URL www.egglondon.co.uk
19歳以上のみ。スマホなどでの写真・動画撮影はNG。

MAP 4-D1外、中央部-D1
281 Kingsland Rd., E2 8AS
7684 0794　毎日 17:00～翌3:00 (不定期休業、時間変更もあり)　イベント内容により無料～£12。22:00までは無料の日が多い。
Haggerston (地上線)
URL www.theglory.co

MAP 12-A2
36 Shaftesbury Av., W1D 7EP　7287 6933
毎日 22:00～翌3:00　コメディ・ライブは木～土 19:00～
£1～10
コメディ・ライブ £12～16
Piccadilly Circus
URL www.barrumbadisco.co.uk

MAP 中央部-C3
4-5 Elephant Rd., SE17 1LB
7703 4760
クラブナイトまたはライブがある日の 20:00～23:00、翌3:00～6:00。時間はそれぞれのイベントにより異なる。木～日のイベントが多いが月～水も確認を。£5～25
Elephant & Castle
URL www.corsicastudios.com

MAP 4-D3
Dray Walk, off Brick Lane, E1 6QL　7392 9180
木 19:00～24:00
金～日 20:00～翌1:00 (土 18:00～、日 15:00～)
無料～£10程度 (イベントによって異なる)
Liverpool St.
URL wearebigchill.com/bar
257-259 Pentonville Rd., N1 9NL　MAP 3-C1にもあり

ブック・クラブ　The Book Club

本の朗読とレトロ（水曜）のようなおもしろい組み合わせがクール。クラブタイムは平日19:00から。日曜はレコードや小物のインドアマーケットにもなるから、マーケット巡りをして、おいしいと評判のカフェで朝食（毎日10:00～11:30）を取るのもいい。クラフト教室やスピードデート（出会い系パーティ）も。

エッグ　Egg

倉庫をクラブに改装した「エッグ」は、オープン以来、DJにより厳選されたハウスとテクノを届けることに専念。最近のクラブは「テーマパーク化」していると嘆く、多くのダンスファンの支持を得ている。

グローリー　The Glory

以前はパブだったが、コメディショーやイベント満載のゲイクラブに変身。ド派手に着飾ったお姉さん（お兄さん？）がたくさんいるけれど、そうじゃない人も歓迎。中ではみんな和気あいあいと踊ったりショーを見たり。カラオケデーもあるが、こちらのカラオケは個人やグループでやるより、みんなでステージを囲んで大合唱！が普通なので、それを見るのも楽しい。

ルンバ　Rumba

音響、DJ、雰囲気や換気のよさまで含めて、ロンドンで一番ハイクオリティなパーティナイトを提供、といえば必ずここの名が挙がる。売れっ子がたくさん登場するコメディ・ライブが大人気。大音響サウンドシステムはすご過ぎて「耳栓使用がおすすめ」だそう。

コルシカ・ステューディオス　Corsica Studios

ライブ、DJイベントなどがふたつのスタジオで繰り広げられる。南ロンドンだが地下鉄駅のすぐ裏にあり行き帰りもラク（午前様にならなければ！）。ドラムNベース、トランス系などのレーベルやDJが主催するクラブナイトが多い。内容はウェブサイトでチェックを。

ビッグ・チル・バー　Big Chill Bar

人気の夏の野外フェスティバルだった「ビッグ・チル」の運営メンバーによるバー。トランスからディスコナイトまであり、ダンスクラブというよりは、DJバーという感じで、リラックスした時間を過ごすことができそう。

ポップス今昔物語

ビートルズの出現で、イギリスはアメリカと並ぶポピュラーミュージック先導者の地位を得た。では、ビートルズ以前は？彼らの音楽が生まれた背景は？その後は？イギリスの大衆音楽の歴史をごく簡単に紹介しよう。

最初に大流行したダンスのビートは8ビート？なんと！「3ビート」だったのだ!!

ヨーロッパの音楽史の大半は、一部の労働歌を除いて教会音楽の歴史といってもいいだろう。16世紀の末に初めて開かれた「コンサート」は、貴族がお抱えオーケストラの腕前を披露するためにお互いを招待し合ったもので、庶民には縁遠かった。しかし、お屋敷の外では、辻音楽師たちが曲芸師などとともに、祭りを訪ねながらヨーロッパ中を回るようになっていた。今でいう「バンド」の始まりである。

17世紀中ほどには、イタリアでオペラ、フランスでバレエが誕生。ウィーンではアルプス生まれのLandlerと呼ばれる踊りのスタイルが伝わり爆発的に流行した。くるくる回って踊ることから、ドイツ語で「Waltzen（回転する）―Waltzワルツ」と名づけられたこの3拍子のダンスビートは、以来300年以上踊り継がれている。あのモーツァルトやベートーベンも当時「一番トレンディ」だったワルツの作曲を手がけ、ウィーンはヨーロッパ中の人々を魅了した。

さて、イギリスは？18世紀に起こった産業革命で誕生したワーキングクラスが娯楽を求め、上流階級が聴いていたイタリア語のオペラをパロディにして英語で楽しみだした。そこでは今も受け継がれる「風刺とユーモアの精神」のある曲芸やお笑い、寸劇に交じって、流行歌が披露された。そして、この100年にわたる流行歌の伝統こそ、ビートルズが独自のスタイルを作るうえで隠れた貢献をしたのだ。

ビートルズ、サクセスストーリーの陰に

イギリスは第2次世界大戦に勝ったものの、アメリカとは対照的に、その国力を使い果たしていた。1955年まで続いた食料配給制度にひもじい思いをしていた人々が、アメリカ映画などで見る「モノに囲まれた暮らし」に憧れないはずはない。アメリカの10代の若者には、自由に使えるお金があり、自分の車をもっている子さえいた。レコード会社が彼らに気に入ってもらえるような歌手をこぞって送り出した結果、親の世代への反発が起爆剤となったロックンロールが生まれた。それはすぐにイギリスに入ってきて、ビートルズと同年代の子たちもひかれていった。

ビートルズも初めは、イギリスのほかの歌手と同様、エルビス・プレスリーに代表される黒人音楽の影響が強いスタイルをまねていた。しかし、デビュー作から数枚後のシングルでは、ロックンロールのノリをバックに使いながらも、メロディはまったくアメリカの影響がないものになっている。これは、産業革命以降イギリスが培ってきた流行歌の伝統が、ビートルズの根底に流れていたためなのだろう。『イエスタデイ』などの美しいメロディが生まれた背景には、アメリカのポップソングとはまるで違う歴史があったのだ。そんな彼らの才能と感性が、アメリカとヨーロッパの「ポピュラー音楽」をまったく新しい形にし、世界中の若者を虜にした。

すべてをぶち壊せーパンクレヴォリューション

ビートルズ以後のポピュラー音楽は、どんどん大がかりなビジネスになっていった。そんななかで、イギリスが深刻な不況に陥っていた1970～1980年代、仕事のない若者たちが絶望のなかで感じたのは、既成の音楽のどれもが、彼らの気持ちを代弁してくれていないということだった。それなら自分たちで作ってしまえと登場したのが、セックス・ピストルズをはじめとするパンクだ。金儲け主義の大レコード会社と極端にシステム化されていたアメリカ西海岸の音作りを否定し、自宅やガレージで録音したオリジナル曲を自費制作したのだ。行き場のない怒りは過激な歌詞となり、若者の共感を呼んだ。ついには、アメリカナイズされてきた社会に対する嫌悪反応ともなり「パンクは社会現象だ」とまでいわれた。こういった小さなレコード制作グループは、独自の流通組織をもったインディーズ（独立系）レーベルへと発展していく。

昔は誰もがアマチュアミュージシャンだった。それが聴き手とプロの演奏家に分かれ、今ではまったくの混線状態だ。「今時の若者の好みは」などとひと口では絶対に語れないほどポピュラーミュージックは多様化してしまった。ロンドンの人気クラブで踊っていた若者がつぶやいた。「今はもうどの国のカラーがどうなんて誰も気にしてないよ。僕らはチューインガムを噛むように新しいものを試し、ひとつに飽きたら2～3種類混ぜてみて、味がなくなったらペッと捨てる。そしてまた別のガムを口に入れる。それだけさ」

（在ロンドン　ミュージシャン NAO）

ENTERTAINMENT

CLOSE UP

ミュージック　ナイトクラブ

ジャズ Jazz

ジャズ・カフェ

ジャズ好きな俳優が立ち寄ることでも有名なピザ・エクスプレス・ジャズ・クラブ

ジャズ以外の演奏もあり
この項で扱うクラブは、ジャズ専門でないところもある。「どうしてもジャズが聴きたい」というときには、ウェブサイトや『タイム・アウト』などの情報誌で演目をチェックしてから出かけるようにしよう。

　ロンドンのジャズクラブは数が多いとはいえないが、バラエティには富んでいる。目的と趣味に応じて選ぶのがポイント。まず、どんなふうにジャズを楽しみたいか考えてみるといい。チェック項目は、①とにかくいいジャズが聴きたい、②店の雰囲気、客層が気になる、③ドリンク、食べ物にこだわる、④パフォーマンスしたい、⑤予算、というところ。

　①について。大物アーティストや特別なバンドの演奏を聴きたいなら情報誌で探してみる。特定のアーティストがいない場合、情報誌の寸評を参考にするのもひとつの手。②について。客層は出演アーティストによって左右される。店の雰囲気はふたつに大別できる。本格的にジャズを聴かせる店と、レストラン機能主体でジャズはムードづくりのBGMにとどまる店。前者はオーナー自身ミュージシャンか、ジャズ狂の人が多く、オーナーの感性が色濃く店に出ている。そのなかでも、評価の定まったメジャー志向の店と新人発掘の店に分かれる。後者の場合、なぜか食事はワインとピザの組み合わせが多い。③について。②とも重複するが、若者中心の店ではドリンクはビールが主流。アダルト派の店はワイン。ジャズのステージは、前座が19:00頃から、本命は21:00近くまで登場しないこともあるので、食事は別のところで済ますとすると、そんなにこだわる必要はないようにも思うが。④について。これはもう、踊るスペースのあるクラブに行くしかない。相手さえいれば、ジャズに合わせて男女ペアで踊るジャイヴィングが楽しめる。⑤について。出演者にもよるが（大御所が出てくるようなライブは当然高額）、入場料だけなら、日本よりお得感があるかも。

　①から④の希望が満たされて⑤の予算に見合えば文句なし。もっとも、好きな人と一緒なら場末の酒場も天国!?　また、本当にいいジャズが聴けるなら、ほかのことはどうでもいい！とも思う。何はともあれ、よい夜を。

ロニー・スコッツ　今夜のステージは誰かな？

ロニー・スコッツ Ronnie Scott's

　ロンドンで最も有名なジャズクラブ。1959年の創業以来、この店のステージを飾ったアーティストは、カウント・ベーシー、ビリー・エクスタイン、エラ・フィッツジェラルド、サラ・ボーン、オスカー・ピーターソンなど超大物揃い。ニューヨークから第一級アーティストを呼ぶのだから、客が詰めかけないわけがない。一般人から熱狂的ファンまでさまざま。カジュアルな服装の若者もいれば、ドレスアップした男女も見受けられ客層は広い。通常250席、予備110席で、立ち見も入れるとかなりの人数収容可。モダンジャズ中心で、新人アーティストのステージも楽しむことができる。店名はオーナーだったロニー・スコット氏の名前から命名。1996年に亡くなるまで現役のテナーサックス奏者だった。今ではありし日の熱演中の姿が、この店で演奏した多数の有名ミュージシャンの写真とともに、入口横の壁に飾られている。

◆ MAP 12-B1
住 47 Frith St., W1D 4HT
℡ 7439 0747
営 20:15〜深夜、前座は19:00〜くらい。入店は18:00〜。予約がベスト。日曜はランチショーもある。
料 £15〜90（ランチ£16.50〜）時間や料金は演目や日によって異なる。 ⊖ Leicester Sq.
URL www.ronniescotts.co.uk

ロニー・スコッツ内部

ワンハンドレッド・クラブ 100 Club

　1945年創業。70年以上の歴史をもつ人気の高いクラブ。1960年代にはローリング・ストーンズ、1970年代にはセックス・ピストルズやクラッシュを世に送り出したあと、しばらくジャズ専門だったが、今ではブルースからジャズ、ロックまで、幅広いライブを提供している。最高で350席

◆ MAP 12-A1
住 100 Oxford St., W1D 1LL
℡ 7636 0933
営 19:30〜23:00（ライブ時間の目安）
料 £10〜45
時間や料金は演目や日によって異なる。
⊖ Tottenham Court Rd.
URL www.the100club.co.uk

酒と音楽の日々!?

　小さなステージを設けて、コンサートを行っているパブやレストランがいくつもある。毎夜のように行われるコンサートに出演するのは、ほとんどが無名のバンドだが、知名度のあるバンドでも、あえてパブのような小さな場所を選んで演奏する場合が少なくない。『タイム・アウト』や『NME（エヌ・エム・イー）』といった情報誌を注意して読み、おもしろそうなのが見つかったら、ちょっとした冒険気分で出かけるのも楽しい。

アイント・ナッシン・バット
Ain't Nothin but
◆ MAP 11-D1　住 20 Kingly St., W1B 5PZ
℡ 7287 0514　⊖ Oxford Circus
URL www.aintnothinbut.co.uk
ブルース一本やりのライブハウス。大西洋のこっち側ではいちばん！と自負するだけあって、イギリスのブルースシーンもなかなかいい。ディープな演奏が毎日聴ける。

ハーフ・ムーン The Half Moon
◆ MAP 広域図-C2　住 93 Lower Richmond Rd., SW15 1EU　℡ 8780 9383　⊖ Putney Bridge
URL www.halfmoon.co.uk
ハーフ・ムーンという名のパブは、ロンドンにかなりあるので間違えないように。ロック、パンク、ジャズファンにおすすめ。週末は無料ランチコンサートがあることも。

ジャズ・アフター・ダーク Jazz After Dark
◆ MAP 12-B1　住 9 Greek St., W1D 4DQ
℡ 7734 0545　⊖ Tottenham Court Rd.
URL www.jazzafterdark.co.uk
パブというより、ジャズを聴かせるバー＆レストランとして有名で、ジャズファンを満足させること間違いなし。ロンドンで希少価値の食事もできるライブハウス。ボサノバやファンク、ブルースのほか、アマチュアコンテストやシンガロング（お客さんも一緒に歌う）ナイト等のプログラムをやっている。

ワンハンドレッド・クラブ内部

○ **MAP 1-D3**
🏠 5 Parkway, NW1 7PG
📞 7485 6834
🎵 ライブ毎日 19：00〜22：30
クラブ 22：30〜翌 3：00
🍴 £12〜（レストラン£20〜）
🚇 Camden Town
🌐 thejazzcafelodon.com

○ **MAP 9-B3**
🏠 90 Lots Rd., SW10 0QD
📞 7352 5953
🎵 19:00頃〜深夜
日により異なる。日曜は12：30〜16：00頃もオープン
🍴 £10〜14
🚇 Fulham Broadway
🚆 Imperial Wharf
🌐 www.606club.co.uk
金・土は予約が望ましい。

が並ぶ。2010 年には、あわや閉店という危機もあったが、ポール・マッカートニーらの応援でスポンサーを得て持ち直している。

ジャズ・カフェ　Jazz Cafe

カムデンにあり、カフェとワイン・バーの中間のような雰囲気。ワインの種類も豊富。1階はバーとダンスフロアとステージ。2階はテーブル席（要予約）になっており、食事をしながらライブを楽しむことができる。旅行者も多く、思ったより入りやすい雰囲気。

606 クラブ　606 Club

地下にある小さなジャズやラテン、R&Bのヴェニューだけれど、オープンマインドなポリシーで、どんなジャンルの若手プレーヤーも積極的に応援していこうという姿勢に好感がもてる。ウェブサイトに出演者の情報があるので、ライブ情報を集めてのぞいてみるのもいい。

CLOSE UP

ロンドンのミュージック・シーンにラジオで迫る！

コンサートに行くチャンスを逃しても、ラジオという強〜い味方が残っている。ここでは、人気のあるラジオ局をいくつか紹介しよう。どこでも楽しめるオンライン放送もあり、Radio UK 🌐 www.radio-uk.co.uk では簡単に聴き比べもできる。

● **BBC RADIO**
英国放送協会BBC（イギリスのNHKのようなもの）は、10を超えるチャンネルをもっている。

BBC RADIO1　FM 97-99MHz
ヒットチャート上位の曲を中心にロック、ヒップホップ、ダンスミュージックなどが楽しめる。若者向け。
🌐 www.bbc.co.uk/radio1

BBC RADIO2　FM 88-91MHz
オールディーズやロック、ジャズのほか、最新ヒット曲なども。RADIO1より上の年齢層向けの選曲。人気局でもある。🌐 www.bbc.co.uk/radio2

BBC RADIO3　FM 90-93MHz
クラシックのほか、現代音楽やワールドミュージックが楽しめる。芸術系や科学・歴史などを扱う番組もあり。BBCプロムス→ P.200 〜 201も放送。
🌐 www.bbc.co.uk/radio3

BBC RADIO4　FM 92-95MHz・103-105MHz
トーク番組やニュース、ドラマ、ドキュメンタリーなど興味深い番組が多い。英語の勉強にもなりそう。
🌐 www.bbc.co.uk/radio4

● **そのほかのラジオ局**
BBC以外にも、多様なジャンルでラジオ局がある。

Jazz FM　デジタル放送のみ
ビーバップ、コンテンポラリーなどシリアスなジャズが聴ける。🌐 www.jazzfm.com

Capital FM　FM 95-106MHz
ロンドンでのヒット曲を知りたいならこの局で。
🌐 www.capitalfm.com

Absolute Radio　AM 1215kHz／FM 105.8MHz
60年代から現代まで幅広いロックやポップミュージックを展開。オンラインでは、各年代ごとのチャンネルも用意されている。ライブの放送もあり。
🌐 absoluteradio.co.uk

Classic FM　FM 100-102MHz
1993年から始まったクラシックの専門局。ポピュラーなクラシックが聴ける人気局。
🌐 www.classicfm.com

NTS Radio　デジタル放送のみ
ダンスミュージックに強い。クラブ好きの人向け。
🌐 www.nts.live

ENTERTAINMENT

スパイス・オブ・ライフ The Spice of Life

MAP 12-B1
6 Moor St, W1D 5NA
7437 7013
月～土 11:00～23:30
日 12:00～22:30
ライブは19:00～23:00が多い
£7～15　Leicester Sq.
URL www.spiceoflifesoho.com

ロニー・スコッツから徒歩3分ほどの所にある、ヴィクトリア時代から続く小さなパブの地下で繰り広げられるライブ。月曜はオープン・マイク・ナイトで、誰でもバンドやソロで演奏できる。金・土曜はレコードレーベルがいち押しで売り出し中のミュージシャンを紹介することも多い。

ヴォルテックス・ジャズ・クラブ The Vortex Jazz Club

MAP 広域図-E1
11 Gillett Sq., N16 8AZ
7254 4097
毎日 20:00～深夜
£10～20
Dalston Kingsland / Dalston Junction
URL www.vortexjazz.co.uk
2番目のパフォーマンス・スペースVortex Downstairsは12:00～。

シリアスなジャズ・ライブで知られたバー「ヴォルテックス」が、ローリング・ストーンズのドラマー C・ワッツを含む熱心なファンに支えられて移転再開。新人の育成にも熱心で、日曜夜はアマチュアも参加できるジャム・セッションが開かれている。

ピザ・エクスプレス・ジャズ・クラブ Pizza Express Jazz Club

MAP 12-A1
10 Dean St., W1D 3RW
7439 4962
20:00頃～23:00頃（日により異なる）
£15～35
Tottenham Court Rd.
URL pizzaexpresslive.com
チェルシー店　152 Kings Rd., SW3 4UT　Sloane Sq.
ホルボーン店　99 High Holborn, WC1V 6LF
Holborn

ピザ専門のレストランではあるが、3軒ほどは、ジャズを中心に毎夜ライブがあるライブハウスとしても有名。名を知られたアーティストが出演することもあり、人気アーティストの場合、チケット予約は必須。

ミュージック　ジャズ

CLOSE UP　夜遊び人向けロンドン最新事情

ロンドンっ子が一番気にしてること。
クールか、クールでないか、それが問題。
着る、踊る、食べる、住む、乗る、読む……誰よりも一番オッシャレなことをしているか、「流行」より3歩は先を行っているかどうか。こう書けば、クールの意味が何となく伝わってくる？　例えば、有名なハロッズやリバティの袋を持ち歩くのはアウト（ダサイ）。ショッピングに興味のないフリをするのがイン（カッコイイ）。ペットだったら猫とかふわふわしたものはアウト。トカゲやクモを飼うのがイン。菜食主義はもうアウト、体に悪いものを食べるのがイン、だなんて、ここまでくると、いったい誰が決めるの!!と叫びたくなってしまう。
クラブでかかる音楽には、細かい細かいカテゴリーがあり、ハウス、テクノ、ガラージなどと呼ばれている。さらにその一つひとつが、トランス、アンビエント、プログレなどに分けられる。それぞれの

かかる曜日によって、クラブ名も変われば客層もがらりと変わる。興味のない人にはまったく同じに聴こえるサウンドも、選択をしているDJや客にすれば「このGrooveの違いがわからないなんて」というわけだ。
いったいどう違うのか？「テンポが違う。マテリアル=素材の傾向が違う（最近のダンス曲のほとんどが、サンプリングという手法でレコードなどから一部を抜き出しパッチワークのように作られており、そのモトネタをマテリアルと呼ぶ）。さらには、使われているシンセサイザーがアナログかデジタルか」……本当にあきれるほどオタクの世界。このダンスミュージックの枝分かれは、仲間ウチだけに通じる「暗号めいた名前」という感じにまで細分化している。いったいこれからどうなるのか、目が離せないロンドンのクラブシーン。

（在ロンドン　ミュージシャン　NAO）

■■ **Sports**

スポーツ

サッカー、ラグビー、ゴルフ……と、
今や世界中で盛んに行われているスポーツの多くは、イギリス人が考え出した。
こういうお国柄だから、各種スポーツの大会の熱狂ぶりはたいへんなもの。

サッカー？ フットボール？
「サッカー」という語は、「ラグビー・フットボール」と区別するために使われた「アソシエーション・フットボール Association Football」が縮まってできたものだが、日本のほかにはアメリカ、カナダで使われているくらい。本家イギリスをはじめ、ほとんどの国ではフットボール、またはそれを各国語に訳した語が使われている。

インターネットで情報を
プレミア・リーグ・オフィシャルサイト
URL www.premierleague.com
FAのオフィシャルサイト
URL www.thefa.com

ロンドンのチームガイド
ロンドンにプレミア・リーグのチームは5チームある(2019-20シーズン)。マンチェスター・シティやユナイテッド、リヴァプールといったイングランド北部のチームも有名だが、ロンドンのチームも優勝する力はもっているし、人気では負けない。

フットボール　Football

イギリスで生まれ、世界に普及したものは多い。なかでも世界中あまねく広まったものにサッカー（イギリスでは「フットボール」という）がある。

起源は中世に遡る。諸説あるが、なかには対立する集落の境界争いのために頭蓋骨を蹴り合ったなどという、かなり野蛮な説もある。真偽はともかくとして、上流階級から生まれたポロやテニスとは異なり、誕生当時から庶民のものであったことは確かなようだ。ただし、ルールを統一し、いわば現代のサッカーの基礎を築いたのはオックスフォード、ケンブリッジを中心とするパブリック・スクールだ。各校バラバラに行われていたフットボールのルールは19世紀中頃に統一され、さらに統括する組織としてフットボール・アソシエーション（FA）が設立されたのが1863年のこと。これを機にフットボールの人気は高まり、やがてプロが生まれ、大英帝国の拡張とともにイギリスの植民地を中心に世界へと広まっていったのだ。

通常、「サッカー協会」は1ヵ国にひとつだが、イギリスのみは「サッカーの母国」に敬意を表し、イングランド、スコットランド、

CLOSE UP

ロンドンのおもなフットボールチーム情報

アーセナル Arsenal
本拠地 エミレーツ・スタジアム Emirates Stadium
● MAP 広域図-D1　**住** 75 Drayton Park, N5 1BU
☎ 7619 5003
アクセス ⊖ Arsenal から徒歩3分。⊖ Finsbury Park または Highbury & Islington から徒歩10分。
スタジアムツアー **料** マッチデーツアー£26。名選手の案内で巡るレジェンドツアー£40（要予約）。オーディオツアー（日本語あり）£25。博物館入場料込み。博物館のみ£10　☎ (0345)262 0004
URL www.arsenal.com

チェルシー Chelsea
本拠地 スタンフォード・ブリッジ Stamford Bridge
● MAP 9-A3　**住** Fulham Rd., SW6 1HS
☎ 7386 9373　チケット ☎ 7835 6000

アクセス ⊖ Fulham Broadway から徒歩8分。⇌ West Brompton または Imperial Wharf から徒歩15分。
スタジアムツアー
料 マルチメディアツアー£24。クラシックツアー£30（要予約）。レジェンドツアー£80（要予約）。博物館のみ£12　☎ (0371) 811 1955
URL www.chelseafc.com

トッテナム・ホットスパー Tottenham Hotspur
本拠地 トッテナム・ホットスパー・スタジアム Tottenham Hotspur Stadium　● MAP 広域図-E1外
住 748 High Rd., Tottenham, N17 0AP　☎ (0344) 499 5000　チケット ☎ 7998 1068
アクセス ⊖ White Hart Lane（地上線）から徒歩5分。

ENTERTAINMENT

試合前のスタジアム周辺の盛り上がりも楽しみたい

ウェールズ、北アイルランドの4協会が認められ、それぞれが国内リーグと代表チームをもっている。

熱狂のプレミア・リーグ

イングランドの国内リーグは4部制で、そのトップに位置するのがプレミア・リーグだ。その下に1〜3部のリーグがある。国内に4万2000あるクラブの頂点、プレミア・リーグは20チームで構成され、8月から翌年5月にかけての土曜を中心に激しい戦いを繰り広げる。各チームが地元(ホーム)と敵地(アウェイ)で1試合ずつ戦う総当たり。ホームの熱狂的な声援はJリーグの比ではない。圧倒的な歌声、誰が音頭をとるというわけでもなくスタジアム中に広がる手拍子、敵味方なくいいプレイに送られる拍手、まずいプレイに浴びせられる猛烈なブーイング。そして地元チームのゴールが決まると「イヤァァーッ!」の歓声が爆発する。ヨーロッパ大陸の国々とも、南米の国々ともひと味違う独特の雰囲気は、ぜひスタジアムで味わってみたい。

徹底したフーリガン対策もとられ、世界で最も快適なリーグとい

スタジアムの一体感はすごい!

アーセナルのホーム、エミレーツ・スタジアム

試合前のトッテナム・ホットスパーのホームスタジアム前

スポーツ / フットボール

スタジアムツアー £30。2019年9月から始まった新スタジアムのツアーは6週間くらい前には売切れるそう。また2020年2月からは、スタジアムを覆うガラスの屋根上を歩くスカイウォークツアーが始まる予定。　URL www.tottenhamhotspur.com

フラム Fulham
本拠地 クレイヴン・コテージ Craven Cottage
MAP 中央部-A3　住 Stevenage Rd., SW6 6HH
(0843)208 1234　チケット 3871 0810
アクセス Putney Bridge から徒歩15分。
スタジアムツアー £15　3841 9053
URL www.fulhamfc.com
2019/20シーズンはプレミアリーグに入っていない。

クリスタル・パレス Crystal Palace
本拠地 セルハースト・パーク Selhurst Park

MAP 広域図-E3　住 Whitehorse Lane, SE25 6PU
8768 6000　チケット (0871)200 0071
アクセス Thornton Heath / Selhurst(鉄道)／Northwood Junction(地上線)から徒歩10〜15分。
スタジアムツアー なし
URL www.cpfc.co.uk

ウエストハム・ユナイテッド Westham United
本拠地 ロンドン・スタジアム　London Stadium
MAP 広域図-E1　住 Queen Elizabeth Olympic Park, E20 2ST　8548 2748
アクセス Stratford Internationa / Stratford から徒歩約15分。オリンピック会場跡地 Queen Elizabeth Olympic Park の南端にある。
スタジアムツアー マッチデーツアー£30　ロンドンスタジアムツアー£17など複数のツアーがある。
URL www.whufc.com

ユニホームを着て盛り上がろう

ウエンブリー・スタジアム

サッカーシーズンの冬場はとても冷えるのでカイロや手袋など、防寒準備は万端に。チームのマフラーはおみやげにも

入手が難しいPリーグチケット
日本でも人気のあるプレミア・リーグのチケットを、現地で手配できる可能性は低い。確実に見たい試合がある場合、ネットでの購入（会員になることが必要な場合もある）、もしくは代理店を通じて購入（手数料も必要）するのが無難。
（千葉県　岡田明宏　'15）['19]

競馬情報誌
競馬場で買うことができるレーシング・プログラム（有料）を見ながら賭ける馬を決めることもできる。写真も豊富なので、おみやげにもいい。日本ではジャパン・スタッドブック・インターナショナル（JAIRS URL jairs.jp）でも、おもなレースの開催日時と場所を知ることができる。また、国営放送BBCのウェブサイト URL www.bbc.co.ukのスポーツセクションにも詳しいスケジュールが載っている。

障害レース

われるまでになっているプレミア・リーグ。世界各国からスター選手が集まり、リーグのレベル自体もトップクラスだ。

歴史の重み、FAカップ

リーグと並行して行われるトーナメント方式のカップ戦が、1871年に始まった「世界最古のカップ戦」FAカップだ。こちらはアマチュアも含めて行われる、日本でいう天皇杯に当たる（天皇杯はFAカップをモデルに始められた）。一発勝負だけにアマチュアがプレミア・リーグのチームを破るといった大番狂わせが毎年のように起きる。決勝は「サッカーの聖地」ウエンブリー・スタジアムで5月に行われる。これに出場することはイングランドのサッカー選手にとってたいへんな栄誉とされている。

第3のタイトルとして、リーグカップも戦われる。リーグ、FAカップと比べるとステイタスが高くないため、強豪クラブは主力選手を出場させないことも。

チケットと情報収集

チケット料金は、スタジアムや対戦相手、席の位置などによって異なるが、安いチケットで£20～50程度。高いチケットで£30～100程度（プレミア・リーグ）と幅がある。チケット販売は試合の3週間前、あるいは1ヵ月前からというのが一般的（メンバー登録が必要なこともある）。詳しくは各クラブのホームページなどで。また、チケットエージェンシーでも扱っているところがあるが、かなり割高となる。

リーグの試合スケジュールは、事前に調べてあっても、変更されることも多いので、新聞や雑誌で最新情報の確認を。一般紙では『The Guardian』、大衆紙では『Daily Express』が特に詳しい。週刊のフットボール専門誌では『Match』（毎週火曜発売）がいい。もちろんウェブサイトでも確認できる。

また、専属のガイドが歴史の紹介をしながら選手のロッカールームなどを訪れるスタジアムツアーを催行しているクラブも多い。

競馬　Horse Racing

イギリス人は馬が好きだ。数ある競馬場に足を運んで本場のレースの雰囲気を味わってみたい。イギリスの競馬は基本的に平日（日曜開催もあるが、まだまだ少ない）で、平地競走は4～10月、障害レースは11～3月に行われることが多い。14:00～18:00くらいに6レースほどを消化するが、日が長くなる夏場には小規模なイブニングレース（18:00～22:00頃）も行われる。

日本とは違い、イギリスの競馬場はエリアによって入場料が変わる。一番安い芝生に座るエリア（売店と馬券売り場のみがある）か

ENTERTAINMENT

ら、一番高いパドックすぐ横の個人ブックメーカーが多いエリア（レストランやバーも完備）まであり、席の料金は競馬場や馬券付きかどうかによるが、おおむね£15～70。日本と比べると高い入場料になるが、イギリスの競馬の雰囲気を楽しみたいのなら、一番高い席をおすすめする（パドックを見ることができるのも、このエリアのみ）。ここより高級なエリアは特別席なので、一般客は入場できない。

おもな競馬場

エプソム Epsom
6月初めにダービーとオークスが行われる。ともに4歳馬による1.5マイル（2400m）のレースで、ダービーには女王陛下もやってくる。ダービーもロイヤル・アスコットと同様、正装の紳士淑女が集う。

アスコット Ascot
名前くらいは耳にしたことがある人も多いだろう。6月に5日間にわたって催される、英国王室主催のロイヤル・アスコットは、自慢の帽子をかぶって盛装したレディやビシッと決めたジェントルマンの社交場と化す。デザイナーがこれに合わせて新作を発表するというくらいだから、ほとんどファッションショー状態だ。

ニュー・マーケット New Market
日本の桜花賞に当たる1000ギニーと皐月賞に当たる2000ギニーのレースが、5月初めに行われる。また、競馬場近くにはナショナル・スタッドNational Stud（牧場）があり、ツアー形式で種馬を見学できる。競馬場からバスで10分のニュー・マーケットの町には、競馬博物館National Horseracing Museumもある。

ニュー・マーケットのナショナル・スタッド

ブックメーカー
Bookmakerとは競馬ばかりでなく、フットボールのトトカルチョやドッグレースから選挙や王室スキャンダルまで、各種の賭けができる店だ。
代表的なものは青い看板のWilliam Hillと赤い看板のLadbrokes、カラフルな看板のCoralなど。女王が競馬場へ足を運ぶ国だけあって、そんなにガラは悪くない。大きなところは明るく危険なムードはないが、ソーホーなどの一部には、女の子にはおすすめできないところもある。

エプソムへのアクセス
◎ P.347-C2
ヴィクトリア駅かウォータールー駅から列車でエプソム下車。駅から競馬場まではバスが出ている。ダービーなど特別なレースの日はエプソムから入場口までシャトルバスが出る。また、ロンドン・ブリッジ駅から列車でタテナム・コーナー下車後、入場口まで800mほど。

アスコットへのアクセス
◎ P.346-B2
ウォータールー駅からアスコット行きに乗り終点下車。

ニュー・マーケットへのアクセス
◎ P.347-C1
キングス・クロス駅からケンブリッジまで直通列車で約1時間。競馬開催時にはケンブリッジから臨時バスが運行される。ニュー・マーケット駅では、ケンブリッジから列車で約30分。ここから競馬場へは臨時バスで約10分。

CLOSE UP

競馬を10倍楽しく見る方法

せっかく競馬を見にいったのだから、馬券も買ってみたい。購入するときには以下の3点をハッキリさせておこう。

1. どの競馬場の、どのレースか？
これは同じ日にいくつもの競馬場でレースをしていることが多く、競馬場内でもほかのレースを買うことができるため必要になる。

2. 何にどう賭けるか？
馬を決めたらWin（単勝）、Place（複勝）、Forecast Dualstraight（連勝複式）、Trio（三連複式）、Placepot（指定6レースの複勝）、Quadpot（指定4レースの複勝）、Jackpot（6レースの単勝）のうちから賭け方を選ぶ。ただし、多くの場外馬券売り場ではPlaceは賭けられない。

3. いくら賭けるか？
各自のお財布の膨らみ具合で。

競馬場内では口頭だが、場外馬券売り場では店内の壁にかかっている箱から、カーボンコピー付きの紙（ベッティング用紙）を抜き出して記入する。日本のような枠制ではなく、ちゃんと馬の名前を記入しなければいけない。店内のモニターにレース内容と出走馬が映し出されるほかは、各種情報誌を参考に挑むしかない。ま、話のタネに気に入った名前の馬に£2くらい賭けてみては？

カーボンの用紙に記入するときは、Stake＝馬券の種類、Selection(s)＝馬の名前と賭ける金額、Time & Meeting＝時間と場所、ということを覚えておこう。

おもなクリケット競技場
Lord's Cricket Ground
- MAP 2-B2
- St. John's Wood, NW8 8QN
- 7616 8500
- St. John's Wood

「ロング・ルーム」と呼ばれる、芝生のグラウンドが見渡せる瀟洒な広間など、歴史と伝統を感じさせてくれる見学ツアーは、毎日4～6回（試合日とその準備期間、イベント時を除く）。所要100分。開始30分以上前に到着してMCC博物館を見学しておくのがおすすめ。
- 7616 8595（ツアー予約）
- £25　www.lords.org

Kia Oval Cricket Ground（The Oval内）
- MAP 中央部-C3
- Kennington, Oval, SE11 5SS
- 3946 0100　Oval

見学ツアーは金・土11：00～、所要約90分、15分前までに集合。事前にチケットを入手しておくこと。
- £15
- www.kiaoval

おもなラグビー競技場
Twickenham Stadium
- MAP 広域図-B3
- Whitton Rd., Twickenham, TW2 7BA　(0871)222 2120
- Twickenham

スタジアムツアーは曜日により1日3～4回　£25（博物館を含む）　8892 8877（ツアー予約）
ラグビー博物館 World Rugby Museum　火～日10：00～17：00（日11：00～）最終入場16：00　£12.50
- www.englandrugby.com/twickenham

クリケット　Cricket

日本の国技は相撲だが、イギリスの国技はクリケット。ボールは赤で、投手は助走をつけ、ワンバウンドで投げる。打者は平べったいクリケットバットで打ち、野手はグラブを使わず素手で捕球する。ベースも一周するのではなく、往復式。打球が戻ってくるまでに何往復できるかでポイントが決まる。

休憩時間になると両チームともベンチに引きあげてお茶を飲むといった、実に紳士の国らしいスポーツ。5～6時間かけてやる国別対抗戦のほか、国際試合（テストマッチ）は勝負がつくまで最大5日間かかるが、最近では2時間30分といった短時間の試合スタイルも増えてきている。ゲームが行われるのは春から秋頃。

ラグビー　Rugby

ラグビーの生い立ちについては定説がある。1823年、パブリック・スクールのラグビー校で行われていたフットボールの試合中、エキサイトしたウェッブ・エリス君がボールを脇に抱えたまま敵ゴールめがけて突進したのがラグビー・フットボールの起源とされている。

このように、イギリスのパブリック・スクールで始まり、日本でも慶応義塾と学習院が最初に取り入れたとされる、いわば「おぼっちゃまのスポーツ」で、実際の試合の荒々しいイメージとはかけ離れた歴史を秘めている。「折り目正しさ」に今でもこだわるスポーツ。秋から春頃がシーズン。

2015年にはラグビーW杯が開催された ©VisitBritain Steve Bardens

> **CLOSE UP**
> ### イギリス人が野球を見下すわけ＆スポーツファンの強い味方テレビ
>
> クリケットは、日本では「野球の先祖」と紹介されているが、これは厳密にいうとマチガイ。クリケットを「女子供向けに」改良したラウンダーズというゲームがあるが、これはソフトボールとよく似たルール。このゲームがもとになってアメリカで野球が発明されたらしい。というわけで、イギリス人に言わせれば野球というのは「クリケットの亜流からさらに派生したスポーツ」であるからして、スポーツとしての素性はよろしくないことになる。この感情にはアメリカに対する反発も含まれているらしい。ともあれこの国では野球はなきに等しいスポーツ。テレビでメジャーリーグの試合が放映されることもあるが、あまり視聴率も上がらないそうだ。
>
> フットボールのFAカップ、テニスのウィンブルドン選手権などは観戦しようにも切符の入手が困難。
>
> その一方で、日本人に人気のあるプロレスやボクシングは、ロンドン市内ではレベルの高い試合はあまり開催できない（なぜか地方都市でタイトルマッチが行われたりする）。必然的に、テレビがスポーツ観戦の友となってしまうのだ。ダーツ（投げ矢）だとか、日本でも流行し始めているスヌーカーなどのテレビ中継が多いのが日本と違うところ。
>
> 何曜日にどのチャンネルでそういうスポーツ番組があるのか、などとは聞かないでほしい。この国のテレビにおいてスポーツ番組が占める割合たるや、日本での民放のバラエティ番組並みの多さなのだから。事前に確認したいという場合は、全チャンネルの番組スケジュールを見ることができるウェブサイト　tvguide.co.ukで。

London »
レストラン カフェ パブ
コスモポリタン・シティ、ロンドン　ここは世界中のおいしさが集まる町でもある

■■■ Before go to Restaurant

レストランに行く前に

イギリスは料理がまずいといわれることも多い。
しかし、ロンドンではおしゃれで味もいいレストランが次々に誕生している。
おいしくなってきたロンドンの食を満喫したい。

おいしいイギリス料理

ロンドンには世界各国の料理のおいしいレストランがあるが、せっかくイギリスの首都、ロンドンまでやってきたのだから、イギリスらしい料理も食べてみたい。そもそも、イギリス料理とは何なのか。おもなものを紹介してみよう。一度くらいは、どこかでお試しを。

ロースト・ビーフ Roast Beef

イギリス料理といえば、これしかないというほどの代表的料理。牛肉のなかでも、最もおいしいといわれるサーロイン（腰肉上部）の塊を、タコ糸のような太い糸でぐるぐる巻いてオーブンで焼く。本来は、炉のようなものの前で、大きな串に刺して横から直火が当たるようにし、一定の時間がたつとゆっくりとその串ごと回転させて"roast"した。名だたる高級レストランでは、このロースト・ビーフをトロリーに載せ、客の前まで運ぶ。そして客の好みの場所を、トロリーの銀盆の上で、つまり客の目の前で切り取って供してくれる。

薬味（？）として、ホースラディッシュ horseradish（西洋わさび）をつけて食べるのが普通。家庭だとグレイヴィー・ソース gravy sauce（肉汁で作ったソース。色は濃いブラウン）をかけることも多い。付け合わせは、例外なくヨークシャー・プディング Yorkshire Pudding。よく、シュークリームのあのシューだけみたいなものと表現される。飲み物には赤ワインか、イギリスらしくビール（ラガー・ビールより少し強いエールなどがおすすめ）を。

日曜のお昼には、サンデーローストとして、このロースト・ビーフを出すレストランやパブも多い。お値うちに食べられることもあるから、要チェック！

Picture
ミシュランガイド推奨店（ビブグルマン）。予約なしで、カウンターで気軽に現代的イギリス料理を楽しめる。非常に洗練された味わいで、イギリス料理のイメージを大きくプラスに転換してくれるし、スタッフも気さくで笑顔にあふれ、リラックスできる。コストパフォーマンスが抜群。
（千葉県　岡田明宏　'15）['19]
住 110 Great Portland St., W1W 6PQ　☎ 7637 7892　営月〜土 12:00〜14:30, 18:00〜22:30 6コースの季節メニュー£45、アラカルトは£10くらいから
⊖ Oxford Circus
URL www.picturerestaurant.co.uk
Marylebone にも支店がある
住 19 New Cavendish St.）

ヨークシャー・プディング
Yorkshire Pudding
バター batter（小麦粉、水またはミルク、卵などを混ぜ合わせたもの。乳製品のあのバター butter とはつづりが違う）を焼いた料理。昔々、貧しい家庭の主婦たちは、なけなしの肉をオーブンで焼くとき、肉汁を受け皿に取り、その肉汁に小麦粉を混ぜて焼くのが常だった。その肉風味のホットケーキもどきのもので、家族のおなかを膨らませて肉が少ないのをカバーしたのだという。それが、ヨークシャー・プディングの元祖との説もある。

ロースト・ビーフの老舗シンプソンズ・イン・ザ・ストランド

ヨークシャー・プディング

ロースト・ビーフ

ドーヴァー・ソウル　Dover Sole

　読んで字のごとく、ドーヴァーのソウル（舌ビラメ）。ドーヴァー海峡で取れる魚だ。ムニエルのような、シンプルな方法で調理するのが普通。味つけも塩とレモン汁だけといった感じだが、新鮮な魚ならそれだけで十分。飲み物は、やはりワインの白だろう。

　ヒラメもドーヴァー・ソウルだけではないし、ヒラメ以外のシーフードも見逃せない。さすが島国。ロンドンが発祥の地でもあるスモーク・サーモン smoked salmon やカキ oyster など、同じ島国から来た人間にはこたえられない味。

ドーヴァー・ソウルは高級魚だが、一度味わってみたい

シェパーズ・パイ　Shepherd's Pie

　ひき肉、タマネギ、ニンジンなどを混ぜ合わせ、それにマッシュ・ポテトをのせて焼いたもの。これにブラウン・ソースをかけて食べることもある。パブランチでも定番のメニュー。もともとは食料が少ない時代に残り物を詰めてパイにしたものなのだそう。なんだか懐かしいような味がするのは、コロッケの中身に似ているから？　ラムが使ってあることが多く、牛肉の場合は"コッテージ・パイ cottage pie"と呼ばれることもある。

素朴なおいしさのシェパーズ・パイ　メイフェア・チッピーで→ P.238

RESTAURANT

レストラン以外での食事
後述するカフェやグルメなガストロパブでも、おいしい食事にありつけるところが多い。ハンバーガー、パスタやピザなどを食べられるところもある。余談だが、パスタの麺がゆで過ぎなのは常識と思っていたほうがいい。いわゆるアルデンテでは客からゆだっていないと苦情が出るからという事情もあるようだ。

All Day Breakfast
All Day Breakfastといって、パブやカフェなどで1日中朝食メニューを出すところもある。高級ホテルで付いている朝食がコンチネンタルだったら、カフェやパブでお昼にイングリッシュ・ブレックファストを体験してもいい。

フードマーケット
国際都市の名にふさわしく、ロンドンでは世界中の料理が味わえる。レストランばかりでなく、世界中の料理の屋台が並ぶフードマーケットがあちこちにできている。屋台とはいっても、けっこうおいしいところも多い。天気さえよければ、外で食べるのも気持ちがいい。
→ P.310

インド料理がおいしい！
本場に近いインド料理が味わえるので、機会があったらトライしてみてほしい。カジュアルに楽しめるところからミシュランの星をもつところまで多種多様。→ P.244〜245

上はストリート系インド料理のマサラ・ゾーン→ P.232下はベジタリアンのインド料理店のランチビュッフェ

レストランに行く前に　おいしいイギリス料理

コーニッシュ・パスティ
Cornish Pasty
肉・野菜の詰まったパイ。昔から昼食用などとして愛されてきた。コーンウォール州で作られ始めた、伝統的な家庭料理の一品。

ロンドンのお手頃日本食
ウォータールー駅近くのLower Marsh通り（MAP 7-D3）で安くておいしい日本食屋台を見つけました。注文は日本語でOK。鳥照焼き丼、牛丼、カレーすべて£6でした。この通りはLower Marsh Marketとなっており、屋台がほかにも多く並んでいて楽しめます。
（東京都　匿名希望　'17）

小さめの緑豆をつぶしたマッシーピー Mushy Pea はフィッシュ＆チップスの付け添えの定番。ふっくらした豆ガーデンピーがあるところも。豆の種類も違う

フィッシュ＆チップスには塩とヴィネガーをかけて。カウンターにゆで卵のピクルスがあったら、酸っぱいもの好きの人は試してみて

El Pirata
ピカデリー通りから近い、便利な場所にあるスペイン・バル。タパス形式で少量ずつ気軽に注文でき、夜遅くまでやっているので観劇後の利用にも。
（在フランス　HT　'16）['19]
⌂ 5-6 Down St., W1J 7AQ
☏ 7491 3810　⌚ 月〜金 12:00
〜23:30(土18:00〜)
URL www.elpirata.co.uk

ステーキ・アンド・キドニー・パイ　Steak and Kidney Pie

パイ生地を敷き詰めた上に、マッシュルームや肉と腎臓とグレイヴィー（肉汁）を流し込んで焼く。サクサクのパイの中に、肉のシチューが入っているような感じ。独特の風味があり、これもイギリス料理を代表するもののひとつでパブの定番料理。マッシュポテトやグリンピースなどの付け添えとともにマスタードが出されることもある。

パイの中身はステーキ・アンド・キドニー以外にも、ビーフやチキン、サーモン、マッシュルームなど、さまざま。クリームソースを使ったものだと、ホワイトシチュー状のものが中に入っている。

ステーキ・アンド・キドニー・パイ

ビーフ＆ギネス・パイ。マスタードをつけるとグッド！

フィッシュ＆チップス　Fish & Chips

パブメニューに登場する代表的なものだが専門店もある。フィッシュは切り身魚のフライで、コッドcodやハドックhaddockといったタラが使われていることが多い。海沿いの町に行けば、当然、フィッシュのネタはバラエティ豊かになる。メニューには"battered Cod（衣を付けて揚げたタラ）"と書かれていることも。

チップスはジャガイモを細長く切って、これまた揚げたもの。ポテトチップスとはまったく異なる。いわゆる日本でいうフライドポテトやフレンチフライだが、太めにカットされていて、料理の付け合わせとして出されることもある。

だいぶ値段が高くなったが、どちらも油で揚げてあるから1人前（£10くらい〜、約1400円〜）で、もうおなかいっぱい。

香ばしく揚がっていておいしそうなガストロ・パブのフィッシュ＆チップス

チップスのみとかフィッシュのみを注文することもできるので、チップスだけをおやつにすることもできる。テイクアウエイをする際には、カウンターにある塩や酢vinegarで、好みに応じて味つけするのを忘れないように。イギリス人は、このヴィネガーがかなり好きらしい。塩と酢の入ったボトルを両手にひとつずつ持って、シャカシャカと多量に振りかけていることも。あと、フィッシュ&チップスは熱さがいのち！ アツアツのをフーフーしながら食べること。

ソーセージ・アンド・マッシュ Sausage and Mash

ゆでたジャガイモにバターやミルクを加えたマッシュポテトの上に大きなソーセージをのせてグレイヴィー・ソースをかけたシンプルな料理。ソーセージのボリュームにビックリすることもあるが、日本ではあまり出合わないタイプのソーセージにトライしてみよう。バンガーズ・アンド・マッシュ Bangers and Mash とも呼ばれる。

イギリスのソーセージにトライ！

パブランチ Pub Lunch

パブはお酒を飲むだけの場所ではない。11：30～15：00くらいには、立派なランチを楽しむことができる。手早く食べられるメニューということで、冷凍ものを電子レンジで温めただけのところも多いが、グルメな料理を売り物にしたパブ（ガストロ・パブと呼ばれることも）もある。店によってはおいしいし、ボリューム満点。また、パブによってまちまちだが、夕食を出している場合も。値段はランチもディナーも安いところで£8～15前後、高めのところで£30～。

メニューは、前述したステーキ・アンド・キドニー・パイなどのパイ類から、フィッシュ&チップス、ソーセージ、ハンバーガー、サンドイッチ、サラダなどが多いが、パブによってさまざま。日曜の昼にはサンデーローストを出すパブもある。メニューやカウンターで気に入った料理を選び、基本は好きな場所で食べればいいが、食事用の席が分けられている場合はテーブルで頼むことが多い。気軽に食事ができるし、お酒が飲めない人もパブの雰囲気を楽しめる。

RESTAURANT

レストランに行く前に

おいしいイギリス料理

ロンドンのパブでのランチ。メインを決めて付け合わせをいろいろと選べるパブもある

ガストロ・パブでのランチ。上が前菜、下が鶏のメイン。和食やギリシア料理など、各国の素材がミックスされており、盛りつけも食欲をそそる

卵料理の種類
フライド・エッグ fried egg
目玉焼き。
ボイルド・エッグ boiled egg
ゆで卵。固めにゆでたのはハードボイルド・エッグ hard boiled egg。半熟卵はソフトボイルド・エッグ soft boiled egg。
スクランブルド・エッグ scrambled egg
いり卵。
ポーチド・エッグ poached egg
落とし卵。ポーチング・パン poaching pan という名の専用カップ付きフライパンに割り入れた卵を、フライパンの中に湯を入れて固める。

エッグ・ベネディクト
イングリッシュ・マフィンにハムやベーコン、ポーチド・エッグをのせてオランデーズソースをかけたもの。カフェやパブで出しているところもある。

ほうれん草入りの
エッグ・フロレンティン

イングリッシュ・ブレックファスト English Breakfast

朝食ではあるが、フルコース並みの品数。やはりこれは無視するわけにはいかないだろう。

1) 果汁100%のオレンジジュースかグレープフルーツジュース。大きなレストランだとトマトジュースも用意してある。グレープフルーツを半分に切ったものが出されることも。

2) シリアル cereals。一般的なのは、おなじみコーンフレーク cornflakes。これにミルクと、好みで砂糖をかけて食べる。スコティッシュ・ブレックファストだと、コーンフレークなどの代わりにポリッジ porridge と呼ばれる、ひき割りオート麦にミルクを加えて作ったかゆを食べるのが正統派。そして、このポリッジには塩をかけるのがスコットランド式で、砂糖をかけるのがイングランド式。

3) メインディッシュ (!?)。一番ポピュラーなのは何といってもベー

少し豪華なフル・イングリッシュ・ブレックファスト。右はブラック・プディングが付いた珍しいタイプ

CLOSE UP
イギリス人の食事

少し前まで「イギリスに滞在したおかげで痩せた」という人たちがけっこういたらしい。このところ、レストランの質がずいぶんと向上してきているが、かつてはそれくらい食事がマズかった時代もあったということ。果たして、ごく普通のイギリス人家庭では、日々どんなものを食べているのだろうか。彼らの謎の食生活をちょっとのぞいてみよう。平日の朝8:00頃。食卓には、シリアル、ミルク、トースト。トーストは薄くてカリカリで、バターを塗っただけ。ひとり1～2枚。まあ、量的にはこんなものかも。

イギリスのお昼はだいたい午後1:00から。この国には、会社にお弁当を持っていくなんて習慣は全然ないから、当然テイクアウェイになる。各国のエスニック料理をテイクアウェイするときもあるが、基本はやっぱりサンドイッチ。自分の好みのものを、サンドイッチ・バーで作ってもらうのが、唯一の贅沢!? にしては、チョイスはかぎられていて、結局はチーズ&トマトやら、ハム、チキン、ツナコーンやらにおさまる。それにしても、あんな2～3切れのサンドイッチ程度で、おなかがもつのかなあ。

ま、その代わり平日は夕食がメインだ。といっても、イギリスのスーパーは、1～2人分ずつ箱に入っていて「チン」するだけの"Ready to eat"パックと、冷凍食品や缶詰の宝庫。最近は、共働きの家庭が多いから、夕食はそれらのお世話になることも。ラザニアやミートボール、チキンカレー、ベジタブルカレーなど、何でも電子レンジでチン。ライスは10分ほどゆでてザルで水を切る（ヘ～）。ピザやガーリックブレッドだってチンすればOKだし、子供のフィッシュ&チップスは冷凍食品で、グリルすればできあがり。豪華そうに見えるチキンの丸焼きもオーブンに入れるだけで、味つけは食べるときに自分たちでやってくれ、が当たり前。付け合わせの野菜は、冷凍モノをゆでて終わり（コレがゆで過ぎ）。すべての基本は、大皿盛りか、ワンプレート・ディッシュだ。

結局、豪華一点主義のイギリス人たちも、平日はテキトーなものを食べて済ませ、週に1～2回の外食（皆さんホントよく外食します）で、その欲求不満を解消しているようだ。「ロンドンには、おいしい世界各国のレストランがたくさんあるから悪いんだ！ほんとうのイギリス家庭料理は田舎に来なきゃわかるまい！」とは、田舎に住んでる人たちの声。テコトで、本当の家庭料理を追求したいなら、ロンドンを離れたほうがいいのかも……。

コン・エッグ bacon & eggs。卵は半熟に近い目玉焼きである場合が多い。卵がふたつも並んで出てきて驚かされることも。ベーコン（日本と違って脂肪が少なくて美味）だけでなく、ソーセージが付くこともある。付け合わせは、フライパンでアツアツに焼いたトマトとマッシュルームと相場が決まっているらしい。なぜトマトを焼くのかは、当のイギリス人にも説明できないようだ。ベーコン・エッグの代わりに、ニシンのくん製 kippers を食べる人もいる。

4）パン。メインディッシュとほぼ同時に出される。三角形に切った食パンが、必ず焼いて toasted ある。イギリスの食パンは、日本でいうサンドイッチ用の厚さにすべて切ってあり、きめは粗い。ナマで食べるより、焼いたほうが断然おいしい。バター、ジャム、マーマレードをつけていただく。また、この食パンを、揚げて（というか油たっぷりのフライパンで焼いて）出してくれるところもある。

5）紅茶かコーヒー。これも、メインディッシュとほぼ同時に出される。朝はコーヒーというイギリス人も多くなったが、やはりミルクティーを味わっておきたい。

クリスマスに必須のクリスマス・プディングとミンス・パイ

そのほかのイギリス料理やソース

ブラック・プディング black pudding
豚肉の脂肪と血から作るソーセージ。朝食に出てくることもある。

クリスマス・ディナー Christmas dinner
七面鳥、クリスマス・プディング、ミンス・パイなどが代表的な料理。

クリスマス・プディング Christmas pudding
ドライフルーツがいっぱい入ったプディング。香辛料とブランデーが効かせてある。てっぺんに、"holly（ひいらぎ）"の葉をあしらう。

ハギス haggis
スコットランドを代表する料理。羊か仔牛の臓物にオートミール、タマネギなどを加え、羊の胃袋に詰めてゆでるのが正式な調理法。現在では、羊の胃袋の代わりに、人工の胃袋もどきを使うことが多い。

ホットポット hotpot
肉、あるいは魚とポテトの煮込み料理。北イングランドの料理で"ランカシャー・ホットポット"などが知られている。

ピーズ・プディング pease pudding
ハムか豚肉と、えんどう豆を一緒に煮た料理。マザーグースの歌のなかにも出てくるくらい古くからある、一般的な家庭料理。

ウースター・ソース Worcester sauce
ヴィネガー（酢）とスパイスで作られたソース。ウースター州で生まれた。日本の"ウースター・ソース"の語源だが、中身はかなり異なる。

スコッチ・エッグ scotch egg
ゆで卵をソーセージ肉でくるみ、パン粉をまぶして揚げたもの。卵の形そのままのものと、四角いソーセージ肉に卵がはめ込まれているという感じのものとがある。冷たいまま食べる場合が多い。

魚介類の種類

ドーヴァー・ソウル Dover sole ＝舌ビラメ
サーモン salmon ＝サケ
コッド cod ＝真タラ
ブラック・コッド black cod ＝銀ダラと同種のタラ
シー・バス sea bass ＝スズキ
ハドック haddock ＝タラ
ターボット tarbot ＝ヒラメ
プレイス plaice ＝カレイ
トラウト trout ＝マス
キッパー kipper ＝ニシンのくん製
クラブ crab ＝カニ
プローン prawn ＝エビ
オイスター oyster ＝カキ
イール eel ＝ウナギ
マッスル mussel ＝ムール貝
スキャロップ scallop ＝ホタテ貝

肉類の種類

ビーフ beef ＝牛
ヴィール veal ＝仔牛
ポーク pork ＝豚
ラム lamb ＝仔羊
マトン mutton ＝羊
ヘア hare ＝野ウサギ
ヴェニソン venison ＝鹿
チキン chicken ＝鶏
（コック cock ＝雄鶏、ヘン hen ＝雌鶏）
ダック duck ＝アヒル
グース goose ＝ガチョウ
クウェイル quail ＝ウズラ
フェザント pheasant ＝キジ
ターキー turkey ＝七面鳥

チーズいろいろ

ケアフィリー Caerphilly
南ウェールズの町ケアフィリーで作られるチーズ。白くてマイルド。

チェダー・チーズ Cheddar cheese
口当たりのいい黄色いチーズ。サマセット州のチェダー村生まれ。

チェシャー・チーズ Cheshire cheese
チェシャー州で作られるチーズのこと。色・味ともにさまざま。代表的なのは、白くてマイルドなチーズで、これはとろけやすい。

ダブル・グロスター・チーズ Double Gloucester cheese
グロスター産のチーズで、口当たりがよく、色はオレンジに近い赤。

ランカシャー・チーズ Lancashire cheese
とろけやすく、マイルドな味の白いチーズ。ランカシャー州産。

スティルトン・チーズ Stilton cheese
味の強い、青カビのチーズ。ケンブリッジシャー州のスティルトンで最初に売られるようになったという。初めて作られた場所は不明。

ウェンズリーデイル・チーズ Wensleydale cheese
ノース・ヨークシャー州の谷（デイル）で生まれたチーズ。日本でも放映された粘土人形アニメ『ウォレスとグルミット』にも登場した。白くてマイルド。カッテージチーズを固めたような感じ。

楽しい食事のひとときを

レストランでの注文とマナー

まず何を頼むかだが、ディナーであっても、毎日フルコースを食べる必要はない。2コース（前菜とメイン、またはメインとデザート）、または3コースを頼むのが一般的。メインが終わると、デザートのメニューが来るが、この時点でデザートを断って勘定を頼んでもいい。なお、カジュアルな中華や小皿料理・パブ以外の高級レストランでは、メインディッシュをシェアすることはないので注意。

食前酒
アペリティフ apéritif とフランス風に表記していることもある。イギリスではジントニックかカンパリソーダを注文する人が多い。お酒がダメな人は、ノンアルコール・カクテルや水を注文すればいい。

レストランでの水の注文
ミネラルウオーターを頼んだら有料だが、"Tap water, please."と言えば、日本と同様に水道水が出てくる。もちろん無料。

テイクアウェイ
エスニック系やファストフード系など、多くのレストランでは、テイクアウェイ（テイクアウトのこと）が可能。店内で食べるよりも少しお値うち。食べ残した場合も持ち帰ることができる。

サービス料とチップ
サービス料として12.5～13%程度を加算される店が多い。レシートにサービス料が加算されていない場合には、料金の12～15%のチップを加えて支払う。

休業日について
12/25は休業する店が多い。休業する確率が多い順に並べると、12/25、12/26、1/1、12/31、イースター。このほか、夏期やクリスマス前後～年末年始にかけて数日休業を取ることもある。時期が近づくとウェブサイトで告知する店も多いので確認を。

案外割安な日本食ランチ
かつて海外の日本食レストランといえば、法外に高くて、しかもおいしくないというのが通り相場だった。しかしロンドンではこの評価は急速に改まりつつある。ロンドン中心部のこぎれいなイタリアンレストランでスパゲティやラザニアを食べ、コーヒーを飲めば£20～。これに対して、日本食レストランでもランチタイムの定食だったら£15くらいから。滞在がある程度長引いて、日本食が恋しくなったときは、お昼に食べよう。

前菜 Starter

前菜（フランス風にオードブルとかアペタイザーと書かれていることもある）かスープのどちらかを選択。9～2月ならレモンを搾って食べる生ガキを前菜にするのもいいかもしれない。

スープ Soup の種類
スープ・オブ・ザ・デイ Soup of the Day＝本日の特製スープ。
キャロット＆コリアンダー Carrot & Coriander＝ニンジンとコリアンダーのスープ。
ワイルド・マッシュルーム Wild Mushroom＝キノコのクリーミースープ。

生ガキにもレモンをかけて

メインディッシュ Main Dish

肉料理か魚料理、ベジタリアンのどれかを選ぶ。魚料理なら、前述したドーヴァー・ソウルのほか、スコットランド産のサーモンやロブスター、カニもいい。川の流れる近郊の田舎町なら、新鮮なマスを焼いたものも絶品。肉料理は定番のロースト・ビーフやビーフステーキ以外にも豊富。ウェールズ産のラム、ウサギ、キジ、カモ、ウズラ、内臓を使った料理なども狩猟をよくしたイギリスらしい素材。

なお、パンはメインディッシュが出てくる前に下げられるのが普通。パンをご飯のように考えがちな日本人は、ついついメインディッシュの際にパンを頼むことがあるようだが、イギリスではこうした習慣はない。メインはあくまでも魚か肉、またはベジタリアンなら野菜をいただくというのが基本なので、注意したい。

肉料理のメニュー
ロースト・ビーフ・アンド・ヨークシャー・プディング Roast Beef and Yorkshire Pudding＝ロースト・ビーフにヨークシャー・プディングを添えた一品。
ステーキ・アンド・キドニー・パイ Steak and Kidney Pie＝イギリス名物のパイ皮を使った料理。牛肉と牛の腎臓、タマネギを具

に、パイ皮で包んでオーブンで焼いたもの。このほかにもチキン・アンド・リーク・パイ Chicken and Leek Pie という、鶏とネギをクリームソースであえたものをパイ皮で包んで焼いたものなど多彩。
クウェイル・ウィズ・ブレッド・ソース Quail with Bread Sauce ＝ブレッド・ソースというのは野鳥料理によく使用される。この場合はウズラを焼いたものに、ソースをかけた一品。

魚料理のメニュー

ホール・ドーヴァー・ソウル・グリルド Whole Dover Sole, Grilled ＝ドーヴァー・ソウルを焼いたもの。
オーク・スモークド・サーモン Oak Smoked Salmon ＝オーク材でスモークしたサケ。
パン・フライド・シー・バス Pan fried Sea Bass ＝スズキのムニエル。
オイスターズ Oysters ＝生ガキ。Half Dozen という場合には6個。
スモークド・フィッシュ・ケイクス Smoked Fish Cakes ＝ Cakes というのはコロッケの中身のようなもので、ゆでたジャガイモにつぶした魚の身が入っている。

デザート Dessert

ケーキかチーズのどちらかを。ヨーロッパではデザートにチーズを食べることも多いが、日本人にとってはメインを食べたあとにチーズという気にはならないかもしれない。とはいえ、おなかに余裕があったらイギリスならではのチーズも味わってみたい。

コーヒーか紅茶 Coffee or Tea

イギリスでは日本のように、デザートとコーヒーや紅茶などの飲み物を一緒にいただいたりはしない。あくまでもデザートが終わったらコーヒーか紅茶を飲むのが正しいマナー。

調理方法
グリルド Grilled ＝フライパンまたは網の下で焼いた
フライド Fried ＝揚げた
ロースティッド Roasted ＝オーブンで焼いた
シアード Seared ＝表面だけをサッと焼いた
ソテー Sauteed ＝炒めた
ボイルド Boiled ＝ゆでた
スチームド Steamed ＝蒸した
ブレイズド Braised ＝なべ焼き
ドライド Dried ＝干した
ジェリード Jellied ＝ゼリー寄せ
スタッフド Stuffed ＝詰め物をした
マリネイテッド Marinated ＝下味をつけた

サーモンのメインディッシュ

上…イギリスのチーズやビスケットなどの盛り合わせ
下…イギリスらしいデザート、ミルクと砂糖と米のベイクド・ライスと自家製ショートブレッド

CLOSE UP 高級レストランでのマナー

高級レストランでは、店のドレスコードに合わせた服装や予約が必要。予約の際は、日時と人数、名前、窓際など希望の席があればそれを伝える。オンライン予約もできる店が多いので、こうしたシステムを利用すると便利。レストランにもよるが、一般的に金曜は混み合うことが多く、開店直後がすいている。レストランに着いたらコートや荷物などを預け、係の指示に従って席へとおもむく。

まず食前酒（お酒のダメな人は水でもいい）を注文してから、ゆっくりとメニューを見て料理を選ぼう。なお、ワインは料理を選んでから頼むのが普通。ワインや料理については、おすすめを紹介してくれるので、気軽に相談できる。

食事が終わったら、「ビル、プリーズ」と言うか、給仕に手を挙げて文字を書くようにすると、レシートを持ってきてくれる。金額をきちんと確認したら、カードか現金をレシートとともに置いておく。レシートにサービス料が含まれている場合には通常チップは必要ないが、そうでない場合にはサービスのよい悪いで12～15％前後のチップを置く。クレジットカードの場合には、チップ上乗せ、またはチップのみ現金でもOKだが、店員の指示がある場合は、それに従う。クロークに荷物を預けたら、受け取りのときにもチップが必要。

また、高級レストランでは、記念写真を撮ったり、大声でしゃべるのは、マナー違反として嫌がられるので気をつけて。食事のあとは、「おいしかった」「ありがとう」といった言葉も大切に。

London » WHAT'S ON

いろいろな国の味にチャレンジ！

ロンドンはニューヨークと比べても劣らないくらい、さまざまな人種が暮らす町。
多国籍料理をモダンにアレンジした、おしゃれなレストランもメキメキと増えている。
「今日は何料理にする？」、昨今のロンドンでは、そんなうれしい食べ方もできそうだ。

● モダンでおしゃれなインド料理
ディシューム　Dishoom

ボンベイ（今のムンバイ）に、その昔たくさんあったというレトロチックなカフェが、おしゃれに変身。朝食にはスパイシーなベーコンロールとヨーグルトドリンク、昼と夜は本格的なインド料理をいろいろ試せる小皿料理とチャイやカクテルで人気。

➡ MAP 12-C2　住 12 Upper St. Martin's Lane, WC2H 9FB　☎ 7420 9320　営 月～金 8:00～23:00（金～24:00）　土 9:00～24:00 日 9:00～23:00　料 小皿料理£2.90～、ディナー£25～30程度　予 グループ以外は不要だが人気店のため行列ができることも多い　休 クリスマス前後と年末年始は要確認　CC AMV　ドレスコード なし　🚇 Leicester Sq. /Covent Garden　URL www.dishoom.com
➡ MAP 3-C1　➡ MAP 4-D2　➡ MAP 5-D3
➡ MAP 11-D1にも支店あり

上…チキンのグリル　左下…ダール豆のカレー

● 気軽に楽しめるベトナム料理
ミエン・テイ　Mien Tay

Kingsland Rd.沿いにはベトナム料理店が数軒並ぶが、ここは老舗と呼ばれる店。米の麺にパクチーやもやしなど、たくさんの野菜も付いたエビ入りのフォーは、優しい味。定番の生春巻きのほか、野菜を包んだベトナム風オムレツなど、メニューも豊富。

➡ MAP 4-D1
住 106-108 Kingsland Rd., E2 8DP
☎ 7739 3841　営 12:00～23:00（日 ～22:30）
料 £10～25　ビールとワインの持ち込み可（チャージ£2.50～3）　予 望ましい
休 無休　CC MV　ドレスコード なし
URL mientay.co.uk　🚇 Hoxton（地上線）
➡ MAP 中央部-A3にも支店あり

上・左下…野菜が付いているエビのフォーと生春巻き
ドラマ「シャーロック」のカンバーバッチが訪れたのだそう

🟢 ちょっとおしゃれな飲茶なら
ピンポン　Ping Pong

シンプルでシックな内装の店でいただく飲茶の店。Dim Sum（飲茶）Menuという紙に書いてあるなかから頼みたいものを選んだら、チェックを書き入れて渡せば注文終了。セットメニューも、いくつか用意されている。上品な感じの味と盛りつけで楽しめる。グラスの中で花が咲くフラワーティーも、優雅な気分になっておいしい！

➡ MAP 7-D2
🏠 Festival Terrace, Southbank Centre, SE1 8XX
📞 7960 4160
🕐 11:00〜23:30（金・土〜翌0:30、日〜22:30）
祝日など、変更もあり　💷 平均£20〜
🍴 不要（一部店舗のプレシアターメニューは要予約）
🚫 一部の祝　💳 AMV　🚭 なし
🚇 Waterloo
🔗 www.pingpongdimsum.com
➡ MAP 5-A2（ウエストフィールド内）　➡ MAP 8-B1
➡ MAP 8-D2　➡ MAP 11-B1　➡ MAP 11-D1
➡ MAP 12-C2にも支店あり

上…貝とシイタケの小籠包とラムと木の実がのったご飯
左中…イカスミの皮でエビを包んだ小籠包
下…ベトナム風春巻きと豆腐の揚げ春巻き

🟢 ワイワイ楽しめるベルギー料理
ベルゴ　Belgo

ベルギー名物ムール貝の白ワイン蒸しなど、軽いベルギー料理とお酒が楽しめる。鍋いっぱいのムール貝にはベルギーが発祥と言われるフリッツ（フライドポテト）も付いている。ムール貝はたくさん入っているので、何人かでシェアするのがおすすめ。ほかにも、カリッと揚がったクロケットをおつまみにしたり、寒い日ならベルギーのゲント名物であるホワイトシチュー、ワーデルゾーイも身体が温まる。ベルギービールもたくさん揃っているので試してみたい。

➡ MAP 12-C1
🏠 50 Earlham St., WC2H 9LJ　📞 7813 2233
🕐 毎日 12:00〜23:00（金・土〜23:30、日〜22:30）
💷 ムール貝の白ワイン蒸し£14.95〜　🍴 金・土は望ましい　🚫 一部の祝　💳 AJMV　🚭 なし
🚇 Covent Garden　🔗 www.belgo.com
➡ MAP 3-D2　➡ MAP 12-B2　➡ MAP 12-D1にも支店あり

上…セロリや白ワインで蒸したムール貝はあっさりおいしい！ベルギー南部の町リエージュ名物のミートボールも
左中…ホワイトビールとブラッドオレンジのジュース
下…地下にあるテーブル席はカジュアルな雰囲気

231

London » WHAT'S ON

おひとりさまでも大丈夫!

ロンドンのレストランでは、ひとりで食事をしている人の姿をあまり見かけないので、ひとり旅だと、どこで食事を取ろうか悩ましい。予約が必要な高級レストランではなく、カジュアルなタイプの気軽なところなら、ひとりでも気後れせずに食べられる。

いろいろ選べる
セブン・ダイヤルズ・マーケット Seven Dials Market

天気に関係なく利用できるのがうれしい、屋内型フードマーケット。ロンドンのど真ん中にある吹き抜けのスペースに、いくつも屋台が入っている。セルフサービススタイルなので利用しやすい。チーズバーという回転寿司のようにチーズなどが回る店やメキシカン、ラーメンなどのほか、食材の店、食べ物関連の本屋もあって楽しい。定期的にいくつかの屋台は入れ替わっていく。

- MAP 12-C1　住 Earlham St., WC2H 9LX
- ☎ 7733 6267　営 月~土 10:00~23:00
- 日 12:00~22:30　料 店によるが£10程度~
- ⊖ Covent Garden
- URL www.sevendialsmarket.com

上…天窓から光が入って明るいスペース。周囲に屋台がある
下…メキシカンの厨房とソルトビーフとチーズのサンド

気軽でおいしいインド料理はいかが?
マサラ・ゾーン Masala Zone

ロンドン市内に7軒もの店をもつインド料理のチェーン店。チェーン店とはいっても、味のほうはなかなかのもの。小皿を組み合わせた定食セット、タリThaliのほか、前菜にもいいパリパリせんべいパパダムやチャツネもある。好みを聞いて辛さを調整してくれるのもうれしい。

- MAP 12-C1　住 48 Floral St., WC2E 9DA
- ☎ 7379 0101　営 月~金 12:00~23:00
- 土・日 12:30~23:00(日 ~22:30)　料 タリ£15~
- 予 望ましい　休 一部の祝　CC AJMV　ド なし
- ⊖ Covent Garden　URL www.masalazone.com
- MAP 1-D3　MAP 5-D1　MAP 9-A1
- MAP 11-A1　MAP 11-D1にも店舗あり

上…レギュラー・タリ
下左…マンゴーラッシーとライムミントのスカッシュ

● サンドイッチの2大チェーン店
プレタ・マンジェとイート　Pret A Manger EAT.

ふたつとも、さまざまなサンドイッチなどが並ぶセルフのチェーン店。スーパーよりも価格は高いがおいしいと評価。プレタ・マンジェもイートも、ロンドンのあちこちに店舗があるので入りやすい。サンドイッチのほかに、サラダやスープなど、バリエーション豊富で、常にフレッシュな品を置いているとのこと。ライスやヌードル系など、ホットミールも季節に合わせて登場するのでチェックしてみるといい。また、「お手軽！テイクアウェイ」→P.243にもデリ紹介があるので参考に。

¥ サンドイッチとスープで£5くらいから　☎ 不要
URL www.pret.com　URL eat.co.uk

上…パディントン駅のイート。黄色に白抜き文字の看板の店も多い
下右…プレタ・マンジェのサンドイッチと野菜たっぷりスープ
下左…イートのサラダ系ランチボックス

● 日本風ファストフードのチェーン店
わさび　Wasabi

寿司のほか、カツカレー、チキンテリヤキヤキソバ弁当、スープなどが揃う。すごくおいしい和食というわけにはいかないが、疲れたときにはホッとできそう。ほかに、Itsu→P.251、Abokadoといった和食系のチェーン店もある。
また、ジャパン・センター内→P.307にある、日本の麺料理などが食べられるフードコートも便利。

◉ MAP 3-B3
🏠 6-17 Tottenham Court Rd., W1T 1BG
☎ 7637 7643　◉ 毎日 10:30～22:00 (土 ～23:00、日 ～21:00)　¥ チキンカツカレー£6.75～
☎ 不要　休 一部の祝　AMV　なし
🚇 Tottenham Court Rd.　URL www.wasabi.uk.com

上…わさびの明るい店内。まずはカウンターに並んで購入
下…わさびのチキンカツとホルボーンにあるItsu→P.251

トンコツ系ラーメンがロンドンでもブーム！

金田屋、一風堂といった日本でも名が知られた店も出店しており、行列ができる日もある人気ぶり。寒い日には、ちょっと寄ってみたくなりそう。

金田屋 ◉ MAP 12-B1　🏠 64 St Giles High St., WC2 8LE
☎ 7240 0232　◉ 月～土 12:00～15:00, 17:00～22:30
日12:00～20:30　¥ トンコツラーメン£10.90～　☎ 不要
休 一部の祝　AJMV　なし　🚇 Tottenham Court Rd.
URL www.kanada-ya.com　◉ MAP 12-B3　◉ MAP 4-A1にも店舗あり

WHAT'S ON

おひとりさまでも大丈夫！

■ ■ Restaurant Guide

レストランガイド

さまざまな人種が住むロンドンには、中華料理やインド料理のほか、ベトナム料理やアフリカ料理まで、世界各国の料理が揃っている。いろいろな国の料理が、本場の味で楽しめるのもうれしい。

イギリス料理

イギリス料理の店は伝統を守り続けているところが多く、それぞれ個性的な味と雰囲気をもっている。ちょっとおしゃれをして、ゆっくりと食事を楽しみたいときには、高級レストランでのサービスを味わってみるのもいい。
イギリスに来たのだから、一度くらいはイギリス料理もチャレンジしてみたい。

■ サヴォイ・グリル　Savoy Grill　　イギリス
● MAP 7-C2 12-D2~3

ロンドンで最も格式が高いレストランのひとつといわれ、スターシェフとして知られるゴードン・ラムジーの店。セットランチ、日時制限があるプレ＆ポストシアターメニューが£31と£35。

住 Savoy Hotel, Strand, WC2R 0EU
☎ 7592 1600　営 月～土 12：00～15：00、17：00～24：00　日 12：00～16：00、17：00～24：00　休 なし　料 平均£80～
CC AJMV　予 必要　ド スマートカジュアル
⊖ Charing Cross／Embankment　URL www.gordonramsayrestaurants.com/savoy-grill

■ ザ・グリル・アット・ドーチェスター　The Grill at the Dorchester　イギリス
● MAP 6-D2 11-A3

伝統あるホテルのグリル・ルームとして名高い。1階にあるこのレストランのメインは、日替わり料理のほかサンデーローストセット£55～。平日17：30～18：30のみのプレシアターメニュー£39。

住 The Dorchester, Park Lane, W1K 1QA
☎ 7629 8888　営 月～土 12：00～14：30、17：30～22：15　日 12：30～18：00　休 なし　料 平均£80～
CC AMV　予 必要　ド スマートカジュアル
⊖ Marble Arch／Hyde Park Corner
URL www.dorchestercollection.com

■ ロースト　Roast　　イギリス
● MAP 8-B2

セレブ御用達といわれる、オーガニック食品などが並ぶバラ・マーケットに隣接。伝統的な料理と素材にこだわり、肉のほか、魚介類も充実。サンデーローストのランチセット3コース£39.50。

住 The Floral Hall, Stoney St., SE1 1TL
☎ 3006 6611　営 月～土 12：00～15：45、17：30～22：45(月・火～21：00、土11：45～)　日 11：30～18：30　休 一部の祝
料 平均£50～　CC AJMV　予 夕食は望ましい
ド スマートカジュアル　⊖ London Bridge
URL www.roast-restaurant.com

■ リッツ　The Ritz　　イギリス
● MAP 7-A2 11-D3

超有名ホテル・リッツ内にあり、ミシュランの星をもつ。月～土曜夕方のみのプレシアターメニュー£69。金・土曜のディナーはライブ付きで£110～。パーム・コートでのアフタヌーンティーも人気が高い。

住 150 Piccadilly, W1J 9BR　☎ 7300 2370　営 毎日 12：30～14：00、17：30～18：30、19：00～22：00　休 なし
料 平均£105～　CC AMV　予 必要
ド 要ジャケット・ネクタイ。ジーンズ、スポーツウエア不可　⊖ Green Park
URL www.theritzlondon.com

Ⓓディナー　Ⓛランチ　予予約について　ドドレスコード
※セットメニューは、曜日限定でランチや夕方またはディナー後の時間帯のみというレストランも多いので日時の確認を

RESTAURANT

シンプソンズ・イン・ザ・ストランド　Simpson's in-the-Strand　イギリス

バーもあるが、The Grand Divan で老舗が誇るロースト・ビーフを食べられる。スコットランド産の牛肉がワゴンに載って出てくる。ステーキ＆キドニー・プディングやサーロインステーキもある。

◆ MAP 7-C1 12-D2

住 100 Strand, WC2R 0EV　☎ 7420 2111　営 月〜金 12：00〜14：30、17：00〜23：00　土 12：00〜23：00　日 12：00〜20：00　休 なし　料 ロースト・ビーフ£35〜　CC ADJMV　予 必要　ド スマートカジュアル　● Charing Cross
URL www.simpsonsinthestrand.co.uk

ルールズ　Rules　イギリス

1798年にオイスター・バーとして開店した老舗レストラン。メインは伝統的なイギリス料理が中心で、パイ料理もある。ロースト・ビーフ（2人前〜、ひとり分£35.95）は期待を裏切らぬおいしさ。

◆ MAP 12-C2

住 35 Maiden Lane, WC2E 7LB　☎ 7836 5314　営 毎日 12：00〜23：45（日〜水〜22：45）　休 クリスマス前後　料 平均£60〜　CC AMV　予 必要　ド スマートカジュアル　● Covent Garden／Charing Cross
URL www.rules.co.uk

セント・ジョン　St. John　イギリス

骨髄や内臓などを使った肉料理が多い。濃厚な味わいが評判の老舗レストラン。古い食堂のような店内も趣がある。スピタルフィールズ→ MAP 4-D3 に姉妹店 St. John Bread and Wine あり。

◆ MAP 4-A3

住 26 St. John St., EC1M 4AY　☎ 7251 0848　営 月〜金 12：00〜15：00、月〜土 18：00〜23：00　日 12：30〜15：45　休 一部の祝、クリスマス前後〜年始　料 平均£40〜　CC AJMV　予 望ましい　ド カジュアルドレス　● Farringdon
URL www.stjohngroup.uk.com

ディ・オールド・チェシャー・チーズ　Ye Olde Cheshire Cheese　イギリス

"Ye" は古英語の "the" に当たる。名前からして、この店も老舗であることがすぐわかる。大辞典のH編纂者として知られるジョンソン博士のお気に入りの店だったことでも有名。

◆ MAP 8-A1

住 Wine Office Court, 145 Fleet St., EC4A 2BU　☎ 7353 6170　営 月〜土 12：00〜15：00、18：00〜21：00　日 12：00〜17：00　休 一部の祝　料 名物のステーキ＆キドニー・パイ£12.50　CC ADJMV　予 望ましい　ド なし　● Blackfriars　URL なし

チョップ・ハウス　Butlers Wharf Chop House　イギリス

吟味された新鮮な素材が、優れたシェフの手にかかれば、フィッシュ＆チップスだって豪華な一品に。イギリスの食材を使った料理が多く、日曜はサンデーロースト£20〜もある。

◆ MAP 8-D2

住 36e Shad Thames, SE1 2YE　☎ 7403 3403　営 毎日 12：00〜15：45　17：30〜23：00（日〜22：00）　休 一部の祝　料 平均£41〜 セット£25と£30　CC MV　予 望ましい　ド スマートカジュアル　● Tower Hill／London Bridge
URL www.chophouse-restaurant.co.uk

ブレックファスト・クラブ　The Breakfast Club　イギリス

イギリス名物料理でもある、豪華なフル・イングリッシュ・ブレックファストが食べられる。ホテルの朝食がコンチネンタルだったら、ここで味わってみて。エッグ・ベネディクトもおいしい。

◆ MAP 12-A1

住 33 D'Arblay St., W1F 8EU　☎ 7434 2571　営 月〜土 7：30〜22：00（土 8：00〜）　日 8：00〜19：00　休 6/10、一部の祝　料 フル・イングリッシュ・ブレックファスト£11.50　CC MV　予 不要　ド カジュアル　● Oxford Circus／Tottenham Court Rd.
URL www.thebreakfastclubcafes.com

※祝日の営業は変更もあるので要確認。イースター前後、クリスマス前後〜年末年始は休業したり不定期営業になる店もある。特に12/25と1/1は休業のところが多い。イベントなどで予告なく休業することもある。

シーフード料理

高級なレストランでは、肉よりもシーフードのほうが値が張ることも多い。
しかし、島国イギリスでは、新鮮な魚介類も味わってみたいもの。
カキの季節（9〜2月）にオープンするオイスターバーで、
白の辛口ワインとともに軽食を取るのもいい。

ベントレーズ　Bentley's　　シーフード

オイスター、スモーク・サーモンなど、すばらしいシーフード料理が心ゆくまで楽しめる。2階のレストランはメニューが多く、フォーマルな雰囲気。1階のオイスターバーのほうが値段は手頃。

● MAP 11-D2

住 11-15 Swallow St., W1B 4DG
☎ 7734 4756　営 The Grill 月〜金 12:00〜15:00、月〜土 17:30〜23:00
休 日(The Grillのみ)、一部の祝　料 平均£40〜　CC ADMV　予 望ましい　ド スマートカジュアル　⊖ Piccadilly Circus
URL www.bentleys.org

ル・ポン・ド・ラトゥール　Le Pont de la Tour　　シーフード

新鮮な魚介類を使ってフランス風に仕上げた料理が多い。内部は、バー＆グリル、レストラン、サンドイッチやサラダバーがあるフードキオスクの3コーナーに分かれている。

● MAP 8-D2

住 36D Shad Thames, SE1 2YE　☎ 7403 8403　営 毎日 12:00〜14:30(日〜15:00)、17:30〜22:30(土〜23:00、日・祝〜21:30)
休 なし　料 平均£45〜、ランチセット£24.50と£29.50　CC AMV　予 望ましい　ド スマートカジュアル　⊖ Tower Hill／London Bridge　URL www.lepontdelatour.co.uk

フィッシュワークス　Fishworks　　シーフード

新鮮なオイスターや魚介の盛り合わせ、ロブスター、フィッシュ＆チップスなどが楽しめる。パセリバターでムニエルしたシンプルなドーヴァー・ソウルのグリルもいい。ほかに→ MAP 2-D3 に店舗あり。

● MAP 12-D2

住 2-4 Catherine St., WC2B 5JY
☎ 7240 4999　営 12:00〜22:30(日〜22:00)　最終時間はラストオーダー
休 一部の祝　料 セット(12:00〜18:30) £16.50、£20.50　CC AMV　予 望ましい　ド スマートカジュアル　⊖ Covent Garden　URL www.fishworks.co.uk

シーフレッシュ　Seafresh　　シーフード

その日に取れた新鮮な魚を使った庶民的な雰囲気の店。サケ、小エビ、ロブスター、舌ビラメのムニエルなどもある。地中海風のシーフード料理のほか、フィッシュ＆チップスもおいしい。

● MAP 10-B1

住 80-81 Wilton Rd., SW1V 1DL
☎ 7828 0747　営 月〜金 12:00〜15:00、17:00〜22:30　土・日 12:00〜22:30　休 祝
料 £20〜　CC AMV　予 望ましい
ド なし　⊖ Victoria
URL www.seafresh-dining.com

CLOSE UP

ヴィーガンのフィッシュ＆チップス？！

フィッシュ＆チップス専門店サットン＆サンズ Sutton & Sons では、ヴィーガンメニューにバナナの花で作ったというフィッシュのほか、ジャガイモを使った小エビもあり。フィッシュとはちょっと違うかな？という感じだが、小エビのほうはだいぶ近づいている。ほかに、P.242のガストロ・パブ、アダム＆イヴのメニューにも、同様のヴィーガンのフィッシュ＆チップスあり。

● MAP 中央部-C1　住 356 Essex Rd., N1 3PD
☎ 7359 1210　URL www.suttonandsons.co.uk

フィッシュ&チップス

イギリスといえば、庶民のエネルギー源「フィッシュ&チップス」が有名。
大きな魚とジャガイモのフライがメインのシンプルなワンプレート料理。
かなりの満腹感を得られて気軽に食べられるのが魅力。テイクアウエイもできる。
魚は、タラ(codやhaddock)が多いが、いくつかの種類から選ぶことができる。

■ノース・シー・フィッシュ North Sea Fish　フィッシュ&チップス

薄めの衣なので、あまり油っこく感じない。魚も新鮮。自家製チップスのジャガイモは甘くてホクホク。魚はグリルにもできる。家族経営のフィッシュ&チップスの店で、タクシードライバーも常連。

● MAP 3-C2
住 7-8 Leigh St., WC1H 9EW
☎ 7387 5892　営 火～土 12：00～14：30、17：00～22：00　日 17：00～21：30
休 月、一部の祝、年末　料 フィッシュ&チップス£14.45～　CC MV　予 望ましい
なし　⊖ Russell Sq.
URL www.northseafishrestaurant.co.uk

■ロック&ソウル・プレイス The Rock & Sole Plaice　フィッシュ&チップス

店名は白身魚の名前。ちょっと高いが新鮮な魚が自慢。店内は狭いが、外にもテーブルが出る。ここのマッシーピー（サイドディッシュで緑豆をトロトロにゆでたもの）は有名。

● MAP 12-C1
住 47 Endell St., WC2H 9AJ
☎ 7836 3785　営 毎日 12：00～22：30（日～22：00）　休 なし
料 フィッシュ&チップス£13.90～
CC AMV　予 4人以下なら不要
なし　⊖ Covent Garden
URL www.rockandsoleplaice.com

■ゴールデン・ハインド The Golden Hind　フィッシュ&チップス

1914年創業のフィッシュ&チップスの老舗的存在。魚によっては、グリルにしたり、小さいサイズにすることもできる。チップスなどは別料金で、マッシーピーのほか、ふっくらしたガーデンピーもある。

● MAP 2-D3
住 71a-73 Marylebone Lane, W1U 2PN
☎ 7486 3644　営 月～金 12：00～15：00、18：00～22：00　土 18：00～22：00　休 日、一部の祝　料 フィッシュ&チップス£13.10～　CC AJMV　予 不要
なし　⊖ Bond St.
URL www.goldenhindrestaurant.com

■フライヤーズ・デライト The Fryer's Delight　フィッシュ&チップス

魚に効かせた下味がポイント。ビーフ・ドリッピング（牛脂）を使って揚げた、伝統的で厚めな衣にトライしてみたい。下町の店といった感じ。酸っぱい卵のピクルスもある（別料金）。

● MAP 3-D3
住 19 Theobald's Rd., WC1X 8SL
☎ 7405 4114
営 月～土 11：00～22：00　休 日・祝
料 フィッシュ&チップス£7.75～
CC MV　予 なし
⊖ Russell Sq. ／ Holborn ／ Chancery Lane　URL なし

■ポピーズ Poppies　フィッシュ&チップス

スピタルフィールズ・マーケット近くにある、1952年創業のフィッシュ&チップス専門店。イカリングなどもおいしい。ソーホー→ MAP 12-A2、カムデン→ MAP 1-D3 にも店舗あり。

● MAP 4-D3
住 6-8 Hanbury St., E1 6QR
☎ 7247 0892
営 毎日 11：00～23：00（金・土～23：30、日～22：30）　休 祝　料 フィッシュ&チップス£13.95～　CC JMV　予 不要
なし　⊖ Liverpool St.
URL poppiesfishandchips.co.uk

モダン・ブリティッシュ（モダン・ヨーロピアン）

伝統的なイギリス料理をおしゃれにアレンジしたものから、斬新で創造的なグルメ料理に、ブリティッシュ、ヨーロピアン、アジアンの要素を取り入れたものまで多種多様。重いメニューよりも、現代のヘルシー志向をうまく取り入れたシンプルな料理が多い。モダンなインテリアで服装に気を使うところとカジュアルでも大丈夫な店がある。

ブルー プリント・カフェ Blueprint Café　モダン・ブリティッシュ　● MAP 8-D2

窓際の席なら、テムズ河やタワー・ブリッジなどの眺めが抜群。イギリス各地の新鮮な食材を使ったモダン・ヨーロピアン料理。日時限定のセットメニュー £20 と £25。

住 28 Shad Thames, SE1 2YD　☎ 7378 7031　営 火～土 12：00～14：45（土11：00～）、17：30～22：00　日 12：00～15：45　休 月、一部の祝、クリスマス前後　料 メイン £15～　カード ADMV　予望ましい　ドレスコード なし　最寄 Tower Hill ／ London Bridge　URL www.blueprintcafe.co.uk

メイフェア・チッピー The Mayfair Chippy　モダン・ブリティッシュ　● MAP 11-A1

モダンにアレンジした料理のほか、フィッシュ＆チップスや、シェパーズ・パイといったイギリス料理をモダンに仕上げたメニューがなかなか。ムール貝などの料理もある。

住 14 North Audley St, W1K 6WE　☎ 7741 2233　営 月～土 11：30～22：30　日 12：00～21：30　休 一部の祝、年末　料 ⓓ £20～　カード AMV　予望ましい　ドレスコード なし　最寄 Bond St.　URL www.mayfairchippy.com　シティ MAP 8-D1 に支店あり

ブルー・ドア・ビストロ The Blue Door Bistro　モダン・ブリティッシュ　● MAP 3-C3

プチホテル The Montague on the Gardens 内の、こぢんまりとした店。庭に面していて、誰かのお屋敷に招かれたよう。ドーヴァー・ソウルのグリルなど、シンプルな料理は評論家のお墨付き。

住 15 Montague St., WC1B 5BJ　☎ 7612 8416　営 月～土 12：30～14：30、17：30～22：30　日 13：00～14：30、17：30～21：30　休 なし　料 ⓓ 平均 £40～　カード AJMV　予望ましい　ドレスコード なし　最寄 Russell Sq.　URL www.montaguehotel.com

ハム・ヤード Ham Yard Bar and Restaurant　モダン・ブリティッシュ　● MAP 12-A2

ロンドンのど真ん中にありながら隠れ家のようなホテル、ハム・ヤードのバー&レストラン。広々としたスペースでゆっくりとおしゃべりしながら食事ができる。セットメニューは £20 と £25。

住 One Ham Yard London, W1D 7DT　☎ 3642 1007　営 月～土 7：00～23：30　日 7：30～22：30　休 一部の祝　料 メイン £20～　カード ADJMV　予望ましい　ドレスコード なし　最寄 Piccadilly Circus　URL www.hamyardhotel.com

ライルズ Lyle's　モダン・ブリティッシュ　● MAP 4-D2

冒険心あふれる小皿料理で話題のイースト・ロンドンにある店。ランチはアラカルト、ディナーはおまかせコースのみで 4 コース £59。どれも日替わりで、ベジタリアンメニューあり。

住 Tea Building, 56 Shoreditch High St., E1 6JJ　☎ 3011 5911　営 月～金 8：00～23：00　土 12：00～23：00　Ⓛ 12：00～14：30、ⓓ 18：00～22：00　休 日・祝、クリスマス前後～年始　料 Ⓛ £30～　ⓓ £59　カード AMV　予望ましい　ドレスコード なし　最寄 Shoreditch High St.　URL lyleslondon.com

プラム＆スピルト・ミルク　Plum & Spilt Milk　モダン・ブリティッシュ

キングス・クロス駅に隣接するホテル内。英国産の旬の食材を使い、伝統と創造性を合わせた料理を出す。ティータイムなら店名のプラムとミルクのプディングも試したい。サンデーローストもある。

● MAP 3-C1
住 Great Northern Hotel, N1C 4TB
☎ 3388 0818　営 月～金 7：00～22：00(月～21：00)　土・日 8：00～22：00(日～21：00)　休 なし　料 平均£30～　平日セットランチ£29と£33　CC AJMV
予 週末Ⓓは望ましい　ドレス スマートカジュアル　⊖ King's Cross St.Pancras　URL plumandspiltmilk.com

アイビー　The Ivy　モダン・ブリティッシュ

セレブなら必ず訪れるといわれる。ベジタリアンメニューなどもあり、メニューの幅は広い。シェパーズ・パイ£19.50、フィッシュ＆チップス£19といったクラシックメニューもある。

● MAP 12-B2
住 1-5 West St., WC2H 9NQ　☎ 7836 4751　営 12：00～23：30(日～22：30)　休 一部の祝　料 平均£50～、日時限定セットメニュー£24.50と£28.50　CC AMV
予 望ましい　ダイニングバーは予約不要
ドレス スマートカジュアル　⊖ Leicester Sq.
URL www.the-ivy.co.uk

ボアデール・オブ・ベルグラヴィア　Boisdale of Belgravia　モダン・スコティッシュ

モダン・スコティッシュ料理を出す珍しいレストラン。伝統的なハギスやサーモン、スコティッシュビーフのステーキもおしゃれな盛りつけで出される。月～土曜の夜はジャズ、R&Bなどのライブあり。

● MAP 10-A1
住 15 Eccleston St., SW1W 9LX
☎ 7730 6922　営 月～土 12：00～翌1：00　休 日・祝、クリスマス前後　料 平均£45～　ライブは£5～7.50のチャージ要　CC AMV　予 必要
ドレス スマートカジュアル　⊖ Victoria
URL www.boisdale.co.uk/belgravia

ザ・ダイニング・ルーム　The Dinning Room　モダン・ブリティッシュ

ゴーリング・ホテル内にあるミシュランの1つ星レストラン。行き届いた礼儀正しいサービスのもと、伝統とモダンのバランスがいいメニューが並ぶ。イギリス中から集めた食材が味わえる。

● MAP 7-A3
住 15 Beeston Place, SW1W 0JW
☎ 7769 4475　営 月～金 12：00～14：30　毎日19：00～22：00(土18：30～)
休 なし　料 Ⓛ£52～、Ⓓ£64～　CC AMV
予 ディナーは望ましい
ドレス スマートカジュアル　⊖ Victoria
URL www.thegoring.com

トレッドウェルズ　Tredwells　モダン・ブリティッシュ

イギリスの食材と世界の味を融合。テレビにもよく登場する敏腕女性シェフはベジタリアンやヴィーガン料理も得意。デザート定番のカルメ焼き(ハニカム)を乗せた塩キャラメルソフトアイスは絶品！

● MAP 12-B2
住 4A Upper St. Martin's Lane, WC2H 9NY
☎ 3764 0840　営 月～金 12：00～15：00、17：00～21：00(金～21：30)　土・日 12：00～21：30(日～20：45)　休 一部の祝
料 Ⓛ£45～、Ⓓ£70～　プレシアターメニュー£25と£30　CC AMV　予 望ましい　ドレス なし
⊖ Leicester Sq.　URL www.tredwells.com

ポーレン・ストリート・ソーシャル　Pollen Street Social　モダン・ブリティッシュ

セレブシェフ、ジェイソン・アサートンがオープンした最初の店でミシュラン1つ星。居酒屋を開くほど和食にも造詣の深い彼だが、この店では国産食材の持ち味を生かした英国料理が売り物。

● MAP 11-C1
住 8-10 Pollen St., W1S 1NQ　☎ 7290 7600　営 月～土 12：00～14：30、18：00～22：30　休 日、一部の祝
料 ランチ3コース£39.50　ディナー平均£80　CC ADMV　予 望ましい
ドレス スマートカジュアル　⊖ Oxford Circus
URL pollenstreetsocial.com

カジュアルレストラン

予約なく突然行っても大丈夫で、店にもよるが、£25ほどで十分な食事ができる。
ロンドンのレストランでの外食は値が張ることも多いので、
こうした気軽なレストランで軽く済ますのもいいだろう。
各国料理からハンバーガーまで、いろいろなレストランが揃っている。

ポートベロー・ガーデン・キャッフェ Portobello Garden Caffe　カジュアル　● MAP 5-B1

野菜たっぷりの前菜、生ハム、お手製パスタなどメニューは本格的。ポートベロー・ガーデン・アーケードと書かれたアーチの奥にあるカフェで、ひとりで食事をするのにもぴったり。

住 269B Portobello Rd., W11 1LR
☎ 7792 8419　営 毎日 10：00～22：00
休 一部の祝　料 イタリアンサンド£6.95～　CC JMV　予 不要　ﾄ なし
⊖ Ladbroke Grove　URL www.facebook.com/Portobello-Garden-Caffe-654459517967701

ナンドス Nando's　ポルトガル　● MAP 12-C2

おしゃれな店構えだが、料金もメニューもファミレスっぽい気軽なチェーン店。ペリペリチキンというスパイシーなグリルチキンとカクテルが人気。カウンターで注文、前払い方式。店舗多数あり。

住 66-68 Chandos Place, WC2N 4HG
☎ 7836 4719　営 毎日 11：00～22：00（金・土～23：00）　休 一部の祝
料 平均£16～　CC AMV
予 不要　ﾄ なし
⊖ Covent Garden／Leicester Sq.／Charing Cross　URL www.nandos.co.uk

ゴビンダ Govinda's　ベジタリアン　● MAP 12-A1

インド人経営の老舗ベジタリアンレストラン。スープ、サラダ、サモサやカレー、定食ターリなどのインド料理のほか、キッシュ、ベジバーガー、ラザニア、ピザ、デザートもある。

住 9-10 Soho St., W1D 3DL　☎ 3687 0617　営 月～土 12：00～21：00（日～16：00）　休 一部の祝　料 £10～
CC JMV　予 不要
ﾄ なし　⊖ Tottenham Court Rd.
URL www.iskcon-london.org/visit/govindas-restaurant

バイロン Byron　ハンバーガー　● MAP 3-C3

ロンドンでは肉をガッツリ食べるのも流行中。質と量を追求した、ファストフードではない人気店。サラダも充実。ビーフパテにベーコンとチーズ、野菜入りバイロン・バーガー£12.55。店舗多数あり。

住 114 High Holborn, WC1V 6JQ　☎ 7242 2277　営 月～火 12：00～22：00　水～金 11：30～23：00　土 12：00～23：30　休 一部の祝　料 ハンバーガー£9.45～、サイドディッシュ£3～　CC AJMV
予 不要　ﾄ なし　⊖ Holborn
URL www.byronhamburgers.co

グレンジャー＆コー Granger & Co.　オーストラリア　● MAP 3-C1

オーストラリア発の店で、サンドイッチやホットケーキ、魚や肉のメインなど、メニューは種類豊富。予約不可で気軽だし、店内は女子ひとりでも入りやすい。→ MAP 9-D1、4-A2、5-C1にも店舗あり。

住 Stanley Building, 7 Pancras Sq., N1C 4AG　☎ 3058 2567　営 月～土 7：00～23：00　日・祝 8：00～22：30
休 一部の祝　料 メイン£13～
CC AMV　予 不可　ﾄ なし
⊖ King's Cross St. Pancras
URL grangerandco.com

ソフラ　Sofra　　　トルコ

肉の煮込みや焼き魚、いろいろな味を楽しむメッツェなどスパイス控えめで親しみやすい味。小皿でたくさん出てくるテイスティングメニューがおすすめ。朝食を取ることもできる。

▶ **MAP 11-B1**

🏠 1 St Christopher's Pl., W1U 1LT
☎ 7224 4080　🕒 毎日 8:00～23:00
休 なし　料 平均£22～　テイスティングメニュー£12.95（19:00からは£14.95）
CC AMV　予 ⑩は望ましい　ド なし
⊖ Bond St.　URL www.sofra.co.uk
▶ MAP 11-B3にも店舗あり

ティビッツ　Tibits　　　ベジタリアン

サラダ、野菜フライなど好きな料理を皿に盛りカウンターで重さを量って精算。スイス生まれのベジタリアン・ビュッフェでビタミン補給を。ひとりでも入りやすく、この小径はレストランが固まっている。

▶ **MAP 11-D2**

🏠 12-14 Heddon St., W1B 4DA
☎ 7758 4112　🕒 11:30～22:30（金・土～23:30）　休 一部の祝　料 £15～20
CC AJMV　予 なし　ド 4名以下は不可
⊖ Oxford Circus／Piccadilly Circus
URL www.tibits.co.uk
▶ MAP 8-A2にも店舗あり

ハード・ロック・カフェ　Hard Rock Cafe　　　カジュアル

ハード・ロック・カフェの1号店。代表的なメニューは、レジェンダリーバーガー。伝説のロックスターたちの楽器などもある。隣にはショップもあり（10:00～23:30、日曜～23:00）。

▶ **MAP 6-D2**

🏠 150 Old Park Lane, W1K 1QZ
☎ 7514 1700　🕒 11:00～翌0:30（金・土～翌1:00）　日 11:00～22:30
休 祝・イベント時は時間変更や閉店あり
料 メイン£17～　CC AMV
予 不可　ド なし　⊖ Hyde Park Corner
URL www.hardrock.com/cafes/london

スティッキー・フィンガーズ　Sticky Fingers　　　カジュアル

元ローリング・ストーンズのビル・ワイマンがつくった店として有名。ボリューム満点のハンバーガーやステーキなどを食べることができる。ビル・ワイマンのベースなども飾られている。

▶ **MAP 5-C3**

🏠 1A Phillimore Gardens, W8 7QB
☎ 7938 5338　🕒 毎日 12:00～22:00（金・土～23:30）　休 一部の祝
料 平均£25～　CC JMV
予 望ましい　ド カジュアル
⊖ High Street Kensington
URL www.stickyfingers.co.uk

ヴィクトリア・プレイス　Victoria Place　　　ファストフード

鉄道Victoria駅の15番ホーム隣のエスカレーターを上った2階が、フードショップの一大基地。ハンバーガー、カフェ、パスタ、サンドイッチなどの店が揃っている。1階はショッピング街。

▶ **MAP 10-B1**

🏠 115 Buckingham Palace Rd., SW1W 9S　☎ 7931 8811（事務局）
🕒 毎日 6:00～23:00（店舗による）
休 店舗による　料 店舗による
CC 店舗による　予 不要　ド なし
⊖ Victoria
URL victoriaplace.co.uk/eat

R.S. ヒスパニョーラ　R.S. Hispaniola　　　ブリティッシュ・ヨーロピアン

テムズ河に停泊する船のレストラン。河畔散策のついでに、夜景を見ながら食事としゃれこみたい。軽食が取れるデッキメニューあり。セットメニューのほか、アフタヌーンティーもある。

▶ **MAP 7-C2**

🏠 Victoria, Embankment, WC2 5DJ
☎ 7839 3011　🕒 月～土 12:00～21:30（日～20:30）　休 一部の祝
料 メイン£15～　CC ADMV
予 望ましい　ド スマートカジュアル
⊖ Embankment
URL hispaniola.co.uk

ガストロ・パブ&バー

料理が自慢のガストロ(=美食)・パブ。普通のパブで出される料理とはひと味違う。グルメがわざわざ食事に行くレストランと同等にまで昇華したところもあるほど。また、気軽にお酒や食事を楽しむことができるバーも、若者の人気を集めている。ドリンクのみなら、食事時間よりも長く営業している。

カウ The Cow　パブ

MAP 中央部-A2

シーフード料理から伝統的なパブメニューまであり、新鮮な素材を使った旬の料理も味わえる。地上階のサロン・バーと上階のダイニングルームがある。カキ6つのテイスティングプレート£19。

住 89 Westbourne Park Rd., W2 5QH
☎ 7221 0021　営 Dining Room 月～土 7:00～23:00、日12:30～15:30
休 一部の祝　料 平均£25～
CC MV　予 食事は望ましい
ド なし　● Westbourne Park
URL thecowlondon.co.uk

パーセヴェランス The Perseverance　パブ

MAP 3-C3

家族経営のパブで、クラフトビールが飲める。食事は地元の食材にこだわり、すべてホームメイド。フィッシュ&チップス、ステーキ、ハンバーガー、ピザのほか、小皿料理のイカのフライなどもある。

住 63 Lamb's Conduit St., WC1N 3NB
☎ 7405 8278　営 食事 毎日12:00～13:00、17:30～22:00　日12:00～17:00　休 一部の祝
料 L£18～　CC AMV
予 不要　ド なし　● Russell Sq.
URL www.theperseverance.co.uk

クイーンズ The Queens　パブ

MAP 1-C3

プリムローズ・ヒル近くにあり、モダン・ブリティッシュの料理を楽しむことができる。周辺は、有名人も住む高級住宅街として脚光を浴びており、洗練されたカフェやショップもある。

住 49 Regent Park Rd., NW1 8XD
☎ 7586 0408　営 食事 月～土11:00～22:00　日12:00～21:00
休 一部の祝　料 L£15～、D£25～
CC AJMV　予 週末は望ましい　ド なし
● Chalk Farm
URL www.thequeensprimrosehill.co.uk

デューク・オブ・ケンブリッジ Duke of Cambridge　パブ

MAP 4-A1

自給自足の家庭で育ったオーナーのポリシーに基づき、食材はもちろん、キッチンで使う洗剤までオーガニック。自家製のパンや季節の素材がふんだんに使われた料理がおいしい。

住 30 St Peter's St., N1 8JT　☎ 7359 3066　営 食事12:00～15:00、17:30～21:30(木・金～22:00)　土・日12:00～22:00(日～21:30)　休 クリスマス前後と年末年始　料 L£25～　D£40～　CC JMV　予 望ましい　ド なし
● Angel　URL dukeorganic.co.uk

アダム&イヴ The Adam & Eve　パブ

MAP 7-B1

パブの定番、フィッシュ&チップスやソーセージ&マッシュのほかパイ、デザートもおいしいガストロ・パブ。カジュアルな内装で、気軽にイギリス料理が楽しめる。サンデーローストもある。

住 77a Wells St., W1T 3QQ　☎ 7636 0717
営 食事10:00～21:00(木・金～22:00、日12:00～)　クリスマス時期は営業時間が異なる　休 一部の祝　料 メイン£12～　CC JMV　予 望ましい　ド なし
● Oxford Circus／Tottenham Court Rd.
URL www.theadamandevew1.co.uk

RESTAURANT

CLOSE UP

お手軽！テイクアウェイ

近年のロンドンは、昔よりもレストランの質が向上している。世界各国の料理をアレンジしたモダン・ブリティッシュなるものが出現してからは、特にその傾向が加速した。そして、グルメも通うガストロ・パブが登場。パブでも、おいしい料理を食べられるところが増えてきているだけでなく、インド料理をはじめ世界各国の本場の味も楽しめる。

ただし、問題がひとつ。現在のロンドンは食費が高い。サービス料も入れると、外食は東京の1.5倍以上かかることもある。おいしいレストランでの食事もいいが、毎日ではお財布がもたない人もいるのでは？ランチかディナー、どちらかはデリカフェやチェーン店などでテイクアウェイして、気軽に済ませるのもいいかも。

--------------------------- 試してみたい デリ & ベーグル ---------------------------

オットレンギ Ottolenghi
ヘルシーな総菜からおいしそうなケーキまで並ぶデリ。防腐剤や着色料を使わず、作りたての料理を提供している。座って食べる小さなスペースもあり。
- MAP 5-C1　63 Ledbury Rd., W11 2AD
- 7727 1121　8:00〜22:00(土〜19:00、日8:30〜18:00)　一部の祝　MV
- Notting Hill Gate　ottolenghi.co.uk
- MAP 6-D3、MAP 中央部-C1にもデリあり

大皿に並んだ総菜はもちろん、ケーキも甘すぎずおいしい

プラネット・オーガニック Planet Organic
ミートボールなどの肉料理からラザニア、サラダのほか、スムージーやスープといった飲み物まで、ヘルシーメニューが並ぶ。座れるスペースもあり。
- MAP 3-B3　23-24 Tottenham Court Rd., W1T 1BJ　3073 1038　7:30〜21:00(土8:00〜、日12:00〜18:00)　12/24〜1/2は変更あり　一部の祝　MV　Tottenham Court Rd.
- www.planetorganic.com　MAP 3-B3、MAP 4-D3、MAP 5-D1にも店舗あり

地上階で買って2階で食べても。オーガニックのシリアルなど、さまざまな食材やショッピングバッグなども揃う

ホールフーズ・マーケット Wholefoods Market
オーガニックに興味があるなら訪れてみて。サラダバー付きのデリがあり、ロンドンのど真ん中という便利な立地もうれしい。テラス席あり。
- MAP 12-A2　20 Glasshouse St., W1B 5AR
- 7406 3100　7:30〜22:00(土9:00〜、日12:00〜18:00)　一部の祝
- AMV　Piccadilly Circus
- www.wholefoodsmarket.co.uk

ケーキやパン、ピザ、スープやサラダバーのほか、新鮮なフルーツやオーガニックの食材などが揃っている

ブリック・レーン・ベーグル・ベイク
Brick Lane Beigel Bake
話題のイースト・エンドに行ったら試してみたい。ソルトビーフもベーグルもユダヤ系移民が伝えたもの。スモークサーモンとクリームチーズのベーグルサンドやホット・ソルトビーフ・ベーグル£4.70(ピクルス入り)、チーズケーキ90p。スイーツもユダヤ風のものがあり、24時間オープンというのもすごい。
- MAP 4-D2　159 Brick Lane, E1 6SB
- 7729 0616　24時間　無休　不可
- Shoreditch High St.

ユダヤの味、ソルトビーフのサンドも試してみて

レストランガイド　ガストロ・パブ&バー

243

London » WHAT'S ON

南と北 インド料理メニュー比べ

地方の味が楽しめるインド料理店もあるので、ちょっと違ったメニューを楽しんでみて。

● 南インド

米粉など、小麦粉より米を使ったものが多いのが特徴。野菜・魚系の料理も多く、全体に比較的あっさりマイルドな風味。写真はチェティナードで→P.245

ナスのカレー Kathrika Kala Kulambu
やや小ぶりのひと皿。Kulambuとは、南インド料理のスパイシーな煮込み料理

魚のカレー Meen Kulambu
南インドらしい魚が入ったカレーに、トマトライスを添えてヘルシーに

マサラ・ドーサ Masala Dosa
コロッケの中味のようなものが入った米粉のパンケーキ。プレーンもあり

ウルンド・ワダ Ulundu Vadai
Medhu Vadaともいうことも多い、豆粉を使ったドーナツ型のフリッター

カル・アッパム Kal Appam
発酵した米粉とココナッツミルクの生地を焼いたパンケーキ。カレーと一緒に

ラスマライ Rasmalai
カッテージチーズを固めて甘いミルクにひたしたデザート

● 北インド

ロティやナンなど小麦粉系を使ったパンが主食。マトンやチキンを焼いた一品やカレーなどは、わりと油分がありしっかり系の味。写真はタヤブスで→P.245

鶏のカレー Karahi Chicken Tikka Masala
Karahiという小鍋で調理したカレー。鶏の細切れが入ったスパイシーな味

オクラのカレー Karahi Bhindi
こちらもカラヒ鍋で煮込んだオクラが入った食べやすい辛さのカレー

焼き肉 Matton Tikka Seekh Kebab
マトンの細切れと串焼き(シシカバブ)がセットになったもの

パコラ Pakola
カラっと揚がった野菜のかき揚げ。インド料理店なら地方に関係なく見かける

ロティ(チャパティ) Roti
全粒粉に水を入れ、練って焼いた無発酵のパン。ナンよりも庶民の食べ物

パパダム Papadam
パリパリの薄焼きせんべいのようで、コショウ入りも。多くのインド料理店にある

インド料理

インド料理は、中華に負けず劣らずの勢力を誇る各国料理の代表選手といえるだろう。カレーばかりでない、絶妙なスパイス使いの本場インド料理を味わういい機会といえそう。ロンドンへと移住してきた人々がもたらした、このおいしい文化は、いわば大英帝国のかけら。フルコースで味わうセレブシェフの高級レストランから気軽に入れるところまで幅広い。

マラバー・ジャンクション　Malabar Junction　インド

ナンやタンドーリチキンなどの北インド料理に比べ、米と魚が多い南インド料理。米粉のパンケーキ「ドーサ」や、豆粉を使ったフリッターのワダ Vada、ライスも野菜のピラフなど種類豊富。

 MAP 3-B3
住 107 Great Russel St., WC1B 3NA
☎ 7580 5230　営 毎日 12:00～14:45、18:00～22:30
休 クリスマス前後　料 平均£28～
CC AJMV　予 週末は望ましい
徒 なし　◉ Tottenham Court Road
URL www.malabarjunction.co.uk

カフェ・スパイス・ナマステ　Café Spice Namaste　インド

シティ東端にある、18世紀には裁判所だったという、歴史ある建物を改装したレストラン。スパイス使いの名手というセレブシェフによる、質の高いモダンインド料理を楽しめる。

 MAP 8-D1
住 16 Prescot St., E1 8AZ
☎ 7488 9242　営 月～金 12:00～15:00、18:15～22:30　土 18:30～22:30
休 日・祝、クリスマス～年始
料 L £35～　CC ADJMV
予 望ましい　ド スマートカジュアル
◉ Tower Hill　URL www.cafespice.co.uk

チェティナード　Chettinad　インド

珍しい料理で知られる南インドの小さな村「チェティナード」が店名の由来。その名に違わず、大きなドーサなど、伝統的な南インド料理が味わえる。大英博物館の近くにあり、店内はモダンな印象。

◉ MAP 3-B3
住 16 Percy St., W1T 1DT　☎ 3556 1229
営 月～木 12:00～15:00、17:30～23:00　金～日 12:00～23:00（日～22:00）　休 一部の祝　料 平均£25
CC AJMV　予 不要　ド なし
◉ Goodge St.／Tottenham Court Rd.
URL www.chettinadrestaurant.com

ベナレス　Benares　インド

インド人シェフとしてイギリスで初めてミシュランの星を獲得したセレブシェフのアタウル・コッハルが率いる。独創的な高級インド料理店で値段は高めだが、日時限定のセットメニューはお値うち。

◉ MAP 11-C2
住 12a Berkeley Sq., W1J 6BS
☎ 7629 8886　営 月～土 12:00～14:30（土～15:00）、17:30～22:30　日 18:00～21:30　休 一部の祝　料 L £35～、D £70～　CC AJMV　予 望ましい
ド スマートカジュアル　◉ Green Park
URL www.benaresrestaurant.com

タヤブス　Tayyabs　インド

北インド料理の店。ドリンク持ち込みOKで、小鍋カレーやシシカバブなど、値段のわりに料理のクオリティが高いので、ロンドンで大人気。長蛇の列ができていて。予約しても少し待つことも。

◉ MAP 中央部-D2
住 83-89 Fieldgate St., E1 1JU
☎ 7247 9543
営 毎日 12:00～23:30
休 一部の祝　料 £15～
CC JMV　予 望ましい
徒 なし　◉ Whitechapel
URL www.tayyabs.co.uk

エスニック料理ほか

圧倒的な数を誇る中華料理とインド料理のレストランは別枠で紹介しているが、
ロンドンには、ほかにも韓国、タイ、ベトナム、ギリシア、アフリカなど、
世界各国の料理を味わうことができるレストランがある。
ロンドンに来たら、おいしい各国料理の店をハシゴしてみるのもいいかもしれない。

ビビンバ Bibimbap　　　　韓国

カジュアルな内装の店なので、気軽に利用することができる。牛肉が入ったビビンバのほか、豆腐やキムチのビビンバなどが£8〜。チャプチェやヌードルメニューもあり、いろいろ選べておいしい。

● MAP 12-B1
住 11 Greek St., W1D 4DJ　☎ 7287 3434
営 月〜金 12:00〜15:00、18:00〜23:00　土・日 12:00〜23:00（日〜22:00）
休 一部の祝　料 L£15〜 D平均£20〜
CC AMV　予 不可
ド なし　○ Tottenham Court Rd.
URL bibimbapsoho.co.uk（更新中）

タイ・ドー・カフェ Tây Dô Café　　　　ベトナム

南ベトナム出身の夫妻が経営する、さっぱり味つけのベトナム料理店だが、東南アジア全般の料理を出す。格安な値段もうれしい。道路を挟んだ向かいにはTay Do Restaurantもあり。

● MAP 4-D1
住 65 Kingsland Rd., E2 8AG　☎ 7729 7223
営 月〜土 11:30〜15:00、17:00〜23:30（金・土〜24:00）　日 11:30〜23:30　休 なし（年末年始は未定）
料 L平均£12〜 D平均£25〜
CC 不可　予 週末は望ましい　ド なし
○ Hoxton　URL www.taydo.co.uk

ダフネ Daphne　　　　ギリシア

本格的なギリシア料理がお手頃価格。小皿料理（メッツェ）は種類豊富で、これとパンだけで日本人はおなかいっぱいになりそう。でも香ばしい羊肉や魚の炭火串焼と煮込みもお見逃しなく。

● MAP 1-D3
住 83 Bayham St., NW1 0AG
☎ 7267 7322
営 月〜土 12:00〜14:30、17:30〜22:30
休 日・祝　料 L£20〜 D£50〜
CC AMV　予 望ましい　ド なし
○ Camden Town
URL www.daphne-restaurant.com

メイド・イン・ブラジル Made in Brasil　　　　ブラジル

ロンドンで流行中の南米料理はいかが？ 肉と豆の煮込みなど本格的なブラジル料理のほか、アセロラやアサイベリーといったアマゾンの果物を使ったカクテルやスムージーなど、ヘルシーメニューも。

● MAP 1-D3
住 12 Inverness St., NW1 7HJ　☎ 7482 0777　営 日〜木 11:00〜翌1:00（ラストオーダー22:45)、金・土 11:00〜翌2:00（ラストオーダー23:15）　休 一部の祝
料 タパス1皿£4.15〜9、メイン£12.50〜
CC AJMV　予 不要　ド なし
○ Camden Town　URL madeinbrasil.co.uk

VOICE

日曜の旅行は計画的に

日曜は、レストラン、カフェ、デパート、スーパーなどの営業時間が、かなり限定されます。開店時間が遅くなり、閉店時間が早くなります。したがって、日曜の夜にどこで何を食べるのかは、それなりに問題となります。買い物、食事を計画されるときには、それを踏まえて予定をたてる必要があると感じました。
（静岡県　時差鹿　'18）['19]

RESTAURANT

■ モモ・レストラン　Momo Restaurant　　モロッコ

北アフリカ料理にヒントを得たというレストラン。内装も雰囲気も、エキゾチックに演出されている。野菜が使われ、食べやすくおいしい料理が多い。アフタヌーンティーやクリームティーもあり。

● MAP 11-D2

住 25-27 Heddon St., W1B 4BH
☎ 7434 4040　営 月〜土 12:00〜翌1:00　日 12:00〜24:00　休 一部の祝
料 ①平均£50〜　アフタヌーンティー£32〜　CC ADMV　予 望ましい　ド スマートカジュアル　⊖ Piccadilly Circus／Oxford Circus　URL momo.london

■ サン・モリッツ　St. Moritz　　スイス

ロンドンで最も古いスイス料理の店。チーズやオイルフォンデュ（2人前より）、季節限定の鹿やキジの料理、ソーセージなどが自慢。イギリス料理にもスパイシーな料理にも飽きたらおすすめ。

● MAP 12-A1

住 161 Wardour St., W1F 8WJ　☎ 7734 3324　営 月〜金 12:00〜15:00、18:00〜23:30　土・日 12:00〜23:30(日〜22:30)　休 祝　料 平均£35〜40　CC AMV　予 望ましい　ド なし
⊖ Piccadilly Circus／Oxford Circus
URL www.stmoritz-restaurant.co.uk

■ ピックス　Pix Pintxos　　スペイン

バスク地方名物、ピンチョス（串刺しのつまみ）を出すワインバー。ノンアルコール飲料もあり、お酒が苦手な人もOK。カーナビー→ MAP 11-D1とソーホー→ MAP 12-A1にも店舗あり。

● MAP 12-C1

住 63 Neal St., WC2H 9PJ　☎ 7836 9779
営 月・日 12:00〜22:30　火〜土 12:00〜23:30(金・土〜24:00)　平日15:00〜17:30は限定メニュー　休 なし　料 短い串1本£2.45／長い串1本£3.45　平均£20〜　CC AJMV　予 望ましい　ド なし
⊖ Covent Garden　URL www.pix-bar.com

■ コンプトー・レバニーズ　Comptoir Libanais　　レバノン

レバノンの家庭料理をベースにしたタジンなどの料理はヘルシー。葉が入ったミントティーもおいしい。カジュアルな食堂といった店内は、予約なしで気軽に入れる。テイクアウエイあり。店舗多数。

● MAP 6-D1

住 65 Wigmore St., W1U 1JT
☎ 7935 1110　営 月〜土 10:00〜23:00(日〜22:00)　休 一部の祝
料 平均£20〜
CC AJMV　予 不要
ド なし　⊖ Bond St.
URL www.comptoirlibanais.com

CLOSE UP

楽しいショーを観ながら夕食を

　ロンドンの夜のお楽しみ、といえばエンターテインメント。そこで寸劇やコント、ダンスなどを観ながら食事を味わう、というのはいかがだろう。
　メディーバル・バンケット（中世の宴会のようなもの）では、ヘンリー8世の客人として招かれる形式のディナーが楽しめ、各国からの団体客で大にぎわい。ヘンリー8世のそっくりさんに王妃や侍女風のウエートレス兼ダンサーが、料理を出すたびに、歌や踊りを披露してくれる。帰りはテムズの夜景を楽しみながら散歩でもしては？

メディーバル・バンケット Medieval Banquet
● MAP 8-D2　住 Ivory House, St. Katharine Docks, E1W 1BP　☎ 7480 5353　営 水〜土 19:15開館、ショー 19:45〜　日 17:15開館、ショー 18:00〜
ショーは2時間ほどの予定。詳細は要確認
⊖ Tower Hill
料 £50　予 必要（団体貸し切りの日も多い）
URL www.medievalbanquet.com

中世のショー形式のディナー

イタリア料理

ホテル内にある高級な店から、気軽に入ることができる店まで幅広い。
本場のイタリア人シェフが作った料理は満足できる味といえるだろう。
店員もイタリア人という場合もあり、陽気で活気あふれる雰囲気の店も多い。
また、フードマーケットなどでは、薄くて香ばしく焼いた手作りピザも人気。

カルッチオズ Carluccio's　イタリア　● MAP 12-C2

セレブ料理研究家だったカルッチオさんのデリとカフェは人気が高い。手打ちパスタをアルデンテで食べさせる店はロンドンでは希少価値だ。気軽なランチや簡単な夕食を取りたいときに。

住 2a Garrick St., WC2E 9BH　☎ 7836 0990　営 8:00～23:30(土 9:00～)　日 9:00～22:30　休 一部の祝　料 パスタ£10.50～　セット Ⓛ£12.95、Ⓓ£16.95　CC AMV　予 不要　ド なし　⊖ Leicester Sq.　URL www.carluccios.com　● MAP 3-C2、MAP 11-B1、MAP 9-C1 など店舗複数

ヴァピアーノ Vapiano　イタリア　● MAP 7-A1

ユニークなセルフサービスのイタリア料理店。チップカードでパスタやピザなどお好みのソースをオーダー。「アルデンテ、プリーズ」と頼むと、イギリスでは珍しく固めにゆでたパスタを出してくれる。

住 19-21 Great Portland St., W1W 8QE　☎ 7268 0082　営 毎日 11:00～23:00(金・土～24:00)　休 一部の祝　料 パスタ£10～　CC AJMV　予 不要　ド なし　⊖ Oxford Circus　URL uk.vapiano.com/en/home　● MAP 8-B2 と D2、MAP 12-B1 と A2 にも店舗あり

オステリア・バジリコ Osteria Basilico　イタリア　● MAP 5-C1

パスタやピザで気軽にランチを取ることもできるし、ディナーならゆっくりと新鮮な季節の食材を使った料理を楽しみたい。ポートベロー・マーケットのついでに寄るのもいい。

住 29 Kensington Park Rd., W11 2EU　☎ 7727 9957　営 月～金 12:30～15:00、18:30～23:30　土 12:00～23:30　日 12:30～22:30　休 クリスマス前後　料 Ⓛ£30～　Ⓓ£45～　CC AMV　予 望ましい　ド なし　⊖ Ladbroke Grove　URL www.osteriabasilico.co.uk

ザッフェラーノ Zafferano　イタリア　● MAP 6-D3

モダン・イタリアン。デザイナーの高級ブランドショップが並ぶスローン・ストリートから少し入った所にあり、金融危機にもびくともしないビジネスマンやセレブが舌鼓を打っている。

住 15 Lowndes St., SW1X 9EY　☎ 7235 5800　営 月～土 12:00～23:00　日 12:00～22:30　休 一部の祝　料 平均 Ⓛ£40～、Ⓓ£60～　Ⓛ セット 平日 £28.50～37.50　CC AMV　予 必要　ド スマートカジュアル　⊖ Knightsbridge　URL zafferanorestaurant.com

キャッフェ・カルデシ Caffè Caldesi　イタリア　● MAP 2-D3

イタリア各地の名物、特にトスカーナ地方の料理が味わえる店。2階がレストランで、1階のバーでも食事ができる。料理教室も主催して、ゆで過ぎのパスタが好きなイギリス人を食育している。

住 118 Marylebone Lane, W1U 2QF　☎ 7487 0754　営 10:00～23:00(日～22:00)　レストラン 12:00～15:00、18:00～22:30(日 16:00～22:00)　休 土のランチ(レストラン)、一部の祝、クリスマス前後　料 メイン£12～　CC AMV　予 望ましい　ド なし　⊖ Bond St.　URL caldesi.com

フランス料理

有名シェフがいてミシュランの星をもっているとなると、要予約の場合がほとんど。値段も相当なレストランが多く、服装もある程度きちんとして行く必要がある。例えばナイツブリッジからスローン・スクエアあたりのお金持ちが住んでいるエリアだと、庶民には少々敷居が高いと思わせる独特の雰囲気を漂わせた店も多い。

マーカス　Marcus　　フランス

25歳でミシュラン2つ星の店を開いた、ゴードン・ラムジーの秘蔵っ子であるシェフのレストラン。モダンでひねりが効いた超高級フランス料理をいただくことができる。バークレー・ホテル内。

● MAP 6-D3
住 The Berkeley, Wilton Pl., SW1 7RL
☎ 7235 1200　営 12:00〜14:30(金・土〜15:00)、18:00〜21:45(金・土 17:30〜)
休 日　料 ⓛ3コース£50〜　ⓓ3コース£75、5コース£115、8コース£135　CC AMV　予 必要
ﾄﾞ スポーツウエア不可　Ⓔ Knightsbridge
URL www.marcusrestaurant.com

クロ・マッジョーレ　Clos Maggiore　　フランス

「世界一ロマンティック」と自称するだけあって、ウッディーな内装は愛を語るにふさわしい雰囲気。フランス語とイタリア語が並ぶ店名のとおり、南仏とトスカーナ地方の味を合わせたプロヴァンス料理がいただける。

● MAP 12-C2
住 33 King St., WC2E 8JD　☎ 7379 9696
営 毎日 12:00〜14:30、17:00〜23:00(日〜22:00)　休 一部の祝　料 £40〜　ⓓ £60〜　平日のⓛセット£25と£29　CC AMV　予 望ましい　ﾄﾞ スマートカジュアル　Ⓔ Covent Garden
URL www.closmaggiore.com

ル・ガヴローシュ　Le Gavroche　　フランス

1967年創業。イギリスで初めてミシュランの星を獲得した老舗の高級フレンチレストラン。2分の1ボトルのワインが付いた3コースのビジネスランチのほか、少人数のプライベートルームもある。

● MAP 6-D1 11-A2
住 43 Upper Brook St., W1K 7QR
☎ 7408 0881　営 火〜金 12:00〜14:～、火〜土 18:00〜22:00　休 月・日・祝、クリスマス〜年始　料 £60〜　ⓓ £120〜　CC AMV　予 必要　ﾄﾞ スマートフォーマル(要ジャケットとタイ)　Ⓔ Marble Arch　URL www.le-gavroche.co.uk

ゴードン・ラムジー　Gordon Ramsay　　フランス

その名のとおり、セレブリティ・シェフのゴードン・ラムジーの3つ星をもつレストラン。完全禁煙、携帯電話禁止。男性は襟付きシャツ&ジャケット。Tシャツ、短パン、スポーツウエア、スニーカー不可。

● MAP 9-D2
住 68 Royal Hospital Rd., SW3 4HP
☎ 7352 4441　営 火〜土 12:00〜14:15、18:30〜21:45　休 月・日・祝
料 3コースⓛ£70　コースⓓ£160〜
CC AMV　予 必要　ﾄﾞ スマートフォーマル　Ⓔ Sloane Sq.　URL www.gordonramsayrestaurants.com

ピエ・ダ・テール　Pied a Terre　　フランス

2008年からミシュランの星を獲得している。ランチセット£33か£43なら値段的にもトライしやすい。スターターとメインのアラカルトメニュー£65〜、10コースのテイスティングメニュー£105。

● MAP 3-B3
住 34 Charlotte St., W1T 2NH　☎ 7636 1178　営 月〜金 12:00〜14:30、月〜土 18:00〜23:00　休 日・祝、クリスマス前〜年始　料 ⓛ£35〜　ⓓ£80〜
CC AMV　予 望ましい　ﾄﾞ スマートカジュアル　Ⓔ Goodge St.
URL www.pied-a-terre.co.uk

中華料理

中華料理のレストランは、ロンドンでもあちこちにある。
なかでも、ソーホー Soho の Shaftesbury Av. や Wardour St.、Gerrard St.、Lisle St. あたりに中華料理店がひしめき合っていて、このあたりがチャイナタウン＝中華街になっている。
ランチタイムには、Dim Sum と呼ばれる小皿料理をたくさん食べられる飲茶が大人気。

ロイヤル・チャイナ　Royal China　中華

▶ MAP 5-D2

落ち着いた雰囲気のなか、いろいろな味が楽しめる飲茶はひと皿£4.30～。写真付きのわかりやすいメニューで、焼きそばやチャーハンは£10くらいから。→ MAP 2-D3、MAP 中央部 -A3 にも店舗あり。

住 13 Queensway, W2 4QJ　☎ 7221 2535　営 月～土 12:00～23:00（金・土～23:30）　日 11:00～22:00　休 クリスマス前後　料 L £14～　D £32～　CC AMV　予 望ましい　ド なし
⊖ Bayswater ／ Queensway
URL www.theroyalchina.co.uk

インペリアル・チャイナ　Imperial China　中華

▶ MAP 12-B2

チャイナタウンの中華料理店は無愛想で気どらない雰囲気の店も多いが、ここはわりと親切な対応で高級感がある。飲茶や優しい味の揚げ豆腐のほか、イカの揚げ物など、新鮮なシーフード料理も。

住 White Bear Yard, 25a Lisle St., WC2H 7BA　☎ 7734 3388　営 月～土 12:00～深夜　日 11:30～22:30　休 クリスマス前後　料 £25～　CC AMV　予 週末の夕食は望ましい　ド なし
⊖ Leicester Sq.
URL www.imperialchina-london.com

カイ・メイフェア　Kai Mayfair　中華

▶ MAP 11-A3

ミシュラン1つ星をもつ超高級フュージョン中華の店。香港やシンガポールから招かれた料理人の凝った料理の数々が楽しめる。最近では、和牛を出す店としても人気を集めている。

住 65 South Audley St., W1K 2QU　☎ 7493 8988　営 月～金 12:00～14:15、土・日 12:30～14:45、毎日 18:30～22:45（日 ～22:15）　休 一部の祝　料 平均£60～　CC ADMV　予 望ましい　ド スマートカジュアル　⊖ Green Park
URL www.kaimayfair.co.uk

ベイジン・ダンプリン　Beijing Dumpling　中華

▶ MAP 12-B2

名物の小籠包や餃子などは店頭での手作り。餃子はいろいろな具があり£6～9、麺類や他の料理もなかなかいける。ぶっきらぼうな応対は中華街名物なので覚悟して。予約していっても待たされるのは当たり前！

住 23 Lisle St., WC2H 7BA　☎ 7287 6888　営 月～土 12:00～23:30　日 11:30～22:30　休 一部の祝　料 L £10～　D £18～　CC MV　予 不要　ド なし
⊖ Leicester Sq.
URL beijingdumpling.co.uk（工事中）

シャン・シャン　Shuang Shuang　中華

▶ MAP 12-A2

中華街そばにできた中華鍋の店。だしとたれを選んだら、あとは回転寿しのようにベルトコンベアで回る具を取って自分で煮て食べるスタイル。具の値段も皿の色でわかり利用しやすい。

住 64 Shaftesbury Av., W1D 6LU　☎ 7734 5416　営 毎日 12:00～23:00（金・土～23:30）　休 一部の祝　料 平均£16　セット£9.60がミニマムオーダー　CC AJMV　予 不要　ド なし
⊖ Leicester Sq. ／ Piccadilly Circus
URL www.shuangshuang.co.uk

RESTAURANT

日本料理

慣れない環境で疲れたら、意地を張らずに食べてみては？意外と元気になったりするものだ。
高級な店から定食屋のようにリーズナブルなところまで、いろいろ揃っている。
寿司や弁当風、丼風のものを扱う手軽なチェーン店もたくさんできているので、
テイクアウエイもできるし、ひとり旅の強い味方にもなってくれる。

こや Koya　日本

きつね、天ぷらなど、各種うどんには冷やしやざるもある本格派。ほかにも、牛丼、天丼といった丼もの、温泉卵や豚の角煮などの付け添えや小皿も。シティ→MAP 8-B1にも店舗あり。

◆ MAP 12-B1
住 356 Essex Rd., N1 3PD　☎ 7629 3931
営 月～金 8：30～22：30（木・金～23：00）、土・日 9：30～23：00（日～22：00）
休 一部の祝　料 カレーうどん£11.20 焼き魚の和朝食£14.70　CC MV
予 不可　ド なし　⊖ Tottenham Court Rd.　URL www.koya.co.uk

菊 Kiku　日本

落ち着いて食事をしたいという人におすすめなのがここ。ちらし寿司£38～、すき焼きやしゃぶしゃぶ£40～。ハイド・パークやバッキンガム宮殿観光のあとにひと息入れてみては？

◆ MAP 11-C3
住 17 Half Moon St., W1J 7BE　☎ 7499 4208
営 月～土 12：00～14：30、18：00～22：15　日・祝 17：30～21：45
休 一部の祝、クリスマス前後　料 Lセット£23～　D平均£50～　CC ADJMV
予 不要　ド スマートカジュアル　⊖ Green Park　URL www.kikurestaurant.co.uk

イツ Itsu　和風

寿司やアジア系のファストフード。簡単に頼めて、そこそこの味。丼風のサラダやうどん、スープなどもあり、テイクアウエイもできる気軽なチェーン店。閉店30分前からは半額セールもあり。

◆ MAP 12-D1
住 41-44 Great Queen St., WC2B 5AD
☎ 7430 2696　営 月～土 10：00～21：00（土 11：00～）　日 12：00～19：00
休 一部の祝
料 平均£10～　CC MV　予 不要
ド なし　⊖ Holborn／Covent Garden
URL www.itsu.com

トーキョー・ダイナー Tokyo Diner　日本

気軽に入れる大衆食堂のノリでロンドンっ子にも人気。丼もの£6～、麺類£8～で、サーモン丼やトーフカツ重、チキンカツカレーなどが人気メニュー。スタッフは全員日本語対応OK。

◆ MAP 12-B2
住 2 Newport Place, WC2H 7JJ
☎ 7287 8777
営 12：00～24：00　休 月
料 平均£10～20
CC JMV　予 不可　ド なし
⊖ Leicester Sq.
URL www.tokyodiner.com

モシ・モシ Moshi Moshi　日本

リヴァプール・ストリート駅構内、プラットホーム1番の上（M&Sの裏）にある回転寿司の老舗。好きなものを選んで食べられ、日本酒も飲めるのがうれしい。回転寿司ひと皿£1.90～5、あんきも£3.50。

◆ MAP 4-C3
住 Unit 24, Liverpool St. Station, EC2M 7QH　☎ 7247 3227　営 月～金 11：30～22：00　休 土・日・祝、クリスマス～新年　料 平均£12～　D£15～　寿司セット£10～　CC MV　予 望ましい
ド なし　⊖ Liverpool St.
URL www.moshimoshi.co.uk

レストランガイド　中華料理…日本料理

251

London » WHAT'S ON

タイプ別アフタヌーンティー

ポットで入れたおいしいお茶を飲みながら食べる、3段重ねのお皿にのった、趣向を凝らしたお菓子やサンドイッチ。格式のあるところから、少しモダンだったり、カジュアルな雰囲気で味わうことができるお店もあるから、ぜひ試してみてほしい。

2017年アフタヌーンティー賞受賞！
エガートン・ハウス・ホテル
The Egerton House Hotel

ハロッズの裏側の小さいながらも格式ある4つ星ホテルのダイニングルームでいただく、少し特別な感じがするアフタヌーンティー。
サンドイッチは、オーガニックのスモークサーモンなど厳選された素材と、それに合うようにチョイスされたパンやペーストが使われている。「サンドイッチって、こんなにおいしかったんだ」と思わせてくれる一品。ホームベイクのスコーンもシンプルでありながら、サックリなんともいえない味わい。おいしさを追求するなら訪れてみたい。

- MAP 9-C1
- 17-19 Egerton Terrace, SW3 2BX
- 7589 2412　毎日 12:00 ～ 18:00
- アフタヌーンティー £48　クリームティー £20
- 望ましい（特にクリスマスと1/1）
- ウェブサイトからも予約可能　無休
- AJMV　Knightsbridge
- www.egertonhousehotel.com

上…写真は2人分。スコーンにのせるフルーツ付き
左下…トラディショナルな雰囲気のダイニングルーム
右下…紅茶の種類も選ぶことができる

ジャムが先？ クリームが先？
コーンウォール式はジャムが先で、デヴォン式はクリームを先に盛る。チャールズ皇太子は「コーンウォール公」の肩書きをもつのに、スコーンはデヴォン式にクリームを先に盛るので不評をかうこともあるが、クリームはコーンウォール産を使っているんだそう。どちらの食べ方がおいしいのかは、紅茶が先か、ミルクが先かという議論と同じくらい飽かずに続けられている。
あまり堅苦しく考えず、おいしく楽しく！

モダンなアフタヌーンティーなら
ギャラリー・メス Gallery Mess

現代美術を扱うサーチ・ギャラリー→P.177に併設されたカフェ。内部は、ほかのギャラリーのカフェ・レストランよりワンランク上の雰囲気。洗練された味のモダンなアフタヌーンティーで、予約不要なのがうれしい。ただし、価格が抑え気味に設定されているせいか、量は少なめ。この周辺に住む上品なカルチャーおばさまたちもこのティールームの常連客。

- MAP 9-D2
- Saatchi Gallery, Duke of York's HQ King's Rd., SW3 4RY 7730 8235
- 10:00～19:00(金・土 ～21:00、日 ～18:00)
 アフタヌーンティーは14:30～18:00のみ
- アフタヌーンティー1人£25、2人なら£45.50
- 不要 一部の祝 AJMV
- Sloane Sq.

※2020年1月現在、閉店中。ブラセリーとしてリニューアルオープンする予定のため、アフタヌーンティーなどメニューは未定。要確認。

上…天井が高く上品な雰囲気のカフェ・レストラン
中…お菓子や盛りつけもモダンなイメージ
下…レストランでもあるのでランチにも

WHAT's ON　タイプ別アフタヌーンティー

老舗ホテルの革新
バークレー・ホテル
The Berkeley Hotel

5つ星をもつ高級ホテルバークレーでは、以前からファッションデザイナーとコラボしたアフタヌーンティーを提供しており、その人気は高い。「プレタ・ポルテ・ティーPrêt-à-portea」と銘打って、ファッションデザイナーたちのコレクションからインスピレーションを得て作ったスイーツの数々は、どれも洗練されており、彩り鮮やか。高級ホテルのパティシエが腕によりをかけて作っているから、見た目だけでなく、味のレベルが高く、ていねいなサービスを受けられるのもうれしい。

- MAP 6-D3
- Wilton Pl., SW1X 7RL 7107 8866
- 毎日 13:00～17:30
- アフタヌーンティー£60　シャンパン付きは£70～
 11月半ばから12月は特別バージョンのため£75
- 望ましい AJMV Knightsbridge
- URL www.the-berkeley.co.uk/restaurants-bars/afternoon-tea

上…カナッペが付くスコーンはセットされていない
中…食べるのがもったいない?!
下…アフタヌーンティーを楽しめるコリンズルーム

London » WHAT'S ON

こんなお菓子、見つけた！

お茶の習慣が根強い国だから、紅茶に合うおいしいお菓子もたくさん！イギリスのお菓子には焼き菓子が多いけれど、温かなプディングなども定番で、素朴な味わいのものがおいしい。カフェやティールームで休憩したときに、いろいろと試してみよう。

● スコーン　scones
ティータイムには欠かせない、小麦粉やミルクなどから作るパンケーキ。上下ふたつに割って、クロテッド・クリーム clotted cream、ジャムなどをのせて食べる。素朴な甘さのシンプルな定番菓子だが、食べ比べると意外に違いがわかって、奥深さを感じることも。

● ヴィクトリア・スポンジ　victoria sponge
スポンジの間にジャムとクリームを挟んだシンプルなケーキ。このシンプルさがいい。アフタヌーンティーに登場することもある。夫を亡くして喪に服していたヴィクトリア女王のために、好物のジャムを使って作られたとのこと。歴史を感じさせてくれる。

● カップケーキ　cupcake
フェアリーケーキとも呼ばれ、子供にも人気。上にのっかっているバタークリームの色や飾りつけは、茶色が多いイギリス菓子のなかでは、珍しくカラフル。お店ごとにいろいろなデコレーションがあり、大きさもさまざま。甘〜いクリームが疲れを癒やしてくれる。

● ジンジャーブレッド　gingerbread
ジンジャー（生姜）を入れたお菓子がイギリスには多く、「ブレッド」といってもケーキのようなものから、ビスケットまである。人の形をしているものは、ジンジャーブレッドマンと呼ばれることも。はちみつを使っているものなど、優しい甘さがやみつきになりそう。

● ショートブレッド　shortbread

小麦粉、バターなどから作ったビスケット。"short"はショートニング shortening（バターやラードなどの脂肪）が多く含まれているという意味。イギリスのおみやげとして売られているのも、よく見かける。細長いものや丸いものなど、形はいろいろ。

● ベイクウェル・タルト　bakewell tart

生地の中にジャムが埋め込まれているタルト。タルトの中はアーモンドプードルなどを使ったスポンジケーキ。ベイクウェルというから、よく（well）焼いた（bake）の意かと思ったら、このタルトを生んだ町の名がベイクウェルなのだそう。

● ミンス・パイ　mince pie

小さな丸い形のパイで、中にはミンスミート mincemeat（香料を効かせた、たくさんのドライフルーツを混ぜ合わせたもの）がぎっしり。ドライフルーツと牛脂が入ったクリスマス・プディングと同様、クリスマスに食べるのが習慣。

● スティッキー・トフィー・プディング
　　　　sticky toffee pudding

寒い日が多いイギリスらしい温かなデザート。蒸しケーキに温かいトフィーソースがたっぷりかかっている。アイスがのっていることも。店によってサーブの仕方がいろいろ違うので、食べ比べてみるのもおもしろい。

● キャロット・ケーキ　carrot cake

どこにでもあるといっていいくらい、イギリスでよく見かけるのがこのケーキ。キャロットと名前にあるとおり、ニンジンやナッツなどが入ったもの。シナモンなどのスパイスを使っているので、甘さとスパイシーさのバランスが絶妙。

● プディングとスイーツって？

イギリスでは、食後のデザートを決めるとき「プディングは何にする？」と言ったりする。この場合、蒸したり冷やしたプディングのほか、ケーキの類いも含まれる（ただしお茶のときに食べるスコーンなど、パンに近いものは含まない）。なので、レストランやパブで「Pudding」というメニュー項目があったらデザートのこと。また、スイーツというと、アメとかチョコレートとか、少しつまんで食べるものを指す。英語ではボイルドスイーツ（キャンディは米語）、略してスイーツと呼ぶ。日本でのように甘いお菓子全般をスイーツというわけではない。

WHAT'S ON

こんなお菓子、見つけた！

255

Cafe & Tea Room

カフェ＆ティールーム

紅茶の国の首都だけあって、ティールームやカフェがそれこそ山ほどある。
イギリスならではの伝統的なアフタヌーンティーも試してみたい。
お茶の時間は、旅の大切なひとときになるだろう。

伝統のアフタヌーンティー

　料理では、誇るものが少ないイギリスだが、紅茶だけは自慢できる！　おそらく水が紅茶に合うのだと思われる。とにかく、どんなに安いティーバッグで入れたとしても、なぜかおいしい気がする。
　イギリス人は紅茶をよく飲む。ティーブレイク tea breakがまず2回。午前10時頃と午後3時頃。そして、起きぬけの1杯 early morning teaから、夜ベッドにつくまで数杯は飲む人が多い。
　そのなかでも、最も優雅なイメージで語られることが多いのは、第7代ベッドフォード公夫人アナ・マリアの発明といわれる、アフタヌーンティー。かつてのイギリスでは、1日2食が普通だった。夕食は9時過ぎになることも多く、空腹対策のため、食間にお茶とお菓子とサンドイッチなどをいただくようにした、というのが定説。
　ポットに入った紅茶とミルクが主役。熱湯の入ったポットを一緒に付けることもある。これは、自分好みの濃さに紅茶を薄めるためのもの。そして、ケーキ、ビスケット（クッキーは米語）、スコーン、マフィンといった甘いもの。さらに加えて、トマトとチーズやキュウリなどのサンドイッチ。ホテルのティールームではこれらが、3段重ねのトレーに盛られて運ばれてくることが多い。
　アフタヌーンティーより、もっと食べることにウエートをおいたのが、ハイティー high tea。時間も午後5時、6時と遅くなり、軽い夕食という感じ。サンドイッチだけでなく、火をとおして調理したものも食べる場合が多く、こちらは労働者階級がより実用的な目的で始めたのだそう。ちなみに、地方によっては一般庶民が夕食を食べるために家に帰ることを「Teaをしに家に帰る」ということも。このほか、間食として、お茶とクリームやジャムをたっぷりのせたスコーンをいただくこともあり、これはクリームティーと呼ばれたりする。

ミルクが先か？ 紅茶が先か？
お茶にもイロイロなうんちくをつけたがるのが、イギリス人気質。彼らの愛するミルクティーについても、ミルクを先に注ぐのか、紅茶を先にするのかといった議論が続いているそうだ。あとで注ぐ紅茶の量を考えながらミルクを先に入れておく、というのが庶民派らしい。しかし、あくまでも自分なりのやり方で……、というのもイギリス風かな？

イギリスのショートケーキ
日本の軟らかなケーキを思い浮かべると大間違い。イチゴと生クリームをショートブレッドのような硬めのケーキで挟んだもの。

フォートナム＆メイソン→P.257、P.285での紅茶量り売り
紅茶を購入する際、250g入りの缶入り茶葉は少し多いかなと思ったら、量り売りの利用はいかがでしょうか。少量から購入可能とのことでした。
（スカイ　'19）

コーヒー党ならここへ
モンマス・コーヒー・カンパニー
Monmouth Coffee Companyは豆の販売もしているコーヒー専門店。テイクアウェイも可能。店の奥がカフェになっていて、小さな店ながらコーヒーの香りが漂う店内はひと休みにいい。エスプレッソやラテも。
🗺 MAP 12-C1
🏠 27 Monmouth St., WC2H
📞 7232 3010　⏰ 月～土 8:00
～18:30　🚇 Covent Garden
🌐 www.monmouthcoffee.co.uk

コーヒー好きの人でいっぱい

郊外のマナーハウスでは、緑のなかでアフタヌーンティーを楽しめるところもある

フォートナム＆メイソンでのアフタヌーンティー

優雅なティールーム

高級ホテルなどの優雅なティールームでは、夢のようなお茶の時間を楽しむことができる。味もサービスも満足できるところが多いが、アフタヌーンティーが£60前後はするのがネック。普通のティールームなら半分ほどの値段で食べることができるので、どちらにするかは懐次第？食べ比べにチャレンジするのも楽しい。

ハロッズ　Harrods　　　　　　　　　　ティールーム

©Harrods Ltd.

アールデコ調の天窓がある、ゆったりとしたティールームは、いつでも混んでいる下の階とは対照的なたたずまい。伝統的なアフタヌーンティーのほか、軽食やタルトなどもある。

● MAP 6-C3

住 4th Floor, 87-135 Brompton Rd., SW1X 7XL　℡ 7225 6800　営 月～土 10：00～21：00　日 12：00～18：00　アフタヌーンティー 12：00～19：00（日～17：00）　休 一部の祝　料 £59　CC AJMV　予 望ましい　ド スマートカジュアル
⊖ Knightsbridge　URL www.harrods.com

ブラウンズ　Brown's　　　　　　　　　ティールーム

アガサ・クリスティもお茶を楽しんだEnglish Tea Roomでは老舗の伝統と気品に満ちた優雅なサービスを受けることができる。スコーンやケーキは自家製。ヘルシーなアフタヌーンティーもある。

● MAP 7-A2 11-C2

住 33 Albemarle St., W1S 4BP　℡ 7518 4006　営 アフタヌーンティー 12：00～18：00　休 無休　料 £55～（シャンパン付き£65～）　CC AJMV　予 望ましい（クリスマス頃は必要）　ド スマートカジュアル。男性は襟付きシャツ
⊖ Green Park　URL www.roccofortehotels.com/hotels-and-resorts/browns-hotel

フォートナム＆メイソン　Fortnum & Mason　　ティールーム

王室御用達店で紅茶の老舗といったらここ。食事ができる場所がいくつかあるが、フルセットの伝統的なアフタヌーンティーやハイティーがいただけるのは、The Diamond Jubilee Tea Salon。

● MAP 7-B2 11-D3

住 4th Floor, 181 Piccadilly, W1A 1ER　℡ 7734 8040　営 月～土 11：30～19：00（金・土 11：00～）　日 11：30～17：45　休 一部の祝　料 £60～　CC AJMV　予 望ましい　ド カジュアル
⊖ Piccadilly Circus ／ Green Park
URL www.fortnumandmason.com

ドーチェスター　The Dorchester　　　　　ティールーム

ホテル内のプロムナードは、気取りのない伝統的なメニューに最高級の紅茶という組み合わせを誇る。ブリティッシュ・ティー・カウンシルの「アフタヌーンティー大賞」を数回受賞している。

● MAP 6-D2 11-A3

住 Park Lane, W1K 1QA　℡ 7629 8888　営 アフタヌーンティー 11：00～18：00　休 なし　料 £65（シャンパン付き£75～）　CC ADMV　予 望ましい　ド スマートカジュアル
⊖ Hyde Park Corner
URL www.dorchestercollection.com

サヴォイ　The Savoy　　　　　　　　　ティールーム

テムズ河を見下ろすティールームThe Thames Foyerで。サヴォイ劇場の隣で劇場街にほど近いことから、上流階級の人々の観劇前の社交場となっていた。ハイティーもある。

● MAP 7-C2 12-D2～3

住 Strand, WC2R 0EZ　℡ 7836 4343　営 アフタヌーンティー 13：00～17：45　休 なし　料 £75～　CC AMV　予 必要　ド スマートカジュアル
⊖ Charing Cross
URL www.fairmont.com/savoy-london/dining/thamesfoyer

料 アフタヌーンティーの料金　予 予約について　ド ドレスコード　※祝日の営業は変更もあるので要確認。イースター前後、クリスマス前後～年末年始は休業したり不定期営業になる店もある。特に12/25と1/1は休業のところが多い。

気軽なカフェ&ティールーム

サンドイッチなど気軽な食事を取ることができるカフェは、ひと息つくのにもってこい。
おいしいコーヒーや紅茶にこだわったカフェ&ティールームも増えているし、
お値うちなアフタヌーンティーを楽しめるところもある。
ミュージアムやギャラリーなど、おもな見どころのカフェも充実している。

パティスリー・ヴァレリー　Patisserie Valerie　カフェ

◆ MAP 11-D3

フルーツタルトが有名。1日中食べられる朝食メニューのほかサンドイッチやサラダもあり、ランチにも利用できる。アフタヌーンティーは2人分で£25。ヴィクトリア駅、ユーストン駅など店舗多数。

🏠 162 Piccadilly, W1J 9EF
📞 7491 1717
営 月〜金 7：30〜21：00（金〜21：30）
土 8：00〜22：00　日 8：30〜21：00
休 一部の祝　CC MV
🚇 Green Park
URL www.patisserie-valerie.co.uk

セルフリッジのカフェ　Selfridges Cafe　カフェ

◆ MAP 6-D1 11-A1

Oxford St. 周辺で買い物中に手頃な休憩場所がデパートのカフェ。セルフリッジにも多くあるが、食事もアフタヌーンティーも楽しめる地下1階 Lower Ground にある Dolly's がおすすめ。

🏠 400 Oxford St., W1A 1AB
📞 7318 3616
営 月〜土 10：00〜22：00（土 9：30〜）
日 11：30〜18：00
休 一部の祝　CC AMV
🚇 Bond St.
URL www.selfridges.com

メゾン・バートゥー　Maison Bertaux　カフェ

◆ MAP 12-B1

1871年開店の老舗カフェ。フルーツタルトや大きなクロワッサンを20年食べ続けるファンがいるほど。インテリアは1950〜60年代初めのアメリカン。女優がオーナーでスタッフに役者がいることも。

🏠 28 Greek St., W1D 5DQ
📞 7437 6007
営 月〜土 8：30〜23：00
日 9：00〜20：00
休 一部の祝　CC MV　🚇 Leicester Sq. / Tottenham Court Rd.
URL www.maisonbertaux.com

リシュー　Richoux　カフェ・レストラン

◆ MAP 11-D3

ちょっとした休憩や食事に気軽に利用できる。アフタヌーンティーやクリームティーのほか、イギリスらしいパイ料理から肉・魚料理まで、メニューも幅広い。混み合っていることが多い。

🏠 172 Piccadilly, W1J 9EJ
📞 7493 2204
営 月〜土 9：00〜22：30
日 9：00〜23：00　休 一部の祝
CC AJMV　🚇 Green Park / Piccadilly Circus　URL www.richoux.co.uk
◆ MAP 11-A2 にも店舗あり

ティー・アンド・タトル　Tea and Tattle　カフェ

◆ MAP 3-C3

大英博物館の前、東洋とアフリカ専門書店の地下にある。外の喧騒がうそのように静か。アフタヌーンティーは気取らない味で1人分£19。クリームティー£7.50。サンドイッチもおいしい。Wi-Fiも使える。

🏠 41 Great Russell St., WC1B3PE
📞 07722 192703
営 月〜金 9：00〜18：00　土 12：00〜16：00　休 日・祝、年末年始は要確認
CC AMV　予 望ましい
🚇 Tottenham Court Rd.
URL www.teaandtattle.com

RESTAURANT

セント・ジェームズ・カフェ　St. James's Cafe　　カフェ

セント・ジェームズ・パークの中に建つ、木製テラスがある気持ちのいいカフェ。公園の散策がてら立ち寄ってみては。イングリッシュブレックファストやセルフサービスのサンドイッチ、サラダなどがある。

● MAP 7-B2
住 St James's Park, SW1A 2BJ
☎ 7839 1149
営 8:00～18:00
休 一部の祝、年末年始
CC AMV　⊖ Charing Cross
URL www.benugo.com/partnerships/public-spaces/parks/st-jamess

TWG ティー　TWG Tea　　ティールーム

1階はお茶の店、2階が外の喧騒がうそのように落ち着けるティールーム。スコーンには紅茶で作ったティーゼリーが添えられ、ジャムとは違う大人味。食事メニューも充実している。

● MAP 12-B2
住 48 Leicester Sq., WC2H 7LT
☎ 3972 0202　営 10:00～23:00（金・土～24:00、日～22:30）
休 一部の祝
CC AMV　⊖ Leicester Sq.
URL twgtea.com/locations/middle-east-europe/united-kingdom

マフィン・マン　The Muffin Man　　ティールーム

1963年創業のこのあたりでは老舗のティールーム。トーストしたスコーンとお茶のセットDevon Cream Teaの人気が高い。イギリスらしい朝食メニューのほか、ランチやケーキもおいしい。

● MAP 5-D3
住 12 Wrights Lane, W8 6TA
☎ 7937 6652
営 月～土 8:00～20:00
日・祝9:00～20:00
休 一部の祝　CC 不可
⊖ High Street Kensington
URL www.themuffinmanteashop.co.uk

カフェ・イン・ザ・クリプト　Cafe in the Crypt　　カフェ

トラファルガー広場に面した教会のクリプトの中にあるセルフサービスのカフェ。改装されてきれいになっているが、足元を見てほしい。床のあちこちに墓碑が……。水曜はジャズライブがある日も。

● MAP 12-C3
住 St. Martin-in-the-Fields, WC2N
☎ 7766 1158　営 月～土 10:00～20:00（木～土～21:00。ライブがある水18:30以降はチケット保持者のみで22:30まで）
日 11:00～18:00　休 一部の祝　CC MV
⊖ Charing Cross　URL www.stmartin-in-the-fields.org/cafe-in-the-crypt

---

ロンドンの博物館・美術館のカフェは狙いめだ！

　セルフサービスのカフェが多いので、手軽に利用できる。お茶ばかりではなく、サンドイッチのほか、ランチタイムにはホットミール（温かい食事）まで食べられるカフェもある。
　例えば、V&Aのカフェはウィリアム・モリス内装の部屋にもあるので見逃せない。さらに、ミュージアムのカフェは次々とグレードアップしている。ウォレス・コレクションの優雅な中庭のブラセリーのほか、コートールド美術館（休館中）があるサマセット・ハウスには、いくつかレストランやカフェテラス（春～夏のみ）もある。ガラス張りで景色を見渡すことができるナショナル・ポートレート・ギャラリーの屋上のカフェや、上からテムズ河を見渡せるテート・モダン上階のカフェも大人気。

見どころにあるカフェは、だいたい入場しなくても利用できるのも便利。なお、帰りには、館内の無料のトイレに行っておくことも忘れずに！

ウォレス・コレクションの居心地のよいブラセリー

■ Pub

パブに入ってみよう

ロンドンの夜は、パブを抜きにしては語れない。
いや、イギリス人の場合、昼間からパブでグラスを傾けている。
ビジネス街、住宅街といった場所を問わず、パブはロンドン中どこにでもある。

パブでも完全禁煙!!
イギリスは「すべての公共施設」、つまりパブやレストランも全面禁煙。パブでは店の外や中庭に喫煙スペースを設けているところがほとんどだが、ちゃんとしたテーブルや椅子の置いてあるエリアでないと、飲みながら吸うことは違法。罰金もあるので要注意!。

パブの営業時間
第1次世界大戦中の1917年、軍需産業労働者の飲酒過多に悩んだイギリス政府は、アルコール販売権やパブの営業時間を規制したライセンス法を施行した。このため、パブの営業時間（平日）は 11:00～15:00、17:30～23:00というパターンが長い間守られてきた。しかし、1988年に失業者の増大に悩んだ政府が、サービス業での雇用拡大を狙ってパブの12時間営業を認め、今では多くのパブが、11:00～23:00という営業時間になっている。ただ日曜は、シティあたりのパブだと休みのところもある。

クラフト・ビア・カンパニー
The Craft Beer Co.
クラフトビールを扱うパブ。常設のビターとペール（エール）以外にも、たくさんの銘柄が揃う。知識豊富なスタッフに聞きながら選ぶことも可能。
● MAP 12-C1
🏠 168 High Holborn, WC1V 7AA
📞 020 7240 0431　⏰ 12:00～24:00(木～土 ～翌1:00)
🚇 Tottenham court Rd.
URL www.thecraftbeerco.com

常設のペール（左）とコーヒーを使ったというビール（右）

パブでの楽しみ方

パブとは何か——ひと口でいうなら「イギリスの赤提灯」。仕事仲間と、あるいは町の人たちと、酒を飲みながらおしゃべりを楽しむ場所がパブなのだ。正式には"public house"。これは、もともと独自のビールを醸造して販売している市民のダイニングルームなどを指しており、会員制のクラブと違って、誰でも入ることができる場所。今でも仕事を終えた人々など、多くが集っている。

パブの入口

ほとんどのパブには、入口が2ヵ所ある。これは、イギリスのいたるところで見られる階級社会の名残。かつては1軒のパブの内部ですら、中産階級向けのサロン Saloon Barと労働者階級向けのパブ Public Barに分かれていた。現在のロンドンでは、こんな区別はもちろん存在しない。昔のままで入口が2ヵ所あっても、内部の仕切りは取り払われているのが普通だ。仕切りが残されているパブでも、どちらに入ってもかまわない。

入る前に注目してほしいのが、入口上部の看板。レッド・ライオン、ジョージ・イン、キングス・ヘッドなどの名前は、歴史や著名な人物名などに由来していることもある。看板の写真を集めた絵はがきや本もあるほど。内装や雰囲気も地区によってずいぶん違う。

なお、ローカルなパブに入ると常連客が多く、ちょっと浮いてしまうことも。観光客も多い中心部のパブのほうが入りやすい。また、男性はひとり客も多いが、ひとり飲みの女性はあまりいない。

パブには独特の雰囲気が漂う。これに慣れたらロンドンっ子の仲間入り？

注文の仕方

ロンドンのパブでビールを頼む場合、グラスは1パイントpint（568ml）か半パイントの2種類。カウンターで注文する際、混み合っていると、誰がどう並んでいるのかわかりにくいが、お互い暗黙の了解がある。自分の順番が来るまで、財布や£5〜10札をにぎりしめるなどして、買う気を見せて待つこと。木・金曜の夕方16：30頃からは、特に混み合っているから、ほかの日時にトライするのもいい。

注文は、例えばビターを1杯頼むなら、"A pint (half) of bitter, please." 「ビターを1パイント（半パイント）ください」と言えばいい。テーブルにメニューが置いてある場合は、注文前に確認しておこう。席は空いているところに勝手に座って大丈夫。

飲み物の種類

飲み物はバラエティに富んでいる。イギリスらしいのは、上面発酵酵母で作られたエールale。これに対して、日本でもおなじみのドイツ風のビールは下面発酵酵母で作られ、ラガーlagerと呼ばれる。エールとラガーを飲み比べた際の大きな違いは、温度と炭酸の強弱。エールは日本のビール（ラガー）ほど冷やさず、一般に常温から10度くらいが適温といわれる。また、エールは比較的炭酸が弱いので、炭酸が苦手な人も飲みやすい。さわやかでキレがあり、よく冷えたラガーと比較すると、エールはまろやかで優しくコクがあるものが多いように感じる。パブで1〜2時間、話をしながら、ちょびちょび飲むにはちょうどいいタイプのビールといえる。また、イギリスのパブの多くで、リアルエールReal Aleという、樽内熟成ビールを飲むことができ、瓶や缶入りのものよりも柔らかな飲み口を味わえる。

ビールだけでなくウイスキーやワイン、ジントニックなども飲むことができる。この場合はグラスで注文。ワインは赤か白、ウイスキーは何種類か銘柄があるので、具体的に指定すること。

パブで頼めるエールの種類

エールとラガーのビールが、パブで飲む酒の代表的なものだが、イギリスらしいエールのなかにも、さまざまな種類がある。さらに、銘柄は非常に多く、パブごとに異なる。以下がエールの代表的な種類。

ビター Bitter…ロンドンのパブで飲まれる代表的なビール。アルコール度数や味、香りは銘柄によってさまざまだが、フルーティな香りでまろやかなものも多い。アルコール度の低いライト・エールLight aleもある。下記のペールエールをもとに20世紀に生み出されたもので、ロンドンの醸造所フラーズ→P.73の「ロンドンプライド」が有名。

ペールエール Pale Ale…黄金色から赤茶色のビールで、華やかな香りや苦味が特徴。イギリス中央部発祥のエールを代表するスタイル。

アイピーエー IPA…インディア・ペールエール India Pale Aleの略。イギリスからインドに船で輸送されるように造られた。日持ちするよう多くのホップを使ったため、香りや苦味が強い。アルコール度数も高め。

スタウト Stout…日本でいう黒ビール。ロンドン発のポーターPorterを改良して、アイルランドのギネスGuinnessができた。スタウトと言う代わりにポーターやギネスと注文することもある。

RESTAURANT

パブに入ってみよう

パブでの楽しみ方

ビールを頼んでみよう

カウンターで好みのビールを注文。置いてある銘柄はパブごとに違うので、ビターなどの種類を告げておすすめをもらおう。迷った場合は試飲も頼める。おつまみにクリスプス（ポテトチップスのこと。小袋のもの）などを頼むのもいい。

ビールを樽から注いでくれる

支払いは一括で。カードも使える

酒に弱い人には
ビールが苦手ならサイダーciderを頼むのもいい。日本のサイダーと違って、少し酸味があるリンゴ酒のこと。
また、夏になると出てくるピムス＆レモネード→P.262というカクテルも飲みやすい。ほかにも、ビールは入っているけれど、シャンディ→P.262も軽め。アルコールがまったくダメな人は、レモネードだけ注文することもできるし、これにライムかオレンジを加えることもできる。このほか、多くのパブではジュースやコーラ、コーヒー、紅茶もある。

ジントニックが流行中！
ジンにトニックウォーターを入れたもの。ライムかレモンが付いていて、さっぱり飲みやすい。ただし、ジンが多いと酔っぱらいやすいので注意して。

日本と同じビールが恋しい人は
キリリと冷えたビールを飲みたい人は "Chilled Lagar, please." と頼んでみるといい。日本同様のビールが出てくる。

ウィンドミル Windmill
キドニー・パイなど、イギリスらしいパイ料理が評判のパブ。フィッシュ＆チップスもおすすめ。平日はレストラン「パイ・ルーム」でゆったり食事ができるが、土曜はバーでの食事のみ。
📍 MAP 11-C2
🏠 6-8 Mill St., W1S 2AZ
📞 7491 8050　営 12:00～23:00　食事：12:00～22:00
休 日曜の夜　料 パイ£15～、サンデーロースト£18～
🚇 Oxford Circus
URL www.windmillmayfair.co.uk

Lots Road Pub & Dining Room
チェルシーの落ち着いた住宅街にあるが、常連客たちでいつもにぎわっており、人気・実力の確かさを感じられる店。サンデーローストはビーフとチキンの2種類から選べる。ローストビーフはとても柔らかく、肉質は上級。そのため味つけはシンプルなグレービーソース。付け合わせにはヨークシャープディング、ポテトもあり、質・量ともにハイレベル。
（千葉県　岡田明宏　'15）['19]
🏠 114 Lots Rd., SW10 0RJ
📞 7352 6645　営 月～土 12:00～23:00（日～22:30）　キッチンは～22:00（日～21:00）
🚇 Fulham Broadway
URL www.lotsroadpub.com

パブでは注文ごとに精算を

パブでは、ビールを1杯注文するごとにその場でお金を払う。チップは必要ない（食事をした場合はサービス料やチップがかかることもある）。ところで、3人でパブに行ってビールを3杯とピーナッツを3袋注文したとする。この場合、まず間違いなく全部を合計した金額を告げられる。誰かが代表して全部払うのだ。というのは、ラウンドと呼ばれる、パブでの飲み代は交代でオゴるという暗黙のルールがあるからで、3人分注文してひとりずつ支払う、ということはまずない。日本でいう「割り勘」は、この国ではオランダ式（ダッチ・アカウント）と呼ぶが、これには「ケチ臭いやり方」といったニュアンスがある。オランダ人が聞いたら怒るだろうと思うのだが。

パブでの食事

昼食時には、パイ、フィッシュ＆チップス、ジャケットポテト（皮付きジャガイモにチーズ、ベークドビーンズ、ツナなどをトッピングしたもの）、ハンバーガー、ピザなどがパブランチのメイン（パブランチ→P.225）。ロースト系（ビーフ、チキン、ラムなど）の食事は、日曜に食べる習慣があり、パブでも「サンデーロースト」として、だいたい日曜のランチに出される。サンデーディナーなど、夕食を取ることができるパブも多いが、パブでの食事提供時間は、店によりマチマチ。例えば、オフィス街であるシティあたりのパブでは、夕食を提供しないパブも見かける。

また、機会があれば、吟味した食材をおしゃれに盛りつけした、食事のおいしさで人気のガストロ・パブ→P.242や、小規模な醸造所が造ったクラフトビールなど、多種のビールを扱うパブ（→P.260）にもトライしてみたい。

CLOSE UP　ドリンクいろいろ

シャンディ Shandy
ビールにレモネード（甘味のついた炭酸水）を加えたもので、さわやかで飲みやすい味になる。シャンディにはラガーベースとビター（またはペールエール）ベースのものがあり、どちらにするか聞かれる。

ピムス＆レモネード Pimm's & Lemonade
イングランド生まれのピムス Pimm's という名のスピリット（ドライジンにフルーツやほかのリキュール、スパイス、ハーブ等をブレンドしたもの）と、レモネードを合わせた夏の名物カクテル。飲みやすいので、お酒が苦手な人にもおすすめ。

ウイスキー Whiskey
説明するまでもなく、ウイスキー。ただし、つづりをよく見てほしい。"whisky" ではなく、"k" と "y" の間に "e" が割り込んできている。これはアイルランドや、アメリカ合衆国産ウイスキーを指すときのつづり。発音は同じだが、スコットランド産は "whisky" で別名 "スコッチ Scotch"。

ウイスキー・マック Whisky Mac
ウイスキーにジンジャー・ワインを加えたもの。甘口でショウガ味。冬の飲み物。

ゲーリック・コーヒー Gaelic coffee
コーヒーに生クリーム、砂糖、ウイスキーを加えたもの。グラスで飲む。

アイリッシュ・コーヒー Irish coffee
アイルランド産のウイスキーにコーヒー、砂糖、クリームを入れる。ゲーリック・コーヒーよりウイスキーの量が多く、こちらはアルコール飲料。

ブラディー・メアリー Bloody Mary
ウオッカ vodka とトマトジュースで作るカクテル。"ブラディー・メアリー" とは16世紀に実在した女王メアリー・チューダー（スコットランドのメアリー女王とは別人）のあだ名。彼女はプロテスタント（新教徒）を弾圧した際に、容赦なく首をはねたことから "ブラディー（血に汚れた）" と呼ばれ、恐れられたという。

RESTAURANT

行ってみたいパブ

パブはロンドンのどこにでもあって、当たり外れということもほとんどない。もし、ロンドンの一角に住み、家の近くに1軒のパブを見つけたとする。そのパブで気楽に立ち飲みし、経営者と顔なじみになったりすれば、そこがその人にとっては最高のパブ。その1軒で十分なのだ。
ここでは、老舗の有名パブや旅行者でも入りやすそうなパブを紹介しておこう。

シティ・オブ・ヨーク　Cittie of Yorke　パブ

17世紀にコーヒーハウスに改築された（現在は1920年代に造られたレプリカ）この店は、天井が高く、一つひとつ小部屋のように区切られたテーブルもある。ここで弁護士たちが依頼人と話をしたそうだ。

● MAP 3-D3
住 22-23 High Holborn, WC1V 6BN
℡ 7242 7670
営 月～土 12:00～23:00
休 日、一部の祝　◎ Chancery Lane
URL なし
イチゴやラズベリーなどが入ったフルーツビールもおいしい。紅茶も飲める

シャーロック・ホームズ　Sherlock Holmes　パブ

『シャーロック・ホームズ』シリーズに登場したノーザンバーランド・ホテルの跡地にあるパブ。名探偵の名をつけたパブだけあって、内部にはホームズゆかりの品々も飾られている。

● MAP 12-C3
住 10 Northumberland St., WC2N 5DB
℡ 7930 2644
営 毎日 10:00～23:00（金・土～24:00）
食事は10:00～22:00　休 一部の祝
◎ Charing Cross／Embankment
URL www.greeneking-pubs.co.uk/pubs/greater-london/sherlock-holmes

アンカー　The Anchor Bankside　パブ

赤い窓枠が目印。18世紀に建てられ、かつては文化人や俳優でにぎわい、サミュエル・ジョンソン博士も常連客だったという。フィッシュ＆チップスやパイ料理、ソーセージ＆マッシュも食べられる。

● MAP 8-B2
住 34 Park St., SE1 9EF　℡ 7407 1577
営 月～土 11:00～23:00（木～土～23:30）日 12:00～22:30　食事は11:30～22:00（日 12:00～21:30）
休 一部の祝　◎ London Bridge
URL www.greeneking-pubs.co.uk/pubs/greater-london/anchor-bankside

ソールズベリー　Salisbury　パブ

ガラスに彫り込まれたヴィクトリアン様式の華麗なカットが印象的。場所柄、劇場関係者が出入りすることもある。混み合っていることが多いので、週末を避けて、昼過ぎに行くほうが無難。

● MAP 12-C2
住 90 St. Martin's Lane, WC2N 4AP
℡ 7836 5863
営 11:00～23:00（金・土～24:00、日～22:30）　食事は11:00～22:00
休 一部の祝　◎ Leicester Sq.
URL www.greeneking-pubs.co.uk/pubs/greater-london/salisbury

ラム＆フラッグ　Lamb & Flag　パブ

劇場街にあるので、ミュージカルなどを見る前にグラスを傾ける人で大にぎわい。店の外まで立ち飲み客がいるが、2階の食事席は意外とすいている。イギリス料理が比較的お値うちでおいしい。

● MAP 12-C2
住 33 Rose St., WC2E 9EB
℡ 7497 9504　営 月～土 11:00～23:00
日 12:00～22:30
食事は12:00～22:00（日～21:00）
休 一部の祝　◎ Covent Garden
URL www.lambandflagcoventgarden.co.uk

※祝日の営業は変更もあるので要確認。イースター前後、クリスマス前後～年末年始は休業したり不定期営業になる店もある。特に12/25と1/1は休業のところが多い。

グレナディア Grenadier　パブ

かつてはグレナディア近衛兵の食堂として使われており、ウェリントン公爵も常連だったという歴史あるパブ。壁や天井がお札で埋まり、18世紀のいかさまカード賭博師の幽霊が出るという話で有名。

● MAP 6-D3
住 18 Wilton Row, SW1X 7NR
☎ 7235 3074
営 毎日 11：00～23：30（日12：00～）
食事は 12：00～21：30
休 一部の祝
● Knightsbridge／Hyde Park Corner
URL www.grenadierbelgravia.com

パンチ＆ジュディ Punch & Judy　パブ

"Punch & Judy" というパブの名は、17世紀からある滑稽で風刺の効いたあやつり人形劇からつけられたという。夏場は2階のテラスで広場を見下ろしながら一杯というのも気分がいい。

● MAP 12-C2
住 40 The Market, WC2E 8RF
☎ 7379 0923　営 月～土 11：00～23：00
（金・土～23：45）　日 12：00～22：30
食事は 11：00～22：00（日 12：00～）
休 一部の祝　● Covent Garden
URL www.greeneking-pubs.co.uk/pubs/greater-london/punch-judy

ワクシー・オコナーズ Waxy O'Connor's　パブ

アイルランドがテーマのパブ。日によってアイリッシュミュージックのライブも。レストランを入れると6つの部屋に分かれている。フィッシュ＆チップスなどイギリス料理もおいしい。夕方は混み合うことも。

● MAP 12-A2
住 14-16 Rupert St., W1D 6DD
☎ 7287 0255
営 12：00～23：30
（金・土～24：00　日～23：00）
休 一部の祝
● Piccadilly Circus
URL www.waxyoconnors.co.uk

チャーチル・アームズ Churchill Arms　パブ

ウィンストン・チャーチルの祖父母が通ったといい、店名のとおりチャーチルの記念品や肖像画が飾られている。骨董品や観葉植物も並べられており、奥にあるタイ料理のレストランも評判。

● MAP 5-D2
住 119 Kensington Church St., W8 7LN
☎ 7727 4242　営 月～土 11：00～23：00
（木・土～24：00）　日 12：00～22：30
食事は 12：00～22：00（日～21：30）
休 なし　予 夕食は予約（☎ 7792 1246）
が望ましい　● Notting Hill Gate
URL www.churchillarmskensington.co.uk

ダヴ The Dove　パブ

テムズ河沿いにある小さなパブ。17世紀の建物で河を眺められるテラス席もある。アーネスト・ヘミングウェイやグレアム・グリーンも、この店で一杯飲んでいたことがあるという。

● MAP 広域図 -C2
住 19 Upper Mall, W6 9TA
☎ 8748 9474
営 月～土 11：00～23：00　日 12：00～22：30　食事は12：00～22：00（日～21：00）
休 なし
● Hammersmith／Ravenscourt Park
URL dovehammersmith.co.uk

ディケンズ・イン The Dickens Inn　パブ

セント・キャサリンズ・ドック内にある。元倉庫を改造した18世紀の建物の1階がパブ、2階がピザハウス、3階はイギリス料理などのレストラン。ヨットを眺めながら一杯、というのもいい。

● MAP 8-D2
住 Marble Quay, St. Katharine's Way, E1W 1UH　☎ 7488 2208
営 月～土 11：00～23：00
日 12：00～22：30
休 なし
● Tower Hill
URL www.dickensinn.co.uk

London »
ショッピング案内

ガラクタから高級品まで…「ロンドンで買えないものはない」ともいわれる

■ Before shopping

ショッピングの前に

ロンドンに着いたら、あれも買おう、これも買おうとはりきっている人も多いはず。
しかし慌ててはいけない！　ショッピング・パラダイスへ乗り込む前に、
知っておくと便利なことをいくつかお教えしよう。

免税基準について
イギリス入国時の免税基準
→ P.405
日本帰国時の免税基準
→ P.403
免税ショッピングについての
規定は下記のウェブサイトでも
確認できる。
URL www.gov.uk/tax-on-shopping/taxfree-shopping

日曜の営業時間
日曜は営業時間に制限があるため、11:30オープンでも購入は12:00からというデパートが多い。この場合、11:30～12:00は商品を見るだけのブラウジングタイムと呼ばれる。

クリスマス近くや祝日の営業
11月くらいから営業時間が長くなっていくか、休日もオープンする店が多くなる。また祝日は不定休の店が多い。休業する確率が多い順では、12/25、12/26、1/1、12/31、イースター。クリスマス前後～年末年始にかけて数日休みを取ることもある。時期が近づくとウェブサイトで告知する店も多いので確認を。

スーパーのレジ袋
レジ袋は有料。自分で軽いものを持っていくか、オリジナルのエコバッグも売っているので、気に入ったデザインのものがあったら、おみやげに買ってみるのもいい。

知っておきたいこと

ロンドンでショッピングを楽しむためには、少しノウハウが必要になる。税金や日本と違うマナーなど確認しておこう。

VATの話

この国で買い物をすると、多くの商品の値段にVAT（付加価値税。日本でいう消費税のようなもの）20％が含まれている。しかし、旅行者であれば免税措置が取られ、約17％の払い戻しを受けることができる（未使用の商品。日本からの短期滞在での旅行なら、ほぼ問題ないが、購入から3ヵ月以内にEU圏外に持ち出すなどという条件もある。2019年現在）。実際には手数料を引かれたりすると10～13％ほどの払い戻しになってしまうが、ちょっと値の張る買い物をしたときには、意外とバカにできないので、面倒くさがらずに手続きをしておこう。ただし、店によって申告できる最低限の金額が決まっているので、小額では対応してもらえない。

払い戻し金を受け取るのには、3つの方法がある。

ひとつ目は、空港で現金を受け取る（手数料がかかることもある。このサービスを実施していない店もあるので確認を）。ふたつ目が、小切手を日本に郵送してもらう方法。3つ目が、クレジットカードの口座に直接振り込んでもらう方法。小切手は現金にする手間がかかることもあり、このなかでは、3つ目の方法が一般的。

次に、払い戻しの方法について。ショッピングの際、VAT FORM

> **CLOSE UP**
>
> ### ロンドンのセール
>
> ロンドンでは夏と冬に、大規模なセールが行われる（近年は夏と冬の間にMid Season Saleがある店も）。夏のセールは、6月25日前後から7月中旬まで。冬のセールは、しばしば「クリスマスセール」と伝えられるが、実はクリスマス明けの12月26日あたりから1月20日前後まで。幸運にもこの期間にロンドンにいることができれば、50～70％も安く買い物ができる。冬のセール時期には、デパートは朝7～8時にオープン、ストリートマーケットもセールになる。有名なデパート、ハロッズのセールには、ヨーロッパ諸国やアメリカからも買い物客がわざわざ押し寄せるほど。
>
> ただ、しだいにせちがらくなるのはどこの国も同じで、「バーゲン用の品物」を交ぜて売る店が増えてきているので、注意が必要。
>
>
> セール中のウインドー

という用紙を店員さんに請求する。これに、パスポートのナンバーや発行国、氏名、住所、カードナンバー、最終目的地、EU到着日と出発日などを記入したうえで署名をしておくこと。また、店の住所を書いた封筒をもらった場合は、レシートと一緒に大切にしておこう。なお、ショッピングの際、ひとつの店で同じ日に買った場合には、手数料は一度で済む。つまり、どこででも買えるようなものは、まとめて買ったほうがお得だし、手間もかからない。

　EU圏外への出国時に、税関またはVATリファンドデスクVAT Refunds deskで、記入済みのVAT FORMとレシート、商品を係員に見せ、確認のスタンプを押してもらう。原則として購入物を係員に見せないと手続きができない。なお、払い戻し金の受け取り方法や手続きの順序・方法などは、購入店や商品により異なる。

　ヒースロー空港の場合、預け入れ荷物に入れたいものはチェックイン前に商品を見せて手続きをする。機内持ち込み品は、パスポート・コントロール後の手続きも可。また、一定金額以上のジュエリー、時計、電化製品などは、パスポート・コントロール後の税関で手続きをしてからVATリファンドデスクで払い戻しの手続きを受ける。

　上記は2019年現在。EU離脱があった場合など、変更の可能性もあり。VATについては→P.407コラムも参照。

Expensiveな話とマナー

　値切るときにかぎらず、ショッピングに値段の話はつきもの。ちょっと覚えてほしいのは、"expensive(高い)" の使い方。"Too expensive." と言ってしまうと、「高すぎて買えない」という意味。つまり「いらない」と言ってるのと同じ。もう少し安ければ買うけどなァ、というときには "Very expensive." と残念そうに言う。この使い分けは、小さいけれど重要なことだ。ついでに、何も買う気がなくてただ商品を見てるだけ、というときは、店員に話しかけられたら "I'm just looking." と言っておけばいい。

　そして、少し気をつけたいのがショッピングのマナー。小店舗では入店時に "Hi!" とか "Hello." とか簡単なあいさつをして、店を出るときには "Thank you." のひと言を。また、高級ブランド店では、スカーフなどにやたらと手を触れたりしないこと。見たい場合は店員に告げて見せてもらうようにしよう。

英語の話

　「お客様は神様」という感覚はこの国にはない！が、こちらはお金を払って物を買う立場、向こうは物を売ってなんぼの商売ということに変わりはない。自分の欲しいもの、デザインや色の好みなど、要求したいことはどんどん言おう。店員が英語でまくしたてても、気後れしてはいけない。カタコト英語に身振り手振り、自分の意思を堂々と表現するのが「成功するショッピング」への第一歩。

SHOPPING

ショッピングの前に　知っておきたいこと

ヒースロー空港のVAT申告場所
各ターミナルのチェックインエリアとパスポート・コントロール後の両方に、VATリファンドデスク(両替所のTravelexが申告手続きを代行)がある。混雑時は30分くらいかかる列ができることもあるので、時間の余裕をもっておきたい。

円高の時期はポンド建てで支払うべし
お店でカード決済する際「ポンドで払うか、円で払うか」と聞かれることがあるが、円高の時期ならポンドにするほうがお得。私の滞在時は£1＝139円だったが、とある洋服店では自動的に円建てで決済されており、あとでレートを確認したら£1＝143円となっていた。高額ではないもののちょっと損。「ポンド建てで支払えませんか」と聞くべきだったと後悔。
(千葉県　鈴木美穂　'19)

店員の話
ロンドンの店員は、その店の商品のエキスパートというわけではなく、商品知識が少ない場合も多い。特に大型チェーン店などでは、必ずしも店員に詳しい説明を聞けるわけではない。

サイズ比較表

紳士
洋服
日　　本	S	M	L	LL
イギリス	34	38	42	46
ヨーロッパ	44	48	52	56

靴
日　　本	24	25	26	27
イギリス	5½	6½	7½	8
ヨーロッパ	38	40	42	43

帽子
日　　本	54	56	58	60
イギリス	6¾	7	7¼	7½
ヨーロッパ	54	56	58	60

婦人
洋服
日　　本	7	9	11	13	L
イギリス	6	8	10	12	16
ヨーロッパ	36	38	40	42	46

靴
日　　本	22.5	23	24	25
イギリス	3	4	5	6
ヨーロッパ	36	37	39	

帽子
日　　本	53	56	58	60
イギリス	21	22	23	23½
ヨーロッパ	53	56	58	60

ショッピングポイント

❶ AREA

オックスフォード・ストリート
📍 MAP 6-C1~D1 7-A1~B1 11-A1~D1
ショッピングマップ→ P.270～271

ロンドンでも一番にぎやかな通り。長く続く通りには大小のショップが並び、いつも人通りが絶えない。ファストファッションやデパートなど大型店舗が顔を揃える。

❷ AREA

リージェント・ストリート
📍 MAP 7-A1~B2 11-C1～D1～D2 12-A2～A3
ショッピングマップ→ P.272

美しく湾曲した高級ショッピング街。ミニスカート発祥の地として知られるカーナビー・ストリート（📍MAP 11-D1 ショッピングマップ→ P.270）も並行して走る。

❸ AREA

コヴェント・ガーデン
📍 MAP 7-C1 12-C1～C2
ショッピングマップ→ P.273

マーケットで個性的なおみやげを探すのもいい。高級ブランドも続々と進出してきている。ニール・ストリート、セブン・ダイヤルズあたりにおしゃれな店が点在する。

❹ AREA

ボンド・ストリート
📍 MAP 7-A1~A2 11-B1~C1~C2~D2~D3
ショッピングマップ→ P.274

超一流ブランドが集まる。高級品店や老舗が並ぶバーリントン・アーケードやジャーミン・ストリート（📍MAP 7-A2~B2 11-D3 12-A3 ショッピングマップ→ P.275）もリッチなムード。

❺ AREA

ナイツブリッジ　スローン・ストリート
📍 MAP 6-C3
ショッピングマップ→ P.276

優雅なショッピングエリア。ハロッズに近いナイツブリッジを中心に、スローン・ストリートには世界中から集まった一流ブティックも軒を連ねる。

❻ AREA

キングス・ロード
📍 MAP 9-C2~D2~D1
ショッピングマップ→ P.277

パンク発祥の地だが今はデザイナーブランドの店がめじろ押し。おしゃれな生活雑貨の店などもある、スローン・スクエアから始まる長いショッピングロード。

⑦ MARKET カムデン・ロック・マーケット

🔴 **MAP 1-D3**
ショッピングマップ→ P.313

若者に大人気ののみの市。手作り商品など、さまざまなストール（屋台）がいっぱい。とにかく元気なマーケット。

⑧ MARKET ポートベロー・マーケット

🔴 **MAP 5-B1〜C1**
ショッピングマップ→ P.315

ロンドン最大！ アンティークののみの市。プロのディーラーも訪れるという品揃え。日用雑貨や食品もある。

⑨ MARKET カムデン・パッセージ

🔴 **MAP 4-A1**

アンティークやビンテージの屋台もある、小規模なマーケットがいくつか立つ。このマーケットがある、エンジェルのあたりの雑貨・小物のショップを訪れるのも楽しみ。

⑩ MARKET イースト・ロンドン

🔴 **MAP 4-D1〜D3**
おすすめルート→ P.66 〜 67

日用雑貨やガラクタが並ぶ庶民向けのみの市と、ビンテージやクールなショップが入り交じる刺激的なエリア。

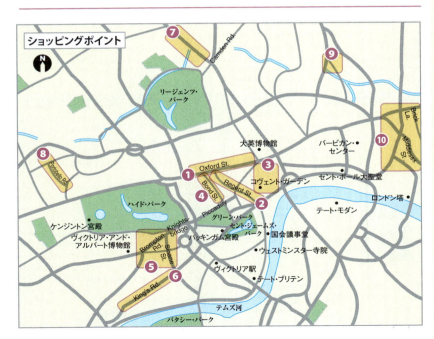

オックスフォード・ストリート　MAP 6~7　MAP 11~12

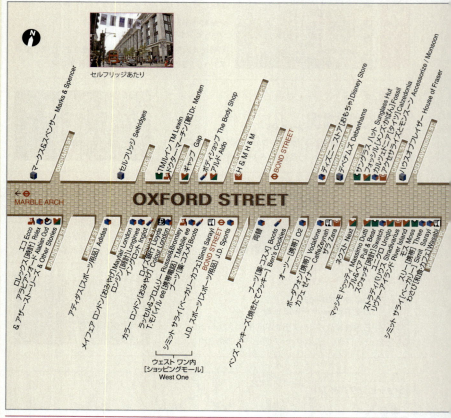

セルフリッジあたり

カーナビー・ストリート　MAP 7　MAP 11

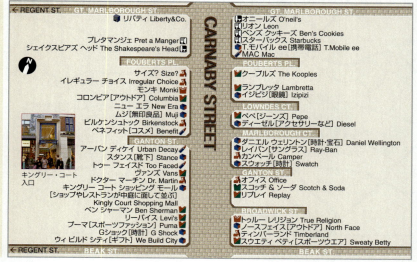

ショッピングマップ

オックスフォード・ストリート／カーナビー・ストリート

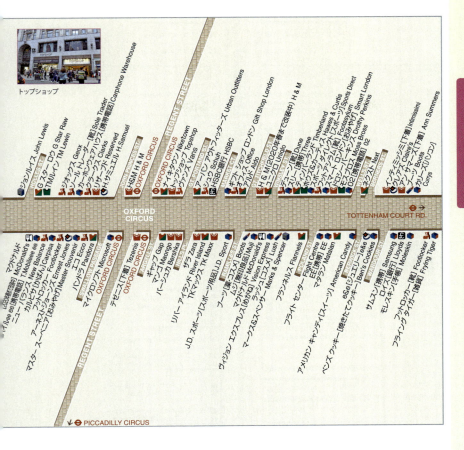

トップショップ

ショッピングマップのマーク説明

- 🏬 デパート
- 👗 女性用を扱うブティック
- 👔 男性用を扱うブティック
- 👕 女性・男性用ともに扱うブティック
- 💍 ジュエリー
- 💄 コスメ
- 👟 靴
- ⬢ 陶磁器・銀製品・ガラス製品
- 📕 書籍
- ● そのほか
- 🍺 パブ・バー
- 🍴 レストラン・カフェ
- 🏦 銀行・両替所
- ✉ 郵便局
- 🎭 劇場・ホール・映画館
- Ⓤ 地下鉄駅

※2019年10月現在の状況です。
マップ内の方位・縮尺はだいたいの目安です。
より多くの物件を掲載するため、通りの左右で縮尺が違う場合もあります。
ショップ・通りなど掲載されていないものもあります。

上…リージェント・ストリートと並行に走る
カーナビー・ストリート
下…リージェント・ストリートのバーバリー。
ボンド・ストリート、ナイツブリッジにもある

リージェント・ストリート ● MAP 7 ● MAP 11〜12

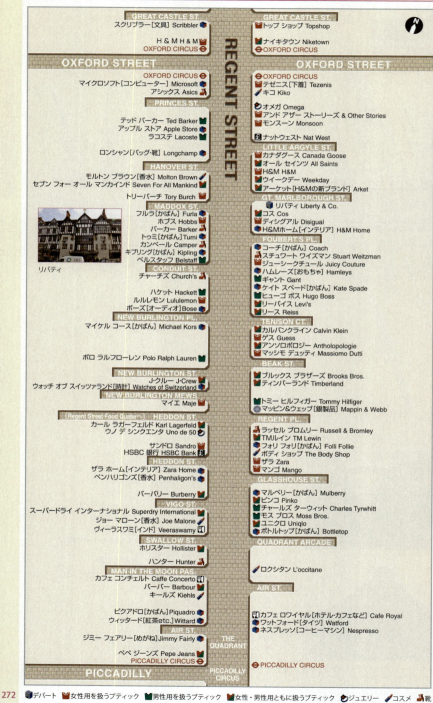

GREAT CASTLE ST.
- スクリブラー [文具] Scribbler
- H & M H & M
- OXFORD CIRCUS

GREAT CASTLE ST.
- トップ ショップ Topshop
- ナイキタウン Niketown
- OXFORD CIRCUS

OXFORD STREET
- OXFORD CIRCUS
- マイクロソフト [コンピューター] Microsoft
- アシックス Asics

OXFORD STREET
- OXFORD CIRCUS
- テゼニス [下着] Tezenis
- キコ Kiko

PRINCES ST.
- テッド バーカー Ted Barker
- アップル ストア Apple Store
- ラコステ Lacoste
- ロンシャン [バッグ・靴] Longchamp

- オメガ Omega
- アンド アザー ストーリーズ & Other Stories
- モンスーン Monsoon
- ナットウェスト Nat West

LITTLE ARGYLE ST.
- カナダグース Canada Goose
- オール セインツ All Saints
- H&M H&M
- ウイークデー Weekday
- アーケット [H&Mの新ブランド] Arket

HANOVER ST.
- モルトン ブラウン [香水] Molton Brown
- セブン フォー オール マンカインド Seven For All Mankind
- トリーバーチ Tory Burch

GT. MARLBOROUGH ST.
- リバティ Liberty & Co.
- コス Cos
- ディシグアル Disigual
- H&Mホーム [インテリア] H&M Home

MADDOX ST.
- フルラ [かばん] Furla
- ホブス Hobbs
- バーカー Barker
- トゥミ [かばん] Tumi
- キャンペール Camper
- キプリング [かばん] Kipling
- ベルスタッフ Belstaff

FOUBERT'S PL.
- コーチ [かばん] Coach
- スチュワート ワイズマン Stuart Weitzman
- ジューシークチュール Juicy Couture
- ハムレーズ [おもちゃ] Hamleys
- ギャント Gant
- ケイト スペード [かばん] Kate Spade
- ヒューゴ ボス Hugo Boss
- リーバイス Levi's
- リース Reiss

CONDUIT ST.
- チャーチズ Church's

リバティ

- ハケット Hackett
- ルルレモン Lululemon
- ボーズ [オーディオ] Bose

TENISON CT.
- カルバンクライン Calvin Klein
- ゲス Guess
- アンソロポロジー Anthropologie
- マッシモ デュッティ Massiomo Dutti

NEW BURLINGTON PL.
- マイケル コース [かばん] Michael Kors
- ポロ ラルフローレン Polo Ralph Lauren

BEAK ST.
- ブルックス ブラザーズ Brooks Bros.
- ティンバーランド Timberland

NEW BURLINGTON ST.
- J・クルー J・Crew
- ウォッチ オブ スイッツァランド [時計] Watches of Switzerland

- トミー ヒルフィガー Tommy Hilfiger
- マッピン&ウェッブ [銀製品] Mappin & Webb

NEW BURLINGTON MEWS
- マイエ Maje

HEDDON ST. [Regent Street Food Quater へ]
- カール ラガーフェルド Karl Lagerfeld
- ウノ デ シンクエンタ Uno de 50
- サンドロ Sandro
- HSBC 銀行 HSBC Bank

REGENT PL.
- ラッセル ブロムリー Russell & Bromley
- TMルイン TM Lewin
- フォリ フォリ [かばん] Folli Follie
- ボディ ショップ The Body Shop
- ザラ Zara
- マンゴ Mango

HEDDON ST.
- ザラ ホーム [インテリア] Zara Home
- ペンハリゴンズ [香水] Penhaligon's

GLASSHOUSE ST.
- マルベリー [かばん] Mulberry
- ピンコ Pinko
- チャールズ ターウィット Charles Tyrwhitt
- モス ブロス Moss Bros.
- ユニクロ Uniqlo
- ボトルトップ [かばん] Bottletop

- バーバリー Burberry

VIGO ST.
- スーパードライ インターナショナル Superdry International
- ジョー マローン [香水] Joe Malone
- ヴィーラスワミ [インド] Veeraswamy

QUADRANT ARCADE

SWALLOW ST.
- ホリスター Hollister

- ハンター Hunter

MAN IN THE MOON PAS.
- カフェ コンチェルト Caffe Concerto
- バーバー Barbour
- キールズ Kiehls

- ロクシタン L'occitane

AIR ST.

- ピクアドロ [かばん] Piquadro
- ウィッタード [紅茶etc.] Wittard

- カフェ ロワイヤル [ホテル・カフェなど] Cafe Royal
- ワットフォード [タイツ] Watford
- ネスプレッソ [コーヒーマシン] Nespresso

AIR ST.
- ジミー フェアリー [めがね] Jimmy Fairly
- ペペ ジーンズ Pepe Jeans

THE QUADRANT

PICCADILLY CIRCUS

PICCADILLY CIRCUS

PICCADILLY

■デパート ■女性用を扱うブティック ■男性用を扱うブティック ■女性・男性用ともに扱うブティック ●ジュエリー ●コスメ ●靴

コヴェント・ガーデン ● MAP 7 ● MAP 12

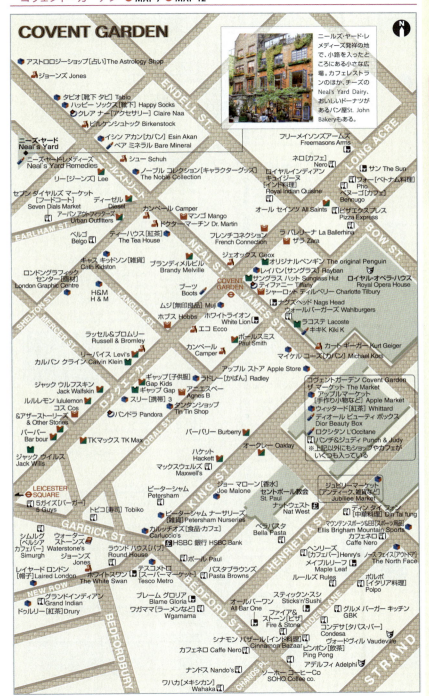

ボンド・ストリート　MAP 7　MAP 11

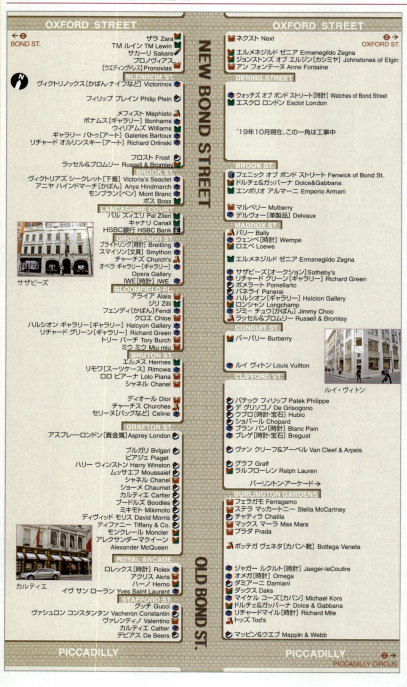

OXFORD STREET
← BOND ST.

- ザラ Zara
- TM ルイン TM Lewin
- サカーリ Sakare
- プロノヴィアス[ウエディングドレス] Pronovias

BLENHEIM ST.
- ヴィクトリノックス[かばん・ナイフなど] Victorinox
- フィリップ プレイン Philip Plein
- メフィスト Mephisto
- ボナムス[ギャラリー] Bonhams
- ウィリアムズ Williams
- ギャラリー バトゥ[アート] Galeries Bartoux
- リチャード オルリンスキー[アート] Richard Orlinski
- フロスト Frost
- ラッセル&ブロムリー Russell & Bromley

BROOK ST.
- ヴィクトリアズ シークレット[下着] Victoria's Seacret
- アニヤ ハインドマーチ[かばん] Anya Hindmarch
- モンブラン[ペン] Mont Branc
- ボス Boss

LANCASHIRE COURT
- パル ズィエリ Pal Zileri
- キャナリ Canali
- HSBC銀行 HSBC Bank

GROSVENOR ST.
- ブライトリング[時計] Breitling
- スマイソン[文具] Smython
- チャーチズ Church's
- オペラ ギャラリー[ギャラリー] Opera Gallery
- IWE[時計] IWE

BLOOMFIELD PL.
- アライア Alaia
- ジリ Zilli
- フェンディ[かばん] Fendi
- クロエ Chloe
- ハルシオン ギャラリー[ギャラリー] Halcyon Gallery
- リチャード グリーン[ギャラリー] Richard Green
- トリー バーチ Tory Burch
- ミウミウ Miu miu

BRUTON ST.
- エルメス Hermes
- リモワ[スーツケース] Rimowa
- ロロ ピアーナ Lolo Piana
- シャネル Chanel
- ディオール Dior
- チャーチス Churches
- セリーヌ[バッグなど] Celine

GRAFTON ST.
- アスプレー・ロンドン[貴金属] Asprey London
- ブルガリ Bvlgari
- ピアジェ Piaget
- ハリー ウィンストン Harry Winston
- ムッサエフ Moussaief
- シャネル Chanel
- ショーメ Chaumet
- カルティエ Cartier
- ブードルズ Boodles
- ミキモト Mikimoto
- ディヴィッド モリス David Morris
- ティファニー Tiffany & Co.
- モンクレール Moncler
- アレクサンダーマクイーン Alexander McQueen

ROYAL ARCADE
- ロレックス[時計] Rolex
- アクリス Akris
- ハーノ Herno
- イヴ サン ローラン Yves Saint Laurent

STAFFORD ST.
- グッチ Gucci
- ヴァシュロン コンスタンタン Vacheron Constantin
- ヴァレンティノ Valentino
- カルティエ Caltier
- デビアス De Beers

OXFORD STREET
OXFORD ST. →

- ネクスト Next
- エルメネジルド ゼニア Ermenegildo Zegna
- ジョンストンズ オブ エルジン[カシミヤ] Johnstones of Elgin
- アン フォンテーヌ Anne Fontaine

DERING STREET
- ウォッチズ オブ ボンド ストリート[時計] Watches of Bond Street
- エスクロ ロンドン Esclot London

'19年10月現在、この一角は工事中

BROOK ST.
- フェニック オブ ボンド ストリート Fenwick of Bond St.
- ドルチェ&ガッバーナ Dolce&Gabbana
- エンポリオ アルマーニ Emporio Armani
- マルベリー Mulberry
- デルヴォー[革製品] Delvaux

MADDOX ST.
- バリー Bally
- ウェンペ[時計] Wempe
- ロエベ Loewe
- エルメネジルド ゼニア Ermenegildo Zegna
- サザビーズ[オークション] Sotheby's
- リチャード グリーン[ギャラリー] Richard Green
- ポメラート Pomellarto
- パネライ Panerai
- ハルシオン[ギャラリー] Halcion Gallery
- ロンシャン Longchamp
- ジミー チュウ[かばん] Jimmy Choo
- ラッセル&ブロムリー Russell & Bromley

CONDUIT ST.
- バーバリー Burberry
- ルイ ヴィトン Louis Vuitton

CLIFFORD ST.
- パテック フィリップ Patek Philippe
- デ グリソゴノ De Grisogono
- ウブロ[時計・宝石] Hublo
- ショパール Chopard
- ブラン パン[時計] Blanc Pain
- ブレゲ[時計・宝石] Breguet
- ヴァン クリーフ&アーペル Van Cleef & Arpels
- グラフ Graff
- ラルフローレン Ralph Lauren

バーリントン・アーケード →

BURLINGTON GARDENS
- フェラガモ Ferragamo
- ステラ マッカートニー Stella McCartney
- チャティラ Chatila
- マックス マーラ Max Mara
- プラダ Prada
- ボッテガ ヴェネタ[カバン・靴] Bottega Veneta
- ジャガー ルクルト[時計] Jaeger-leCoultre
- オメガ[時計] Omega
- ダミアーニ Damiani
- ダックス Daks
- マイケル コーズ[カバン] Michael Kors
- ドルチェ&ガッバーナ Dolce & Gabbana
- リチャードマイル[時計] Richard Mile
- トッズ Tod's
- マッピン&ウエブ Mappin & Webb

PICCADILLY
PICCADILLY →
PICCADILLY CIRCUS

ショッピングマップ

バーリントン・アーケード ● MAP 11　　ジャーミン・ストリート ● MAP 7 ● MAP 11~12

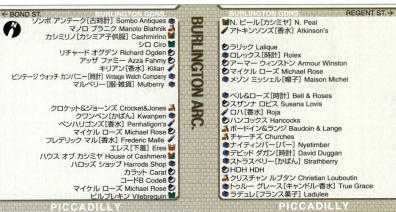

ボンド・ストリート … バーリントン・アーケード … ジャーミン・ストリート

ナイツブリッジ ● MAP 6　スローン・ストリート ● MAP 6

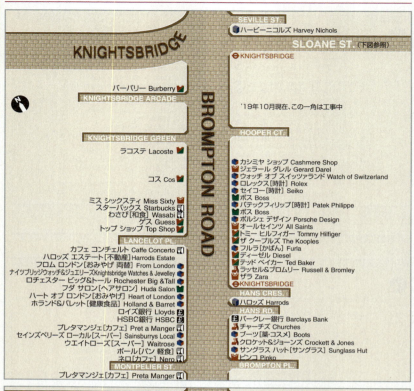

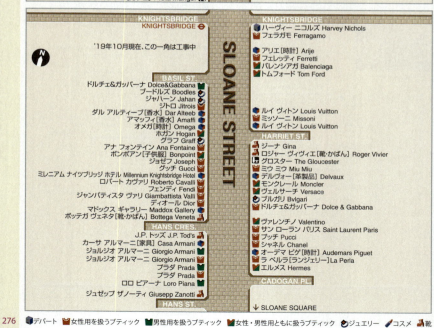

キングス・ロード　MAP 9

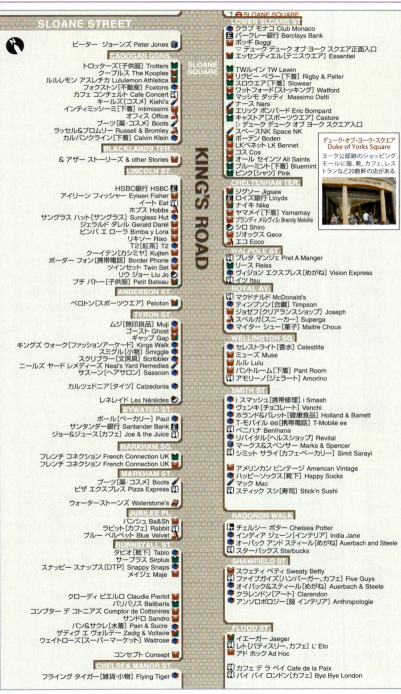

SLOANE STREET
- ピーター ジョーンズ Peter Jones

CADOGAN GDNS.
- トロッターズ [子供服] Trotters
- クープルズ The Kooples
- ルルレモン アスレチカ Lululemon Athletica
- フォクストン [不動産] Foxtons
- カフェ コンチェルト Cafe Concert
- キールズ [コスメ] Kiehl's
- インティミッシーミ [下着] Intimissimi
- オフィス Office
- ラッセル&ブロムリー Russell & Bromley
- ブーツ [薬・コスメ] Boots
- カルバンクライン [下着] Calvin Klein

BLACKLANDS TER.
- & アザー ストーリーズ & other Stories

LINCOLN ST.
- HSBC銀行 HSBC
- アイリーン フィッシャー Eyleen Fisher
- イート Eat
- ホブス Hobbs
- サングラス ハット [サングラス] Sunglass Hut
- ジェラルド ダレル Gerald Darel
- ビンバ エ ローラ Bimba y Lora
- リキソー Rixo
- T2 [紅茶] T2
- クーイテン [カシミヤ] Kujten
- ボーダー フォン [携帯電話] Border Phone
- ツインセット Twin Set
- リウ ジョー Liu Jo
- プチ バトー [子供服] Petit Bateau

ANDERSON ST.
- ペロトン [スポーツウエア] Peloton

TYRON ST.
- ムジ [無印良品] Muji
- ゴースト Ghost
- ギャップ Gap
- キングズ ウォーク [ファッションアーケード] Kings Walk
- スミグル [小物] Smiggle
- スクリブラー [文房具] Scribbler
- ニールズ ヤード レメディーズ Neal's Yard Remedies
- サスーン [ヘアサロン] Sassoon
- カルツェドニア [タイツ] Calzedonia
- レネレイド Les Néréides

BYWATER ST.
- ポール [ベーカリー] Paul
- サンタンダー銀行 Santander Bank
- ジョー&ジュース [カフェ] Joe & the Juice

MARKHAM SQ.
- フレンチ コネクション French Connection UK
- フレンチ コネクション French Connection UK

MARKHAM ST.
- ブーツ [薬・コスメ] Boots
- ピザ エクスプレス Pizza Express

JUBILEE PL.
- ウォーターストーンズ Waterstone's
- バンシュ Ba&Sh
- ラビット [カフェ] Rabbit
- ブルー ベルベット Blue Velvet

BURNSTALL ST.
- タビオ [靴下] Tabio
- サープラス Sirplus
- スナッピー スナップス [DTP] Snappy Snaps
- メイジェ Maje
- クローディ ピエロロ Claudie Pierlot
- バリバルス Balibaris
- コンプター デ コトニアズ Comptor de Cottonieres
- サンドロ Sandro
- パン&サクレ [水着] Pain & Sucre
- ザディグ エ ヴォルテー Zadig & Voltaire
- ウェイトローズ [スーパーマーケット] Waitrose
- コンセプト Consept

CHELSEA MANOR ST.
- フライング タイガー [雑貨・小物] Flying Tiger

↑ SLOANE SQUARE ST
LOWER SLOANE ST.
- クラブ モナコ Club Monaco
- バークレー銀行 Barclays Bank
- ボッギ Boggi
- ▽ デューク デューク オブ ヨーク スクエア正面入口
- エッセンティエル [テニスウエア] Essentiel
- TWルイン TW Lewin
- リグビー ペラー [下着] Rigby & Peller
- スロウエア [下着] Slowear
- ワットフォード [ストッキング] Watford
- マッシモ ダッティ Massimo Datti
- ナース Nars
- エリック ボンパード Eric Bompard
- キャストア [スポーツウエア] Castore
- ▷ デューク デューク オブ ヨーク スクエア入口
- スペースNK Space NK
- ボーデン Boden
- LKベネット LK Bennet
- コス Cos
- オール セインツ All Saints
- ブルーミント [下着] Bluemint
- ピンク [シャツ] Pink

CHELTENHAM TER.
- ジグソー Jigsaw
- ロイズ銀行 Lloyds
- ナイキ Nike
- ヤマメイ [下着] Yamamay
- ブランディ メルヴィル Brandy Melville
- シロ Shiro
- ジョックス Geox
- エコ Ecco

WALPOLE ST.
- プレタ マンジェ Pret A Manger
- リース Reiss
- ヴィジョン エクスプレス [めがね] Vision Express
- イツ Itsu

ROYAL AV.
- マクドナルド McDonald's
- ティンプソン [合鍵] Timpson
- ジョゼフ [クリアランショップ] Joseph
- スペルガ [スニーカー] Superga
- マイター シュー [靴] Maitre Choux

WELLINGTON SQ.
- セレストライト [香水] Celestlite
- ミューズ Muse
- ルル Lulu
- パントルーム [下着] Pant Room
- アモリーノ [ジェラート] Amorino

SMITH ST.
- i スマッシュ [携帯修理] i Smash
- ヴェンキ [チョコレート] Venchi
- ホランド&バレット [健康食品] Holland & Barrett
- T-モバイル ee [携帯電話] T-Mobile ee
- ベニハナ Benihana
- リバイタル [ヘルスショップ] Revital
- マークス&スペンサー Marks & Spencer
- シミット サライ [カフェ・ベーカリー] Simit Sarayi
- アメリカン ビンテージ American Vintage
- ハッピーソックス [靴下] Happy Socks
- マック Mac
- スティック スシ [寿司] Stick'n Sushi

RADONOR WALK
- チェルシー ポター Chelsea Potter
- インディア ジェーン [インテリア] India Jane
- オーバック アンド スティール [めがね] Auerbach and Steele
- スターバックス Starbucks

SHAWFIELD ST.
- スウェティ ベティ Sweaty Betty
- ファイブガイズ [ハンバーガー、カフェ] Five Guys
- オーバック&スティール [めがね] Auerbach & Steele
- クランドン [アート] Clarendon
- アンソロポロジー [服・インテリア] Anthropologie

FLOOD ST.
- イェーガー Jaeger
- レト [パティスリー、カフェ] L' Eto
- アド ホック Ad Hoc
- カフェ デラ ペイ Cafe de la Paix
- バイ バイ ロンドン [カフェ] Bye Bye London

Duke of Yorks Square
ヨーク公邸跡のショッピングモールに服、靴、カフェ、レストランなど20数軒の店がある

ショッピングマップ

ナイツブリッジ…スローン・ストリート…キングス・ロード

London » WHAT'S ON

おさえておきたい！ファストファッション

オックスフォード・ストリートには、ファストファッションの大型店がいくつもある。ブランド品やビンテージに合わせてみたりして、ロンドナーも上手に利用しているようだ。忘れ物の補充や、少し寒いから服を買い足したい、というときにも便利。

お値うちな品を探すなら

カジュアルからモダンまで
H&M　H&M

トップショップと人気を二分する、スウェーデン発のチェーン店。毎日、新商品が入荷し、売れ筋のものは即完売とか。カジュアルなラインアップだけでなく、少しフォーマルなものなど、品揃えは豊富。ランジェリーもお手頃価格で手に入る。

- MAP 11-C1
- Oxford Circus, W1B 2ES
- (03447) 369 000
- 月～土 9:00～22:00　日 11:30～18:00
- 一部の祝　 MV
- Oxford Circus　URL www.hm.com

いつも人が多いスクランブル交差点の角にあるウインドーで最旬ファッションをチェック

安さで勝負！
プライマーク　Primark

とにかく安くて、流行をひととおりおさえたシンプルで使いやすそうな品が揃っている。インテリア用品や子供服も扱っているオックスフォード・ストリート店とともに、トテナム・コート・ロード店（MAP 7-B1）も人気。

- MAP 6-D1、11-A1
- 499-517 Oxford St., W1K 7DA
- 7495 0420　月～土 8:00～22:00
- 日 11:30～18:00（購入は12:00～）
- 一部の祝　 AMV
- Marble Arch　URL www.primark.com

ショッピング後、店の外で休憩する人たちも多い
お値うちなビンテージ風のバッグも

トレンド＆クオリティを意識するなら

● ストリートファッションの殿堂
トップショップ　Topshop

ファッションに興味があるロンドナーなら必ずチェックしているという、おしゃれ度も高いショップ。旗艦店だけあって、この店舗は毎週新作が入荷するというほど品揃えも豊富。若手デザイナーとのコラボも新鮮。アクセサリーなどもあり、手が届く値段もうれしい。

- MAP 11-D1
- 214 Oxford St., W1W 8LG
- (0344) 848 7487
- 月～金 9:30～21:00
  土 9:00～21:00　日 11:30～18:00
- 一部の祝　AJMV
- Oxford Circus　URL www.topshop.com

オックスフォード・サーカスからすぐ
男性用を扱うTopmanもある
アクセサリーやバッグといった小物選びも楽しい

● 買いやすそうな品が並ぶ
ザラ　Zara

こちらはスペイン発のチェーン店。シンプルながらも遊び心があるデザインで人気を集める。カラーやタイプもバリエーション豊富で、バッグや靴といった小物類は個性的なものも揃う。

- MAP 11-B1
- 333 Oxford St., W1C 2HY　7518 1550
- 月～土 9:30～21:00　日 12:00～18:00
- 一部の祝　AJMV
- Bond St.　URL www.zara.com/uk

オックスフォード・ストリートにもう1軒ある

● 個性的な品が見つかる可能性もあり
T.K.マックス　T.K. Maxx

ブランド品の型落ちを値引きして販売している。服のほか、バッグや財布、コスメ、アクセサリーといった小物も豊富。掘り出し物が見つかるかも。

- MAP 12-B1
- 120 Charing Cross Rd., WC2H 0JR
- 7240 2042　月～土 9:00～22:00
  日 12:00～18:00　一部の祝　AMV
- Tottenham Court Rd.　URL www.tkmaxx.com

チャリング・クロス・ロード沿いの店
コヴェント・ガーデンのLong Acreにもある

WHAT'S ON
おさえておきたい！ファストファッション

London » WHAT'S ON

スーパーマーケット活用術

町なかにいくつもあるスーパーマーケットは、あれこれ気軽に買えて、とにかく便利。ごく自然にロンドンの人たちの暮らしぶりを見学できる場所だから、ロンドンらしいおみやげだって手に入る。店の規模によって扱う品が違い、大型店のほうが選択の幅が広がる。

ランチに夕食に

● サンドイッチはイギリス人の定番ランチ。イギリスのおいしいベーコンやチャツネ入りもおすすめ

● 大きめ店舗ではビタミン不足を補うことができるサラダバーやセルフサービスのお手軽デリもあり

● イギリス人には人気のデザート、ライスプディング。お米を煮込んだ甘い味のプディング

● ロンドン・プライドなど、ロンドンならではのブランドのほか、ジンジャービールなど、各種揃っている

● ポークパイのほか、ひき肉の中にゆで卵が入ったスコッチエッグも。イギリス人は冷たいまま食べる

● グロスターやレスターなど、イギリス産のチーズを味わってみたい。切り売りしてくれる店もある

クオリティと上品さが人気の2軒

一度は立ち寄ってみたい
ウエイトローズ Waitrose
デパートのジョン・ルイスが母体。ブランド品やオーガニック食品など、質がよさそうな品々が並ぶ。デリやチーズ、ハムなどの品揃えも豊富。ジョン・ルイスのフードホール→P.306もウエイトローズ。

- MAP 2-D3
- 98-101 Marylebone High St., W1U 4SD
- 7935 4787　月～土 8:00～22:00
- 11:00～17:00　一部の祝　AMV
- Baker St.／Bond St.　URL www.waitrose.com

ほとんどがオリジナルブランドの品
マークス&スペンサー Marks & Spencer
イギリス人が信頼して食料を買うスーパーとして知られる。大型店のため衣料品も定番にできそうなシンプルな商品があり、お手頃価格。ホットミールを買えるコーナーやカフェもあり。

- MAP 6-D1 11-A1
- 458 Oxford St., W1C 1AP　7935 7954
- 月～土 9:00～22:00(土～21:00)
- 12:00～18:00　一部の祝　AJMV
- Marble Arch　URL www.marksandspencer.com

バラマキ用みやげ

- 一番人気は不動の紅茶。ハーブ系のものから、ダイエット効果をうたうものまで種類豊富
- 女性にならハンドクリームもよさそう。ラベンダーやバラの香りのものがイギリスらしい
- バターと甘味のバランスがいい、味に深みを感じるショートブレッド。紅茶と相性ピッタリ

自分用みやげ

- スポンジとチョコレートの間にオレンジゼリーを挟んだ、イギリスらしいお菓子、ジャッファ・ケーキ
- ピンクとイエローのスポンジがチェックになったかわいいケーキ。アプリコットジャムが挟んである
- お風呂のあとに塗るボディローションは、乾燥しがちで、水も違うイギリスに滞在するときに便利

- 子供用の肌に優しいオーガニックのシャンプーなど。バブルバス用のも楽しそう
- ハーブや日本で見かけない塩や調味料などもたくさんあるから、料理好きの人は要チェック！
- 皮の入ったタイプや苦味の少ないもの、生姜が入ったものなど、マーマレードだけでも種類豊富

WHAT'S ON

スーパーマーケット活用術

値段で勝負ならココ！

気軽に買える
セインズベリーズ Sainsbury's

イギリスで2番目の規模を誇るチェーンスーパー。中心部にあり便利だが、品揃えは大型店舗ほどではない。Finchley Rd.からすぐにある店舗は大型店で品数豊富（MAP 1-A2外）。

- MAP 3-C3
- 129-133 Kingsway, WC2B 6NH
- 7242 4696　月〜土 6:00〜23:59
- 日 13:00〜19:00　一部の祝　AJMV
- Holborn　www.sainsburys.co.uk

小型店もあり店舗数が多い
テスコ Tesco

セインズベリーズとはライバルのように値段を競っている。アールズ・コートに近いこの店舗は大型店で、デリや食材も充実。テスコ・メトロという小型店もいたるところにある。

- MAP 中央部-A3
- West Cromwell Rd., W14 8PB　(0345)677 9388　月〜土 24時間(土〜24:00) 日 11:00〜17:00　一部の祝　AMV　Earl's Court／West Kensington　www.tesco.com

281

London » WHAT'S ON

こんなおみやげ、見つけた！

さすがロンドン。買いたいもの、いっぱい見つかっちゃいます。
あの人だったらコレがいいかなぁ、この人にはこれがピッタリ！ そんなふうに楽しく選ぶ
チョイスがあるのもうれしいかぎり。特に自分用はキリがなくなりそうだから気をつけて。

● **花の香りのスキンケア**
いろいろな花が描かれたパッケージがとてもラブリー。花の香りのハンドクリームやバスフォーム、ボディクリームなど、各種スキンケア用品が揃っている。
キュー・ガーデンズ→P.142

● **紅茶**
季節ごとに何種類かブレンドした紅茶など、紅茶専門店ならではの品揃え。おみやげによさそうなセットから、アリスの絵柄の缶入り紅茶や食器まで、セレクトに迷いそう。
ウィッタード→P.305

● **ピンク・シャンパン・トリュフ**
老舗らしい気品あふれるパッケージロゴとシルキーピンクの箱がなんともかわいらしい。ピンクシャンパンを使ったトリュフは、ほんのりいい香り。
シャボネル・エ・ウォーカー→P.304

● **パディントングッズ**
イギリスといえば、青いダッフルコートを着て帽子をかぶったクマ、パディントンの物語が生まれたところ。パディントン駅のショップでぬいぐるみやバッグなどの小物が買える。
パディントン・ベア・ショップ→P.117

WHAT'S ON

こんなおみやげ、見つけた！

● ハリポタの杖

「え！こんなにあるの？」と思わせてくれる、うれしい品揃え。長いものから細工がしてあるものまでいろいろ。呪文を唱えて、これで魔法の練習に励んでみる？
ハリー・ポッター・ショップ→P.110

● ジャム

湖水地方北部の屋敷ダルメインでは世界中のマーマレードジャムから優秀なものを選ぶマーマレードアワード＆フェスティバルを開催している。そのダルメインのジャム。
パートリッジ→P.304

● プチプラ＆人気コスメ

ロンドン発のメイクブランド、レヴォリューション（写真）の楽しいメイクパレットや、ブーツオリジナルの人気スキンケアシリーズNo.7など、2大ドラッグストアをチェックしてみて。
ブーツ、スーパードラッグ→P.294

● キッチン小物

イギリスっぽい絵柄のペーパーナプキンとお茶を出すのにもよさそうな小さなトレー。店内にはレトロな雰囲気の絵柄が多く、優しさにあふれたグッズが揃っている。
エマ・ブリッジウォーター→P.297

● 缶入りショートブレッド

見どころのイラストがついた、ロンドン名物赤い公衆電話の缶に、イギリスらしいビスケットが入っている。ここの缶入りビスケットはシーズンごとにデザインが変わる。
マークス＆スペンサー→P.280

● ポテチ

イギリスではクリスプスCrispsという。塩味のほか、チーズ味とか、いろいろな種類が売っている。小さなパッケージのものもあるので、日本のと食べ比べてみては？
各スーパー→P.280～281

283

■ Shop Guide

ショップガイド

さあ、いよいよお待ちかねのショッピングタイム！
お金やカードを持ったら、お目当ての店へ直行。
もちろん華やかなディスプレイを眺めるだけでも楽しい。至福のひととき。

デパート

■ ハロッズ Harrods デパート　● MAP 6-C3

1894年創業、ロンドン最大の高級デパート。ひと昔前には、山高帽をかぶりステッキを持った紳士と手袋をしたご婦人でにぎわったという、世界に知られる老舗。今や観光地ではないかと思うくらい人が多く、世界各地の旅行者が押し寄せていて、ロンドンに住む人々より旅行者のほうが多いともいわれる。とにかく広くて入り組んでいる。まずは、あちこちに置いてある、マップが付いたストアガイドを手に入れるといいだろう。夜のイルミネーションも見事だが、博物館のようなエジプシャン・ホール、お菓子や紅茶、生鮮食料品の並ぶフードホールなども、ぜひ訪れてみたい。フードホールあたりには、いくつものカウンターレストランがあり、たくさんの人でにぎわっている。

住 87-135 Brompton Rd., SW1X 7XL
☎ 7730 1234
営 月〜土 10：00〜21：00
日 11：30〜18：00
（日曜12：00までは見るだけで購入不可）
休 一部の祝　CC ADJMV
⊖ Knightsbridge
URL www.harrods.com
グランドフロアにあるフードホールには、ハロッズブランドのほか、人気ブランドのチョコレートなどもある。

■ リバティ Liberty デパート　● MAP 7-A1 11-D1

Arthur Libertyが1875年にEast Indian Houseという東洋の美術品や家具を扱う店を開いたのが始まり。チューダー様式の建物は、リージェント・ストリートの整った石造りの建物のなかでひときわ目立つ存在。内部は木の柱や梁が落ち着いた雰囲気。中央は吹き抜けになっており、板張りの回廊を歩いていく形式。吹き抜け上部には、ご自慢のファブリックがズラっとかけられ、圧倒的な空間をつくり出している。東洋趣味を取り入れたリバティ・プリントの上品な小花模様やサラサ模様などは、多くの人たちに愛されている。切り売りしてくれる布地や小物のほか、裁縫セット、編み物キットなど、各種手芸用品のほか、イギリスブランドの食器も魅力的な品が多い。

住 Regent St., W1B 5AH　メインの入口はGreat Marlborough St.に面している
☎ 7734 1234
営 月〜土 10：00〜20：00
日 11：30〜18：00
（日曜12：00までは見るだけで購入不可）
休 一部の祝　CC ADJMV
⊖ Oxford Circus
URL www.libertylondon.com
グランドフロアにある、人気のチョコレートやお菓子などがセレクトされたミニフードホールは、おみやげ購入に最適。

※祝日の営業は変更もあるので要確認。イースター前後、クリスマス前後〜年末年始は休業したり不定期営業になる店もある。特に12/25と1/1は休業のところが多い。

SHOPPING

■ フォートナム＆メイソン　Fortnum & Mason　　デパート　　● MAP 7-B2 11-D3

日本では紅茶で有名だが、1707年に食料品専門店としてスタートし、今ではホームウエアなども扱うデパートに成長。地上階と地下にある王室御用達の食品売り場には、各種紅茶、ビスケットやチョコレートから調味料にいたるまで、ズラッと並べられている。紅茶やビスケットを詰めた、イギリスらしいピクニックバスケット（ハンパー Hamper）もある。いくつかあるレストランやティールーム→P.257も利用してみたい。なお、イギリス名物スコッチエッグはここの発明品。

🏠 181 Piccadilly, W1A 1ER　📞 7734 8040　営 月～土 10：00～21：00　日 12：00～18：00　休 一部の祝　CC ADJMV
Ⓔ Piccadilly Circus／Green Park
URL www.fortnumandmason.com
1時間ごとに、ピカデリー通り沿いにある表のからくり時計から、創業者のフォートナムさんとメイソンさんが出てくる。

■ セルフリッジ　Selfridges　　デパート　　● MAP 6-D1 11-A1

歴史を感じさせる建物は、市内随一の売り場面積を誇り、ユニークなウインドーディスプレイもひとめを引く。ハロッズより庶民的で、ロンドンっ子に広く愛されているデパート。カスタマーサービスではVATの手続きもしてくれ、代表的なブランドを一度に吟味することができる。オリジナルブランドの「ミス・セルフリッジ」がイギリス女性の間で人気。お菓子や紅茶など、おみやげによさそうな品をセレクトしたコーナーや、たくさんあるカフェやレストランも便利。

🏠 400 Oxford St., W1A 1AB
📞 (0800) 123 400
営 月～土 9：30～22：00
日 11：30～18：00
（日曜12：00までは見るだけで購入不可）
休 一部の祝
CC ADJMV　Ⓔ Bond St.
URL www.selfridges.com

■ ハーヴィー・ニコルズ　Harvey Nichols　　デパート　　● MAP 6-C3

ハロッズと同じナイツブリッジにある。デパートといっても、有名ブランドのほかイギリス若手デザイナーのオリジナルブランドまで取り揃えていて、おしゃれに敏感な若者に人気が高い。愛称は「ハーヴィー・ニックス」、ロンドンの最新ファッションを1日で体験できるスポットでもある。グラウンドフロアには、豊富なアクセサリーのほか、ネイルバーなどのビューティー系も。また、個性的なインテリアのほか、シックなパッケージが人気の食品売り場でおみやげを買うのもいい。

🏠 109-125 Knightsbridge, SW1X 7RJ
📞 7235 5000
営 月～土 10：00～21：00
日 11：30～18：00
（日曜12：00までは見るだけで購入不可）
休 一部の祝
CC AJMV　Ⓔ Knightsbridge
URL www.harveynichols.com

ショップガイド　デパート

285

フェニック・オブ・ボンド・ストリート　Fenwick of Bond St.　デパート　● MAP 11-C1

高級ブランドショップが並ぶ、落ち着いたボンド・ストリートに建つデパート。4つのフロアには、コスメやファッションに絞ったブランド品が集められている。そのセレクトのセンスもよく、デパートというより、大きなセレクトショップという感じ。ヒーリングスパや美容トリートメントルームなどもあり、ロンドンのファッション通の女性たちにも信頼されている。アクセサリーや小物の品揃えも充実。ボンド・ストリートのウインドーショッピングがてら立ち寄ってみたい。

住 63 New Bond St., W1S 1RQ
☎ 7629 9161
営 月～土 9：30～20：00
日 12：00～18：00
休 一部の祝　CC ADJMV
⊖ Bond St.　URL www.fenwick.co.uk
アフタヌーンティーができるレストランやヘルシーメニューのカフェもある。

ジョン・ルイス　John Lewis　デパート　● MAP 7-A1 11-C1

"We are never knowingly undersold."とうたっているだけあって、いつも地元の人たちでいっぱい。お値うちで、なんとなく居心地のいいデパートといえるかもしれない。子供用品やポストカード、おみやげに喜ばれそうな小物類も充実している。始まりが洋裁店だったというだけあって、布地も豊富。イギリスらしいインテリアに興味があって、ファブリックを探しているという人は、のぞいてみるといい。フードホール付近にもおみやげによさそうな食品などが揃っている。

住 300 Oxford St., W1C 1DX
☎ 7629 7711
営 月～土 9：30～20：00（木～21：00）
日 11：30～18：00（日曜12：00までは見るだけで購入不可）　バンクホリデー 10：00～20：00　休 一部の祝
CC AMV　⊖ Oxford Circus／Bond St.　URL www.johnlewis.com

ピーター・ジョーンズ　Peter Jones　デパート　● MAP 9-D1

おしゃれなブティックの並ぶスローン・スクエアに建つ、ジョン・ルイス系列のデパート。セレブが買い物に訪れるキングス・ロードやフラム・ロードに近く、キャサリン妃がベビー用品の買い物で立ち寄った店でもある。地下1階にはファブリックやテーブルウエア、食器類など、生活雑貨の売り場が充実している。海外への配送をしてくれるエクスポートデスクもある。また、一番上階のセルフサービスのカフェは、窓際に座ればロンドンの町を一望できるのでおすすめ。

住 Sloane Sq., SW1 8EL　☎ 7730 3434
営 月～土 9：30～19：00（水～20：00）
日 11：30～18：00（日曜12：00までは見るだけで購入不可）　バンクホリデー 10：00～18：00　休 一部の祝
CC AMV　⊖ Sloane Sq.
URL www.johnlewis.com/our-shops/peter-jones

J&M デヴィッドソンのロンドン本店で
モダン・ブリティッシュの世界観を堪能

ロンドンで出逢える憧れブランド 1/2

日本でも話題沸騰中！新しいデザイナーを迎え、さらにおしゃれになった憧れブランドの新作は絶対に手に入れたい！

タイムレスなデザインにひとさじのモードなエッセンスを取り入れ、絶妙にバランスの取れたスタイルが魅力の、英国のラグジュアリーバッグブランド「J&M デヴィッドソン」。ファッション好きの間では"JM"の愛称で親しまれ、2019年よりデザイナーが交代しさらにパワーアップしたと日本でも大評判の人気ブランドです。このロンドン本店も、新しいデザイナーのもと、2019年7月にリニューアルOPEN。まさに今絶対に訪れるべきショップの1つです。"JM"のバッグの高いファッション性と、使う人のことを一番に考えた機能性は必見。毎日の生活に寄り添ってくれるラグジュアリーアイテムを手に入れたいなら、ロンドンで一番の品揃えを誇る本店は外せないスポット。

ロンドンで最もプレステージなブランドストリートであるマウントストリートに構えられた本店は、バッグだけでなく、小物、洋服、靴、ベルトなど、ブランドの全てのコレクションが揃います。ロンドン限定のアイテムもあるので、ファンのみならず、大切な人への贈り物や、友達に差をつけるアイテムを探しているなら絶対にチェックしたいショップです。また、このマウントストリートを含むメイフェア地区は、19世紀のロンドンに迷い込んだような美しい街並みも特徴。セリーヌやゴヤールなど名だたる高級ブランドと老舗ホテルのコンノートホテル、美しい公園が同居し、ロンドンならではの情緒を感じられる、是非訪れたいエリアです。

おススメはこちら

絶対に手に入れたい、J&M デヴィッドソンの人気アイテム。ロンドンで一番の品揃えを誇る本店でお気に入りを探そう。

日本でも品切れが相次ぐ大人気バッグ「フリンジ カーニバル」は、やわらかく繊細なフリンジが歩くたびに揺れてドラマチック。

1本のベルトからスタートしたブランドのルーツである"ベルト"にフォーカスした"ベルトバッグ"。ブランドの歴史を表現した人気アイテム。

「チェーン ペブル ミニ」はコンパクトなサイズながら携帯やミニ財布など必要なものがおしゃれに収納できる。何色も揃えたくなる豊富なバリエーションも魅力。

男女共に大人気の革小物も、デザイン・色ともに豊富な品ぞろえを誇ります。

※時期により取り扱いの色が異なります。

J & M デヴィッドソン
ロンドン店

104 Mount Street
Mayfair London
W1K 2TL

☎ +44 (0)203 096 2233
J & M DAVIDSON

営業時間 10:00 -18:00
木曜 10:00 -19:00
日曜定休

最寄駅：
ボンドストリート駅より
徒歩8分

www.jandmdavidson.com

ファッション

マーガレット・ハウエル Margaret Howell　メンズ・レディス

仕立てのいいシャツなど、カジュアルウエアが人気のイギリスブランド。天然素材を使用した着心地のいい服が多い。カジュアルでありながらも、どこか気品を感じさせる。

● MAP 3-A3 6-D1
住 34 Wigmore St., W1U 2RS
℡ 7009 9009
営 月～土 10：00～18：00（木～19：00）日 12：00～17：00
休 祝　CC ADJMV
◉ Bond St.
URL www.margarethowell.co.uk

バーバリー Burberry　メンズ・レディス

夏涼しく、冬暖かい防水綿ギャバジンで作られたコートをはじめとして、バーバリー・チェックを使った製品であまりにも有名。リージェント・ストリート、ナイツブリッジにもショップがある。

● MAP 11-C2
住 21-23 New Bond St., W1S 2RE
℡ 7980 8425
営 月～土 10：00～19：00
日 12：00～18：30
休 一部の祝
CC AJMV　◉ Bond St.
URL uk.burberry.com

マッキントッシュ Mackintosh　メンズ・レディス

英国を代表するアウターウエアブランドのフラッグシップストア。モダンでシンプルなデザインのコートが揃う。ロンドン店限定のアイテムをはじめ、豊富なラインアップも魅力。

● MAP 7-A1 11-C2
住 19 Conduit St., W1S 2BH
℡ 7493 4667
営 月～土 10：00～18：00（木～19：00）
日 12：00～17：00
休 不定休　CC AJMV
◉ Oxford Circus
URL www.mackintosh.com

ジョン・スメドレー John Smedley　メンズ・レディス

ベーシックで着心地がいいニットウエアを、1784年から作り続けている老舗。さまざまな色で展開されるタートルネックやシンプルなカーディガンには、イギリスの職人技が生きている。

● MAP 11-C3
住 24 Brook St., W1K 5DG
℡ 7495 2222
営 月～土 10：00～18：00（木～19：00）
日 12：00～17：00
休 一部の祝
CC AMV　◉ Bond St.
URL www.johnsmedley.com

バーバリー・ファクトリー・アウトレット Burberry Factory Outlet　アウトレット

● MAP 中央部 -D1
住 29-31 Chatham Place, E9 6LP
℡ 8328 4287　営 月～土 10：00～19：00　日 11：30～18：00（日曜12：00までは見るだけで購入不可）　休 一部の祝
◉ Hackney Central から徒歩10分ほど
URL it.burberry.com/outlet
※営業日時や休館日は変更もある

バーバリーのアウトレット商品がお値うちに買える。新しいアイテムはないが、バーバリーらしい定番のコートやチェックのマフラー、品質のよいセーターのほか、財布といった小物類まで各種揃っている。またこの周辺には、アクアスキュータム、プリングル・オブ・スコットランド、ギーブズ＆フォークス、ナイキといったブランドのアウトレットショップがいくつかある。中心部からはだいぶ離れた所にあるが、好きなブランドがあるなら、足を延ばしてみるのもいい。

左上：バーバリー・ファクトリー・アウトレット　右上：アクアスキュータムのアウトレットショップ　上：ナイキのアウトレットショップ

ポール・スミス　Paul Smith　　レディス

ポール・スミスがロンドンで最初に手がけた店。洋服や靴のほか、マフラーや手袋、カフリンクスなどのおしゃれな小物も扱う。家具なども扱うフラッグシップショップは MAP 11-D2～3 にある。

MAP 12-C2
- 40-44 Floral St., WC2E 9TB
- 7379 7133
- 月～水 10:30～18:30　木・金 10:30～19:00　土 10:00～19:00
- 日 12:00～18:00　休一部の祝
- AJMV　Covent Garden
- www.paulsmith.com/uk

ポール・スミス・セール・ショップ　Paul Smith Sale Shop　メンズ

前年のシーズン商品やサンプル（メンズが多い）が通常価格よりお値うちに。セール時期にはさらに割引があるというから半端じゃない。店構えが立派じゃないから、行き過ぎてしまわないよう注意。

MAP 11-C1
- 23 Avery Row, W1K 4AX
- 7493 1287
- 月～土 10:30～19:00
- 日 12:00～18:00
- 休一部の祝　JMV
- Bond St.
- www.paulsmith.com/uk

ワールズ・エンド　World's End　メンズ・レディス

ヴィヴィアンの最初のブティックは反対方向に針が回る大きな時計が目印。小さな店だが1970年代にパンクファッションの主導者として過激でユニセックスなスタイルを打ち出しファンの聖地的存在。

MAP 9-B3
- 430 King's Rd., SW10 0LJ　7352 6551
- 月～土 10:00～18:00　休日・祝　ADJMV　Slone Sq. から19番か22番のバスで World's End 下車後すぐ
- www.viviennewestwood.com
- ヴィヴィアン・ウェストウッドの旗艦店は MAP 11-C2

ブラックアウト 2　Blackout II　ビンテージ

少しレトロだけれど、60年代のかっこいいスーツやブラウス、スカートのほか、アクセサリーや帽子も豊富な品揃え。ていねいに手入れされているわりに、手頃な価格に抑えられている。

MAP 12-C1
- 51 Endell St, WC2H 9AJ
- 7240 5006
- 月～金 11:00～19:00
- 土 11:30～18:30
- 休日、一部の祝
- AJMV　Covent Garden
- www.blackout2.com

トレンチコート

ロンドンのシティ界隈で働いている、多くの日本人ビジネスマンが着用しているのが、バーバリーかアクアスキュータムのトレンチコート。このトレンチコートだが、もとは軍服だったということをご存じだろうか？

　トレンチとは、戦場に掘る塹壕（ざんごう）のこと。塹壕の中で着るからトレンチコートなのだ。ダブルの前合わせと袖口のベルトはともに防水性を高めるため。腰のベルトに付いている金具（Dリングという）は、手榴弾をぶらさげるためのもの、肩章は帽子や手袋を挟んでおくためで、大きな襟を立てておくと、砲撃などの騒音のなかでも命令がよく聞こえる。と、これだけ揃えばいうことなし。20世紀の初め、ボーア戦争、第1次世界大戦などで英軍の将校がトレンチコートを愛用したところから、世界的に有名になった。もともと実用一点ばりのデザインだから、極めてシンプル。そのぶん、飽きがこないので若い人にもおすすめ。

トレンチコートでも有名なバーバリー

ファッション

ブラウンズ Browns　　メンズ・レディス

有名デザイナーの服を、一気に品定めできるのが魅力。レディス・メンズの服ほか、アクセサリー、ジュエリー、靴、バッグなども扱っている。ショーディッチ●MAP 4-D2にも支店がある。

●MAP 11-B1
24-27 South Molton St., W1K 5RD
7514 0016
営月～土 10:00～19:00（木・金～20:00）日 12:00～18:00
休一部の祝
CC AJMV　Bond St.
URL www.brownsfashion.com

＆ アザー・ストーリーズ & Other Stories　　レディス

H&Mの上質ブランド。服だけでなく、靴やアクセサリーもあり、バリエーションが多く、着回ししやすい。コスメの人気も高い。キングス・ロード●MAP 9-D2のほか、ロンドンに7軒あり。

●MAP 11-D1
256-258 Regent St., W1B 3AF
3402 9190
営月～土 10:00～21:00
日 12:00～18:00
休一部の祝　CC AMV
Oxford Circus
URL www.stories.com

ミス・セルフリッジ Miss Selfridge　　レディス

ロンドンらしいテイストを取り入れたラインアップが魅力。手頃な値段で買いやすいのもいい。ドレスからアクセサリーまで、クールさやキュートさと遊び心を失わないデザインについ手が伸びてしまいそう。

●MAP 11-D1
36-38 Great Castle St., W1 8LG
トップショップ→P.279 地下の一角にある
7927 0158　営月～土 9:30～21:00（水～金～22:00）土 9:00～22:00
日 11:30～18:00　休一部の祝
CC AJMV　Oxford Circus
URL www.missselfridge.com

ウエスト・ヴィレッジ The West Village　　レディス

元『ヴォーグUK』の編集長が開いたセレクトショップ。若手デザイナーものが中心で、そのセレクションには定評がある。洗練されたデザインの服が並び、アクセサリーや小物も遊び心にあふれた品揃え。

●MAP 5-C1
35 Kensington Park Rd., W11 2EU
7243 6912　営月～木 10:00～19:00（木～20:00）金・土 9:00～20:00
日 10:00～18:00　休一部の祝、ノッティングヒル・カーニバルの週末
CC AJMV　Ladbroke Grove
URL www.shopthewestvillage.com

リース Reiss　　レディス

ファストファッションばっかりじゃ少し味気ない、そんなときはここをのぞいてみて。トレンドを意識しながらも、着回しができそうなアイテムが揃っている。アクセサリーやバッグも要チェック。

●MAP 11-B1
10 Barrett St., W1U 1BA
7486 6557
営月～土 10:00～20:00（木・金～21:00）日 11:30～18:00
休一部の祝　CC AJMV　Bond St.
URL www.reiss.com
ロンドン内に支店多数あり

ウィッスルズ Whistles　　レディス

ここと上記のリースは、キャサリン妃の御用達だったブランドとして有名。ワンピやドレスのカットがきれいなことでも定評がある。ほかにも、小物やデニム、アクセサリーも使い勝手がよさそう。

●MAP 11-B1
22 South Molton St., W1K 5RB
7491 0597
営月～土 10:00～19:00（木～19:30）日 12:00～18:00　休一部の祝
CC AMV　Bond St.
URL www.whistles.com
支店多数あり　旗艦店は●MAP 11-B1

馬車の時代のレインコート、
ゴム引きコートを今に伝える
マッキントッシュの本店がメイフェアに

ロンドンで出逢える憧れブランド 2/2

英国を代表する老舗マッキントッシュは、ゴム引きコートやトレンチコートで有名なブランド。その飽きのこないシンプルなデザインと体のラインをきれいに見せるシルエットから、タイムレスなラグジュアリーコートの代名詞として世界中で愛され続けています。

そのロンドン本店はメイフェア地区の高級ブランドが軒を連ねる「ニュー・ボンドストリート」からすぐの「コンドウイット・ストリート」にあります。店内にはブランドが誇る伝統的なゴム引きコートをはじめ、男女共に人気のダッフルコート、伊ロロ・ピアーナ社の最高級ウール生地を用いたコートなど種類豊富なアウターウェアが勢揃い。デニムパンツやバッグ、小物といった旅先での着こなしを彩るカジュアルアイテムもラインナップしており、ロンドンのビジネスマンだけでなく、旅行者の間でも人気を集めています。「サヴィル・ロウ」や「リージェント・ストリート」などロンドン屈指のショッピングエリアからもほど近く、ロンドンを訪れた際には必ず立ち寄りたいスポットです。

19世紀からの伝統製法から生まれる
"ゴム引きコート"は今も職人のハンドメイド

マッキントッシュの起源は1823年、チャールズ・マッキントッシュによる世界初の防水布、"マッキントッシュクロス"の発明にさかのぼります。その革新的な生地を使ったゴム引きコートは瞬く間にヨーロッパ中に広がりました。英国上流階級の人々の間では乗馬コートとして人気を博し、その実用性から、後に英国陸軍や英国国有鉄道でも採用されました。マッキントッシュのゴム引きコートは、現在でも19世紀の伝統の製法をそのままに、熟練した職人による手仕事で、グラスゴー郊外の自社工房で丁寧につくられています。

【DUNKELD/ダンケルド】
ブランドのベストセラーステンカラーコート。独特のハリ感をもつゴム引き製で、カジュアルだけでなくスーツスタイルにもぴったり。

【FORREST/フォレスト】
ウィメンズで特に人気なのがトレンチコート。老舗ならではの美しいシルエットが魅力の一枚。

マッキントッシュ ロンドン本店

19 Conduit St
Mayfair, London
W1S 2BH

☎44 (0) 207 493 4667

10時–18時
木曜日10時–19時
日曜日12時–17時
不定休

最寄駅:
オックスフォードサーカス駅より徒歩9分
ピカデリーサーカス駅より徒歩10分

www.mackintosh.com

靴・革製品・バッグ

■ チャーチズ　Church's　　　　靴　　◆ MAP 11-C2

1873年創業、英国紳士御用達の老舗靴店。英国らしい飽きのこないデザインと、しっかりした作りで、根強いファンをもつ。007シリーズのボンドやセレブも愛用する。市内に多数支店あり。

🏠 133 New Bond St., W1S 2TE
☎ 7493 1474
営 月～土 10:00～18:30(木～19:00)
日 12:00～18:00
休 一部の祝　CC AJMV
🚇 Bond St.
URL www.church-footwear.com

■ オスプレイ　Osprey　　　　バッグなど　　◆ MAP 12-A3

英国の伝統的な皮革製品造りの手法を用いたクラッシーなデザインのバッグ。40年近く続くバッグブランドにはフォロワーも多い。ここは旗艦店で、バッグのほかインテリア小物や服まで扱っている。

🏠 27 Regent St., SW1Y 4NQ
☎ 7851 9960
営 月～土 10:00～19:00
日 12:00～17:00
休 一部の祝　CC AJMV
🚇 Oxford Circus
URL www.ospreylondon.com

■ ドクター・マーチン・ストア　Dr. Martens Store　　靴　　◆ MAP 12-C1

ミュージシャン御用達の編み上げブーツは、いかにもロンドンらしい。もとは労働者のための靴でもあり、エアクッションのソールと昔ながらの製法でていねいに縫い上げられた靴は履き心地もいい。

🏠 17-19 Neal St., WC2H 9PU
☎ 7240 7555
営 月～土 10:00～19:00(木～土～20:00)　日 11:00～18:00
休 一部の祝
CC AJMV　🚇 Covent Garden
URL www.drmartens.com/uk

■ J&M デヴィッドソン　J&M Davidson　革製品・バッグなど　◆ MAP 6-D2 11-B2

イギリスで人気のレザーグッズブランドのロンドン旗艦店。人気のレザーバッグをはじめ、定番のベルトや、財布などのレザーグッズのほか、レディスのウエアコレクションが揃う。

🏠 104 Mount St., W1K 2TL
☎ 3096 2233
営 月～土 10:00～18:00(木～19:00)
休 日・祝
CC AJMV
🚇 Bond St. / Green Park
URL www.jandmdavidson.com

■ マルベリー　Mulberry　　　革製品・バッグ　　◆ MAP 11-C1

イギリスのブランドで、上質の革を使用したバッグやベルトで知られる。財布やめがねケースといった小物も揃っている。革製品のほか、レディス、メンズの服も充実。支店多数あり。

🏠 50 New Bond St., W1S 1BJ
☎ 7491 3900
営 月～土 10:00～19:00　日 12:00～18:00　祝 11:00～18:00
休 一部の祝
CC ADJMV　🚇 Bond St.
URL www.mulberry.com/gb

■ スザンナ・ハンター　Susannah Hunter　　革製品　　◆ MAP 3-D3

植物画のような美しい花を皮で表現したエレガントなバッグや皮革製品が並ぶ。デザイナーのハンターさんのアトリエで一つひとつ作られている。ハリウッド女優にも人気のハンドバッグ類£400～。

🏠 7 Rugby St., WC1N 3QT
☎ 7692 3798
営 月～土 11:00～18:00
(土～17:00)
休 日・祝の週末、クリスマス前～年始
CC AMV　🚇 Holborn / Russell Sq.
URL www.susannahhunter.com

SHOPPING

アクセサリー・帽子

アット・ワーク @work　　　アクセサリー

80名余りのイギリスのデザイナーが作品を発信している。英国コンテンポラリーから、かわいくて心憎いデザインまであり、値段も安いものから高いものまで。珍しい素材を使ったアクセもあり。

● MAP 10-C2
住 35 Ponsonby Terrace, SW1P 4PZ
☎ 7821 9723
営 毎日 11：00〜18：00
休 一部の祝、クリスマス〜年末年始
CC JMV
⊖ Pimlico
URL www.atworkgallery.co.uk

アクセサライズ Accessorize　　　アクセサリー

シーズンごとの流行を取り入れたネックレスなどのほか、バッグ、ポーチ、スカーフなど、さまざまな小物類が揃っている。大規模ショッピングセンター、ウエストフィールド内にある。支店も多数。

● MAP 5-A2
住 Ariel Way Shepherds Bush, W12 7SL
☎ 8740 5846
営 月〜土 10：00〜22：00
日 12：00〜18：00
休 一部の祝
CC JMV　⊖ Shepherd's Bush
URL uk.accessorize.com

レネレイド Les Nereides　　　アクセサリーなど

個性的でかわいいアクセが目を引く、フランスの「レネレイド」の新コンセプト店。人のほか、動物や植物をテーマにした作品など、楽しいアクセも多い。石をあしらったシンプルなものもあり。

● MAP 12-C2
住 35 Long Acre, WC2E 9JT
☎ 7379 9197
営 月〜土 10：30〜19：30
日 12：00〜18：00
休 一部の祝　CC MV
⊖ Covent Garden
URL www.lesnereides.com

タテオシアン Tateossian　　　アクセサリー

カフリンクスのデザインで世界的に有名なブランド。シンプルなブレスレット、遊び心があるタイピンのほか、財布やペン、上品な女性向けアクセサリーも充実している。

● MAP 11-C2
住 27 Conduit St., W1S 2XZ
☎ 7499 9924
営 月〜土 10：00〜18：00（木〜19:00）
日 12：00〜18：00
休 一部の祝　CC ADJMV
⊖ Oxford Circus ／ Bond St.
URL www.tateossian.com

ロック＆カンパニー・ハッターズ Lock & Co. Hatters　　　帽子

王室御用達の帽子店で、華麗な帽子をかぶった淑女が集うボートレース、ヘンリー・レガッタが近づくと、店はにぎわいを見せる。イギリス紳士や淑女を思わせる逸品が並ぶ。

● MAP 7-B2
住 6 St. James's St., SW1A 1EF
☎ 7930 8874
営 月〜金 9：00〜17：30
土 9：30〜17：00
休 日・祝
CC AMV　⊖ Green Park
URL www.lockhatters.co.uk

ベイツ Bates　　　帽子

ジャーミン・ストリートは再開発で、かつての風情はなくなってしまった。今も昔ながらの帽子を作り続けている1902年創業のこの老舗も、紳士服店のヒルディッチ＆キーの一角に居候している。

● MAP 11-D3
住 73 Jermyn St., SW1Y 6NP
☎ 7734 4707
営 月〜土 9：00〜18：00
（土 10：00〜）　日 11：00〜16：00
休 一部の祝
CC AJMV　⊖ Green Park
URL bates-hats.com

ショップガイド　靴・革製品・バッグ…アクセサリー・帽子

293

香水・コスメなど

ジオ・エフ・トランパー　Geo F. Trumper　　コスメ

MAP 11-C3

マホガニーの棚が歴史を感じさせるトラディショナルなイングリッシュ・ジェントルマン用フェイスケアの店。グルーミングセット、ヘアケア、ツメのお手入れ用品などのほか、バーバーもある。

9 Curzon St., W1J 5HQ
7499 1850
月～金9:00～17:30
土9:00～17:00
日・祝　AJMV
Green Park
www.trumpers.com

ジョー・ラブズ　Jo Loves　　香水など

MAP 10-A1

ジョー・マローンが2013年に立ち上げたショップ。彼女のお気に入りポメラの香りにうっとり。刷毛で塗る携帯できるスティックやハンドローションなども。香りのデモンストレーションもしてくれる。

42 Elizabeth St., SW1W 9NZ
7730 8611　月～土10:00～18:00(木～19:00)　日12:00～17:00
一部の祝　AMV　Victoria
www.joloves.com
※デモンストレーションは電話かメールで予約を(空いていれば予約なしでもOK)。

フローリス　Floris　　香水

MAP 12-A3

1730年創業の香りの老舗。王室御用達で、古きよきイギリスの雰囲気そのままの優雅な店構え。バス用品やキャンドル、ルームフレグランスのほか、これらを詰め合わせたギフトセットもある。

89 Jermyn St., SW1Y 6JH
(03301) 340180
月～土9:30～18:30
日・祝11:30～17:30
一部の祝
ADJMV　Piccadilly Circus
www.florislondon.com

ニールズ・ヤード・レメディーズ　Neal's Yard Remedies　　コスメ

MAP 12-C1

ここのブルーのボトルは、今やアロマテラピーの代名詞。ニールズ・ヤード(広場)にあるこの店が1号店。広場には、アロマセラピーマッサージを受けられるセラピールームもある。

15 Neal's Yard, WC2H 9DP
7379 7222
月～土10:00～20:00
日・祝11:00～18:30
一部の祝
AMV　Covent Garden
www.nealsyardremedies.com

ブーツ　Boots　　薬・コスメなど

MAP 5-D1

薬、コスメ用品、電池、シャンプーやリンスなど、旅行者にとっても必要になりそうな日用品が揃っている。もちろんロンドンっ子の多くが立ち寄る便利な店。ピカデリー・サーカスなど支店多数。

114 Queensway, W2 6LS
7229 1183
月～土9:00～24:00
日12:00～18:00
一部の祝　AJMV
Bayswater／Queensway
www.boots.com

スーパードラッグ　Superdrug　　薬・コスメなど

MAP 6-D1

ブランドもののコスメや香水のほか、ネイルなど、お値うちなオリジナル商品も多数取り揃えたドラッグストア。メイク好きの友達へのおみやげに、プチプラコスメを調達できる。支店多数。

508-520 Oxford St., W1C 1NB
7629 1649
月～土7:00～23:00(土8:00～)
日12:00～18:00
なし　AMV
Marble Arch
www.superdrug.com

SHOPPING

ジョー・マローン　Jo Malone　　香水

ふたつの香りを組み合わせて自分らしい香りを作り出す、というコンセプトで1994年に創業。ナチュラルな香りにはファンが多い。店内にズラリと並んだテスターで、じっくり選ぶことができる。

● MAP 12-C2
住 11A King St., WC2E 8HN
☎ (0370)192 5771　営月～土10:00～20:00　日11:30～18:00
休 一部の祝、クリスマス前後　CC AJMV
● Covent Garden
URL www.jomalone.co.uk
● MAP 11-D2にも旗艦店あり

オーガニック・ファーマシー　The Organic Pharmacy　　コスメ

もともとは薬剤師によって開発され、厳選したオーガニック素材を使ったコスメ。ナチュラル系のわりには、カラフルな発色のものも多い。専門スタッフにトリートメントをしてもらうこともできる。

● MAP 5-D3
住 169 Kensington High St., W8 6SH
☎ 7376 9200
営月～土10:00～19:00
日12:00～18:00
休 一部の祝　CC AJMV
● High Street Kensington
URL www.theorganicpharmacy.com

モルトン・ブラウン　Molton Brown　　ボディケアなど

モダンなライフスタイルに合わせた自然派コスメを追求すべく、1972年にオープン。バスシャワージェル、ハンドウォッシュが人気で、トラベルセットもある。おもなデパートなど、支店多数。

● MAP 11-D1
住 227 Regent St., W1B 2EF
☎ 7493 7319
営月～金10:00～20:00
日11:00～18:00
休 一部の祝　CC AMV
● Oxford Circus
URL www.moltonbrown.co.uk

アンジェラ・フランダース　Angela Flanders Perfumery　　香水

知る人ぞ知る調香師だったアンジェラさんの香水やアロマキャンドルなどを扱う。香水をしみ込ませたメダリオンも。店がある路地は、ハリポタ映画版の『ノクターン横町』のロケ地なのだそう。

● MAP 4-D3
住 4 Artillery Passage, E1 7LJ
☎ 7247 7040　営火～金11:00～18:30　土12:00～18:00
休 月・日、12/25～1/1　不定休あり、ウェブサイトで確認を　CC AJMV
● Liverpool St.　URL www.angelaflanders-perfumer.com

ボディ・ショップ　The Body Shop　　コスメ

「かぎりなく自然に近いものを」というポリシーのもと、広告・包装なども一貫してシンプルさを追求した自然派化粧品店。動物実験をしない化粧品会社の先駆けとしても知られる。

● MAP 11-D2
住 122 Regent St., W1B 5RZ
☎ 7287 2349
営月～土10:00～19:30(木～20:00)
日11:00～19:00
休 一部の祝　CC AMV
● Piccadilly Circus
URL www.thebodyshop.com/en-gb

ペンハリゴンズ　Penhaligon's　　香水

1870年創業。ラベンダーなどの植物をおもな素材とした香水、オーデコロンの王室御用達店。シックなパッケージが魅力的。セルフリッジ、ハロッズ、フォートナム＆メイソンでも扱っている。

● MAP 11-D3
住 16-17 Burlington Arcade, W1J 0PL
☎ 7629 1416
営月～土9:00～18:30(土9:30～)
日12:00～18:00
休 一部の祝　CC JMV
● Piccadilly Circus／Green Park
URL www.penhaligons.com

ショップガイド　香水・コスメなど

陶磁器・銀製品・貴金属・紳士小物・たばこ・喫煙具

コンテンポラリー・セラミックス・センター Contemporary Ceramics Centre　陶磁器
MAP 3-C3

イギリス中から、有名な陶芸家やスタジオの作品を集めたセンター。陶芸ギャラリーのような敷居の高さがなく、気軽に入れ、じっくり見てフィーリングの合う作品を見つけられる。大英博物館前にある。

- 63 Great Russell St., WC1B 3BF
- 7242 9644
- 月～土 10：30～18：00
- 日・祝
- AMV
- Tottenham Court Rd.
- www.cpaceramics.com

アスプレー・ロンドン Asprey London　陶磁器・銀製品・貴金属
MAP 11-C2

王室御用達の歴史ある高級宝飾店。キャサリン妃もここのジュエリーをよくつけている。貴金属や銀製品、宝飾品、陶磁器のほか、バッグや時計もあり、銀製品や革製品の修理もしてもらえる。

- 167 New Bond St., W1S 4AY
- 7493 6767
- 月～土 10：00～18：00
- 日 12：00～17：00
- 一部の祝　ADJMV
- Green Park／Bond St.
- www.asprey.com

ロンドン・シルバー・ヴォルツ London Silver Vaults　銀製品
MAP 3-D3

1876年に端を発する銀製品の老舗。約30の専門店が集まっており、長年営業している店もある。1600年代初期のアンティークから現代までの、食器やカトラリー、ジュエリーなどを扱う。

- 53-64 Chancery Lane, WC2A 1QS
- 7242 3844
- 月～金 9：00～17：30
- 土 9：00～13：00
- 日・祝　店舗により異なる
- Chancery Lane
- silvervaultslondon.com

マッピン&ウェッブ Mappin & Webb　銀製品
MAP 11-D2

1775年創業の銀製品の老舗。王室御用達として、ジュエリー、時計、ブライダル用の指輪やネックレスなど、オーダーメイドも受け付けている。購入した商品の修理もしてくれる。

- 132 Regent St., W1B 5SF
- 7287 0033
- 月～土 10：00～20：00(土～19：00)
- 日 12：00～18：00
- 一部の祝　AJMV
- Piccadilly Circus
- www.mappinandwebb.com

アルフレッド・ダンヒル Alfred Dunhill　メンズ洋品
MAP 11-B2

馬具製品からはじまり、今では世界的に名高い高級紳士洋品店。喫煙具の扱いはなくなったが、革製品のほか、ライターやペン、チェスのゲームボードなど、大人の雰囲気の小物もある。

- Bourdon House, 2 Davies St., W1K 3DJ
- 3425 7300
- 月～土 10：00～19：00
- 日・祝
- ADJMV
- Bond St.／Green Park
- www.dunhill.com

ジェームズ・ジェイ・フォックス James J. Fox　葉巻・喫煙具など
MAP 11-D3

200年以上続く葉巻専門店。元首相チャーチルや作家オスカー・ワイルドらが顧客だったことでも知られ、ヨーロッパの王族をはじめ、世界各地の葉巻愛好家を顧客にもつ。パイプも取り扱っている。

- 19 St. James's St., SW1A 1ES
- 7930 3787
- 月～金 10：00～20：00
- 土 10：00～17：30　日・祝
- MV
- Piccadilly Circus／Green Park
- www.jjfox.co.uk

SHOPPING

インテリア・生活用品

ハビタ　Habitat　　インテリアなど

日本でも有名な、家具と家庭用品の店。モダンな感覚と機能性を追求し、シンプルで使いやすいテーブルウエアもある。巨大ショッピングセンター、ウエストフィールド→P.301などにも店舗あり。

MAP 3-B3
住 196-199 Tottenham Court Rd., W1T 7PJ　☎ (0344) 499 1122
営 月～土 10：00～19：00（木～20：00）　日 12：00～18：00
休 一部の祝
CC AJMV　● Goodge St.
URL www.habitat.co.uk

ヒールズ　Heal's　　インテリアなど

モダンでシンプルなデザインの家具のほか、ベッドリネン、ライト、キッチン用品、壁面を飾る時計やアートなども揃うインテリアのデパート。ウエストフィールド→P.301などにも店舗あり。

MAP 3-B3
住 196 Tottenham Court Rd., W1T 7LQ
☎ 7636 1666
営 月～土 10：00～19：00（火～18：15、木～20：00）　日 11：30～18：00
休 一部の祝　CC AMV
● Goodge St.
URL www.heals.co.uk

コンラン・ショップ　The Conran Shop　　インテリアなど

ハイセンスで機能的な生活用品の店。家具からキッチン・バス用品、照明器具、文房具まで。建物はフランスのタイヤメーカー、ミシュラン社のもの。マリルボンにも支店●MAP 2-D3がある。

MAP 9-C1
住 81 Fulham Rd., SW3 6RD
☎ 7589 7401　営 月～土 10：00～18：00（水・木～19：00、土～18：30）
日 12：00～18：00
休 一部の祝　CC AMV
● South Kensington
URL www.conranshop.co.uk

デヴィッド・メラー　David Mellor　　キッチン用品など

1969年にデザイナーによってオープン。台所におしゃれなライフスタイルを持ち込んだ店としてその名を知られる。シンプルなカトラリーも人気。マリルボンにも支店●MAP 2-D3がある。

MAP 9-D1
住 4 Sloane Sq., SW1W 8EE
☎ 7730 4259
営 月～土 9：30～18：00
日 11：00～17：00
休 一部の祝、クリスマス～年末
CC AMV　● Slone Sq.
URL www.davidmellordesign.com

クロエ・アルベリー　Chloe Alberry　　インテリアなど

家具と小物の店。ドアの取っ手や小さなクッションなど、凝った小物は、さり気ないところにセンスのよさを見せたい人向き。オーナーのアルベリーさんはスタイリストのコンサルタント的存在だそう。

MAP 5-C1
住 84 Portobello Rd., W11 2QD
☎ 7727 0707
営 月～土 9：00～18：00
日 10：00～17：00
休 一部の祝
CC AJMV　● Notting Hill Gate
URL www.chloealberry.com

エマ・ブリッジウオーター　Emma Bridgewater　　陶器・生活用品

水玉や花、動物などの描かれたかわいい器や、陶器のエッグカップ、カフェオレボウル、カップ＆ソーサーなど、毎日使える素朴なデザインがうれしい。軽くてかさばらないナプキンはおみやげにも。

MAP 2-D3
住 81a Marylebone High St., W1U 4QL
☎ 7486 6897
営 月～土 10：00～18：00（木～19：00）
日 11：00～17：00
休 一部の祝
CC AMV　● Baker St.／Bond St.
URL www.emmabridgewater.co.uk

ショップガイド　陶磁器・銀製品・貴金属・紳士小物・たばこ・喫煙具…インテリア・生活用品

小物・雑貨・文房具

ピーターシャム・ナーサリーズ Petersham Nurseries　小物・インテリア用品

MAP 12-C2

セレブも訪れる、リッチモンドの園芸店ピーターシャム・ナーサリーズ→P.140が、ついに中心部に進出。セレクトされた小物のセンスは抜群。隣はデリで、中庭のような場所にレストランもある。

- Floral Court, WC2E 8JD
- 7305 7676
- 月～土10：30～18：30 日・祝12：00～18：00
- 一部の祝、クリスマス前後など不定休
- AJMV　Covent Garden
- petershamnurseries.com

アストロロジー・ショップ The Astrology Shop　小物

MAP 12-C1

星占いに関するものなら、何でもある。道具から本、水晶の癒しグッズなど。著名な占い師による各自のホロスコープも出してもらえる。鏡リュウジさんも訪れたという、プロも立ち寄るショップ。

- 78 Neal St., WC2 9PA
- 7813 3051
- 11：00～19：00
- 祝、クリスマス～年末
- AMV
- Covent Garden
- londonastrology.com

キャス・キッドソン Cath Kidston　雑貨

MAP 11-D3

「ビンテージが大好き！」というデザイナーが小さな店を出したのが始まりだが、今や世界中に支店が広がるほどの人気雑貨店。花柄や1950年代のプリントを復刻したグッズはとてもかわいい。

- 178-180 Piccadilly, W1J 9ER
- 7499 9895
- 月～土10：00～20：00 日12：00～18：00
- 一部の祝　AJMV　Green Park
- www.cathkidston.com
- コヴェント・ガーデンなどにも店舗あり。

フライング・タイガー・コペンハーゲン Flying Tiger Copenhagen　雑貨

MAP 3-B3

北欧デザインの雑貨がお値うち価格で買えるチェーン店。季節に合わせたグッズやラッピング用品、キッチン用品や生活雑貨などが揃う。きれいな色のものが多く、絵柄もシンプルでいい。

- 241-242 Tottenham Court Rd., W1T 7QP　7637 8246
- 月～土10：00～20：00（土～19：00） 日11：00～17：30
- 一部の祝
- AJMV　Tottenham Court Rd.
- flyingtiger.com

マグマ Magma　雑貨

MAP 12-C1

アート＆デザイン系のほか、絵本など、ユニークかつコアな書籍もあり、そのセレクトセンスは抜群。ショッピングバッグやカード、文具など、遊び心があるおみやげが買えそう。

- 29 Shorts Gardens, WC2H 9AP
- 7240 7970
- 月～金11：00～19：00 日11：00～18：00
- 一部の祝
- AJMV　Covent Garden
- magma-shop.com

VOICE

クレジットカード使用時の注意

ロンドンではクレジットカードが使いやすいとのことだったのですが、スーパーで使おうと思ってカードを入れても、エラーがでて使えなくて困りました。後で調べたら、ICチップがついていないカードでした。サインは書く必要があり、パスポートのサインと照らし合わせる場合が多かったです。
（埼玉県　小林祥子　'18）［'19］ 編集部注：ICチップ付き（要暗証番号）の方が安全で便利。

SHOPPING

■ アフター・ノア After Noah　　家具・雑貨など

聖書に登場する「ノアの方舟」の「ノア」の「あと」の品物を揃えたというところから、この店名がつけられたとか。家具や雑貨小物、おもちゃまであり、アンティークの品揃えも豊富。

● MAP 中央部 -C1
住 121-122 Upper St., N1 1QP
☎ 7359 4281
営 月〜土 10：00〜18：00
日・祝 11：00〜17：00
休 一部の祝、クリスマス〜年末年始
CC AMV　⊖ Angel／Highbury & Islington
URL www.afternoah.com

■ アリア Aria　　小物

シンプルで華やかな色使いのインテリア小物や、洗練されたデザインのキッチン用品が並ぶ。すぐそばの168 Upper St.には、バッグやジュエリー、財布などの小物を扱う店もある。

● MAP 中央部 -C1
住 Barnsbury Hall, Barnsbury St., N1 1PN　☎ 7704 1999
営 月〜土 10：00〜18：30
日 12：00〜17：00　休 一部の祝、クリスマス〜年末　CC AMV
⊖ Highbury & Islington／Angel
URL www.ariashop.co.uk

■ ジル・ウイング・ギフツ Gill Wing Gifts　　雑貨

アメリカンレトロ調のものなど、国を問わず、プレゼントにピッタリの品々を集めた店。同じアッパー・ストリートの190番地にキッチン用品、182番地にはジュエリー専門の姉妹店もある。

● MAP 中央部 -C1
住 194-195 Upper St., N1 1QR
☎ 7359 7697
営 月〜土 9：00〜18：00
日 10：00〜18：00
休 一部の祝
CC JMV　⊖ Highbury & Islington
URL www.gillwinggifts.com

■ ペーパーチェイス Paperchase　　文房具

おしゃれな文房具のデパート。デザイナーによる包装紙、個性的なカード、日記帳やノートなどがいっぱい。バッグや小物など、文具以外のものもある。選び疲れたら上階にあるカフェでひと休み。

● MAP 3-B3
住 213-215 Tottenham Court Rd., W1T 7PS　☎ 7467 6200
営 月〜金 9：00〜20：00
土 9：30〜19：30　日 12：00〜18：00
休 一部の祝　CC JMV　⊖ Goodge St.
URL www.paperchase.co.uk
支店多数あり。

■ スマイソン Smythson　　文房具・小物

王室御用達の高級文具店。革製の手帳や日記帳が有名。シンプルなデザインのバッグや財布などの革小物も扱っている。イニシャルやモチーフの刻印を入れてもらうこともできる。

● MAP 11-C2
住 131-132 New Bond St., W1S 2TB
☎ 3535 8009
営 月〜土 10：00〜19：00(木〜20：00)
日 12：00〜18：00
休 一部の祝　CC AMV
⊖ Bond St.／Oxford Circus
URL jp.smythson.com

■ ロンドン・グラフィック・センター London Graphic Centre　　画材・文房具

水彩や油彩の道具から色見本やスケッチブック、イーゼルまで、名前のとおりグラフィック関係のものが何でも揃うロンドンの画材店。ノートや筆記具などの文具のほか、カードや小物もある。

● MAP 12-C1
住 16-18 Shelton St., WC2H 9JL
☎ 7759 4550
営 月〜土 9：30〜19：00
日 12：00〜17：00
休 一部の祝
CC AJMV　⊖ Covent Garden
URL www.londongraphics.co.uk

ショップガイド　小物・雑貨・文房具

299

本・マップなど

ハッチャーズ　Hatchards　本

1797年創業。ヨーロッパで最も古くて有名な書店といわれ、王室御用達の歴史ある店。木造の建物が落ち着いた雰囲気。アートのコーナーからペーパーバックや絵本と詩のコーナーもある。

◆MAP 11-D3
住 187 Piccadilly, W1J 9LE
☎ 7439 9921
営 月〜土 9:30〜20:00　日 12:00〜18:30
休 一部の祝　CC ADJMV
⊖ Piccadilly Circus
URL www.hatchards.co.uk

フォイルズ　Foyles　本

ロンドン最大級の書店。あらゆる分野の本を扱う。探している本があるときは、すみやかに店員に聞こう。ひと休みできるカフェもある。ロイヤル・フェスティバル・ホール、ウォータールー駅に支店がある。

◆MAP 12-B1
住 107 Charing Cross Rd., WC2H 0DT
♪ 分野ごとに細かく異なるのでウェブサイトで確認　営 月〜土 9:30〜21:00　日 11:30〜18:00(12:00までは商品を見るだけ)　祝 11:00〜20:00　休 一部の祝
CC AMV　⊖ Tottenham Court Rd. ／ Leicester Sq.　URL www.foyles.co.uk

スタンフォーズ　Stanfords　マップ・本

1851年創業で、地図や地図に関する書籍を扱う。旅行関連の書籍のほか、数々のガイドブックも揃っている。地球儀形のライトや文具、ボードゲーム、星図など、おみやげになりそうな小物もある。

◆MAP 12-C2
住 7 Mercer Walk, WC2H 9FA
☎ 7836 1321
営 月〜土 9:00〜20:00　日 11:30〜18:00(12:00までは商品を見るだけ)
休 一部の祝　CC AJMV
⊖ Covent Garden
URL www.stanfords.co.uk

ウォーターストーンズ　Waterstone's　本

グレートIIに認定された歴史ある建物で、ロンドン大学があるこの界隈らしく、上階は学術書のフロアになっている。音楽、写真、料理のほか旅行書などもあり、軽食が取れるカフェで休憩できる。

◆MAP 3-B3
住 82 Gower St., WC1E 6EQ
☎ 7636 1577　営 月〜土 8:30〜21:00　日 12:00〜18:00
休 一部の祝　CC AJMV
⊖ Goodge St.
URL www.waterstones.com
店舗多数あり

ドゥント・ブックス　Daunt Books　本など

本好き御用達の店。長い回廊のような空間には、天窓から光が差し込み、ステンドグラスをもつアーチ型の美しい窓も。オリジナルのバッグやマグなど、ギフトになりそうな品も少しある。支店あり。

◆MAP 2-D3
住 83 Marylebone High St., W1U 4QW
☎ 7224 2295
営 月〜土 9:00〜19:30
日・祝 11:00〜18:00
休 一部の祝　CC AJMV
⊖ Baker St. ／ Bond St.
URL www.dauntbooks.co.uk

セシル・コート通り　Cecil Court　本

専門店や古書店が並ぶ通り。楽譜のTravis & Emery、児童書のMarchpaneなど、貴重な本や地図、コインなどの宝庫。『ハリー・ポッター』に登場する「ダイアゴン横町」はここがモデルといわれる。

◆MAP 12-B2
住 Cecil Court, WC2　☎ 店舗による
営 店舗によるが、月〜土 11:00〜18:00は営業している店が多い
休 店舗によって異なるが日・祝は多くの店が休み　CC 店舗によって異なる
⊖ Leicester Sq.
URL www.cecilcourt.co.uk

SHOPPING

ブックス・フォー・クックス　Books for Cooks　本

有名シェフが訪れることもあるという、料理と食に関する本ばかりを揃えたブックショップ。料理のワークショップを開催することもある。奥には小さなカフェがあり、軽食を取ることもできる。

● MAP 5-C1

🏠 4 Blenheim Crescent, W11 1NN
📞 7221 1992　営 火～土 10：00～18：00
休 月・日・祝、12/24～年末年始の10日間、8月後半の3週間
💳 AJMV　🚇 Ladbroke Grove／Notting Hill Gate
URL www.booksforcooks.com

オービタル・コミックス　Orbital Comics　コミック

欧米のコミックのほか、ビンテージコミックやマンガ、フィギュアもあり。入口は狭いが、内部はけっこう広い。奥にはギャラリーもあり、英国コミックの紹介など、各種イベントが開催される。

● MAP 12-B2

🏠 8 Great Newport St., WC2H 7JA
📞 7240 0591
営 月～土 10：30～19：00（水・木～19：30）　日 11：30～17：00
休 一部の祝
💳 AMV　🚇 Leicester Sq.
URL www.orbitalcomics.com

ブックアート・ブックショップ　Bookart Bookshop　本

アーティストによる手作りの少部数の本を中心に販売。さまざまな本がところ狭しと棚に並び、独自の世界を展開。新しいカルチャーが生み出される、オールド・ストリート界隈らしい書店。

● MAP 4-C2

🏠 17 Pitfield St., N1 6HB　📞 7608 1333
営 木～土 12：00～18：00
休 日～水、祝、8月、12/23～1/2
都合により営業日時が変わることもあるので要確認
💳 AMV　🚇 Old St.
URL www.bookartbookshop.com

便利なショッピングモール＆
巨大ショッピングセンター ウエストフィールド

　ロンドン中心部には、ショップやレストランが集まったモールが増えてきている。
　カーナビー・ストリート沿いの**キングリー・コート Kingly Court** ● MAP 11-D1や、キングス・ロード沿いの**デューク・オブ・ヨーク・スクエア** ● MAP 9-D2は、比較的大きなモール。ほかにも、**セント・マーチンズ・コートヤード St Martin's Courtyard** ● MAP 12-C2のような小規模なモールもある。どこもセレクトされたショップやレストランが集まっているので、休憩がてら立ち寄ってみるのもいい。
　また、何でも揃う巨大ショッピングセンター、**ウエストフィールド Westfield**も、話題のショッピングポイント。シェパーズ・ブッシュ ● MAP 5-A2とオリンピック・スタジアム近くのストラトフォード ● MAP 広域図-E1に店舗がある。

シェパーズ・ブッシュ店は、まるまる1棟がデパートのジョン・ルイスになるなど、近年増築工事が施された。バーバリーなどの高級ブランドショップのほかにも、リース、ウィッスルズ、ジュエリーと小物のアクセサライズといったブリティッシュブランドから、ハビタやヒールズなどのインテリアショップまで入っている。スーパーはウエイトローズにM＆S、ドラッグストアはスーパードラッグにブーツ。どれも大型ショップで品揃えもいい。ショップ数300以上というショッピングパラダイスではあるが、地下鉄ひと区間くらいある巨大施設を歩き回ることになる。フードコートも充実しているので1日ショッピングに励むのもいいが、ウェブサイトで気になるブランドをチェックして狙いを絞ってから行くのもあり。URL uk.westfield.com/london

キングリー・コート内は中庭のよう

デューク・オブ・ヨーク・スクエア

ウエストフィールドのフードコート

301

レコード・CD・玩具など

ラフ・トレード・ウエスト　Rough Trade West　レコード・CD

1976年創業、パンクの流行とともに、インディペンデント・レーベルの先駆けとなった「ラフ・トレード」の店。ポートベロー・マーケットの近く。イースト・ロンドンのブリック・レーンに支店あり→P.208。

📍 MAP 5-C1

🏠 130 Talbot Rd., W11 1JA
📞 7229 8451
営 月～土 10：00～18：30
　 日 11：00～17：00
休 一部の祝　CC AMV
🚇 Ladbroke Grove／Notting Hill Gate
URL www.roughtrade.com

フォップ　Fopp　レコード・CD

ピーク時には国内に50店舗あったという、インディなレコード店。お値うちなセカンドハンドのレコードやCDのほか、DVDも揃っているので、音楽好きのみならず、映画好きも訪れてみる価値あり。

📍 MAP 12-B1

🏠 1 Earlham St., WC2H 9LL
📞 0333.3238418
営 月～土 10：00～21：00(木～土 ～22：00)　日 12：30～18：30
休 一部の祝
CC MV　🚇 Covent Garden
URL www.fopp.com

レイズ・ジャズ・ショップ　Ray's Jazz Shop　レコード・CD

あわや閉店の危機をフォイルズ書店に助けられたジャズ専門店。新旧のジャズCDやレコードはもちろんのこと、ブルースやスカも。2014年のフォイルズ移転にともない、スペースが縮小された。

📍 MAP 12-B1

🏠 2rd floor, 107 Charing Cross Rd., WC2H 0DT (フォイルズ内)
📞 7440 3205　営 月～土 9：30～21：00　日 11：30～18：00(12：00までは商品を見るだけ)
休 一部の祝　CC AMV
🚇 Tottenham Court Rd.／Leicester Sq.
URL www.foyles.co.uk/rays-jazz-music

ベンジャミン・ポロックス・トイショップ　Benjamin Pollock's Toyshop　玩具

小さな店にはレトロな玩具がぎっしり。芝居にちなんだ紙のおもちゃを作り続けたポロックさんの志が、今も受け継がれているかのような楽しいショップ。コヴェント・ガーデン・マーケット内にある。

📍 MAP 12-C2

🏠 44 The Market, Covent Garden, WC2E 8RF　📞 7379 7866
営 月～水 10:30～18:00　木～土 10:30～18:30　日 11:00～18:00
休 一部の祝　CC AJMV
🚇 Covent Garden　URL www.pollocks-coventgarden.co.uk

ハムレーズ　Hamleys　玩具

地階から5階まで、楽しさぎっしりのおもちゃのデパート。イギリスで一番有名なおもちゃ屋さんといっていいだろう。パディントンからラジコンやドローンまであって、子供も大人も楽しめる。

📍 MAP 7-A1 11-D1

🏠 188-196 Regent St., W1B 5BT
📞 (0371)704 1977
営 月～金 10：00～21：00　土 9：30～21：00　日 12：00～18：00
休 一部の祝
CC AMV　🚇 Oxford Circus
URL www.hamleys.com

オークズ・ネスト　Orc's Nest　ゲーム

1987年から続くゲーム専門店。ゲームに関連した雑誌や模型も並ぶ。広いフロアではないが、吹き抜けの空間にギッシリとゲームの箱が詰め込まれている。店員は親切に対応してくれる。

📍 MAP 12-B1

🏠 6 Earlham St., WC2H 9RY
📞 7379 4254
営 月～土 11：00～18：30
(木～19：00、土～18：00)
休 日・祝　CC AJMV
🚇 Leicester Sq.
URL www.orcsnest.com

スポーツ用品・傘など

ナイキタウン　Nike Town　　スポーツ用品

オックスフォード・サーカスのコーナーにある大型ショップで、ナイキのヨーロッパ向け製品の多くが売られている。要望を伝えれば、専門のナイキスタッフが商品説明やおすすめを紹介してくれる。

MAP 11-C1
住 236 Oxford St., W1C 1DE
☎ 7612 0800
営月～土 10：00～21：00（土 9：00～）　日 11：30～18：00
休 一部の祝　CC AJMV
⊖ Oxford Circus
URL www.nike.com/gb/en_gb

フリード　Freed　　スポーツ用品

1929年創業のプロのダンスシューズ専門店。特に機能美を追求したダンスシューズは伝統的な手法を使った手作りの品。バレエやダンス用だけでなく、町を歩くのに履いてもおしゃれな靴もある。

MAP 12-C2
住 94 St. Martin's La., WC2N 4AT
☎ 7240 0432
営月～金 9：30～17：30
土 10：00～16：30
休 日・祝
CC AJMV　⊖ Leicester Sq.
URL www.freedoflondon.com

EB マウンテン・スポーツ　Ellis Brigham Mountain Sports　　スポーツ用品

アウトドア用品専門店。登山や旅行用品もあるので、デイパックなど、ちょっとしたリュックを探すのにもいい。品揃え豊富なスノーボードなど、ウインタースポーツファンも見逃せない。

MAP 12-D2
住 Tower House, 10-12 Southampton St., WC2E 7HA　☎ 7395 1010
営月～金 10：00～20：00
土 10：00～19：00　日 11：30～17：30
祝 11：00～19：00　休 一部の祝
CC AMV　⊖ Covent Garden
URL www.ellis-brigham.com

アップル・ストア　Apple Store　　コンピューターなど

アップル社のロンドンでのフラッグシップストア。新製品などがズラッと並び、欧州限定販売のコンピューターバッグやソフトウエア、小物類が手に入るのも魅力。店内はWi-Fi使用可。

MAP 11-C1
住 235 Regent St., W1B 2EL
☎ 7153 9000
営月～土 10：00～21：00（土 ～20：00）
日 12：00～18：00
休 一部の祝　CC AMV
⊖ Oxford Circus
URL www.apple.com/uk/retail

ジェームズ・スミス＆サンズ　James Smith & Sons Ltd.　　傘

雨の多いロンドンでは、傘は必需品。ここは1830年創業という歴史ある傘と杖の老舗で、今も地下の工房で職人たちが作業している。常時1000本ものストックがあり、修理も頼める。

MAP 7-C1
住 53 New Oxford St., WC1A 1BL
☎ 7836 4731　営月～土 10：00～17：45（水 10：30～、土～17：15）
変更もあるので要確認
休 日・祝　CC AJMV
⊖ Tottenham Court Rd.
URL www.james-smith.co.uk

ブランドものからおみやげまで買える

コヴェント・ガーデン→P.82のマーケットに行ってみました。中に入ってビックリ。シャネルやディオールといった高級ブランドのショップもありますし、紅茶やコスメの店も。大道芸の人たちを囲み楽しく過ごすこともできます。（群馬県　たくみん　'18）['19]

食料品

プレスタット Prestat　　チョコレート

1902年創業の王室御用達店。手作りチョコレートの店で、いろいろな種類のトリュフを箱詰めしてもらえる。イギリスらしいパッケージの板チョコや箱詰めチョコは、おみやげにも最適。

MAP 11-D3
住 14 Princes Arcade, SW1Y 6DS
☎ 7494 3372
営 月～金 9：30～18：00
土 10：00～17：00　日 11：00～16：30
休 祝　CC AJMV
⊖ Piccadilly Circus／Green Park
URL www.prestat.co.uk

ロココ・チョコレート Rococo Chocolates　　チョコレート

こだわり抜いた素材と製法に加え斬新なフレーバーもある手作りチョコレート。おしゃれなパッケージも魅力。コヴェント・ガーデン ●MAP 12-C1やノッティング・ヒル●MAP 5-C1などにも店舗あり。

MAP 2-D3
住 3 Moxon St., W1U 4EW　☎ 7935 7780　営 月～土 10：00～18：30
日 10：00～17：00
休 一部の祝、クリスマス～年末年始
CC AJMV
⊖ Baker St.／Regent's Park
URL www.rococochocolates.com

シャボネル・エ・ウォーカー Charbonnel et Walker　　チョコレート

1875年の創業以来、伝統的な手法で作られたチョコレートを王室にも提供する王室御用達店。ピンクシャンパンを使ったトリュフや、ユニオンフラッグの箱入りトリュフもおみやげにぴったり。

MAP 11-D3
住 One The Royal Arcade, 28 Old Bond St., W1S 4BT　☎ 7318 2075
営 月～土 9：30～18：30
日 12：00～17：00
休 一部の祝　CC AMV
⊖ Green Park
URL www.charbonnel.co.uk

パートリッジ Partridges　　食料品

王室御用達の食料品店。小規模だが、オリジナルの食料品、お菓子、紅茶のほか、イギリスをはじめ世界中から最高級の食品をセレクトしている。土曜は店の前でフードマーケットもある。→P.310

MAP 9-D2
住 2-5 Duke of York Sq., SW3 4LY
☎ 7730 0651
営 毎日 8：00～22：00　クリスマス前から年末年始までは変更もあり
休 一部の祝
CC ADJMV　⊖ Sloane Sq.
URL www.partridges.co.uk

ポストカード・ティーズ Postcard Teas　　お茶

世界各地のお茶を集めた専門店。紅茶はもちろんのこと緑茶や白茶などもある。オーナーが集めたポストカードをパッケージの絵柄にしており、小箱を郵送できるポストカードティーもある。

MAP 11-C1
住 9 Dering St., W1S 1AG
☎ 7629 3654
営 月～土 10：30～18：30
（土 11：00～）
休 日・祝　CC AJMV
⊖ Bond St.／Oxford Circus
URL www.postcardteas.com

H.R.ヒギンズ H.R. Higgins　　コーヒー・紅茶

エリザベス女王御用達のコーヒーと紅茶の専門店。1942年創業の老舗で、初代の社長はコーヒー・マンという称号をもつコーヒーの権威だった。地下にはコーヒー＆ティールームもある。

MAP 11-B1
住 79 Duke St., W1K 5AS
☎ 7629 3913
営 月～土 8：00～18：00（土 10：00～）
休 日、一部の祝
CC AMV
⊖ Bond St.
URL www.hrhiggins.co.uk

■ ティー・ハウス The Tea House　　　　　　　　お茶

紅茶はもちろん、中国茶や日本茶も買えるお茶の店。カモミール、ジンジャー＆レモン、デトックス茶などのハーブティーのほか、アプリコット、ストロベリーなどのフレーバーティーもおいしい。

- MAP 12-C1
- 住 15 Neal St., WC2H 9PU
- ☎ 7240 7539
- 営 月〜土 10：00〜19：00（木〜土〜20：00）日 11：00〜19：00
- 休 一部の祝　CC AMV
- ⊖ Covent Garden
- URL www.theteahouseltd.com

■ ウィッタード Whittard　　　　　　　　お茶・コーヒー

紅茶とコーヒーの専門店らしく、セレクトされたフリーテイスティングの人気が高い。かわいい絵柄のティーポット、マグなどもある。地階にはアフタヌーンティーができるティーバーもあり。

- MAP 12-C2
- 住 9 The Marketplace, The Piazza, WC2E 8RB　☎ 7836 7637
- 営 毎日 9：30〜21：00（水〜18：00）
- 休 一部の祝
- CC ADJMV
- ⊖ Covent Garden
- URL www.whittard.co.uk

■ ハロッズ Harrods　　　　　　　　お茶・コーヒー

老舗デパートの地下階中央に位置するフードホールの一角には、専属の茶園からの紅茶を含めた、たくさんの種類の茶葉やコーヒー豆が揃っている。銅製の紅茶缶も並んでいる。

- MAP 6-C3
- 住 87-135 Brompton Rd., SW1 7XL
- ☎ 7730 1234　営 月〜土 10：00〜21：00　日 11：30〜18：00（12：00までは見るだけで購入不可）
- 休 一部の祝
- CC ADJMV　⊖ Knightsbridge
- URL www.harrods.com

■ トワイニング R.Twining and Company　　　　　　　　紅茶

1709年開店、創業300年以上の伝統を誇る紅茶ブランド。木箱に自分でお気に入りの紅茶を詰めたセットを作ることもできる。奥には、テイスティングができるティーバーもある。

- MAP 7-D1
- 住 216 Strand, WC2R 1AP
- ☎ 7353 3511
- 営 月〜金 9：30〜19：30　土・日 11：00〜18：00
- 休 祝　CC AMV
- ⊖ Temple
- URL www.twinings.co.uk

■ パクストン＆ウィットフィールド Paxton and Whitfield　　　　　チーズ

1797年創業、王室御用達のチーズの老舗。250種類以上のチーズが揃う。チェダー、スティルトン、チェシャー、ブリーなどのチーズのほか、クラッカーやハム、スモークサーモンなど盛りだくさん。

- MAP 12-A3
- 住 93 Jermyn St., SW1Y 6JE
- ☎ 7930 0259　営 月〜土 10：00〜18：30　日 11：00〜17：00　休 一部の祝
- CC AJMV　⊖ Piccadilly Circus／Green Park
- URL www.paxtonandwhitfield.co.uk
- チェルシー店　● MAP 9-C2
- 住 22 Cale St., SW3 3QU

■ クラークス Clarke's　　　　　　　　食料品

イギリス国内の農場から直送の野菜や果物、チーズ、ジャムなど、グルメな食材があふれている。ベーカリーで焼かれるパンやローストチキンパイ、ペストリーのほか、スープやサラダなども人気。

- MAP 5-D2
- 住 1 Campden St., W8 7EP
- ☎ 7229 2190
- 営 月〜金 8：00〜20：00　土 8：00〜17：00　日 9：00〜16：00
- 休 祝　CC ADMV
- ⊖ Notting Hill Gate
- URL www.sallyclarke.com

ビスケッターズ Biscuiteers　　菓子

> MAP 5-C1

粉砂糖や卵白や水を練り混ぜて作った、色とりどりの砂糖の衣をつけたアイシングビスケットの店。テーマごとに缶に詰めてある。奥にはアイシング体験ができる（要予約）小さなカフェも。

- 194 Kensington Park Rd., W11 2ES
- 7727 8096
- 営 月～土 10：00～18：00 日 11：00～17：00
- 休 一部の祝　CC AJMV
- Ladbroke Grove
- URL www.biscuiteers.com

ミスター・クリスチャンズ Mr. Christian's　　パン

> MAP 5-C1

50種類ものパンがストックされているという、ポートベローで人気のデリ。早起きして焼きたてのパンを朝食にどうぞ。チーズやハム、野菜にいたるまで、吟味した食材を使っている。

- 11 Elgin Crescent, W11 4LJ
- 7229 0501
- 営 月～金 7：30～19：00　土 7：30～18：30　日 9：00～17：00
- 休 一部の祝　CC AMV
- Notting Hill Gate／Ladbroke Grove
- URL www.mrchristians.co.uk

ハーディーズ Hardy's　　菓子

> MAP 12-C2

イギリスの昔懐かしい駄菓子を集めた店。ハリー・ポッターのチョコレートフロッグやジェリースラッグなどのほか、ロンドンらしい絵柄の缶に入ったキャンディやチョコはおみやげにも最適。

- 25 New Row, WC2N 4LA
- 01992.568603（カスタマーサービス）
- 営 11：00～20：00（日～18：00）
- 休 祝、クリスマス前後～年始
- CC MV
- Covent Garden
- URL www.hardyssweets.co.uk

ジョン・ルイスのフードホール John Lewis　　食料品

> MAP 7-A1 11-C1

高級スーパー Waitrose の経営で、小さいながらも質が高い。レンジで温めてすぐ食べられるグルメ食からデリに鮮魚まで取り揃えられている。トップバイヤーが選ぶお手頃ワインなどもぜひ試したい。

- 300 Oxford St., W1A 1EX
- 3073 0504
- 営 月～土 8：30～20：00（木 ～21：00、土 9：30～）　日 12：00～18：00
- 休 一部の祝　CC AMV
- Oxford Circus
- URL www.waitrose.com

ベンズ・クッキーズ Ben's Cookies　　菓子

> MAP 11-D1

直径10cmくらいの大きな焼きたてクッキーの店。保存料、添加物、着色料を使っておらず、しっとりとしたソフトな食感。1枚ずつ紙の袋に入れてくれるので、ちょっとしたおやつにちょうどいい。

- 35-36 Great Marlborough St., W1F 7JF
- 7734 8846　営 月～土 10：00～20：00　日・祝 11：00～19：00　休 一部の祝
- CC MV　Oxford Circus
- URL www.benscookies.com
- コヴェント・ガーデンのマーケット内やボンド・ストリート駅前などにもある

CLOSE UP

皇太子のブランド ダッチー・オリジナル＆ハイグローヴ

「Duchy Originals」は、文化遺産や地元の産業を守ることと、環境問題対策などに力を注ぐチャールズ皇太子が立ち上げたオーガニックブランド（現在はウエイトローズと合体して Waitrose Duchy Originals）。環境にも優しい製法のオーガニックの食品は、野菜やミルクまである。なかでも紅茶とビスケットは、味も質もよく、おみやげにも好評。

さらに、コッツウォルズの町テットベリー→P.354にある皇太子の居所ハイグローヴ邸の名を冠したブランド「Highgrove」もある。こちらは、フォートナム＆メイソンなどで購入可能。

SHOPPING

倫敦の中の Nippon

● 日本の食材、総菜

らいすわいんショップ
日系の店がいくつかある通り沿い。
◆ MAP 11-D2　住 82 Brewer St., W1F 9UA
☎ 7439 3705　営月〜土 10：00〜21：00
日 12：00〜20：00　休 一部の祝　⊖ Piccadilly Circus　URL www.ricewineshop.com

ナチュラル・ナチュラル Natural Natural
野菜、鮮魚に加え、お弁当などの総菜もできるだけ有機農法、無添加の素材を使っている。イーリング・コモン店もある。
◆ MAP 1-A2　住 1 Goldhurst Terrace, NW6 3HX
☎ 7624 5734　営毎日 9：00〜19：00（日 10：00〜）
休 一部の祝（要確認）　⊖ Finchley Road
URL www.natural-natural.co.uk

ポチ Pochi
「ポチ」というかわいい名前で「そぼろ丼」をロンドンっ子に紹介したストリートフード屋台。ポーク、鮭となす（ベジタリアン）の3種類だけで優しい味。半分ずつ違うハーフ＆ハーフも頼める。出店先はウェブサイトのカレンダーでチェック。
URL www.pochigohan.com

ジャパン・センター Japan Centre Panton Street
日本のカップ麺も並ぶが、デパ地下のような感じで、現地の人向けに、おしゃれにラッピングしたお茶や陶器なども。パックの寿司も扱っている。たこやきやラーメン、うどん、そば、丼ものなどをセルフサービスで購入するフードコートは大人気。
また、巨大ショッピングセンターのウエストフィールド→P.301内（⊖ White City ／⊖ Wood Lane 側）にも、2018 年に「Ichiba」という名の同じような日本食品店＆フードコートをオープンした。
◆ MAP 12-B3　住 35b Panton St., SW1Y 4EA
☎ 3405 1246　営月〜土 10：00〜21：30　日 11：00〜20：00　休 一部の祝　⊖ Piccadilly Circus
URL www.japancentre.com

［番外編］スーパーの中の Nippon

規模の大きなスーパーでは、日清のカップヌードルやカップ焼きそば、出前一丁のイギリス版を扱っていることもある

寿司などもある、らいすわいんショップ　　ヨーロッパ最大規模のIchibaのフードコート　　現地の人にも人気のジャパン・センター

● めがね、雑貨、小物など

パリーミキ Paris Miki
めがねのご用ならここへ。いざというときに便利。
◆ MAP 11-A1　住 19 Duke St., W1U 1DJ
☎ 7935 1341　営月〜土 10：00〜19：00
休 日・祝　⊖ Bond St.　URL parismikiuk.com

ジャパン・ハウス Japan House London
日本文化を広めるためのヨーロッパの拠点として、2018 年にオープン。「こんないいものあったの？」と日本人が見ても思うような、クオリティの高い品を、広々とした空間で吟味して購入できる。ギャラリーもあり、上階は和食レストランになっている。
◆ MAP 5-D3　住 101-111 Kensington High St., W8 5SA　☎ 3972 7100　営月〜土 10：00〜20：00　日

ジャパンプロダクトのよさがわかるジャパン・ハウス内

祝 12：00〜18：00　イベントなどにより変更もあるので要確認　休 一部の祝
⊖ High Street Kensington
URL www.japanhouselondon.uk

307

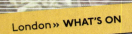

London » WHAT'S ON

今、イキがいいマーケットはどこ？

手作りのバッグやドレスを見たり、作り手と買い手が話をしたり、おいしそうな食べ物を味わったりして、町なかのショップとはひと味違ったショッピングを楽しめる。ロンドンにはそんなマーケットがいくつもあるから、自分の好みに合わせて出かけてみよう。

イースト・エンドでも話題の的
ブロードウエイ・マーケット Broadway Market

イースト・エンドの北部、ブロードウエイという通りに食材や食べ物のストールがギッシリと並ぶ。服や雑貨のストールもあり、規模は小さいけれど、活気に満ちていて、とても楽しいマーケット。マーケットの通り周辺にあるカフェや小さなショップ巡りも楽しいし、キングス・クロス駅北側へとリージェンツ運河の散歩もできる。

● MAP 中央部-D1
住 Broadway, E8 4PH　営 土 9:00～17:00
⊖ 地上線 London Fields
URL broadwaymarket.co.uk

左上…手作りのドレスの店の隣にはギターの店
下…マーケットの南端にクロスするリージェンツ運河
左下…マーケットオリジナルのバッグもいろいろある
右下…ランチを買って北側にある公園で食べるのもいいかも

🔴 クラフト系の品を探すならココ！
サンデー・アップマーケット　Sunday Upmarket

イースト・エンドにあり、手作り感を一番感じるマーケット。古着やバッグ、ジュエリーなど、さまざまなストールが並ぶ。エスニックフードやケーキのストールも充実していて、そちらも楽しみ。向かいにもバックヤード・マーケットが出ている。

📍 MAP 4-D3
🏠 The Old Truman Brewery, 91 Brick Lane, E1 6QL　☎ 7770 6028
🕐 土 11:00〜17:30　日 10:00〜18:00
🚇 Aldgate East／Liverpool St.
🔗 www.sundayupmarket.co.uk

左上…気に入ったお店があるかどうかチェック！
左中…手作りの服やバッグがかわいい！
左下…中華料理の出店
下…エスニック料理もいろいろ

🔴 おいしいものがたくさん！
バラ・マーケット　Borough Market

オーガニック食品はもちろん、イギリスのみならず、ヨーロッパ中から届く、吟味された食材のストールが並ぶ。それに交じって、おいしそうなサンドイッチやケーキも。土曜がおすすめ。テムズ河畔の見どころにも近いから、とても便利。

📍 MAP 8-B2
🏠 8 Southwark St., SE1 1TL　☎ 7407 1002
🕐 月〜木 10:00〜17:00　金 10:00〜18:00
　土 8:00〜17:00　月・火は出店数が少ない
🚇 London Bridge
🔗 www.boroughmarket.org.uk

左上…野菜の店には日本ではあまり見かけないルバーブも
左中…秋から冬に出る甘くてあったかいワインなどの屋台
左下…人気のトースティッド・チーズ・サンドイッチの屋台
下…食べるのがもったいない？ フクロウのショートブレッド

WHAT'S ON

今、イキがいいマーケットはどこ？

CLOSE UP

おいしいストリートフードを楽しもう！

　ロンドンでどんどん増えているのが、食べ物屋台が並ぶフードマーケット。ストリートマーケットと合体している場合もあるし、食べ物屋台だけが固まっているフードマーケットだけのことも。
　料理の種類は、イタリアン、エスニック、グルメバーガーなんかが多くて、野菜たっぷりのものがあるのもうれしい。ほかにも、特製チップス（フライドポテトのこと）、おいしそうな焼き菓子など、多種多様。イーストロンドンのブリュワリーで醸造されたクラフトビールを売っていたり、座る場所が設けられているマーケットもある。
　営業する曜日や時間は、移動屋台（トレーダーという）によって違うことが多いが、だいたいランチタイムが盛況。また、移動屋台なので、いつも同じ場所に同じ屋台が出るとはかぎらない。
　下記フード・マーケット以外にも、セブン・ダイヤルズ・マーケット→P.232のほか、P.308～318のマーケットの多くで、食べ物屋台も出ている。

スコッチエッグ＆サラダ

イタリアンのブルスケッタ

フラット・アイアン・スクエアの屋内カフェ

メキシカンの鶏とサラダ

インドのベジタリアンサモサ

ロンドン北部ハックニー産のジンジャービールやレモネード

ファイン・フード・マーケットに出ていた生ガキが食べられる屋台

フード・マーケット4選

●サウスバンク・センター・フードマーケット Southbank Centre Food Mraket
ロイヤル・フェスティバル・ホールの裏側にある。テムズ南岸散策の途中に立ち寄るのに最適。
🗺 MAP 7-D2
🕐 金～日 12:00～20:00（土11:00～、日・バンクホリデーの月曜～18:00）
🚇 Waterloo
🔗 www.southbankcentre.co.uk/visit/cafes-restaurants-bars/scfood-market

●ファイン・フードマーケット Fine Food Market
サーチ・ギャラリー→P.177があるデューク・オブ・ヨーク・スクエアで開催。王室御用達の食料品店パートリッジ→P.304の主催で、店の前の広場に屋台が並ぶ。
🗺 MAP 9-D1
🕐 土 10:00～16:00
🚇 Sloane Sq.
🔗 www.dukeofyorksquare.com/food-and-dining/categories/fine-food-market

●ストリート・フード・ユニオン Street Food Union
ルパート・ストリートRupert St.に屋台が出る。座れる席も少し用意されている。北側のバーウィック・ストリートにもマーケットがあるが、通り名が変わるあたりの建物に、妖しい大人の店があるので少し注意を。
🗺 MAP 12-A2
🕐 火～金 11:30～14:30
🚇 Piccadilly Circus / Leicester Sq.
🔗 www.streetfoodunion.com

●フラット・アイアン・スクエア Flat Iron Square
屋台のほか、バーやレストランもある。イベントやライブなども開催される、ガーデン付きのスペース。併設のライブハウス、オミーラ Omeara→P.206 も話題を集めている。
🗺 MAP 8-B2
🕐 トレーダーによって日時は違うが12:00～15:00は多くの店が営業
🚇 Sloane Sq.
🔗 www.flatironsquare.co.uk

ショッピングセンターのフードコートもおすすめ！

　巨大ショッピングセンター、ウエストフィールド→P.301にも、フード・マーケットと同じように、セルフサービスで買って気軽に食べられる、フードコートがある。ファストフード系ベトナミーズのフォー Pho やレバノン系のコンプター・レバニーズ→P.247、角煮をバンスに挟んだ飲茶などが揃うマスター・バオ Master Bao といった各国料理のほか、ピザ、カフェなど、なんでもありで超便利。

煮込んだ肉と野菜を挟んだバオ

フォーにて揚げ豆腐と野菜たっぷりご飯

コンプター・レバニーズ

SHOPPING

マーケット

アンティークのアクセサリーに、小物に古着。
小さな日用雑貨から、はては家具まで何でもある。それがロンドンのマーケット。
一度行くと、もうやみつきになる。ただ、スリだけには十分ご用心を。

マーケット探訪へGO！

ヨーロッパののみの市のなかでも、ロンドンのマーケットのおもしろさはずば抜けていると評判が高い。古いものを価値あるものとして永く愛用するというイギリス人気質が、のみの市を魅力的なものに育て上げたのだろう。

古着を自分に合ったスタイルで着こなし、アンティークのアクセサリーを身につけ、さらに家具や日用雑貨もすべてのみの市で揃えてしまう、そんなロンドンっ子が少なくない。古いアクセサリーや小物を自分流にコーディネートして、チープシックなおしゃれを楽しむことが定着している。古い物をリサイクルして生活に生かすということを、みんな心から楽しんでいるのだ。

もうひとつの魅力は、見るだけでもおもしろいということ。歩き回って手で触れて、ひやかし交じりの会話をかわす。腕次第ではかなり値切ることも可能。ただし、値切ることばかりに熱中して、大切な軍資金（？）をなくしたりしないようにご注意。どこも、スリやひったくりの格好の仕事場。また、まがいものもないとはいえないから、買うときは、納得がいくまで見せてもらおう。

ストールとは？
イギリスのマーケットで欠かせない言葉がストール Stall。ひとつひとつの露店のことを指している。ちなみに、スツールと発音してしまうと「便器」とか「お通じ」「フン」といった意味になってしまうので気をつけたい。

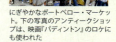

にぎやかなポートベロー・マーケット。下の写真のアンティークショップは、映画『パディントン』のロケにも使われた

CLOSE UP

屋内のアンティークマーケット

アルフィーズ Alfies
1976年オープンだが、再び注目を浴びているアンティークの館。レトロなドレス「バーレスク」（古いキャバレー）スタイルを愛するヤングがここに集まるようになってにぎやかになった。家具などインテリア用品もある。屋上のカフェは気持ちいい。
➡ MAP 2-B2　🏠 13-25 Church St., NW8 8DT
📞 7723 6066　⏰ 火～土 10：00～18：00
休 日・月・祝、12/25～1/4　営休は店により異なる
🚇 Marylebone ／ Edgware Rd.
🔗 www.alfiesantiques.com

アルフィーズ

グレイズ・アンティーク・センター
Grays Antique Centre
なかなかの掘り出し物に出合える可能性が極めて高い。約200の銀、家具、ガラス製品、陶磁器の店が並ぶ。高価な品も多く、アンティークのジュエリーが好きな人にはパラダイスかも。
➡ MAP 11-B1
🏠 58 Davies St., W1K 5LP　📞 7629 7034
⏰ 月～金 10：00～18：00　土 11：00～17：00
休 日　営休は店により異なる　🚇 Bond St.
🔗 www.graysantiques.com

指輪やカフリンクスなどの品揃えもいい

カムデン・ロック・マーケット　Camden Lock Market　　▶ MAP 1-D3 P.313

ロンドンの若者たちに人気が高いストリートマーケット。特に日曜はロンドンっ子と観光客でごった返している。スリにはくれぐれも気をつけよう。
地下鉄ノーザン・ラインのカムデン・タウンCamden Town駅を出て、カムデン・ハイ・ストリートCamden High St.を歩いていくと、古着、エスニックな小物、タトゥーの店、ポップな靴の店などが並ぶ。店の看板もにぎやかで、ロンドンの原宿・竹下通りという感じの雰囲気。
リージェンツ運河を越えると、左側にあるのがカムデン・ロック・マーケット。このあたりが、このストリートマーケットの中心地。アクセサリー、古着など、数えきれないほどのストールがある。おなかがすいたら、食べ物のストールが並ぶKERB運営のフードコートへ。おいしい屋台が揃っている。
また、独特の雰囲気をもつステーブルズ・マーケットに立ち寄ってみるのも楽しい。アーリーアメリカンやアール・デコの雑貨を扱うストール、英国の古いボードゲームを売るストールなどが並ぶこともあり、食べ物屋台も出ている。
ちなみに、この周辺は、マーケットを含む再開発の計画があり、ストールの今後の行方が気がかりでもある。

アンティーク、日用雑貨、衣類
🏠 Camden Lock Place, NW 1　　🕐 毎日 10:00～18:00頃(店により異なる。食べ物屋台は夜までのところもある)　※にぎやかなのは土・日
🚇 Camden Town　🔗 camdenmarket.com

アップル・マーケット　Apple Market　　▶ MAP 12-C2

コヴェント・ガーデン→P.82のThe Market内なので、中心部にあり便利。コヴェント・ガーデン駅を出ると、すぐ目につくドーム形の建物内で開催している。かつての映画『マイ・フェア・レディ』に出てくる市場に似せて造られており、高い天井の下には、さまざまな露店がひしめき合っている。セーター、バッグ、アクセサリーといった身につけるものや、手作りの品など多種多様。マーケット以外にもカフェやレストランから、紅茶や雑貨、ブランド品まで、さまざまなショップが勢揃い。雨の日でもOKなのもうれしい。
マーケットの内外では、大道芸人が、お得意の芸を披露していることもあり、楽しげな笑い声や歓声があちこちから聞こえてくる。

ドームの隣はジュビリー・マーケットで、月曜はアンティーク&コレクタブル、火～金曜はジェネラルマーケット、土・日曜はアート&クラフト。
また、コヴェント・ガーデン駅、北東のセブン・ダイヤルズSeven Dials、ニール・ストリートNeal St.周辺は、ロンドンの売れ筋ショップが並ぶ一大ショッピングエリア。自然派コスメの店ニールズ・ヤード・レメディーズ発祥の地、ニールズ・ヤードもすぐ近くにある。

手作り製品、ギフト、アンティークなど
🏠 The Market Bldg., WC2E 8RF
🕐 毎日 10:00～18:00　🚇 Covent Garden
🔗 www.coventgarden.london/markets
🔗 jubileemarket.co.uk

ポートベロー・マーケット　Portobello Market

MAP 5-B1~C1 P.315

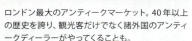

ロンドン最大のアンティークマーケット。40年以上の歴史を誇り、観光客だけでなく諸外国のアンティークディーラーがやってくることも。
ノッティング・ヒル・ゲイト Notting Hill Gate 駅側からアンティーク市が始まり、中ほどになると青果や食料品、そしてラドブローク・グローブ Ladbroke Grove 駅近くは古着や日用雑貨、洋服のストールと、大まかに3つのパートに分かれている。アンティーク市には年代物の家具、陶器や銀食器といった価値の高いものから、正体不明のガラクタまで並んでいる。ストイックに掘り出し物を見つけようという人は、観光客が多くなる11:30より前、朝早めに行くのがベスト。通り沿いにあるアンティークアーケードにも、たくさんの店が入っている。

アンティーク、日用雑貨、衣類
住 Portobello Rd., W11　営 メインマーケット土 9:00頃〜19:00頃(金曜にもアンティークの屋台が少し出る。ほかの曜日にも、野菜・フルーツ、グッズなど、数は少ないが屋台が出る。8月末のノッティングヒル・カーニバル時は多くのショップが閉店)
⊖ Notting Hill Gate ／ Ladbroke Grove
URL www.portobelloroad.co.uk

かわいい小物もいっぱい 品定めも楽しい

カムデン・パッセージ　Camden Passage

MAP 4-A1

カムデンと聞いて、カムデン・ロック・マーケット(→P.312)に行かないように。ここはエンジェル Angel の駅を出て、アッパー・ストリート Upper St. を少し上がった所。もともとアンティークショップが多かった地域で、Upper St. から一本入った閑静な場所にあるため、落ち着いて掘り出し物を探せる。丹念に磨かれた数多くの銀食器と、それを静かに売るストーラー(ストールの売り手)たち。古いものをいつまでも大切にする、イギリス人気質がひしひしと伝わってくる小さなマーケットだ。
Upper St. をさらに北上した通り沿いに、雑貨の店などがいくつかあるので立ち寄ってみるのもいい。また、少し足を延ばして、リージェンツ運河沿いを散歩するのも気持ちがよさそう。

アンティーク、アクセサリー、家具
住 Camden Passage, Islington High St., N1
営 水・土 9:00〜18:00頃(場所やストールによって日時が少しずつ違う)　3ヵ所に小さなマーケットが出ていて、日曜も上記以外の曜日に出るストールもある。木・金には古本のストールが出ることも多い。ベストタイムは9:30〜ランチタイムぐらい。
⊖ Angel
URL www.camdenpassageislington.co.uk

細い路地のような通りで カフェなどもある

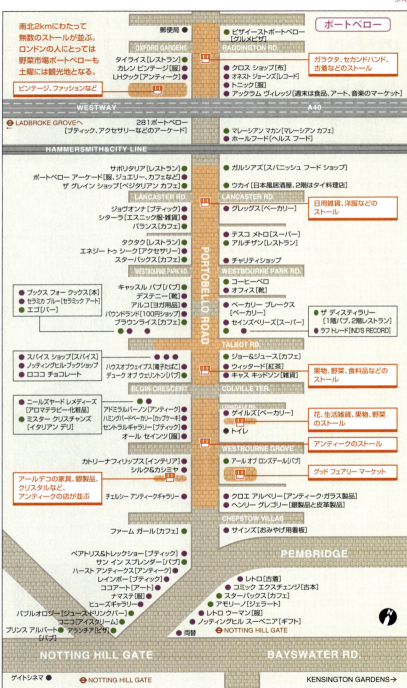

ペチコート・レーン(サンデー)・マーケット　Petticoat Lane (Sunday) Market　● MAP 4-D3 8-D1

昔から、ポートベローとともに、ロンドンを代表するのみの市といわれてきた。17世紀にここに住み着いたフランス人(ユグノー)の絹織物技術者たちが、ペチコート作りのスペシャリストだったことから、ペチコート・レーンの名がついた(現在、通り名はミドルセクス・ストリート Middlesex St.と改名されている)。ペチコート・レーンという名にふさわしく衣料品が充実している。お値うちな衣類のほか、革製品、アジアやアフリカ風のファブリックなどもある。ごく日常的な日用品が豊富。
ロンドン下町の独特の英語「コックニー」が飛び交うのも、このマーケットの特徴のひとつだ。"アイティ・ペンス"と言われたら"エイティ・ペンス(80p)"のことなので注意。

平日のみ Wentworth St.で小規模なフードマーケットも開催される。
衣類、日用雑貨、ファブリック
住 Middlesex St., E1
営 9:00〜14:00頃
⊖ Liverpool St. / Aldgate / Aldgate East
URL www.towerhamlets.gov.uk/lgnl/business/markets/markets_in_tower_hamlets.aspx

Tシャツのストールもたくさん出ている

ブリック・レーン・マーケット　Brick Lane Market　● MAP 4-D2

ロンドンの下町、イースト・エンド East Endにある。ブリック・レーン北側の通り沿いや Cheshire St.あたりでは、日用雑貨、中古品などが激安で手に入る。ほかに、少し南のトルーマン・ビール醸造所跡地に、サンデー・アップマーケット→P.309 やバックヤード・マーケットなどの屋内マーケットが固まっていて、このあたりまで含めてブリック・レーン・マーケットと総称されることが多い→P.370。屋内マーケットには手作り品やアートなどのほか、食べ物屋台も豊富。ここでもやはりスリには注意。
そもそも犬・猫・鳥・金魚といったペットを売る市として始まったという、ちょっと毛色の変わったマーケット。バングラデシュ系のレストランも多いので、インド系とは違う風味のカレーも味わってみたい。

周辺の雑貨やビンテージの店をのぞいたり、ストリートアートを探したり、ロンドンの今を感じることができるエリアを思う存分散策してみよう。→P.66〜67

日用雑貨、衣類、食料品など
住 Brick Lane, E1
営 通り沿いのストール　日 10:00〜17:00頃　バックヤード・マーケット　土11:00〜18:00　日10:00〜17:00
⊖ Liverpool St. / Shoreditch

食べ物屋台も楽しみ!

SHOPPING

オールド・スピタルフィールズ・マーケット　Old Spitalfields Market　　MAP 4-D3

リヴァプール・ストリート駅近くにある、屋根付きのマーケット。かつては野菜市場だった場所に、小さなストールが並んでいる。レコード、衣類、インテリア、小物、絵画など、手作りの品からアンティークまでさまざま。曜日によってストールが変わるので、詳しく知りたい場合は、ウェブサイトでどんなストールが出るのか確認しておくといい。
建物内外には小さなショップやブランド店のほか、カフェやレストランも並んでいる。さらに、駅寄りの部分にある新しいビルがマーケットと直結。こちらにもレストランが入っているので、ランチタイムはシティのビジネスマンも加わり、にぎわっている。

衣類、日用雑貨、家具、食料品など
🏠 16 Horner Sq., E1 6EW
🕐 毎日 10：00～18：00（木 7：00～、日 ～17：00）。木曜はビンテージとアンティーク。第1と第2金曜は Vinyl Market と題して60's～90'sのレトロなレコードを扱うマーケットも出る。
🚇 Liverpool St.
🔗 oldspitalfieldsmarket.com

CLOSE UP

コロンビア・ロード・フラワー・マーケット

ガーデニングが盛んなイギリス。「やっぱりイギリスに来たら花だよなぁ」と思いながら足を運んでみた。バス停で降りると、そこは普通の住宅街。なんだか心配になりつつあたりを見回すと、箱いっぱいの草花の苗木を抱えたご夫婦に遭遇。この夫妻が歩いてきた方角が、どうやらフラワー・マーケット Columbia Road Flower Market のようだ。

5分ほど歩くと、植木やら花やらで埋め尽くされた通りが見えてきた。少し歩けば終わってしまいそうな短さなのだが、とにかくすごい人。なかなか終わりまで、サッサと歩くことはできない。下町英語コックニー交じりで「これと、これを買うなら○○ポンドにするよ～」と叫ぶ売り手と、真剣に吟味して値切る買い手。こんなやりとりを見ながら進んでいくと、なんだかこちらもワクワクしてきてしまう。大きめの観葉植物から、ハーブ、切り花にいたるまで、品揃えは多種多様。

また、通り沿いのショップも見逃せない。ガーデニングに使ってみたいテラコッタの鉢や庭に置くかわいい置物の店、雑貨小物やジュエリーの店、アンティーク雑貨の店など、いかにもイギリスらしい、のぞいてみたくなってしまう小さなショップが並んでいる。ボリュームたっぷりのサンドイッチの店などもあるから、おなかがすいたら腹ごしらえすることもできる。大都市ロンドンに疲れたら、こんなマーケットを訪れてみては？自然に笑みがこぼれてくるような、下町の活気に満ちたノリのよさが疲れを癒やしてくれるだろう。

📍 MAP 4-D1～2　🏠 Columbia Rd., E2
🕐 日 8：00～15：00頃（店によって異なる）
🔗 www.columbiaroad.info
リヴァプール・ストリート駅から徒歩で約25分。リヴァプール・ストリート駅から26番か48番のバスで約15分、Hackney Rd./Columbia Rd.下車。オックスフォード・ストリートを通る55番のバスで Hoxton Station で降りるルートも便利。

小さな通りが、この日ばかりは人でいっぱいに

季節の花がたくさん！

グリニッジ・マーケット　Greenwich Market　　→P.132-A1

掘り出し物を見つけるには絶好のマーケットかもしれない。Greenwich High Rd.に立つアンティーク・マーケットには、100以上のストールが出て、ジュエリーなどのほか、食べ物ストールもたくさんある。有名なマーケットのひとつで、夏の天気のよい日曜は人混みで少々ウンザリするほど。15：30頃から片づけだすストールもあるので、朝早めに行くのが楽しむヒケツ。また、鉄道駅側にあるビンテージ・マーケットVintage Market（火・木〜日）には、家具や陶器、アンティーク、食べ物などが揃う。

アンティーク、アート＆クラフト、日用雑貨、衣類、ジュエリー、フードマーケット

🏠 Greenwich Market, SE10 9HZ
🕐 毎日 10：00〜17：30　火・木・金がアンティークとコレクタブル、月・水・金〜日がアート＆クラフトのマーケットになっている
🌐 www.greenwichmarketlondon.com
🚇 Greenwichまたはドックランズ・ライト・レイルウェイのCutty Sark for Maritime Greenwich駅（グリニッジ→P.132）。エンバンクメント桟橋などから出ているリバーボートで行くのもいい（→P.47）。

衣類や雑貨のほか、おいしそうな食べ物屋台も楽しみ

バーモンジー・マーケット　Bermondsey Market　　→MAP 8-C3

昔、盗品を売りさばいていたということから「どろぼう市」と呼ばれたこともあり、今も掘り出し物に出会える可能性大。カトラリーから家具や陶磁器、ジュエリーまであり、アンティークトレーダーにも人気がある。

アンティーク、雑貨

🏠 Bermondsey Sq., SE1　🕐 金 6：00〜14：00　🚇 London Bridge
🌐 bermondseysquare.net/bermondsey-antiques-market

CLOSE UP　グルメが集うモルトビー・ストリート周辺へ

スパ・ターミナスのおもな工房

❶ St. John Bakery
レストラン→P.235の分店。ドーナツやパンがおいしいと評判
❷ The London Beer Factory
ビール工場共同のタップルーム
❸ The London Honey Company
英国産のはちみつ
❹ England Preserves
手作りジャム。季節ごとのフルーツを使ったものも
❺ Monmouth Coffee Company
コーヒー専門店→P.256の分店
❻ Coleman Coffee Roasters/Little Bread Pedlar
コーヒーとともにクロワッサンが絶品
❼ The Ham & Cheese Co.
ハムとチーズ
❽ The Kernel Brewery
ビール醸造所(試飲はなし)
❾ Neal's Yard Dairy　チーズ

スパ・ターミナスはいくつかのエリアに分かれている。入口が少しわかりにくいが、各エリア入口には表示板も出ている

地下鉄 → バーモンジー駅へ

高架下の工房で作られているイングランド・プレザーヴズのジャム

バーモンジーには、ストリートフードの屋台が集まるモルトビー・ストリート・マーケットがあるほか、鉄道の高架下を利用したスパ・ターミナスも。ここにはグルメな食品工房やビール醸造所も点在する。

食べ物屋台が楽しいモルトビー・ストリート・マーケット

→MAP 8-D3
モルトビー・ストリート・マーケット
🕐 土 10：00〜17：00、日 11：00〜14：00　🌐 www.maltby.st
スパ・ターミナスのショップは土9：00〜14：00くらいのところが多い
🌐 www.spa-terminus.co.uk

318

London »
ホテル B&B YH

「長い旅と小さな宿屋で友人の本当の姿がわかる」 旅は宿とともにある

■ ■ Hotel

ホテルを知ろう

ホテル選びは、旅の大切な第一歩。旅行中の3分の1を過ごす場所だから、眠れればいいというタフな人も、それなりにこだわりたい。異国の地では、何といってもカラダが資本！

ホテルの探し方

昔むかし、旅は苦しいものだった。危険にさらされ、疲労にさいなまれながらもただ歩き続けるしかない時代があったのだ。英語の"travel"という単語に、本来「自分をむち打つ、自ら苦労する」といった意味が含まれていたのもこのため。疲れを癒やすことができるホテルを見つけるには、どこで妥協するかのかけひきがカギを握る。最初から諦めてしまうのはよくないが、逆にこだわり過ぎるといつまでたっても決まらない。バランスよく見極めよう。

日本で予約する

夏のピークシーズンやイベント開催時には、ロンドンの宿は相当混み合う。ロンドンには数かぎりないほどのホテルがあるが、安心して眠ることができるところを確保したいのなら、時期によっては予約しておいたほうが無難。また、現地で探してみようという人も、到着した日くらいは宿が決まっていないと不安かもしれない。

日本から予約する場合には、
1. 代理店をとおして予約、バウチャー（voucher＝引き換え券）を持って現地ホテルへ
2. インターネットなどを使って予約する

上記ふたつの方法が考えられる。いずれもインターネットを使って情報収集＆予約できるので便利。ホテルによっては、ウェブサイトや代理店をとおしたキャンペーン価格などを設定していることもあるのでチェックしてみるといい。現地でのトラブルを防ぐために、必ずバウチャーや予約内容の確認書を持参すること。

自分で予約する場合の注意

中級〜エコノミーの小規模ホテルを予約する場合には、事前に部屋を見ることができないため、リスクを負う覚悟をしなくてはならない。小規模ホテルでは、いろいろなタイプの部屋があり、混雑しているときには予約とは違ったタイプになっていることもある。比較的フロントの応対もしっかりとした大型ホテル（特にアメリカンタイプのチェーンホテルは、部屋のタイプが統一されていることが多

ホテル予約のウェブサイト
インターネットで予約することにより、ホテルの料金が割引になることがある。キャンセル規定や口コミなどをよく確認して、こうしたブッキングサイトを利用してみるのもいいだろう。

地球の歩き方海外ホテル予約
URL hotels.arukikata.com

エクスペディア
米国に本社がある世界最大級のホテル予約サイト。
URL www.expedia.co.jp

ブッキングドットコム
こちらも世界最大級の宿泊予約サイト。自炊可能なアパートメントタイプもあり。
URL booking.com

ホテリスタ
日系の口コミ情報やユーザー投稿写真が多い。
URL hotelista.jp

ホステルワールド
ホステルのドミトリーや、格安ホテルの手配が可能。経済的に旅したい人におすすめ。
URL www.japanese.hostelworld.com

エアトリ
URL www.skygate.co.jp

楽天トラベル
URL www.travel.rakuten.co.jp

本書では税抜きという記述があるもの以外、税金（VAT）込みの料金を掲載。詳細はウェブサイトなどで確認を。

到着予定時刻よりも遅れるときは早めに連絡を
ホテルを予約した場合、到着予定時刻 Arrival Time よりも遅れる可能性があるときには、早めに連絡を入れること。ロンドンのホテルは、ピークシーズンやイベントがあったりすると、混み合うことが多い。予約客が来ないときには、あっさりとほかのお客を入れてしまう。場合によっては、到着時刻までに来なかったのだからということで、キャンセル料で支払わされることになるので注意。

HOTEL

い）よりも、小規模ホテルでのトラブルが増えているようだ。

　日本人は、あまり強く意見を言わない人が多いので、こちらの苦情がしっかり伝わってないこともある。理不尽な扱いを受けたり、苦情を申し立てるときには、不慣れな英語でもしっかりと抗議することが大切。相手の言うことを聞き取り、トラブルを回避することができる、ある程度の語学力があるといい。また、安いけれどとんでもないというホテルもある。事前に予約するのなら、シングルで最低でも1泊約£80以上のところにしておいたほうが安心できる（またはホテル予約のウェブサイトでの評価を確認）。すごく安い宿で部屋を見ずに、長期の予約をするのはやめたほうがいいだろう。

　お値うち価格の場合、キャンセル時の返金不可になっていることも多いので、よく条件を確認したい。

この表示があったら空き部屋あり。"NO VACANCIES"の場合は空き部屋なし

ホテル探しの簡単英会話
「空き部屋はありますか？」
　Do you have a room?
「部屋を見せてもらえますか？」
　Can I have a look?
料金を聞いて、税金や朝食が含まれているかどうか聞きたいとき
　VAT（ヴィー・エイ・ティー）included（インクルーディッド）？
　Breakfast Included？
部屋を見て、もし気に入らなかったら
　Let me think about it.
　（考えさせてくれ＝婉曲な断り）

ホテルを知ろう　ホテルの探し方

現地で探す

　やっぱり自分の足と目で探すのが王道さ、という人はB&Bが固まっているエリアを知っておくといい。ロンドンの場合、Victoria駅周辺、大英博物館周辺、Paddington駅周辺、Earl's Court駅周辺にエコノミー〜中級のホテル街がある。こういう密集地なら、1軒ずつ見て回ることも可能だが、納得のいく安ホテルを見つけるには、時間と労力がかかる。"VACANCIES（ヴァカンスィーズ）"の札が出ていたら空室あり、"NO VACANCIES"なら空室なし。

CLOSE UP ホテルを探すときの注意

1．予約するときに確認しておきたいこと
チェックインの日 Check in
チェックアウトの日 Check out
宿泊日数 Total nights
ホテルに到着する時刻 Arrival time
宿泊する人数 Number of people
部屋のタイプ single, twin, double, suite room
バス付き・シャワー付き with bath, with shower
日にちを記入するときは、日にち／月／年の順に記述することを覚えておこう。

2．中級〜エコノミーは部屋を見てチェック！
　ついつい遠慮してしまいがちな日本人だが、部屋は必ずチェック。まず、窓・ドアの鍵が閉まるか。もしバス（シャワー）・トイレ付きなら、それぞれちゃんと湯・水が出るか。トイレは水の出ないところはまずない。もし、何か明らかに気に入らないところがあったら、正直に「やっぱりやめた」とか「ほかに部屋はないか？」と言うこと。予約してあったホテルでも我慢せず、部屋を替えてくれるように交渉してみよう。

3．ロンドンのホテルは英語が通じない？
　"Vacancies"の札を見たら、ベルを押す。ベルがなく、ドアに鍵がかかっていない場合はさっさと奥のレセプションに行けばいい。さて、ここから英語での交渉が始まるわけだが、ビビることはない。「お互いさま」というケースが多いのだ。ロンドン中心部、安いホテルの経営者や従業員は、多くが非英語圏から来た人。つまり、こちらがたとえ完璧なネイティブ・イングリッシュで語りかけたとしても相手が100％理解できるとはかぎらない。

　また、イギリス人でもロンドンの下町で生まれ育った人たちの英語は、コックニーと呼ばれる独特のもの。"ワッチャナイム？"などと言われて「？」と慌ててはいけない。これは"What's your name？"のこと。"ルーム・アイト"は"Room eight."つまり8号室。1泊£80だったら"アイティー・パウンズ・ア・ダイ"となる。もちろん"Eighty pounds a day."のこと。こんな下町のベランメエ調の英語を聞いて「ああ、やっぱり本場の英語は難しい」などと落ち込むことはない。わからなければ"Pardon？"と上がり調子で聞き返そう。こちらがしゃべる場合には、ホテルでの会話にかぎらず、文法や発音にあまりとらわれないで要点をハッキリ言うことを心がけよう。

ホテルについて

料金だけではなく、伝統や格式によって高級、中級といった具合に分けられる。英国政府観光庁（Visit Britain）や英国自動車連盟AA（Automobile Association　日本のJAFに当たる）などが、共通の基準によって評価し、星なしから5つ星といった統一の格づけを与えている。一般に星が多いほうが格が上だがウノミにするのはよくない。あくまでも参考程度にして、自分で確かめることが大切。

ホテルでの支払い

ロンドンのエコノミークラスのB&Bは、料金前払い制。チェックインとともに料金を払うのが普通。前払いを済ませたら、念のために領収書（receipt）をもらおう。朝食が別料金の場合、チェックアウト時に精算されることが多い。

また、万一、何かの都合で連泊の予定をキャンセルしたい場合、ホテルや予約時の規定によっては、キャンセル料がかかってしまう。事前にオンラインで予約した場合も同様で、いつからキャンセル料がかかるのか、注意して申し込もう。

ホテルによっては鍵（B&Bの場合、泊まる部屋と表玄関の鍵、合計ふたつを手渡されることもある）や部屋にある備品の保証のために、デポジット（deposit＝保証金）を要求されることもある。チェックアウトのとき、忘れずに返してもらうこと。デポジットの代わりにクレジットカードを提示すればいい場合も多い。

クレジットカードの使用

ほとんどのホテルやB&Bで、クレジットカードによる支払いが可能。また、保証のためクレジットカードの提示を求められることも多いので、クレジットカードは必須。

クレジットカードを提示していても現金で精算できるが、チェックアウトのときには、クレジットカード用の伝票を処理してもらうこと。

B&B
（ベッド・アンド・ブレックファスト Bed & Breakfast）
読んで字のごとく、一夜の宿と翌朝の食事がワンセットになったもの。イギリス発祥の宿泊施設。もとは普通の家庭が空いている部屋を宿泊客に提供するという形式だったが、ロンドンでは、職業的なホテルと化したところがほとんど。

ゲストハウス
（Guesthouse）
こちらも本来は、娘や息子が独立したあとの空き部屋などを客（ゲスト）に開放、というスタイルが始まり。しかし、B&B同様、ホテルに「ゲストハウス」と名づけただけのところが多い。

ホテルの部屋の種類
シングル single ＝ひとり部屋
ダブル double ＝ふたり部屋。ただしベッドはダブルベッドがひとつ
ツイン twin ＝ふたり部屋。こちらはシングルベッドがふたつ。超高級ホテルなど、ツイン設定がないところでは、ダブルベッドふたつになることもある。
トリプル triple ＝3人部屋。ツインまたはダブルルームにエキストラベッド（臨時のベッド）を入れて3人用にすることが多い
ドミトリー dormitory ＝4人以上の共同部屋
バス（シャワー）付き＝（a room）with a bath（shower）
バス（シャワー）なし＝（a room）without a bath（a shower）
バス（シャワー）とトイレ付き＝en suite（オン・スイート）
シャワーとバスタブ付き＝en-suite bath tub with shower
バスタブ付きを強く望んでいることが、ホテルのスタッフにわかりにくい場合もあるので、Not just shower but with a bathtub please. または I'd like both shower and a bathtub in my bathroom. などと確認しておくといいかもしれない。

エアコンについて
エアコンが完備されているのは、高級ホテル以上のチェーンホテルなどに多い。ロンドンは比較的乾燥しており、日本のように蒸し暑くはないが、相当気温が高くなるときもある。夜中まで暑いことはあまりないが、気になる人は事前に確認を。

ドアマンのいる超高級ホテル、リッツの入口

HOTEL

ホテルの食事

　中級クラス以下のホテルでは、ホテルの宿泊料金には朝食代が含まれていることが多いが、一応確認が必要だ。朝食が別料金となっているのは、むしろ高級ホテルに多い。

　食事は大同小異だが、大きく分けてふたとおりあり、イングリッシュ・ブレックファスト English Breakfast かコンチネンタル・ブレックファスト Continental Breakfast か。イングリッシュのほうは目玉焼き、ベーコン、ソーセージ、マッシュルーム、それにトーストやコーンフレークと、とにかくボリュームたっぷり。飲み物もジュースと紅茶またはコーヒーが付く。しかし、ロンドンの中級ホテルでは、パンとコーヒーか紅茶だけというコンチネンタル・ブレックファストが主流。経費の問題もあるだろうが、ヨーロッパ大陸諸国からの観光客（日本人もそうだが）は、朝食をそれほどシッカリ食べる習慣になじんでいないから、という事情もあるようだ。

　高級以上のホテルになると、自分の好きなものを好きなだけ取って食べるビュッフェ形式の朝食を出しているところが多い。

パディントン駅周辺のB＆B街

B&Bの朝食をとる部屋

コンシェルジュとは？

　高級以上の大きめのホテルに泊まったとき、ツアーの相談からコンサートやタクシーなどの手配、レストランの予約までしてくれる係のこと。手配を頼んだらチップをはずまなければならない（疑問点を聞くくらいなら、チップは必要なし）が、面倒なことはプロにおまかせするのもいいだろう。ホールポーターと呼ばれていることもあり、ロビーのあたりにデスクがある。

お風呂のこと
エコノミークラスの場合は、シャワー付きがメインでバスタブ付きは少ない。

中級～高級クラスは、ホテルによってまちまちで、モダンできれいなホテルでもシャワーのみというところも。というのも、日本人以外は、あまりバスタブにこだわりがなく、バスタブ付きという条件は、必ずしもホテル側のメリットにならないため。また、このクラスでは、部屋によってバスタブがあったり、なかったりというケースも目にする。どうしてもバスタブ付きという場合には事前によく確認を。

 VOICE

郊外の宿もいいよ
ロンドン中心部のホテルは値段が高いので、少し離れた郊外のホテルに泊まるのも一手。電車やバスに乗って移動するのも楽しめます。
（埼玉県　松岡里登志　'16）['19]

ホテルを知ろう　ホテルについて

CLOSE UP

チップはスマートに渡したい！

　チップ――このうっとうしき習慣！と思わずつぶやきたくなる人も多いのでは？　日本の一般庶民にとっては、縁のない世界のこと、慣れたくても慣れる場がない。しかし、はずかしい思いをしたくない、というのも正直な気持ちだろう（極めて日本的発想……）。

　もともと"tip"（ティップ、と発音する）とは、相手に対する感謝のしるし。すなわち「心づけ」のこと。「チップをあげないとイケナイ」と思うこと自体、間違っているのだ。ま、そんなことをここで言っても始まらない。スマートにチップを渡せる日を夢見て、だいたいの相場に従って実践練習を繰り返すことにしよう。

　チップの相場については、P.12の「チップ」の項や、P.229のコラム「高級レストランでのマナー」を参考にしてほしい。

　ただし、あまり相場にとらわれ過ぎないこと。例えば、レストランで相場どおりのチップの金額を、必死になって財布から探し出すというのは、スマートではないだろう。戻ってきたおつりのなかから、相場に近いコインを、なに食わぬ顔でトレイに置いていく、というくらいの気持ちで対応するのがスマートなやり方。金額に神経質になり過ぎないことが秘訣かもしれない。それと、コインや少額紙幣を常備しておくことも、重要ポイント。ただし、1p、2p、5pなど赤い少額コインはあまり使わない。

London » WHAT'S ON

どんなタイプに泊まってみる？

ロンドンでは宿泊費がとにかく高い。少しでも宿泊費を減らして、しかも落ち着いて泊まれる宿にたどり着きたい！解決策として、ロンドンは交通網が整備されているから、少し離れた場所に滞在するのもひとつの手。中心部と同様の価格帯でも部屋の広さや設備など宿の質が上がる。

比較的お値うちなチェーン系

© Whitbread plc

均一の部屋とサービスがうれしい
プレミア・イン Premier Inn

グレーター・ロンドンだけでも30軒のホテルをもつチェーン。どこでも同じような、清潔で広めの部屋が期待できる。予約時期とロケーションによって料金は変わり、中心部ほど高くなる。パトニー・ブリッジなど、地下鉄や列車で30分くらい離れると、1泊£30〜100で泊まれることも。

☎ 0333.003 8101／0333.003 0025
（電話予約もできるが、オンライン予約のほうが割安）
料 Putney Bridgeの場合 D £32（前払いで払い戻し不可の期間限定特別料金）〜　ツインがある場合も
税込み・朝食別
SW TV TEL TEA INT
全室禁煙　CC MV　URL www.premierinn.com

ファミリールームはダブルベッドとソファベッド
自分でできるセルフ・チェックインの設備があるところも

中心部を離れて、質が高い空間を手に入れる

ビジネスライクなシンプルモダン
ザナドゥ Xanadu

セントラル・ラインの西の終点にあるブティックホテル。料金は都心の3つ星ホテル並みだが、設備は贅沢で朝食も評判がいい。ビジネス客が多くアジアンタパスのレストランもある。ボンド・ストリートまで地下鉄で約20分。

🚇 MAP 広域図-B2　住 26-42 Bond St., W5 5AA
☎ 3011 1000　料 D T £87〜　朝食別
SW TV INT　CC AMV　🚇 Ealing Broadway
URL www.hotelxanadu.com

クール&リラックスでくつろいでみる?

● ゆったり滞在派にぴったり
K ウエスト・ホテル&スパ　K West Hotel & Spa

ラグジュアリーさとクールさを併せもつ、居住性重視型のホテル。シングルでも幅の広いベッドで、部屋にはデスクも完備。レストランやパソコンを使える部屋も用意されている。
フィットネスのあとはネイルバーで爪を整え、仕上げにスパでくつろぎタイム。そんな滞在も可能にしてくれる。

⊖ MAP 5-A3
住 Richmond Way, W14 0AX　☎ 8008 6600
料 Ⓢ D £93〜　Ⓣ £101〜　朝食別
SW TV TEL TEA INT　CC AMV
⊖ Shepherd's Bush　URL www.k-west.co.uk

上…モダンな内装のエグゼクティブルーム
左下…スパのトリートメントでリラックス。
近くには大規模ショッピングセンター、ウエストフィールドもあり、ライブハウスのO2シェパーズ・ブッシュ・エンパイアの出演者が宿泊することも

● 広さより立地を重視する人に
Z ホテル　Z Hotel

ソーホーのど真ん中というロケーションとモダンなインテリアながら、部屋は機能性とローコストをとことん追求して、低めの室料を実現している。日本式で考えると、シングルで4畳半、ダブルで6〜8畳の広さ。特注ベッドは寝心地が自慢。カフェもあり、朝はビュッフェ形式の朝食、ランチ以降はサンドイッチやサラダなどが食べられる。

⊖ MAP 12-B1
住 17 Moor St., W1D 5AP　☎ 3551 3701
料 Ⓢ £50〜　Ⓓ £55〜　朝食別
SW TV TEA INT　CC AMV
⊖ Piccadilly Circus／Leicester Sq.
URL www.thezhotels.com

上…クイーンサイズの部屋はシンプル&モダンで機能的に統一されている。ピカデリー、ヴィクトリア、ショーディッチ、シティ、グロスター・プレイスなどにもある

WHAT'S ON — どんなタイプに泊まってみる?

■ ■ Hotel Guide

ホテルガイド

「ホテル」とひと口にいっても、実際にはピンキリ。ベルボーイがタクシーのドアを開けてくれるような超高級ホテルから、ユースホステルのドミトリーまでさまざま。自分の財布、目的、気分と相談しながら、納得のいくホテルを見つけよう。

超高級ホテル

1泊£300くらいからで上はキリがないというクラス。ティールームでお茶を飲むのでさえきちんとした服装で。リッチな気分に浸れることは間違いないが、庶民には肩が凝るかも。

超高級ホテル名	住所・電話・URL	料金	
クラリッジ Claridge's ★★★★★	◯ MAP 6-D1 11-B1〜2 住 Brook St., W1K 4HR ℡ 7629 8860 FAX 7499 2210 URL www.claridges.co.uk	£660〜	
リッツ The Ritz ★★★★★	◯ MAP 7-A2 11-D3 住 150 Piccadilly, W1J 9BR ℡ 7493 8181 URL www.theritzlondon.com	£425〜	
ドーチェスター The Dorchester ★★★★★	◯ MAP 6-D2 11-A3 住 53 Park La., W1K 1QA ℡ 7629 8888 FAX 7629 8080 URL www.dorchestercollection.com	£464〜	
グロヴナー・ハウス Grosvenor House ★★★★★	◯ MAP 6-D2 11-A2 住 86-90 Park La., W1K 7TN ℡ 7499 6363 FAX 7629 9337 URL www.marriott.co.uk	£319〜	
サヴォイ The Savoy ★★★★★	◯ MAP 7-C2 12-D2〜3 住 Strand, WC2R 0EZ ☎ 7836 4343 FAX 7240 6040 URL www.fairmont.com/savoy-london	£476〜	
マンダリン・オリエンタル・ ハイド・パーク Mandarin Oriental Hyde Park ★★★★★	◯ MAP 6-C3 住 66 Knightsbridge, SW1X 7LA ℡ 7235 2000 URL www.mandarinoriental.com/london	£630〜	
コンノート The Connaught ★★★★★	◯ MAP 6-D2 11-B2 住 Carlos Pl., W1K 2AL ℡ 7499 7070 FAX 7495 3262 URL www.the-connaught.co.uk	£480〜	
デュークス Dukes ★★★★★	◯ MAP 7-A2 住 35 St. James's Pl., SW1A 1NY ℡ 7491 4840 FAX 7493 1264 URL www.dukeshotel.com	£345〜	
ゴーリング The Goring ★★★★★	◯ MAP 7-A3 10-B1 住 15 Beeston Pl., SW1W 0JW ℡ 7396 9000 FAX 7834 4393 URL www.thegoring.com	£445〜	

326　宿泊料金はキャンセル可能な室料。料金表示は目安であり、時期などにより大きく変動することが多いので詳細は確認を

HOTEL

高級ホテル

超高級ホテルよりひとつランクが下ではあるが、設備は充実しているのが高級ホテル。
Ⓢの部屋はほとんどなくⒹⓉで£200〜のホテルが主流。チェーンホテルも多い。
メイフェアやナイツブリッジ、サウス・ケンジントンに固まっている。

高級ホテル名	住所・電話・URL	料金	
ランガム・ロンドン The Langham London ★★★★★	◎ MAP 3-A3 🏠1c Portland Pl., Regent St., W1B 1JA ☎7636 1000　FAX7323 2340 URLwww.langhamhotels.com	£475〜	
ロンドン・ヒルトン・ オン・パーク・レーン London Hilton on Park Lane ★★★★★	◎ MAP 6-D2 🏠22 Park Lane, W1K 1BE ☎7493 8000　FAX7208 4142 URLwww.hilton.com	£256〜	
フォー・シーズンズ Four Seasons London at Park Lane ★★★★★	◎ MAP 6-D2 🏠Hamilton Place, Park La., W1J 7DR ☎7499 0888　FAX7493 1895 URLwww.fourseasons.com/london	£655〜	
アシーニアム Athenaeum ★★★★★	◎ MAP 6-D2 7-A2 🏠116 Piccadilly, W1J 7BJ ☎7499 3464 URLwww.athenaeumhotel.com	£310〜	
バークレー The Berkeley ★★★★★	◎ MAP 6-D3 🏠Wilton Pl., SW1X 7RL ☎7235 6000　FAX7235 4330 URLwww.the-berkeley.co.uk	£450〜	
ブラウンズ Brown's ★★★★★	◎ MAP 7-A2 11-C2 🏠Albemarle St., W1S 4BP　☎7493 6020　URLwww.roccofortehotels.com/ hotels-and-resorts/browns-hotel	£580〜	
スタッフォード The Stafford ★★★★★	◎ MAP 7-A2 11-D3 🏠16-18 St. James's Pl., SW1A 1NJ ☎7493 0111 URLwww.thestaffordlondon.com	£296〜	

ホテルガイド

超高級ホテル…高級ホテル

CLOSE UP

ひと筋縄ではいかないイギリスのホテル室料

　イギリスのホテルには、決まった室料というものはない。一応、RACレート（スタンダードレートとも呼ばれる）という「最も平均的な室料」基準が各ホテルごとにあるのだが、このとおりの料金しか取ってはいけないといった決まりはないので複雑なシステムになっている。

　ホテルの料金が変わる要素は、たくさんある。滞在する季節、いつ頃予約を入れたか、個人客かビジネス客か、代理店をとおしたか、パッケージツアーか、オンライン予約か電話かなど、実に多種多様。そして当日の飛び込み予約では、部屋の埋まり具合によって時間刻みにレートが変わる。ふと電話して「ツインの室料はいくらですか?」と尋ねても、さまざまな条件を提示しないかぎり、ホテル側の

誰もが正確な答えを教えてはくれないのだ。

　大きなホテルチェーンでは、複雑な予約プログラムがコンピューターに入っていて、マネジャーが状況に合わせて変更指示を出す。それに比べて、小さなホテルやB&Bなどでは、繁忙期と暇な時期の値段しか設定してないところもあり、良心的に感じてしまう。ホテルの料金調べをするときは、仮に何月何日から何泊と指定して、同じ条件でいくつかのホテルを比べるのが良策といえるだろう。

　また、ウェブサイトで、ホテルや代理店、ブッキングサイトをとおして確認するのもいい。オンライン予約の場合、前払いで変更や払い戻しは不可という早割など、条件付きでディスカウントになるところが多いので、得したいなら要チェック。

327

高級ホテル名	住所・電話・URL	料金
ウエストベリ The Westbury ★★★★★	● MAP 7-A1 11-C2 住 37 Conduit St., W1S 2YF ☎ 7629 7755　FAX 7000 1360 URL www.westburymayfair.com	£269〜
メイ・フェア The May Fair ★★★★★	● MAP 7-A2 11-C3 住 Stratton St., W1J 8LT ☎ 7769 4041 URL www.themayfairhotel.co.uk	£269〜
パーク・タワー・ ナイツブリッジ The Park Tower Knightsbridge ★★★★★	● MAP 6-C3 住 101 Knightsbridge, SW1X 7RN ☎ 7235 8050　FAX 7235 8231 URL www.theparktowerknightsbridge.com	£384〜
ワン・オルドウィッチ One Aldwych ★★★★★	● MAP 12-D2 住 1 Aldwych, WC2B 4BZ ☎ 7300 1000 URL www.onealdwych.com	£445〜
ヒルトン・ロンドン・ パディントン Hilton London Paddington ★★★★	● MAP 6-B1 住 146 Praed St., W2 1EE ☎ 7850 0500　FAX 7850 0600 URL hilton.com	£164〜
ロンドン・マリオット・ グロヴナー・スクエア London Marriott Grosvenor Sq. ★★★★★	● MAP 6-D1 11-A2〜B2 住 Grosvenor Sq., W1K 6JP ☎ 7493 1232　FAX 7514 1528 URL www.thelondonmarriott.com	£379〜
パーク・レーン Sheraton Grand London Park Lane ★★★★★	● MAP 7-A2 住 Piccadilly, W1 7BX ☎ 7499 6321　FAX 7490 1965 URL www.sheratonparklane.com	£249〜
インター・コンチネンタル・ ロンドン・パーク・レーン Inter-Continental London Park Lane ★★★★★	● MAP 6-D2〜3 住 1 Hamilton Place, Park Lane, W1J 7QY ☎ 7409 3131 URL parklane.intercontinental.com	£220〜
ロイヤル・ホースガーズ The Royal Horseguards ★★★★★	● MAP 7-C2 住 2 Whitehall Court, SW1A 2EJ ☎ 7523 5062　FAX 7523 5082 URL www.guoman.com	£200〜
ハイアット・リージェンシー・ ロンドン・ザ・チャーチル Hyatt Regency London The Churchill ★★★★★	● MAP 6-C1〜D1 住 30 Portman Sq., W1H 7BH ☎ 7486 5800　FAX 7486 1255 URL londonchurchill.regency.hyatt.com	£279〜
ワシントン・メイフェア The Washington Mayfair ★★★★	● MAP 7-A2 11-C3 住 5 Curzon St., W1J 5HE ☎ 7499 7000 URL www.washington-mayfair.co.uk	£219〜
カヴェンディッシュ The Cavendish ★★★★	● MAP 7-B2 11-D3 住 81 Jermyn St., SW1Y 6JF ☎ 7930 2111 URL www.thecavendish-london.co.uk	£219〜
ホリデイ・イン・ ロンドン・メイフェア Holiday Inn London Mayfair ★★★★	● MAP 7-A2 11-C3 住 3 Berkeley St., W1J 8NE ☎ (0871) 942 9110 URL hilondonmayfairhotel.co.uk	£184〜

HOTEL

高級ホテル名	住所・電話・URL	料金
フレミングス・メイフェア Flemings Mayfair ★★★★★	MAP 7-A2 11-C3 7-12 Half Moon St., W1J 7BH 7499 0000　FAX7499 1817 URLwww.flemings-mayfair.co.uk	£240～ シングルあり
マリルボン The Marylebone ★★★★	MAP 2-D3 47 Welbeck St., W1G 8DN 7486 6600 URLwww.doylecollection.com	£210～
ダヌビアス・ リージェンツ・パーク Danubius Regents Park ★★★★	MAP 2-B2 18 Lodge Rd., NW8 7JT 7722 7722　FAX7483 2408 URLwww.danubiushotels.com	£125～
ルーベンス・ アット・ザ・パレス The Rubens at the Palace ★★★★	MAP 7-A3 39 Buckingham Palace Rd.,SW1W 0PS　7834 6600 URLwww.rubenshotel.com	£203～ シングルあり
レンブラント The Rembrandt ★★★★	MAP 9-C1 11 Thurloe Place, SW7 2RS 7589 8100 URLwww.sarova-rembrandthotel.com	£197～ シングルあり
グロヴナー The Grosvenor ★★★★	MAP 10-B1 101 Buckingham Palace Rd., SW1W 0SJ　7523 5055　FAX7523 5075 URLwww.guoman.com	£170～ シングルあり
シスル・ ブルームズベリー・パーク Thistle Bloomsbury Park ★★★	MAP 3-C3 126 Southampton Row, WC1B 5AD 7523 5071　FAX7523 5071 URLwww.thistle.com	£89～ シングルあり
タワー The Tower ★★★★	MAP 8-D2 St. Katharine's Way, E1W 1LD 7523 5063　FAX7523 5083 URLwww.guoman.com	£109～

ホテルガイド

高級ホテル

CLOSE UP

イギリス人と日本人①

　ここでは、長きにわたってロンドンに住んでいた、わたしの独断と偏見で、日本人とイギリス人の比較をしていこうと思う。

　まず第一に、日本人は知識の量を誇る。しかし自分の意見をもっていなかったり、もっていてもそれを発表するのが苦手のようだ。それに対してイギリス人は、何についても意見をもっている。たとえ事実を知らなくても、とにかく口を出したがるのだ。いや、事実をあまり知ろうとしないというべきか。

　第二に対人関係についていうと、日本人は「ありがとう」という言葉をあまり口にしない。代わりに「すみません」とよく言う。イギリス人の場合には、その頻度はまったく逆転する。

　第三に、日本人は自分より劣っていると思う人に対し、あまり同情しない。自分と同等な人に対しては激しい競争心をもつ。さらに自分より優秀な人のことは、盲目的に崇拝する傾向がある。

　その点イギリス人は、自分より劣っている人には親切にし、自分と同等の人なら、その欠点を暴こうとする。そして、自分より優れた人に対しては、まったく無視するのだ。

　第四に、仕事に関していえば、日本人は仕事をしている間は、人間性を失った、凝り性の完全主義者に変身する。仕事が終わったあと（あまりその時間もないようだが）、やっと人間味を取り戻し、ハメをはずす余裕も出てくる。

　イギリス人が仕事をしているときは人間味たっぷりで、いわば「完全な」不完全主義者である。つまり、自分の欠点も他人の欠点も大目に見てしまうのだ。仕事が終わると（いつ始めて、いつ終わったのか、なかなか見極めがつかないが）、人といるよりむしろ、犬や猫と一緒にいるほうがずっとハッピーであるように見える。

（サミー・恒松）

329

個性的なホテル

ロンドンには、小規模だがインテリアなどに独自の個性を生かしたホテルがあり、伝統的なテイストと洗練された遊びの感覚がミックスされたおしゃれな空間を演出している。なかには、ブティックホテルとも呼ばれ、高級ホテル並みの星の数と料金のところもある。滞在が楽しくなる、「ロンドンでの隠れ家」にしたいような宿。

■ グランジ・ブルームス　Grange Blooms　　ブルームズベリー　　● MAP 3-C3

18世紀のタウンハウスを快適な空間にリストアしていて、あたたかみのあるイギリスらしいインテリア。エッチングや絵画が飾られた天蓋付きベッドがある部屋もある。26室の小規模ホテル。

住 7 Montague St., WC1B 5BP
☎ 7323 1717　FAX 7636 6498
料 Ⓢ£94.80〜　Ⓓ£106.80〜　朝食付き
SW TV TEL TEA INT　CC ADJMV
◎ Russell Sq.／Holborn
URL www.grangehotels.com

■ ブレイクス　Blakes　　サウス・ケンジントン　　● MAP 9-B2

アーティストやファッション関係者も常連のファッショナブルなホテル。有名デザイナー＆建築家Anouska Hempelによるインテリアは、各部屋でまったく違った印象。レストランもある。

住 33 Roland Gardens, SW7 3PF
☎ 7370 6701　FAX 7373 0442
料 Ⓢ£369〜　Ⓓ£449〜
SW TV TEL INT
CC AJMV
◎ South Kensington／Gloucester Rd.
URL www.blakeshotels.com

■ キャピタル　The Capital　　ナイツブリッジ　　● MAP 6-C3

英国調で優雅な内装は、各部屋によって趣を変えてある。レストランは、ミシュランの星をもつシーフード料理の専門店。高級ホテルにしてはわりとお値うちなアフタヌーンティー£35〜もおすすめ。

住 22-24 Basil St., SW3 1AT
☎ 7589 5171　FAX 7225 0011
料 Ⓓ Ⓣ£270〜
SW TV TEL INT
CC ADJMV
◎ Knightsbridge
URL www.capitalhotel.co.uk

■ ロンドン・ブリッジ　London Bridge　　ロンドン・ブリッジ　　● MAP 8-C2

高層ビル「シャード」など再開発が進むロンドン・ブリッジ駅に隣接。部屋はあまり広くないがロケーションは最高。近くのバラ・マーケット、テムズ河沿いのレストランなどで食事をするのも楽しみ。

住 8-18 London Bridge St., SE1 9SG
☎ 7855 2200
料 Ⓢ Ⓓ Ⓣ£144〜　週末割引あり
SW TV TEL TEA INT
CC ADMV
◎ London Bridge
URL www.londonbridgehotel.com

■ エース　Ace　　ショーディッチ　　● MAP 4-D2

最先端のエリアにあるクールなホテル。部屋にはビンテージ家具やラジオがあったりしてレトロクールなイメージ。王道の観光よりも、エッジーなロンドンカルチャーに浸りたい人向け。

住 100 Shoreditch High St., E1 6JQ
☎ 7613 9800
料 Ⓓ£169〜
SW TV INT　ミニバーあり
CC AMV
◎ Shoreditch High St.
URL www.acehotel.com/london

HOTEL

ポートベロー　The Portobello　　ノッティング・ヒル　　◆MAP 5-C1

天蓋ベッドや三つ足のテーブルなど、アンティークを使った、イギリスらしいインテリアの部屋から壁にエキゾチックな絵がある部屋まで、遊び心がある個性的なインテリア。21室の小規模ホテル。

住 22 Stanley Gardens, W11 2NG
℡ 7727 2777
料 Ⓢ£158〜　Ⓓ£180〜
SW TV TEA INT
CC AMV
● Notting Hill Gate
URL www.portobellohotel.com

ゴア　The Gore　　ナイツブリッジ　　◆MAP 6-A3

個性的な造りが音楽やファッション関係者に人気。外観からは想像できないような部屋の内装は、伝統的な雰囲気を保ちつつゴージャスだったり、クラシックだったり部屋ごとに違っている。

住 190 Queen's Gate, SW7 5EX
℡ 7584 6601
料 Ⓢ£190〜　Ⓓ Ⓣ£210〜
SW TV TEL TEA INT
CC AJMV
● Gloucester Rd.
URL www.starhotelscollezione.com

アビー・コート　The Abbey Court　　ノッティング・ヒル　　◆MAP 5-C2

部屋によりインテリアが違い、アンティークなイメージのものが使われていて落ち着いたムード。若干設備が古くなっているが、このあたりの路地を歩いて、掘り出し物や店を探すのも楽しい。

住 20 Pembridge Gardens, W2 4DU
℡ 7221 7518　FAX 7792 0858
料 Ⓢ£118〜　Ⓓ Ⓣ£163〜
SW TV TEL TEA INT
CC AMV
● Notting Hill Gate
URL www.abbeycourthotel.co.uk

※料金はキャンセル可能な室料。料金表示は目安であり、時期などにより大きく変動することが多く、朝食付きや冬期限定、週末割引、返金不可といった各種料金プラン設定をしていることも多いので、事前に確認を。
※税金・サービス料は別料金で部屋代に税金20％+サービス料5％が加算されることもあるので要確認。
※Ⓢ＝シングル、Ⓣ＝ツイン、Ⓓ＝ダブル
室内設備を示すマーク
SW＝シャワー/バスタブ、TV＝テレビ、TEL＝直通電話、TEA＝ティー/コーヒーセット、INT＝インターネット接続無料

CLOSE UP

イギリス人と日本人 ②

　第五に、日本人は、とにかく外国人の新しいアイデアに弱いところがある。いったんそれが外国人のアイデアと知ると、手放しで賛嘆し、すぐにそっくりまねたり、取り入れてみようとしたりする。

　逆にイギリス人は、新しいアイデアには疑いをもつ。特にそれが外国人のアイデアだとわかると、頭から疑ってかかる。口を「へ」の字に固く閉ざし、渋い表情をする。そして、もしそのアイデアを取り入れるにしても、誰かが取り入れるのを待ってからでも遅くはないだろうと考える。

　第六に、政治家についていうと、日本の政治家は、都合の悪い質問に対しては「調査のうえ、お答えします」と低姿勢をとるにかぎると信じている。

　一方イギリスの政治家は、都合の悪い質問は相手の認識不足のためであると考え、質問を訂正し、自分の都合のよいように自問自答する。それが得策だと信じているのだ。

　かけ足で日本人とイギリス人をさまざまな点から比較してみた。最後にもうひとつ付け加えるなら、日本人が相手に与えるはにかみ屋のイメージは、どうも人づきあいのまずさからきているようである。同じようにはにかみ屋のイギリス人ではあるが、彼らははにかむという性質を、自分のスタイルとして取り入れてしまっている。つまり、人づきあいがまずいという印象はあまり与えない。トクな性格である。

（サミー・恒松）

中級 〜 エコノミーホテル

中級クラスは、大規模ホテルから部屋数が少なくブティックホテルのようなＢ＆Ｂまである。エコノミーは、以前はバス（シャワー）・トイレ共同で朝食付きというホテルが多かったが、部屋にシャワーやトイレが付いているところが増えている。ほとんどのホテルが全館禁煙。小規模ホテルは、当たり外れが大きいのが難点。よく下調べをしたうえで決めたい。

プレジデント President　　ブルームズベリー　　MAP 3-C3

下記タヴィストックと同じインペリアルホテル系列。シンプルな内装の大型ホテルで代理店経由での申し込みが多い。最低限必要な設備は整っている。ラッセル・スクエアが見える部屋もある。

住 56-60 Guilford St., WC1N 1DB
℡ 7837 8844　FAX 7837 4653
料 S£95 〜　DT£127 〜（朝食付き）
SW TV TEL TEA INT
CC AMV
⊖ Russell Sq.
URL www.imperialhotels.co.uk

タヴィストック Tavistock　　ブルームズベリー　　MAP 3-B2

目の前はタヴィストック・スクエアという公園。Russell Sq. 駅かユーストン駅から徒歩約5分。近くには遅くまでやっている食料品店もある。レストランやツアーの予約ができる大型ホテル。

住 48-55 Tavistock Sq., WC1H 9EU
℡ 7636 8383　FAX 7837 4653
料 S£91 〜　DT£117 〜（朝食付き）
SW TV TEL TEA INT
CC AMV
⊖ Russell Sq. ／ Euston
URL www.imperialhotels.co.uk/tavistock

メイブルドン・コート Mabledon Court　　セント・パンクラス　　MAP 3-C2

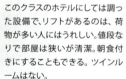

このクラスのホテルにしては調った設備で、リフトがあるのは、荷物が多い人にはうれしい。値段なりで部屋は狭いが清潔。朝食付きにすることもできる。ツインルームはない。

住 10-11 Mabledon Place, WC1H 9AZ
℡ 7388 3866
料 S£65 〜　D£75 〜
SW TV TEL TEA INT
CC AJMV
⊖ Euston ／ Euston Sq. ／ King's Cross
URL www.mabledonhotel.com

モートン Morton　　ブルームズベリー　　MAP 3-C2

ラッセル・スクエア近くで便利な場所だが、裏道にあって静かなホテル。かつての芸術家集団「ブルームズベリー・グループ」にインスピレーションを得たという内装はとてもシックでかわいい。

住 2 Woburn Pl., WC1H 0LH
℡ 7692 5600　FAX 7691 2702
料 DT£184 〜
SW TV TEL TEA INT
自炊アパートもあり
CC AMV　⊖ Russel Sq.
URL www.mortonhotel.co.uk

ジャッド Judd　　ブルームズベリー　　MAP 3-C2

B&Bが何軒かある通り沿いで、このあたりに多いジョージア朝の建物。部屋は狭いが、便利なロケーションのわりに静かな環境。エアコン完備で、ビュッフェ形式の朝食付き。

住 46 Cartwright Gardens, WC1H 9EL
℡ 7383 9210
料 S£74 〜　DT£88 〜（朝食付き）
SW TV TEL INT
CC AJMV
⊖ Euston ／ Russell Sq. ／ King's Cross
URL www.juddhotelbloomsbury.com

HOTEL

大英博物館周辺 ホルボーン　● MAP 3

大英博物館周辺は環境バツグン。ロンドン大学に近いことから、長期滞在者用の宿も多い。騒々しい所がきらいな人にはおすすめ。ただし、道路側の部屋はうるさいこともあるので、静かな部屋がいい人は、その旨ホテルの人に伝えよう。中級ホテルが多い地域でもある。

キングス・クロス駅。セント・パンクラス駅やユーストン駅にも近い

ホテルガイド　中級～エコノミーホテル

① Arosfa H.（Hotel）
② Arran House H.
③ H. Cavendish
④ Regency House H.
⑤ The Garth H.
⑥ Ridgemount H.
⑦ Jesmond H.
⑧ Gower House H.
⑨ Bloomsbury Palace H.
⑩ Academy H.
⑪ Staunton H.
⑫ Royal National H.
⑬ Morton H.
⑭ The Principal H.
⑮ President H.
⑯ Imperial H.
⑰ Bedford H.
⑱ Mercure Bloomsbury H.
⑲ Thistle Bloomsbury Park H.
⑳ Double Tree by Hilton H.
㉑ The Beauchamp H.
㉒ Portland H.
㉓ Lonsdale H.
㉔ Thanet H.
㉕ Clarendon H.
㉖ Lancaster H.
㉗ Buckingham H.
㉘ The Montague on the Gardens
㉙ Grange White Hall H.
㉚ Blooms No.7 H.
㉛ Gresham H.
㉜ Morgan H.
㉝ Radisson Blu Edwardian Kenilworth
㉞ Radisson Blu Edwardian Bloomsbury St. H.
㉟ Cheshire H.
㊱ Coral Room H.

※ここに記載してあるホテルは'19年10月現在の立地状況です。特におすすめのホテルを掲載しているわけではありません。また、エコノミー以外のホテルも掲載されています。

室内設備のマーク　SW＝シャワー／バスタブ、TV＝テレビ、TEL＝直通電話、TEA＝ティー／コーヒーセット、INT＝インターネット接続無料

ハーリングフォード Harlingford　ブルームズベリー
▶ MAP 3-C2

ユーストン駅またはラッセル・スクエア駅から徒歩5分ほど。弓なりになった通り沿いにあり、目の前の公園を散歩してリラックスすることもできる。ペットの犬「千代の富士」と猫の「ジジ」は人気者。

住 61-63 Cartwright Gardens, WC1H 9EL
☎ 7387 1551　FAX 7387 4616
料 ⑤£98〜　⑩£133〜　①£140〜（朝食付き）SW TV TEL TEA INT（公共エリアのみ）CC MV　⊖ Russell Sq.／Euston／King's Cross
URL www.harlingfordhotel.com

サネット Thanet　ブルームズベリー
▶ MAP 3-C3 P.333- ㉔

全体にやや古びているもののリピーターが多いのは、オーナー夫妻の人柄とコスパがいい室料。最上階はシャワーの勢いが弱いが、なんせ築200年。モダンなホテル並みの設備は期待しないこと。

住 8 Bedford Pl., WC1B 5JA
☎ 7636 2869
料 ⑤£98〜　⑩£136〜　①£148〜（朝食付き）SW TV TEL TEA INT
CC AMV
⊖ Russell Sq.
URL thanethotel.co.uk

アロスファ Arosfa　ブルームズベリー
▶ MAP 3-B3 P.333- ①

大英博物館近くのガワー通りにはB&Bが並ぶが、宿の質はピンキリ。予約前にウェブサイトの口コミなどで評判をチェック。ここはリピーターが絶えない人気宿で質素だがモダンなインテリア。

住 83 Gower St., WC1E 6HJ
☎ 7636 2115　FAX 7323 5141
料 ⑤£100〜　⑩£130〜（朝食付き）
SW TV TEL TEA INT　CC AMV
⊖ Tottenham Court Rd.／Goodge St.
URL arosfalondon.com

クレセント Crescent　ブルームズベリー
▶ MAP 3-C2

大英博物館まで徒歩で行けるロケーションなのに、裏通りのためか閑静な住宅街にあるプチホテル。狭い部屋もあるが清潔。ユーストン駅やセント・パンクラス駅にも歩いていける距離。

住 49-50 Cartwright Gardens, WC1H 9EL　☎ 7387 1515
料 ⑤£123〜（シャワー・トイレ共同£79〜）
⑩①£154〜（朝食付き）
SW TV TEL TEA INT　CC MV
⊖ Russell Sq.／Euston／King's Cross
URL www.crescenthoteloflondon.com

CLOSE UP

ロンドンを楽しむガイド

ロンドンやロンドンから日帰りで行けるスポットを紹介した、とっておきの情報満載の『地球の歩き方』シリーズの本を、2冊ご紹介。

『地球の歩き方 aruco ロンドン』は、小型軽量ながら、元気な女子が「行ってみたい！」と思うツボをおさえまくったシリーズ。ロンドン編とはひと味違った切り口で、マーケットや最旬ショップを徹底チェック！ アフタヌーンティー特集やロケ地巡りなんかもあって、ちょっと冒険気分で旅を楽しめそう。ほかにも、おひとりさまOKのヘルシー＆リーズナブルなレストラン紹介もある。ダイヤモンド社刊、1200円＋税。

また、短い滞在でもロンドンを深く味わい尽くしたい旅行者にオススメなのが『地球の歩き方 Plat ロンドン』。定番スポットから1960年代カルチャー、建築巡りまで、パッケージツアーにビジネス出張、さらにリピーターまで幅広く満足させる一冊。ダイヤモンド社刊、1200円＋税。

サウス・ケンジントン＆アールズ・コート　●MAP 9

サウス・ケンジントンは、ハイド・パークの南側。大型博物館があり、洗練された住宅街チェルシーにも近く、中級・高級ホテルが多い。また、アールズ・コート駅周辺は、ヴィクトリア駅周辺に負けず劣らず小規模ホテルが多い地域。ヒースロー空港から地下鉄ピカデリーラインで乗り換えなしで着けるため、交通の便のよさで人気が高い。

サウス・ケンジントンのヴィクトリア・アンド・アルバート博物館

アールズ・コート駅周辺

① H. (Hotel) Earl's Court
② H.Olympia
③ Lord Jim H.
④ Best Western the Boltons H.
⑤ London Town H.
⑥ City Continental H.
⑦ Mowbray Court Annex
⑧ Oxford H.
⑨ Regency Court H.
⑩ Merit Kensington H.
⑪ My Place H.
⑫ Amsterdam H.
⑬ The Rushmore H.
⑭ The Trebovir H.
⑮ Mayflower H.
⑯ Lord Kensington H.
⑰ Oliver Plaza H.
⑱ Hotel 20
⑲ Garden View H.
⑳ Kensington Court H.
㉑ Coronation H.
㉒ The Paramount H.
㉓ Manor H.
㉔ K+K H.George
㉕ Ibis Styles H. London Kensington
㉖ Park Grand Kensington
㉗ Jade H.
㉘ Dreamtel
㉙ Aquarius H.
㉚ Premier Inn London Kensington
㉛ Westbury H.
㉜ The Nadler Kensington
㉝ Merlyn Court H.
㉞ St. Mark H.
㉟ Presidential Serviced Apartments
㊱ Marathon House H.
㊲ Best Western the Burns H.
㊳ Henley House H.
㊴ Indigo H. Barkston
㊵ Barkston Rooms
㊶ Rockwell H.
㊷ H.Oliver

※ここに記載してあるホテルは'19年10月現在の立地状況です。特におすすめのホテルを掲載しているわけではありません。エコノミー以外のホテルも掲載されています。

ヘンリー・ハウス　Henley House　アールズ・コート

🔴 MAP 9-A1 P.335- ㊳

目の前は公園で、アールズ・コート駅から150mほど。エアコン完備、デスク、通信設備なども整っている。シングルはコンパクトだが、バルコニー付きのデラックスなふたり部屋もある。

🏠 30 Barkston Gardens, SW5 0EN
📞 7370 4111
💴 ⑤£89～　　Ⓓ/Ⓣ£103～（朝食付き）
SW TV TEL TEA INT
CC AMV
🚇 Earl's Court
URL www.henleyhousehotel.com

メイフラワー　Mayflower　アールズ・コート

🔴 P.335- ⑮

4つ星のB&B。スイートやファミリールームもあり、部屋により内装が違う。朝食はコンチネンタル。ティー＆コーヒーバーもある。キッチンが付いたアパートメントタイプの部屋も用意されている。

🏠 26-28 Trebovir Rd., SW5 9NJ
📞 7370 0991
💴 ⑤£51～　　Ⓓ/Ⓣ£64～（朝食付き）
SW TV TEL TEA INT
CC AMV
🚇 Earl's Court
URL www.mayflowerhotel.co.uk

アンガス　The Angus　セント・パンクラス

🔴 MAP 3-C2

100年以上も旅の宿として使われてきたそうだが、内装は新しく清潔。部屋は狭いものの、駅から200mというロケーションでこの値段なら、朝から晩まで観光で出ずっぱりという人には便利。

🏠 31-32 Argyle Sq., WC1H 8AP
📞 7837 3388　FAX 3730 8711
💴 ⑤£65～　　Ⓓ£75～　　Ⓣ£85～
SW TV TEA INT
CC JMV
🚇 Kings Cross St. Pancras
URL angushotelkingscross.com

インディゴ・パディントン　Indigo Paddington　パディントン

🔴 MAP 6-B1 P.339- ⑱

ホリデー・インを含むインターコンチネンタル・グループのカジュアルブランドホテル。部屋は小さめだが、おしゃれなインテリアで快適さを追求しているとのこと。ブラスリーもある。

🏠 12-20 London St., W2 1HL
📞 7706 4444
💴 Ⓓ£151～　　Ⓣ£161～
（朝食付きのプランあり）
SW TV TEL TEA INT　CC ADJMV
🚇 Paddington
URL www.indigopaddington.com

ポイントA・ホテル・キングス・クロス　Point A Hotel Kings Cross　セント・パンクラス

🔴 MAP 3-C2

低めの室料を誇るビジネスホテルチェーン。どの部屋も6畳間くらいの広さで味気ないインテリアだが、機能性は高く快適に休める。部屋の掃除は毎日ではなく、連泊の場合3泊目以降。

🏠 324 Gray's Inn Rd., WC1X 8BU
📞 7713 0428
💴 Ⓓ/Ⓣ窓なし£69～　窓あり£80～
SW TV INT　CC AJMV
🚇 Kings Cross St. Pancras
URL www.pointahotels.com/kings#KOVUwTZ2S5lZ4jVK.97

ジェスモンド・ディーン　The Jesmond Dene　セント・パンクラス

🔴 MAP 3-C2

セント・パンクラス駅近くだが、裏道にあるせいか比較的静か。人気があるのは、クリーンなインテリアとフレンドリーなスタッフのおかげとか。アパートメントタイプの部屋もあり。

🏠 27 Argyle St., WC1H 8EP　📞 7837 4654　FAX 7833 1633　💴 Ⓓ/Ⓣ£94～　シャワー・トイレ共同Ⓓ/Ⓣ£64～　ホテルのサイトから予約すると朝食付き
SW TV TEL TEA（部屋による）INT
CC AMV　🚇 King's Cross／St. Pancras
URL www.jesmonddenehotel.co.uk

HOTEL

マイター・ハウス　Mitre House　　パディントン

家族経営のホテルで、バーがあり、ここでは24時間コーヒーや紅茶を飲むことができる。イングリッシュ・ブレックファスト付き。エレベーターのほか、ファミリールームもあり、家族連れも利用しやすい。

● MAP 6-B1 P.339- ㊷
住 178-186 Sussex Gardens, W2 1TU
℡ 7723 8040　FAX 7402 0990
料 ⑤£82～　①①£107～（朝食付き）
SW TV TEL INT
CC AJMV
● Paddington／Lancaster Gate
URL www.mitrehousehotel.com

パーク・アヴェニュー・ベーカー・ストリート　Park Avenue Baker Street　マリルボン

騒々しい大通りから少し引っ込んでいるので、閑静でホッとできる。改装してブティックホテル並みにモダンで快適になっている。バスタブ付き、エアコン、セーフティボックス、電子レンジあり。

● MAP 2-C2
住 173, 154-156 Gloucester Pl., NW1 6DX
℡ 7724 3461　FAX 7402 5594
料 ⑤£145～　①①£184～
（朝食付き） SW TV TEL TEA INT
CC AJMV　● Baker St.
URL www.parkavenuebakerstreet.co.uk

ブランドフォード　The Blandford　　マリルボン

静かな住宅街にあり、親切な応対。部屋のインテリアもすてきで、エアコンなど設備も万端。マダム・タッソーろう人形館やリージェンツ・パークにも近い。3人部屋やファミリールームもある。

● MAP 2-D3
住 80 Chiltern St., W1U 5AF
℡ 7486 3103　FAX 7487 2786
料 ⑤£109～　①①£119～
（朝食付き） SW TV TEL TEA INT
CC AJMV
● Baker St.
URL www.blandfordhotel.com

ガーデン・コート　Garden Court　　ベイズウォーター

1954年創業の家族経営の小規模な宿。インテリアはシンプルモダン。シングルのみ室外にシャワーがある（£67～）の部屋も。近くにレストランなどがあり便利。朝食はコンチネンタル。

● MAP 5-D1
住 30-31 Kensington Gardens Sq., W2 4BG　℡ 7229 2553
料 ⑤£74～　①£95～　①£105～
（朝食付き） SW（部屋による） TV TEL TEA INT　CC MV
● Bayswater／Queens Way
URL www.gardencourthotel.co.uk

バイロン　The Byron　　ベイズウォーター

ケンジントン・ガーデンズの近くにある。ヴィクトリアンの建物だが内装はリニューアルされている。部屋数は45で落ち着いた雰囲気。近くには、中華、イタリアンなど各国のレストランもある。

● MAP 6-A1
住 36-38 Queensborough Terrace, W2 3SH　℡ 7243 0987　FAX 7792 1957
料 ⑤£99～　①①£109～　（朝食付き）
SW TV TEL TEA INT
CC AJMV
● Queensway／Bayswater
URL www.byronhotel.co.uk

バンクーバー・ステューディオ　Vancouver Studios　ベイズウォーター

中庭とそれに面した居間が魅力。ミニキッチン付きなので、食費を安く抑えたい人にも最適。中長期滞在にも向いている。商店街も充実しているという好立地ながら、とても静かでいい環境。

● MAP 5-D1
住 30 Prince's Sq., W2 4NJ
℡ 7243 1270　FAX 7221 8678
料 ⑤£97～　①①£149～
朝食別料金で取ることもできる
SW TV TEL TEA INT　CC AJMV
● Bayswater／Queensway
URL www.vancouverstudios.co.uk

ホテルガイド　中級〜エコノミーホテル

ゲンダイ・ゲスト・ハウス The Gendai Guest House リージェンツ・パーク

MAP 3-A2

買い物や観光に便利な場所にある、日本人経営のゲストハウス。電子レンジや食器がある共同キッチン、Wi-Fi完備。携帯電話の貸し出し(無料。通話料は有料)、長期滞在割引あり。

住 38 Albany St., NW1 4EA
☎ 7387 9125　料Ⓢ£58(シャワー・トイレ共同)　ⒹⓉ£88　(税別・朝食なし)
SW (Ⓢは共同) TV TEL TEA INT
CC AJMV(要手数料3%)
⊖ Great Portland St.
URL www.gendai-guesthouse.co.uk

アスターズ・ベルグラヴィア Astors Belgravia ヴィクトリア

P.341-(57)

エアコン完備のモダンで快適なホテル。朝食はコンチネンタルのビュッフェ形式。47室。バスタブ付きの部屋もある。バッキンガム宮殿にも、散歩がてら徒歩15分ほどで行けるので観光に便利。

住 106-112 Ebury St., SW1W 9QD
☎ 7730 7511
料Ⓢ£79～　Ⓓ£89～　Ⓣ£99～
(朝食付き)
SW TV TEL TEA INT
CC AMV　⊖ Victoria
URL www.astorsbelgravia.com

ドーヴァー Dover ヴィクトリア

MAP 10-B1 P.341-㉗

駅からベルグレイヴ・ロードを直進して5分ほど。コーチ(中長距離バス)を使う予定なら、ターミナルまで徒歩5分ほど。朝食はコンチネンタル。2つ星らしく部屋は狭いが最低限の設備はある。

住 42-44 Belgrave Rd., SW1V 1RG
☎ 7821 9085
料Ⓢ£125～　ⒹⓉ£145～
トイレ共同Ⓓ£125～　(朝食付き)
SW TV TEL TEA INT
CC ADJMV　⊖ Victoria
URL www.dover-hotel.co.uk

B＋B ベルグラヴィア B+B Belgravia ヴィクトリア

MAP 10-A1 P.341-(54)

ヴィクトリア駅から歩いて数分。モダンな内装で朝食はイングリッシュ・ブレックファスト。広場に面した部屋やファミリールームあり。自炊ができるスタジオタイプの部屋もある。

住 64-66 Ebury St., SW1W 9QD
☎ 7259 8570
料ⒹⓉ£129～　(朝食付き)
SW TV TEL TEA INT
CC MV
⊖ Victoria
URL www.bb-belgravia.com

メルボーン・ハウス Melbourne House ヴィクトリア

MAP 10-C2 P.341-⑱

20年以上家族で営業している、家庭の雰囲気を感じられる宿。ヴィクトリア駅から約15分、ピムリコ駅から約5分。週末は最低2泊から。トリプル、ファミリールームもあり。

住 79 Belgrave Rd., SW1V 2BG
☎ 7828 3516
料Ⓢ£79～　ⒹⓉ£80～　(朝食付き)
SW TV TEL TEA INT
CC ADJMV
⊖ Victoria ／ Pimlico
URL www.melbournehousehotel.co.uk

ハブ・バイ・プレミア・イン Hub by Premier Inn セント・ジェームズ

MAP 7-B3

とても狭い部屋だが、エアコンや水量が多いシャワーを完備。ラウンジでの紅茶とコーヒーは無料。トレンディなチェーンホテルで、予約もチェックインもオンラインかスマホ用アプリのみ。

住 15 Dacre St., SW1H 0DJ
☎ 3873 4715
料ⓈⒹ£59～　朝食は£5
SW TV INT
CC MV
⊖ St. James's Park
URL www.hubhotels.co.uk

パディントン&ベイズウォーター&マリルボン　 ➡ MAP 6

マリルボンはハイド・パークにもウエスト・エンドにも近く便利。
そのぶん、少々割高のようだが、それだけの価値あり。
また、ここより西のパディントンやベイズウォーターあたりにも、
高級からエコノミーまで多種多様なホテルがたくさんある。
パディントン駅近くのサセックス・ガーデンズあたりがB&B街。

パディントン駅近くのホテルから
ハイド・パークはすぐ近く

ホテルガイド　中級～エコノミーホテル

パディントン駅周辺

① Paddington SO H. (Hotel)
② Tudor Court H.
③ St.Davids H.
④ Shakespeare H.
⑤ Tony's House H.
⑥ Dolphin H.
⑦ Continental H.（改装中）
⑧ Dolphine inn the Lodge H.
⑨ St.George H.
⑩ Hyde Park Court H.
⑪ Avon H.
⑫ Belvedere H.
⑬ Norfolk Plaza H.
⑭ Ashley H.
⑮ Falcon H.
⑯ Cardiff H.
⑰ Abbey Court West Point H.
⑱ Indigo Paddington H.
⑲ H. Sophia
⑳ Castleton H.

㉑ Stylotel
㉒ Balmoral City H.
㉓ Springfield H.
㉔ Days Inn Hyde Park
㉕ Beverley House H.
㉖ Olympic House H.
㉗ Omega H.
㉘ Nayland H.
㉙ Best Western the Delmere H.
㉚ Royal Cambridge H.
㉛ Mandalay Picton House H.
㉜ The Gresham H.
㉝ Athena H.
㉞ Pacific H.
㉟ Norfolk Towers H.
㊱ Seymour H.
㊲ Belmont H.
㊳ White House H.
㊴ Astoria H.
㊵ Monopole H.

㊶ Normandi H.
㊷ Seymour H.（別館）
㊸ Classic H.
㊹ Orchard H.
㊺ Easyhotel.com
㊻ Classic Hyde Park H.
㊼ Darlington Hyde Park H.
㊽ A.B.C. Hyde Park H.
㊾ Gower H.
㊿ Bluedaws H.
51 Kingsway Park H.
52 H. Columbus
53 Admiral H.
54 Queensway H.
55 Europa House H.
56 Adare House H.
57 Albro House H.
58 Balmoral House
59 Alexandra H.
60 Mercure H. London Hyde Park

61 Rose Park Residential Apt.
62 Mitre House H.
63 Edward H.
64 Lancaster Court H.
65 Metro H.
66 Ascot H.
67 Rhodes H.
68 Mercure London Paddington H.
69 Hilton H.

※ここに記載してあるホテルは'19年10月現在の立地状況です。特におすすめのホテルを掲載しているわけではありません。また、エコノミー以外のホテルも掲載されています。

ウィンダミア The Windermere　ヴィクトリア

P.341-(51)

家族経営ながら、多くの賞を受賞している高級ホテル並みの宿。英国人デザイナーによるインテリアも落ち着いている。エアコン完備。ブラセリーを併設している。キッチン付きのアパートメントあり。

住 142-144 Warwick Way, SW1V 4JE
☎ 7834 5163
料 Ⓢ£145～　Ⓓ£185～　Ⓣ£195～
SW TV TEL TEA INT
CC AMV
⊖ Victoria
URL www.windermere-hotel.co.uk

ライム・ツリー Lime Tree　ヴィクトリア

MAP 10-A1 P.341-(60)

家族経営のホテル。全25室の小規模ホテルながら、デザイナーによるインテリアはシックで落ち着いた印象。スローン・スクエア駅からもヴィクトリア駅からも徒歩5分ほど。

住 135-137 Ebury St., SW1W 9QU
☎ 7730 8191　FAX 7730 7865
料 Ⓢ£105～　ⒹⓉ£155～
（朝食付き）
SW TV TEL TEA INT
CC AMV　⊖ Victoria ／ Sloane Sq.
URL www.limetreehotel.co.uk

ホクストン The Hoxton Shoreditch　ホクストン

MAP 4-C2

ダンスクラブの多いエリアにあるファンキーなホテル。狭い部屋もあるがスタイリッシュ。ホクストン・グリルというレストラン＆バーも併設している。ホルボーンやサザークにも姉妹ホテルあり。

住 81 Great Eastern St., EC2A
☎ 7550 1000　FAX 7550 1090
料 ⒹⓉ£119～
（簡単な朝食パック付き）
SW INT　ミニバーあり
CC MV　⊖ Old St.
URL thehoxton.com

トラベロッジ Travelodge London Covent Garden　コヴェント・ガーデン

MAP 12-C1

全国にあるホテルチェーンで、便利なコヴェント・ガーデンにある。隣り合わせの2館に分かれていて、フロントもそれぞれにあるが、どちらでチェックインしてもいい。レストランもあり。

住 10 Drury Lane, WC2B 5RE
☎ (0871)984 6245　料 Ⓓ£48～
（日によって値段が大きく異なる）　朝食£9.25
SW TV TEA INT（1日30分無料、24時間£3）
CC ADMV　⊖ Covent Garden ／ Holborn
URL www.travelodge.co.uk/hotels/318/London-Central-Covent-Garden-hotel

フィールディング The Fielding　コヴェント・ガーデン

MAP 12-D1

劇場街の真っただ中にある小さな宿。ヴィクトリア朝時代の建物で部屋は小さめ。1部屋だけだが猫足のバスタブが寝室にある部屋も。キッチン付きのアパートメントもあり。

住 4 Broad Court, Bow St., WC2B 5QZ
☎ 7836 8305
料 Ⓢ£125～　ⒹⓉ£179～
朝食なし
SW TV TEL TEA INT　CC AJMV
⊖ Covent Garden
URL www.thefieldinghotel.co.uk

シャーロッテ・ゲスト・ハウス Charlotte Guest House　ウエスト・ハムステッド

MAP 中央部-A1

最寄り駅から徒歩2分ほど。中心街から離れるがアクセスは悪くない。シャワー・トイレ共同の部屋もある（オフシーズン£37～）。朝食はイングリッシュ・ブレックファストなど数種から選べる。

住 195-197 Sumatra Rd., NW6 1PF
☎ 7794 6476　FAX 7431 3584
料 Ⓢ£47～　ⒹⓉ£57～（朝食付き）
SW TV TEA INT
CC AJMV
⊖ West Hampstead
URL www.charlotteguesthouse.co.uk

HOTEL

ヴィクトリア駅周辺　● MAP 10

バッキンガム宮殿、国会議事堂、ウェストミンスター寺院、テート・ブリテンなど、ロンドンでおさえておきたい見どころにも近い。それだけに、ホテルの数も種類も豊富。
ただし、外観だけでは判断できないし、つぶれかかったようなB&Bもあるので、自分の納得がいくところを見つけたい。

バッキンガム宮殿見学の出口は
ヴィクトリア駅にも近い

ホテルガイド　中級～エコノミーホテル

① Comfort Inn
② Best Western
③ Holly House H.
④ Ivy House H.
⑤ Cherry Court H.
⑥ Premiere Inn
⑦ The Beverley H.
⑧ Stanley House
⑨ Victoria Private H.
⑩ St.George's Inn
⑪ Romany H.
⑫ Comfort Inn Westminster
⑬ Lidos H.
⑭ Luna Simone H.
⑮ Victor H.
⑯ Huttons H.
⑰ H.Victoria and Victoria Inn
⑱ Melbourne House H.
⑲ Best Western Corona H.

⑳ Corbigoe H.
㉑ Double Tree by Hilton
㉒ Comfort Inn Victoria
㉓ OYO Studios
㉔ Belgrave House H.
㉕ EasyHotel.com
㉖ Calvados H.
㉗ Dover H.
㉘ Best Western Victoria Palace
㉙ Sidney H.
㉚ The Melita H.
㉛ OYO Park H.
㉜ The Belgravia London
㉝ Carlton H.
㉞ Holiday Inn Express
㉟ Blades H.

㊱ Tudor Inn
㊲ Golden Star H.
㊳ OYO Enrico H.
㊴ Colliers H.
㊵ Limegrove H.
㊶ Sheriff H.
㊷ Grapevine H.
㊸ Jubille H.
㊹ Eccleston Sq. H.
㊺ The Blair Voctoria H.
㊻ Surtees H.
㊼ OYO Vegas H.
㊽ OYO Townhouse H.
㊾ Airways H.
㊿ OYO Baker's H.
51 The Windermere H.
52 Hanover H.
53 Georgian House H.
54 B+B Belgravia
55 B+B Belgravia 82

56 OYO H.
57 Astors Belgravia H.
58 Morgan Guest House
59 Lynton H.
60 Lime Tree H.

※ここに記載してあるホテルは'19年10月現在の立地状況です。特におすすめのホテルを掲載しているわけではありません。また、エコノミー以外のホテルも掲載されています。

341

ユースホステルYH & 大学寮

ホテル代の高いロンドンでは、この手の宿泊施設のお世話になる人も多いだろう。YHは公共スペースでWi-Fiが使え、大部屋以外に1～4人程度のシャワー・トイレ付きのプライベートルームがある。シーズンや条件によって料金が違い、会員は食事を含め10％割引となる。イギリスのYHの統一連絡先 URL www.yha.org.uk　UKコンタクトセンター ☎(01629)592700

オックスフォード・ストリートYH Oxford St. YH　　ソーホー

● MAP 12-A1

オックスフォード・サーカスの裏側。場所が便利なだけあって、いつも混んでいる。早めに予約確認をしておくといいだろう。キッチンあり。ダブル、2人、3人、4人部屋あり。

住 14 Noel St., W1F 8GJ
☎ (0345)371 9133
営 24時間
料 ドミトリー1人£27～　プライベートルーム1部屋£80～
CC JMV　⊖ Oxford Circus／Tottenham Court Rd.

アールズ・コートYH Earl's Court YH　　アールズ・コート

● MAP 9-A2 P.335

ヒースロー空港へは地下鉄ピカデリー・ラインで1本という便利さがうれしい。キッチンなどの設備やかわいい中庭もある。カフェのほか、ランドリーもあり。1～4人、6人部屋あり。

住 38 Bolton Gdns., SW5 0AQ
☎ (0345)371 9114
営 24時間
料 ドミトリー1人£20～　プライベートルーム1部屋£39～
CC JMV
⊖ Earl's Court

セント・ポールズYH St. Paul's YH　　シティ

● MAP 8-A1

セント・ポール大聖堂の聖歌隊用の学校だった建物を利用している。観光に非常に便利。食事も取れるカフェ＆バー、ランドリーあり。キッチンなし。1～8人部屋、10～11人部屋がある。

住 36 Carter Lane, EC4 5AB
☎ (0345)371 9012
営 24時間
料 ドミトリー1人£17～　プライベートルーム1部屋£45～
CC JMV
⊖ St. Paul's／Blackfriars

ロンドン・セントラルYH London Central YH　　フィッツロヴィア

● MAP 3-A3

パソコンが使えるカフェまで備わる大型ホステル。立地条件もいい。ダイニングで朝食や夕食が取れるほか、ランドリーやキッチンもあり。ダブル、2、4、6、8人部屋あり。

住 104-108 Bolsover St., W1Y 5NU
☎ (0345) 371 9154
営 24時間
料 ドミトリー1人£28～　プライベートルーム1部屋£59～
CC JMV
⊖ Great Portland St.

セント・パンクラスYH St. Pancras YH　　セント・パンクラス

● MAP 3-C2

清潔で快適なユースホステル。駅前という立地条件もいい。トイレ・シャワーが付いた部屋もある。キッチンなし。カフェバーがあり軽食を取ることもできる。ダブル、2、4、5、6人部屋あり。

住 79-81 Euston Rd., NW1 2QE
☎ (0345)371 9344
営 24時間
料 ドミトリー1人£26～　プライベートルーム1部屋£80～
CC JMV
⊖ King's Cross St. Pancras／Euston

HOTEL

テムズサイド YH Thamesside YH　　ロザーハイス

東ロンドンに位置する。駅から徒歩10分ほど。部屋にシャワー・トイレが付いている。キッチン、カフェ＆バー、ランドリーといった設備も充実。食事を取ることもできる。2〜6、10人部屋あり。

● MAP 中央部 -D2
20 Salter Rd., Rotherhithe, SE16 5PR
(0345)371 9756
24時間
ドミトリー1人£17〜　プライベートルーム1部屋£49〜
JMV
Canada Water

ロンドン大学インターナショナル寮 International Hall University of London　　ブルームズベリー

旅行者も広く受け入れる大学の寮で、2泊からのみ宿泊可能。シャワーやミニキッチン付きの部屋もある。食堂で夕食を取ることもできる。大英博物館にも徒歩で行ける便利なロケーション。

● MAP 3-C2
Lansdowne Terrace, WC1N 1AS
7862 8881　通年宿泊可
Ⓢシャワー・トイレ共同£46〜
ⒹⓉ£88〜
MV　Russel Sq.
london.ac.uk/staycentral
（オンライン予約）

LSE バンクサイド・ハウス LSE Bankside House　　サザーク

ロンドン・スクール・オブ・エコノミクスの8つの寮のうち、ここはテート・モダンの隣にあり、リバーサイド探索に最適。コインランドリーあり。1〜4人部屋で、シングルは共用バスルームの部屋（£49〜）もある。

● MAP 8-B2
24 Sumner St., SE1 9JA
7107 5750(寮) 7955 7676(予約)
春、夏、冬の学生休暇期間中(スーペリアルームのみ通年) Ⓢ£78〜
Ⓣ£102〜　MV　Southwark／
London Bridge　www.
lsevacations.co.uk(他の寮も予約可能)

インペリアル・カレッジ学生寮 Imperial College London　　ケンジントン

世界のトップ大学リストの常連、インペリアルの学生寮に泊まってみる？ 5ヵ所あり、V&A、自然史、科学博物館に近いところが多い。予約はオンラインかメールで。2〜3泊以上のみのところも。

● MAP 5-C2 6-A3・B3 9-B2
各寮により異なる
7594 9507
6/29〜9/27('20)
Ⓢ£58〜　Ⓣ£78〜
MV
www.imperial.ac.uk/visit/summer-accommodation/

CLOSE UP

イギリスの一般家庭の雰囲気を楽しむ宿

Airbnb を使ってみる？

アメリカ生まれのAirbnbは、ウェブサイトを通じて個人宅との宿泊の契約を結ぶもので、日本でいう民泊。ウェブサイトの物件を見ていくと、まるでインテリア雑誌を眺めているようだ。このシステムのいちばんの特徴は、何といっても、普通の人の家におじゃましているという感覚。日本の民宿やペンションのように「お世話」をしてもらえるわけではなく、知らない人の家に泊まらせてもらう感じ。なので、「郷に入っては郷に従え」というのを、気楽に楽しめる人向き。また、片言でかまわないが、少しは英語ができること。部屋の鍵の扱いやチェックイン時の鍵の受け渡しについてなど、ホストとの簡単なやりとりが必要。フラット周辺の治安や掃除代金の有無など、諸条件は各自確認する必要がある。

最近ではたくさんのフラットを所有している、プロのホストもいる。こうしたスタジオフラットに週単位で宿泊というのなら、鍵さえ受け取ってしまえば、ホストに気を使う必要なく滞在することも可能。
www.airbnb.jp(日本語版)

ロンドン・ベッド＆ブレックファスト・エージェンシー
London Bed & Breakfast Agency
個人の家を間貸するタイプのB&Bを紹介してくれる。2泊以上のみの取り扱い。オンライン予約システムあり。
(01474)708701　1泊£55くらい〜
www.londonbb.com

CLOSE UP

ロンドンで暮らす雰囲気を味わえる宿

　長期滞在者にうれしいのが、1週間単位で借りられる、キッチンの付いたスタジオタイプの宿泊施設。キッチンには、冷蔵庫はもちろん、食器や電子レンジまで完備されているところも多く便利。部屋を確認できないというデメリットはあるが、オンラインで日本から予約できる。

日本語で申し込める
ロンドン-東京プロパティサービス
長期滞在用のフラットの申し込み（日本からもOK）ができる。ベーカー・ストリート、セント・ジェームズ・パーク、ケンジントン、セント・ジョンズ・ウッド、ウエスト・アクトン、フィンチリーなどに支店がある。下記のハムステッド・グリーンヒル・ゲストハウスのほか、●ベイズウオーター駅近くにも短期滞在者用のゲストハウスをもつ。
セントラルロンドン支店
🏠 115 Baker St., W1U 6RT
☎ 7486 5116　📠 7486 3130　● Baker St.
ハムステッド・グリーンヒル・ゲストハウス
1泊から宿泊可能。部屋に電子レンジがあるほか、共同のキッチンやランドリーも設けられている。長期滞在割引あり。
🏠 122C, Finchley Rd., NW3 5HT　☎ 7431 4550
URL www.london-tokyo.co.uk

イギリスで探す場合
フラットの申し込みは、1ヵ月以上滞在のみとするところが多いが、1週間の1 week Apartmentを扱っているところもある。

○**グローブ・アパートメント Globe Apartments**
ウエスト・エンドのマリルボン、ボンド・ストリート、フィッツロビアにある物件のほか、カムデンなど、ロンドン中心部の物件を扱う不動産屋。1週間以上の滞在用物件がほとんどだが、1泊から泊まれるところもある。掃除とリネン交換は毎週1度だが、追加サービス（有料）を利用することもできる。
🏠 45 Chiltern St., W1 6LU　☎ 7935 9512

📠 7486 8315　🏠 スタジオ1泊£115〜　予約時に全額前払いで、デポジット£250が必要
URL www.globeapt.com

○**ホームステイ.コム Homestay.com**
ホームステイ専門のオンライン予約サービス。1泊からOKな物件も多い。軽い朝食は宿泊料に込みで、フル・イングリッシュの朝食や、ほかの食事を別料金で出してくれるところもある。
URL www.homestay.com

○**ウェイ・トゥ・ステイ Way to Stay**
3泊からの短期滞在型物件がヨーロッパ中からリストアップされたウェブサイト。日本語でオンライン予約できる。日本語での問い合わせもウェブサイトの「お問い合わせ」より可能。
☎ 3468 8936　🏠 2人用ワンルーム1泊£118〜
URL www.waytostay.com/ja

○**マーリン・アパートメント・エンパイア・スクエア Marlin Apartment Empire Square**
テムズ南岸にあり、バラ・マーケットがすぐぞばだから、おいしい食材を調達することもできる。電子レンジ、食器、鍋、食洗機、洗濯機など、生活に必要な道具も揃ってる。このほかにも7軒あり、700以上の部屋を貸し出している。
🗺 MAP 8-B3　🏠 34 Long Lane, SE1 4NA
☎ 7378 2100　🏠 スタジオ£138〜（1泊から宿泊可能）　早期・連泊割引あり
● Borough　URL www.marlin.com

リビングからシャードが見える部屋も

立派なキッチンがあることも。ミニキッチン付きも多い

マリーン・アパートメントの室内はモダンな感じ

London »
ロンドンからの小旅行

本当のイギリスのよさは小さな町と田舎にある　郊外にはロンドンとは違う魅力がある

Short Trip from London

ロンドンからの小旅行

ロンドンを起点にして、日帰りで小旅行。
ロンドンの周りには、ぜひ訪れてみたい歴史と伝統の町や、田舎がいくつもある。
1日くらいは、ロンドンだけでない、イギリスの魅力を肌で感じてみたい。

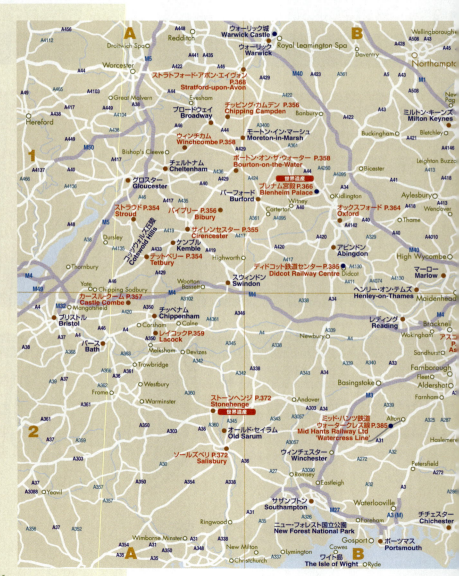

SHORT TRIP

ロンドンの西部
イギリスらしい田舎コッツウォルズ地方、大学町オックスフォード、ストーンヘンジとソールズベリ、王室ゆかりのウィンザーなどへ。

コッツウォルズの小さな村バイブリー

ロンドンの南部〜南東部
世界遺産のカンタベリー、プーさんゆかりのハートフィールドやブルーベル鉄道の蒸気機関車、小高い丘にある宝石のような町ライなどへ。

木造りの家も並ぶライの町

ロンドンの北東部
オックスフォードと並ぶ大学の町ケンブリッジではケム川沿いをボートに乗って眺めてみたい。競馬で有名なニュー・マーケットもある。

ケンブリッジのボート「パント」

ロンドンからの小旅行　小旅行のエリア

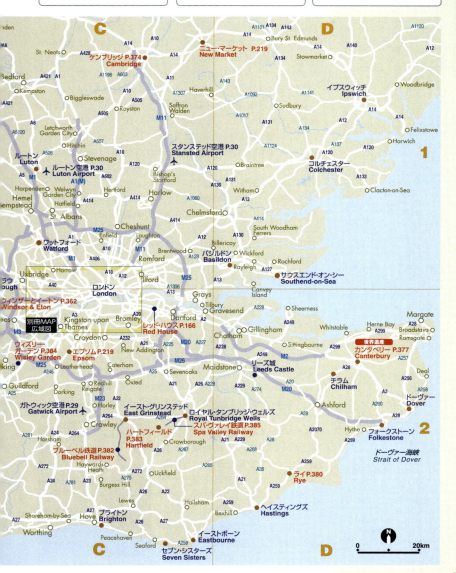

347

ロンドンの主要な鉄道駅

ロンドンには「ロンドン駅」、「中央駅」は存在しない。行き先によって出発駅が決まっている。

ヴィクトリア駅
南東部方面（ドーヴァー、ヘイスティングズなど）

ウォータールー駅
南部方面（ソールズベリ、ボーンマス、エクセターなど）

チャリング・クロス駅
南東部方面（ドーヴァー、ヘイスティングズなど）

パディントン駅
中央部方面（オックスフォードなど）、南西部方面（バース、カーディフ、ペンザンスなど）

リヴァプール・ストリート駅
北東部方面（ケンブリッジ、ノーリッジなど）

キングス・クロス駅
中央部・北部方面（ケンブリッジ、エディンバラなど）

セント・パンクラス駅
北部方面（ルートン空港、リーズ、ヨークなど）。南東部方面（カンタベリー、ドーヴァーなど）。ユーロスターの始発駅。

ユーストン駅
北ウェールズ、中央部、北部方面（ホーリーヘッド、リヴァプール、グラスゴーなど）

マリルボン駅
北西方面（ストラトフォード・アポン・エイヴォン、バーミンガムなど）

切符購入に当たって

出発当日に窓口で購入する場合、相当並ぶことが多いので早めに駅へ。行き先を告げれば、その時点でお得な切符を紹介してくれる。自動券売機が使えるなら窓口よりもスピーディ。クレジットカード（マスターカードやビザなど。自動券売機はICチップが付いたもの）で切符を買うこともできる。
オンライン予約した場合、メールで予約番号"ref." あるいは"confirmation reference number"が送られてくる。チケットを受け取るには、この番号と、購入時に使用したクレジットカードが必要。受け取りは簡単で、券売機にカードを挿入し"ref." 番号を打ち込むだけ。使用したクレジットカードを入れるだけで発券されるマシンがいくつか置いてある駅もまだあるが、トラブルが多くこのタイプはほとんどなくなっている。日本で予約したものの、そのときに使ったカードを持ってこなかったために買い直しになった人もいるので注意！

National Rail Enquiries
☎ (03457) 484 9150
URL www.nationalrail.co.uk

鉄道の乗り方

　イギリスの鉄道は民営化されており、約28の会社（オペレーター Operatorと呼ばれる）によって運営されている。乗車券購入は、駅にある自動券売機や窓口、またはオンラインで。列車内で切符の購入をすることはできない。

　原則として1等車 1st classは2等車 2nd classの1.5～2倍の料金。また、距離のほか、オペレーターや出発時刻、片道か往復か、日時指定の予約チケットか、どれくらい前にどこで予約購入したかなど、さまざまな条件により大きく料金が異なる（安いほど自由度は低いが、値段はエニータイムチケットの1/2以下になることも）。お値うちなチケットを望む場合は、ナショナル・レイルのウェブサイトで、日時などの条件を入れて、早めに確認・予約購入しておこう。

　また、土・日曜、祝日は本数が減ることが多いので、これらの日に移動を考えている人は、前もって時間を確認しておくこと（12/25・26は全面運休）。特に日曜は、工事のため途中からバスになるなど、運行が乱れがち。平日に出かけるようにするか、十分な確認を。

切符の種類、割引、パスなど

エニータイムチケット Anytime　いつでも乗れるチケット。

オフピーク Off-Peak　朝夕などの混雑時間帯を除く出発の場合に、割引設定されることが多い。

アドヴァンス Advance　日時指定の事前予約チケット。日時とともに席も指定される（空いていれば、ほかの席に座ってもOK）。

片道／往復 Single/Return　片道チケットと往復チケットが、ほぼ同額に設定されていることも多いので、往復するなら、よく確認を。デイリターン Day Return（日帰り往復チケット）がある場合も。

16-25レイルカード 16-25Railcard　16歳以上25歳未満の人、およびフルタイムのイギリスの学校の学生用のカード。約3分の2の料金でチケットを購入できる。1年用£30、3年用£70（申し込みには身分証明とパスポートサイズの写真1枚が必要。購入は英国内のみ。3年用はオンライン購入のみ。URL www.16-25railcard.co.uk）。

ブリットレイル・ロンドンプラスパス BritRail London Plus Pass
ロンドンを含むイングランド南東部で使用できる期間指定の鉄道パス。好きな時間に使えて、切符購入の手間がないので便利だが、1回だけ近場へ出かけるなら、日帰り往復チケットのほうがお値うち。ほかにも、イングランド地方全域のパスもある。イギリスでは購入できないので日本で用意しておくこと。URL rail.arukikata.com/pass/britrail_londonplus.html

自動券売機で切符を買うときは、行き先、値段や条件をよく確認して購入を

コーチ（長距離バス） Coach

イギリスではコーチの路線網が鉄道並みに発達している。鉄道より少々時間がかかることが多いが、とにかく安い。また、鉄道と違って、コーチ・ステーションは町の中心に近いというのも魅力。コーチ会社は大小含めるとかなりの数。代表的なものにはNational Express、Green Line、Oxford Citylinkなどがある。特にロンドンを拠点とするNational Expressは最大手のひとつ。コーチ・ステーションの窓口で切符を購入するのだが、原則として予約制。ただし、席が空いていれば当日でも大丈夫。

切符の種類（National Express）

デイ・リターン Day Return(DR)
日帰り往復チケット。片道チケットと、なぜかほとんど同額。

ヤング・パーソンズ・コーチカード Young Persons Coach Card
鉄道と同じく、16～26歳またはそれ以上の年齢でもフルタイムのイギリスの学生用には、ヤング・パーソンズ・コーチカードがあり、正規料金チケット（スタンダードとオープンチケット。ピーク時発の便もOK）が1/3オフの額で買えるほか、音楽フェス会場などへの特別直行便が15%引きになる。1年用£12.50、3年用£30。長期滞在者にはお得なカード。

ヴィクトリア・コーチ・ステーションとグリーン・ラインのコーチ

SHORT TRIP

MAP 10-A1
ヴィクトリア・コーチ・ステーション
Victoria Coach Station
National Express、Green Lineのオックスフォード、ケンブリッジ行きなどの一部の路線、Megabus、Stagecoach、Oxford Citylinkなど、ほとんどのコーチがここから出発。Elizabeth St.を渡った所には到着便専用の建物が別にある。
☎7222 5600

MAP 10-B1
グリーン・ライン・コーチ・ステーション
Green Line Coach Station
ヴィクトリア・コーチ・ステーションと間違える人が多いがまったくの別モノ。ほとんどのGreen Lineはここを拠点とし、ウィンザーやハンプトン・コート行きも出ている。乗り場はヴィクトリア駅裏側にあるショッピングアーケードThe Colonnade Walkを囲むようにある。
Green Line Travel Office
4a Fountain Sq.
Buckingham Palace Rd.
☎(0344) 801 7261
URL www.greenline.co.uk

ユーロスターの切符購入は公式サイトがおすすめ
Rail Europeの日本語サイトから切符を購入しましたが、このサイトでは座席選択ができず、自動で振り分けられてしまううえ、手数料を取られます。しかもパリのデモの影響でユーロスターが動かなかった際の対応もいまひとつ。ユーロスターの公式サイトは英語ですが、こちらからの購入をおすすめします。
（匿名希望　'19）

CLOSE UP
イギリスとヨーロッパ大陸とを結ぶユーロスター

1994年に運転が開始されたユーロスター。当初よりも運転本数は増え、スピードもどんどん上がった。2019年現在では、パリに1日15～20本程度（所要時間約2時間15分）、ブリュッセルには1日7～10本（所要時間約2時間）程度運行している。

イギリス側の終点はセント・パンクラス国際駅で、イギリス国内にはケント州Ashford駅のほかにEbbsfleet駅もでき、郊外からヨーロッパ大陸へのアクセスもより便利になった。

ロンドン〜パリ間の運賃（2019年10月現在）
ユーロスターは全席指定席で、事前の予約もできる。ビジネスプレミア（特等）片道£349、スタンダードプレミア（1等）片道£134〜303、スタンダード（2等）片道£56〜236。このほかにも往復割引、ユース割引、シニア割引、鉄道バス割引、早期割引など、さまざまな割引がある。URL www.eurostar.com

セント・パンクラス国際駅に到着したユーロスター

国際運転免許証の取得

国際運転免許(国外免許証)を取得する際には、本人の住民票がある公安委員会の運転免許試験場などに申請する。その日のうちに受け取ることができ、有効期間は発行日から1年間。

警視庁運転免許テレホン＆FAXサービス(東京)
📞 (03) 3450-5000
警察庁 URL www.npa.go.jp

申請に必要な書類
1. 現在有効な免許証
2. パスポート(ビザ申請などで手元にない場合はコピーでOK)
3. 申請書(窓口にある)
4. 写真1枚(縦5×横4cm、6ヵ月以内の撮影)
5. 手数料2350円
6. 古い国外免許証を持っている場合は、それも持参する

なお、イギリス入国から1年間は、日本の運転免許証のみでも運転できる。ただし、レンタカーを借りる際に、免許証の内容を翻訳しなくてはならない場合もあるので、国際運転免許証があったほうが便利。また、運転できる車種が制限される可能性もある。ハーツでは、免許証の翻訳証明をオンラインで作れるフォームを無料提供しているので、これを利用するのも手。
URL gohertz.cn/jp_license

借りるときの注意点

レンタカー会社によっては年齢やクレジットカード規定などがあるので詳細は要確認。オートマチック車を希望する場合は、早めに手配をしたほうがいい。オートマチック車はマニュアル車に比べて割高。また、身分証明書代わりにクレジットカードの提示を要求される。

レンタカー

イギリスの自動車は日本と同じ左側通行。日本がイギリスの交通ルールを取り入れたというのは、ご存じのとおり。これは日本人にとっては、ありがたいシステム。レンタカー(英語ではカーハイヤー Car hire)でも借りて、混雑の少ないロンドンの外まで足を延ばせば、列車の旅にはない体験ができるのでは？

レンタカーを借りる

レンタカーは空港、主要なホテルなどで予約可能。ただし、レンタカー会社によって年齢が制限されていることもあるので確認を。日程が決まっているのなら、日本から予約していくと安心。というのも、大手のレンタカー会社なら、どうしてもオートマチック車がいいという人も(イギリスではマニュアル車が一般的)事前に予約しておけるし、保険契約などの細かなやりとりを日本語で済ませておけるのも、気がラクだからだ。

現地で借りる場合には、覚えておきたいキーワードがふたつある。ひとつは"UM(Unlimited Mileage)"。走行距離無制限の意味で、申し込んだ期間内なら何km走ろうと追加料金を請求されないということ。もうひとつは"H／L(Hire here/Leave there)"別名 one way rental。いわゆる乗り捨てのこと。

エイビス Avis、ハーツ Hertz、ヨーロッパカー Europcar、バジェット Budgetなどが大手レンタカー会社。こうした会社は、支店もたくさんあり、空港に予約カウンターをもっていることが多い。乗り捨ての都市の選択の幅が広く、故障などがあっても、すみやかに修理や車の交換をしてくれる。

これに対して、Enterprise.co.ukなどマイナーなところでは、車がややくたびれていたりすることがあるが料金はそのぶん安い。料金は、"UM"か"H／L"か、大手の会社か中小かで違ってくるので、自分の旅に合ったものを選ぼう。

混雑税 Congestion charge について

ロンドンの渋滞緩和を図るため、中心エリアを通る車に「混雑税」がかけられている。課税時間は平日7：00〜18：00、料金は1日£11.50(祝日と12/25〜1/1は課税なし)。料金所はなく、監視カメラがナンバープレートをスキャンしている。支払いは、通る前か、エリアを通った当日の23：59までに済ませること。

翌日支払いは£14。それを過ぎると「ペナルティ警告書(PCN)、罰金£160」がくるまで支払うことはできない。警告書がきて14日以内に支払えば、半分の£80で済む。

レンタカーの場合、課税エリアに入るなら自分で払うよう言われる。もし払わないと、レンタカー会社からクレジットカードの番号が送られ、手数料も加えた額が引き落とされる。

旅行者は、下記の電話かオンラインで支払いをするのが便利。
📞 0343-222 2222(自動音声)
URL tfl.gov.uk/modes/driving/congestion-charge

混雑税の課税エリア終了のマーク
斜線がないものが開始のマーク

保険に加入しておこう

契約の際に、きちんとしておきたいのが保険。保険にはLDW/CDW（車両損害補償）、PAI（搭乗者傷害保険）、PEC（携行品保険）、LIS（追加自動車損害賠償保険）などがあるが、ぜひ加入しておきたい。また、契約書の保険の欄にサインするとき、ドライバーが複数なら、ドライバー全員のサインをしておこう。保険はサインのある人が運転していた場合しか適用されないので要注意。

走り出す前に

まず気を落ち着けて車の点検を。ワイパーやウインカー、足回りの位置、給油タンクの位置、ガソリンの種類なども確かめてからゆっくりと走り出そう。イギリスでもシートベルトの着用は乗客全員に義務づけられているので、お忘れなく。レンタカーにはヨーロッパ仕様車（左ハンドル）を右の運転席に変えただけの車が多いので、ウインカーとワイパーの位置が左右逆転していることがある。きちんと確認してから出かけよう。イギリスでは、マイルで距離を表すことも多いので、1マイル＝1.609kmであることを頭に入れておこう。

駐車はどうする？

町なかでは普通、駐車メーターのある所でのみ駐車可能。駐車場はたいていどこか近くにある。出入口に駐車料金ボックスがあり、そこで料金を支払う場合と、チケット販売機でシールを購入して車に貼っておく場合がある。シールはきちんとチェックされているので、駐車違反でつかまらないように。

ラウンドアバウト Roundabout に注意

日本でいうロータリーのことだが、イギリスには、このラウンドアバウトがやたらに多い。慣れないうちは信号のほうが便利だと、ぼやかずにはいられない。けれど、要領がわかると、この人の良識を前提とした仕組みに感心するようになる。

必ず左折で入らなければいけないから、右前方だけに注意して、折を見て輪に加わる。もちろん、ラウンドアバウト内を走っている車が優先。いったん中に入ってしまえば、ぐるぐると何度回ってもかまわないので、自分の目指す道路の記号、あるいは町の名の書かれた標識が見つかるまで走り続ける。案外、自分の走ってきた道が、目指す道だったなんてこともあり得る！

ゼブラ・クロッシング Zebra Crossing（横断歩道）

日本と同じ白のストライプ。両サイドには、夜間に点滅する黄色く丸いライトがのっかったストライプのポールがあるので、夜でもよくわかる。ただし、このストライプの手前からジグザグ模様が描かれており、ドライバーに注意をうながしている。この範囲では追い越しと駐車が堅く禁じられているので要注意。横断歩道は歩行者に優先権があるので、これをおこたるとかなり重い罪になる。日本と違って、車が来ても歩行者は横断歩道を堂々と渡る。ジグザグ模様の地帯に入ったら、いつでも停まれるスピードで、安全運転を。

SHORT TRIP

日本で予約できるレンタカー
免許取得後1年以上の23歳以上。25歳未満は車種制限があり、ヤング・ドライバー料金が必要。また、JCB以外の本人名義のクレジットカードが必要。全車禁煙。詳細は予約時に確認を。
ハーツ・ジャパン
☎ 0120-489-882
URL hertz.com
エイビス
☎ 0120-311-911
URL www.avis-japan.com

給油について
ガソリンスタンドはペトル・ステーション Petrol Station という。給油はセルフサービス。レンタカーを借りる際、ガソリンのタイプの確認を。有鉛 leaded はクラシックカーくらいなので、無鉛 Unleaded かディーゼル Diesel かになる。無鉛には普通とハイオク Super-unleaded があり、値段の安いほうで問題ない。料金はレジで。高速を走るときや夜間にはフルタンクにしておく。

緊急のとき
道の端に車を寄せ、レンタカー会社の指定する緊急連絡先へ電話すること。日本のJAFの会員証を持っていれば、提携先のAAのロードサービスを受けられる（入国から90日以内の旅行者のみ。有料の場合もあり）。
AA ☎ (0800) 887 766 (24時間) URL www.theaa.com
JAF URL jaf.or.jp/common/global-support/global-service

イエロー・ライン
Yellow Line（黄色線）
黄色2本線 Double Yellow Line は終日駐車禁止。黄色1本線 Single Yellow Line は平日9:00〜18:30は駐車禁止。土曜は13:30まで。日曜は24時間駐車可能となる。例外も多いので、必ず標識の確認を。

バスレーン Bus Lane
茶色に塗られ Bus Lane と書かれていたら、バスとタクシー専用時間帯がある。バスレーンタイムには一般車は走行してはいけない。監視カメラにキャッチされると痛い違反金！だいたい平日の日中だけだが、土曜や長時間の規制がかかっている道も。道端の標識に明記してあるはずなので確認を。

ロンドンからの小旅行　レンタカー

351

■■ Town Guide

日帰りで行ける町や村

列車やバスを使って行くことができて、ロンドン滞在の半日か1日を割く価値がある。
そんな町や村がロンドンの周辺にはいくつもある。
気に入った町が見つかったら、足を延ばして行ってみよう。

アクセス
コッツウォルズ地方は、オックスフォード(→P.364)、チェルトナム、ストラトフォード・アポン・エイヴォン(→P.368)、バースに囲まれた一帯。

拠点となる鉄道駅がある町
モートン・イン・マーシュ Moreton-in-Marshへ
パディントン駅から約1時間35分、1時間に1〜2本。
チェルトナム Cheltenhamへ
パディントン駅から約2時間30分、2時間に1本程度。
スウィンドン Swindonへ
パディントン駅から約1時間40分、1時間に3〜4本程度。
チッペナム Chippenhamとバース Bathへ
チッペナムまでパディントン駅から約1時間15分、1時間に2本程度。バース・スパ Bath Spa駅まで約1時間30分、1時間に2本程度。

公共バスに便利なウェブサイト情報やコッツウォルズ周辺の町からのツアーなどは→P.360

タクシーについて
宿泊した場合は、ホテルで呼んでもらうことができる。小さな駅や村でタクシーをひろえる可能性はほとんどない。

コッツウォルズ地方 Cotswolds

"High wild hills and rough uneven way."
「高く荒々しい丘とでこぼこで平坦ではない道」

　シェイクスピアの『リチャード3世』のなかには、コッツウォルズ地方について、こう書かれている。コッツウォルズ地方は、標高100〜300mほどの丘陵が続き、今も自然が脈々と息づいている。その自然のなかに、静かに生活を送る人々の村が点在する。ここは、自然と人々の暮らしの調和が非常によく取れた、類いまれな所だ。
　この地方を歩いていてまず気づくのが、家並みの何ともいえないあたたかさだろう。これは、村の小さな家々がライムストーン Limestoneと呼ばれる石灰岩でできているためだ。この地方では、Light Grey、Honey、Light Brownというように、少しずつ家並みの石の色が違い、その土地で採れる石を知ることもできる。
　石組みや屋根の葺き方も独特で、そんな違いを楽しみながら、村を回っていくのもおもしろい。どんよりとした曇りの日にも、この石のおかげで村全体が不思議とあたたかく感じられる。ほんわりとした朝日のなかの家並み、1日の終わりを告げる夕日に映える家並み、いろいろな色に移り変わっていくさまは、同じ石でできた建物とは思えない。ここでは、1日がゆっくりと過ぎていく。日が暮れる頃、家々の煙突からは、静かに煙が立ちのぼる。家の中に入れば、暖炉の火が赤々と燃え、室内を暖め始めている。
　そんな暮らしを営む人々の表情は、いつも穏やかで、訪れる私たちを心よく迎え入れてくれる。

テットベリーにある茅葺き屋根の家

SHORT TRIP

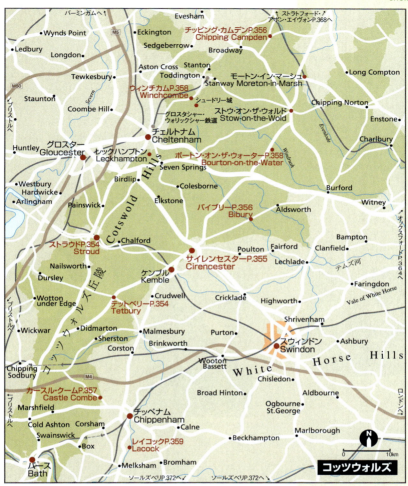

日帰りで行ける町や村

コッツウォルズ地方

コッツウォルズ地方の巡り方

　コッツウォルズとは、古英語で「羊小屋のある丘」という意味。広大な斜面と清らかな水とで、イギリスを代表するウール製品の産地だったが、19世紀を境に石炭の採れないこの地方は苦難の道を歩むことになる。その結果、この地方には鉄道網が発達しなかったため、昔ながらの暮らしを守り続けることができたともいえる。20世紀に入り、やっと車で訪れることができるようになり、この一帯はイギリスの人々に愛される田舎となった。そんな歴史があるので、アクセスには少々苦労する。

　それぞれの村は、30分もかからず見て回ることができるほど小さいが、コッツウォルズ丘陵の範囲は広く、公共交通機関を使った場合、ロンドンから日帰りで行くことができるのは1～2ヵ所程度。いくつもの村を回りたい人には、バスツアーかレンタカーがおすすめ。公共バスの場合、事前に時間の確認をしてから、訪れる村を決めていこう。なお、ほとんどのバスが日曜運休なのを頭に入れて予定を立てたい。

● この地域で便利な鉄道路線
・ロンドン～オックスフォード～モートン・イン・マーシュ～イーヴシャム Evesham
・ロンドン～レディング Reading～スウィンドン～チッペナム～ブリストル
・チェルトナム～ストラウド～ケンブル～スウィンドン

3つの村の巡り方

1日に3つの村を巡るならレンタカーで。距離的には近いので、アクセスを確認しておけば、バスや列車で1日ふたつなら行けそう。

ストラウドへのアクセス

ロンドン・パディントン駅から約1時間30分。1時間に1〜2本程度。スウィンドンで乗り換えの場合もある。

ストラウド
URL www.visitthecotswolds.org.uk

ストラウド・ファーマーズマーケット
Stroud Farmers' Market
Cornhill Market Placeと周辺の通りで開催される。
開 土 9:00〜14:00
URL www.fresh-n-local.co.uk

新鮮そうな野菜もたくさん！

テットベリーへのアクセス

ストラウドからバスで約40分。月〜土曜1日6本。詳細は現地で要確認。
℡ (01453) 835153
サイレンセスターからのバスも平日2〜4本、土曜3本あり。ケンブル駅からのバスもあり。

テットベリー
URL www.visittetbury.co.uk

ハイグローブ・ショップ
Highgrove Shop
住 10 Long St., GL8 8AQ
℡ (01666) 505 666
開 月〜土 9:30〜17:00
日 10:30〜16:30
休 1/1, 12/25 (要確認)
URL www.highgroveshop.com

ハイグローブのオーガニックチョコ

おすすめの村 マーケットタウンへ出かけよう!

① ストラウド Stroud

　ロンドンから列車で1本、ダイレクトでも行ける、という便利さがうれしい。便利なだけでなく、ここのファーマーズマーケットは、いくつもの賞を受賞しており、品質・規模とも折り紙付き。始まりは、ひとりの女性が始めた小さな手作り品を並べたマーケットだったそう。それが今では、出店待ちが出るほどの人気マーケットに。
　地元で取れた食材のほか、それを使った総菜やラベンダーのジャム、ワイン、チーズなど、さまざまな屋台が並び、どれもおいしそう！

たくさんの人が訪れる

上…売り手とのやりとりも楽しい
下…オーガニックのチーズ

② テットベリー Tetbury

　この村の起源は、サクソン人が7世紀後半に修道院を建てたことに始まるといわれている。その後、羊毛の取引で栄え、ロンドンやバースからも多くの人々が訪れた。

マーケットハウス

SHORT TRIP

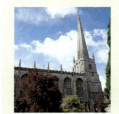

聖メアリー教会

左…地元で取れたリンゴ　右…籐籠の出店が出ている日も

ゴシック様式の聖メアリー教会を中心とした町は、王族の居所ハイグローブにも近く、ロイヤルタウンの異名ももつ。チャールズ皇太子が開いたハイグローブ・ショップがあるロング・ストリートLong St.あたりには、ショップやカフェ、レストランもあり、アンティークショップが充実していることで知られる。

マーケットハウスでは、品を変え、毎日のように出店が出ているので、のぞいてみると楽しい。

③ **サイレンセスター** Cirencester

列車は通っていないが、コッツウォルズの中心部に位置し、イギリスがローマの植民地だった頃、ロンドンに次ぐ第2の都市として栄えた町。アーツ&クラフト運動発祥の地、ともいわれる。町の歴史は、コリニウム博物館Corinium Museumで知ることができる。

この町で開かれるマーケットは、ファーマーズマーケットの食品からアンティークまで、さまざま。マーケットを目当てに、やってくる人もいるとか。コッツウォルズ地方は、質のよいヴィクトリア時代からの家具やジュエリーが豊富なことで知られ、アンティークのディーラーも訪れるという。

END

左上・左下・右上…アンティークのマーケットで　右下…中心部のウールマーケット跡

「コッツウォルズ・ディスカバリー」1日乗り放題バス
チッピング・カムデン、サイレンセスター、モートン・イン・マーシュ、ストラウドなどを回るなら、8：50以降のバスと鉄道に乗り放題のバスが便利。オックスフォードからモートン・イン・マーシュまでの鉄道も含まれている。駅の窓口かコッツウォルズのバスに乗ってからでも購入でき、料金は£10.50。どのルートに使えるかなどは、下記のサイトで確認を。URL www.escapetothecotswolds.org.uk/visitor-info/cotswolds-discoverer

サイレンセスターへのアクセス
ヴィクトリア・コーチ・ステーションからバスで約2時間15分、1～2時間に1本程度。
ケンブルまで鉄道で出て、バス（平日1日6本程度。日曜運休）でサイレンセスターに行くこともできる。
ヒースロー空港からは直行バスが毎日5本ほど出ていて便利。所要1時間30～45分。

サイレンセスター
Victoria Rd.沿いにはB&Bが並んでいるので、比較的宿探しもしやすい。
URL www.cirencester.co.uk

サイレンセスターズ・チャーター・マーケット
Cirencester's Charter Market
Market Placeなどで開催される。第2と第4の土曜9：00～14：30はファーマーズマーケット。
毎週月曜10：00～16：00と金曜9:00～15:00には家具や雑貨も。

サイレンセスターの中心部

日帰りで行ける町や村　コッツウォルズ地方

3つの村の巡り方
北部から南部の村まで距離があるので、3つの村を巡るならレンタカーで。ウオーキングをするつもりなら、ひとつの村に絞ったほうが楽しめる。

チッピング・カムデンへのアクセス
ストラトフォード・アポン・エイヴォンからバスで。平日1日8本程度。土・日曜運休。詳細は要確認。
☎ (01564) 797070

チッピング・カムデン
URL chippingcampden.co.uk

ドーヴァーズ・ヒルの羊たち

オリンピックの記念イベントも
2018年6月1日には、ロバート・ドーヴァーズ・オリンピック・ゲームズを記念するイベントが開催された。以降、毎年行われている。

バイブリーへのアクセス
サイレンセスターからのバスは月～土曜の1日2～6本。ボートン・オン・ザ・ウォーターからのバスは月～土曜の1日1本。詳細は要確認。
☎ (01451) 820369

バイブリー鱒養殖場
Bibury Trout Farm
住 Bibury, GL7 5NL
☎ (01285) 740215 / 740212
圏 11～2月 8:00～16:00（ショップのみ）
4～9月 8:00～18:00
3・10月 8:00～17:00
（通年、日曜 8:30～）
休 12/25　料 £4.50
URL www.biburytroutfarm.co.uk

スワン・ホテル
The Swan Hotel
住 Bibury, GL7 5NW
☎ (01285) 740695

アーリントン・ロウ
Arlington Row
1380年に羊毛業のための収納庫として建設されたという、蜂蜜色の石でできたコテージ。後には、ほかの織工たちのコテージとして改装された。

おすすめの村　歩いてウオーキングハイを体験

① チッピング・カムデン　Chipping Campden

コッツウォルズ地方北部の村。中世に建てられた「はちみつ色」の家並みが続くこの村には、何ともいえず優しい雰囲気が漂う。13～14世紀に、ウール・タウンとして栄えたこともあり、それにちなんだ建物も多い。村の中心マーケット・ホール Market Hall がある High Street 沿いには、歴史ある建物も多く、この町の古きよき時代をしのばせてくれる。

町並みを抜けると、ストラトフォード・アポン・エイヴォンからバースへと抜ける全長161kmのフットパスの一部、コッツウォルド・ウェイが始まる。チッピング・カムデンを中心としたショートウオーキングでぜひ訪れたいのが、ドーヴァーズ・ヒル Dover's Hill。茅葺き屋根の農家を眺めながら、コッツウォルド・ウェイを登っていくと、約2kmで羊がのんびりと草を食む頂上に着く。眼下にイーヴシャム Evesham 盆地を望む大パノラマを見れば、登り道の疲れなどは吹っ飛んでしまうだろう。ここはその昔、近代オリンピックにヒントを与えたとされる「ロバート・ドーヴァーズ・オリンピック・ゲームズ Robert Dover's Olympic Games」が開かれていた所でもある。

石造りのマーケット・ホールは天気や季節によって違った色合いを見せる

② バイブリー　Bibury

バイブリーとアーリントン Arlington というふたつの村の間にはコルン川 River Coln が流れ、そこに架かる橋と周りを取り囲む草花、川に浮かぶ白鳥や鴨たちが、静かな美しさを感じさせる。この村は、アーツ＆クラフト運動を起こした芸術家ウィリアム・モリスが「イギリスで最も美しい村」とたたえたことでも知られる。

歴史あるアーリントン・ロウの家並みを見たあと、時間が許すなら、スワン・ホテルのカフェバーでアフタヌーンティ

アーリントン・ロウの家並み

ーを味わってみるのもいい。バイブリー鱒養殖場Bibury Trout Farmでは3月の中旬から10月まで鱒が放流され、釣り堀になる。

　また、コルン川に沿ったフットパスのそばには、旧水車小屋アーリントン・ミルもある。さらに歩けば、雄大な地平線が広がる牧草地へと抜けることもできる。

③ カースル・クーム Castle Combe

　コッツウォルズ地方南部、「全英一、最も古い町並みが保存されている村コンテスト」で、何回も表彰を受けている。17～18世紀に建てられた家並み、村の中心となるマーケット・ホールなど素朴な建物が、少しも手を加えられることなく残されている。秋には小さな家に生い茂る木が赤い実をたわわに実らせ、黄金色の石と美しいハーモニーを奏でる。

　カースル・クームのクームとは谷あいのこと。ここはブルック渓谷の下流にできた、山あいの村だ。この渓谷を流れる川に架かる橋から、フットパスが始まる。川沿いを登っていくと、見晴らしのよい丘の上に出る。そこからゲートを越えていくと、木立のなかに流れる小川を中心にいくつかの家が固まっている。家並みを通り抜けると牛、馬、ロバの待つ広大な牧草地へ。牛たちの大きな排泄物をよけながら、踏み分けた草からの匂いを吸い込みながら進んでいく。林の中を抜けるこのウオーキングコースは、童心に戻って探検を楽しむには、もってこい。

川沿いからフットパスが始まる

SHORT TRIP

石造りのスワン・ホテル

カースル・クームへのアクセス
チッペナムからバスで。往路はChippenham Circular（周回ルート）で1方向のみに運行）が平日1日4本、土曜1日3本ある。詳細は要確認。
☎(01249) 782224
マッド・マックス・ツアー→P.360を利用して、カースル・クームなどに宿泊することもできる。予約時に申し出ること。タクシーを利用して訪れるよりもお値うち。

優雅なマナーハウス
The Manor House
🏠 Castle Combe, SN14 7HX
☎(01249)782206
URL www.exclusive.co.uk/the-manor-house
Chippenham駅からタクシーで20分。

マナーハウスではアフタヌーンティーも楽しめる

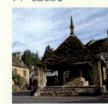

上…マーケット・ホールがある村の中心　下…ウオーキングを始めると犬たちが出迎えてくれた

日帰りで行ける町や村　コッツウォルズ地方

3つの村の巡り方
3つの村を巡るのなら、レンタカーで。

ウィンチカムへのアクセス
チェルトナムからはGreetかWillersay行きのバスで。どちらも平日1日5～6本、土曜4～5本。詳細は要確認。
☎ (01242) 602949

グロスタシャー・ウォリックシャー鉄道
チェルトナム・レース・コース駅～トディントンToddingtonを走る。ウィンチカムからは駅まで徒歩20分ほど。チェルトナムの中心部からチェルトナム・レース・コース駅まではバスが出ている。蒸気機関車のタイムテーブルは日によって異なるのでウェブサイトなどで確認を。
☎ (01242) 621405
料 往復または1日券£20 片道£12 URL www.gwsr.com

ボートン・オン・ザ・ウォーターへのアクセス
チェルトナムまたはモートン・イン・マーシュからバスで。月～金曜1日8～12本、土曜1日4～6本。日曜は夏期のみ1日2本。詳細は要確認。モートン・イン・マーシュからの場合、ストウ・オン・ザ・ウォルドを経由するバスもあるので立ち寄ってみるのもいい。古い家並みを残すストウ・オン・ザ・ウォルドには、アンティークショップもある。
☎ (01451) 820369

ボートン・オン・ザ・ウォーター
URL www.bourtoninfo.com

モデル・ビレッジ
☎ (01451) 820467
開 3月最終日曜～10月最終日曜 10:00～17:45
上記以外 10:00～15:45
休 12/25 料 £4.25 ミニチュア展示館£1 URL www.themodelvillage.com

コッツウォルド・モータリング・ミュージアム&トイ・コレクション
☎ (01451) 821255
開 10:00～18:00 最終入場17:30 休 12/16～2/14('19-20)
料 £6.25
URL www.cotswoldmotoringmuseum.co.uk

ミュージアムの前で

おすすめの村 行ってみたい村はたくさん！

① ウィンチカム Winchcombe

チェルトナムの北東8kmほどの所にある。ヘンリー8世の未亡人、キャサリン・パーが住んでいた美しいシュードリー城 Sudeley Castle があり、ここを起点としたショートウォークもおすすめ。

ここウィンチカムの北部には、チェルトナム～トディントン間をグロスタシャー・ウォリックシャー鉄道も走っている。

左…シュードリー城©Adrian Mason 右…グロスタシャー・ウォリックシャー鉄道

② ボートン・オン・ザ・ウォーター Bourton-on-the-Water

村の中心をさらさらとウィンドラッシュ川が流れ、名前のとおり「水の上」に浮いたようなそのたたずまいは、まさにヴェニスの小型版。アクセスもよく、コッツウォルズで最も観光客を集める人気の村で、人も多くちょっとした町に近い。川に架かる低い石橋の上を歩いたり、水辺の芝生の上でくつろいだり、訪れる人は皆思いおもいの過ごし方で小さな「水の都」を楽しんでいる。

川沿いに建つクラシックカーの博物館、コッツウォルド・モータリング・ミュージアム&トイ・コレクション Cotswold Motoring Museum & Toy Collection には、車のおもちゃを集めた展示もある。ほかにも村の9分の1の模型が見られるモデル・ビレッジ The Model Village という見どころに行ったり、散策のあと、おみやげ探しやお茶の時間を楽しめる店も多い。

左…橋のあたりには多くの人が集う 右…小さな小道の散策も楽しい

SHORT TRIP

ボートン・オン・ザ・ウォーターの村から、ローワー・スローター Lower-Slaughter、アッパー・スローター Upper-Slaughter の小さくて素朴な村を巡るショートウオークのコースがあり、こちらもおすすめだ。

③ レイコック Lacock

レイコックは、コッツウォルズ地方から少し外れるが、コッツウォルズの村々のように、こぢんまりとしていて、通り沿いの家は中世の香りを漂わせている。現在は村全体がナショナル・トラストによって管理されており、村の情報をナショナル・トラストのショップでもらうことができる。この村の見どころは、数々の映画やテレビドラマの舞台となったレイコック・アビー Lacock Abbey だろう。映画『ハリー・ポッターと賢者の石』も、ここで撮影が行われた。また、初期の写真技法のカロタイプを発明したタルボットに関する資料やカメラ等が展示された、タルボット博物館も併設されている。

レイコックへのアクセス
チッペナムから Frome 行きのバスで。平日の日中1時間に12～14本、土曜1日10本。日曜、祝日運休。詳細は要確認。
☎(01249) 444444

レイコック・アビー
🏠 Lacock, SN15 2LG
☎(01249) 730459(問い合わせ)／730501(アビーの🎞)
開 アビー
2月中旬～11月初旬
毎日 11:00～17:00
11月初旬～2月中旬
土・日 11:30～15:30(12月は木～日)
(冬期はグレートホールのみ)
博物館
2月中旬～11月初旬
毎日 10:30～17:30
11月初旬～2月中旬
毎日 11:00～16:00
休 上記以外、1/1、12/25・26
料 アビーと博物館の共通券 £14.50
URL www.nationaltrust.org.uk/lacock

日帰りで行ける町や村　コッツウォルズ地方

映画『ハリー・ポッターと賢者の石』にも登場したレイコック・アビー

レイコックの町並み

END

CLOSE UP
イギリスの田舎を歩くために

ウオーキングコースには、ショートウオークと、長距離を行くナショナルトレイルズとがある。ウオーキングを主とした旅でなく、ただのんびりと田舎を回ってみたい、という人には重装備のいらないショートウオークがおすすめ。それでも、雨具ぐらいは用意しておこう。

イギリスでは、人間の基本的人権として、"Public Right of Way"「通行の権利」というのが非常に尊重されている。ここが個人主義の国であるイギリスらしいところだ。一般道路のほかに、その権利によって保障された通路が、Public Footpath、Bridleways、Byways の3つの道だ。

パブリックフットパスは、歩行者専用。人の歩いているマークと目的地が記された標識が、道端に立っている。このフットパスは、いたるところにあり、一番利用しやすい道といえるだろう。ブライドルウエイズは、歩行者、乗馬を楽しむ人、サイクリストのための道。馬が通るので、雨のあとは、少しぬかるんでいることも多い。バイウエイズは、旧道で石垣や生け垣に囲まれた広い道が多く、人、馬、サイクリストのほか、車の通行も認められている。

いくら「通行の権利」が尊重されているとはいっても、まったく自由に私有地を徘徊するわけにはいかない。地図にある決められたコースのみ私有地に入り込むことが許されているのだ。しかし、厳密に地図を見ながらコースをたどろう、なんて考えることはない。ちょっとしたウオーキングなら、人の歩いた形跡をたどっていけば大丈夫。もし、横道にそれたりしたら、畑で菜っ葉でもつんでいるおばさんやウオーキングを楽しむ人たちに道を尋ねてみるといい。きっと、道順だけでなく、いろいろなことを教えてくれるに違いない。そんな何気ない出会いや会話が、ウオーキングの大きな楽しみのひとつでもある。

359

ゴー・コッツウォルズ Go Cotswolds
ストラトフォード・アポン・エイヴォンのホテルやB&B、チッピング・カムデン（図書館前）、モートン・イン・マーシュ駅、レミントン・スパ駅に迎えに来てくれる。オンライン予約可。
☎ (07786) 920166
URL www.gocotswolds.co.uk

マッド・マックス・ツアー Mad Max Tour
☎ (07990) 505970
URL www.madmaxtours.co.uk
オンライン予約可能。

公共バスでコッツウォルズを回るのに便利なウェブサイト
トラベライン Traveline のウェブサイトが、バスルートを調べたり時刻表（Time Table）を見るのに便利。ただし、イギリスのバスはよく運休する。公共バスでコッツウォルズを回るなら2～3日コッツウォルズで過ごすつもりで行くほうがいい。またはコッツウォルズ内の鉄道駅まで前日に移動しマナーハウスなどに1泊、朝出発するミニバスツアーを利用するのも得策。
URL www.traveline.info

バスに乗って出発！

すてきなティールームでお茶を

こんなおみやげはいかが？

おすすめポイント　コッツウォルズ周辺の町からのツアー

いくつかの村を回ってみたい人におすすめのバスツアー。ウオーキングを楽しんだりといった余裕はないが、かぎられた時間で、気軽に効率よく移動できるのが魅力。下記はコッツウォルズ周辺の町から催行されているツアー。また、ロンドンからの日本語ガイド（または添乗員）付きの日帰りバスツアーは→P.76。

モートン・イン・マーシュ駅／ストラトフォード・アポン・エイヴォン発…
コッツウォルズ1日ツアー Cotswolds Day Tour

ロンドンを朝早く出て、1日コッツウォルズを巡り、日帰りができる。チッピング・カムデン、ブロードウェイ、ストウ、バイブリーなど、かわいい村々を16人乗りのミニバスで回る。ガイドのトムさんはゆっくりした英語で話してくれ、旅行者が行かないような秘密の絶景場所も教えてくれる。ロンドンからモートン・イン・マーシュに来る場合は、到着時刻を伝えると、それに合わせて迎えに来てくれる。
出発‥水・金・日 9:00頃（6～9月は木曜もあり、ストラトフォード・アポン・エイヴォン発。参加者のお迎え場所により出発／集合時間が変わる）
所要‥8時間ほど　料金‥£40　ゴー・コッツウォルズ主催

バース発……
コッツウォルズいいとこ巡り The heart of Cotswolds Tour

カースル・クーム、バイブリーのアーリントン・ロウ、ボートン・オン・ザ・ウォーター、ストウ・オン・ザ・ウォルドと古い家並みや風景など、コッツウォルズの見どころをおさえたツアー。駆け足で広いエリアを回るのではなく、一つひとつの村でできるだけゆったりと時間を過ごし、村の雰囲気を味わってもらおうと、練りに練ったコースだそう。
出発‥月・水・金 8:30（金は3～10月のみ）　所要‥8時間ほど
料金‥£45　マッド・マックス・ツアー主催

アベバリー・ストーン・サークルとコッツウォルズの村 Avebury Stone Circles, A Cotswold Village- Castle Combe & Lacock National Trust Village

ヨーロッパ最大のストーン・サークルと前史時代の遺跡、丘に掘られたミステリアスな白馬の地上絵などを見てから、レイコックの村のパブでひと息、またはアビーの見学をしてからカースル・クームの村へ。古代からの霊地とカントリーサイドの風景や石造りの家に癒やされる短めのツアー。
出発‥4～9月のみ 火・土 8:30、木・日 13:30
所要‥5時間ほど　料金‥£35　マッド・マックス・ツアー主催

ツアーで立ち寄ることもある小さな村、バーフォード（左）とブロードウェイ（右）

コッツウォルズ ドライブの旅

ドライブ旅行を計画するなら

連なる緑の丘を越えるたびに、次々と現れるかわいらしい小さな村々。コッツウォルズ地方を楽しむなら、やはり車が便利。有名な観光地だけに標識や駐車場はよく整備されているし、交通量も少ないこの地方は、イギリスで初めてハンドルを握る人にもおすすめしたいドライブエリアだ。

まずドライブの起点をどこにするか？ この地方のゲートウェイであるオックスフォード、ストラトフォード・アポン・エイヴォン、バースなどの町へアクセスして、その町のレンタカーの営業所で車を借りてもいいし、ロンドンの空港で車を借りてしまい、直接コッツウォルズ地方の村を目指してもいいだろう。ロンドンからでもM道路（高速道路）を利用すれば、車で2時間程度だ。

次にルート。1日程度の短い滞在なら、この地方の北部から中央にかけての村を集中して訪ねるといい。イギリス人にも人気があるチッピング・カムデンやストウ・オン・ザ・ウォルド、ボートン・オン・ザ・ウォーター、バイブリーといった村は外せないところだが、縦に走るA429の幹線道路を中心に走れば効率よく回れる。まる2日あれば、ブロードウェイ Broadway やバーフォード Burford といった村にも寄って、さらに南部にあるカースル・クーム、レイコックまで足を延ばすことができるだろう。

テーマを決めてコッツウォルズを走る

コッツウォルズにも魅力的な庭園がいくつもあり、庭園巡りの足としても車は必須だ。なかでもドライブの途中にぜひ立ち寄ってほしい庭が、ヒドコート・マナー・ガーデン Hidcote Manor Garden。チッピング・カムデンの北にあるヒドコート・マナーは、庭を野外の部屋に見立てて生け垣で仕切る「アウト・ドア・ルーム」スタイルを最初に確立した庭として知られる。

庭園巡りのおすすめコースとしては、オックスフォードからドライブをスタートし、最初にブレナム宮殿（→P.366）で広大な風景式庭園を見てから北へ進み、バンバリー Banbury の町にほど近いブロートン城 Broughton Castle へ。そこから西へ向かい、ヒドコート・マナーと隣接するキフツゲイト・コート Kiftsgate Court の庭を見学。ブロードウェイを経由して、スノーズヒル・マナー Snowshill Manor とウィンチカムのシュードリー城（→P.358）へ。

また、コッツウォルズゆかりの人物、ウィリアム・モリスの足跡をたどるドライブもおすすめ。日本では装飾デザイナーとして知られるウィリアム・モリス。オックスフォードから西へ車で30分ほど走ったケルムスコットの村に、彼がセカンドハウスとして借りていた館、ケルムスコット・マナー Kelmscott Manor が今も残り、彼の作品とともに一般に公開されている。ラファエル前派のロセッティらも、この館に住んだ。その南、モリスが「大聖堂のように美しい」とたたえたグレート・コックウェル Great Coxwell の村の穀物倉庫へも足を延ばし、そこから彼が「イングランドで一番美しい」とたたえたバイブリーの村へも、車ならすぐの距離だ。

ヒドコート・マナー・ガーデン
🏠 Hidcote Bartrim, Gloucestershire
📞 (01386) 438333
🕐 1/4～2/16 土・日 11:00～16:00
2/17～3/29 毎日 11:00～16:00
3/30～9/27 毎日 10:00～18:00
9/28～11/1 毎日 11:00～16:00
11/7～12/20 土・日 11:00～16:00
最終入場は閉館1時間前　上記は'20年の開館予定日時。年によって異なるので要確認
休 上記以外　料 £13.50 (2・11・12月は£8.20)
URL www.nationaltrust.org.uk/hidcote

ケルムスコット・マナー
🏠 Kelmscott, Nr Lechlade, Gloucestershire
📞 (01367) 252486
URL www.sal.org.uk/kelmscott-manor
※2021年1月まで改修などのため閉館予定。2020年は期間限定で開館する可能性もあるが、時期などは未定。

次の村まで何マイル？　標識を見て出発！

モリスが暮らしたケルムスコット・マナー

ウィンザーとイートン Windsor & Eton

ウィンザー城は実際に王が住んでいる城としては世界最大のものとして有名。900年もの歴史をもち、現エリザベス女王もことのほかこの離宮がお気に入りで、復活祭やクリスマスにかぎらず週末のほとんどをここで過ごされるとか。中央にあるラウンド・タワーに女王旗が見えたら女王ご滞在。不在時には国旗（ユニオンジャック）が立っている。

城の北側を眺めるとテムズ河を挟んで対岸に、かの有名なイートン校 Eton College が見える。未来のイギリスを担うエリートの卵たちに会いに行ってみるというのはいかが？ 黒の燕尾服にファスルカラーといったイギリスでも珍しい制服の生徒たちに会えるかも。

ウィンザー城 Windsor Castle

ウィンザー城正門内の広場で行われる近衛兵の交替式は、月・水・金・土曜11:00から（変更もあるので要確認）。あのバッキンガム宮殿で行われるものと同様、華麗。

重厚な城壁の入口は、キャッスル・ヒル Castle Hill を上りきった所。この城の象徴ともいえるラウンド・タワーが見えてくる。

城内ではまず城の歴史の簡単なエキシビションを見学し、ラウンド・タワーの東側、アッパー・ウォード Upper Ward のステイト・アパートメンツ State Apartments（儀式用の広間）の順で見学する。混んでいなければ、**クイーン・メアリーの人形館 Queen Mary's Dolls' House** も必見。ミニチュアサイズの超豪華な人形の家が展示されている一室で、12分の1のこの家を作るために、1500人もの職人が3年を費やしたという。

最後に西側のロウアー・ウォード Lower Ward の広いスロープを歩き、後期ゴシック様式のセン

アクセス
ヴィクトリア駅裏側にあるグリーン・ライン・コーチ・ステーションからグリーン・ラインの702番のコーチが1時間に1〜2本運行している。停車場は"Stop1"。所要時間はバスNo.によるが約1時間20分。往復£10〜19。
☎ (01344) 78 2251
列車ならPaddington駅からスラウSlough駅で乗り換えてWindsor & Eton Central 駅へ。乗り換え時間も入れると約40分。またはWaterloo駅から直通でWindsor & Eton Riverside駅まで約1時間。チープ・オブピーク・デイ・リターンの切符ならPaddington発£11.70〜、Waterloo発£17.70〜。

ウィンザーの❶
The Old Booking Hall, Windsor Royal Shopping, Thames St.
☎ (01753) 743 900
🕐 4〜10月 毎日 10:00〜16:00
11〜3月 木〜月 10:00〜16:00
休 11〜3月の火・水、12/25・26

ウィンザー 近衛兵交替式
URL www.householddivision.org.uk/index.php?action=guard-at-windsor-castle

2018年5月には、ヘンリー王子がセント・ジョージ礼拝堂で結婚式をあげ、お住まいも城の領地内にある。

左上…衛兵交替 右上…マーケットホール
下…ラウンド・タワー

362

SHORT TRIP

ト・ジョージ礼拝堂 St. George's Chapel へ。アーチ状の天井が見事で、ヘンリー8世、チャールズ1世などの王が葬られている。

また、城から南に延びるロング・ウォーク Long Walk という遊歩道からのウィンザー城の眺めは最高。アスコット競馬 (→P.219) のときには、女王と賓客とが馬車で競馬場へ下っていく道でもある。

イートン校 Eton College

1440年創設、ハーロウ校と並ぶ名門中の名門といわれるパブリックスクール。映画『炎のランナー』のなかで、主人公のひとりが中庭を、時計の鐘が12回打つ間に一周する快挙をなしとげるシーンを覚えている人もいるかもしれない。舞台はもちろんここ。

駅、あるいはウィンザー城から High St. を真っすぐ歩く。途中、ボートツアーが発着するテムズ河を越えて約10分くらい。内部の見学は自由にできないが、両脇には、トラッドのブティックやアンティークショップ、ティールームなどが並んでおり、ぶらぶら歩くのも楽しい。

ウィリアム王子とヘンリー王子もここで学んだ

ウィンザー城
☎ 0303.123 7304
圐 3〜10月 毎日 10:00〜17:15
11〜2月 毎日 10:00〜16:15
最終入場は閉館75分前
休 12/25・26 (不定期休業あり)
セント・ジョージ礼拝堂、ステイト・アパートメンツ、セミ・ステイトルームが閉館する日もある。イベントなどで開館日時が変更されることもある。
圓 £22.50 ステイト・アパートメンツ閉館の場合は入場料が割引される オーディオガイド込み (日本語あり)
URL www.royalcollection.org.uk

イートン校
90分のガイドツアーでのみ見学可能。4〜8月の金曜14:00、16:00。オンライン予約可 (空きがあれば当日15分前にBrewhouse Yard入口にあるTours Boothで残りのチケットを発売) 圓 £10
3つの無料ミニ博物館
Brewhouse Yard に Museum of Eton Life、Natural History Museum、Museum of Antiquities がある。どれも日曜 14:30〜17:00のみ開館。
☎ (01753) 671177 / 671157
URL www.etoncollege.com

CLOSE UP

イギリスの次の王様は誰？

「世界で最後までなくならない王様は、4枚のトランプとイギリス国王」という表現が用いられてから久しいが、このイギリス国王 (現在は女王) および王室が本当にこのまま存続するのか、100％の保証はない。民放主催で行われた世論調査によれば、現在王室の存続を望んでいるのは約3分の2。共和制を求める声が約3分の1もあったという (こういうことを調べて発表できるところが、日本とはエライ違い！である)。この不満のもとは、王室の維持費として税金が使われていることと、国民の反感を買ったため。実際には、王室が自身の所有地などから得た利益すべてを国庫に入れ、そこから王室維持費を出す形だったのだが、現在は誤解を避けるため、王室の利益から25％を維持費とする形に変更するなど、対策を試行中。ほかにも、女王とチャールズ皇太子は所得税を払うといったことがすでに実行されている。

ジョージ王子やシャーロット王女の誕生で、少し盛り返しているものの、それでも王室人気の低落を止めることができないのは、チャールズ皇太子をはじめとする、女王の子供たちのプライベートな問題が大きく影響しているからだろう。

1999年に結婚した末っ子エドワードを除き、長男チャールズ、長女のアン (プリンセス・ロイヤル)、次男アンドリューは、それぞれ離婚経験あり。なかでも、カミーラ・パーカー・ボウルズ (やはり離婚歴あり) との不倫が原因だった、チャールズと故ダイアナ妃との離婚は一番の痛手だったに違いない。さらに、王室メンバーのなかで最も人気のあった同妃が、信じがたい事故で急逝したのも大打撃だった。

エリザベス女王 (2020年4月21日の誕生日で94歳) がまだ退位しないのは、チャールズ皇太子 (2020年11月14日で73歳) を飛び越して、ウィリアム王子 (2020年6月21日で38歳) に王位を譲るためではないか、という大胆な憶測もある。離婚歴のあるカミーラを王妃にすることには、イギリス国教会が反感を抱いており (エリザベス女王の叔父にあたるエドワード8世も、同様のケースで悩んだあげく退位の道を選んでいる)、チャールズを国王にするには、厄介な問題がつきまとう。かといって、チャールズを国王にしないのも難しすぎるだろう。王室にとっては、まことに頭の痛い話である。

王室は、大切な「観光資源」でもあるのだから存続させるべきだと思うのは、部外者の無責任な考えに過ぎないのかもしれない。 （JJ）

日帰りで行ける町や村　ウィンザーとイートン

オックスフォード　Oxford

　世界屈指の学問の地オックスフォード。観光客はあとを絶たず、教授や学生、またカレッジの守衛さんたちにはさぞや迷惑千万なことだろう。いやいやここは紳士の国。きっと誇りをもって笑顔で迎えてくれるに違いない。

　テムズ河とチャーウェル川の合流する緩やかな丘陵地に、サクソンの王女フライズワイド Frideswide が修道院を建てた。西暦700年頃の話として伝えられるこの伝説が、オックスフォードの起源といわれている。13世紀に修道士がこの地に集まるようになり、自然発生的にカレッジが形成された。彼らは伝道師であると同時に、哲学者でもあったのだ。その後1世紀を待たず、約1500人の学者を有するオックスフォード大学として、ヨーロッパ中にその名をとどろかせていた。長い歴史の間には、ときに堕落し悪評を買っていた時代もあったが、中世から現在まで、歴史を動かしたそうそうたる人々を輩出している。

　カレッジは中庭を囲むように学舎が建ち、Cloister（クロイスター）と呼ばれる回廊が庭を取り巻いている。ひんやり湿った空気のなか、長い年月の間にすり減った石畳の回廊を歩くと、まるでカレッジの学生になったような気がしてくる。これらのカレッジを含め、市内には900以上のさまざまな建物がそれぞれの歴史を秘めてひしめいている。

　聖メアリー教会の塔にはぜひ上ってほしい。そこから見下ろすと、イギリスらしい、のんびりとした田園の中に、この町が悠然と横たわっているのがわかる。ゆったりと流れてゆく時が休みなく歴史を新たに加えてゆく。伝統は生きているのだと思わずにはいられない町だ。

アクセス
列車で　パディントン駅から約1時間。1時間に2本程度。
バスで　ヴィクトリア・コーチ・ステーションから Oxford Tube の運行で約1時間40分。頻発しているが、深夜は1時間に1本（24時間運行）。
ヴィクトリア・コーチ・ステーション向かいの Stagecoach in Oxford からは X90 のバスが1時間に3～6本出ている。
ほかに、ヒースロー空港からもバスの運行がある。

町の中心はカーファックス Carfax（ラテン語で十字路）交差点。抜群の眺めのカーファックス・タワーの頂上に、狭いらせん階段で上っていくこともできる。ここまでは、駅から歩いて10分ほど

クライスト・チャーチ
🏠 Christ Church, OX1 1DP
📞 (01865)276150
🕐 10:00～17:00（日 14:00～）
ホールは 12:00～14:00 に閉まることが多い。
大聖堂　～17:00
最終入場は 16:15
休 12/25　料 £10
大聖堂かホールが閉まっている日は £8.50、大聖堂・ホールともに閉まっている日は £6
マルチメディアガイド込み（英語）
URL www.chch.ox.ac.uk

おすすめルート　ハリポタの魔法魔術学校へ

① クライスト・チャーチ　Christ Church

　見どころはサクソンの王女フライズワイドが眠るすてきな大聖堂。8世紀に彼女がここに修道院を建てたことが考古学的に裏づけられている。あでやかに並ぶステンドグラスにうっとり。高い天井に、丹念に作られた模様は、さざ波が震えるような優雅な調べを奏でている。

クライスト・チャーチ

右上と左…グレート・ホールと入口への階段　右下…ハリーがほうきで飛びそうな中庭

　中庭を抜けた別棟のグレート・ホールには有名人のポートレートが並んでいる。そのうちのひとつは、このカレッジで数学の講師をしていたルイス・キャロルLewis Carroll。彼は学長の娘アリス・リデルAlice Liddellのためにおとぎ話『不思議の国のアリス』を書いた。また、ハリー・ポッター・シリーズの映画で、魔法魔術学校の新入生歓迎会やハロウィーンが祝われた大広間は、このホールが参考にされた。

　表の塔がトム・タワー。ロンドンの名建築でおなじみChristopher Wren（クリストファー・レン）の作品。彼自身も何を隠そうオックスフォード出身。中にGreat Bell（グレート・ベル）という6tもある鐘がつるされていて、その昔この鐘を合図にカレッジの門は全部閉められた。遅く帰ってくる学生からは罰金を取ったという。創設時101名の学生がいたことから、毎夜9時5分に立て続けに101回の鐘が鳴らされる。

② 聖メアリー教会 The University Church of St.Mary the Virgin

　入口は通りの裏の広場から。ちょっと狭いがここの展望台はおすすめ。ひとりがやっと通れる通路しかないが、苦労して127段の階段を上りきれば、中心部を見渡すことができるすばらしい眺めが開ける。

聖メアリー教会からの眺め

SHORT TRIP

日帰りで行ける町や村 オックスフォード

『不思議の国のアリス』ファンのためのAlice's Shop
クライスト・チャーチ入口の目の前。赤い小さな看板が目印。『鏡の国のアリス』で、アリスが機嫌の悪い羊と出会った店として有名。現在はアリスグッズを扱う店になっている。
🏠 83 St. Aldate's, OX1 1RA
📞 (01865)240338
🕙 5〜8月 毎日9:00〜18:00 (7・8月〜18:30)　9〜4月日〜金10:00〜17:00、土9:30〜18:00(1/1は12:00〜17:00)
休 12/25・26　URL aliceinwonderlandshop.co.uk

アリス・ショップには小物やティーポット、ジャムなどさまざまなアリスグッズが揃っている

カレッジ見学
一般公開していないカレッジもあり、見学が可能な場合も14:00〜のところが多い。カレッジのオープン日時は、門の看板に記されているので確認しておこう。
URL www.ox.ac.uk

聖メアリー教会
🏠 High St., OX1
📞 (01865) 279111
開 9:30〜17:00 (日12:00〜、7・8月〜18:00) 塔は9:30〜で日曜は12:00〜17:00か18:00
入場は閉館30分前まで
休 12/25・26　料 無料(塔は£5)
URL www.university-church.ox.ac.uk

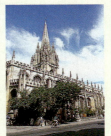

聖メアリー教会

ボドリアン図書館
- Broad St., OX1 3BG
- (01865) 277224
- (01865) 287400 (ツアー時間の確認など)
- スタンダードツアー (約60分)
  月〜土 10:30、11:30、13:00、14:00 日 11:00、14:00、15:00 (11〜2月は月〜金 10:30のみのこともある)
- エクステンディッドツアー (約90分)
  水・土 9:15発のものと、日 11:15と13:15発の2種類 (不定期休業もあるので要確認)
- ガイド付きミニツアー (約30分)
  月〜土 12:30、15:00、15:30、16:00、16:30
  日 12:30、14:15、14:45、15:15、16:00、16:30
- オーディオツアー (英・仏・独)
  月〜土 9:00〜最終出発 16:00、日 11:00〜最終出発 16:00
- 休 イースターやクリスマス時期は要確認 料 スタンダードツアー£9、エクステンディッドツアー£15、ミニツアー£6、オーディオツアー£4
- URL www.bodleian.ox.ac.uk

ディビニティ・スクール
The Divinity School
ボドリアン図書館の中にあり、1488年に造られた講義室。英国ゴシックの枠を極めた内装で映画『ハリー・ポッターと賢者の石』にも登場した。イベントで休館することもある。要確認。
開 月〜土 9:00〜17:00 (日 11:00〜) 料 £2

③ ボドリアン図書館 Bodleian Libraries

　本館、ラドクリフ・カメラ、クラレンドン Clarendon ビル、新館などを合わせてボドリアン図書館と呼び、その蔵書は700万冊にも及ぶという。ロンドンの大英図書館の次に大きい。ラドクリフ・カメラはその閲覧室に使われていて、地下蔵書室もある。館内はガイドツアーで見学可能。ハリー・ポッターの映画の撮影に使われたジャコビアンスタイルの閲覧室もある。ひときわ目を引くラドクリフ・カメラは James Gibbs（ジェームズ ギブス）という人の作（1749年）で、建築史上名だたる作品なのだそう。

天井の細工に目をうばわれるディビニティ・スクール

左…ラドクリフ・カメラ　右…ボドリアン図書館入口

END

CLOSE UP
チャーチルが生まれた宮殿

　チャーチルが生まれたブレナム宮殿 Blenheim Palace は、スペイン継承戦争中（1704年）に、Marlborough公爵（チャーチル）John Churchill が、フランス軍をドイツのドナウ河ほとりの小さな村 Blenheim（ブレナム）で破った、そのごほうびに建てられた宮殿。広大なイギリス式庭園のなか、宮殿の勇壮な姿が映える。チャーチルが生まれた部屋や図書室、美術品のコレクションも公開されており、公式ダイニングルームでのアフタヌーンティーなどが楽しめる。迷路のほか、バギーカーに乗って巡るツアーもある。
　ブレナム宮殿があるウッドストック Woodstock はサクソン時代に遡る古い町。道脇に茅葺きの東屋があったりして、町並みは中世の香りを漂わせている。

世界遺産　ブレナム宮殿 Blenheim Palace
文化遺産 / 1987年
アクセス：オックスフォード駅またはグロスター・グリーンのバスステーションから S3 のバスで 30分ほど。1時間に2本。

- Woodstock, OX20 1PX (0800) 8496500 (24時間テープ)
- 開 宮殿 10:30〜17:30 庭園 10:00〜18:00 最終入場は 16:45 公園 9:00〜18:00
- 休 上記以外、行事・改装工事予定日、12/25 料 宮殿・庭園・公園 £27 庭園と公園 £17
- URL www.blenheimpalace.com

庭園も美しいブレナム宮殿

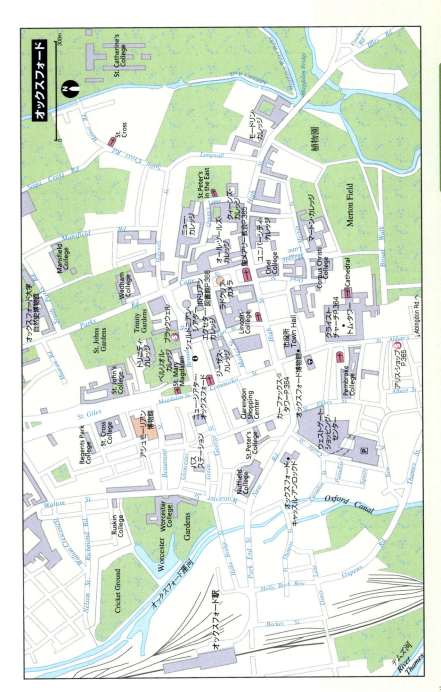

ストラトフォード・アポン・エイヴォン Stratford-upon-Avon

エイヴォン川のほとりのストラトフォード。オックスフォードの北西約60kmにあるこの小さな町は、イギリスが世界に誇る偉大な劇作家、ウィリアム・シェイクスピアの生まれ故郷として、あまりにも有名だ。イギリスには、ストラトフォードという名の町がいくつかある。この町が、こんなに長い名前で呼ばれているのは、ほかのストラトフォードと区別するため。

ウィリアム・シェイクスピアは、商人ジョン・シェイクスピアの長男として、1564年4月23日に誕生。18歳で、年上のアン・ハサウェイと結婚し、3人の子供をもうけた。

ロンドンへは、俳優として上京したらしいが、劇作家として名をなすにいたった。晩年、ストラトフォードに隠居、そして1616年、奇しくも53歳の誕生日にこの世を去った。

シェイクスピアの四大悲劇『マクベス』『オセロ』『ハムレット』『リア王』や、喜劇『真夏の夜の夢』など多くのすばらしい作品は、今も人々に愛されている。もちろん、このストラトフォードでも"RSC (Royal Shakespeare Company)"がさまざまな作品を上演しているから、本場のシェイクスピア劇を楽しもうと、わざわざここまで観に来るファンは数えきれない。

また、シェイクスピアゆかりの建物も多く、どれも立派に保存されていて、彼自身を敬愛する人々にとっては「巡礼の地」となっている。実に、「見たいもの」がたくさんある町だ。けれど、慌てるのはよくない。『ロミオとジュリエット』のなかで、シェイクスピアは、ロレンスというお坊さんにこう言わせている。

「賢く、そして、ゆっくりと。速く走る者はつまずきますからな」
（第二幕第三場）

おすすめルート シェイクスピア三昧で過ごす

1 シェイクスピアの生家 Shakespeare's Birthplace

入口は、隣接するシェイクスピア・センター Shakespeare Centre。ここで、シェイクスピアの生涯やその時代背景を見てから生家へ。

修復してあるとはいえ、400年以上昔に建てられた家。2階を歩くとミシミシ大きな音がするが、そのわりに丈夫そうな素朴な建物だ。父ジョン・シェイクスピアが革手袋職人として働いていた様子や寝室、調理場や台所など、いくつかの部屋でガイドが説明をしてくれる。シェイクスピアが生きた時代の衣装をつけたガイドがいることも。

裏庭もあり、その脇にはおみやげなどを買うことができるショップもある。

アクセス
列車で マリルボン駅から約2時間10分。2時間に1本。レミントン・スパ駅で乗り換えになることもある。要確認。
バスで ヴィクトリア・コーチ・ステーションから約3時間30分。1日4本程度。

オープントップバスツアー
郊外にある見どころも巡ることができるので便利。シェイクスピア関連の共通券と合わせたチケットもある。日本語音声あり。
シティ・サイトシーイング
City Sightseeing
☎ (01789)299123
4/11～11/初旬('20予定) 9:30～17:00の20分ごと。冬期9:30～16:00の30分～1時間ごと。
休 1/1、12/25・26、11月上旬～4月中旬
料 £15(24時間有効)
URL www.city-sightseeing.com

オープントップが気持ちいい

シェイクスピアの生家
住 Henley St., CV37 6QW
☎ (01789) 204016
開 4月～10月下旬 9:00～17:00
10月下旬～3月 9:00～16:00
(1/1 11:00～16:00、12/24 10:00～13:00、12/26 11:00～15:30、12/27～31 10:00～16:00)
最終入場は閉館30分前
休 12/25
料 £17.50
1日に数回、短いシェイクスピア劇が上演される。

SHORT TRIP

訪れる人があとを絶たないシェイクスピアの生家

左…シェイクスピア・センター。ここが入場口　右…裏側には庭園も

② ニュー・プレイス Shakespeare's New Place

　1597年から亡くなる1616年まで、シェイクスピアが晩年を過ごした家。ニュー・プレイスの家屋は、シェイクスピアの死後に移り住んだ聖職者が、税金問題で役所ともめて取り壊してしまったので、今は建っていない。その跡地が、シェイクスピアの作品に発想を得て造られた現代アートを展示する屋外スペースとして、2017年にオープンした。

　隣接する家は、シェイクスピアの孫娘が最初の夫トーマス・ナッシュと一時住んでいたところ(以前は「ナッシュの家」と呼ばれていた)。内部展示では、シェークスピアの生涯をたどることもできる。

ニュー・プレイス(左)と隣接する家での展示(右)

ニュー・プレイスの南、シェイクスピアが通ったといわれるグラマー・スクールがあった建物

シェイクスピア関連の共通券
下記6ヵ所の共通券がある。各窓口で購入可能。12ヵ月有効。オンライン購入で10%割引
①アン・ハサウェイの家
②ホールズ・クロフト
③ハーヴァード・ハウス
④メアリー・アーデンの家
⑤シェイクスピアの生家
⑥ニュー・プレイス
Full Story Ticket
①〜⑥すべて £22.50
シェイクスピア関係の見どころを管理するシェイクスピア・バースプレイス・トラスト
URL www.shakespeare.org.uk

当時の衣装をつけたガイドが説明してくれることも

ニュー・プレイス
住 Chapel St., CV37 6EP
☎ (01789) 292325
開 4月〜10月下旬 10:00〜17:00
10月下旬〜3月 10:00〜16:00
(1/1 11:00〜16:00、12/24 10:00〜13:00、12/26 11:00〜15:30、12/27〜31 10:00〜16:00)
最終入場は閉館30分前
休 12/25
料 £12.50

アン・ハサウェイの家とメアリー・アーデンの家
シェイクスピアの妻アン・ハサウェイが生まれ育った家 Anne Hathaway's Cottageは、中心部から約1マイル(1.6km)、シェイクスピアのお母さんが幼い頃住んでいたメアリー・アーデンの家 Mary Arden's House(3月中旬〜11月のみ)は約3マイル(4.8km)離れた所にあるので、バスか列車を利用することになる。アン・ハサウェイの家
料 £12.50　メアリー・アーデンの家のみ 料 £15

アン・ハサウェイの家

日帰りで行ける町や村　ストラトフォード・アポン・エイヴォン

ホールズ・クロフト
住 Old Town, CV37 6BG
☎ (01789) 292107
開 4月～10月下旬 10:00～17:00
10月下旬～3月 11:00～16:00
(1/1 11:00～16:00、12/24 10:00～13:00、12/26 11:00～15:30、12/27～31 10:00～16:00)
最終入場は閉館30分前
休 12/25 料 £8.50

土壁と木の柱が時代を感じさせる

庭にはハーブも植えられており、カフェもある

ホーリー・トリニティ教会
住 Old Town, CV37 6BG
☎ (01789) 266316
開 4～9月 月～土 9:00～17:00
日 12:30～17:00
10～3月 月～土 10:00～16:00
日 12:30～17:00
(12/24～13:00)
最終入場は閉館20分前
日曜の朝、月 16:15～17:30、火 9:45～11:15と、ミサ、洗礼式などの不定期イベント時にはシェイクスピアの墓石のあたりへ行くことはできない。
休 1/1、グッドフライデー、12/25・26
料 無料 £1.50～3の寄付を

シェイクスピアの胸像

③ ホールズ・クロフト Hall's Croft

　シェイクスピアの娘スザンナと、その夫で医者のジョン・ホールの家だったもの。入ってすぐの客をもてなす部屋の椅子や調度品の数々は、なかなか贅沢な暮らしぶりを感じさせる。医者だったジョン・ホールの治療に使われた道具や薬を調合したと思われる機器なども興味深い。

　邸内のチューダー朝の内装もすばらしいが、広く整った庭にも出てみよう。ガーデナーが季節ごとに植え込んだ草花には、ジョン・ホールが使ったと思われる薬草も交じっていて、立て札を眺めながら歩くのも楽しい。

ガーデナーが大事に手入れをしている様子がわかる庭

④ ホーリー・トリニティ教会 Holy Trinity Church

　エイヴォン川のほとりには、シェイクスピアの眠るホーリー・トリニティ教会 Holy Trinity Church が静かに建っている。美しい教会の内陣には、シェイクスピアと家族が眠る墓所がしつらえられている。その上部には、シェイクスピアの胸像もあり、豊かになった晩年のシェイクスピアが、この地で特別待遇を受けていたことをうかがわせる。

　教会内部のショップにも、シェイクスピア関連のさまざまなグッズが並び、まさに巡礼の地といった趣。

上…シェイクスピアと家族が眠る内陣
下…シェイクスピアが墓石に残した文を読むこともできる
エイヴォン川に寄り添うように建つホーリー・トリニティ教会

SHORT TRIP

⑤ "RSC"による名作・新作 RSC

"RSC(ロイヤル・シェイクスピア・カンパニー)"は、ストラトフォードの3つの劇場で、演劇活動を行っている。Royal Shakespeare Theatre(以下RSTと略す)、Swan Theatre (Swan)、The Courtyard Theatre(TCT)がその3つ。このうちRSTは、RSCのメイン会場。Swan、TCTでは、シェイクスピアもの以外も幅広く取り上げている。この機会に、本場のシェイクスピア劇を味わってみるのもいいだろう。

RSC
URL www.rsc.org.uk

シアターツアーとタワー
舞台裏をガイドと回るオーディション・ツアーは毎日4回程度開催、料£9。ほかに、衣装制作室などを見るFront of House tours料£9などいくつかある。また、ロイヤル・シェイクスピア・シアターに併設された高さ36mのThe Towerから眺める景色はなかなかのもの。建物の歴史などの展示もある。
料£3 時間制入場 オンライン予約可 ☎ (01789) 403 493

左…ロイヤル・シェイクスピア・シアター　右…スワン・シアター

コートヤード・シアター

エイヴォン川には白鳥の姿も

END エイヴォン川沿いは遊歩道になっているので、ぜひ川沿いを歩いてみて

日帰りで行ける町や村

ストラトフォード・アポン・エイヴォン

371

ソールズベリ　Salisbury

　イングランドで、最も背の高い大聖堂に見守られている町ソールズベリ。大聖堂の高さ123mの尖塔は、町の外れからでもはっきりと見える。神に少しでも近づきたいという人の願いが込められているのだ。その願いが通じたのか、750年以上もの間この町は平和を保ち続けてきた。New Sarumの別名で知られるソールズベリは、Old Sarumの"新市街"に当たる。ノルマン人の開いた古セーラムは丘にあったので、水の利が悪かった。そのうえ大聖堂建設の話が出たときには、すでに建物も過密状態で、とても大聖堂を建てるだけのスペースはなかったらしい。1220年、新しい大聖堂のための場所に選ばれたのが、古セーラムから3kmほど離れたNew Sarumだったというわけだ。計画的に造られた町だけあって、整然とした感じを受ける。といっても無機的な感じではない。しっとりと落ち着いた古い町並みと、静かに流れるエイヴォン川が、町の空気を優しくしているからだろう。

　有名なストーンヘンジから約16kmの所にあるので、まずはストーンヘンジに立ち寄って巨石から出るオーラを感じたら、ソールズベリの町をそぞろ歩きしていこう。

おすすめルート　巨石文明の謎を解きに出かけよう

1　ストーンヘンジ　Stonehenge

　紀元前3100年頃から1100年頃の間に、約5段階の工程を経て、建設されたといわれている。最初は堀と塚という簡単なものだったが、紀元前2900年頃には現在の巨石がある位置に木の祭壇が設けられたという。巨石は紀元前2600年頃から運ばれはじめ、なかには200km以上離れたウェールズから運ばれたものもあるとみられている。

　なぜ？何のために？という疑問の答えは今も出ていないが、最初は有力豪族の墓として造られ、その後祝祭の場として使われた、という説も発表されている。

カフェもあるビジターセンターからストーンヘンジまでは、シャトルバスで10分ほどの距離

アクセス
列車で ウォータールー駅から約1時間30分。1時間に1〜2本。
バスで ヴィクトリア・コーチ・ステーションから約3時間。1日3本。

ストーンヘンジへのアクセス
乗り降り自由で2階建てのストーンヘンジツアーバスでソールズベリ駅発、ニュー・キャナル通りのバス停U経由、ビジターセンターまで所要約30分。1時間に1〜2本。オールド・セーラムは復路のみ停車。秋冬は運行時間、本数とも減少。ストーンヘンジ発の時間も確認しておきたい。12/24〜26およびストーンヘンジ非公開の日は運休。☎ (01202) 338420
圏バスのみ往復£16
入場料込み£31.50
ソールズベリ大聖堂込み£38
URL www.thestonehengetour.info
ロンドンから日帰りバスツアーを利用するのもいい。→P.76

ストーンヘンジ
图 Nr Shrewton, Wiltshire, SP34DX　☎ (0870) 3331181
圏 3月中旬〜5月、9月〜10月中旬 9:30〜19:00
6〜8月 9:00〜20:00
10月中旬〜3月中旬 9:30〜17:00
(1/1、12/26は10:00〜16:00)
最終入場は閉場2時間前
圏 12/24・25 ('19)、冬至と夏至前後は要確認
圏 £19 (当日£21.10)
※時間指定券のため、夏期など繁忙期にはすぐ入場できないこともある。事前予約が多い日は当日券が少なくなるので、確実に入場するには予約がおすすめ (24時間前まで)。石の近くまで行くには、開館時間外の早朝か夕方に時々開催されるStonehenge Accessで。ウェブサイトで予約を。£45。
日本語オーディオガイド £3
URL www.english-heritage.org.uk (オンライン予約可能)

SHORT TRIP

ストーンヘンジに関する300点余りの考古学的資料を集めたビジターセンターの見学後、日本語オーディオガイドを聞きながら、ストーンヘンジをゆっくりと見て、帰りはオールド・セーラムで下車して、丘に残る遺構を散策するのもいい。

世界遺産

ストーンヘンジ、エーヴベリーと関連する遺跡群
Stonehenge, Avebury and Associated Sites
文化遺産 / 1986年

② ソールズベリ大聖堂 Salisbury Cathedral

1220年から1258年に建てられた、初期ゴシック様式の建物。尖塔は、あとから付け加えられたという。大聖堂のチャプター・ハウスChapter Houseには、マグナ・カルタの4つのオリジナルのうちのひとつが納められているほか、壁の彫刻や宝物なども見どころ。大聖堂は、The Close（境内というとおかしく聞こえるが、早くいえば教会の土地で、庭みたいなもの）に囲まれている。芝生と木々のなかにそびえる尖塔の姿は、実に美しい。

大聖堂の近くのWest Walkには、思わず住んでみたくなるような、古くてすてきな家々が並ぶ。そのうちのひとつThe King's Houseの中は、ストーンヘンジに関する展示もあるソールズベリ博物館The Salisbury Museumになっている。また、映画『いつか晴れた日に』の舞台となったモンペッソン・ハウスMompesson Houseでは、18世紀の優雅な家具調度を見ることもできる。

ソールズベリ大聖堂
住 6 The Close, SP1 2EJ
☎ (01722) 555120
開 大聖堂 月～土 9:00～17:00
日 12:00～16:00
マグナ・カルタ
4～10月 月～土 9:30～17:00、日 11:00～16:00
11～3月 月～土 10:00～16:30、日 11:00～16:00
行事などにより時間変更もあるので要確認。
☎ (01722) 555120（インフォライン）
尖塔は平日1～5回（日曜1～2回）入場ツアーあり
休 大聖堂は無休。チャプター・ハウスと売店は12/25
料 寄付金£7.50 ツアー£13.50
URL www.salisburycathedral.org.uk

ソールズベリ博物館
住 The King's House, 65 The Close, SP1 2EN ☎ (01722) 332151 開 11:00～17:00
休 1/1、12/25・26 料 £8
URL www.salisburymuseum.org.uk

モンペッソン・ハウス
住 The Close, SP1 2EL
☎ (01722) 335659 開 3/7～11/1 ('20) 11:00～17:00
11/23～12/22('19) 木～日 11:00～15:30
休 上記以外 料 £7.50
URL www.nationaltrust.org.uk/mompesson-house

日帰りで行ける町や村 ソールズベリ

左…ソールズベリ博物館　右…モンペッソン・ハウス

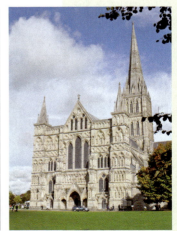

空に突き刺さりそうな尖塔は町歩きの目印になる

ケンブリッジ Cambridge

過去どれだけの研究者、学生たちがケンブリッジの名にひかれてここにやってきたことだろう。オックスフォードと並ぶ大学都市として、世界的に有名なケンブリッジだが、オックスフォードとはまた違ったムードが漂っている。"大学の中に町がある"といわれるオックスフォードに対し、"町の中に大学がある"といわれるケンブリッジは、中世の建造物が数多く保存されている。それにもかかわらずケンブリッジの外観は明るく現代的。

人文、社会科学といえばオックスフォード。一方、自然科学の分野において数多くの天才を輩出してきたのがケンブリッジだ。ケンブリッジ大学は、世界の大学ランキングで常にトップクラスであり、ノーベル賞受賞者の数も100人近い。その受賞者たちの多くはキャヴェンディッシュ Cavendish 研究所を代表とする物理・化学系の分野の研究者。このような伝統が、ケンブリッジの町のムードを合理的かつ楽観的なものにしているのかもしれない。

マーケットのにぎわい、ここ数年来のショッピングセンターの充実といった状況は、イギリスの各都市で見られる現象であり、ある意味ではイングランドの典型的な田舎町という顔ももち合わせている。しかしながら、このサイズの町には不似合いなほどの劇場、美術館などの施設の充実ぶりは、この町における大学の存在の大きさを物語るものだ。発達した成人教育システムや数多い語学学校も、大学町としてのケンブリッジの性格に由来するものだろう。

おすすめルート ケム川とカレッジ散歩を楽しもう

キングズ・カレッジ King's College

ケム川に沿うように南北に広がる、ケンブリッジのカレッジ群の中心部に位置する。ケンブリッジの象徴的存在で1515年に完成。なかでも、キングズ礼拝堂 King's Chapel は、内部の展示物も興味深いものが多く、すばらしいステンドグラスを見ることもできる。また、ルーベンスの『東方三賢人礼拝の図』も、ぜひ観ておきたいもののひとつ。

アクセス

列車で キングス・クロス駅から45分～1時間、リヴァプール・ストリート駅から1時間15分～1時間30分。平日は頻繁にあるが、週末は本数が減少する。

バスで ヴィクトリア・コーチ・ステーションから約1時間50分。

駅から中心部へ

駅は中心街から少し離れていて徒歩15～20分。駅前からバスに乗って中心部へ行くのもいい。多くのバスが中心部のショッピングセンター付近を経由するが、運転手に City Centre へ行くかどうか確認してから乗るといい。

キングズ礼拝堂

🏠 King's Parade, CB2 1ST
☎ (01223) 331212
🕐 学期中の4月末～6月中旬、6月末～7月初旬、10月初旬～12月初旬は月～土 9:30～15:30 (土 ～15:15)、日 13:15～14:30　学期外は毎日 9:30～16:30 (11・12月は～15:30)
休 コンサートやイベントなどのため休館することもある。詳細はウェブサイトで要確認。
💰 £9　URL www.kings.cam.ac.uk/chapel
7・8月はカレッジ正面から入場。ほかの時期はチャペル横の North Gate から入場をする。

広々とした空間にルーベンスの絵画が置かれている

キングズ礼拝堂。入場口は季節によって変わるので正面付近の表示で確認を

左…キングズ・カレッジ　右…キングズ・カレッジ近くのバックスでひと息

② カレッジ巡りとパンティング　College & Punting

　ケンブリッジのおもなカレッジは、ケム川から見るとバックス The Backs と呼ばれる広大な前庭の向こうに建物が見える構成になっていて、ケム川下りこそ、この大学町の美しさを観賞するハイライトといえそう。パントと呼ばれるボートに乗って川を行く、パンティングを楽しんでみよう。45分〜1時間ほどボートに揺られる、のんびりとした船遊びの趣。

　南から「**数学橋**」「**クレア橋**」「**ため息の橋**」とケム川に架かる橋の美しさも格別で、ケンブリッジの名自体も「ケム川に架かる橋」に由来する。

　川沿いに見ることができるおもなカレッジは、南から **Queens'**(1448年設立)、**King's**(同1441年)、**Clare**(同1326年)、チャールズ皇太子の母校である **Trinity**(同1546年)、法律学で有名なトリニティ・ホール(同1350年)、そして最大の規模をもつ **St. John's**(同1511年)など。

　Queens' Collegeには、建設当時くぎを1本も使用しなかったという話から「数学橋」と名づけられた橋、そして川の東側の部分には15世紀からほとんど変更の加えられていないという木造の Cloister Court があり、ケンブリッジの中で最も歴史を感じさせる一帯。

天気のいい日に、のんびりパンティングを楽しみたい

左…さわさわとしたバックスの緑に癒やされる　右…クイーンズの数学橋

SHORT TRIP

カレッジ巡りの注意点
4〜6月はテストの時期。ケンブリッジの試験は落ちると留年や落第はできず、大学をやめなければならない。したがって、ほとんどのカレッジはこの時期、観光客立入禁止。キングズ礼拝堂と「バックス」は見られるが、カレッジ巡りをしようと思っている方はご注意。
　また、一般的に各カレッジの中庭、教会といった部分は旅行者に公開されているが、住居部分は Strictly Private となっていて非公開。図書館そのほかの施設はカレッジによって異なる。各カレッジの入口にある守衛室 Porter's Lodgeで確認を。開館日時は各カレッジで異なるが、10:00頃から17:00頃までとしているカレッジが多く、教会はミサの最中は入れないことがある。

歴史を感じさせるクイーンズの一角

スカダモーレズ・パンティング・カンパニー
Scudamore's Punting Company
1910年創業の老舗のパンティング。所要45分と60分のパンティングが一般的。ほかに、バスやランチ、クリームティーなどとのセットもある。
🏠 Granta Place, Mill Lane, CB2 1RS　📞 (01223) 359750
🕘 9:00〜17:00
閉店時間は細かく異なるので要確認。夏期は22:00までオープンしているときもある。
🚫 12/25　💰 £22〜(オンライン購入£19〜)
🌐 www.scudamores.com

まずはチケット購入

日帰りで行ける町や村　ケンブリッジ

375

聖メアリー教会
- King's Parade, CB2 1ST
- (01223) 741720
- 月～土 10:00～17:30
- 12:15～17:00
  （冬期）～16:30）
- 休 コンサートやイベントなどのため休館することもある。詳細はウェブサイトなどで要確認。
- 料 塔£5
- URL www.gsm.cam.ac.uk/great-st-marys

聖メアリー教会

3 聖メアリー教会 Great St Mary's

　カレッジ巡りを楽しんだあとは、町の中心部にある聖メアリー教会へ。ここはケンブリッジ大学全体の公式の教会で、この塔からの眺めは、今まで歩いたカレッジを復習するのにも最適。15分ごとにロンドンのビッグ・ベン Big Benと同じ"Westminster Chime"が聞ける。また、ケンブリッジ・マーケット周辺にはカフェやショップも多いから、おみやげにカレッジグッズを買ったり、ひと息つくのにもいい。

左…おいしいケーキとお茶で休憩を　右…カレッジグッズはいかが？

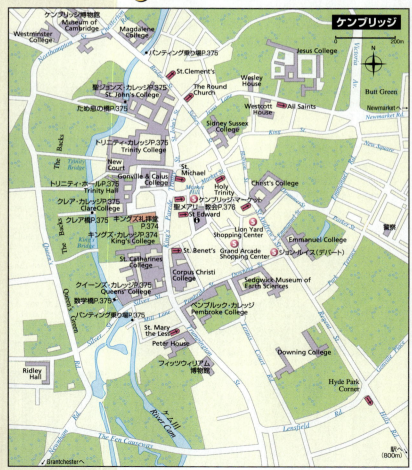
ケンブリッジ

カンタベリー　Canterbury

イングランドが生んだ偉大な文学者のひとり、チョーサー（1342頃～1400）。その代表作は、何といっても『カンタベリー物語』だ。

カンタベリー詣での途中、たまたま旅の道連れとなった人々が、カンタベリーに着くまでの時間つぶしに、それぞれ、ひとつずつおもしろい話を披露する。それらの話を集めたのがこの物語。カンタベリーを舞台にした、愛と歴史の一大ストーリーかな、と思っていたら大間違い。実は庶民のよもやま話。けれど、この庶民性、なかなか町にマッチしている。

6世紀の末、ローマからキリスト教の布教にやってきた聖アウグスティヌスは、ケント王を改宗させることに成功。カンタベリー大聖堂が建てられた。それ以来、ケント州の都、このカンタベリーはイギリスにおけるキリスト教の総本山となっている。英国国教会成立後もその地位は変わらず、神の御加護を求めて、訪れる人はあとを絶たない。伝統ある歴史の塊のようなこの町に、気取ったところがないのは、ずっと庶民に愛されてきたからだろう。

しかし、それにしても、カンタベリー詣では日本のお伊勢さん参りにそっくり。場所や文化がまるっきり違っても、人の心はいずこも同じ、ということか。

「神の館」「天国への門」と呼ばれるカンタベリー大聖堂の美しさは、今も人の心を打つ。そして、訪れる人すべてを、あくまでも優しく迎え入れてくれる、それがカンタベリーの町だ。

おすすめルート　天国への門をくぐってみたい！

① カンタベリー大聖堂　Canterbury Cathedral

2度にわたって火事に見舞われ、創建時の建物は残っていない。中世に、今のゴシック調のものが完成した。

内部には、三本の剣が飾られた、聖トーマス・ベケット（1118？～1170）が暗殺された場所が残っている。ベケットは、カンタベリー大司教（イギリスでは一番えらい聖職者）

イギリスで天国に一番近い場所、カンタベリー大聖堂

SHORT TRIP

日帰りで行ける町や村　ケンブリッジ…カンタベリー

アクセス
列車で　ヴィクトリア駅からCanterbury East駅まで約1時間30分。ファヴァーシャムFavershamで乗り換えが必要かどうか確かめておこう。またはセント・パンクラス駅からCanterbury West駅まで約50分。チャリング・クロス駅からならCanterbury West駅まで約1時間45分。
バスでヴィクトリア・コーチ・ステーションから約1時間50分。1時間に1本。

カンタベリー大聖堂
住 11 The Precincts, CT1 2EH
☎ (01227) 762862
開 夏期 9:00～17:30
（日～16:30）
冬期 9:00～17:00
（日 10:00～16:30）
地下のクリプトは10:00～
最終入場は閉館30分前
休 グッドフライデー、12/24・25。儀式などで入場不可になることもあるので詳細は要確認。
料 £12.50　日本語オーディオガイド£4　英語のガイドツアー£5（1日3回くらい催行）
URL www.canterbury-cathedral.org

世界遺産
カンタベリー大聖堂、聖アウグスティヌス修道院跡と聖マーティン教会
Canterbury Cathedral, St Augustine's Abbey, and St Martin's Church
文化遺産 / 1988年

壮麗なクライスト・チャーチ門
Christ Church Gate

377

イーストブリッジ・ホスピタルは、かつて貧しい巡礼者の宿として設立されたもの

ザ・ビーニー・ハウスという歴史ある建物内に観光案内所がある。案内所のほか、歴史の展示なども

カンタベリー名物を食べよう！
甘辛く16時間も煮込んだ豚肉を細くさき、それと野菜やリンゴのソースなどを挟んだ、ポーク&Co.の「プルドポーク・バーガー」がおいしい。テイクアウェイも可能。→P.25
ほかにも、幽霊が出る部屋があるという、タイニー・ティムズ・ティールームの「プランプ・ピルグリム」というスコーンのような焼き菓子も試してみたい。
Pork & Co. 🏠 27 Sun St., CT1 2HX
URL www.porkandco.co.uk
Tiny Tim's Tearoom
🏠 34 St. Margaret's St., CT1 2TG
URL tinytimstearoom.com

タイニー・ティムズ・ティールーム

カンタベリー・テイルズ
🏠 St. Margaret's St., CT1 2TG
📞 (01904)696002
🕒 4～10月 毎日10:00～17:00
（9・10月～16:00）
11～3月 水～日10:00～16:00
🚫 1/1, 12/25・26 💰£10.50
日本語オーディオガイドあり
URL www.canterburytales.org.uk

トーマス・ベケットが殉職したとされる場所

内陣の奥にベケットの棺があったという

大聖堂の中庭を取り巻く回廊も美しい

回廊の天井にはイングランドの紋章なども

だったが、教会の力を制限しようとしたヘンリー2世と対立。ヘンリー2世の軽率な言葉がもとで、早まった4人の騎士の手にかかってしまった。後に、世論を鎮めるために、ヘンリー2世は、ベケットのお墓に謝りに行ったという。ベケットの死後、さまざまな奇跡が起き、彼の遺骨は不治の病を治すといわれるようになり、カンタベリー大聖堂を訪れる巡礼者の数は一挙に増えた。

数々のステンドグラスには、聖書のなかの話をもとにしたもの、王や聖人などが、美しく映し出されている。

また、ブラック・プリンス（黒皇太子）と呼ばれ、「百年戦争」で大活躍したエドワード王子もここに眠っている。

② カンタベリー・テイルズ The Canterbury Tales

14世紀後半の作家、ジェフリー・チョーサーが書いた傑作『カンタベリー物語』を、ろう人形や音響技術を駆使して再現したもの。チョーサーの世界を体験する「中世冒険の旅」に招待してくれる。

カンタベリー・テイルズの隣にはおいしいフィッシュ&チップスの店もある

CLOSE UP 人気のリバークルーズはいかが？

スタウア川を小舟で遊覧する、パンティングのようなクルーズの人気が高い。平底の小さなボートに乗って、歴史ある建物などの解説を聞きながら巡る。3～9月のみで、ウエストゲート・タワー発と、キングス・ブリッジ周辺（2ヵ所）で発着する。シーズン中はハイ・ストリートで客引きをしていたりするので、次に乗れる時間などを確認しておくといい。

ゆっくりとした楽しみ方ができる

③ 聖アウグスティヌス修道院跡 St Augustine's Abbey

　6世紀の初め、当時の教皇グレゴリウスは、ローマ市内で、金髪の美しい若者たちが売られているのを見つけた。彼らが、異教徒の国 "アングル angle（アングロ人の国、つまりイングランド）" から連れてこられたと聞き、"angle" の国を "エングラ engla（エンジェル angel ＝天使）" の国とするために、布教を決心したという。こうして、聖アウグスティヌスたちが、はるばる海を越えてやってきた、というわけだ。ヘンリー8世による修道院解散により建物は解体。すでに廃墟になっているが、大きな入口だけは、今も変わらず残っている。町の中心からこの修道院跡に行くには、城壁を越えることになる。地図で見ると、カンタベリーの町が、グレート・スタウア川 Great Stour River と城壁にぐるっと囲まれた、典型的な中世都市であることがわかる。

聖アウグスティヌス修道院跡
🏠 Longport, Kent, CT1 1TF
📞 (01227) 767345
開 4～6月 水～日 10:00～17:00
　 7～10月 毎日 10:00～18:00
　 （10月は～17:00）
　 11～3月 土・日 10:00～16:00
休 11～3月の月～金、4～6月の月・火、クリスマス前後と年始
料 £7.20　英語のオーディオガイド無料
URL www.english-heritage.org.uk/visit/places/st-augustines-abbey

ローマン博物館
Canterbury Roman Museum
カンタベリーを訪れたローマ人のなかには、ジュリアス・シーザーもいた！ 古代ローマの驚くべきハイテクな暮らしぶりを伝える博物館。床暖房が完備され、美しいモザイクで飾られた快適なローマスタイルの家（この博物館はその遺跡に建てられた）など、ローマ帝国を知らなくても、おもしろい展示がいっぱい。
🏠 Butchery Lane, CT1 2JR
📞 (01227) 785575
開 毎日 10:00～17:00
休 1/1、12/24～26
料 £9
URL canterburymuseums.co.uk/romanmuseum

廃墟から、イギリスの歴史を知る

現在イギリスで使用されている教会では最古の聖マーティン教会

カンタベリー

ライ Rye

昔は海に囲まれていて、細い陸地だけで本土とつながる、ほとんど島のような所だった。小高い丘の上の町は、まるで町全体がアンティークのよう。急な坂道の多い道路は、丸石の石畳で、少々歩きにくいが、ゆっくり散策するのに苦にはならない。

小さな町で、ざっくりと見て回るだけなら3時間ほどだが、お茶したり時計台の塔に上ったり、ショップをゆっくり見て回って1日過ごしても。まずは、ライの歴史を知ることができるライ・ヘリテージ・センター Rye Heritage Centreで模型を使った解説を聞くのもいい（有料、英語）。なお、ライの町は、日曜にはレストランやショップが休みのところも多いので、平日か土曜に行くのがおすすめ。

おすすめルート 小さな宝石のような町で過ごす1日

① マーメイド・ストリート Mermaid Street

ライには、何百年もたった黒い材木と白い漆喰の家々が並ぶ。なかでも、絵に描かれたようなこの通りにあるマーメイド・イン Mermaid Innは、11世紀に建てられたもので、悪名高い密輸ギャング、ホークハーストの本拠地だったといういわくつきのInn。現在はホテルになっていて、レストランでランチやディナーも取れる。

アクセス
列車で セント・パンクラス駅から高速列車でアシュフォード・インターナショナル駅まで約45分。イーストボーン方面の列車に乗り換えライ駅まで約20分。チャリング・クロス駅やロンドンブリッジ駅、ヴィクトリア駅などからも行けるが、アシュフォード駅で乗り換えが必要で時間がかかる。

ライ・ヘリテージ・センター
住 Strand Quay, TN31
☎ (01797) 226696
開 2/9（'19）～9月 毎日10：00～17：00 10月～11月初旬 毎日10：00～16：00 11月初旬～12月 土10：00～14：00 ウェブサイトなどで要確認
休 上記以外、12/25～27
URL www.ryeheritage.co.uk
12/25～1/31（'19-'20）は改装のため閉館。2月以降は未定。

ライ・ヘリテージ・センター

マーメイド・イン
住 Mermaid St., TN31
☎ (01797) 223065
URL www.mermaidinn.com

マーメイド・インがあるマーメイド・ストリートは丸い石が敷き詰められ、少々歩きにくい

② 聖メアリー教会 Church of St. Mary

丘の頂上にある教会で、1377年のフランス人の侵略にもちこたえ、古い部分は1150年頃のもの。ここにある時計は、イギリスで現在動いているなかでも、最も古いもののひとつだという。時計台の塔には、ぜひ上りたい。

聖メアリー教会
住 Church Sq., TN31
☎ (01797) 222318
開 6～8月 9:15～17:30
9～5月 9:15～16:30
休 12/25 料 時計台£3.50

聖メアリー教会の時計

左…聖メアリー教会 右…時計台の屋上からはライの町が一望できる

③ タワー&ゲート Tower & Gate

フランスからの侵略に備えて防御のために建てられたイプラ・タワー Ypres Tower（1250年頃の建造）やランドゲート The Landgate（1329年頃の建造）も、町の歴史や構造を知る興味深いものといえる。イプラ・タワー内部は、小規模なミュージアムになっている。

また、このほかにも、作家ヘンリー・ジェームズ Henry James と E. F. ベンソン E. F. Benson が住んだラム・ハウス Lamb House、シスターン The Cistern という馬力を利用して町の高台まで水を引き上げた、18世紀のライの給水システムの一部など、小規模な見どころがある。

左…イプラ・タワー　右…ランドゲート

左…ラム・ハウス　右…赤れんがの歴史的建造物シスターン

イプラ・タワー
住 Gungarden, TN31
☎ (01797) 226728
開 4〜10月 毎日 10:30〜17:00
11〜3月 毎日 10:30〜15:30
最終入場は閉館30分前
休 12/24・25　料 £4
URL www.ryemuseum.co.uk
ライ・キャッスル・ミュージアムは 住 3 East St. にも博物館がある（4〜10月の週末のみ開館）。

ラム・ハウス
住 West St. ☎ (01580) 762334
開 3/1〜12/15('20) 金〜火 11:00〜17:00　最終入場 16:30
休 水・木、11/2〜26('20)　料 £7.50
URL www.nationaltrust.org.uk/lamb-house

ライのティールーム&ショップ

休憩なら、The Mint から小道を入った所にあるコブルズ・ティールームのほか、アポセカリー・コーヒー・ハウス、聖メアリー教会前にも2軒ティールームがある。また、ホットチョコレート（ココア）専門店ヌープス Knoops もおいしい。
アンティークショップはライ・ヘリテージ・センター近くの Strand と Strand Quay の間あたりに多い。パッケージデザインも魅力的な裁縫道具などを扱うマーチャント&ミルズもある。

コブルズ・ティールーム

ランドゲート近くのヌープス

ストランド近くのアンティークショップで

裁縫道具のほか、布地やパターンなどもあるマーチャント&ミルズ

ブルーベル鉄道　Bluebell Railway

　ロンドンの南に、たった4つしか駅がない、短い（全長約10km）蒸気機関車の路線がある。このブルーベル鉄道は、蒸気機関車好きの人たちが集まって線路まで買い取り、昔の路線を復元した「夢の結晶」。だから、ここで仕事をしている人は皆とっても楽しそうで、蒸気機関車の車体も駅舎もピカピカに磨きあげられている。

おすすめポイント　懐かしい響きの汽笛の音を聞きに

ホーステッド・キーンズ駅　Horsted Keynes

　「イギリスで一番美しい駅」として人気を集めている駅。1930年代のイギリスの鉄道駅を忠実に再現しているというだけあって、時代を感じさせる雑誌やポスター、古い蒸気機関車の雑誌などを売るキャリッジ・ショップ Carriage Shop など、懐かしい品々がそこかしこにある。

　また、この駅は日本でも放映されたテレビドラマ『ダウントン・アビー』のロケ地としても知られる。ドラマに登場する"Downton Abbey Station"は、ここで撮影された。

シェフィールド・パーク駅　Sheffield Park

　博物館もある、一番規模が大きい駅。売店には、蒸気機関車の雑誌、ビデオや鉄道専門の新聞、模型などがところ狭しと並ぶ。レストランは地元の人に人気。

アクセス
列車でヴィクトリア駅からイースト・グリンステッド駅まで約1時間。駅を出て右側、ブルーベル鉄道のイースト・グリンステッド駅まで80mほど。

ブルーベル鉄道
タイムテーブル・インフォ（24時間）☎（01825）720 800
5～9月は毎日運行。10～4月は土・日曜のみ運行が多い。
料£19（オンライン£16）
ファーストクラスは当日現地で追加料金£9.50を払いアップグレードしてもらう。オンラインでは購入できない。
オンライン予約手数料は1回につき£1.80
オリエント・エクスプレスなどに使われたゴージャスな客車で料理を楽しむゴールデン・アロウ・プルマン The Golden Arrow Pullman は土曜の夕食時、日曜の昼食時に運行。アフタヌーンティーの時もある。要予約、ドレスコードあり。
URL www.bluebell-railway.co.uk
スタッフの多くがボランティアで、機関車たちも車庫で復元してもらえる日を待っている。この路線で楽しんだら、復元された機関車脇に置いてある寄付箱に寄付をヨロシク。

チケットは1日乗り放題！
1日かけて巡るのなら、駅の外も散策してみよう。駅舎を出ると、ランチを楽しむ人のパラソルがあちらこちらに立つピクニックエリアが広がっている。

立ち寄ってみたいガーデン
水辺や春の花と紅葉で有名なナショナル・トラスト所有のシェフィールド・パーク・アンド・ガーデンはシェフィールド・パーク駅から徒歩約15分。

上…汽笛の響きが心地いい
下…古い雑誌や映画のポスターもあるレトロな雰囲気

SHORT TRIP

ハートフィールド　Hartfield

　A.A.ミルンが『クマのプーさん』を書いたのが、ここハートフィールドの村。郵便局がひとつ、雑貨屋がひとつ。そんなこぢんまりとした村の南に、クリストファー・ロビンとプーさん、コブタ、ロバのイーヨー、カンガやトラーたちが住む森が広がっている。

おすすめポイント ▶ プーさんたちが住む「魔法の森」へ

ハートフィールド　Hartfield

　ハートフィールドの村にあるプー・コーナー Pooh Corner といううーさんのグッズなどを扱う店に立ち寄って、ウオーキングマップを手に入れると歩きやすい。

プー・カントリー　Pooh Country

　プーの棒投げ橋 Pooh Sticks Bridge までは、往復約1時間30分ほど。ミルン＆シェパードの記念碑がある魔法の場まで足を延ばすと4時間ほどはかかる。ミルンが別荘として利用したあと移り住んだ、コッチフォード・ファームもある。

アクセス
列車で イースト・グリンステッド駅からTunbridge Wells行きのバスでハートフィールドまで25〜30分。平日1時間に1本。帰りのバスの時間も確認を。休日などには1日4本くらいになるので要注意。
URL www.metrobus.co.uk

プー・コーナー
ティールームもある。
住 High St, Hartfield, TN7 4AE
☎ (01892) 770456
開 月〜土 10:00〜17:00
日・祝 11:00〜16:00
ティールームは閉店30分前まで
休 12/25・26
URL poohcorner.co.uk

日帰りで行ける町や村

ブルーベル鉄道…ハートフィールド

上…プー・コーナー
中…プーの棒投げ橋
下…ミルン＆シェパードの記念碑

383

ウィズリー・ガーデン Wisley Garden

アクセス
ウォータールー駅からKingstonへ出て、715(日曜・バンクホリデーは715A)番のバスに乗り換える。バス停からガーデン入口まで徒歩約10分ほど。月〜土1時間に1本、日・祝90分に1本ほど。詳細は事前に確認を。
📞 (01483)224234

ウィズリー・ガーデン
🏠 Wisley, Woking, Surrey, GU23　📞 (01483) 244 234
🕐 月〜金 10:00〜18:00
土・日・祝 9:00〜18:00
(3〜10月は毎日〜16:30)
最終入場は閉園1時間前
休 12/25　£14.50(入口でバスか列車のチケット、またはタクシーの領収書を見せると£11)　URL www.rhs.org.uk/gardens/wisley

VOICE
最寄りのバス停は高速道路脇。乗車時、運転手にウィズリーに着いたら教えてほしい旨を伝えておいたほうが無難。帰りのバスは反対側車線の停留所から乗車。
(大阪府 上田満康 '13春)['19]

バーゴラ状の花が見事

庭造りの見本。モデル・ガーデン

　王立園芸協会 The Royal Horticultural Society(王立、つまりエリザベス女王が総裁)直属の植物園で、あらゆるガーデニングのスタイルを提案するために造られた。ガーデナー(庭師)養成学校も併設されていて、まさにガーデナー、園芸愛好家の聖地となっている。36万坪といわれる広大な敷地は迷子になるほどで、庭の数は24ポイント。まず入口で庭の案内書を買って、見たい庭を確認してから中へ入ろう。幅5m長さ120mに及ぶ世界的に有名なミックスト・ボーダーは圧巻。ウォーター・ガーデンを含むワイルド・ガーデンは、自然そのものの姿を生かし、日本の庭園にも通じる造りだ。そのほか、多品種にわたる美しいローズ・ガーデン、ハーブ・ガーデン、温室、果樹園、そして森林浴が楽しめる遊歩道まである。なかでも見逃せないのが、ロック・ガーデン。岩を組んで造った築山に色とりどりの花が植えられ、規模も華麗さもイギリス随一！　また、自分の庭の見本にもできるモデル・ガーデンには庭造りのアイデアがふんだんに盛り込まれ、見学に来ている素人ガーデナーからは羨望のため息が……。

　園内にはカフェ・レストランもあり、ここでひと息入れて庭巡りを楽しもう。入口脇のショップでは園芸関係のブックコーナーが充実している。花模様のテーブルウエアやカード類なども人気で、おみやげにピッタリだ。

ハーブ・ガーデン

CLOSE UP　"庭園"を知るための用語いろいろ

ボーダー Border
手前にくるほど低くなった花の列。ダブルボーダーは左右2列のもの。

トピアリー Topiary
動物の形などに刈り込んだ装飾的な刈り込み法。

バーゴラ Pergola
ツル棚を屋根としてバラやジャスミンなど蔓性の植物を絡ませたもの。アーチより大きい。

ノット・ガーデン Knot Garden
低木を刈り込んで結び目のような幾何学模様を描いたなかに植物を植えたチューダー様式の庭。

ロック・ガーデン Rock Garden
石をベースにした庭園で、ヒースや高山植物といった環境の合う植物を植えたスタイル。

ウォールド・ガーデン Walled Garden
壁やフェンスなどに、ツル状の植物を絡ませ、壁面状に構成したもの。

ウッド・ガーデン Wood Garden
歩きながら森林浴が楽しめる木々の庭園。

コテージ・ガーデン Cottage Garden
田舎風の花や配置の庭。

メイズ Maze 生け垣で造られた迷路。

SHORT TRIP

機関車トーマスに会いにスパ・ヴァレイ鉄道へ

「わぁ！トーマス！！」子供たちは大興奮

ディーゼルがやってきて、トーマスと鉢合わせになるシーンも

日帰りで行ける町や村

ウィズリー・ガーデン

トップハム・ハット卿とも会えて大満足

イベントがあったファーカー駅

橋梁の奥からやってきたのは誰？

トーマスに会えるイベント Day out with Thomas

日本でも人気のテレビシリーズ「きかんしゃトーマス」は、機関車に魅せられたウィルバート・オードリーによる『汽車のえほんThe railway series』が原作。架空の島ソドーを舞台に、島の人々や機関車たちの歴史をやさしく楽しく語った物語は、世界中の子供たちに大人気。

イギリス各地の保存鉄道でトーマスに会うことができるイベントが開催されていて、スパ・ヴァレイ鉄道のイベントも、たくさんの子連れのファミリーでにぎわっている。トーマスイベントの日は、タンブリッジ・ウェルズ・ウエスト駅から発車し、イベントがあるグルームブリッジ Groombridge 駅まで行って戻ってくるルートのみ。通常運行とは違うのだが、この日だけ特別に、グルームブリッジ駅の看板を、トーマスの支線の終点であるファーカー Ffarquhar に変えて演出するという凝りよう。トップハム・ハット卿と歌をうたったり、バルーンアートの実演があったりと、たくさんのお楽しみが用意されているから、子供と訪れるには最高のイベントといえそう。トーマスイベントを開催する保存鉄道や日程などは下記のウェブサイトなどで確認を。

URL www.dayoutwiththomas.co.uk

保存鉄道を支える人たち

実際に稼働しているイギリスの保存鉄道 Heritage Railway は100を超え、イベントの効果もあり、多くの人々が訪れている。こうした保存鉄道を支えるスタッフの大部分はボランティア。長い歴史をもつイギリスのボランティア精神は今も健在で、スパ・ヴァレイ鉄道には中学生くらいのボランティア少年の姿も。保存鉄道とともに、ボランティアもイギリス文化のひとつといえるのかもしれない。

楽しげなボランティアスタッフ

修復のための寄付箱も

● ロンドンから行きやすいトーマスイベントがある保存鉄道

スパ・ヴァレイ鉄道
Spa Valley Railway
チャリング・クロス駅からタンブリッジ・ウェルズ Tunbridge Wells 駅まで列車で約55分。蒸気機関車のタンブリッジ・ウェルズ・ウエスト Tunbridge Wells West 駅まで徒歩約15分。パンティリーズ Pantiles と呼ばれる優雅な商店街を抜けて歩くのがおすすめ。
📍 P.347-C2 📞 (01892) 537715
URL www.spavalleyrailway.co.uk

ディドコット鉄道センター
Didcot Railway Centre
パディントン駅からディドコット・パークウェイ Didcot Parkway 駅まで列車で約40分。この駅に隣接するグレートウエスタン鉄道 GWR の蒸気機関区を保存した博物館のような場所。蒸気機関車はこの区画内を走る。
📍 P.346-B1 📞 (01235) 817200
URL www.didcotrailwaycentre.org.uk

ミッド・ハンツ鉄道ウォータークレス線
Mid Hants Railway Ltd
'Watercress Line'
ウォータールー駅からオルトン Alton 駅まで列車で約1時間20分。蒸気機関車が走るウォータークレス線は、オルトン駅の3番線のホームから発着している。
📍 P.346-B2 📞 (01962) 733810
URL www.watercressline.co.uk

監修：秋山岳志（『機関車トーマスと英国鉄道遺産』集英社新書）

©2020 Gullane (Thomas) Limited.

湖水地方 Lake District

面積約2,300km²、房総半島ほどの広さをもつ湖水地方は、カンブリア地方Cumbriaと呼ばれ、国立公園にも指定されている。ここは、イングランド有数の自然美を誇るところ。しかし、その自然は決して生やさしいものではない。温暖な南部に比べればヒースの咲く不毛の地といえるほどだ。この地は、ワーズワースをはじめ多くの詩人を生み出し、『ジェーン・エア』の著者であるシャーロット・ブロンテやキーツらロマン派の作家に大きな影響を与えた。それは、太古の昔から動植物を育み続けてきた自然が、彼らの心をなだめ、なぐさめる抱擁力をもっていたからではないだろうか。

そんな自然を守り続け、ここで半生を過ごしたビアトリクス・ポターによって書かれた「ピーターラビット」のお話は、イギリスで小さな頃に必ず読んで聞かせる絵本のひとつ。ポターの過ごした家「ヒルトップ」の窓からは、ピーターが走り下りてくる坂道を、絵本そのままに見ることができる。

アクセス
列車で ユーストン駅からオクセンホルム駅 Oxenholme The Lake Districtまで鉄道で2時間40分～3時間40分。1時間に1～2本。オクセンホルム駅からウィンダミアまで鉄道で約20分。
またはユーストン駅からプレストン駅Prestonまで約2時間10分、プレストン駅からウィンダミアまで約1時間。

ウィンダミアの❶
住 Victoria St., LA23 1AD
開 毎日 8:30～17:30
URL www.windermereinfo.co.uk
ウィンダミア駅を出てすぐにある。マウンテンゴートのミニバスツアー申し込み、宿の手配も可能。路線バスStagecoachや船の時刻表、見どころの各種パンフレットも揃っている。

世界遺産
イングランドの湖水地方
The English Lake District
文化遺産／2017年

湖水地方は2017年に世界遺産にも登録された

ピーターラビットゆかりの家へ

湖水地方の巡り方＆楽しみ方

● ロンドンから日帰りの場合
ウィンダミアから現地ミニバスツアー→P.387に乗るか、ロンドンからの往復鉄道込みの日帰りツアー→P.76に参加するのが便利。
ツアーに頼らず自力で日帰りプランを練るのは大変だが、以下のふたつの日帰りルートを参考に。
ルート1 ▶ボウネス→ニア・ソーリー→ボウネス
ルート2 ▶ボウネス→遊覧船→蒸気機関車→ボウネス
ピーターラビット好きならルート1で。両ルートとも、時間が許すかぎり湖畔や村のフットパスを歩いてみたい。ボウネスでショップをのぞいたり、列車内で夕食を取る場合はスーパーで食料を買うのもいい。

● 1泊以上できる場合
1日はミニバスツアーにあて、ほかの日は違う湖に行ったり、湖畔や丘陵のフットパスを歩くウオーキングを楽しんでほしい。ここはイギリス人にとっては、3泊～1週間ほど滞在して、のんびりウオーキングしながら自然にひたる場所。そんな楽しみ方をできれば最高だ。❶で情報を手に入れて、自分なりの旅を作ってみよう。湖水地方には主要な町を結ぶ路線バスも走っている。レンタカーという手もあるが、湖水地方の道は相当狭くカーブがきついのを覚悟して。

● 主要な町や湖を結ぶ、便利なバス路線
599番‥グラスミア〜ライダル〜アンブルサイド〜ウィンダミア〜ボウネス
505番‥アンブルサイド〜ホークスヘッド〜コニストン
555番‥ケンダル〜ウィンダミア〜アンブルサイド〜ライダル〜グラスミア〜ケズィック
URL www.stagecoachbus.com

● ウィンダミア周辺の観光拠点
ボウネスは早くから漁業を中心に発展してきた。18世紀にはリゾート地としても知られるようになり、今では観光拠点となるにぎやかな町。ウィンダミア駅〜ボウネスは徒歩約30分。バスなら599、508、755、6番で約10分。また、北のアンブルサイドも古くからのリゾート地でボウネスと同様ホテルなどもある。

路線バスナンバーなどは2019年のもの。変更もあるので現地で確認を

SHORT TRIP

おすすめポイント　ピーターラビットに会いたい！

ビアトリクス・ポターの世界　The World of Beatrix Potter

ボウネスの町なかにある。ポターが描いたピーターラビットの挿絵がリアルに再現されて、そのまま3次元に。まるで絵本のなかに飛び込んでいるかのよう。冒頭の5分ほどのフィルム上映を観れば、ポターやピーターラビットなどの物語について簡単に知ることができる。ほかにも、ポターが守り続けた湖水地方をバーチャルで旅ができる仕掛けもある。

ガーデンやショップも

遊覧船＆蒸気機関車　Lake Cruise & Steam Train

南北に17kmの長さをもつ、細長いウィンダミア湖南端の町レイクサイドLakesideから蒸気機関車が走っている。ボウネスからの遊覧船のスケジュールと連動しているため、船と汽車の両方を楽しむことができる。ノスタルジックなかわいい蒸気機関車は、鉄道ファンでなくても見過ごせない。

ウェブサイトなどで運行時間を確認しよう

ビアトリクス・ポターの世界
住 Crag Brow, LA23 3BX
℡ (015394)88444
開 毎日 10:00～18:30
クリスマス前～年末年始は開館時間が変更される。
最終入場は閉館1時間前
休 12/25、1/20～2/2('20)
料 £7.95
URL www.hop-skip-jump.com

遊覧船
蒸気機関車の駅レイクサイドに行くイエロークルーズが所要約40分。アンブルサイド側に行くレッドクルーズは所要約30分。ほかにもアンブルサイドやレイ城を巡るボートなども運航している。
℡ (015394)43360
休 12/25、1/7～2/1の月～金('19)
料 往復£12.30または£11.80
蒸気機関車の共通券往復（夏期のみ）£17.50
URL www.windermere-lake
cruises.co.uk

蒸気機関車
℡ (015395)31594
休 クリスマスイベントなどを除く11～3月　料 片道£4.40　往復£7.10　終点まで所要約18分
URL www.lakesiderailway.co.uk

湖からの眺めも楽しみたい

日帰りで行ける町や村　湖水地方

マウンテンゴートのミニバスツアー
10ヵ所の湖を巡るボートクルーズ付きの1日ツアー、眺めのいい高台を巡る蒸気機関車付きの1日ツアー、ビアトリクス・ポターゆかりの地を巡る半日ツアー、プライベートツアーなど、多種多様。
住 Victoria St., LA23 1AD
℡ (01539) 445161
URL www.mountain-goat.com

ポターが湖水地方に初めてやってきたときに滞在した場所。ウィンダミア湖北西にあり、現在はレイ城Wray Castleとして公開されている。
URL www.nationaltrust.org.uk/wray-castle

387

ニア・ソーリー村のヒルトップ Hill Top in Near Sawrey

　ニア・ソーリーは、青い服を着た世界一有名なうさぎ「ピーターラビット」の生みの親であり、イギリス人に最も愛されている女流作家のひとり、ビアトリクス・ポターが愛した村。

　1901年、「ピーターラビット」の絵本は最初、私家版として誕生したにすぎなかった。それが翌年には、『ピーターラビットのおはなし』として出版され大成功。この物語の収入で1905年に買った家が、この村に建つヒルトップ。

　村には、多くの作品に描かれた光景が、まるでそのまま切り取ってきたように、そっくり残っている。「ピーターラビット」も、「こねこのトム」も「ひげのサムエル」も、みんなポターが半生を過ごした、ここの自然があったからこそ生まれたといえる。ヒルトップに隣接し、パブランチも取れるタワー・バンク・アームズ Tower Bank Arms など、ポターのイラストに描かれた場所だけでなく、小鳥のさえずりや道ばたに咲く花々、草を食む羊や高い空、場合によっては曇天や小雨まで、彼女が愛した自然そのものを感じてみたい。

ニア・ソーリーへのアクセス
湖を横切るボートと525番のミニバスが連結した Cross Lakes Experience で。ボウネスの桟橋から小さなボートでウィンダミア湖を渡り、対岸のフェリーハウスからマウンテンゴートのミニバス→P.387 に乗り換える。バスはニア・ソーリーを経由して、ワーズワースやポターゆかりの地ホークスヘッド→P.389 まで行く。チケットは Windermere lake Cruises のチケット売り場かマウンテンゴートの運転手から購入。ボート片道£3.20、往復£5.40。フェリーハウスからヒルトップ片道£6.65、往復£11.80。運行は4～10月のみ。フェリーハウスからは約3kmで徒歩50分ほど。
🌐 www.mountain-goat.com/Transport-Services/525-Cross-Lakes-Experience

ヒルトップ
📍 Near Sawrey, LA22 0LF
☎ (01539)436269
🕐 5月下旬～8月 10:00～17:00
2月中旬～5月下旬、9月～11月初旬 10:00～16:30
🚫 11月初旬～2月中旬('20予定)、3～5月と9月～11月初旬などの金曜
開館日時は変更もあるのでウェブサイトで要確認
💷 £11.80　🌐 www.nationaltrust.org.uk/hill-top
事前予約なしの時間指定チケット。入館人数制限で待ち時間が発生することもある。
日本語説明の紙あり。チケット内側は、ポターの物語で登場したイラストの場所もわかる村の地図になっているので、入場まで時間があったら村を散策しよう。

ヒルトップ。右の写真のカップボードが「ひげのサムエルのおはなし」のイラストに使われた

ピーターが手紙を投函していた赤いポスト　　ヒルトップのガーデン　　こんな標識も！

CLOSE UP
ナショナル・トラスト運動って知ってる？

　ナショナル・トラストとは、歴史的な遺産や美しい自然を残すために1895年に創設された民間の自然（環境）文化保護協会のこと。創始者のひとり、ローンズリーは湖水地方の牧師だった。ポターはローンズリー牧師と出会い、その運動に共鳴し、ナショナル・トラストに多くの資産を残した。

　1913年に結婚した後、ポターは農業に力を入れ、湖水地方に広大な土地を購入していた。その愛する土地が開発によって損なわれるのを防ぐため、15の農場と4000エーカーの土地と数々のコテージを、当時のままの姿を維持する条件のもとナショナル・トラストに託したのだった。

　ここを訪れる人々が、本当に100年近くも前そのままの姿を見ることができるのも、そうした彼女たちの努力があってこそ。

　現在、ナショナル・トラストは私的機関としてはイギリスで最大の土地をもち、数百年の歴史的財産を守っている。国からの援助に頼らず、自分たちで資金を集めての運営だ。海外会員も含め、会員数は400万人を超えている。年会費を払うと、公開されているナショナル・トラストの資産を無料または割安に見ることができる（もちろん会員になっていなくても、入場料を払えばOK）。ちなみにヒルトップやワーズワースの生家はもちろん、ビアトリクス・ポター・ギャラリー、レイ城も、ナショナル・トラストによって維持・公開されている。

SHORT TRIP / CLOSE UP

イギリス・ロマン主義の偉大な詩人
ワーズワースが暮らした足跡を訪ねる

2020年は生誕250周年！イベントも開催予定

イギリスの誇る自然詩人、ウィリアム・ワーズワースWilliam Wordsworth（1770〜1850）は、この地で生まれ、過ごし、そしてその生涯をここで閉じた。彼は湖水地方の美しい自然に囲まれ、人の心にぬくもりを与えるような、しなやかな詩の傑作を多く生み出してきた。ポターと同様、彼もまた湖水地方の自然に触れていなかったら、その詩の傾向はずいぶんと変わったものになっていたかもしれない。

ワーズワースゆかりの地は、グラスミア周辺、ホークスヘッド、コッカマスの町。彼の生家、暮らした家や墓所、通った学校など、数ヵ所ある。

● グラスミア Grasmere

グラスミアの町から歩いて10分ほどで、詩人が1799年から1808年まで住んでいた家**ダブ・コテージ Dove Cottage**に着く。もともとここは17世紀初め頃に「鳩とオリーブの枝」と呼ばれる小さな宿屋兼居酒屋として建てられたもの。今の本街道ができる前は、アンブルサイドからケズィックへ通じる街道に面していた。1799年に妹ドロシーとともに移り住み、ここで暮らした8年間は、ワーズワースの生涯のなかで最も幸せな時だったようだ。なぜなら、彼はこの簡素で頑丈な石造りの家で、詩人としての最高の仕事をしたからだ。そんなことを考えながら部屋から部屋へと巡るのはなかなか楽しい。隣にはワーズワース博物館もある。

ダブ・コテージから徒歩1時間ほどウィンダミア寄りの所にある**ライダル・マウント Rydal Mount**は、晩年の1813年から1850年までを過ごした家。この周辺の散歩をして風邪をひいたことが原因で亡くなり、彼の亡骸は、グラスミアにあるセント・オズワルズ教会に家族とともに眠っている。

教会と敷地内の墓所を訪れたなら、教会の入口脇にある小さな店、**サラ・ネルソン・ジンジャーブレッド Sarah Nelson's Grasmere Gingerbread**に立ち寄るのを忘れないように。ここは、ショウガがたっぷり入った、堅めのビスケットのようなお菓子、ジンジャーブレッド発祥の店。大手チェーンからの誘いを断り、門外不出のレシピを守り続けている。1ピースだけ買うこともできるので試してみて。
URL www.grasmeregingerbread.co.uk

ジンジャーブレッドの店内

1パックは12ピース入り 日数がたつと堅くなるので早めに食べたい。堅くなったらオーブンなどで温めて

● ホークスヘッド Harkshead

ヒルトップからも近い小さな町。ここには、ワーズワースが大学に入学するまで8年間通った**学校 Hawkshead Grammar School**がある。中に入ると明るい室内に当時のままの古い木造の机や椅子が並ぶ。机にはワーズワースが彫った落書きも残されていて、16世紀の学校の様子はなかなか興味深い。奥には、学校の母体だった教会があり、丘の上から町を一望できる。

また、町にはポターの原画などを観ることができるビアトリクス・ポター・ギャラリーもある。この建物もポターが描いた挿絵に登場する。

ワーズワースが通った学校

ビアトリクス・ポター・ギャラリー

● コッカマス Cockermouth

湖水地方の北西の町に、**ワーズワースの生家 Wordsworth House**が当時のまま残されている。わずか7歳で母を亡くし、それまで住んでいたのがここ。ジョージアン様式のタウンハウスで、妹ドロシーと遊んだおもちゃやガーデンも含め、1770年代の暮らしぶりを知ることもできる。

左:..ダブ・コテージ　右上:..ワーズワースが眠る墓所
右下:..セント・オズワルズ教会

ダブ・コテージ
🏠 Dove Cottage, LA22 9SH
📞 (015394)35544
改装のため2020年4月まで閉館中。再オープン後は Dove Cottage Uncovered という体験型展示になる予定。詳細はウェブサイトで。
URL wordsworth.org.uk

ライダル・マウント
🏠 Rydal Mount, LA22 9LU
📞 (015394)33002
開 4〜10月 9:30〜17:00
11〜3月 水〜日11:00〜16:00
休 11〜3月の月・火、12/23〜1/31
料 £7.50
URL www.rydalmount.co.uk

ワーズワースの生家
🏠 Rydal Mount, LA22 9LU
📞 (01900)820884　開 11:00〜17:00（11/11〜12/19('20) 水〜土のみ）
要確認　最終入場は閉館1時間前
休 金、12月下旬〜2月中旬
料 £8.80　URL www.nationaltrust.org.uk/wordsworth-house

日帰りで行ける町や村　湖水地方

チェスター　Chester

チェシャー州のこぢんまりとした町チェスターは、曲がりくねったディー川に囲まれた、美しいたたずまいが魅力。

イングランドの中でも、中世の面影を最も強くとどめた城壁都市で、ローマ時代の遺跡も残るこの町の歴史は古い。"chester"の語源は"castra"という、砦や陣地を表すラテン語。その言葉どおり、四方を城壁に囲まれている。ローマ人が撤退した後に、バイキング（デーン人）から町を守るために、この城壁が築かれ、その姿は今もほぼ完全な形で残っている。

この町は、やはり城壁を中心に巡ってみたい。町より少し高台の城壁の上を歩いていくだけで、ひと回り（3kmほど）できる。これにプラスして、白壁に黒い柱のハーフティンバー様式の建物が並ぶ繁華街ロウズを散策すれば町歩きは完璧。特に計画を立てずにふらりと訪れても、十分に楽しめる気軽さもうれしい。

アクセス
列車で　ユーストン駅から約2時間10分。1時間に1〜2本。

円形競技場
Roman Amphitheatre
🏠 Little St John St., CH1 1RE
📞 (0370) 333 1181
🔗 www.english-heritage.org.uk/visit/places/chester-roman-amphitheatre

チェスター城＆タワー
Chester Castle:Agricola Tower and Castle Walls
🏠 Grosvenor St., CH1 2DN
📞 (0370) 333 1181
開夏期のガイドツアーのみ
詳細は❶などで要確認
🔗 www.english-heritage.org.uk/visit/places/chester-castle-agricola-tower-and-castle-walls

チェスター・レースコース
Chester Racecourse
🏠 The Racecourse, CH1 2LY
📞 (01244) 304 600
🔗 www.chester-races.com

おすすめルート　城壁を歩いてローマと中世の世界へ

 城壁　City Walls

城壁には、東西南北のゲートのほか、北東角にはチャールズ1世が戦いの際に訪れたという**キング・チャールズ・タワー**、イースト・ゲートにはヴィクトリア女王即位60周年記念に造られた瀟洒な**イーストゲート時計台**がある。

城壁の南東方面から見えるのは、ローマ時代の遺跡とその再現がある**ローマン・ガーデンズ**。隣には同じくローマの**円形競技場**も。さらに南へいくとディー川に出る。このあたりで一度城壁を降りて、水音に癒やされる川沿いやローマ遺跡を散策してみるのもいい。ふたつの橋の間からはボートも出ている。次に、城壁に戻り、小山の上に建つ**チェスター城**を横目に、西側の**チェスター・レースコース**へ。広々とした端正な芝生のコースは、現存するイギリス最古の競馬場といわれ、コースを見渡せるレストランでランチもできる。

キング・チャールズ・タワーとディー川

ブルーの屋根と時計回りの赤がポイントのイーストゲート時計塔

ローマン・ガーデンズを見学したり、楽しみ方もいろいろ

SHORT TRIP

② チェスター大聖堂 Chester Cathedral

伝説によると、958年まで起源を遡ることができるという。現在の建物は1092年にベネディクト派の修道院として建てられたが、時代ごとに増改築を重ねて現在のような形になった。このため、ロマネスク様式のほか、ノルマン、ゴシックといった複数の建築様式が見られる。聖堂内や回廊のステンドグラス、ヴィクトリア様式のモザイクも見事。木造の高い梁天井をもつカフェもある。

チェスター大聖堂
住 9 Abbey Sq., CH1 2HU
☎ (01244) 324756
開 月〜土 9:00〜17:00
日 11:30〜16:00　無休
料 無料（寄付金£4を希望）
タワーに上るツアーあり
1時間£8、30分£6
URL chestercathedral.com

独特の赤色をした風格を感じさせるチェスター大聖堂。右は内部のカフェ

チェスターの❶
住 Chester Town Hall, Northgate St., CH1 2HJ
☎ (01244) 405340
開 11〜2月 月〜土 9:00〜17:00
日 10:00〜16:00
3〜10月 月〜土 9:00〜17:30
日 10:00〜17:00
休 1/1、12/25・26
URL www.visitcheshire.com

③ ロウズ The Rows

駅から町に近づくにしたがって、黒い木の柱が印象的なチューダー朝風の建物が増えてくる。この多くがヴィクトリア朝時代に再建されたものではあるが、半地下の1階、ほかの棟と廊下でつながった2階がある、ちょっとユニークな構造。ぜひとも2階の廊下を歩いてみよう。ロウズは、チェーン店を含むショップやカフェなどが入った繁華街で、南東側にはグロヴナー・ショッピングセンターというアーケードもある。

また、町の中心の交差点に建つ**クロス The Cross**は、待ち合わせにも、町歩きの目印にも利用できる。

タウン・クライアーって？
クロスでは今も伝統的な衣装で、さまざまな事柄を告げる中世の頃からのおふれ役、タウン・クライアー Town Criersが宣言を読み上げている。
開 5〜8月 火〜土 12:00
（レースがある日は11:00）
☎ (01244) 311736
URL chestertowncriers.com

目印のクロスとタウン・クライアー

ノースゲート近くのマーマレード MarmaladeやロウズにあるマッドハッターズMad Hattersといったティールームで休憩やランチをするのもいい。時間をかけて優雅なアフタヌーンティーを楽しみたい場合はグロヴナー・ホテルのティールームで。
URL www.marmalade-chester.co.uk
URL madhattersrearooms.co.uk
URL www.chestergrosvenor.com/afternoon-tea-cheshire

チューダー朝風の建物ロウズ。左下はロウズの2階をつなぐ廊下
右下はグロヴナー・ショッピングセンター入口

日帰りで行ける町や村　チェスター

地球の歩き方　投稿　検索

『地球の歩き方』は、たくさんの旅行者からご協力をいただいて、改訂版や新刊を制作しています。あなたの旅の体験や貴重な情報を、これから旅に出る人たちに分けてあげてください。なお、お送りいただいたご投稿がガイドブックに掲載された場合は、初回掲載本を1冊プレゼントします！

あなたの旅の体験談をお送りください

ご投稿は次の3つから！

インターネット

URL www.arukikata.co.jp/guidebook/toukou.html
画像も送れるカンタン「投稿フォーム」
※「地球の歩き方　投稿」で検索してもすぐに見つかります

郵便
〒 160-0023　東京都新宿区西新宿 6-15-1
セントラルパークタワー・ラ・トゥール新宿 705
株式会社地球の歩き方メディアパートナーズ
「地球の歩き方」サービスデスク「○○○○編」投稿係

ファクス
(03)6258-0421

郵便とファクスの場合
次の情報をお忘れなくお書き添えください！　①ご住所　②氏名　③年齢　④ご職業　⑤お電話番号　⑥E-mail アドレス　⑦対象となるガイドブックのタイトルと年度　⑧ご投稿掲載時のペンネーム　⑨今回のご旅行時期　⑩「地球の歩き方メールマガジン」配信希望の有無　⑪地球の歩き方グループ各社からの DM 送付希望の有無

ご投稿にあたってのお願い

★ご投稿は、次のような《テーマ》に分けてお書きください。
《新発見》ガイドブック未掲載のレストラン、ホテル、ショップなどの情報
《旅の提案》未掲載の町や見どころ、新しいルートや楽しみ方などの情報
《アドバイス》旅先で工夫したこと、注意したいこと、トラブル体験など
《訂正・反論》掲載されている記事・データの追加修正や更新、異論・反論など
※記入例:「○○編 201X 年度版△△ページ掲載の□□ホテルが移転していました……」

★データはできるだけ正確に。
ホテルやレストランなどの情報は、名称、住所、電話番号、アクセスなどを正確にお書きください。ウェブサイトの URL や地図などは画像でご投稿いただくのもおすすめです。

★ご自身の体験をお寄せください。
雑誌やインターネット上の情報などの丸写しはせず、実際の体験に基づいた具体的な情報をお待ちしています。

ご確認ください

※採用されたご投稿は、必ずしも該当タイトルに掲載されるわけではありません。関連他タイトルへの掲載もありえます。
※例えば、「新しい市内交通バスが発売されている」など、すでに編集部で取材・調査を終えているものと同内容のご投稿をいただいた場合は、ご投稿を採用したとはみなされず掲載本をプレゼントできないケースがあります。
※当社は個人情報を第三者に提供いたしません。また、ご記入いただきましたご自身の情報については、ご投稿内容の確認や掲載本の送付する以外には使用いたしません。
※ご投稿の採用の可否についてのお問い合わせにはご遠慮ください。
※原稿は原文を尊重しますが、スペースなどの関係で編集部でリライトする場合があります。
※従来の、巻末に綴じ込んだ「現地最新情報・ご投稿用紙」は廃止させていただきました。

London »
旅の準備と技術

知りたいこと、知っておいたほうがいいこと　期待膨らむ、これからの旅に向けて

ブリティッシュ・エアウェイズ
British Airways
もと国営。1986年に民営化された。イギリスの最大手の航空会社。通称BA。
☎予約(03) 3298-5238
URL www.britishairways.com

日本航空
Japan Airlines
通称"ジャルJAL"。こちらも、もと国営。民営化されたのは1987年。
☎予約(0570) 025-031
URL www.jal.co.jp

全日空
All Nippon Airways
通称"アナANA"。1986年、東京〜グアム間が就航。以来国際航路の充実化を図っている。
☎予約(0570) 029-333
URL www.ana.co.jp

フライトスケジュール
予定スケジュール。変更もあるので事前に確認を。
2130→605+1は21:30発翌日6:05着の意(時間はすべて現地時間)。
ブリティッシュ・エアウェイズ
'19年10月27日〜'20年3月28日
<成田→ロンドン>
毎日 BA006 1235→1610
<ロンドン→成田>
毎日 BA005 1345→1025+1
<羽田→ロンドン>
毎日 BA008 945→1325
<ロンドン→羽田>
毎日 BA007 1050→730+1
<関西→ロンドン>
月木土 BA20 1110→1450
<ロンドン→関西>
水金日 BA19 1230→940+1
日本航空
'19年10月27日〜'20年3月28日
<羽田→ロンドン>
毎日 JL41 245→625
毎日 JL43 1130→1515
<ロンドン→羽田>
毎日 JL42 955→650+1
毎日 JL44 1900→1555+1
全日空
'19年10月27日〜12月31日
<羽田→ロンドン>
毎日 NH211 1135→1525
<ロンドン→羽田>
毎日 NH212 1900→1550+1

旅のプラン・・・旅の準備

ロンドンに行くと決まったら、まずは航空券の手配から。ロンドンに乗り入れている航空会社はたくさんある。価格も大きな比較要素だが、所要時間や行く時期なども考え合わせて、自分にぴったりの航空券探しをしてみよう。

とにかく早い! ノンストップ便

日本とロンドンの時差は9時間(サマータイム実施期間中は8時間)。確かに地理的には遠い所だけれど、ノンストップの飛行機に乗れば約12時間半で着いてしまう。ノンストップ便とは、乗り換えなしで同じ便名のまま、目的地へと向かうフライトのことをいう。日本とイギリスを結んでいる航空会社のなかでは、日本あるいはイギリスに本拠地をおく3社が、ノンストップ便を運航する。その3社とは、ブリティッシュ・エアウェイズと日本航空、そして全日空。これら3社のすべてが、ヒースロー空港に離発着している。文字どおり、どの空港にも立ち寄らず、わずか12時間半で日本とイギリスを結んでおり、3社とも、毎日1便以上運航している。

よりどりみどりの各種ルート

ノンストップ便以外にも、ルートはたくさんある。ロンドンはヨーロッパのメインゲートのひとつだから、まずほとんどの航空会社が、自国の主要空港〜ロンドンを結ぶ便を運航している。まず日本をたち、その航空会社が所属している国の母港ともいうべき空港へ向かう。乗客はこの空港で飛行機を乗り換えて、イギリスへ。

どこの国の航空会社か、すなわちどこを経由するかによって、ルートは大きくふたつに分けられる。ひとつは北回り。ヨーロッパの各航空会社の全フライト、大韓航空(ソウルまで行って、乗り換えることになる)の一部のフライトが、これに入る。所要時間は16時間前後とみておけばいいだろう。

もうひとつは南回り。日本の航空会社の全便と大韓航空の一部の便を例外として、アジア、中近東の航空会社のフライトのルートはすべてこれ。北回りに比べると、時間はどうしても長くかかる。最も早いキャセイ・パシフィック航空で20時間。乗り継ぎがうまくいかないと30時間以上かかる場合もある。しかし、この南回りは、何といっても料金が安い。また、1〜2万円よけいに払えば、ストップオーバーといって、経由地でしばらく滞在することが可能だから、帰りにアジアなどでバカンスを、としゃれこむこともできる。そして、タイ航空、シンガポール航空など、サービスのよさでは定評のある航空会社は、南回りのアジア系航空会社にも多いことを覚えておこう。

これからのロンドン滞在に胸がワクワクする

機内でも快適に過ごせるよう準備をしていきたい

ヒースロー空港到着

ヒースロー空港内のATM

長い列ができているヒースロー空港の免税払い戻しデスク

リージェンツ・パークのバラ

航空券の種類

正規の航空券と格安航空券の違いは？

　正規の普通運賃というのは、どこの航空会社でも同じ。東京からロンドンまで、エコノミークラスで往復約50万円。高いがそれなりの理由というものもある。とても自由が利くのだ。有効期間は1年、利用航空会社も自由、ルートの変更もOK、払い戻しの手数料もゼロ。こういった自由度が、値段の安い特別運賃と呼ばれる航空券ほどなくなる、という仕組み。

　例えば格安航空券だと、航空会社の変更はダメ、欠航の場合もほかの航空会社の飛行機に変更できない、払い戻しもダメ、ルート変更もダメ。期間が決まっていて、ロンドンだけに行くつもりの人なら困らないはずではあるが、とにかく融通が利かない。

　また、格安航空券による価格破壊の行き過ぎを食い止めるため、大きく正規運賃の改正がなされ、正規割引航空券が以前よりも安くなった。格安航空券は相変わらず一番安いチケットとして出回り続けているが、もう少し自由の利く、ペックス運賃の人気も高まってきている。

　航空券については、各種とりどりの条件で、わかりにくい部分も多い。自分の目的をしっかりとさせたら、旅行会社で相談してみるのもいいだろう。

時期と航空券の価格

　航空券の値段を左右するもうひとつの大きな条件が、いつ行くか。ロンドンは大観光都市。年間2600万人もの観光客が訪れる。特に夏場には、季節のよさとバカンスシーズンが重なって、ロンドン中観光客だらけになる。もちろんイベントが多く、日も長い。冬場は、その逆。だから、行きたがる人が少ないぶん、航空券も安い。ただし、冬場でも年末年始のチケットは、お盆などと同じくらい高い。要するに、日本で行きたい人が大勢いるときは航空券も高いということ。穴場といえるのが、5月初旬〜7月中旬の間。一番安いときに比べればちょっと高いが、何といっても時期が最高。バラが満開になり、「イギリスが最も美しい」と称される季節。もし、出発の日が自由に選べるのなら、この時期もおすすめ。

イギリスでの各航空会社の連絡先
ブリティッシュ・エアウェイズ
📞 0344.493 0787（英語）
日本航空
📞 0344.8569 777（日本語）
全日空
📞 0808.234 6842（日本語）

航空券のシーズン料金
7月中旬と8月あたり、年末年始(航空会社によって多少違う)は、料金の差が極めて大きい。出発日によって何万円も違うということも。機内でのサービスが違うわけではないので、できれば、安いときに出発したい。

旅の必需品・・・旅の準備

海外旅行の必需品といえば、まずはパスポート。ほかにも、入っておくといい保険や大切なお金のことを確認しておこう。

パスポートの取り方

パスポートには、5年用（紺色、12歳以上の手数料は1万1000円、12歳未満は6000円）と10年用（20歳以上。えんじ色、手数料1万6000円）の2種類がある（有効期間は新たに旅券を取得する場合）。

パスポートの申請は、原則として住民登録をしている都道府県のパスポートセンターで行う。申請後1～2週間程度でパスポートが発給されるので、発給手数料と申請時に渡された受理票を持って、本人が受け取りに行く。申請書の所持人自署欄にしたサインが、そのままパスポートのサインとなる。クレジットカードなどのサインと同じにしておくと、身分証明のためにパスポートの提示を求められたとき、トラブルが起こりにくい。なお、パスポートの最後のページにある所持人記入欄や住所、連絡先も記入（ローマ字で）しておくといい。

また、一般的な観光目的でのイギリス滞在にビザは必要ない（日本国籍をもつ場合の通常の入国。6ヵ月以内）が、パスポートの残存有効期間が滞在日数以上必要（入国時に6ヵ月以上あるのが望ましい）で、往復の航空券がある場合。十分な滞在費用の証明（英文残高証明書など）を求められることもある（2019年10月現在）。

表紙の色は紺色が5年用、えんじ色が10年用。ICチップに名義人の写真や名前などが記録されたIC旅券であることを示す、世界共通のマークが下部についている

海外旅行保険

旅行先で思いがけないけがをしたり病気になった場合、治療費や入院費は日本と比べてはるかに費用がかかる。出発前に海外旅行保険にはぜひ加入しておこう。他人にけがを負わせた場合や携行品の補償などに入ることもできるので、必要なものを組み合わせたい。

海外旅行保険には、必要な保険と補償が組み合わせてある「セット型」保険と、ニーズと予算に合わせて補償内容を選択できる「オーダーメイド型」保険に大別される。

損害保険会社を選ぶ場合は、商品の特徴や保険料の違いに加えて、現地連絡事務所、日本語救急サービスの充実度なども検討したい。大手なら、損保ジャパン日本興亜、東京海上日動、外資系のAIG損保など。『地球の歩き方』ホームページ URL www.arukikata.co.jp/hokenで、出発当日でも加入できるインターネット保険を紹介している。

パスポート申請に必要な書類

1) 一般旅券発給申請書（1通）＝各都道府県パスポートセンターで入手。必要事項を本人が記入して提出する。また外務省ホームページで「ダウンロード申請書」を作成、印刷したものを使用することも可。10年用と5年用の旅券では申請書が異なるので要注意。旧版の申請書は受理されない場合があるので、最新のものを入手すること。

2) 戸籍抄（謄）本（1通）＝本籍地の市区町村で、6ヵ月以内に発行されたもの。郵送などで取り寄せることもできる。切替発給で記載事項の変更がない場合は不要のこともある。

3) 住民票（1通）＝住民登録をしてある市区町村の役所で、6ヵ月以内に発行されたもの。※住基ネット運用済みの自治体では原則不要。ただし、居所申請など特別な場合は必須。

4) 写真（1葉）＝タテ4.5cm×ヨコ3.5cm。縁なし、背景無地、無帽正面向き、顔を中心に規格どおりで、6ヵ月以内の撮影。

5) 本人確認書類（原本要確認）。1点でよい書類と2点必要な書類があるので要注意。

6) パスポートを以前取得したことのある人は、そのパスポート。また、紛失・盗難に遭って新たに申請する場合は、それに先立って「紛失一般旅券等届出書」および警察署発行の紛失届出証明書、または消防署発行の罹災証明書などの提出が必要。また「帰国のための渡航書」により帰国した後、新しいパスポートを申請する場合は、その渡航書を提示すること。

上記については変更もあるので必ず確認のこと。

音声＆FAXサービス（東京都）
☎ (03) 5908-0400（24時間）
外務省ホームページ
URL www.mofa.go.jp/mofaj/toko/passport

訂正旅券の取扱いに注意！

2014年3月20日より前に、名前や本籍地等の訂正を行った旅券（訂正旅券）は、訂正事項が機械読取部分およびICチップに反映されておらず、出入国時や渡航先で支障が生じる場合もあるため、新規の旅券を申請することが望ましい。
URL www.mofa.go.jp/mofaj/ca/pss/page3_001066.html

お金の持ち方

短期旅行ならクレジットカードだけでも大丈夫なほど、カード払いが普及しているが、少額のポンドもあると安心。イギリスでは日本円の両替ができるところも多いし、必要に応じて現地ATMでポンドを引き出すこともできる。ほかには、国際ブランドのデビットカードやトラベルプリペイドカードを用意するのもいいだろう。

多額の現金を持ち歩かなくても済むクレジットカードは、主要都市のATM機からの現地通貨の引き出し（キャッシングについては各カード会社に確認を）、多くのレストランやホテルでの予約や支払い、レンタカー借用時に身分証明書の代わりに提示するなど、利用範囲がとても広い。

クレジットカードや国際ブランドのデビットカードを持っていく際には、必ず暗証番号の確認をしておくこと（不明な場合は発行金融機関に確認。2週間ほどかかるので要注意）。イギリスでは、チップの付いたICカードが一般的なので、使用の際には4ケタのPINナンバー（暗証番号）を要求される。ICカードでなければ署名式にしてくれる場合もあるが、暗証番号の確認はしておきたい。なお、自動販売機では署名式カードを受け付けないので、地下鉄などの券売機やスーパーのセルフレジで使えるICカードのほうが使い勝手がいい。

国際ブランドのデビットカードの使い方は、クレジットカードと同じ。ショッピングはもちろん、現地通貨が必要なときは日本の預金口座から現地ATMでポンドを引き出せる。支払いは後払いではなく、カード発行金融機関の自分の預金口座から原則即時引き落としとなる。口座の残高以上は使えないので、予算管理にも便利。

また、ロンドンでは、一定金額まで暗証番号の入力や署名などの認証なしで使用可能なコンタクトレス（非接触IC）機能を搭載した、クレジットカードやデビットカードのほか、こうしたカードを入れたスマートフォンでの支払いが普及している。日本の金融機関発行のカードでも、国際標準のコンタクトレス機能に対応したクレジットカードやデビットカードであれば、バスや地下鉄の改札で、交通パス（オイスターカード→P.34）と同じようにかざすだけで通過できる。もちろん加盟店のショップやレストランでも使用可能。

両替について

日本円の現金を持っていく際、どこで両替するかは、手数料とレートの両方をきちんと確認して判断を。

また、日本を出る前に空港で両替しておくと、現地で両替する時間をとられずにすむ。日本語対応だから安心。レートも悪くないし、手数料なども高くない。一般の買い物では、よほど高額な買い物でないかぎり£50紙幣は受け付けてくれない場合もあるので、両替の際には£10または£20でもらっておいたほうが無難。なお、イギリスにある空港の両替所の手数料は町なかと同じくらい。

TRAVEL TECHNIQUE

クレジットカードなどについて、新規申し込み問い合わせ先

アメリカン・エキスプレス
☎ 0120-020-222
URL www.americanexpress.com

ダイナースクラブ
☎ 0120-041-962
URL www.diners.co.jp

JCB
☎ 0120-015-870
URL www.jcb.co.jp

マスターカード
URL www.mastercard.co.jp

ビザ
URL www.visa.co.jp

ICクレジットカードの使い方

❶ 差し込み口にカードをさす。
❷ 金額を確認して暗証番号を入力する。
❸ 最後にenterキーを押すこと。enterと書いてない場合も、右下の緑色のボタンを押す。

トラベルプリペイドカード

トラベルプリペイドカードは、外貨両替の手間や不安を解消してくれる便利なカードのひとつ。多くの通貨で国内での外貨両替よりレートがよく、出発前にコンビニのATMなどで円をチャージし（預け込み）、その範囲内で渡航先のATMで現地通貨の引き出しができるので（要手数料）、使い過ぎや多額の現金を持ち歩く不安もない。

クレディセゾン発行
NEO MONEY ネオ・マネー
URL www.neomoney.jp

アプラス発行
GAICA ガイカ
URL www.gaica.jp

マスターカードプリペイドマネージメントサービシーズジャパン
CASH PASSPORT キャッシュパスポート
URL www.jpcashpassport.jp

マネーパートナーズ発行
Manepa Card マネパカード
URL card.manepa.jp

ロンドン旅行に便利なデビットカード

三井住友銀行が扱うVisaデビットカード「SMBCデビット」はクレジットカードと同様にVisa加盟店のショップやレストランでの支払いに使える。さらにVisaのタッチ決済機能がついているので、ロンドンではオイスターカードと同じように利用でき、切符を買わずに日本から持参したカードを持つだけで地下鉄やバスに乗ることができる。
URL www.smbc.co.jp/kojin/debit/

旅の必需品

パスポート…海外旅行保険…お金と両替

397

旅の道具・・・旅の準備

今回のロンドン行きが初めての海外旅行、という人もいるはず。となると、服装や持ち物でずいぶんと思い悩むかもしれないが、心配はいらない。南極や太平洋の孤島に行くのとはわけが違うのだから、極端な話、お金さえあればあとは手ブラで行っても大丈夫。日本で買えるものは、だいたいロンドンでも買える。足りないものは現地調達するのも、いい思い出になるだろう。

荷物は必要最小限に

勝手のわからない土地に着いて、重い荷物を持って移動するのは骨が折れる。できるだけ身軽なほうが、移動がラク。

薬は余分に持っていこう

イギリスの薬はとにかく強い！ 体の大きさが違うから当然かもしれないが、頭痛薬などをうっかり飲むと、ものすごい睡魔に襲われ観光どころではなくなることも。基本的な薬は、薬局で手に入るが、風邪薬、咳止め、痛み止め、胃腸薬などは、飲みなれた薬を持参したほうが安心だ。ほかにも、医師の処方箋が必要な常備薬があるようなら、それも忘れずに。

ほかにあると便利なもの

見つからないのが耳かき。イギリス人は綿棒で間に合わせているようだ。あと、裁縫用具のセットはかさばらなくて便利。また、生理用品は慣れたもののほうがいいという声も多い。そしてスーパーの買い物袋はほぼ有料なので、簡単な買い物袋があると便利。スーパーオリジナルのショッピングバッグを買うのも楽しい。

歩きやすい服装で行こう

ロンドンといえばパンクやミニスカート発祥の地。ファッショナブルな服装の人が歩いていると思いがちだが、ロンドンの町なかを歩いていても、奇抜な服装の人などあまり目にすることはない。もちろんどんな格好をしようが個人の自由だから、めいっぱいおしゃれを楽しみたい人はそれなりの服装をしていけばいい。また、無関心を装うことには定評がある（？）イギリス人は、どんなに奇抜な格好をしていてもあからさまにジロジロと見るようなことはしない。ただ、大原則がひとつ。歩きやすい格好をすること。

日本よりは寒い

何しろ緯度でいえば、樺太あたりと同じ。東京と比べても、年間平均気温は5度近く違う。だから夏でも雨が降れば、セーターさえ欲しくなる。日本でどこに住んでいるかにもよるが、日本での服装＋上に1枚といったところがだいたいの目安と考えていい。夏でも長袖の上着は欠かせないし、冬のコートは必需品だ。

渡航先で最新の安全情報を確認できる「たびレジ」に登録しよう
外務省の提供する「たびレジ」に登録すれば、渡航先の安全情報メールや緊急連絡を無料で受け取ることができる。出発前にぜひ登録しよう。
URL www.ezairyu.mofa.go.jp/tabireg

重要なものは控えを
クレジットカード、パスポート、eチケット（航空券）、保険証書といった重要なものは、控えやコピーをとり、原本とは別の場所に保管すること。カメラやPCの機種も控えておくといい。また、パスポートはできるだけホテルのセイフティボックスなどに置いておき、必要時以外はコピーを持ち歩くようにすると安心。紛失・盗難にあうと、手続きが済むまで帰国できない。

薬を購入できるところ
頭痛薬、咳止め、痛み止め、目薬、胃腸薬ぐらいなら、たいていの薬局（Boots, Superdrugなどのほか、個人営業の薬局など）で処方箋なしで買うことができる。

イギリスの電圧
イギリスの電圧は220-240Vで50Hz、BFタイプ。変圧器は成田空港などでも購入可能。

日本円も忘れずに
帰りの空港からの交通費など、日本円の持ち合わせもほしい。

雨の日は防水ウエアも便利
イギリスの雨は日本と比べて長く激しく降ることが少ない。天気が悪い冬には防水性のあるフードの付いた軽いウエアを持っていくのもおすすめ。

安心＆便利な
ドコモの海外パケット
定額サービス

ドコモの「パケットパック海外オプション」は、1時間200円からいつものスマートフォンをそのまま海外で使えるパケット定額サービス。旅先で使いたいときに利用を開始すると、日本で契約しているパケットパックなどのデータ量が消費される。24時間980円のプランや利用日数に応じた割引もある。詳細は「ドコモ　海外」で検索してみよう。

TRAVEL TECHNIQUE

荷物チェックリスト

◎=必需品　○=あると便利　△=特定の人に必要

分類	品名	必要度	有・無	かばんに入れた	現地調達	備考
貴重品・書類	パスポート	◎				残存有効期間の確認を。
	パスポートの顔写真ページのコピー	○				紛失・盗難のリスクを減らすため、町歩きなどでは、できればコピーを持ち歩きたい。
	クレジットカードなどカード類	◎				ICチップ付きのもので、暗証番号の確認を。トラベルプリペイドカード、デビットカードでも。
	現金（日本円）	◎				少額でOK。帰りの空港から家までの交通費も忘れずに。
	eチケット（電子航空券）控え	◎				出発日時、ルート、空港ターミナル等よく確認しておくこと。
	交通パス類（鉄道など）	△				大事な旅の足。
	海外旅行保険証書	◎				もしものために保険に加入しておこう。未加入の場合、現地での支払いが高額になる。
	IDカード類	△				国際学生証、国際免許証等。
	日本国籍がわかる書類	○				パスポート紛失・盗難時、帰国のために必要。詳細は→P.415 参照。
洗面具関係	石鹸、シャンプー※、歯ブラシ	◎				歯ブラシは必須。シャンプーや石鹸はホテルにある場合が多い。現地調達も楽しい。
	タオル	◎				ほとんどのホテルにあるので、1枚あればOK。
	ヒゲソリ※	○				カミソリか電池式のものを。剃らないという手もある。
	ドライヤー	△				240Vで使えるもの、または変圧器が必要。
	ティッシュ	○				旅先で少しずつ買い足しましょう。きれい好きな人はウエットティッシュもあると便利。
衣類	シャツなど衣類	◎				Tシャツなどパジャマ兼用になるものもいい。
	下着	◎				洗濯すれば、上下2組程度で十分。
	上着（カーディガンでも）	◎				夏でも夜の観光用に薄いもの1枚はあるといい。大判ストールも便利。
	靴下	◎				臭い靴下は迷惑です。
	レインコート、折りたたみ傘	◎				防寒にもなる、軽くてフード付きのものがあるとベスト。軽い傘もあると便利。
薬品・雑貨	薬類※	◎				胃腸薬、風邪薬のほか、バンソウコウ等のちょっとした外傷薬。
	洗剤	○				粉末より固形か液体のものが扱いやすい。
	生理用品	○				現地購入でもいいが、少しは準備をしていったほうがいいのでは。
	ボールペン	◎				帰国便で配られる税関用申告書記入時などに必要。
	裁縫用具、ツメ切り＆耳かき※	○				小型の携帯用のもの（糸、針、はさみ等）。
	万能ナイフ、スプーン、フォーク※	○				上述のはさみ（6cmを超えるもの）、ツメ切りを含むナイフ類は託送用荷物に入れること。
	ビニール袋	○				衣類の分類、ぬれ物用など。手荷物にもひとつ入れておくと助かることが多い。
	室内履き	○				ホテルや飛行機内等で。リラックスできます。
	顔写真（4.5cm×3.5cmぐらい）	△				パスポートを紛失したときのために。
	ホステルシーツ、寝袋	△				YHを頻繁に利用する人。南京錠など鍵類も必要があれば持参するといい。
	腕時計	△				携帯電話で代用することもできる。
	携帯電話・スマートフォン	○				海外用の設定確認を。万一に備えてSIMカード番号やIMEI識別番号を控えておこう。
	カメラ、ビデオカメラ	○				充電器やデータ保存用のカードも忘れずに。スマホでも代用可能。
	計算器	△				計算に弱い人。お金が心配な人。スマホのアプリを使ってもいい。
本類	辞書	△				電子タイプも便利。スマホのアプリでもOK。
	ガイドブック類	○				『地球の歩き方』など。あると便利＆安心。

上記のリストで※印が付いている品名には、機内持ち込みできないものや制限のあるものが含まれています（2019年10月現在）。出発前にチェックを。

旅の道具

旅の道具と服装 … 荷物チェックリスト

ロンドン最新物価情報

ビール1パイント…£4.80〜
紅茶（カップで）…£2.40〜
（ポットで）…£3〜
フィッシュ＆チップス…£7〜19
サンドイッチ…£2.40〜6
スコーン1コ…£1〜4.50
りんご1kg（5〜6コ）…£3〜6
新聞…無料〜£3
絵はがき…50p〜£2.45
ウールのセーター（品質がい
　いもの）…最低£85
CD（最新のもの）…£13〜25
（中古品）…£2〜9
コインランドリー…1回£8〜16
乾燥機…1分£1〜2.40

ロンドンの衣・食・住

衣料品—何でもある。下着な
ども現地調達で十分だ。
食料品—物によって違うが、
総じて日本より20〜60%くら
い高い値段。日本製のインス
タントラーメンなどは2倍以上
するが、これは仕方ないだろ
う。肉類、野菜なども日本より
高い。日本ではまだ高いハーブ
やスパイス、乳製品、チーズや
ワインが安い。
住居費—金額だけ比べると、
東京で部屋を借りるより高く
なってしまうが、ロンドンでは
たいてい家具・食器が付いてい
るし、広さや交通の便などの
諸条件を計算に入れる必要も
あるだろう。
そのほか—たばこは、バカ高
い税金がかけられているおか
げで、フィルター付きの20本
入りがひと箱£10（1500円）く
らいする。また、総じて人件費
が高いから、レストランでの食
事、クリーニング、散髪といっ
たサービス業の料金は日本よ
り高くつく。滞在が長びくと、
このへんが思ったより財布に
響いてくるものだ。
お酒が好きな人は、そのぶん
お金がよけいにかかることを
覚えておく必要がある。パブ
でビールを飲むと、1パイント
（568mℓ）が£4.80〜6くらい。
ピーナッツひと袋£2〜3.50と
いったところ。

為替レートを知ろう

『地球の歩き方』のインターネ
ット・ホームページで最新の為
替レートを見ることもできる。
販売レートと買取レートに分け
て掲載されているので、とって
も便利。
URL www.arukikata.co.jp/ra
te

旅の予算・・・旅の準備

　統計を見ると、ロンドンの物価はほかの西欧諸国のそれに比べ
て高い部類に入る。日本と比べても、衣食住の基本的な経費は少
し高く感じる。気を緩めていると、アッという間に軍資金が底をつ
いていた、というようなことにもなりかねない。しっかり計画を立て
て、有意義に使うこと。クレジットカードの使い過ぎには、くれぐれ
も注意。注）下記の例は£1≒150円で計算してある。

タイプ別予算の立て方

● ときにはリッチに楽しむが、あくまでも現実的な旅

宿泊—バス・トイレが室内にある3つ星クラスのホテルに泊まれば、
ツインで£240〜350（ひとり£120〜175）くらい。

食事—昼食は軽く済ませて£20。夕食は普通のレストランで£35以
下に。1度くらいは、フンパツして£70のディナーを楽しむ。

交通—原則としてオイスターカードなどの交通パス。タクシーもた
まに使うとして、1日平均£6〜10。

ナイトライフ—週に1度はミュージカルに行き、クラブで踊る。1週
間で£70程度とすると1日£10の計算になる。

トータル—1日£190〜200。日本円にして2万7000〜3万円。1
週間くらいなら実現できそう？

● そこそこお値うちな旅

宿泊—お値うち価格のB＆Bや大学寮に泊まって、ツインで£85
〜150（ひとり£42.50〜75）。

食事—昼食はフィッシュ＆チップスで£8〜12。夕食は中華のテイ
クアウエイなどで£10程度に。旅行中、1回くらいはフルコースを食
べるとしたら£50。

交通—オイスターカードなどの交通パスにして1日£5〜7。

ナイトライフ—旅行中、クラブに数回行って、ミュージカルを1回（中
くらいの席で）観て、£40くらい。

トータル—1日平均£85〜100。これにディナーやナイトライフ用
の予備費を£100くらい考えておくといいだろう。日本円にして1日
1万3000〜1万5000円、プラス予備費約1万5000円ほど。

● とにかく安い旅をお望みの方へ

宿泊—中心部のユースホステルのドミトリーで£25〜35。

食事—スーパーで材料を仕入れて自分で調理し、1日£10〜15に。

交通—ロンドンはかなり広いのでオイスターカードなどの交通パス
は必需品。バスだけ使うと少しお値うち。1日£4.50〜7。

ナイトライフ—遊ばないから、お金はかからない。でも、ちょっとも
ったいない？

トータル—1日、ズバリ£50〜62。日本円にして7500〜9500円く
らい。やはり、これくらいはかけないと、体をこわしそう……。

TRAVEL TECHNIQUE

日本での情報収集・・・旅の準備

旅の中身は、もっている情報量によってある程度決まってくる。ことに歴史の長いロンドンの町、何となく通り過ぎてしまう建物に、すごいドラマが秘められているかもしれない。

情報をたくさん集めたからといって、それだけでロンドンやイギリス人を理解できるわけではないだろう。だが、少しでも多く知っているほうが、旅を楽しむことができそうだ。

ではロンドンの情報は、どこで手に入れるか？ はいて捨てるほどあるイギリスやロンドン関係の本を読むのもいいが、ウェブサイトでもさまざまな情報を入手できる。もし機会があれば、実際に最近行ってきた人から話を聞くことができると、新しい生の情報とともに旅のノウハウを教えてもらうことができ一石二鳥。

英国政府観光庁

情報を得ることができるのは、ウェブサイトだけ。テーマ別にさまざまな情報が公開されており、オンラインショップで、ビジターオイスターなどロンドンの公共交通機関のパス、ロンドンパス、イギリスの鉄道パスなどを購入することもできる。

ブリティッシュ・カウンシル

文化交流と教育機会を促進する、英国の公的な国際文化交流機関。英国留学に関する情報を、インターネットやイベントで発信。IELTS（アイエルツ）などの試験を共同運営するほか、英会話スクールでは初級から上級レベルまで選べる多彩なコースを実施している。

英国連合王国大使館
📮 〒102-8381
東京都千代田区一番町1
☎ (03) 5211-1100(代)
URL www.gov.uk/world/
organisations/british-
embassy-tokyo.ja

ビザについて
短期留学など、ビザについてはVFSグローバルのウェブサイトで確認を。
英国ビザ申請センター
申請センター訪問にはウェブサイトでの事前予約が必要。問い合わせはメールで対応。
🕐 申請受付 月〜金 8:00〜14:00（東京・大阪）
VFSグローバル
URL www.vfsglobal.co.uk/
japan/Japanese/index.html

英国政府観光庁
URL www.visitbritain.jp

ブリティッシュ・カウンシル
📮 〒162-0825
東京都新宿区神楽坂1-2
URL www.britishcouncil.or.jp
URL www.britishcouncil.or.jp/
studyuk（英国留学情報）

旅の予算・日本での情報収集

予算の立て方…日本での情報収集

CLOSE UP

ウェブサイトでロンドンの情報をゲット

ロンドンの情報はウェブサイトでもたくさん手に入る。特定の項目を総合的に探せるサイトは下記のとおり。ロンドン観光局のウェブサイトで旅行中のイベント情報を調べたり、服装の準備が気になる人は気温や天気を確認するのもいい。
ロンドン観光局 URL www.visitlondon.com
観光案内（Blue Badge Tourist Guides）
URL www.britainsbestguides.org
観光案内（Information Britain）
URL www.information-britain.co.uk
イングランドの名跡紹介
URL www.english-heritage.org.uk
ナショナル・トラスト
URL www.nationaltrust.org.uk
ニュース（BBC News）URL www.bbc.com/news
イギリスの鉄道 URL www.nationalrail.co.uk
イギリスの鉄道 URL www.rail.co.uk

イギリスの公共交通情報
（鉄道、バス、フェリー、地下鉄など）
URL www.traveline.info
イギリスの天気 URL www.metoffice.gov.uk
イギリスの天気（BBC Weather Centre）
URL www.bbc.com/weather
イギリスの町の詳しい地図 Street Map
URL www.streetmap.co.uk
ザガットのレストラン案内（有料、一部無料）
URL www.zagat.com
タイム・アウトの飲食店案内
URL www.timeout.com/london/restaurants
パブ案内（The Good Pub Guide）
URL www.thegoodpubguide.co.uk
お茶案内（UK Tea and Infusions Association）
URL www.tea.co.uk

401

機内持ち込み手荷物の制限

あらゆる液体（歯磨き、ジェル、スプレーを含む）は、100mlを以下の容器に入れ、再封可能なプラスチック製の袋（ジップロックなど。縦横の合計が40cm程度まで）に余裕をもたせて入れること。袋はひとりひとつのみ。ただし、医薬品、乳幼児食品（ミルク、離乳食）などは除外される。そのほか、刃物類（ナイフ、ハサミなど）、喫煙ライター（ひとり1個のみ）、予備用リチウムイオン電池（ひとり2個まで。機内預け荷物に入れるのは不可）など。詳細や最新情報は、利用航空会社や下記ウェブサイトなどで確認を。
URL www.narita-airport.jp/jp/security/liquid

空港で両替していくのもいい

成田空港までの直通列車の車内

日本出入国・・・旅の技術

いよいよ日本を出発！ チェックインや出国審査など、初めてだと不安に思うかもしれないが、大まかな内容と流れさえ把握しておけば大丈夫。チェックインカウンターでは、航空会社のスタッフがいるので、わからないことがあれば聞けるし、出国審査もあっという間に終わってしまう。ただし、搭乗できる時間を確認して、少し余裕をもって行動しよう。

日本出国

❶チェックイン

搭乗手続き（チェックイン Check In）は、空港の利用航空会社のカウンターで出発時刻の2～3時間前から開始される。カウンターでeチケットの控えとパスポートを提示し、搭乗券 Boarding Passを受け取る。託送荷物 Checked Baggageの計量を受けて荷物を預ける（エコノミークラスは約20kg以内）。到着空港で万一荷物が出てこなかったときには、このとき貼られる託送荷物引換証 Claim Tagでクレームをつけるので、大切にしておこう。

❷航空保安検査

テロやハイジャック防止のため、ボディチェックとX線探知機による手荷物検査が行われる。機内持ち込みの荷物はタテ・ヨコ・厚さの合計が100cm以内とされている（航空会社によって多少規定が異なる）。また、機内持ち込み不可のものに注意。

❸出国検査

パスポートと搭乗券を提示する。

 CLOSE UP

成田、羽田、関空の空港までのアクセス

成田国際空港へ
ターミナルは第1と第2と第3がある。航空会社によって違うので確認しておこう。列車は第2、第1の順序で停まる。第3へは第2から徒歩かバスで。

成田国際空港インフォメーション
☎ (0476) 34-8000　URL www.narita-airport.jp

JR成田エクスプレス
東京駅から成田空港まで約1時間。始発駅も東京駅のほか、池袋、新宿、横浜、大船など。全席指定。予約は1ヵ月前から。東京駅から2870～3270円。これより安いほうがいい人は快速の成田空港行きで（東京駅から1時間30分、1340円）。
☎ (050) 2016-1600（JR東日本お問合わせセンター）
URL www.jreast.co.jp

京成スカイライナー
京成上野駅から空港まで約45分で行けて料金も比較的安い。20～40分間隔。全席指定。前売りは1ヵ月前から。京成上野から2520円。また、京成本線を走る特急なら京成上野から所要約1時間20分で1050円。☎ (03) 3831-0131　URL www.keisei.co.jp

リムジンバス
直通で都内各所と空港を結んでいる。東京シティ・エア・ターミナル（TCAT）が拠点。TCATから空港まで60分ほど。TCATから2800円。羽田への便もある。
☎ (03) 3665-7220（リムジンバス総合インフォメーションセンター）　URL www.limousinebus.co.jp

東京シャトル
東京駅と空港を1時間15分～1時間30分で結ぶ。1000円。深夜・早朝2000円。
☎ (047) 432-1891（予約）　URL www.keiseibus.co.jp

羽田空港へ
東京国際（羽田）空港ターミナルインフォメーション
☎ (03) 6428-0888　URL www.haneda-airport.jp

成田空港のチェックインカウンター　成田空港出国ゲート前

日本入国

❶入国審査
日本人用の列に並ぶこと。パスポートを提示する。

❷荷物の受け取り
搭乗した便名を確認し、その便の荷物が出てくるターンテーブルの前で待つ。預けた荷物が出てこない場合は、託送荷物引換証を係員に見せ、対応を依頼する。

❸動植物検疫
イギリスからの肉・肉製品は日本に持ち込めない。果物、種子、球根などを日本に持ち込む場合には、日本到着時に動植物検疫カウンターで検疫を受ける。

❹税関申告
機内で配られる「携帯品・別送品申告書」の記入を済ませておくこと。課税された場合は税関前の銀行で所定の税金を納める。別送品のある人も申告する必要がある。購入物の値段が免税枠を超えなくても全員提出する。

TRAVEL TECHNIQUE

日本帰国時の免税基準

たばこ
紙巻たばこのみ400本。葉巻たばこのみ100本。加熱式たばこのみ個装など20個（1箱あたりの量は紙巻きたばこ20本に相当する量）。そのほかのたばこ（刻みたばこなど）のみ500g。たばこは総重量500gまで。葉巻たばこの重いものは制限本数以内でも重量オーバーになることもある。
※2021年からはたばこの免税量が半分（250g）になる。

アルコール
760mℓ程度のものを3本

香水
2オンス（約56cc、オーデコロン、オードトワレは含まれない）

そのほか
1品目ごとの海外市価の合計が1万円以下のもの
※上記以外の品物の海外購入価格の合計金額20万円まで。未成年者は酒類・たばこは免税にならない。
税関 URL www.customs.go.jp

日本への持ち込み制限品
肉・肉製品の持ち込みには日本向けの検査証明書が必要だが、取得は困難。免税店で販売されているものも含め、基本的に持ち込みはNGと考えたほうがいい。植物についても出発前に要確認。持ち込み可能なものでも、輸出国政府機関の検査証明書が必要。
農林水産省動物検疫所
URL www.maff.go.jp/aqs
農林水産省植物防疫所
URL www.maff.go.jp/pps

京浜急行
エアポート快特で品川から国際線ターミナルまで約15分。300円。いくつかの路線を利用する成田空港からの直通列車は所要1時間30〜1時間40分ほど。途中駅で乗り継ぎも可能。スカイアクセス経由1680円、京成本線経由1480円。
📞（03）5789-8686/（045）441-0999（京急案内センター）　URL www.keikyu.co.jp

東京モノレール
浜松町から空港快速で13分。500円。
📞（03）3374-4303（お客さまセンター）
URL www.tokyo-monorail.co.jp

関西国際空港へ
関西国際空港情報案内
📞（072）455-2500　URL www.kansai-airport.or.jp

JR関空特急はるか
京都、新大阪、天王寺を通り、空港まで行くことができる。京都から約1時間25分、新大阪から約55分。新大阪から自由席2380円、指定席2710〜3110円。
📞（0570）00-2486（JR西日本お客様センター）

JR関空快速
大阪駅から約1時間10分。大阪から1210円。
📞（0570）00-2486（JR西日本お客様センター）
URL www.jr-odekake.net

南海特急ラピートα、β
難波から空港まで約40分、空港急行なら約50分。特急は全席指定。難波からラピートきっぷ1290円（スーパーシート利用の場合は1500円）。急行の場合は乗車券のみの料金で930円。
📞（06）6643-1005（電話センター）
URL www.nankai.co.jp

リムジンバス
梅田（大阪駅前）から15〜30分おきに出発、1600円、所要約1時間。難波（OCAT）から20〜30分おきに出発、1100円、所要約50分。
📞（072）461-1374（リムジンバスセンター）
URL www.kate.co.jp

CLOSE UP

銀行が休めば、会社も学校もお休み「バンクホリデー」

英国は、原則として週休2日制。学校も普通の会社も土曜と日曜は休みである。その代わり、といってはなんだが祝祭日は少ないように思う。おもな祝祭日は次のとおり。

- 1月1日（ただしスコットランドは2日も祝日のバンクホリデー。スコットランド人は二日酔いで2日は仕事にならないからというのが、イングランド人のイジワルな見解）
- 3月または4月のイースター（移動祝祭日。グッドフライデー、土曜、イースターサンデー、イースターマンデー、と4連休に。イースターマンデーはスコットランドを除く）
- 5月の第1月曜（アーリー・メイ・バンクホリデー。メーデーである5月1日の代わり）
- 5月の最終月曜（スプリング・バンクホリデー）
- 8月の最終月曜（サマー・バンクホリデー。ただしスコットランドは最初の月曜）
- 12月のクリスマス（原則として25日と26日のみ）

12月25日はロンドン中のほとんどの店が休みとなり、地下鉄もバスも鉄道もまったく運行されず、町は死んだように静まり返る。しかし、それ以外の祝祭日については、交通機関は休日ダイヤながらきちんと動くし、お店もスーパーも営業するところが多い（ただし、規制により通常より短時間）。20数年前と比べると、これは著しい変化である。スーパーなどが日曜営業の許可を得たのは1994年のこと。小売り店の保護のため、大型店舗は日曜に6時間のみという制限付きながら営業が認められるようになった。これに対し、バンクホリデーなどは逆に営業時間に制限はないので、6時間以上営業する店舗もある。

便利さという点では、もちろんありがたいことではあるが、現在の状況は「バンクホリデー」が設けられたヴィクトリア時代（1837〜1901年）へと逆行しているといえそうだ。というのも、「バンクホリデー」は、そもそも、働き過ぎの人々を休ませるためにつくられたものなのである。

ヴィクトリア時代の英国では、高度成長期の日本も顔負け、というほど長時間・重労働が当たり前だったとか。やがて、労働者保護のための政策が徐々にとられるようになり、まず商店で働く人々の健康を守るために、日曜の営業が禁止された。次に、世界の金融の中心でもあるシティで働く人々の働き過ぎを抑制するため、特定の日を選び、銀行業務を停止するという措置がとられるにいたる。銀行業務に関しては、日曜はすでに休日として認められており、日曜以外の特定の日ということで、連休になるよう月曜が選択されたのだった。1920年には、カレンダーにも「バンクホリデー」の言葉がついに登場する。

しかし、法制化されたのはずいぶん遅く1971年になってから。しかも、対象は文字どおり銀行のスタッフだけで、それ以外の業種の労働者に自動的に有給休暇が認められたわけではなかったが、伝統として、多くの異業種の労働者、および学校も「バンクホリデー」の恩恵を受け、この日はお休みとなっている。次の「バンクホリデー」が待ち遠しい！

（JJ）

お休みの日には、ゆっくりと休息を

VOICE

読者からの情報

ロンドンのキッザニア KidZania London

東京でも人気の子ども向け職業体験施設キッザニアがロンドンにもあります。ウエストフィールド・ロンドン内→P.301コラム。大人15歳以上、子ども4〜14歳など年齢区分は4つで、日本にはないお仕事もある。子どもが英語がわからない場合は、保護者がサポートで店舗内入場可。スタッフもノリがよく全然英語できなくても5歳男児は大はしゃぎでした。お給料のキッズ紙幣は日本と異なるも帰国後両替できました。

（東京都　ゆさみ　'19）　 kidzania.co.uk

スリ未遂に遭いました

ロンドン市内の通りでバスを降り、目的のレストランまで向かう途中のこと。背負ったリュック（貴重品は入れてなかった）ではなく、たすき掛けにしていたポシェットが狙われました。何か引っ張られるような感じがしたので見ると、ファスナーが全開。慌てて手で押さえて閉めました。幸い、被害なしで済みましたが、ファスナーを開ける役と抜き去る役がいると思いました。その後はポシェットの上からカーディガンを羽織り、カメラもたすき掛けにして防備を強化。（大阪府　匿名希望　'19）

イギリス入出国・・・旅の技術

雲の切れ間から、のどかな田園風景が翼越しに見えてくる。
さあ、いよいよイギリス上陸だ！ とにかく早く町に出たい、あれもしたい、これもしたいと心がはやる。入国審査をクリアして、さぁロンドン中心部へ向かおう。

イギリス入国

❶入国審査場へ

着陸後は"Arrivals"の標示を追って歩いていけば、広いホールのような入国審査場に出る。乗り換えをする"Transfer"の人についていかないように。

入国審査場に入ると日本のIC旅券保持者は自動化ゲートを利用する（例外もあるので下記要確認）。パスポートの顔写真がついたページを指定の場所に置き、上部の顔認証画面を見て認証されれば、ゲートが開く。入国印が必要な場合は、有人の入国審査カウンターで相談を。

上：空港内の標示を見ながら進んでいこう
下：自動化ゲートはやり方の指示もある

❷荷物の受け取り

搭乗した便の荷物が出るターンテーブルの前で待つ。荷物が出てこない場合、託送荷物引換証 Claim Tagを係員に見せる。

❸税関申告

申告するものがなければ、そのまま通り過ぎればいい。

何番から荷物が出てくるか案内板で確認を

自動化ゲートを使えない場合

2019年5月より、日本を含む7ヵ国の入国者が自動化ゲートを利用できるようになったが、利用対象者は18歳以上（12～17歳は大人と同伴の場合利用可能）で、ICチップ搭載の旅券または生体認証情報を保持した旅券所持者。また下記にあたる場合も有人審査カウンターで入国印をもらう必要がある。
1. 滞在予定が6ヵ月未満の短期留学生
2. 滞在予定が3ヵ月未満のTier 5の滞在資格の場合
3. 滞在予定が1ヵ月未満の専門的職業での滞在資格の場合
4. EEA国籍者の家族で永住目的で入国する場合
詳細はウェブサイトなどで確認を。
URL www.gov.uk/government/news/government-expands-use-of-epassport-gates-to-7-more-countries

---

TRAVEL TECHNIQUE

ヒースロー空港発着便概要
日本と結ぶ直行便の場合、日本航空がターミナル3（ブリティッシュ・エアウェイズとのコードシェア便は要確認）、ブリティッシュ・エアウェイズがターミナル5、全日空がターミナル2（'19年10月現在）。
※ターミナルの工事が続いており、変更の可能性もあるので、事前に確認を。下記ヒースロー空港のウェブサイトでは、発着便のターミナル確認もできる。
URL www.heathrow.com

イギリス入国時の免税基準
たばこ
紙巻たばこ200本、または細い葉巻たばこ100本、または普通サイズの葉巻たばこ50本、または250gまでの刻みたばこ（基準範囲内の組み合わせも可）
アルコール
アルコール度22％以上のもの1ℓ、またはアルコール度22％以下のもの（発泡酒、シェリーなど）2ℓ（規定量以内なら2種類の組み合わせも可能）
以上のものに加えて無発泡性ワイン4ℓ、ビール16ℓ
そのほか
品物の合計ひとり£390まで（香水やおみやげを含む）
※17歳未満はたばこ、アルコールの持ち込みは禁止。
※通貨の持ち込みは無制限だが、€10,000以上の現金などを持ち込む際は申告が必要。
上記はEU以外の国から入国する場合。
上記の詳細は要確認。
URL www.gov.uk/duty-free-goods

ヒースロー空港マップ
ターミナルでの簡単な順序がおえるマップと各ターミナル間の関係図→P.32〜33

VOICE

イギリス入国審査
日本旅券保持者の審査が大幅に簡略化されたため、入国審査ブースに並ぶ必要なく、自動ゲートを利用できる。パスポート査証欄には記録は残らない。したがって入国カードも廃止。機内でも配布されません。
（東京都 菊池健一 '19）

イギリス出国

出国前の準備と気をつけたいこと
　航空券の予約再確認（リコンファーム）が必要な場合（ヨーロッパの航空会社や添乗員付きのツアーなどでは不要）、搭乗の72時間前までに連絡を。予約再確認が必要な場合は、日本出国時に航空会社のカウンターで詳細の確認をしておくといい。

　多くの航空会社で、事前にオンラインチェックインをしておくこともできる。スマートフォンやPCを持って旅に出た人は、チェックインを済ませておくと、空港での手間が少しはぶける。

　ヒースローはターミナル2～5に分かれているので、自分の乗る飛行機がどのターミナルから出るのかを事前に確認しておくこと。なお、地下鉄で2, 3駅に行きたいときは5駅行きに乗るほうが早く着く。ターミナルの移動は、位置的に近いようでも意外に時間がかかる。チェックインやセキュリティが長い列で、搭乗時間ギリギリに走って駆け込むことになる可能性もあるので必ず事前に確認を。

　テロ警戒のため、荷物検査、手荷物制限などが課せられている。各航空会社のウェブサイトなどでも情報を発信しているので、事前にチェックしておくといいだろう。セキュリティチェック後、搭乗口まではターミナルやゲートによるが、10～25分はかかる。

空港での出国手順
　セルフチェックインが増加しており、ターミナルや空港により、下記とはシステムや順序が異なることもある。

❶チェックイン
　搭乗手続き（チェックイン Check In）は、利用航空会社のコーナーで。セキュリティで時間がかかることもあり、ヒースロー空港では、出発時刻の3時間前には空港に到着し、チェックインできるようにと呼びかけている。パスポートとeチケットの控えを提示し荷物を預ける。事前にチェックインが完了している場合は、荷物のみ預ける。セルフサービスで預け入れする場合もある。

❷航空保安検査
　セキュリティチェックと呼ばれる。左記のとおり、チェックが行われるので、事前準備をしておこう。手荷物として持ち込めないものは日本出国と同じ→P.402。

❸免税手続き
　免税手続きをするカウンターは、チェックイン前とセキュリティチェック後にある（空港やターミナル、手続きする物などによって異なる）。ヒースローの免税デスクはトラベレックスなど代行業者が営業しており、VAT Refundsと呼ばれる。長蛇の列ができていることも多い。VATについては→P.266～267、407参照。

❹パスポートチェック
　搭乗ゲートのカウンターでパスポートと搭乗券を提示する。出国印が押されることはない。

空港使用料について
空港使用料は航空券の価格に含まれている。

VATの手続き、早いのはゲート内
預け荷物に商品を入れてしまうと、手続きにかなりの時間がかかります。手荷物にしてセキュリティチェック後に手続きしたら、10分もかからず終了。その場で追加記入や修正が必要なこともあるので、ボールペンも持参して。
（埼玉県　もぐらちゃん　'17）['19]

ターミナル5はゲートまでモノレールで移動することも多い

テロ対策で電子機器の検査がある可能性も
携帯電話、スマートフォン、ラップトップやタブレット、携帯ゲームなどの電子機器は、すべて係員の目前で電源が入るか確認できるようにしておくようにとの注意が出されている。もし検査があって、バッテリー切れのためスイッチオンできない場合は、預け荷物扱いになる。空港内全ターミナルにあるインターネット（コンピューター）ターミナルに無料チャージポイントが設置されている。
　また、テロ警戒のための検査も行われている。検査の手順は下記のとおり。
1. 上着を脱いでトレイに置く。
2. コイン、鍵、時計や携帯電話を含む金属製のものはカバンなどに入れトレイに置く。パソコンや大型電気製品はカバンなどから出しトレイに入れる。
3. ブーツは脱ぐ。
機内持ち込みが制限されている液体→P.402などを手荷物に入れないこと。
チェックに時間がかかることも多いので、空港へは時間に余裕をもって行くこと。
（'19年10月現在）

TRAVEL TECHNIQUE

免税店も楽しみのひとつ

　ヒースロー空港には充実した免税店があるから、重かったり、荷物になりやすいおみやげを、ここで一括購入という手もある。イギリス定番みやげとして手頃なのは、紅茶、ビスケット、ジャム、ラベンダーの石鹸などのバスグッズ、ぬいぐるみや2階建てバスのミニカーなど。面倒なVATの手続きをせずに、税抜きの値段で買えるので便利だが、買い物の時間を考慮しておこう。ヒースロー空港のウェブサイトでは免税店の確認をすることもできる。

　また、空き時間で、出しそびれたポストカードを友達に送るのもいい。空港内にはポストもある。

ヒースロー空港の免税店
空港のウェブサイトの各ターミナルマップにある出国エリアDepartureで、事前に免税ショップも確認できる。
直行便が利用するターミナル2、3、5とも、ハロッズ、バーバリー、ポール・スミス、キャス・キッドソンの免税店あり。ターミナル2、3には人気フレグランスのジョー・マローン、ターミナル5にはフォートナム&メイソンやハリポタショップもある（'19年10月現在）。
URL www.heathrow.com/airport-guide/getting-around-heathrow/airport-maps

イギリス入出国

イギリス出国

空港の免税店。ターミナルによって扱う商品が違う。品数はかぎられるが、のぞいてみるのも楽しい

ヒースロー空港の免税手続きのデスク

ターミナル5のハリポタショップ

CLOSE UP

ちょっと複雑なVAT（付加価値税）のシステム

　英国のVAT（Value Added Tax）は、内税（あらかじめ値札に組み込まれている）であることがほとんど。また、VATのかかる商品とかからないものが決められており、日本とはまた違うシステムでわかりにくい。

　原則として、食品、書籍、子供服にはVATはかからない。しかし、同じ食品といってもチョコレートにはVATがかかり、課税対象外のビスケットでも表面がチョコがけになっているものは課税される（チョコが中にサンドイッチ状に挟まれていると課税対象外!）、という具合でひと筋縄ではいかない。おおざっぱに、未調理のものはVAT課税対象外、調理されてすぐに食べられるもの（アイスクリームやチョコレートバーも含む）や飲み物（ティーバッグ、コーヒー豆などは含まれない）にはVATがかかる、と覚えておくことはできる。ただし、例外がヤマほどあることもお忘れなきように。

　書籍・印刷物関連も、本のほか新聞、地図、雑誌などはVAT課税対象外ながら、カレンダーや絵はがき、トランプ、ノートブックといったものにはVATが課せられている。

　さらに子供の服と靴については、14歳未満の子供用のものはVAT課税対象外。しかし、当初は年齢を証明するものが必要といった面倒な問題があり、現在は子供用のデザインで14歳未満サイズのもの、という定義になっている（ちなみに英国での13歳の平均身長は158cmとかなり大きい）。小柄な人用であっても明らかに大人ものとわかる服や靴には、もちろんVATがかかる。

　さて、このVATだが、英国およびEU加盟国で消費（使用）される品物やサービスに対して課される税金と説明されている。日本で使うことが証明できる品物に関して、還付が請求できるのはこのため。とはいえ、VAT還付の手続きは、売り手サイドにとって手間も時間もかかる作業であり、顧客に対するサービスの一環にしか過ぎない（義務ではない）。各デパートやブティックで、VAT還付手続きを受け付けてもらうのに「○○ポンド以上の買い物をされた場合のみ」という条件が付くのも自然なこと。小さな金額ではわりが合わないというわけだ。ただ、デパートなら、複数の売り場の合計金額が最低条件を満たしていればOKとするところがほとんどなので、おみやげはまとめてひとつのデパートで買ったほうが効率がよいといえるだろう。

　なお、すでに述べたとおり、VATは英国およびEU加盟国で消費（使用）される品物やサービスに対して必ずかけられるもの。ホテルの宿泊代に付いたVATの還付が認められないのはこのため。また、ホテルによっては、客室の価格表をVAT抜きで表示している場合もある。宿泊を決める前に、料金がVAT込みかどうか念のためにご確認を。（JJ）
VATについて→P.266～267も参照。

ロンドンの情報収集・・・旅の技術

ウェブサイトでの情報発信が増えてきているが、ロンドンでもさまざまな方法で各種情報を手に入れることができる。

ロンドンの情報誌

ロンドンで一番ポピュラーなのが『タイム・アウトTime Out』。単なる情報の寄せ集めでなく、社会問題など興味深い記事も載っているので、インテリ層にも人気がある。2012年から無料化され、毎週火曜朝、列車や地下鉄駅付近で配られるほか、ホテルやカフェ、ギャラリーやミュージアムなどに置かれていることも。オンライン版もあるので、ウェブサイトでも、事前に情報をチェックできる。

このほか、ロンドンの観光、イベント情報が詰まった『ロンドン・プランナー London Planner』という、月刊の小冊子もある。シティなどのインフォメーションセンターで入手可能。無料。

インフォメーションセンター
ロンドンのインフォメーションセンターについては→P.60

ロンドン・プランナー

無料新聞
朝は『メトロ』、夕方には『イブニング・スタンダード』が町角で配られている。エンターテインメントのガイドとしても使える。無料新聞は、読み終えたものが地下鉄の車内のあちこちに置かれていたりするので、それを手に取って目をとおしている人も多い。都心部では、朝ビジネスマン向けの無料新聞"City AM/PM"も配られている。

ロンドンの最新情報を知りたいなら『タイム・アウト』で

地下鉄内に置いてある新聞は、勝手にもらっても問題ないので、チラっと読んでみては？

CLOSE UP

イギリスの新聞

イギリスの新聞は、編集方針や政治的な論調が各紙それぞれ際立って違う。また、階級社会を反映して、インテリ向けの高級紙と大衆紙とに分かれており、「どの新聞を読んでいるかを尋ねれば、その人がどういう人かわかる」とまでいわれている。以下、簡単に紹介してみよう。

タイムズ The Times
日本でも有名な老舗高級紙。保守党寄りのビジネスマンに読まれている。

サンデー・タイムズ The Sunday Times
毎週日曜発行（イギリスの日刊紙は、日曜休み）。ときどきビックリするようなスクープを掲載することで定評がある。タイムズの姉妹紙。

ガーディアン The Guardian
いわゆる「進歩的」な層に読まれている新聞。文芸欄に定評がある。サッカー情報などにも強い。

デイリー・テレグラフ The Daily Telegraph
普通紙のなかでは、全英一の発行部数を誇る。保守系の高級紙で、中産階級に読者層を絞っている。

ファイナンシャル・タイムズ The Financial Times
経済専門紙として名高いが、なぜかサーモンピンク色の紙を使っている。

サン The Sun
いわゆる大衆向けのタブロイド判の新聞。ゴシップ記事とヌードのページを売り物にしているので知的な人は読むべからず。

イブニング・スタンダード Evening Standard
駅前などで無料配布されているタブロイド判の夕刊紙。ビジネスマンが帰りの電車の中で走り読みする、という性質のものだが、わかりやすい英語なので、英字新聞を敬遠している人にもおすすめ。

メトロ Metro
1999年に創刊された無料新聞。朝のラッシュアワーに合わせ、ロンドンの地下鉄をはじめ、数都市の駅やバスターミナルなどに置かれる。記事は政治的には中立とされていて、軽いものが多く、ページも少なく短い時間で読みやすい。ショーやコンサートの情報も載っている。

日本語情報誌

ロンドンでは、日本語の定期刊行物もある。無料の日本語情報誌は、ウェブサイトで読むこともできるし、日本食材店、日本料理店、日系不動産屋などに置かれている。

ジャーニー

週刊。日本の社会や芸能ニュース、英国のニュースやテレビ欄（日本語訳付き）、クラシファイド広告などが中心。また、月に一度は増ページとなり、英国についての特集なども掲載しており、この特集は読み応えがあって勉強になる。ロンドンの今を伝えるトレンド情報、おすすめアフタヌーンティー情報など盛りだくさん。インターネット版には、イギリスの歴史や特集と連動した動画もある。出かける前にウェブサイトをチェックしていくのもいい。
🔗 www.japanjournals.com

英国ニュースダイジェスト

毎月2回刊行。ドイツにもある現地発行の日本語新聞。イギリスの政治、経済、社会ニュースのほか、貸し部屋情報、アルバイト情報も豊富。
🔗 www.news-digest.co.uk

TRAVEL TECHNIQUE

ロンドン暮らしの本

定期刊行物以外にも、英国日本婦人会編『ロンドン・暮らしのハンドブック』（£8）などがある。慣れない異国の地で役立つ情報が満載。ロンドンの日本書店で入手可能。
🔗 www.einichilady.com/handbook

日本語情報誌『ジャーニー』定期購読申し込み先

イギリス国内
Japan Journals LTD.
🏠 St. George's House, 14-17 Wells St., W1T 3PD
📞 7307 3210

新聞購読について

多くの人が、新聞は近くの販売店newsagentか、駅の売店などで買っている。newsagentによっては特別料金で配達サービスをしてくれるが、配達料のほうが新聞代より高い。なお、新聞は1部当たり無料〜£3程度。

ロンドンの情報収集　情報誌…新聞

CLOSE UP

イギリスでは髪はバリバリ、お肌パサパサ

一般的にいって、イギリスの押し入れにカビは生えない。洗濯ものが乾くのも早い。夏、過ごしやすいのも（気温が低かったり、お天気が悪かったりというほかの理由もあるが）湿度が低いおかげである。よかったよかった、と素直に喜びたいところなのだが、よくない点が少なくともひとつ。肌まで乾燥し、特に冬場はかゆみを覚えたりしやすい。

この肌の乾燥に拍車をかけるのが、ロンドンの場合、「水」である。ロンドンの水は硬水（英語で「hard water」と呼ぶ）で、硬水に多く含まれているマグネシウムやカルシウムといった粗いミネラルが、肌の栄養分を吸収してしまうのだ。髪がバリバリになりやすいのも、この水のせい。お風呂、シャワー、洗顔などで使う水を軟水（硬度ゼロになると蒸留水となる）にするのが理想的だが、毎日の生活では事実上ムリ。

そこでおすすめしたいのが、「バスフォーム」。映画やテレビで、泡だらけのお風呂から掛け湯も せずにあがる美女の姿を見たことが、一度ならずもおありだろう。あの、泡だらけのままバスタオルで拭いておしまい、という場面に日本人は抵抗を覚えて当然なのだが、これにはちゃんと理由があるという。まず、バスフォームの泡は、石鹸の泡とは異なる。そして水を軟水に変えることはできないまでも、肌に潤いを与えるモイスチャライザーを多く含んでおり、それによって肌の乾燥を抑える働きがあるのだ。

したがって、最後にシャワーを浴びるなど、いわゆる掛け湯をすると、このモイスチャライザーが流れてしまい、もとのもくあみ。どんなに掛け湯をしたくとも、乾燥肌の人はガマン我慢。どうせ、イギリス式のお風呂は、複数の人が順番に入るという習慣には向いていない（外で体を洗ってから入るということができない）のだから、この際、ブクブクと景気よく泡を立てて、入浴を楽しんでみてはいかが？

（JJ）

日本での国際電話会社の問い合わせ先
KDDI
☎ 0057(無料)
URL www.kddi.com
NTTコミュニケーションズ
☎ 0120-506506(無料)
URL www.ntt.com
ソフトバンク
☎ 0120-0088-82(無料)
URL tm.softbank.jp
au
☎ 0077-7-111(無料)
URL www.au.com
NTTドコモ
☎ 0120-800-000(無料)
URL www.nttdocomo.co.jp
ソフトバンク(携帯電話)
☎ 0800-919-0157
URL www.softbank.jp/mobile
※携帯電話の料金や通話エリアの詳細は各電話会社のウェブサイトで確認を。

日本語オペレーターでコレクトコール
ロンドンから日本語オペレーターを通じて電話がかけられる。支払いは受信者払いとなる。通常の通話よりも、かなり割高。詳細は出発前に問い合わせを。
KDDI ジャパンダイレクト
URL www.001.kddi.com/lineup/with-operator

携帯電話を紛失した際の、ロンドンからの連絡先(利用停止の手続き。全社24時間対応)
au(国際電話識別番号00) +81 +3+6670-6944 ※1
NTTドコモ(国際電話識別番号00) +81+3+6832-6600 ※2
ソフトバンク(国際電話識別番号00) +81+92+687-0025 ※3
※1 auの携帯から無料、一般電話からは有料。
※2 一般電話などからは有料。
※3 ソフトバンクの携帯から無料、一般電話からは有料。

通信・郵便事情・・・旅の技術

　携帯電話の普及で、以前より公衆電話は少なくなっているが、公衆電話でも国際電話がかけられる。国際電話の料金は高額になることも多いので、クレジットカードを使用したほうが無難。ホテルの部屋にある電話は、非常に割高なチャージを取るところもある。国際電話など高額の電話はチャージをしっかりと確かめておこう。なお、ホテルのレセプション近くには公衆電話があることも多い。

電話

公衆電話の種類
プッシュホン Pushphone…まずコインを60p以上入れ、それからダイヤルボタンを押す。20p以上のコインが使え、おつりも出てくる(ただし未使用のコインがおつりとして出てくるだけ。入れた順にコインは使われる。よく考えてからコインを入れよう)。
クレジットカードホン Credit Cardphone…観光都市の中心部に多く、クレジットカードが使用できる。
ペイホン Payphone…コイン、クレジットカードが使える。
テキスト＆eメールホン Text & e-mailphone…同じく現金とクレジットカードが使える。小型画面とキーボードが付いていて、eメールを送信することもできる。

携帯電話
　海外で携帯電話を利用するには、日本で使用している携帯電話を海外でそのまま利用する方法やレンタル携帯電話を利用する方法がある。日本では、au、NTTドコモ、ソフトバンクなどがサービスを提供しているので、利用方法やサービス内容など詳しい情報は、各携帯電話会社に問い合わせを。
　Wi-Fiでインターネットにつなげる環境であれば、SkypeやLine電話を使って、高額な国際電話料金を払わず日本に電話をすることもできる。詳細は日本を出る前に確認しておこう。

現地での電話のかけ方
　ロンドンの市外局番は020。本書ではロンドン市内の電話番号は市外局番の020を省略してある。(　)内の市外局番・特別局番などは、0を含めてすべてを回す。国際電話の深夜割引時間帯は、土・日曜と平日のロンドン時間で18:00〜翌8:00。
ダイレクトコール…プッシュホン、クレジットカードホンなどから直接かけることができる。
コレクトコール…受信者が料金を支払う通話。オペレーターの質問に従って相手先の名前、電話番号などを答えていけばいい。ダイレクトコールと比べるとかなり割高。

イギリスらしい赤い電話ボックスは2017年で誕生80周年！　テキスト＆eメールホン

TRAVEL TECHNIQUE

イギリス名物、赤い電話ボックス発売中！
携帯電話の普及により、どんどん少なくなる公衆電話。特に、イギリス名物とも呼べる赤いボックスは、いまや全国に約1万1000ヵ所しか残っていない。ブリティッシュ・テレコムは、回収した電話ボックスをリストアして販売し始めた。イングランドとスコットランドの従来の2タイプに、80周年記念の限定版が加わり、値段は輸送費別で£2750〜。たいへんな額だが、これがけっこう売れているそう。
URL www.x2connect.com

町なかでバッテリーチャージ！
地図チェックをしていたらスマホのバッテリーが0％に！というときは、Oxford St.にあるデパートJohn Lewis(→P.286)へ。最上階にあるレストラン入口そばの無料チャージボックスではiPhoneなどのメジャーなモデルのチャージが可能。鍵をかけるロッカースタイルで、チャージ1回につき30分まで。

知っていると便利な番号
番号案内 118 500
（イギリス国内£1.55/分 +1通話ごとに0.77pのチャージ）
国際電話番号案内
118 505（1分£0.75、1通話ごとに追加£2.50）

公衆電話の最低料金
国内（局番が 01、02、03 から始まる番号）60pで30分。そのあとは15分ごとに10p。ただし、0870 と 0845 局番の番号、携帯電話へかけるとき、オペレーターを通す場合は別料金。

通信・郵便事情

電話…郵便

24時間日本語オペレーターが対応しているのは、KDDIジャパンダイレクトで、アクセス番号は0808-5890081/0800-6312-001（固定電話か公衆電話からのみ受付。ホテルの電話はチャージがかかることもある）。アクセス番号を含む詳細は要確認。

日本からロンドンにかける
［日本からロンドン(020) 7123-4567に電話をかける場合］

国際電話会社の番号		国際電話識別番号		イギリスの国番号		市外局番（最初の0を取る）		相手先の電話番号
001 (KDDI) ※1 0033 (NTTコミュニケーションズ) ※1 0061 (ソフトバンク) ※1 005345 (au 携帯) ※2 009130 (NTTドコモ 携帯) ※3 0046 (ソフトバンク 携帯) ※4	＋	010	＋	44	＋	20	＋	7123-4567

※1　「マイライン」の国際区分に登録している場合は不要。詳細はURL www.myline.org
※2　au は 005345 をダイヤルしなくてもかけられる。
※3　NTTドコモは事前登録が必要。009130 をダイヤルしなくてもかけられる。
※4　ソフトバンクは 0046 をダイヤルしなくてもかけられる。

ロンドンから日本へかける
［ロンドンから東京(03) 1234-5678に電話をかける場合］

国際電話識別番号		日本の国番号		市外局番と携帯電話の（最初の0を取る）		相手先の電話番号
00	＋	81	＋	3	＋	1234-5678

郵便

イギリスの郵便はRoyal Mailと呼ばれる。切手には国名は記されておらず、王または女王の横顔かそのシルエットが描かれているだけ。世界に先がけて郵便制度を発足させたことへの誇りの表れというところか。郵便局にはMain Post Office(本局)とSub Post Officeの2種類がある。営業時間は平日9：00～17：30、土曜は12：30までのところが多い。日曜、祝日は休み。ただし、Subのほうは雑貨屋の奥にあったりして、1～2時間昼休みを取るなど営業時間はそれぞれ異なる。窓口には長い列ができていることも多いが、窓口の人はおおむね親切にいろいろと教えてくれる。なお、小包の取り扱いはParcel Forceだが、窓口は郵便物と同じ。

イギリス国内の郵便料金
レター
(24cm×16.5cm、厚さ5mm、100gまで)
1st class 70p
2nd class 61p
ラージ・レター
(35.3cm×25cm、厚さ25mm、750gまで)
1st class
　　100g £1.06～750g £2.72
2nd class
　　100g 83p～750g £2.33
これ以上の大きさや重さのものは、スモール・パーセルかパーセルとして送ることになる。料金などの詳細は要確認。
※2019年10月現在。詳細は窓口またはURL www.royalmail.com で。

パーセルの送り方

1. 必要事項を書き込む用紙を窓口でもらい、送り先、イギリス国内での住所、送るものの値うちと内容などを書き込む。送る箱にも送り先とイギリス国内の住所を書いておくこと。
2. 料金分の切手をくれるので、それを箱に貼り、窓口の端にある小包受付用の窓口に置いておく。場合によっては、窓口の人が受け取ってくれることもある。

順序は郵便局の人が指示してくれるので、まずは窓口に並ぼう。そして、窓口の人の指示に従っていけばいい。ただし、箱は各自しっかりと封をして持っていくこと。

小さい郵便局ではグローバル・エクスプレスとプライオリティを扱っていないこともある。
☎ 03448.004466で確認を。

郵便局内。セルフサービスで送れるものもある

日本への航空便

はがき、封書(日本を含むEU以外のゾーン1、インターナショナル・スタンダード)

はがき、封書(24×16.5×0.5cm)ともに£1.35(10g以下、20g以下£1.55)。大きな封書は100gまで£3.45。配達日数は6～7日くらい。

スモール・パーセル Small Parcels(2kgまでの小包)

中身に手紙などの書簡を入れてはいけない。航空便は100gまで£5.25、250gまで£6。

パーセル Parcel(2kg以上の荷物)

箱詰めにしたおみやげなどを送るのに向いている。3日～で届くグローバル・エクスプレス、4～6日かかるグローバル・プライオリティ、7～12日かかるグローバル・バリュー、7～12週間かかるエコノミー(船便)の4種類に分かれている(日数は土・日曜を除いたもの)。窓口で専用の用紙に、内容物や送り先、イギリスでの住所などを書き込む必要があり、一定の金額を超えると保険をかけるかどうか聞かれる。なお、本などの印刷物は5kgまで。

必ず届いてほしいものを送るには?

インターナショナル・トラックド・サインド International Tracked Signedなら、受け取り手のサインをもらうことになっており、配達されるまで追跡できる。レター20gまで£6.45、スモール・パーセル250gで£10.55など。£50までの補償は料金に含まれている。£250までの補償にするには£2.50を追加する。

INFORMATION

イギリスでスマホ、ネットを使うには

まずは、ホテルなどのネットサービス(有料または無料)、Wi-Fiスポット(インターネットアクセスポイント。無料)を活用する方法がある。イギリスでは、主要ホテルや町なかにWi-Fiスポットがあるので、宿泊ホテルでの利用可否やどこにWi-Fiスポットがあるかなどの情報を事前にネットなどで調べておくとよいだろう。ただしWi-Fiスポットでは、通信速度が不安定だったり、繋がらない場合があったり、利用できる場所が限定されたりするというデメリットもある。ストレスなくスマホやネットを使おうとするなら、以下のような方法も検討したい。

☆ 各携帯電話会社の「パケット定額」

1日当たりの料金が定額となるもので、NTTドコモなど各社がサービスを提供している。
いつも利用しているスマホを利用できる。また、海外旅行期間を通してではなく、任意の1日だけ決められたデータ通信量を利用することのできるサービスもあるので、ほかの通信手段がない場合の緊急用としても利用できる。なお、「パケット定額」の対象外となる国や地域があり、そうした場所でのデータ通信は、費用が高額となる場合があるので、注意が必要だ。

☆ 海外用モバイルWi-Fi ルーターをレンタル

イギリスで利用できる「Wi-Fiルーター」をレンタルする方法がある。定額料金で利用できるもので、「グローバルWiFi(【URL】https://www.townwifi.com/)」など各社が提供している。Wi-Fiルーターとは、現地でもスマホやタブレット、PCなどでネットを利用するための機器のことをいい、事前に予約しておいて、空港などで受け取る。利用料金が安く、ルーター1台で複数の機器と接続できる(同行者とシェアできる)ほか、いつでもどこでも、移動しながらでも快適にネットを利用できるとして、利用者が増えている。

ほかにも、いろいろな方法があるので、詳しい情報は「地球の歩き方」ホームページで確認してほしい。
【URL】http://www.arukikata.co.jp/net/

ルーターは空港などで受け取る

TRAVEL TECHNIQUE

インターネット

インターネットは、日本と連絡を取ったり、旅行先での調べものに使ったり、GPSで場所を確認したりと、何かと便利。どのように接続するかなど、日本でも情報収集をして出かけよう。

ホテルでの利用

小さめのB&Bなどでは、部屋でも無料でWi-Fi（無線LAN）が使えることが多い。大型ホテルもほぼ無料だが、一部有料のところも。有料の場合、フロントで使用料金（1日または時間単位）を払ってパスコードをもらって接続することが多い。部屋では有料だが、ラウンジなど公共の場では無料というホテルもある。

モバイルモデムについて

ラップトップPCを持参して行く人は、ロンドンでモバイルモデムを買うこともできる。ネットさえつながれば、メールもできるし、スカイプなどでのウェブ通話も可能。一般に、繁華街にたくさんある携帯電話店へ行き、£15 ～ 40で「ドングル」「スティック」と呼ばれる小さなUSBモデム、またはワイヤレスモデムを購入する。

日本でモデム（ルーター）を用意していく

町なかでもWi-Fiでスマートフォンを使いたいなど、データ通信を頻繁に利用するなら、日本で海外用モバイルWi-Fiルーターを用意していくこともできる。レンタルの場合、料金は日数や渡航地によって違うので、各社のウェブサイトなどで比較検討してみるといい。

携帯電話やスマートフォンを使った通信

携帯やスマートフォンを利用する場合は、海外で使用が可能な設定や機種であるか確認すること。日本で利用するのと同じように通信もできるが、国際電話と同じく国際料金がかかるので、気をつけないと高額請求される。海外用のデータ定額パケットなど、各社が取り扱う料金プランや設定方法を調べておこう。

GPSが使える携帯ではポストコードで位置検索ができる
スマートフォンを使っている人ならすでにおなじみの地図検索。イギリスのポストコードをGoogle Mapなどに打ち込むだけで行く先を探し当てることができる。エリアコードだけでなく、その先の3桁の戸別コードも必要。例えば、「W1A 4TG」、「HA2 6DL」など。

モバイルモデム
接続形式や料金設定にはいろいろな種類が用意されている。スマートフォンやタブレットを含めてネットにいつでもつなげたい場合、Mi-Fiと呼ばれるWi-Fiモデムのモバイル版がある。例えばプロバイダーのEEの場合£65（従量制限15GB／1ヵ月）で同時に5台まで接続可能。
スティックタイプのUSBモデムで、3G／4Gネットワークをとおしてラップトップを使う場合は、O2（オーツー）なら£16～（3GB／1ヵ月）。トップアップはオンラインかニュースエージェント、郵便局などで。
レンタルモデムはヒースロー空港でも借りられる。安いところを探せば、7日間£18（従量制限2GB／7日）ほど。

Pay as you go SIM
SIMロックが解除された、海外でも使用可能な携帯電話端末を使う場合は、現地でSIMカードだけを買うかレンタルして使うこともできる。Pay as you goタイプのSIMなら、一定額をチャージして、なくなったら足すこともできる。金額のトップアップはスーパーでも簡単にできる。購入は現地携帯電話ショップやスーパー、ニュースエージェントなどで。iPad用のもの、音声は使わないデータだけというパッケージなどもあるのでよく確認を。

CLOSE UP

旅先でインターネットへ無料アクセス！

町なかなら、ファストフードのマクドナルド、バーガーキング、カフェのコスタやスターバックス、カフェネロ、プレタマンジェなどのチェーン店で、無料Wi-Fiを使うことができる。このほか、大英博物館など一部の見どころや劇場、アップルストア、バービカン・センター、ロイヤル・フェスティバル・ホール内、大英図書館にもWi-Fiスポットあり。

ただし、無料Wi-Fiとはいっても、登録制の場合が多い。いつも使うところなら一度登録してしまえばあとの手数はかからないが、行く先々で英語の

登録をするのは、意外と面倒。

また、ヒースロー空港全体で、Wi-Fi接続が可能。登録が必要だが、英語での手続きが面倒でなければ無料でWi-Fi接続できる。スマートフォンやラップトップなどWi-Fi接続可能な機器から、"_Heathrow Wi-Fi"というネットワークを選び、インターネットのブラウザを開けて画面の指示に従って登録する。

無料Wi-Fiを使う場合、個人情報やパスワードを打ち込まないなど、セキュリティは各自要注意。

通信・郵便事情

郵便⋯インターネット

413

警察官を呼びたいなら
"Police, please.
ポリス・プリーズ"
消防車を呼びたいなら
"Fire, please.
ファイア・プリーズ"
（消防車のことは fire engine
というが "Fire" だけで十分）
救急車を呼びたいなら
"Ambulance, please.
アンビュランス・プリーズ"
どの言葉も大きな声で慌てず
に言うことが大切。

緊急時に役立つ電話番号
警察・火事・救急車
☎ 999 または 112
在英国日本大使館領事班
（事故、盗難など）
☎ (020) 7465 6565
☎ (020) 8762 8266
（緊急時間外）
在英国日本大使館
（テロ、大規模災害など）
☎ (020) 7465 6500
番号案内（国内外 ☎ 118 500
（有料。国外のほうが割高）
オペレーター ☎ 100（国内）
☎ 155（国際）

外務省・領事サービスセンター
（海外安全担当）
☎ (03)3580-3311（代表）
URL www.anzen.mofa.go.jp

旅行者を狙った犯罪に注意！
私服の警官を装ってクレジット
カードの暗証番号を聞き出す手
口が報告されている。警官が民
間人のクレジットカードを預か
ったり、暗証番号を言わないと
逮捕するなどということはない
ので、だまされないように。

クレジットカード紛失時の連絡先
アメリカン・エキスプレス
☎ 0800-866-668
（セゾンカードは発行会社の窓口で）
ダイナースクラブ
☎ 81-3-6770-2796（コレクトコー
ルでつないでもらう）
JCB ☎ 00-800-00090009
マスターカード
☎ 0800-96-4767
ビザ ☎ 0800-587-0551（トー
ルフリーダイヤル）
※コレクトコールを利用すると
きは、国際電話会社に連絡し、
電話番号を告げること。コレク
トコールやフリーコールでも、
携帯電話やホテルからの通話、
ローミング代や通話料などが
かかることもある。また、カー
ド発行会社名、連絡先電話番
号、カード番号を書いたものを
カードとは別のところに入れて
おき発行会社にも連絡を。

旅のトラブルと安全対策・・・旅の技術

　毎日どんなに注意深く旅していても、不測の事態は忘れた頃にや
ってくるもの。警察、病院の世話になるときが来ないとは、誰にも言
いきれない。何か起こったら、まず、とにかく誰かに知らせよう。そ
して、そんな緊急時には、お金の心配なんて絶対しないこと！ 命あ
っての人生なのだから。

何かあったら …… 盗難と紛失

緊急時にはトリプル・ナイン!!

　日本では警察は110番、火事と救急車は119番だが、イギリス
の緊急電話は999（または112。112はEU共通の緊急番号）。これ
でパトカーも、消防自動車も、救急車もやってくる。トリプル・ナイ
ンと覚えておこう。

　何かが起こったら、まず、999（または112）に電話する。公衆電
話でも、この番号だけはお金を入れなくてもつながる。ただ、間が
悪いと（つまり忙しいとか……）つながるまでに1分くらいかかるこ
ともある。1秒を争うという事態のときに、これでいいのかとも思う
が、イギリスの経験主義的発想では「数十秒の差で事態が決定的
に変わることはめったにない（なかった）」とでもいうことになるの
だろう。ともあれ、電話が通じたら、警察か救急車か火事かを伝え
る。どこから電話しているのか、と聞かれることがあるから、自分
の電話番号をハッキリ伝えよう。公衆電話にも、電話番号が書いて
ある。大切なのは、どこで何が起きているかを正確に伝えること。
しかし、ここでは言葉の問題もある。急病などの場合、自分で救急
車を呼ぶよりも身近な人に助けを求めて電話してもらうほうが、う
まく伝わる可能性が高い。

現金を盗られたら

　現金は、まず戻ってはこない。多額の現金を持ち歩くのは防犯上
の観点から避けたいし、両替の時間や手間を省くうえでもクレジッ
トカードなどを活用したい。もし、路上などで金を出せと脅された
場合も、おとなしくあり金を出すのが賢明。ロンドンは、ヨーロッパ
のほかの大都市に比べれば治安がいいとはいえ、こうした不幸なで
きごとが起こらないとはかぎらない。

　最近では、スリや空き巣などの犯罪が増えている。現金、クレジ
ットカード、鍵などをあまりひとめにさらさないよう注意したい。「盗
ってください」と自分から言うような行為は避けたいもの。

クレジットカードなどを盗られたら（紛失したら）

　クレジットカードやデビットカード、トラベルプリペイドカードの
盗難・紛失に備え、カード裏面の「発行会社名」、緊急連絡先をメモ

TRAVEL TECHNIQUE

し、カードとは別に保管しておこう。クレジットカードなどの場合、まず発行会社へ電話を。他人に悪用される前に、それを阻止するべく発行会社に手配してもらわなければならない。

デビットカードやトラベルプリペイドカードをなくしたり、盗まれたりしたときも、できるだけ早く発行会社に連絡を取ること。カードの「発行会社名」と緊急時の海外サービスデスクの電話番号を、必ず控えておきたい。

パスポートを盗まれたら（紛失したら）

万一パスポートを盗まれたり、焼失した場合は、まず現地の警察署等に行き、被害届を出して受理証明書をもらい、それを持って在英国日本国大使館領事班に届け出る（紛失した場合、イギリスの警察では紛失の届出は受け付けていないため、大使館に行き、紛失経緯などの詳細を届出書に記述する）。届け出た時点で、それまで使用していたパスポートは無効になるので、あらためて新しいパスポートまたは「帰国のための渡航書」を申請することになる。

新規パスポート申請に必要なもの
❶ 現地警察署等の発行した書類（被害届の受理証明書）
❷ 写真（タテ4.5cm×ヨコ3.5cm）2葉
❸ 戸籍謄本（または抄本）　※6ヵ月以内に発行されたもの
❹ 紛失一般旅券等届出書、一般旅券発給申請書　※大使館窓口にあり
※持ち歩き用にパスポート番号や発行年月日がのったページのコピーがあるといい。ただし、「帰国のための渡航書」に必要な日本国籍が確認できる書類には使用できない。運転免許証も同様に使用不可。

在英国日本国大使館領事班
Embassy of Japan in the UK, Consular Section
◗ MAP 7-A2
🏢 101-104 Piccadilly W1
☎ (020) 7465 6565
🕐 月〜金 9:30〜16:30
🚫 土・日、日本の祝日、イギリスの祝祭日、年末年始
🚇 Green Park
🌐 www.uk.emb-japan.go.jp
パスポートの発行が帰国までに間に合わない場合、日本へ帰る（他国へ入国しない）場合にかぎり「帰国のための渡航書」を発給してもらう。これなら、1〜数日のうちに発給される。発行手数料£17。帰国後に新パスポートを申請する際、「帰国のための渡航書」も提示すること。

「帰国のための渡航書」申請に必要なもの
❶ 現地警察署等の発行した書類（被害届の受理証明書）
❷ 写真（新規申請と同様）
❸ 日本国籍が確認できる書類 戸籍謄（抄）本、または本籍地が記載された住民票
❹ 航空券（または航空会社からの搭乗予約確認書等）
❺ 紛失一般旅券届出書 *
❻ 渡航書発給申請書 *
* の書類は大使館窓口にあり

旅のトラブルと安全対策

緊急時の対応…盗難と紛失

ロンドンでのトラブル事例

旅行者を狙ったスリや置き引き、ひったくりなどが多数報告されている。ピカデリー・サーカス、オックスフォード・ストリート、リージェント・ストリートといったショッピングエリアのほか、バッキンガム宮殿正門前や大英博物館などの観光名所でも多い。バッグ（後ろに背負うリュックタイプの場合、絶対に貴重品はここに入れないこと）のファスナーなどは必ずしっかり閉める、見ず知らずの人に声をかけられても安易に応じないなど、下記の犯罪事例を参考に予防対策もしておきたい。

スリ、ひったくり
▶ 犯人グループのひとりがリュックなどのファスナーを開け、別の仲間が財布を盗み現金を奪う。
▶ 地下鉄の中で故意に体を接触させたり数人で取り囲んで、バッグなどのファスナーを開けて中から財布を抜き取る。
▶ 地下鉄路線図で最寄り駅などを尋ねるふりをして注意をそらし、別の仲間が財布を抜き取る。
▶ 路上などでケチャップを付け、注意をそらしているすきに貴重品を抜き取る。
▶ カフェなどで、カタログ販売の勧誘を装い、テーブルの上に置いてあった携帯電話を盗み取る。携帯電話の盗難件数は、盗難被害のトップ。地下鉄

出口付近なども狙われやすいので要注意。
▶ オックスフォード・ストリートのような繁華街で後ろからバイクで来て、スマホをうばって逃げる。

置き引き
▶ ショッピングや写真撮影に夢中になっていて、荷物を下に置いていたら、なくなっていた。
▶ レストランで隣の椅子の下に荷物を置いて食事をしていたら、なくなっていた。
▶ ホテルのレセプションで宿泊の手続きをするため荷物を置いていたら、持っていかれた。
▶ 列車の席に荷物を置いたままトイレに行って戻ったら、荷物がなくなっていた。

ATMで現金を引き出す際
▶ ATMで現金を引き出していたら後ろから声をかけられ、応じているすきに、別の仲間にATMに入れたカードを抜き取られる。

偽警察官にクレジットカードの番号を聞かれる
▶ 警察官だと偽って荷物のチェックをする。パスポートや財布などを出すように求め、ひっそり財布からクレジットカードを抜き取る。クレジットカードの暗証番号も必要だと言って聞かれる。

415

ロンドン交通局遺失物届出
URL tfl.gov.uk/forms/12411.aspx　☎ (0343) 222 1234
☎ 020.8681 8300 (トラム)

ロンドン交通局遺失物引取所
🚇 MAP 9-C1
🏠 63-81 Pelham St, SW7 2NJ
🚇 South Kensington

バス路線運行会社一覧
URL tfl.gov.uk/modes/buses/who-runs-your-bus

空港、鉄道での落とし物
ヒースロー空港での落とし物（機内のものも含む）は、下記のウェブサイトに毎日アップされる。
URL www.missingx.com
ヒースローとシティ空港の落とし物の届け出は、下記ウェブサイトから行う。電話問い合わせ不可。
URL www.bagport.co.uk
ガトウィック空港、スタンステッド空港、ルートン空港、鉄道駅の落とし物は下記ウェブサイトから申請する。引取時に手数料が必要。
URL lostproperty.org

旅行者の医療費の高さ
イギリス在住者でないかぎり、旅行者は診療費全額が自己負担（事故や伝染病の応急処置以外）となる。医療費の高いイギリスでは、少し診療してもらっただけでも、自己負担100％だと数万円支払うことになり、ビックリするケースも多いようだ。もしもに備えて、海外旅行保険に加入しておいたほうが無難。

NHSダイレクト
近くの病院を知りたいときやメディカル・アドバイスを受けたいときは下記へ連絡を。
☎ 111 (緊急事以外、英語、無料)

落とし物をしたら

　地下鉄、地上線、DLR、タクシー（ブラックキャブ）の車内や駅構内、ヴィクトリア・コーチ・ステーションで忘れ物をした場合、遺失物届出のウェブサイト、または電話で届けをだす。遺失物が見つかったら、交通局からメールがくるので、必ず何日に取りに行くと返事をして、パスポートを持って引取所にいく。返事をしないと品物が引き取りカウンターまで送られてこないので注意。引取時に手数料が必要。帰国後に見つかった場合、手数料と送料をクレジットカードで払えば国際便で発送してもらえる。バスの場合、紛失後3日以内なら、各路線の運行会社（民間委託）で保管していることがある。また、スマホを落とした場合は、IMEI識別番号またはSIMカードの番号がないと届出を受理してくれないので、どこかに控えておこう。

　鉄道の車内、駅構内だったら、オンライン申請か駅のleft luggage officeに直接電話、または乗っていた列車のオペレーター（運行会社）に問い合わせてみるといい。

　機内での落とし物はエアラインのオフィスに届くこともあり、空港での忘れ物とともに、空港により問い合わせ方が違う。

　町なかで落とし物をしてしまったら最寄りの警察署へ届ける。

何かあったら……病気・けが

実際に病気になったら

　すべてのホームドクターはナショナル・ヘルス・サービスNational Health Service（通称 NHS）に参加している。NHSのために、所得に応じた金額を支払っていれば、ホームドクターの診察を無料で受けることができる仕組み。しかし、旅行者にとっては何の恩恵もないのが実情。旅行中、病気になったらイギリスへ、という神話はとっくの昔に崩壊してしまった。旅行者でも、イギリス国内でかかる治療費はタダという、うそのような時代もあったのだが、現在のイギ

読者からの体験談

旧紙幣の交換
旧£5、10紙幣をお持ちの方は、必ずイングランド銀行Bank of England→MAP 8-C1で交換してください。すでに旧£5紙幣は2017年5月に、旧£10紙幣も2018年3月に使用できなくなっていますし、市中の銀行や郵便局では交換してもらえません。また旧£1硬貨も現在使用できませんが、これはイングランド銀行でも交換不可。銀行のチラシには、「旧£1硬貨は交換できないので、どうぞ寄付してください」とありました。イングランド銀行は、地下鉄のBank駅で下車してすぐ。銀行の入口では簡単な手荷物検査があり、交換してもらうまで少し待たされますが、これが一番確実な方法です。
（兵庫県　TN　'19）

ふたり組の節約術
ロンドンを2人で巡るなら、National Railの2 for1というサービスがおすすめ。観光名所の入場料金がふたりでひとり分になります。これを利用するには、まずNational RailサイトのDays Out Guideから行きたい施設を申し込んでバウチャーをプリント。そして、主要駅窓口で紙のトラベルカードを購入（7日用は写真が必要）。利用施設の窓口でふたりの有効なトラベルカードとバウチャーを提示すれば、入場券が指定の料金で買えます。私はこれでロンドン・アイ、セント・ポール大聖堂、交通博物館、グリニッジ天文台をほぼ半額の料金で入場。夏期でなければロンドン塔やウェストミンスター寺院なども対象施設です。
（東京都　利佳　'19）URL www.daysoutguide.co.uk

TRAVEL TECHNIQUE

リスは日本と同様、激増する医療費に頭を悩ませている。ベッド数の不足、医師たちの国外流出など深刻な問題を抱え、旅行者までかまってはいられないというところ。旅行者は、海外旅行保険に入っていくことをすすめる。

保険会社では、保険で治療できる近くの病院を紹介するデスクをもっていることが多い。日本語で応対してくれる病院を聞くこともできるので安心感があるし、事後処理の面でも問題が少ない。まずは相談してみるといいだろう。

なお、もしホームドクターに診てもらうなら、必ず予約が必要。また、イギリスでは医薬分業が確立している。医師から処方箋をもらって特定の薬局で薬をもらう(治療薬の料金は薬局に実費払い)。SuperdrugやBootsといった、いわゆるchemist(薬屋。薬のほかに化粧品、雑貨類から電気製品まで売っているから実に便利)がロンドンのいたるところに支店をもっている。

夜遅くまで開いている薬局
ブーツ Boots
● MAP 3-C1
住 St. Pancras International Station, NW1　☎ 7833 0216
営 7：00～24：00（土8：00～）
日・祝9：00～21：00　クリスマス前後は要確認
休 12/25
営業時間は異なるが、ほかにも支店多数。→P.294

日本語が通じる歯医者
順子・クーパー
住 2 Haslemere Gardens, Finchley, N3　☎ 8349 9162
営 9：00～13：00、14：00～18：00　土10：00～13：00,14：00～17：00　休 日・祝　完全予約制

薬について
日本の総合感冒薬のような風邪薬 Cold remedyはないので、下記のような症状をカウンターで伝えておすすめを聞く。
咳止め Cough syrup／Cough candy
痛み止め・解熱薬 Pain killer
目薬 Eye drop
胃腸薬も風邪薬同様、総合胃腸薬はないので、症状に応じた薬をいくつか服用する。
消化不良 Indigestion
胃痛 Stomach ache
胸やけ Heart burn
下痢 Diarrhoea

旅のトラブルと安全対策
盗難と紛失…病気・けが

コスメなども売っている薬局Bootsは、とっても便利

緊急時に相談できる病院

日本語で相談できる病院
ジャパン・グリーン・メディカルセンター
住 10 Throgmorton Av., EC2N 2DL　☎ 7330 1750
シティ本院　Ⓤ Liverpool St.
アクトン分院　Ⓤ Ealing Common
URL www.japangreen.co.uk

Dr.伊藤クリニック Dr. Ito Clinic
住 96 Harley St., W1G 7HY　☎ 7637 5560
Ⓤ Regent's Park／Oxford Circus
URL www.dritoclinic.co.uk

日本クラブ診療所
診察は完全予約制。必ず電話で連絡すること。
Hospital of St. John ＆ St. Elizabeth
住 60 Grove End Rd., St. John's Wood, NW8 9NH
☎ 7266 1121　Ⓤ St. John's Wood
問い合わせ
日本クラブ事務局
住 Units 13 & 14, Ground Floor, Europoint Centre, 5 - 11 Lavington St., SE1 0NZ
☎ 7921 9490
URL www.nipponclub.co.uk

ロンドン医療センター
24時間年中受付。
住 234-236 Hendon Way, NW4 3NE
☎ 8202 7272　URL www.iryo.com
Ⓤ Hendon Central

24時間開いている病院
Royal London Hospital
住 Whitechapel Rd., E1 1FR　☎ 7377 7000
Guy's Hospital
住 Great Maze Pond, SE1 9RT　☎ 7188 7188
Royal Free Hospital
住 Pond St., NW3 2QG　☎ 7794 0500
University College Hospital
住 235 Euston Rd., NW1 2BU　☎ 3456 7890
St. Thomas' Hospital
住 Westminster Bridge Rd., SE1 7EH　☎ 7188 7188
※電話は自動音声応答でなかなか通じないことが多いので、緊急の場合は☎111にかけるか、直接"Emergency"または救急救命A&Eの窓口へ行くといいだろう。

417

感謝するとき

Thank you. ／ Thanks a lot.
ありがとう
Thank you very much.
どうもありがとう
Not at all.　どういたしまして
(You're welcome.でも通じる)

謝るとき

必ず下げ調子で。でないと謝
ったことにならないので注意。
Excuse me.　すみません
(人混みをかきわけて前へ行き
たいとき、食事中に席を外し
たいときなどにも)
Pardon me.すみません
(Excuse me.よりもていねい。
上げ調子だと、「何ておっしゃ
いました?」の意になってしまう)
I'm sorry.　ごめんなさい
I'm very sorry.
ほんとうにごめんなさい
That's all right. ／ That's OK.
平気ですよ、気にしないで
ください

文の末尾に " please." を

イギリス人は "〜, please." とよ
く言う。pleaseを付けると柔ら
かな言い方になるため相手も
ていねいに応対してくれるよう
だ。ただし、英文前の末尾に
「*」があるものはplease不要。

きっと役に立つ! 旅の言葉・・・旅の技術

目と目、心と心で十分通じ合うこともあるが、言葉が通じれば、
旅の楽しさがグーンとアップすることは間違いない。切符を買った
り、ホテルを探したり、買い物したり。ここでは(ほんの少しだが)、
旅をスムーズに運ぶために役立つ文例を集めてみた。なかでも一番
シンプルで、無限に応用が利くのが "A map, please."。"A map"の
部分にさまざまな名詞を放り込むだけで「〜お願いします(くださ
い)」というリッパな依頼となる。店で「これください」と言いたけれ
ば "This one, please."、水が飲みたければ "Water, please."。切符
売り場、パブなど、あらゆるところで大活躍。本当に便利。とてもよ
く使われるフレーズの「はいお願いします」は "Yes, please."。

この "〜, please." にしても、ほかの文例にしても、言葉を声にす
るときは、大きな声でハッキリと。言い出す前に、"Hello." とか
"(Good) Morning."("Excuse me." は長くて舌をかみそうという人
はこれらのあいさつで十分)で相手の注意をうながせば、「この日
本人、今から何を言うつもりかな?」と耳をダンボのようにして聞い
てくれるはず。相手が自分の依頼に応えてくれたら "Thank you." を
忘れずに。そして、最後にニッコリ。ただ、聞きとれないときには正
直に "Pardon ?" と聞こう。

銀行・両替所で	
ポンドに両替してください(日本円を差し出しながら)	Exchange for British Pounds, please.
手数料がかかりますか?	Is there any charge ?
交通機関で	
近くに地下鉄の駅(バス停)はありますか?	Is there a tube station (a bus stop) nearby?
最寄りの駅はどこですか?	Where is the nearest station?
このバスはロンドン塔へ行きますか?	Does this bus go to the Tower of London?
地下鉄路線図をいただけますか?	May I have a Tube map?
グリーン・パークに着いたら教えてください	Please tell me(when we get to) Green Park.
オックスフォードへの片道切符[日帰り]をください	A single[a day return] to Oxford, please.
予約しなければいけませんか?	Must I make a reservation ?
ウィンザー行きは何番ホームですか?	Which platform for Windsor ?
どこで乗り換えればいいのですか?	Where should I change ?
観光	
何時にどこから出発しますか?	Where and what time does it leave?
どうやって(どんな交通手段で)行けますか?	How do I get there ?
徒歩でどのくらい時間がかかりますか?	How long does it take to walk down there?
ここで写真を撮ってもいいですか?	May I take pictures here?
ショッピング	
見ているだけです、ありがとう	I'm just looking, thank you.*
これをください	This one, please.

TRAVEL TECHNIQUE

母に何かいいプレゼントを探しています	I'm looking for something good for my mother.
あのドレスを見せていただけますか？	Could you show me that dress？
もっと大きいサイズのものはありますか？	Do you have a larger one？
手に取ってみてもいいですか？	Can I pick it up？
試着室はどこですか？	Where is the fitting room？
試着（試食）してみていいですか？	Can I try？
クレジットカードは使えますか？	Do you accept credit cards？

レストランで

この近くにおいしいレストランはありますか？	Do you know any good restaurants nearby？
今晩8時に4人分予約したいのですが	I'd like to book a table for 4 at 8:00 tonight.
服装の決まりはありますか？	Do you have a dress code？
2人ですが、席はありますか？（予約なしの場合）	Do you have a table for two？
おすすめは何ですか？	What do you recommend？
これは注文していません。	I didn't order this.*
この席は空いていますか？	Is someone sitting here？
お勘定をお願いします	The bill, please.
持ち帰ります	Take away, please.

エンターテインメント

今晩は何をやっていますか？	What's on tonight？
当日券はありますか？	Do you have today's tickets？
2・3日中に好試合がありますか？	Are there any big games in the next few days？
これは7時のショーに並んでいる列ですか？	Is this the queue for the 7 o'clock show？
ここが列の最後ですか？	Is this the end of the queue？

ホテルで

ツインルーム[シングルルーム/ダブルルーム]をお願いします	A twin room[a single room/a double room]，please.
2泊したいのですが	(For) Two nights, please.
いくらですか？（1泊）	How much(is it per night)？
朝食[税金]は含まれていますか？（料金に）	(Is) Breakfast[VAT] included？
シャワー付き[シャワーとバスタブ付き]の部屋をお願いします	A room with en-suite shower[en-suite bath tub with shower]，please.
領収書をお願いします	A receipt, please.
部屋を替えてもらえますか？	Could you give me a different room？
荷物を午後6時まで預かってもらえますか？	Could you keep my baggage until 6:00 pm？
部屋に鍵を置いたまま閉めてしまいました。	I am locked out of my room.*

通りで

道に迷ってしまいました	I'm lost.*
ここはどこなんでしょう？	Where am I？
私のホテルに行きたいのですが	I'd like to go to my hotel.
トイレはどこですか？	Where is a toilet？

困ったとき

助けて！	Help！
出て行け！	Get out！

旅の言葉

シチュエーション別英文例

419

危ない！	Watch out！
どろぼう！	Robber！*
けっこうです、いりません	No, thank you.*
パスポート[財布]をなくしました	I've lost my passport[wallet].*
盗難届出証明書をお願いします	A theft report, please.
日本大使館に連絡してください	Please call the Japanese Embassy for me.

病気になったら

気分が悪いのです	I feel nauseous(sick).*
医者を呼んでもらえますか？	Would you call a doctor for me？
熱があるのです	I have a fever.*
病院へ連れていってください	Could you take me to a hospital, please?
ここが痛いです	I have a pain here.*
吐き気がします	I feel nauseous[chilly].*
何度か吐きました	I've been vomiting.*
左足首を捻挫しました	I sprained my left ankle.*
私はアレルギー体質です	I have allergies.*
この辺で一番近い薬局はどこですか？	Where is the nearest pharmacy / chemist?
風邪[頭痛、痛み止め(解熱)、咳止め]の薬が欲しいのですが	Do you have anything for a cold[headache, Pain killer, Cough syrup / Cough candy]？
腹痛、歯痛、下痢、目薬、消化不良、胃痛、胸やけ	Stomachache, Toothache, Diarrhoea, Eye drop, Indigestion, Stomachache, Heart burn*

CLOSE UP

英語 vs. 米語　ちょっと覚えておきたい違い

日本語－英語－米語

秋－ autumn － fall
アパート－ flat － apartment
1階－ ground floor － first floor
2階－ first floor － second floor
遺失物取扱所－ lost property － lost and found
受付(ホテルなど)－ reception － front desk
映画館－ cinema/pictures － theater/movies
エレベーター－ lift － elevator
往復切符－ return ticket － round-trip ticket
ガソリン－ petrol － gas/gasoline
ガソリンスタンド－ petrol station － gas station/service station
片道切符－ single ticket － one-way ticket
勘定書－ bill － check
キャンディー－ sweets － candy
休暇－ holiday － vacation
クルマエビ－ prawn － jumbo shrimp
燻製にしん－ kippers － smoked herring
公立学校－ state school － public school
私立学校－ public school － private school
高速道路－ motorway － freeway/superhighway

ごみ－ rubbish － garbage/trash
酒屋－ off license － liquor store
酒類－ spirits － liquor
サッカー－ football － soccer
祝日－ bank holiday － legal holiday
地下鉄－ tube/underground － subway
地下道－ subway － underground
長距離バス－ coach － bus(city-to-city)
出口－ way out － exit
荷物預かり所－ left luggage office － baggage room
波止場－ quay(キー) － wharf/pier
クッキー－ biscuit － cookie
ポテトチップ－ crisps － potato chips
フライドポテト－ chips － french fries
町の中心部－ city centre － downtown
持ち帰り－ takeaway － takeout
有限会社－ limited(Ltd.) － incorporated(Inc.)
郵便／郵送する－ post － mail
予約する－ book － make a reservation/reserve
列－ queue － line
ロータリー－ roundabout － traffic circle/circledrive
歩道－ pavement － sidewalk

TRAVEL TECHNIQUE

超シンプル！イギリス歴史講座・・・旅の技術

紀元前43　ブリタニア、ローマの属州となる

375　ゲルマン民族の大移動始まる

410　ローマ軍、ブリタニアから撤退

603　ケント王、ロンドンにセント・ポール大聖堂を建設

10世紀後半　イングランド王国統一ほぼ完成

1016　デーン人クヌート、イングランド征服

ノルマン朝　1066～1154

1066　ヘイスティングズの戦い。ノルマンディ公ギョーム、ウェストミンスター寺院で即位、ウィリアム1世となる

1086　"ドゥームズディ・ブック（イングランドの国勢調査書）"の作成

プランタジネット朝　1154～1399

1154　アンジュー伯アンリ、ヘンリー2世として即位

1167　オックスフォード大学創立

1204　ジョン王、ノルマンディ領を失い、「失地王」とあだ名される

1215　ジョン王、"マグナ・カルタ（臣民の自由・権利を認める勅許状）"に署名

1233　ケンブリッジ大学創立

1265　シモン・ド・モンフォール、議会召集、イギリス下院の基礎となる

1277　エドワード1世、ウェールズ征服

1295　模範議会召集

1328　スコットランド王国承認

1337～1453　百年戦争（対フランス）

1341　イギリス議会、二院制となる

1381　ワット・タイラーの一揆

ランカスター朝　1399～1461

1399　ヘンリー4世即位

1455～1485　バラ戦争（赤バラのランカスター家 vs. 白バラのヨーク家）

ヨーク朝　1461～1485

チューダー朝　1485～1603

1485　ランカスター家のヘンリー、ヨーク家の娘と結婚、ヘンリー7世として即位

1509　ヘンリー8世即位

1534　英国国教会成立

1536　イングランド、ウェールズを統合

1558　エリザベス1世即位

1587　スコットランド女王メアリー・スチュアート、処刑される

1588　スペイン無敵艦隊を破る

初期スチュアート朝　1603～1649

1603　スコットランド王ジェームズ6世、ジェームズ1世としてイングランド王に即位

1605　火薬陰謀事件（王と国会を爆破しようとしたガイ・フォークスらの陰謀、失敗）

1625　チャールズ1世即位

1628　権利の請願

1642　ピューリタン革命。ロンドンの劇場、封鎖される

共和政　1649～1653

1649　チャールズ1世、処刑される。オリバー・クロムウェル、共和政布告

1652　ロンドンに初のコーヒーハウス開店

護国卿体制　1653～1660

1658　オリバー・クロムウェル死去、リチャード・クロムウェル、護国卿となる

後期スチュアート朝　1660～1714

1660　王政復古、チャールズ2世即位。ロンドンの劇場、再開される

1665　ロンドンにペスト大流行

1666　ロンドン大火

1688　名誉革命

1707　イングランド、スコットランドを統合

ハノーヴァー朝　1714～1917

1715　ジャコバイトの反乱起こる

1745　ジャコバイトの反乱終結

1759　大英博物館、開館。18世紀後半、産業革命始まる

1775～1783　アメリカ独立戦争

1801　アイルランド併合

1805　トラファルガーの海戦

1815　ウォータールーの戦い

1830　リヴァプール～マンチェスター鉄道完成

1837　ヴィクトリア女王即位

1839　郵便制度、始まる

1851　第1回万国博覧会、ロンドンのハイド・パークで開催

1863　ロンドンの地下鉄、開通

1877　ヴィクトリア女王、インド皇帝を兼任

1902　日英同盟

1914～1918　第1次世界大戦

ウィンザー朝　1917～

1922　アイルランド自由国成立

1936　エドワード8世、シンプソン夫人との結婚を選び王位を放棄、ジョージ6世即位

1939～1945　第2次世界大戦

1949　アイルランド共和国、独立。北大西洋条約機構（NATO）調印

1952　エリザベス女王即位

1970　北海油田発見

1971　十進法通貨制導入

1973　ECに正式加盟

1974　北アイルランド直接統合開始

2011　ウィリアム王子、キャサリン（愛称ケイト）・ミドルトン嬢と結婚

2019　ボリス・ジョンソン首相の保守党内閣成立

旅の言葉・歴史

シチュエーション別英文例…イギリス歴史講座

観光エリア&ポイント

アップル・ビル	118
アビー・ロード	118
アブズリー・ハウス	126
アルバート記念碑	125
ヴィクトリア地区	091
ウィンブルドン	139
ウェストミンスター	092
ウェストミンスター寺院	094
ウェストミンスター大聖堂	091
ウェリントン・アーチ	126
A.A.ミルンの家	121
エロスの像	080
王立取引所	101
オスカー・ワイルドの家	121
カーライル・マンション	121
カティー・サーク号	134
キュー・ガーデンズ	142
ギルドホール	106
クラレンス・ハウス	086
グリニッジ	132
グレイズ・イン	112
ケンウッド・ハウス	136
ケンジントン宮殿	124
コヴェント・ガーデン	082
国会議事堂(ビッグ・ベン)	092
サウスバンク	097
サザーク	108
サマセット・モームの家	111
シティ	100
シャード	108
首相官邸	092
ショーディッチ	130
スィーダー・スタジオ	121
ストランド	082
スピーカーズ・コーナー	125
セント・ジェームズ	086
セント・ジェームズ宮殿	086
セント・ポール大聖堂	102
セント・マーガレット教会	094
セント・メアリー・ル・ボウ教会	101
ソーホー	081
ターナーの家	121
タワー・ブリッジ	107
チェルシー	120,121
チェルシー・フィジック・ガーデン	122
チズウィック	118
中華街	081
テンプル	112
トマス・カーライルの家	121
トマス・モアの像	121
トラファルガー広場	083
ナイツブリッジ	120
ノッティング・ヒル	128
バーナード・ショーとヴァージニア・ウルフの家	111
ハーロウ校	138
ハイゲート・セメタリー	138
バッキンガム宮殿	088
ハムステッド	135
バンケティング・ハウス	096
ハンプトン・コート	144
ハンプトン・コート・パレス	144
ピカデリー・サーカス	080

フェントン・ハウス	137
ブルームズベリー	110
ベイズウォーター	116
ペインティッド・ホールと礼拝堂	134
ホース・ガーズ	096
ホクストン・スクエア	130
ホルボーン	112
マーブル・アーチ	126
マダム・タッソーろう人形館	114
マリルボン	114
マンション・ハウス	101
マンスフィールドの家	121
メイフェア	081
ランベス	097
ランベス宮	097
リージェンツ運河	117
リッチモンド	140,143
リトル・ヴェニス	117
リンカンズ・イン	112
ロンドン・アイ	098
ロンドン大学	110
ロンドン・ダンジョン	098
ロンドン塔	104
ロンドン動物園	116

博物館、美術館、ギャラリー

ICAギャラリー	176
イングランド銀行博物館	162
ヴィクトリア・アンド・アルバート博物館	152
ウィリアム・モリス・ギャラリー	155
ウィンブルドン・ローン・テニス博物館	167
ウェルカム・コレクション	159
ウォレス・コレクション	178
王立空軍博物館	166
王立芸術院	176
カートゥーン博物館	159
科学博物館	157
カムデン・アーツ・センター	179
キーツ・ハウス	136
旧王立天文台	133
クイーンズ・ギャラリー	089
クイーンズ・ハウス	133
現代写真ギャラリー	178
国立海事博物館	133
子供博物館	165
サーチ・ギャラリー	177
サーペンタイン・ギャラリー	124
サマセット・ハウス	176
自然史博物館	156
シャーロック・ホームズ博物館	160
ジョン・ソーン博物館	161
大英図書館	158
大英博物館	146
ダリッチ・ピクチャー・ギャラリー	179
チャールズ・ディケンズ博物館	111
庭園博物館	167
帝国戦争博物館	165
テート・ブリテン	173
テート・モダン	174
デザイン・ミュージアム	163
ナショナル・ギャラリー	168
ナショナル・ポートレート・ギャラリー	172
ニューポート・ストリート・ギャラリー	177

バービカン・センター	178
ファッション&テキスタイル博物館	164
ブランド・パッケージ・広告博物館	166
フロイト博物館	147
フローレンス・ナイチンゲール博物館	164
ヘイワード・ギャラリー	177
ヘンデル&ヘンドリックス博物館	163
ポロックス・トイ・ミュージアム	157
ホワイトチャペル・ギャラリー	179
郵便博物館	164
レイトン・ハウス博物館	163
レッド・ハウス	166
ロイヤル・ミューズ	089
ロンドン交通博物館	159
ロンドン博物館	158

観光ポイント（ロンドン外）

イーストゲート時計台	390
イートン校	363
イプラ・タワー	381
ウィズリー・ガーデン	384
ウィンザー城	362
ウィンチカム	358
円形競技場	390
オックスフォード	364
カースル・クーム	357
カンタベリー	377
カンタベリー大聖堂	377
カンタベリー・テイルズ	378
機関車トーマス	385
キングズ・カレッジ	374
キング・チャールズ・タワー	390
『クマのプーさん』の故郷	383
クライスト・チャーチ	364
ケンブリッジ	374
コートヤード・シアター	371
湖水地方	386
コッツウォルズ地方	352
サイレンセスター	355
シェイクスピアの生家	368
シェフィールド・パーク駅	382
シスターン	381
ストーンヘンジ	372
ストラウド	354
ストラトフォード・アポン・エイヴォン	368
スワン・シアター	371
聖アウグスティヌス修道院跡	379
聖メアリー教会(オックスフォード)	365
聖メアリー教会(ケンブリッジ)	376
聖メアリー教会(ライ)	380
ソールズベリ	372
ソールズベリ大聖堂	373
ダブ・コテージ	389
チェスター大聖堂	391
チェスター・レースコース	390
チッピング・カムデン	356
テットベリー	354
ニア・ソーリー	388
ニュー・プレイス	369
ハートフィールド	383
バイブリー	356
バンティング	375
ビアトリクス・ポター・ギャラリー	389
ビアトリクス・ポターの世界	387

ヒルトップ …………………388
プー・カントリー …………383
プー・コーナー …………383
ブルーベル鉄道 …………382
ブレナム宮殿 …………366
ホーステッド・キーンズ駅 …………382
ボートン・オン・ザ・ウォーター …………358
ホーリー・トリニティ教会 …………370
ホールズ・クロフト …………370
ボドリアン図書館 …………366
マーメイド・ストリート …………387
遊覧船＆蒸気機関車(湖水地方) …………387
ライ …………380
ライダル・マウント …………389
ラム・ハウス …………381
ランドゲート …………381
レイコック …………359
ロイヤル・シェイクスピア・シアター …………371
ロウズ …………391
ローマン・ガーデンズ …………390
ワーズワースの生家 …………389

劇場、ホール、映画館

アデルフィ・シアター …………193
アポロ・ヴィクトリア・シアター …………192
アポロ・シアター …………188
アルメイダ・シアター …………199
アンバサダーズ・シアター …………194
イングリッシュ・ナショナル・オペラ …………204
ウィグモア・ホール …………203
ヴォードヴィル・シアター …………195
オールドウィッチ・シアター …………196
ガリック・シアター …………197
ギルグード・シアター …………197
キングス・プレイス …………202
キングズ・ヘッド …………199
クイーン・エリザベス・ホール …………201
ケンブリッジ・シアター …………188
サドラーズ・ウェルズ劇場 …………205
シアター・ロイヤル・ドゥルリー・
　レーン …………192
シアター・ロイヤル・ヘイマーケット …………196
シェイクスピア・グローブ劇場 …………195
ジリアン・リン・シアター …………192
セント・ジョンズ・スミス・スクエア …………202
セント・マーティンズ・シアター …………194
ソンドハイム・シアター …………188
ナショナル・シアター …………196
ノヴェロ・シアター …………189
パーセル・ルーム …………202
バービカン・センター …………196
バービカン・ホール …………202
ハー・マジェスティーズ・シアター …………191
ハムステッド・シアター …………199
パレス・シアター …………191
BFIサウスバンク …………199
ピーコック劇場 …………205
フォーチュン・シアター …………197
プリンス・エドワード・シアター …………192
プリンス・オブ・ウェールズ・シアター …………193
ライシアム・シアター …………189
ロイヤル・アルバート・ホール …………200
ロイヤル・オペラ・ハウス …………204
ロイヤル・コート・シアター …………199

ロイヤル・フェスティバル・ホール …………201

ライブハウス、ナイトクラブ、ジャズクラブ

ヴェニュー・ニュー・クロス …………206
ヴォルテックス・ジャズ・クラブ …………215
エッグ …………210
オーツー・アカデミー・ブリクストン …………207
オーツー・シェパーズ・ブッシュ・エンパイア …………206
オーツー・フォーラム・ケンティッシュ・タウン …………206
オミーラ …………206
カーゴ …………205
カムデン・アセンブリ …………205
グローリー …………210
ココ …………207
コルシカ・ステューディオス …………210
606クラブ …………214
ジャズ・カフェ …………214
ジョーズ …………209
スカラ …………206
スティールヤード …………209
スパイス・オブ・ライフ …………215
ゾーョー …………209
ドルチェ・ロンドン …………209
ピザ・エクスプレス・ジャズ・クラブ …………215
ビッグ・チル・バー …………210
ブック・クラブ …………210
ヘヴン …………209
ミニストリー・オブ・サウンド …………208
リベルティン …………208
ルンバ …………210
ロニー・スコッツ …………213
ワンハンドレッド・クラブ …………213

スポーツ

クリケット …………220
競馬 …………218
フットボール(サッカー) …………216
ラグビー …………220

レストラン、カフェ、ティールーム、パブ

R.S.ヒスパニョーラ(船上レストラン) …………241
アイビー(モダン・ブリティッシュ) …………239
アダム＆イヴ(パブ) …………242
アンカー(パブ) …………263
イート(カフェ) …………233
イツ(和風) …………251
インペリアル・チャイナ(中華) …………250
ヴァピアーノ(イタリア) …………248
ヴィクトリア・プレイス
　(ファストフード) …………241
ウィンドミル(パブ) …………262
ウエストフィールド(フードコート) …………310
エガートン・ハウス・ホテル(ティールーム) …………252
オステリア・バジリコ(イタリア) …………248
オットレンギ(デリカフェ) …………243
カイ・メイフェア(中華) …………250
カウ(パブ) …………242
金田屋(ラーメン) …………233
カフェ・イン・ザ・クリプト(カフェ) …………259
カフェ・スパイス・ナマステ(インド) …………245
カルッチオズ(イタリア) …………248
菊(日本) …………251
キャッフェ・カルデシ(イタリア) …………248

ギャラリー・メス(ティールーム) …………253
クイーンズ(パブ) …………242
グレナディア(パブ) …………264
グレンジャー＆コー(オーストラリア) …………240
クロ・マッジョーレ(フランス) …………249
ゴードン・ラムジー(フランス) …………249
ゴールデン・ハインド(フィッシュ＆チップス) …………237
ゴビンダ(ベジタリアン) …………240
こや(日本) …………251
コンプター・レバニーズ(レバノン) …………247
サヴォイ(ティールーム) …………257
サヴォイ・グリル(イギリス) …………234
サウスバンク・センター・フード・
　マーケット …………310
ザ・グリル・アット・ドーチェスター
　(イギリス) …………234
ザ・ダイニング・ルーム
　(モダン・ブリティッシュ) …………239
ザッフェラーノ(イタリア) …………248
サン・モリッツ(スイス) …………247
シーフレッシュ(シーフード) …………236
シティ・オブ・ヨーク(パブ) …………263
シャーロック・ホームズ(パブ) …………263
シャン・シャン(中華) …………250
シンプソンズ・イン・ザ・ストランド
　(イギリス) …………235
スティッキー・フィンガーズ
　(カジュアル) …………241
セブン・ダイヤルズ・マーケット
　(屋内フードマーケット) …………232
セルフリッジのカフェ(カフェ) …………258
セント・ジェームズ・カフェ(カフェ) …………259
セント・ジョン(イギリス) …………235
ソールズベリー(パブ) …………263
ソファ(トルコ) …………241
タイ・ドゥ・カフェ(ベトナム) …………246
ダヴ(パブ) …………264
ダフネ(ギリシア) …………246
タマリンド(インド) …………245
チェティナード(インド) …………245
チャーチル・アームズ(パブ) …………264
チョップ・ハウス(イギリス) …………235
チャー・アンド・タトル(カフェ) …………258
TWGティー(ティールーム) …………259
ディ・オールド・チェシャー・チーズ
　(イギリス) …………235
ディケンズ・イン(パブ) …………264
ディシューム(インド) …………230
ティビッツ(ベジタリアン) …………241
デューク・オブ・ケンブリッジ(パブ) …………242
トーキョー・ダイナー(日本) …………251
ドーチェスター(ティールーム) …………257
トレッドウェルズ
　(モダン・ブリティッシュ) …………239
ナンドス(ポルトガル) …………240
ノース・シー・フィッシュ
　(フィッシュ＆チップス) …………237
バークレー・ホテル(ティールーム) …………253
パーセヴェランス(パブ) …………242
ハード・ロック・カフェ(カジュアル) …………241
バイロン(ハンバーガー) …………240
パティスリー・ヴァレリー(カフェ) …………258
ハム・ヤード(モダン・ブリティッシュ) …………238
ハロッズ(ティールーム) …………257

パンチ&ジュディ（パブ）…………264
ピエ・ダ・テール（フランス）…………249
ピックス（スペイン）…………247
ビビンバ（韓国）…………246
ピンポン（中華・飲茶）…………231
フィッシュワークス（シーフード）…236
フォートナム&メイソン
　（ティールーム）…………257
フライヤーズ・デライト
　（フィッシュ&チップス）…………237
ブラウンズ（ティールーム）…………257
フラット・アイアン・スクエア
　（フード・マーケット）…………310
プラネット・オーガニック（デリカフェ）243
プラム&スピルト・ミルク
　（モダン・ブリティッシュ）…………239
ブリック・レーン・ベーグル・ベイク
　（ベーグル・サンド）…………243
ブルー・ドア・ビストロ
　（モダン・ブリティッシュ）…………238
ブループリント・カフェ
　（モダン・ブリティッシュ）…………238
プレタ・マンジェ（カフェ）…………233
ブレックファスト・クラブ（イギリス）…235
ペイジン・ダンプリン（中華）…………250
ベナレス（インド）…………245
ベルゴ（ベルギー）…………231
ベントレーズ（シーフード）…………236
ボアデール・オブ・ベルグラヴィア
　（モダン・スコティッシュ）…………239
ポートベロー・ガーデン・キャッフェ
　（カジュアル）…………240
ホールフーズ・マーケット
　（オーガニック・デリ）…………243
ポーレン・ストリート・ソーシャル
　（モダン・ブリティッシュ）…………239
ポチ（そぼろ丼屋台）…………307
ポピーズ（フィッシュ&チップス）…237
マーカス（フランス）…………249
マサラ・ゾーン（インド）…………232
マフィン・マン（ティールーム）…………259
マラバー・ジャンクション（インド）…245
ミエン・テイ（ベトナム）…………230
メイド・イン・ブラジル（ブラジル）…246
メイフェア・チッピー
　（モダン・ブリティッシュ）…………238
メゾン・バートー（カフェ）…………258
メディーバル・バンケット
　（エンターテインメント系）…………247
モシ・モシ（日本）…………251
モルトビー・ストリート・マーケット
　（フード・マーケット）…………318
モモ・レストラン（モロッコ）…………247
モンマス・コーヒー・カンパニー（カフェ）256
ライルズ（モダン・ブリティッシュ）…238
ラム&フラッグ（パブ）…………263
リシュー（カフェ・レストラン）…………258
リッツ（イギリス）…………234
ルールズ（イギリス）…………235
ル・ガヴローシュ（フランス）…………249
ル・ポン・ド・ラトゥール（シーフード）236
ロイヤル・チャイナ（中華）…………250
ロースト（イギリス）…………234
ロック&ソウル・プレイス

（フィッシュ&チップス）…………237
ワクシー・オコナーズ（パブ）…………264
わさび（和風）…………233

ショップ

アクセサライズ（小物・アクセサリー）293
アストロロジー・ショップ（小物）……298
アスプレー・ロンドン（貴金属）…………296
アット・ワーク（アクセサリー）…………293
アップル・ストア（コンピューターなど）303
アップル・マーケット（マーケット）…312
アフター・ノア（雑貨など）…………299
アリア（小物）…………299
アルフィーズ（屋内マーケット）…………311
アルフレッド・ダンヒル
　（メンズ小物など）…………296
アンジェラ・フランダース（香水）………295
&アザー・ストーリーズ（ファッション）290
EBマウンテン・スポーツ
　（スポーツ用品）…………303
ウィッスルズ（ファッション）…………290
ウィッタード（紅茶）…………305
ウェイトローズ（スーパーマーケット）…280
ウエスト・ヴィレッジ（ファッション）…290
ウエストフィールド（ショッピングモール）301
ウォーターストーンズ（本）…………300
H.R.ヒギンズ（コーヒー・紅茶）………304
H&M（大型チェーン）…………278
エマ・ブリッジウオーター
　（陶磁器・生活用品）…………297
オーガニック・ファーマシー（コスメ）295
オークズ・ネスト（ゲーム）…………302
オービタル・コミックス（コミック）…301
オールド・スピタルフィールズ・マーケット
　（マーケット）…………317
オスプレイ（バッグ）…………292
カムデン・パッセージ（マーケット）…314
カムデン・ロック・マーケット
　（マーケット）…………312
キャス・キッドソン（雑貨）…………298
キングリー・コート
　（ショッピングモール）…………301
クラークス（食料品）…………305
グリニッジ・マーケット（マーケット）…318
グレイズ・アンティーク・センター
　（屋内マーケット）…………311
クロエ・アルベリー（インテリアなど）297
コロンビア・ロード・フラワー・マーケット
　（フラワーマーケット）…………317
コンテンポラリー・セラミクス・センター
　（陶磁器）…………301
コンラン・ショップ（インテリアなど）297
ザラ（大型チェーン）…………279
サンデー・アップマーケット
　（マーケット）…………309
J&Mデヴィッドソン（革製品・バッグ）292
ジェームズ・ジェイ・フォックス
　（葉巻・喫煙具など）…………296
ジェームズ・スミス&サンズ（傘）………303
ジオ・エフ・トランパー（コスメ）………294
ジャパン・センター（和食材・フードコート）307
ジャパン・ハウス（雑貨・ギャラリー）307
シャボネル・エ・ウォーカー
　（チョコレート）…………304

ジョー・マローン（香水）…………295
ジョー・ラブズ（香水）…………294
ジョン・スメドレー（ファッション）…288
ジョン・ルイス（デパート）…………286
ジョン・ルイスのフードホール
　（食料品）…………306
ジル・ウイング・ギフツ（雑貨）………299
スーパードラッグ（薬・コスメなど）…294
スザンナ・ハンター（革製品）…………292
スタンフォーズ（マップ・本）…………300
スマイソン（文房具）…………299
セインズベリーズ（スーパーマーケット）…281
セシル・コート通り（本）…………300
セルフリッジ（デパート）…………285
セント・マーチンズ・コートヤード
　（ショッピングモール）…………301
ダッチー・オリジナル
　（オーガニック食品など）…………306
タテオシアン（アクセサリー）…………293
チャーチズ（靴）…………292
T.K.マックス（大型チェーン）…………279
ティー・ハウス（お茶）…………305
デヴィッド・メラー（キッチン用品など）297
テスコ（スーパーマーケット）…………281
デューク・オブ・ヨーク・スクエア
　（ショッピングモール）…………301
ドゥント・ブックス（本）…………300
ドクター・マーチン・ストア（靴）………292
トップショップ（大型チェーン）…………279
トワイニング（紅茶）…………305
ナイトタウン（スポーツ用品）…………303
ナチュラル・ナチュラル
　（日本食料品）…………307
ニールズ・ヤード・レメディーズ
　（コスメ）…………294
ハーヴィー・ニコルズ（デパート）………285
ハーディーズ（駄菓子）…………306
パートリッジ（食料品）…………304
バーバリー（ファッション）…………288
バーバリー・ファクトリー・アウトレット
　（ファッション）…………288
バーモンジー・マーケット（マーケット）…318
バクストン&ウィットフィールド
　（チーズ）…………305
ハッチャーズ（本）…………300
ハビタ（インテリアなど）…………297
ハムレーズ（玩具）…………302
バラ・マーケット（マーケット）…………309
パリーミキ（めがね）…………307
ハロッズ（お茶・コーヒー）…………305
ハロッズ（デパート）…………284
ピーターシャム・ナーサリーズ（小物）298
ピーター・ジョーンズ（デパート）………286
ヒールズ（インテリアなど）…………297
ビスケッターズ（ビスケット）…………306
ブーツ（薬・コスメなど）…………294
フェニック・オブ・ボンド・ストリート
　（デパート）…………286
フォイルズ（本）…………300
フォートナム&メイソン（デパート）…285
フォップ（レコード・CD）…………302
ブックアート・ブックショップ（本）…301
ブックス・フォー・クックス（本）………301
プライマーク（大型チェーン）…………278

フライング・タイガー・コペンハーゲン
　（雑貨）……………………………298
ブラウンズ(ファッション)…………290
ブラックアウト2(ビンテージ)……289
フリード(スポーツ用品)……………303
ブリック・レーン・マーケット
　（マーケット）……………………316
ブレスタット(チョコレート)………304
ブロードウエイ・マーケット
　（マーケット）……………………308
フローリス(香水)……………………294
ベイツ(帽子)…………………………293
ペーパーチェイス(文房具)…………299
ペチコート・レーン(サンデー)・マーケット
　（マーケット）……………………316
ベンジャミン・ポロックス・トイショップ
　（玩具）……………………………302
ベンズ・クッキーズ(クッキー)……306
ペンハリゴンズ(香水)………………295
ポートベロー・マーケット(マーケット)… 314
ポール・スミス(ファッション)………289
ポール・スミス(セール・ショップ)
　（ファッション）…………………289
ポストカード・ティーズ(お茶)……304
ボディ・ショップ(コスメ)…………295
マーガレット・ハウエル(ファッション) 288
マークス&スペンサー
　（スーパーマーケット）…………280
マグマ(雑貨)…………………………298
マッキントッシュ(ファッション)…288
マッピン&ウェッブ(銀製品)………296
マルベリー(革製品・バッグ)………292
ミス・セルフリッジ(ファッション) …290
ミスター・クリスチャンズ(パン)……306
モルトン・ブラウン(ボディケア)…295
らいすわいんショップ(日本食料品) 307
ラフ・トレード・ウエスト
　（レコード・CD）…………………302
リース(ファッション)………………290
リバティ(デパート)…………………284
レイズ・ジャズ・ショップ(レコード・CD) …302
レネレイド(アクセサリーなど)……293
ロココ・チョコレート(チョコレート) …304
ロック&カンパニー・ハッターズ(帽子) 293
ロンドン・グラフィック・センター
　（画材・文房具）…………………299
ロンドン・シルバー・ヴォルツ
　（銀製品）…………………………296
ワールズ・エンド(ファッション)……289

ホテル

アールズ・コートYH ………………342
アシニーアム …………………………327
アスターズ・ベルグラヴィア………338
アビー・コート ………………………331
アロスファ ……………………………334
アンガス ………………………………336
インター・コンチネンタル・
　ロンドン・パーク・レーン………328
インディゴ・パディントン…………336
インペリアル・カレッジ学生寮 ……343
ウィンダミア …………………………340
ウエストベリ …………………………328
エース …………………………………330

LSEバンクサイド・ハウス…………343
オックスフォード・ストリートYH ……342
ガーデン・コート ……………………337
カヴェンディッシュ …………………328
キャピタル ……………………………330
クラリッジ ……………………………326
グランジ・ブルームス………………330
クレセント ……………………………334
グロヴナー ……………………………329
グロウナー・ハウス …………………326
Kウエスト・ホテル&スパ…………325
ゲンダイ・ゲスト・ハウス…………338
ゴア ……………………………………331
ゴーリング ……………………………326
コンソート ……………………………326
サヴォイ ………………………………326
ザナドゥ ………………………………324
サネット ………………………………334
ジェズモンド・ディーン……………336
シスル・ブルームズベリー・パーク …329
シャーロッテ・ゲスト・ハウス……340
ジャッド ………………………………332
スタッフォード ………………………327
Zホテル ………………………………325
セント・パンクラスYH ……………342
セント・ポールズYH ………………342
タヴィストック ………………………332
ダヌビアス・リージェンツ・パーク …329
タワー …………………………………329
テムズサイドYH……………………343
デュークス ……………………………326
ドーヴァー ……………………………338
ドーチェスター ………………………326
トラベロッジ …………………………340
パーク・アヴェニュー・ベーカー・
　ストリート …………………………337
パーク・タワー・ナイツブリッジ ……328
パークレー ……………………………327
パーク・レーン ………………………328
ハーリングフォード …………………334
ハイアット・リージェンシー・ロンドン・
　ザ・チャーチル ……………………328
パイロン ………………………………337
ハブ・バイ・プレミア・イン………337
バンクーバー・ステューディオ……337
B+Bベルグラヴィア ………………338
ヒルトン・ロンドン・パディントン …328
フィールディング ……………………340
フォー・シーズンズ …………………327
ブラウンズ ……………………………327
ブランドフォード ……………………337
ブレイクス ……………………………330
プレジデント …………………………332
プレミア・イン ………………………324
フレミングス・メイフェア…………329
ヘンリー・ハウス ……………………336
ポイントA・ホテル・キングス・クロス 336
ポートベロー …………………………331
ホクストン ……………………………332
ホリデイ・イン・ロンドン・メイフェア 328
マイター・ハウス ……………………337
マリルボン ……………………………329
マンダリン・オリエンタル・ハイド・
　パーク ………………………………326

メイ・フェア …………………………328
メイフラワー …………………………336
メイブルドン・コート………………332
メルボーン・ハウス …………………338
モートン ………………………………332
ライム・ツリー ………………………340
ランガム・ロンドン …………………327
リッツ …………………………………326
ルーベンス・アット・ザ・パレス ……329
レンブラント …………………………329
ロイヤル・ホースガーズ……………328
ロンドン・セントラルYH …………342
ロンドン大学インターナショナル寮…343
ロンドン・ヒルトン・オン・パーク・
　レーン ………………………………328
ロンドン・ブリッジ …………………330
ロンドン・マリオット・グロヴナー・
　スクエア ……………………………328
ワシントン・メイフェア……………328
ワン・オルドウィッチ………………328

公園

グリーン・パーク ……………………087
ケンジントン・ガーデンズ…………125
セント・ジェームズ・パーク………087
ハイド・パーク ………………………125
バタシー・パーク ……………………097
ハムステッド・ヒース ………………137
ホランド・パーク ……………………128
リージェンツ・パーク………………115
リッチモンド・パーク………………140

その他

遺失物取扱所(交通関係)……………416
インフォメーションセンター………060
ヴィクトリア駅 ………………………348
ヴィクトリア・コーチ・ステーション 349
ウォータール一駅 ……………………348
英国政府観光庁 ………………………401
英国連合王国大使館(在日)…………401
エイビス ………………………………351
ガトウィック空港 ……………………029
関西国際空港 …………………………403
キングス・クロス駅 …………………348
グリーン・ライン・コーチ・
　ステーション ………………………349
在英国日本大使館・領事班…………415
スタンステッド空港 …………………030
セント・パンクラス駅………………348
チケッツTKTS ………………………185
チャリング・クロス駅………………348
成田国際空港 …………………………402
ハーツ・ジャパン ……………………351
パディントン駅 ………………………348
羽田空港 ………………………………402
ヒースロー空港 ……………028,032,033
ブリティッシュ・カウンシル………401
マリルボン駅 …………………………348
ユーストン駅 …………………………348
ユーロスター …………………………349
リヴァプール・ストリート駅………348
ルートン空港 …………………………030
ロンドン・シティ空港………………030

425

地球の歩き方 ホームページのご案内

海外旅行の最新情報満載の「地球の歩き方ホームページ」！ガイドブックの更新情報はもちろん、各国の基本情報、海外旅行の手続きと準備、海外航空券、海外ツアー、現地ツアー、ホテル、鉄道チケット、Wi-Fiレンタルサービスなどもご紹介。旅先の疑問などを解決するためのQ&A・旅仲間募集掲示板や現地Web特派員ブログ、ニュース＆レポートもあります。

🔗 **https://www.arukikata.co.jp/**

■ 多彩なサービスであなたの海外旅行をサポートします！

旅のQ&A・旅仲間募集掲示板

教えて! by 旅スケ 旅のQ&A掲示板

世界中を歩き回った多くの旅行者があなたの質問を待っています。目からウロコの新発見も多く、やりとりを読んでいるだけでも楽しい旅行情報の宝庫です。

🔗 **https://bbs.arukikata.co.jp/**

国内外の旅に関するニュースやレポート満載

地球の歩き方 ニュース＆レポート

国内外の観光、グルメ、イベント情報、地球の歩き方ユーザーアンケートによるランキング、編集部の取材レポートなど、ほかでは読むことのできない、世界各地の「今」を伝えるコーナーです。

🔗 **https://news.arukikata.co.jp/**

航空券の手配がオンラインで可能

地球の歩き方 arukikata.com

航空券のオンライン予約なら「アルキカタ・ドット・コム」。成田・羽田のほか、全国各地の空港を発着する航空券を手配できます。期間限定の大特価バーゲンコーナーは必見。

🔗 **https://www.arukikata.com/**

空港とホテル間の送迎も予約可能

Travel 地球の歩き方 現地発着オプショナルツアー

効率よく旅を楽しめる世界各地のオプショナルツアーを取り揃えています。観光以外にも快適な旅のオプションとして、空港とホテル間の送迎や空港ラウンジ利用も人気です。

🔗 **https://op.arukikata.com/**

ホテルの手配がオンラインで可能

Travel 地球の歩き方 海外ホテル予約

「地球の歩き方ホテル予約」では、世界各地の格安から高級ホテルまでをオンラインで予約できます。クチコミなども参考に評判のホテルを探しましょう。

🔗 **https://hotels.arukikata.com/**

海外Wi-Fiレンタル料金比較

Travel 地球の歩き方 海外Wi-Fiレンタル

スマホなどによる海外ネット接続で利用者が増えている「Wi-Fiルーター」のレンタル。渡航先やサービス提供会社で異なる料金プランなどを比較し、予約も可能です。

🔗 **https://www.arukikata.co.jp/wifi/**

LAのディズニーリゾートやユニバーサルスタジオ入場券の手配

Travel 地球の歩き方 チケットオンライン

アナハイムのディズニー・リゾートやハリウッドのユニバーサル・スタジオの、現地でチケットブースに並ばずに入場できる入場券の手配をオンラインで取り扱っています。

🔗 **https://parts.arukikata.com/**

ヨーロッパ鉄道チケットがWebで購入できる「ヨーロッパ鉄道の旅」

ヨーロッパ鉄道の旅 Travelling by Train

地球の歩き方トラベルのヨーロッパ鉄道チケット販売サイト。オンラインで鉄道パスや乗車券、座席指定券などを予約できます。利用区間や日程がお決まりの方におすすめです。

🔗 **https://rail.arukikata.com/**

海外旅行の情報源はここに！ 　[地球の歩き方]　[検索]

海外女子旅にはこの1冊でOK！

旅好き女子のためのプチぼうけん応援ガイド

地球の歩き方 aruco

人気都市ではみんなとちょっと違う新鮮ワクワク旅を。
いつか行ってみたい旅先では、憧れを実現するための安心プランをご紹介。
世界を旅する女性のための最強ガイド！

旅のテンションUP！

point ❶ 一枚ウワテの プチぼうけん プラン満載

友達に自慢できちゃう、魅力溢れるテーマがいっぱい。
みんなとちょっと違うとっておきの体験がしたい人におすすめ

point ❷ aruco調査隊が おいしい&かわいいを 徹底取材！

女性スタッフが現地で食べ比べたグルメ、試したコスメ、リアル買いしたおみやげなど「本当にイイモノ」を厳選紹介

point ❸ 読者の口コミ& 編集部のアドバイスも チェック！

欄外には読者から届いた耳より情報を多数掲載！

編集部からの役立つプチアドバイスも

全36タイトル！

ヨーロッパ
- ❶ パリ
- ❻ ロンドン
- ⓯ チェコ
- ⓰ ベルギー
- ⓱ ウィーン/ブダペスト
- ⓲ イタリア
- ⓴ クロアチア/スロヴェニア
- ㉑ スペイン
- ㉖ フィンランド/エストニア
- ㉘ ドイツ
- ㉜ オランダ
- ㊱ フランス

アジア
- ❷ ソウル
- ❸ 台北
- ❺ インド
- ❼ 香港
- ❿ ホーチミン/ダナン/ホイアン
- ⓬ バリ島
- ⓭ 上海
- ⓱ スリランカ
- ㉒ シンガポール
- ㉓ バンコク
- ㉗ アンコール・ワット
- ㉙ ハノイ
- ㉚ 台湾
- ㉞ セブ/ボホール/エルニド

アメリカ/オセアニア
- ❾ ニューヨーク
- ⓫ ホノルル
- ㉔ グアム
- ㉕ オーストラリア
- ㉛ カナダ
- ㉝ サイパン/テニアン/ロタ
- ㉟ ロスアンゼルス

中近東/アフリカ
- ❹ トルコ
- ❽ エジプト
- ⓮ モロッコ

今後も続々発行予定！

定価：本体1200円〜+税
お求めは全国の書店で

取リ外して使える便利な別冊MAP付！

ウェブ&SNSで旬ネタ発信中！

aruco公式サイト
www.arukikata.co.jp/aruco

aruco編集部が、本誌で紹介しきれなかったこぼれネタや女子が気になる最旬情報を、発信しちゃいます！新刊や改訂版の発行予定などもチェック☆

f @aruco55 @arukikata_aruco @aruco_arukikata

メルマガ配信中！登録はこちら

arucoのLINEスタンプができました！チェックしてね♪ OK!!

「地球の歩き方」の書籍

地球の歩き方 GEM STONE

「GEM STONE（ジェムストーン）」の意味は「原石」。地球を旅して見つけた宝石のような輝きをもつ「自然」や「文化」、「史跡」などといった「原石」を珠玉の旅として提案するビジュアルガイドブック。美しい写真と詳しい解説で新しいテーマ＆スタイルの旅へと誘います。

- 001 パリの手帖 とっておきの散歩道
- 007 クロアチア 世界遺産と島めぐり
- 021 ウィーン旧市街 とっておきの散歩道
- 023 増補改訂版 ヴェネツィア カフェ＆バーカロでめぐる、14の迷宮路地散歩
- 029 イギリス人は甘いのがお好き プディング＆焼き菓子がいっぱいのラブリーな生活
- 031 コッツウォルズ＆ロンドンのマーケットめぐり
- 032 フィレンツェ美食散歩 おいしいもの探しの四季の旅
- 033 改訂新版 フィンランド かわいいデザインと出会う街歩き
- 037 ベルリンガイドブック 素顔のベルリン増補改訂版
- 039 アイスランド 地球の鼓動が聞こえる……ヒーリングアイランドへ
- 047 プラハ迷宮の散歩道 改訂版
- 048 デザインとおとぎの国 デンマーク
- 051 アマルフィ＆カプリ島 とっておきの散歩道
- 052 とっておきのポーランド 増補改訂版
- 054 グリム童話で旅するドイツ・メルヘン街道
- 057 ザルツブルクとチロル アルプスの山と街を歩く
- 062 イングランドで一番美しい場所 コッツウォルズ
- 063 スイス おトクに楽しむ街歩き
- 065 ローマ美食散歩 永遠の都を食べ歩く

地球の歩き方 BOOKS

「BOOKS」シリーズでは、国内、海外を問わず、自分らしい旅を求めている旅好きの方々に、旅に誘う情報から旅先で役に立つ実用情報まで、「旅エッセイ」や「写真集」、「旅行術指南」など、さまざまな形で旅の情報を発信します。

- 宮脇俊三と旅した鉄道風景
- 世界の高速列車Ⅱ
- ブルガリアブック バラの国のすてきに出会う旅
- アパルトマンでパリジェンヌ体験 5日間から楽しめる憧れのパリ暮らし
- パラダイス山元の飛行機の乗り方
- パラダイス山元の飛行機のある暮らし
- 美しき秘密のイタリアへ 51の世界遺産と小さな村
- 秘密のパリ案内Q77
- 旅するフォトグラファーが選ぶスペインの町33
- 純情ヨーロッパ 呑んで、祈って、脱いでみて
- 人情ヨーロッパ 人生、ゆるして、ゆるされて

051 アマルフィ＆カプリ島 とっておきの散歩道

地球の歩き方シリーズ　地球の歩き方 編集部　検索　www.arukikata.co.jp/guidebook/

地球の歩き方 書籍のご案内

『地球の歩き方』を持って
イギリス&アイルランドに行こう!

変化し続ける情報発信都市ロンドン。
緑豊かなカントリーサイド、
いまも暮らしに息づくケルトの文化……。
さあ、出かけよう! 『地球の歩き方』は、あなたの旅を応援します。

地球の歩き方●ガイドブック

世界遺産に登録されているロンドンのウェストミンスター寺院

A02 イギリス
観光の拠点となるロンドンから、牧草地や湖のある風景が美しいカントリーサイドまで幅広く紹介しています。鉄道、バスなど地方へのアクセス情報も充実しています。

A03 ロンドン
訪れるたびに新鮮な感動と発見にあふれる街、ロンドンの最新情報を満載した、都市ガイドブックの決定版です。

ロンドンにある大英博物館

A04 湖水地方&スコットランド
風光明媚な湖水地方と独自の文化が息づくスコットランドの魅力を紹介します。ウオーキングやウイスキー蒸溜所の情報も充実。

A05 アイルランド
ケルトの文化や歴史と人々の素朴なあたたかさ。エメラルドにたとえられる美しい自然。小さな島に秘められたアイルランドの魅力を、あますことなくガイドします。

アイルランドの古代巨石

女子旅応援ガイド● aruco

6 ロンドン
ハンディサイズで元気な旅好き女子を応援する旅のテーマが詰まっています。

地球の歩き方● Plat

04 ロンドン
短い滞在時間で効率的に観光したいアクティブな旅人におすすめのシリーズです。

地球の歩き方●トラベル会話

1 米語+英語

地球の歩き方● D-Books（電子書籍）

カンタベリーと周辺のすてきな田舎町へ〜
〜ロンドンからの日帰りおさんぽガイド♪

地球の歩き方● GEM STONE

029 イギリス人は甘いのがお好き
プディング&焼き菓子がいっぱいのラブリーな生活

062 イングランドで一番美しい場所
コッツウォルズ

068 アフタヌーンティーで旅するイギリス

地球の歩き方● BOOKS

ヴィクトリア朝が教えてくれる英国の魅力
イギリスを知る10のキーワード

2020年2月現在 ●最新情報はホームページでもご覧いただけます URL www.diamond.co.jp/arukikata

地球の歩き方 シリーズ年度一覧

地球の歩き方ガイドブックは1～2年で改訂されます。改訂時には価格が変わることがあります。表示価格は本体価格（税別）です。
●最新情報は、ホームページでもご覧いただけます。www.diamond.co.jp/arukikata/

2020年2月現在

地球の歩き方　ガイドブック

A ヨーロッパ

A01	ヨーロッパ	2018～2019 ￥1700
A02	イギリス	2019～2020 ￥1700
A03	ロンドン	2020～2021 ￥1600
A04	湖水地方＆スコットランド	2018～2019 ￥1700
A05	アイルランド	2019～2020 ￥1800
A06	フランス	2020～2021 ￥1700
A07	パリ＆近郊の町	2019～2020 ￥1700
A08	南仏プロヴァンス コート・ダジュール＆モナコ	2018～2019 ￥1600
A09	イタリア	2020～2021 ￥1700
A10	ローマ	2018～2019 ￥1600
A11	ミラノ ヴェネツィアと湖水地方	2019～2020 ￥1700
A12	フィレンツェとトスカーナ	2019～2020 ￥1700
A13	南イタリアとシチリア	2019～2020 ￥1700
A14	ドイツ	2019～2020 ￥1700
A15	南ドイツ フランクフルト ミュンヘン ロマンティック街道 古城街道	2019～2020 ￥1600
A16	ベルリンと北ドイツ ハンブルク ドレスデン ライプツィヒ	2018～2019 ￥1700
A17	ウィーンとオーストリア	2020～2021 ￥1700
A18	スイス	2019～2020 ￥1700
A19	オランダ ベルギー ルクセンブルク	2019～2020 ￥1600
A20	スペイン	2019～2020 ￥1700
A21	マドリードとアンダルシア＆鉄道とバスで行く世界遺産	2019～2020 ￥1600
A22	バルセロナ＆近郊の町 イビサ島／マヨルカ島	2020～2021 ￥1700
A23	ポルトガル	2019～2020 ￥1650
A24	ギリシアとエーゲ海の島々＆キプロス	2019～2020 ￥1700
A25	中欧	2019～2020 ￥1700
A26	チェコ ポーランド スロヴァキア	2019～2020 ￥1700
A27	ハンガリー	2019～2020 ￥1700
A28	ブルガリア ルーマニア	2019～2020 ￥1800
A29	北欧	2019～2020 ￥1700
A30	バルトの国々	2019～2020 ￥1800
A31	ロシア	2018～2019 ￥1900
A32	極東ロシア シベリア サハリン	2019～2020 ￥1800
A34	クロアチア スロヴェニア	2019～2020 ￥1600

B 南北アメリカ

B01	アメリカ	2020～2021 ￥1700
B02	アメリカ西海岸	2020～2021 ￥1700
B03	ロスアンゼルス	2019～2020 ￥1700
B04	サンフランシスコとシリコンバレー	2019～2020 ￥1700

B05	シアトル ポートランド ワシントン州とオレゴン州の大自然	2019～2020 ￥1700
B06	ニューヨーク マンハッタン＆ブルックリン	2019～2020 ￥1750
B07	ボストン	2020～2021 ￥1800
B08	ワシントンDC	2020～2021 ￥1800
B09	ラスベガス セドナ＆グランドキャニオンと大西部	2019～2020 ￥1800
B10	フロリダ	2018～2019 ￥1700
B11	シカゴ	2018～2019 ￥1700
B12	アメリカ南部	2019～2020 ￥1700
B13	アメリカの国立公園	2019～2020 ￥1900
B14	ダラス ヒューストン デンバー グランドサークル フェニックス サンタフェ	2020～2021 ￥1800
B15	アラスカ	2019～2020 ￥1900
B16	カナダ	2019～2020 ￥1700
B17	カナダ西部	2019～2020 ￥1600
B18	カナダ東部	2019～2020 ￥1600
B19	メキシコ	2019～2020 ￥1700
B20	中米	2018～2019 ￥1900
B21	ブラジル ベネズエラ	2019～2020 ￥2000
B22	アルゼンチン チリ パラグアイ ウルグアイ	2018～2019 ￥2000
B23	ペルー ボリビア エクアドル コロンビア	2020～2021 ￥2000
B24	キューバ バハマ ジャマイカ カリブの島々	2019～2020 ￥1850
B25	アメリカ・ドライブ	2020～2021 ￥1800

C 太平洋／インド洋の島々＆オセアニア

C01	ハワイ I オアフ島＆ホノルル	2019～2020 ￥1700
C02	ハワイ II ハワイ島 マウイ島 カウアイ島 モロカイ島 ラナイ島	2019～2020 ￥1600
C03	サイパン	2018～2019 ￥1400
C04	グアム	2018～2019 ￥1400
C05	タヒチ イースター島	2019～2020 ￥1500
C06	フィジー	2018～2019 ￥1500
C07	ニューカレドニア	2019～2020 ￥1500
C08	モルディブ	2020～2021 ￥1700
C10	ニュージーランド	2019～2020 ￥1700
C11	オーストラリア	2019～2020 ￥1700
C12	ゴールドコースト＆ケアンズ グレートバリアリーフ ハミルトン島	2018～2019 ￥1700
C13	シドニー＆メルボルン	2019～2020 ￥1600

D アジア

D01	中国	2019～2020 ￥1900
D02	上海 杭州 蘇州	2019～2020 ￥1700
D03	北京	2019～2020 ￥1600
D04	大連 瀋陽 ハルビン 中国東北地方の自然と文化	2019～2020 ￥1800
D05	広州 アモイ 桂林 珠江デルタと華南地方	2019～2020 ￥1800

D06	成都 重慶 九寨溝 麗江 四川 雲南 貴州の自然と民族	2020～2021 ￥1800
D07	西安 敦煌 ウルムチ シルクロードと中国西北部	2020～2021 ￥1800
D08	チベット	2018～2019 ￥1900
D09	香港 マカオ 深圳	2019～2020 ￥1700
D10	台湾	2019～2020 ￥1700
D11	台北	2020～2021 ￥1600
D13	台南 高雄 屏東＆南台湾の町	2019～2020 ￥1700
D14	モンゴル	2017～2018 ￥1800
D15	中央アジア サマルカンドとシルクロードの国々	2019～2020 ￥1900
D16	東南アジア	2018～2019 ￥1700
D17	タイ	2018～2019 ￥1700
D18	バンコク	2019～2020 ￥1600
D19	マレーシア ブルネイ	2019～2020 ￥1700
D20	シンガポール	2019～2020 ￥1600
D21	ベトナム	2019～2020 ￥1700
D22	アンコール・ワットとカンボジア	2020～2021 ￥1700
D23	ラオス	2019～2020 ￥1800
D24	ミャンマー	2019～2020 ￥1700
D25	インドネシア	2019～2020 ￥1800
D26	バリ島	2019～2020 ￥1700
D27	フィリピン	2019～2020 ￥1800
D28	インド	2019～2020 ￥1900
D29	ネパールとヒマラヤトレッキング	2018～2019 ￥1900
D30	スリランカ	2019～2020 ￥1700
D31	ブータン	2018～2019 ￥1800
D32	パキスタン	2007～2008 ￥1780
D33	マカオ	2019～2020 ￥1500
D34	釜山・慶州	2017～2018 ￥1400
D35	バングラデシュ	2015～2016 ￥1700
D36	南インド	2016～2017 ￥1700
D37	韓国	2019～2020 ￥1700
D38	ソウル	2020～2021 ￥1700

E 中近東 アフリカ

E01	ドバイとアラビア半島の国々	2020～2021 ￥1900
E02	エジプト	2014～2015 ￥1700
E03	イスタンブールとトルコの大地	2019～2020 ￥1900
E04	ペトラ遺跡とヨルダン レバノン	2019～2020 ￥1900
E05	イスラエル	2017～2018 ￥1700
E06	イラン	2017～2018 ￥2000
E07	モロッコ	2019～2020 ￥1800
E08	チュニジア	2020～2021 ￥1700
E09	東アフリカ ウガンダ エチオピア ケニア タンザニア ルワンダ	2016～2017 ￥1900
E10	南アフリカ	2018～2019 ￥1800
E11	リビア	2010～2011 ￥2000
E12	マダガスカル	2020～2021 ￥1700

女子旅応援ガイド aruco

1	パリ '19～20	￥1200
2	ソウル '19～20	￥1200
3	台北 '20～21	￥1200
4	トルコ	￥1300
5	インド	￥1400
6	ロンドン '18～19	￥1200
7	香港 '19～20	￥1200
8	エジプト	￥1200
9	ニューヨーク '19～20	￥1200
10	ホーチミン ダナン ホイアン '20～21	￥1300
11	ホノルル '19～20	￥1200
12	バリ島 '20～21	￥1200
13	上海	￥1200
14	モロッコ '19～20	￥1400
15	チェコ '19～20	￥1200
16	ベルギー '16～'17	￥1200
17	ウィーン ブダペスト '20～21	￥1200
18	イタリア '19～20	￥1200
19	スリランカ	￥1400
20	クロアチア スロヴェニア '19～20	￥1300

21	スペイン '19～20	￥1200
22	シンガポール '19～20	￥1200
23	バンコク '20～21	￥1300
24	グアム '19～20	￥1200
25	オーストラリア '18～19	￥1200
26	フィンランド エストニア '20～21	￥1300
27	アンコール・ワット '20～21	￥1300
28	ドイツ '18～19	￥1200
29	ハノイ '19～20	￥1200
30	台湾 '19～20	￥1200
31	カナダ '17～18	￥1200
32	オランダ '18～19	￥1200
33	サイパン テニアン ロタ '18～19	￥1200
34	セブ ボホール エルニド '19～20	￥1200
35	ロスアンゼルス '20～21	￥1200
36	フランス '20～21	￥1300
37	ポルトガル '20～21	￥1500

地球の歩き方 Plat

1	パリ	￥1200
2	ニューヨーク	￥1200
3	台北	￥1000
4	ロンドン	￥1200

5	グアム	￥1000
6	ドイツ	￥1200
7	ベトナム	￥1000
8	スペイン	￥1200
9	バンコク	￥1200
10	シンガポール	￥1000
11	アイスランド	￥1200
12	ホノルル	￥1000
13	マニラ＆セブ	￥1200
14	マルタ	￥1400
15	フィンランド	￥1200
16	クアラルンプール マラッカ	￥1000
17	ウラジオストク	￥1300
18	サンクトペテルブルク モスクワ	￥1400
19	エジプト	￥1200
20	香港	￥1000
21	ブルックリン	￥1000
22	ブルネイ	￥1200
23	ウズベキスタン	￥1200
24	ドバイ	￥1300
25	サンフランシスコ	￥1200

地球の歩き方 Resort Style

R01	ホノルル＆オアフ島	￥1500
R02	ハワイ島	￥1500
R03	マウイ島	￥1500
R04	カウアイ島	￥1700
R05	こどもと行くハワイ	￥1400
R06	ハワイ ドライブ・マップ	￥1800
R07	ハワイ バスの旅	￥1300
R08	グアム	￥1300
R09	こどもと行くグアム	￥1500
R10	パラオ	￥1500
R11	世界のダイビング完全ガイド 地球の海に潜ろう	￥1500
R12	プーケット サムイ島 ピピ島	￥1500
R13	ペナン ランカウイ クアラルンプール	￥1700
R14	バリ島	￥1300
R15	セブ＆ボラカイ ボホール シキホール	￥1500
R16	テーマパークinオーランド	￥1700
R17	カンクン コスメル イスラ・ムヘーレス	￥1500
R19	ファミリーで行くシンガポール	￥1500
R20	ダナン ホイアン ホーチミン ハノイ	￥1500

地球の歩き方 BY TRAIN

1	ヨーロッパ鉄道の旅	￥1700

ヨーロッパ鉄道時刻表 2020年冬号　￥2300

地球の歩き方 トラベル会話

1	米語＋英語	￥952
2	フランス語＋英語	￥1143
3	ドイツ語＋英語	￥1143
4	イタリア語＋英語	￥1143
5	スペイン語＋英語	￥1143
6	韓国語＋英語	￥1143
7	タイ語＋英語	￥1143
8	ヨーロッパ5ヵ国語	￥1143
9	インドネシア語＋英語	￥1143
10	中国語＋英語	￥1143
11	広東語＋英語	￥1143
12	ポルトガル語(ブラジル語)＋英語	￥1143

地球の歩き方 成功する留学

オーストラリア・ニュージーランド留学	￥1600
成功するアメリカ大学留学術	
世界に飛びだそう！目指せ！グローバル人材	￥1429

地球の歩き方 JAPAN

島旅01	五島列島	￥1500
島旅02	奄美大島（奄美群島①）	￥1500
島旅03	与論島 徳之島 沖永良部島（奄美群島②）	￥1500
島旅04	利尻・礼文	￥1500
島旅05	天草	￥1500
島旅06	壱岐	￥1500
島旅07	種子島	￥1500
島旅08	小笠原 父島 母島	￥1500
島旅09	隠岐	￥1500
島旅10	佐渡	￥1500
島旅11	宮古島 伊良部島 下地島 来間島 池間島 多良間島 大神島	￥1500
島旅12	久米島	￥1500
島旅13	小豆島（瀬戸内の島々①）	￥1500
島旅14	直島・豊島 女木島 男木島 犬島 本島 牛島 広島 小手島 佐柳島 真鍋島 栗島 志々島(瀬戸内の島々②)	￥1500
島旅15	伊豆大島（伊豆諸島①）	￥1500
島旅16	新島 式根島 神津島（伊豆諸島②）	￥1500
島旅21	沖縄本島周辺15離島	￥1500
島旅22	島旅ねこ にゃんこの島の歩き方	￥1222

ダムの歩き方 全国版 はじめてのダム入門ガイド　￥1556

地球の歩き方 御朱印シリーズ

御朱印でめぐる鎌倉のお寺 三十三観音完全掲載 三訂版	￥1500
御朱印でめぐる京都のお寺	￥1500
御朱印でめぐる奈良の古寺 改訂版	￥1500
御朱印でめぐる江戸・東京の古寺 改訂版	￥1500
御朱印でめぐる東京のお寺	￥1500
御朱印でめぐる高野山	￥1500
日本全国 この御朱印が凄い！第壱集 増補改訂版	￥1500
日本全国 この御朱印が凄い！第弐集 都道府県網羅版	￥1500
御朱印でめぐる全国の神社 開運さんぽ	￥1300
御朱印でめぐる関東の神社 週末開運さんぽ	￥1300
御朱印はじめました 関東の神社 週末開運さんぽ	￥1100
御朱印でめぐる秩父の寺社 三十四観音完全掲載 改訂版	￥1500
御朱印でめぐる関東の百寺 坂東三十三観音と古寺	￥1650
御朱印でめぐる関西の神社 週末開運さんぽ	￥1300
御朱印でめぐる東京の七福神	￥1500
御朱印でめぐる東北の神社 週末開運さんぽ	￥1500
御朱印でめぐる関西の百寺 西国三十三所と古寺	￥1650
御朱印でめぐる北海道の神社 週末開運さんぽ	￥1300
御朱印でめぐる神奈川の神社 週末開運さんぽ	￥1300
御朱印でめぐる埼玉の神社 週末開運さんぽ	￥1300
御朱印でめぐる九州の神社 週末開運さんぽ	￥1300
御朱印でめぐる千葉の神社 週末開運さんぽ	￥1300
御朱印でめぐる東海の神社 週末開運さんぽ	￥1300

地球の歩き方 コミックエッセイ

北欧が好き！フィンランド・スウェーデン・デンマーク・ノルウェーの素敵な町めぐり	￥1100
北欧が好き！2 建築＆デザインでめぐるフィンランド・スウェーデン・デンマーク・ノルウェー	￥1100
きょうは京都で京づくし	￥1100
女ふたり 台湾、行ってきた。	￥1100
北欧でこそ食べたいグルメ	￥1100
台湾でしたいことぜんぶ	￥1100
北欧でしたいことぜんぶ	￥1100
台湾一周 なんちゃって中国語でめぐる!	￥1100

●日本を旅する本

子連れで沖縄 旅のアドレス＆テクニック117	￥1000
武蔵野森のかわいい古民家さんぽ *しあわせさんぽ*	￥1429
おいしいご当地スーパーマーケット	￥1500
地元スーパーのおいしいもの、旅をしながら見に行こう。47都道府県押し	￥1600
京都 ひとりを楽しむまち歩き	￥1200
青森・函館めぐり クラフト・建築・おいしいもの	￥1300

日本全国開運神社 このお守りがすごい	￥1384
えらべる！できる！ぼうけん国探し 沖縄	￥1500

●個性ある海外旅行を案内する本

世界の高速列車Ⅱ	￥2800
世界の鉄道	￥3500
WE LOVE エスニックファッション ストリートブック	￥1500
エスニックファッション シーズンブック ETHNIC FASHION SEASON BOOK	￥1500
へなちょこ日記 ハワイ鳴咽編	￥1500
GIRL'S GETAWAY TO LOS ANGELES	￥1500
絶対トクする！海外旅行の新常識	￥1000
アパルトマンでパリジェンヌ体験 5日間から楽しめる憧れのパリ暮らし	￥1700
地球の歩き方フォトブック 旅するフォトグラファーが選ぶスペインの町33	￥1500
宮脇俊三と旅した鉄道風景	￥2000
キレイを叶える♡週末バンコク 「幸せになる、ハワイのパンケーキ＆朝ごはん」 〜オアフ島で食べたい人気の100皿〜	￥1500
MAKI'S DEAREST HAWAII 〜インスタジェニックなハワイ探し〜	￥1400
撮り歩き。地球を撮り歩く旅人たち	￥1600
秘密のバリ案内Q77	￥1200
台湾おしゃべりノート	￥1500
HONG KONG 24 hours 朝・昼・夜で楽しむ 香港が好きになる本	￥1500
ONE & ONLY MACAO produced by LOVETABI	￥1300
純情ヨーロッパ 呑んで、祈って、脱いでみて	￥1280
人情ヨーロッパ 人生、ゆるして、ゆるされて	￥1380
雑貨と旅とデザインと	￥1400
とっておきのフィンランド 絵本のような町めぐり	￥1500
LOVELY GREEN NEW ZEALAND 未来の国を旅するガイドブック	￥1600
たびウラ 歌で巡る世界の絶景	￥1200
はなたび 絶景で巡る世界の花	￥1500
気軽に出かける！大人の男海外ひとり旅	￥1000
気軽に出かける！大人の男アジアひとり旅 地球の歩き方編集者がすすめる最高の楽しみ方	￥1000
総予算33万円・9日間から行く！ 世界一周 大人の男海外ひとり旅	￥1000
FAMILY TAIWAN TRIP #子連れ台湾	￥1380
MY TRAVEL, MY LIFE Maki's Family Travel Book	￥1600
香港 地元で愛される名物食堂	￥1400
マレーシア 地元で愛される名物食堂	￥1500
いろはに北欧 かわいにちょうどいい 北の宝の作り方	￥1500
ヴィクトリア朝が教えてくれる英国の魅力	￥1200
ダナンボイアン PHOTO TRAVEL GUIDE 〜絶景プロデューサー・時がけ巡るベトナム〜	￥1500
WORLD FORTUNE TRIP イヴルルド遙華の世界開運★旅案内	￥1500
HAWAII RISA'S FAVORITES 大人女子はハワイで美味しく美しく	￥1500

●乗り物deおさんぽ

パリの街をメトロでお散歩 改訂版	￥1500
台北メトロさんぽ MRTを使って、おいしいとかわいいを巡る旅♪	￥1380
台湾を鉄道でぐるり	￥1380
香港トラムでぶらり女子旅	￥1500
香港メトロさんぽ MTRで巡る とっておきスポット＆新しい香港に出会う旅	￥1500
NEW YORK, NEW YORK! 地下鉄で旅するニューヨークガイド	￥1500

●ランキング＆マル得テクニック

沖縄 ランキング＆マル得テクニック！	￥900
ニューヨーク ランキング＆マル得テクニック！	￥900
香港 ランキング＆マル得テクニック！	￥900
台湾 ランキング＆マル得テクニック！	￥900

●話題の本

パラダイス山元の飛行機の乗り方	￥1300
パラダイス山元の飛行機のある暮らし	￥1500
なぜだ男とモテる女は飛行機に乗るのか？	￥1300
「世界イケメンハンター」屋敷子のGIRL'S TRAVEL	￥1400
さんぽで感じる村上春樹	￥1450
発達障害グレーゾーン まったり息子の成長日記	
鳥取ひとりの 親の介護は知らなくてバカ見るこだだけ	￥1200
親の介護をはじめたらお金の話で泣き見てばかり 知らなきゃ損する！相続問題の基礎知識	￥1500
熟年夫婦のスペイン 行き当たりばっかり移住記	￥1350
海外VIP1000人を感動させた 外資系企業社長の「おもてなし」術	￥1500
理想の旅は自分でつくる！失敗しない個人旅行のつくり方	￥1500
日本一小さな航空会社の大きな奇跡の物語 業界の常識を覆した天草エアラインの「復活」	￥1500
娘にリケジョになりたい！と言われたら 文系の親に知ってほしい理系女子の世界	￥1400
食事作りに手間暇かけていられない、手料理神話にこだわり続ける日本人	￥1000
ゆるゆる神様図鑑 古代エジプト編	￥909

やり直し英語革命 最短でキチンと話せるようになるための7つの近道勉強法　￥1000

地球の歩き方 中学受験

お母さんが教える国語	￥1800
お母さんが教える国語	￥1300
親子で成績を上げる魔法のアイデア	￥1300
こんなハズじゃなかった中学受験	￥1500
なぜ、あの子は逆転合格できたのか？	￥1500
小6になってグンと伸びる子、ガクンと落ちる子	￥1500
偏差値が届かなくても受かる子、充分でも落ちる子	￥1500
名門中学の子どもたちは学校で何を学んでいるのか	￥1650
はじめての中学受験 第一志望合格のためにやってよかった5つのこと	￥1500
第一志望に合格したい「社会」の偏差値は危険です	￥1300
進路に迷ったら中高一貫校を選びなさい 6年間であなたの子供はこんなに変わる	￥1200
親が後悔しない、子供に失敗させない進学塾の選び方	￥1200
わが子を合格させる父親道 ヤル気を引き出す「神オヤジ」と子どもをつぶす「ダメおやじ」	￥1200
まんがで学ぶ！国語がニガテな子のための読解力が身につく7つのコツ	￥1400
新お母さんが教える国語 わが子を志望校に合格させる最強の家庭学習法	
小6になってグンと伸びる子、ガクンと落ちる子 6年生で必ず成績の上がる学び方 7つのルール完全版	￥1500

地球の歩き方 GemStone

001	パリの手帖 とっておきの散歩道	￥1500
003	キューバ 増補改訂版	￥1600
016	スパへようこそ 世界のトリートメント大集合	￥1500
021	ウィーン旧市街 とっておきの散歩道	￥1500
025	世界遺産 マチュピチュ完全ガイド	￥1500
026	魅惑のモロッコ 美食と雑貨と美街の王国	￥1500
029	イギリス人は甘いのがお好き プディング＆焼き菓子がいっぱいのラブリーな生活	￥1500
030	改訂版 バリ島ウブド 楽園の散歩道	￥1500
033	改訂版 フィンランド かわいいデザインと出会う散歩旅	￥1500
047	新装改訂版 ベルリンガイドブック	￥1600
047	プラハ迷宮の散歩道 改訂版	￥1500
052	とっておきのポーランド 増補改訂版	￥1600
054	グリム童話で旅するドイツ・メルヘン街道	￥1600
057	ラダック ザンスカール スピティ 北インドのリトル・チベット 増補改訂版	￥1700
057	ザルツブルクとチロル アルプスの山と街を歩く	￥1500
059	スイス 歩いて楽しむアルプス絶景トレイル 改訂新版	￥1600
060	天空列車 青海チベット鉄道の旅	￥1600
061	カリフォルニア オーガニックトリップ サンフランシスコ＆ワインカントリーのスローライフへ	￥1300
061	台南 高雄ととっておきの歩き方 台湾南部の旅ガイド	￥1500
062	イングランドで一番美しい場所 コッツウォルズ	￥1700
064	シンガポール 絶品！ローカルごはん	￥1500
065	ローマ美食散歩 永遠の都を食べ歩く	￥1500
066	南極大陸 完全旅行ガイド	￥1600
067	ポルトガル 奇跡の風景をめぐる旅	￥1500
068	アフタヌーンティーで旅するイギリス	￥1500

地球の歩き方 MOOK

●海外最新情報が満載のMOOK本

海外1	パリの歩き方［ムックハンディ］	￥1000
海外3	ソウルの歩き方［ムックハンディ］	￥1000
海外4	香港・マカオの歩き方［ムックハンディ］	￥1000
海外6	台湾の歩き方［ムックハンディ］	￥1000
海外8	ホノルルの歩き方［ムックハンディ］	￥1000
海外9	ホノルルショッピング＆グルメ［ムックハンディ］	￥1000
海外10	グアムの歩き方［ムックハンディ］	￥1000
海外11	バリ島の歩き方［ムックハンディ］	￥1000
	ハワイ ランキング＆マル得テクニック！	￥790
	ソウル ランキング＆マル得テクニック！	￥790
	バリ島 ランキング＆マル得テクニック！	￥740
	海外女子ひとり旅★パーフェクトガイド！	￥890
	ハワイ スーパーマーケット得得完全ガイド	￥890
	海外子連れ旅★パーフェクトガイド！	￥890
	世界のビーチBEST100	￥890
	ヘルシーハワイ［ムックハンディ］	￥890
	aruco magazine vol.2	￥920

●国内MOOK

沖縄の歩き方［ムックハンディ］	￥917
北海道の歩き方［ムックハンディ］	￥926

制作　広瀬正剛
編集　平林加奈子(カース)、澁谷正子(オフィス・オズ)
執筆　石野斗茂子、糸山雅章、岩本陽児、小山内伸、佐々木敦子、佐野俊介、サミー恒松、瀧本英雄、林信吾、
　　　平林加奈子(カース)、冨久岡ナヲ、吉原ゆみ子
現地調査　Ｍネットワーク
デザイン　カース
表紙　日出嶋昭男
地図　ジェオ、アトリエ・プラン、松尾よしこ、地図精版、カース
校正　槍楯社
写真提供　平林加奈子、ポール・デイビッド・エリス、冨久岡ナヲ、山田大、青地則明、上原浩作、高橋毅好、宮原一郎、
　　　佐々木敦子、ジャパン・ジャーナルズ、英国政府観光庁、©iStock

Producer　Seigo Hirose
Editors　Kanako Hirabayashi(Kaas), Shoko Shibuya(Office-OZ)
Writers　Tomoko Ishino, Masaaki Itoyama, Youji Iwamoto, Shin Osanai, Atsuko Sasaki, Shunsuke Sano,
　　　Sammy Tsunematsu, Hideo Takimoto, Shingo Hayashi, Kanako Hirabayashi(Kaas), Nao Fukuoka,
　　　Yumiko Yoshihara
Research　The M Network
Design　Kaas
Cover Design　Akio Hidejima
Maps　Geo, Atelier PLAN, Yoshiko Matsuo, Chizuseihan, Kaas
Proofreading　Sojunsha
Photo　Kanako Hirabayashi, Paul David Ellis, Nao Fukuoka, Masaru Yamada, Noriaki Aochi, Kousaku Uehara,
　　　Kiyoshi Takahashi, Ichiro Miyahara, Atsuko Sasaki, Japan Journals Ltd., VisitBritain, ©iStock

読者投稿
〒160-0023　東京都新宿区西新宿6-15-1 セントラルパークタワー・ラ・トゥール新宿705
株式会社地球の歩き方メディアパートナーズ　「地球の歩き方」サービスデスク「ロンドン編」投稿係
FAX.(03) 6258-0421　URL www.arukikata.co.jp/guidebook/toukou.html
地球の歩き方ホームページ（海外旅行の総合情報）　URL www.arukikata.co.jp
ガイドブック『地球の歩き方』(検索と購入、更新・訂正情報)　URL www.arukikata.co.jp/guidebook

地球の歩き方 A03 ロンドン 2020～2021年版
1989年11月1日　初版発行
2020年2月26日　改訂第30版第1刷発行

Published by Diamond-Big Co., Ltd.
2-9-1 Hatchobori, Chuo-ku, Tokyo, 104-0032, Japan
TEL.(81-3) 3553-6667 (Editorial Section)　TEL.(81-3) 3553-6660　FAX.(81-3) 3553-6693 (Advertising Section)
Advertising Representative: MIKI TRAVEL LIMITED　TEL.020-7507-5131 FAX.020-7507-5196
E-Mail o.shiraishi@group-miki.com
著作編集　『地球の歩き方』編集室
発行所　株式会社ダイヤモンド・ビッグ社
　　　〒104-0032　東京都中央区八丁堀2-9-1
　　　編集部　TEL.(03) 3553-6667　広告部　TEL.(03) 3553-6660 FAX.(03) 3553-6693
発売元　株式会社ダイヤモンド社
　　　〒150-8409　東京都渋谷区神宮前6-12-17
　　　販売　TEL.(03) 5778-7240

■ご注意ください
本書の内容（写真・図版を含む）の一部または全部を、事前に許可なく無断で複写・複製し、または著作権法に基づかない方法に
より引用し、印刷物や電子メディアに転載・転用することは、著作者および出版社の権利の侵害となります。
All rights reserved. No part of this publication may be reproduced or used in any form or by any means, graphic,
electronic, or mechanical, including photocopying, without written permission of the publisher.
■落丁・乱丁本はお手数ですがダイヤモンド社販売宛にお送りください。送料小社負担にてお取り替えいたします。
ただし、古書店で購入されたものについてはお取り替えできません。

DTP製作　カース
印刷製本　凸版印刷株式会社　Printed in Japan
禁無断転載 ©ダイヤモンド・ビッグ社／カース 2020
ISBN978-4-478-82449-8